원리부터 설계까지 쉽고 명확한

컴퓨터구조

RISC-V 중심으로

원리부터 설계까지 쉽고 명확한

컴퓨터구조

RISC-V 중심으로

2021년 8월 30일 초판 1쇄
2024년 8월 10일 수정판1쇄

저 자 : 서태원
발행인 : 송 준
발행처 : 도서출판 홍릉
주 소 : 01093 서울시 강북구 인수봉로 50길 10
등 록 : 1976년 10월 21일 제5-66호

전 화 : 02-999-2274~5
팩 스 : 02-905-6729
e-mail : hongpub@hongpub.co.kr
http://www.hongpub.co.kr
ISBN : 979-11-5600-879-8(93000)

정 가 : 35,000원

원리부터 설계까지 쉽고 명확한

컴퓨터구조

RISC-V 중심으로

서태원 지음

도서출판 홍릉

PREFACE
머리말

컴퓨터 기술은 지난 40여 년 동안 비약적인 발전을 이루었으며 우리의 일상과 삶에 큰 영향을 미치고 있습니다. 우리가 흔히 컴퓨터라고 하면 일상에서 접하는 데스크톱(desktop)과 노트북(notebook)을 떠올리는데 컴퓨터는 이에 한정되지 않습니다. 스마트폰(smartphone), 태블릿(tablet) 등도 컴퓨터이며, 가정에서 사용하고 있는 TV, 냉장고, 세탁기, 전자레인지, 에어콘 등 거의 모든 전자기기에 작은 컴퓨터가 내장되어 있습니다. 요즘 출시되는 자동차에는 50개 이상의 소형 컴퓨터가 내장되어 있습니다. 앞으로 인공지능, 자율주행차, 사물인터넷(Internet of Things: IoT), 로봇 등으로 대변되는 4차산업 혁명 기술이 우리의 일상에 스며듦에 따라 컴퓨터는 인간의 삶과 더욱 밀접해질 것으로 전망됩니다.

'컴퓨터구조'는 컴퓨터의 동작 원리를 배울 수 있는 중요한 과목으로, 소프트웨어가 하드웨어를 만나는 곳입니다. 소프트웨어를 실행할 수 있는 하드웨어에 대해 학습하는 과목이기 때문입니다. 컴퓨터구조는 또한 컴퓨터공학의 다양한 분야를 공부하기 위한 기초이며 밑거름입니다. 기초가 없는 학습은 모래 위에 성을 쌓는 것과 다름이 없습니다. 특히 운영체제, 임베디드 시스템, 컴퓨터 보안, 시스템 프로그래밍, 펌웨어 프로그래밍, 병렬 프로그래밍을 학습하기 위해서는 컴퓨터구조에 대한 깊은 이해가 더욱 필요합니다. 만약 코딩이 어렵다고 느껴진다면 그 이유는 아마 컴퓨터의 기본기와 동작 원리를 모르기 때문일지도 모릅니다. 기본기가 탄탄하면 기분 좋게 프로그래밍을 할 수 있고 코딩에 대한 자신감도 생기게 됩니다.

시중에는 국내 저자가 집필한 많은 '컴퓨터구조' 교재가 있습니다. 그런데 대다수는 아직도 1980년대에 출시된 CPU를 기반으로 하드웨어 구조와 동작을 설명하고 있습니다. 게다가 이론만을 다루고 있고 내용 또한 명쾌하지 않아, 처음 컴퓨터를 접하고 공부하려는 학생들에게 걸림돌이 되고 방해가 되기도 합니다. 일부 교재는 저자의 전문성이 의심스러울 정도의 내용으로 기술되어 있기도 합니다. 그런데 많은 대학에서 이와 같은 교재를 사용해 가르칩니다. 학생들은 이론만을 외우고 학점만 취득하는 아무런 의미 없는 학습을 합니다. 정보처리기사 시험과 같은 국가고시에 나오는 관련 문제도 이러한 교재에 근거하여 출제하고 정당화하는 안타까운 현실입니다.

컴퓨터공학은 아주 실용적인 학문입니다. 배운 지식을 현장에 바로 적용할 수 있어야 합니다. C 언어, 파이썬 등을 공부하면 프로그램을 작성할 수 있어야 하고, 인공지능을 공부하면 실생활의 어떤 문제에 적용하고 응용할 수 있어야 합니다. 디지털 로직을 학습하면 원하는 기능을 하는 하드웨어를 설계할 수 있어야 하며, '컴퓨터구조'를 공부한 후에는 CPU를 설계할 수 있어야 제대로 학습한 것입니다. 컴퓨터공학 이론을 머릿속으로는 이해하지만, 하드웨어 설계와 소프트웨어 프로그래밍을 하지 못하는 것은 죽은 지식이나 마찬가지이며 제대로 아는 것이 아닙니다.

컴퓨터구조 교재에서는 주로 하나의 CPU를 예로 들어 동작 원리를 설명합니다. CPU를 설계하는 체험을 통해 학습을 효과적으로 하기 위한 것이다. 그리고 하나의 CPU를 '제대로' 이해하면, 다른 CPU에 대해서는 스스로 학습할 수 있는 능력이 길러집니다. 컴퓨터구조 교재에서는 컴퓨터 입문자를 위해 이해가 쉽고 설계가 비교적 간단한 CPU를 선정합니다. 더불어 우리 일상에 사용되는 상업적으로 성공한 CPU이면 더욱 좋습니다. 지난 30년 동안 이러한 조건을 충족하는 CPU로 1980년대에 개발된 MIPS를 많이 사용하였습니다. MIPS는 지금도 상업적으로 사용되는 프로세서이지만 현재 점점 그 영향력을 잃어가고 있습니다. 임베디드 시스템 시장에서 독보적인 위치를 점유하고 있는 Arm을 사용하는 교재도 있는데, Arm은 컴퓨터 입문자들에게는 상대적으로 학습하기 어려운 단점이 있습니다. 데스크톱과 노트북에 사용되는 x86은 하드웨어 구조가 복잡해 대학원에서 개설되는 '고급컴퓨터구조' 과목에서 주로 학습합니다.

본 교재는 2010년부터 개발이 시작된 RISC-V를 중심으로 집필하였습니다. RISC-V 명령어는 구조가 간단하고 규칙적이며, 그 수가 적어 학부생들도 CPU를 직접 설계하는 체험적 학습을 할 수 있습니다. RISC-V ISA는 open architecture로 사용료가 없어 상업적으로 좀 더 쉽게 시장을 넓혀가고 있습니다. 현재 SiFive, Hex Five, SemiFive, StarFive 등의 회사에서 RISC-V 비즈니스를 하고 있으며, 과거 MIPS를 설계하던 MIPS Technologies라는 회사도 RISC-V 개발로 방향을 선회하였습니다. 본 교재는 RISC-V 하드웨어 시스템을 제공하여, 학습자가 RISC-V CPU 설계에 집중하도록 돕습니다. 그리고 본인이 설계한 CPU의 동작을 실제 시스템에서 눈으로 확인하고자 하는 독자를 위해, DE0 FPGA 보드에서 실험할 수 있는 환경도 소개합니다.

본 교재의 집필 방향은 개념을 명확하고 간결하게 설명하여 모호한 부분이 없도록 하는 것입니다. 그리고 컴퓨터에 대한 실용적이고 실무적인 감각을 키워주는 것입니다. 3장에서는 C 코드와 RISC-V 명령어와의 관계를 설명하였고, 4장에서는 RISC-V CPU 설계에 필요한 디지털 로직 모듈을 설명하였습니다. 5장에서는 single-cycle CPU와 pipelined CPU를 구조도와 함께 자세히 설명하였습니다. 7장 캐시(cache) 단원에서는 요즘 거의 모든 프로세서에 포함된 멀티레벨(multi-level) 캐시에 대한 자세한 내용을 다루었고, 9장에서는 cache coherence protocol을 병렬 프로그램의 예와 함께 설명하였습니다.

본 서적이 컴퓨터공학을 전공하는 학생과 업계에서 근무하는 엔지니어에게 실질적인 도움이 되기를 바랍니다. 마지막으로 본 서적을 집필하는 동안에도 언제나 큰 힘이 되어 주신 부모님, 아내, 그리고 하나님께 감사드립니다.

고려대학교 애기능 교정에서

저자 서태원

CONTENTS
차례

CHAPTER 1 컴퓨터 개요 및 기본기

CHAPTER 2

RISC-V 하드웨어 및 소프트웨어 실습환경

CHAPTER 3

RISC-V 명령어

CONTENTS
차례

CHAPTER 6

I/O 장치, 익셉션 및 인터럽트

CHAPTER 7

캐시

CONTENTS
차례

CHAPTER 8 가상메모리와 TLB

CHAPTER 9 멀티코어 프로세서

CHAPTER 1

https://wallpaper.dog/microcontroller-wallpapers

CHAPTER 1

컴퓨터 개요 및 기본기

컴퓨터 기술은 지난 40여 년 동안 비약적인 발전을 이루었으며 우리의 일상과 삶의 질에 큰 영향을 미치고 있다. 일반인들이 컴퓨터를 접하기 시작한 것은 1980년대 8-bit 컴퓨터가 출시되면서부터이다. 그 후 1990년대 초 16-bit 컴퓨터, 1990년대 중・후반 32-bit 컴퓨터, 2000년대 초반부터는 64-bit 컴퓨터가 출시되었다. 그리고 매년 새로 출시되는 컴퓨터에는 새로운 기능이 추가되고 성능 또한 좋아지고 있다. 우리가 흔히 컴퓨터라고 하면 일상에서 접하는 데스크톱desktop과 노트북notebook을 떠올리는데 컴퓨터는 이에 한정되지 않는다. 스마트폰smartphone, 태블릿tablet 등도 컴퓨터이며, 가정에서 사용하고 있는 TV, 냉장고, 세탁기, 전자레인지, 에어콘 등 거의 모든 전자기기에도 작은 컴퓨터가 내장

(a) 8-bit Apple-Ⅱ 컴퓨터

(b) 16-bit 286 컴퓨터

(c) 32-bit 386 컴퓨터

그림1-1 8-bit, 16-bit, 32-bit 컴퓨터

출처 https://www.geeky-gadgets.com/35-year-old-apple-ii-dos-operating-system-now-available-to-download-13-11-2013
http://www.zimmers.net/cbmpics/cpcs3.html

되어 있다. 요즘 출시되는 자동차에는 50개 이상의 소형 컴퓨터가 내장되어 있다. 앞으로 인공지능, 자율주행차, 사물인터넷Internet of Things: IoT, 로봇 등으로 대변되는 4차산업혁명 기술이 우리의 일상에 적용됨에 따라 컴퓨터는 인간의 삶과 더욱 밀접해질 것으로 전망된다.

우리가 사용하는 노트북, 데스크톱, 스마트폰은 아주 복잡한 전자기기이다. 지난 40여 년 동안 축적된 기술의 집합체로 수많은 엔지니어engineer의 노력이 담겨져 있다. 데스크톱 컴퓨터의 내부에는 아주 많은 부품들이 있으며 이들은 서로 연결되어 유기적으로 동작한다. 우리가 사용하는 컴퓨터를 완벽하게 이해하려면 이러한 부품의 세세한 동작과 데이터를 주고 받는 방식을 공부해야 한다. 하지만 그렇게 하려면 수천 페이지에 달하는 아주 많은 기술문서를 읽고 이해할 수 있어야 한다. 또한 어떤 부품에 대한 자세한 내용은 공개하지 않기도 하는데 이는 회사 경쟁력과 관계있는 기밀 사항이기 때문이다. 이러한 이유로 컴퓨터를 '완벽하게' 이해하고 있는 사람은 거의 없다!

하지만 컴퓨터 동작 원리를 이해하는 것은 어렵지 않다. 어렵지 않다기보다 아주 쉽다고 말하고 싶다. 고차원적인 수학이 필요한 것도 아니며 물리, 화학에서 다루는 어려운 이론이 필요한 것도 아니다. 덧셈, 뺄셈과 같은 초등학교 수준의 수학능력과 논리적인 사고 능력만 필요할 뿐이다. 컴퓨터를 이해하는데 진입장벽이 높은 이유 중 하나는 우리에게 익숙한 10진수가 아닌 다른 수 체계를 사용하기 때문일지도 모른다. 컴퓨터는 디지털 기기이기 때문에 '0, 1'만을 표현하는 2진수와 16진수 체계를 사용한다. 익숙하지 않은 것을 사용할 때는 항상 거부감이 동반되며, 자주 보고 연습해야 이를 극복할 수 있다. 어떤 분야의 전문가가 되려면 자신이 하는 것을 매일 보고, 만들고, 생각하고, 고민해야 한다.

1.1 컴퓨터 하드웨어 구성

모든 컴퓨터는 **중앙처리장치** central processing unit: CPU, **주기억장치** main memory, 그리고 **I/O 장치** I/O device 이렇게 세 가지로 구성되어 있다. CPU는 3장에서 설명하는 명령어 instruction를 실행할 수 있는 하드웨어 장치이며, 주기억장치에는 프로그램과 데이터가 저장되어 있다. I/O 장치는 사람이 컴퓨터에 명령을 내리고, 그 결과를 볼 수 있는 통로이며 또한 컴퓨터를 외부와 연결하는 인터페이스 interface 역할을 한다. I/O 장치에는 키보드, 마우스, 모니터, 네트워크 카드 network interface card: NIC, USB 장치, 블루투스 bluetooth 장치 등이 있다. 네트워크 카드를 통해 다른 컴퓨터와 데이터를 주고받을 수 있고, USB 드라이브에 파일을 저장하고 읽을 수도 있다. 그리고 블루투스 장치를 통해 무선으로 데이터를 주고받을 수 있다.

그림1-2 데스크톱 메인보드(mainboard) 예

출처 https://www.gigabyte.com/Motherboard/G1Assassin-2-rev-10#ov

그림1-2는 Gigabyte사에서 출시한 데스크톱 컴퓨터 메인보드mainboard이다. 컴퓨터 메인보드에는 아주 많은 부품이 장착되어 있다. 그림에 표시한 슬롯slot에 CPU와 주기억장치가 들어가고, 그 외에는 모두 주변장치peripheral라고 생각해도 무방하다. 컴퓨터에서는 공식적 혹은 비공식적으로 같은 것을 일컫는 여러 용어를 혼재해 사용하는 경우가 종종 있는데, 주변장치도 그렇다. I/O 장치를 주변장치라고도 하고, 영어 발음 그대로 페리페럴peripheral이라고도 한다. 우리나라에서는 줄여서 '페리'라고 말하는 사람도 많다.

우리가 매일 사용하는 스마트폰 역시 하드웨어의 자세한 내부구조는 매우 복잡하다. 하지만 스마트폰도 크게 CPU, 메모리, I/O 장치로 구성되어 있다. 스마트폰 하드웨어 시스템에서는 CPU에 해당하는 장치를 APapplication processor라는 용어로 부른다. 그림1-3은 iPhone XS의 메인보드를 보여준다. 반도체 집적기술의 발달로 요즘 출시되는 AP 내부에는 CPU, 주기억장치 뿐 아니라 많은 I/O 장치들도 함께 집적되어 있다. 스마트폰에는 여러 가지 센서들도 포함되어 있는데, 주변 밝기를 감지하는 조도센서ambient light sensor, 얼굴과 스마트폰 사이의 거리를 측정할 수 있는 근접센서proximity sensor, 가속도accelerometer, 자이로스코프gyroscope, 지문감지 센서 등이 대표적이다. 이러한 센서들도 모두 I/O 장치의 일종이다.

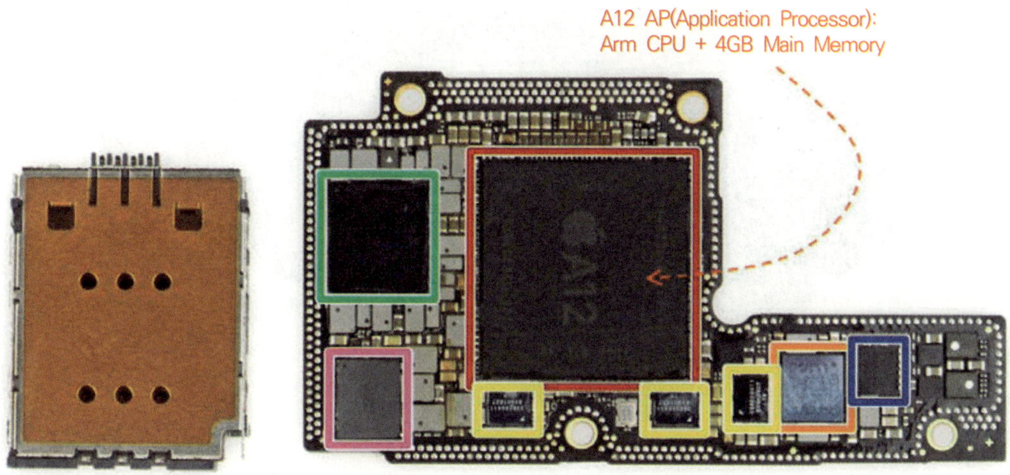

그림1-3 Apple iPhone XS 메인보드

출처 https://www.ifixit.com/Teardown/iPhone+XS+and+XS+Max+Teardown/113021

1.2 컴퓨터의 분류

컴퓨터는 크게 개인용 컴퓨터, 서버 컴퓨터, 임베디드 컴퓨터 이렇게 세 가지로 분류된다. 이러한 컴퓨터들은 용도와 성능 면에서 차이가 있지만, 하드웨어 구성 측면에서는 모두 CPU, 메모리, I/O 장치로 이루어져 있다.

- **개인용 컴퓨터**personal computer : 개인용 컴퓨터에 대해서는 굳이 설명할 필요가 없을 듯하다. 우리가 매일 사용하는 데스크톱, 노트북 등이 여기에 속한다.
- **슈퍼컴퓨터**supercomputer, **데이터센터**datacenter : 그러면 슈퍼컴퓨터는 무얼까? 뭔가 심오할 것 같은데 별로 그렇지 않다. 단순하게 말하면, 슈퍼컴퓨터는 아주 많은 CPU, 아주 큰 메모리, 아주 큰 저장장치를 가지고 있는 컴퓨터이다. www.top500.org에서는 매년 6월과 11월에 전 세계 슈퍼컴퓨터 순위를 발표한다. 2020년 11월에 발표한 순위를 보면, 1위는 일본 Fujitsu에서 만든

그림1-4 IBM Blue Gene/P 슈퍼컴퓨터(2007)

출처 https://upload.wikimedia.org/wikipedia/commons/d/d3/IBM_Blue_Gene_P_supercomputer.jpg

Fugaku이다. Fugaku에는 CPU의 개수가 무려 7백만 개가 넘고(7,630,848개), 주기억장치의 크기는 무려 5,087,232GiB이다. 이러한 하드웨어를 이용해 많은 연산을 빠르게 할 수 있는 컴퓨터를 슈퍼컴퓨터라고 부른다. 그림1-4는 2007년 출시된 IBM Blue Gene/P라고 불리는 슈퍼컴퓨터 사진이다.

- **임베디드(또는 내장형) 컴퓨터**embedded computer : 내장형 컴퓨터는 말 그대로 기계장치 혹은 전자장치에 내장된, 특별한 목적을 위해 만들어진 컴퓨터를 말한다. 예를 들면, TV, 세탁기, 자동차 안에도 컴퓨터들이 내장되어 있는데, 이런 컴퓨터들은 특별한 목적만을 수행하기 위해 설계되었다. TV 안에 있는 컴퓨터는 사용자 리모컨에 반응하여 볼륨을 조절하고 채널을 바꿀 목적으로 설계된 컴퓨터이다. 자동차 안에 있는 컴퓨터는 가속기 페달, 브레이크 페달을 밟을 때 반응하여 속도를 조절하는 신호를 보내기 위해 설계된 컴퓨터이다. 그림1-5는 GPS 내비게이터를 보여주는데, 여기에 내장된 컴퓨터는 목적지까지의 최단 거리를 계산하고 경로를 알려주기 위해 설계된 컴퓨터이다. 내장형 컴퓨터도 CPU, 메모리, I/O 장치로 구성되어 있어 하드웨어 구성 측면에서는 개인용 컴퓨터, 슈퍼컴퓨터와 다르지 않다.

그림1-5 내장형(embedded) 컴퓨터의 예: GPS 네비게이터

출처 https://thewirecutter.com/reviews/best-car-gps/

1.3 CPUcentral processing unit의 종류

중앙처리장치central processing unit: CPU는 컴퓨터의 핵심 부품이다. 용어부터 정리하면, CPU는 프로세서processor 혹은 마이크로프로세서microprocessor라는 용어로 혼용되기도 한다. CPU는 명령어instruction를 실행할 수 있도록 설계된 하드웨어이다. C 언어와 같은 고급언어로 작성한 프로그램은 컴파일러compiler에 의해 명령어의 조합으로 변환된다. 따라서 CPU는 프로그램을 실행할 수 있는 하드웨어이다. 이제 우리가 일상에서 많이 사용하는 CPU의 종류와 이 교재에서 설명할 CPU인 RISC-V에 대해 간략히 알아보자.

- **x86**: x86는 Intelwww.intel.com과 AMDwww.amd.com가 만드는 프로세서로, 주로 데스크톱과 노트북 컴퓨터에 사용된다. x86이라는 용어는 Intel이 초창기에 출시한 프로세서의 모델명에서 유래한다. 그림1-6은 Intel이 1971년부터 2017년까지 출시한 주요 프로세서를 보여준다. 1971년

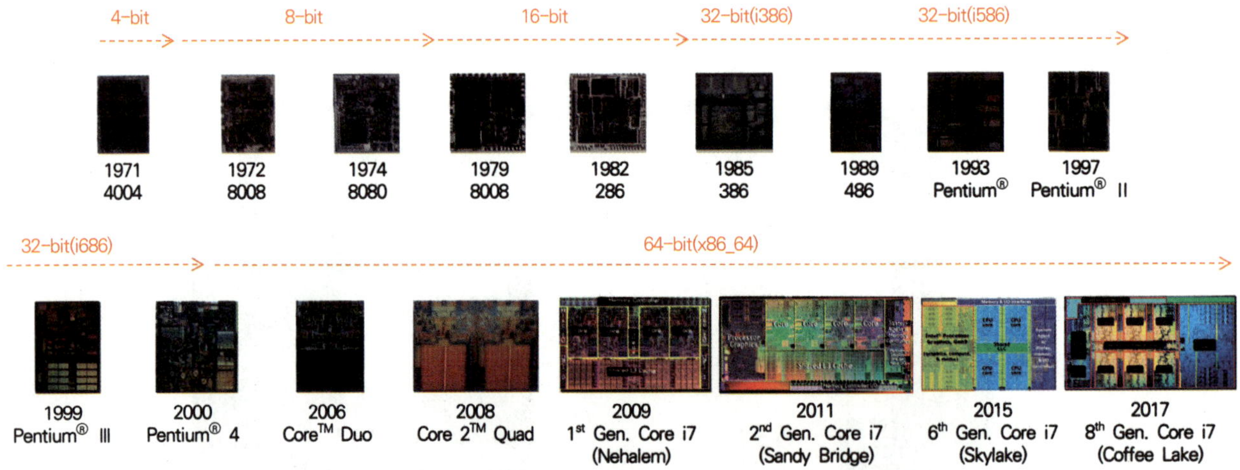

그림1-6 1971년부터 2017년까지 Intel이 출시한 주요 프로세서

출처 http://www.tomshardware.com/reviews/sandy-bridge-core-i7-2600k-core-i5-2500k,2833-2.html
https://www.techpowerup.com/215333/intel-skylake-die-layout-detailed#g215333

에는 4-bit CPU를 출시했으며 그 후 1970년대 중반까지는 8-bit CPU, 1970년대 후반 ~ 1980년대 초반까지 16-bit CPU를 거쳐, 1980년대 중반 ~ 2000년대 초반까지 32-bit CPU를 설계 · 제조하였다. 2004년부터는 64-bit 아키텍쳐architecture에 기반한 프로세서 출시하고 있는데, Pentium-4 프로세서의 한 종류인 Prescott이 64-bit 아키텍쳐로 설계된 첫 프로세서이다. 1980년대에서 1990년대에 출시된 프로세서의 명칭을 보면 8086, 80286, 80386, 80486과 같이 마지막 '86'이라는 숫자가 공통적이다. 이러한 역사적인 이유로 Intel, AMD에서 설계 · 제조하는 프로세서를 지금도 x86이라고 부른다.

컴퓨터에 리눅스를 설치하고 'uname -a'를 실행하면 설치된 운영체제의 자세한 내용을 확인할 수 있다. 만약 64-bit Core i7 컴퓨터에 32-bit 리눅스를 설치하면 'i686'이라는 용어가 나오며, 64-bit 리눅스를 설치하면 'x86_64'라는 용어를 볼 수 있다. 'i686'은 그림1-6에 보는 것처럼, 과거 Intel이 32-bit 'P6 마이크로아키텍쳐microarchitecture'라는 하드웨어 구조를 사용해 설계한 프로세서를 말한다, 여기에는 Penitum-Pro, Pentium-II, Pentium-III 등이 있다. 그럼 64-bit Core i7 컴퓨터에 설치된 리눅스에서 보여주는 i686이 의미하는 것은 무엇일까? 64-bit 프로세서를 운영체제가 32-bit 프로세서처럼 사용하겠다는 것이다. 철길에 비유하면 64개의 철길(=하드웨어)을 만들어 놓고 기차(=소프트웨어)는 그 절반인 32개의 철길만을 사용하는 것과 같다. 따라서 컴퓨터를 효율적으로 사용하려면 하드웨어에 맞는 소프트웨어를 설치해야 한다.

- **Arm**: Arm은 일본기업인 armAdvanced RISC Machine이 설계하여 공급하는 프로세서를 말한다. arm은 1990년에 영국기업으로 설립되었지만, 2016년 일본기업인 SoftBank가 인수하였다. arm은 주로 Arm CPU IPIntellectual Property 라이선스license를 수요기업에 판매하여 수익을 창출하는 회사이다. 데스크톱, 노트북에 사용되는 프로세서를 만드는 Intel, AMD와는 아주 다른 비즈니스 모델business model이다. Intel과 같은 회사는 프로세서의 설계부터 제조를 거친 완제품을 일반 소비자에게 판매한다. 반면, arm은 ISAinstruction set architecture 혹은 'soft core'의 사용 권한을 수요회사에 판매한다. Soft-core란 설계만을 마친, 쉽게 말하면 파일 형태로 존재하는 프로세서를 말한다. 수요기업에서는 라이선스받은 soft core와 여러 하드웨어 IP를 집적해 자체적으로 chip을 설계하고 제조한다. 이러한 chip은 가전제품, 로봇, 자동차와 같은 임베디드 시스템embedded system

에 장착돼 사용된다.

arm의 초창기인 1990년 ~ 2000년대 초반에는 주로 32-bit 아키텍쳐를 기반으로 저비용과 저전력을 강점으로 내세우며 임베디드 시스템 시장을 공략하였다. 하지만 2000년대 중반부터는 스마트폰을 포함한 고성능 프로세서 시장을 공략하기 위한 CPU를 출시하고 있다. 2011년에는 64-bit 아키텍쳐를 소개하였으며, 현재 삼성 갤럭시, 애플 iPhone 등 거의 모든 스마트폰 제조회사들이 64-bit 아키텍쳐에 기반한 Arm을 사용하고 있다. 통계에 따르면, 2010년에만 61억 개의 Arm 기반 제품들이 생산되었으며, 세계적으로 95%의 스마트폰이 Arm을 CPU로 사용하였다. 2013년에는 전 세계적으로 100억 개의 Arm 프로세서가 사용되었다. arm은 그동안 Intel XEON, IBM Power 등 고성능 프로세서들이 지배하던 서버 시장뿐 아니라 클라우드용 데이터센터datacenter 시장의 문도 두드리고 있다. 그림1-7은 Gigabyte사에서 출시한 Arm 기반 서버 시스템으로 ThunderX라는 프로세서가 장착되어 있다. ThunderX에는 48개의 Arm core가 집적되어 있다.

그림1-7 Gigabyte사의 Arm 서버

출처 https://www.anandtech.com/show/13234/gigabyte-starts-sales-of-cavium-thunderx2-to-general-customers

- RISC-V: RISC-V는 2010년 미국 버클리대학University of California, Berkeley에서 만든 ISAinstruction set architecture 즉 명령어 set이다. RISC-V ISA는 open source 라이선스에 따라 제공돼 사용료가 없다. 따라서 RISC-V 명령어를 실행할 수 있는 CPU를 누구나 자유롭게 설계하고 사용할 수 있다. RISC-V 프로세서를 설계하고 판매하는 회사로는 대표적으로 2015년에 설립한 SiFive(https://www.sifive.com/)가 있으며 국내에도 2019년 설립한 세미파이프(https://semifive.com:4438/)가 있다. 그림1-8은 RISC-V 로고와 SiFive에서 개발한 RISC-V 기반 하드웨어 시스템을 보여준다. 2015년에는 RISC-V foundation(https://riscv.org/)이 설립되었고, 삼성, 인텔, Nvidia, 구글, IBM등 여러 글로벌 회사가 멤버로 참여하고 있다.

(a) RISC-V logo (b) SiFive U8 시스템

그림1-8 RISC-V 로고와 SiFive에서 개발한 RISC-V 기반 하드웨어 시스템

현재 우리 일상에서 혹은 여러 산업에서 사용되는 CPU는 이 외에도 다양한 종류가 있다. 그러면 이렇게 다양한 CPU를 모두 따로 공부하고 알아야 할까? 그렇지 않다! 하나의 CPU를 제대로 학습하여 확실한 개념과 자신감을 얻으면, 나머지 CPU에 대해서는 필요에 따라 해당 기술문서를 찾아 읽어보면 된다. CPU 하나만 제대로 알면, 다른 CPU에 대한 기술문서는 쉽고 빠르고 정확하게 이해할 수 있다. 또한 CPU의 동작 원리를 실습으로 체험하면 소프트웨어 프로그래밍에도 자신감이 생기고 쉬워진다. 앞으로 이 교재에서 설명하는 RISC-V CPU 설계를 통해 컴퓨터에 대한 자신감을 갖게 되길 바란다.

1.4 2진수, 16진수

컴퓨터는 0과 1을 이용해 정보를 표현한다. 여기서 0과 1은 사고의 편리를 위한 표현 방법이고, 실제 물리적으로는 0은 전압 0V, 1은 1V, 3.3V, 5V 등과 같은 전압을 의미한다. 1의 물리적 의미가 다른 것은 CPU, 메모리, I/O 장치에 따라 동작 전압이 다르기 때문이다. 10진수에 이미 익숙해진 상태에서 2진수 또는 16진수와 같은 새로운 수 체계를 사용하는 것은 불편하고 부자연스러운 일이다. 하지만 어쩔 수 없다. 컴퓨터에 대해 학습하려면 2진수와 16진수에 익숙해져야 한다. 모든 것이 그렇지만, 2진수와 16진수도 반복해서 연습하고 생각하면 점점 익숙해지고 편해진다.

표1-1은 10진수 숫자와 그것에 해당하는 2진수, 16진수 값을 보여준다. 10진수는 우리가 매일 사용하듯이 각 자리에 10가지를 표현하는 0 ~ 9 중 하나를 사용해 수를 표현한다. 2진수는 각 자리에 2가

표1-1 10진수 숫자와 그것에 해당하는 2진수, 16진수 값

10진수	4-bit 2진수	16진수
0	0000	0
1	0001	1
2	0010	2
3	0011	3
4	0100	4
5	0101	5
6	0110	6
7	0111	7
8	1000	8
9	1001	9
10	1010	A
11	1011	B
12	1100	C
13	1101	D
14	1110	E
15	1111	F

지를 표현하는 0과 1 중 하나를 사용하며, 16진수는 각 자리에 16가지를 표현하는 0 ~ 9, A, B, C, D, E, F 중 하나를 사용해 수를 표현한다. 여기서 16진수 A는 10진수로 10을 의미하고, 16진수 F는 10진수로 15를 의미한다.

표1-2는 32-bit 2진수 숫자의 예와 그것의 16진수 표현이다. 2진수와 16진수 표현에서 underscore인 '_'를 넣은 것은 읽고 보기 쉽도록 하기 위함이다. 4자리마다 '_'를 추가하였는데, 일반적으로 이런 표현법을 많이 사용한다. '_' 없이 0과 1을 32개 나열하면 보기 어지럽고(?) 알아보기 힘들기 때문이다. 그리고 표에 보는 것처럼, 16진수 숫자 앞에 '0x'를 붙였는데, 이것은 '0x' 다음에 나오는 숫자들이 16진수라는 것을 명시하는 용도이다. 2진수 숫자 앞에는 '0b'를 붙이기도 한다. 표1-3은 2진수와 16진수 숫자를 10진수로 변환한 예를 보여준다. 10진수에서 각 자리가 10^n(즉 1, 10, 100, 1000, ...)을 의미하는 것처럼, 2진수에서는 2^n, 16진수에서는 16^n을 의미한다.

표1-2 32-bit 2진수 숫자의 예와 16진수 표현

32-bit 2진수 숫자의 예	16진수 표현
0111_0110_1110_0101_0100_1001_0101_1000	0x76E5_4958
0001_1001_1100_1000_1111_0111_1010_0010	0x19C8_F7A2
1101_1100_1110_1111_1101_0110_0011_1001	0xDCEF_D639

표1-3 2진수, 16진수 숫자를 10진수로 변환하는 예제

	10진수로 변환과정 및 결과
10진수 5374	$5 \times 10^3 + 3 \times 10^2 + 7 \times 10^1 + 4 \times 10^0$ = 10진수 5374
2진수 10110	$1 \times 2^4 + 0 \times 2^3 + 1 \times 2^2 + 1 \times 2^1 + 0 \times 2^0$ = 10진수 22
16진수 0x2ED	$2 \times 16^2 + 14(=E) \times 16^1 + 13(=D) \times 16^0$ = 10진수 749

1.5 KB = 1000-byte? 1024-byte?

흔히 메모리 크기를 말할 때 KB, MB, GB와 같은 단위를 사용한다. 예를 들어 요즘 데스크톱 컴퓨터에는 8GB 정도의 주기억장치가 장착되어 있다. 여기서 메모리 크기가 1KB라고 할 때, 'K'는 무엇을 의미하는 걸까? 1000(=10^3)을 말하는 걸까? 아니면 1024(=2^{10})를 의미하는 걸까? 1KB라고 하면 1024-byte를 말한다. 그럼 1kg, 1km와 같이 무게, 길이에 사용되는 'K'는 어떨까? 우리가 잘 알고 있듯이 1km = 1000m이다. 그럼 컴퓨터의 동작 주파수를 말할 때 사용하는 Hz는 어떨까? 예를 들어 1KHz는 1000Hz일까 아니면 1024Hz일까? 1KHz = 1000Hz이다. 그럼 도대체 어떤 경우에 1000이고 어떤 경우에 1024인 걸까???

컴퓨터에 관심이 많거나 전공하는 사람들은 'K, M, G'가 의미하는 것을 본능적으로 구별한다. 하지만, 컴퓨터에 처음 입문하는 사람들에게는 아주 혼란스러운 문제이다. 이러한 혼란을 피하기 위해 1998년 IEC[International Electrotechnical Commission]에서는 10^{3n}과 2^{10n} 구별을 위한 새로운 단위 체계를 만들었다. 표1-4는 기존 단위와 새로운 단위를 보여준다. 표에 정리한 것처럼 기존에 사용하던 'KB, MB, GB, TB... '는 '10^3, 10^6, 10^9, 10^{12}...'를 말하며, 새로운 단위인 'KiB, MiB, GiB, TiB...'는 '2^{10}, 2^{20}, 2^{30}, 2^{40}...'를 의미한다. 따라서 컴퓨터 주기억장치의 크기를 말할 때는 KiB, MiB, GiB 등을 사용해야 한다. 주기억장치의 크기는 대부분 2^{10n}-byte의 배수이기 때문이다. 그리고 프로세서의 동작 주파수를 말할 때는 KHz, MHz, GHz를 사용해야 한다.

그런데 이러한 새로운 단위 체계가 20여 년 전에 만들어졌지만, 일상생활 또는 컴퓨터 광고에서 새로운 단위를 사용하는 사람은 거의 없다. 이미 익숙하고 부르기 편한 단위를 습관적으로 계속 사용하는 것이다. 컴퓨터 전공자도 대부분 일상에서는 대화하기 편한 과거 단위를 사용하며, 새로운 단위는 주로 논문 작성에 사용한다. 이 책에서는 새로운 단위 체계를 사용하여 10^{3n}과 2^{10n}을 명확히 구별한다.

표1-4 컴퓨터에서 사용하는 10^{3n}과 2^{10n} 단위

10^{3n} 단위	2^{10n} 단위
1KB (kilobyte) = 10^3 bytes	1KiB (kibibyte) = 2^{10} bytes
1MB (megabyte) = 10^6 bytes	1MiB (mebibyte) = 2^{20} bytes
1GB (gigabyte) = 10^9 bytes	1GiB (gibibyte) = 2^{30} bytes
1TB (terabyte) = 10^{12} bytes	1TiB (tebibyte) = 2^{40} bytes
1PB (petabyte) = 10^{15} bytes	1PiB (pebibyte) = 2^{50} bytes
1EB (exabyte) = 10^{18} bytes	1EiB (exbibyte) = 2^{60} bytes
1ZB (zetabyte) = 10^{21} bytes	1ZiB (zebibyte) = 2^{70} bytes
1YB (yottabyte) = 10^{24} bytes	1YiB (yobibyte) = 2^{80} bytes

1.6 메모리 접근 단위

메모리 접근과 관련한 아주 중요한 기본기에 대해 알아보자. 여기서 '메모리에 접근한다'라는 말은 '메모리에서 데이터를 읽는 동작' 또는 '메모리에 데이터를 쓰는 동작'을 의미한다. CPU가 메모리에 접근할 때 최소 데이터 단위는 '바이트byte'이다. 메모리에 있는 특정 1-bit만 접근할 수는 없다! 그렇게 하려면 해당 bit가 포함된 1-byte를 읽고, 프로그램을 통해 특정 bit 값을 확인해야 한다. 컴퓨터를 이렇게 만든 이유를 굳이 정당화하자면 우리가 사용하고 처리하는 데이터가 일반적으로 1-byte 또는 그 이상이기 때문이다. 간혹 bit 단위의 데이터 접근이 필요할 때도 있지만, 대부분 1-byte 혹은 그 이상의 데이터를 사용한다. 예를 들어, C 프로그래밍에서 'char 변수'는 1-byte, 'short 변수'는 2-byte, 'int 변수'는 4-byte로 표현된다.

이제 CPU가 내보내는 전선wire의 개수에 따른 장착할 수 있는 메모리의 최대 크기에 대해 알아보자. 그림1-9는 하나의 예로 CPU가 메모리 접근 용도로 10개의 전선을 내보낸다고 가정하였다. 이 경우 CPU가 접근할 수 있는 메모리의 최대 크기는 몇 byte일까? 10개의 전선 각각은 디지털 신호인 '0 또는 1'을 전달할 수 있다. 따라서 10개의 전선을 10-bit라고 생각할 수 있으며, 10-bit는 '0 ~ 1023' 즉

1024(=2^{10})개의 다른 값을 표현할 수 있다. 그리고 앞서 설명한 것처럼, 메모리 접근의 최소 단위는 바이트이기 때문에 장착할 수 있는 메모리의 최대 크기는 1KiB(=1024 × 1-byte)이다. 따라서 CPU가 10개의 전선으로 내보내는 값에 따라 메모리에 있는 1024개 바이트 중 하나를 선택할 수 있다. 이러한 전선은 메모리 주소address를 전달하는 용도이다. '주소'라고 말하면 간혹 어려워하기도 하는데, 주소는 다른 말로는 위치location이다. 접근하려는 바이트의 위치를 알려줘야 메모리가 해당 바이트를 내어줄 수 있다.

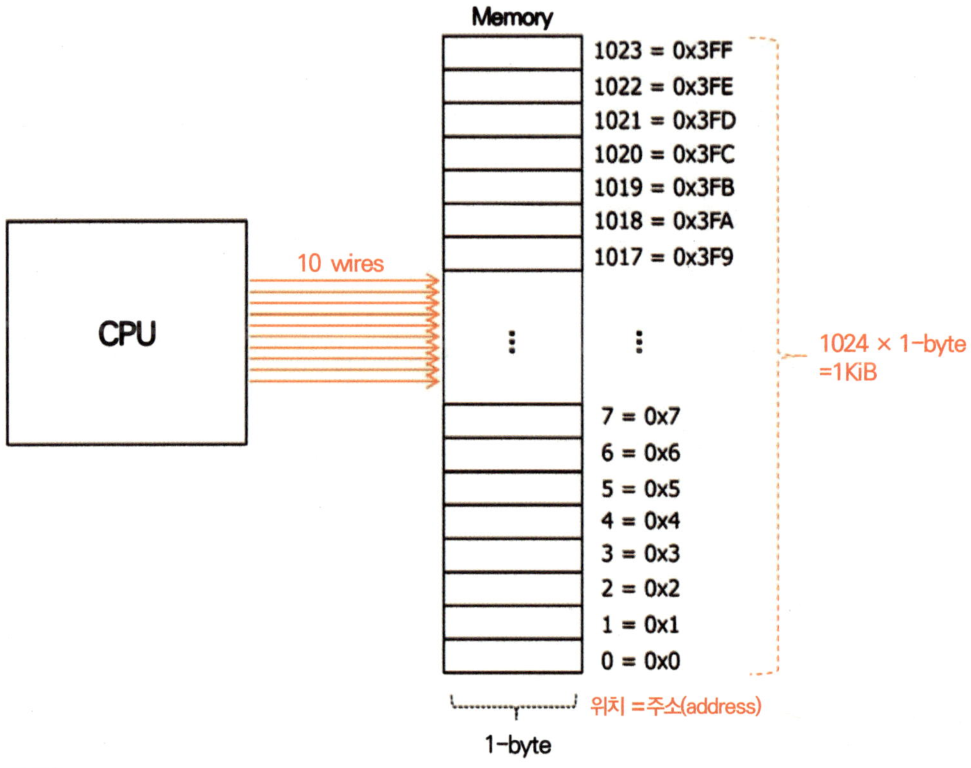

그림1-9 CPU가 내보내는 전선(wire)의 개수에 따른 주기억장치 크기: 10개 전선이 연결되어 있어 장착할 수 있는 메모리의 최대 크기는 1KiB이다.

표1-5는 bit의 개수(전선의 개수)에 따른 표현 가능한 가짓수를 보여준다. 1-bit는 2가지 수(0, 1)를 나타낼 수 있고. 2-bit로는 네 가지 수(0, 1, 2, 3)를 표현할 수 있다. 10-bit는 2^{10}(=1024)개의 가짓수를

나타낼 수 있으며, 20-bit는 2^{20}가지 즉 '1024 × 1024'개를 표현할 수 있다. 30-bit가 있으면 2^{30} 가짓수를 나타낼 수 있다. 다른 각도로 생각해 보자. 만약 512MiB 메모리에 접근하려면 몇 개의 전선이 필요할까? 29가닥의 전선이 필요하다. 29개의 전선은 메모리에 있는 2^{29} = '512 × 1024 × 1024'개의 byte들 중 하나를 선택할 수 있게 해준다. 같은 방식으로 생각하면 2GiB 메모리에 접근하려면 31가닥의 전선이 필요하다.

표1-5 bit의 개수(전선의 개수)에 따른 표현 가능한 가짓수

bit의 개수(전선의 개수)	표현 가능한 가짓수
1-bit	2^1 = 2개 (0 또는 1)
2-bit	2^2 = 4개 (00, 01, 10, 11)
4-bit	2^4 = 16개
8-bit	2^8 = 256개
10-bit	2^{10} = 1,024개
20-bit	2^{20} = 1024 × 1024 = 1,048,576개
30-bit	2^{30} = 1024 × 1024 × 1024 = =1,073,741,824개

1.7 고급언어high-level language vs 저급언어low-level language

C언어와 같은 고급언어high-level language로 작성된 프로그램을 컴퓨터에서 실행하려면 컴파일compile이라는 과정을 거쳐야 한다. 컴파일러compiler는 고급언어로 작성된 코드를 저급언어low-level language로 표현되는 코드로 바꿔준다. 여기서 저급언어란 CPU가 해석하고 실행할 수 있는 언어로, CPU가 지원하는 명령어instruction를 말한다. 명령어는 x86, Arm과 같은 프로세서에 따라 각각 다르다. 각 CPU가 제공하는 명령어의 집합을 Instruction Set 또는 ISAinstruction set architecture라고 부른다. 명령어에 대해서는 3장에서 자세히 설명하는데, 여기서는 먼저 명령어가 무엇인지 대략적으로 살펴보자.

그림1-10은 C언어로 작성한 간단한 프로그램과 x86 컴퓨터에서 gcc를 이용해 컴파일한 결과를 보

여준다. 컴파일하면 **실행파일**executable (또는 **바이너리**binary)가 생성되는데, 바이너리는 말 그대로 0과 1로 구성되어 있다. 따라서 사람이 바이너리를 보고 어떤 명령어들이 있는지 해석하기는 쉽지 않다. 컴파일한 결과를 확인하려면 그림에 있는 것처럼 'objdump'라는 프로그램을 이용해 바이너리를 사람이 이해하기 좋은 형태로 바꾸면 된다. 그림에 ❶로 표시한 것이 x86이 제공하는 명령어이다. C코드의 각 문장이 어떤 명령어들로 바뀌어 있는지 보기 바란다. 예를 들어, C코드에서 'myres = op1 – op2'는 'mov, mov, mov, sub, mov, mov' 6개의 명령어로 바뀌어 있다. 이 책에서는 x86 명령어에 대해서 자세히 설명하지는 않는다. 하지만, 컴파일 결과를 보면 직관적으로 유추할 수 있는 명령어도 있다. 'sub ecx, eax'는 뺄셈인 'ecx = ecx – eax'를 하는 명령어이다. C코드 'myres = op1 – op2' 문에서 뺄셈을 하라고 했기 때문에 컴파일러는 x86이 제공하는 'sub'라는 명령어를 사용하였다. 그림에서 ❷로 표시한 것은 **기계어** 또는 **머신코드**machine code라고 부른다. 'sub ecx, eax' 명령어에 해당하는 머신코드는 16진수로 0x29C1이다.

```
%gcc -g simple_sub.c -o simple_sub
%objdump -SD -Mintel simple_sub
```

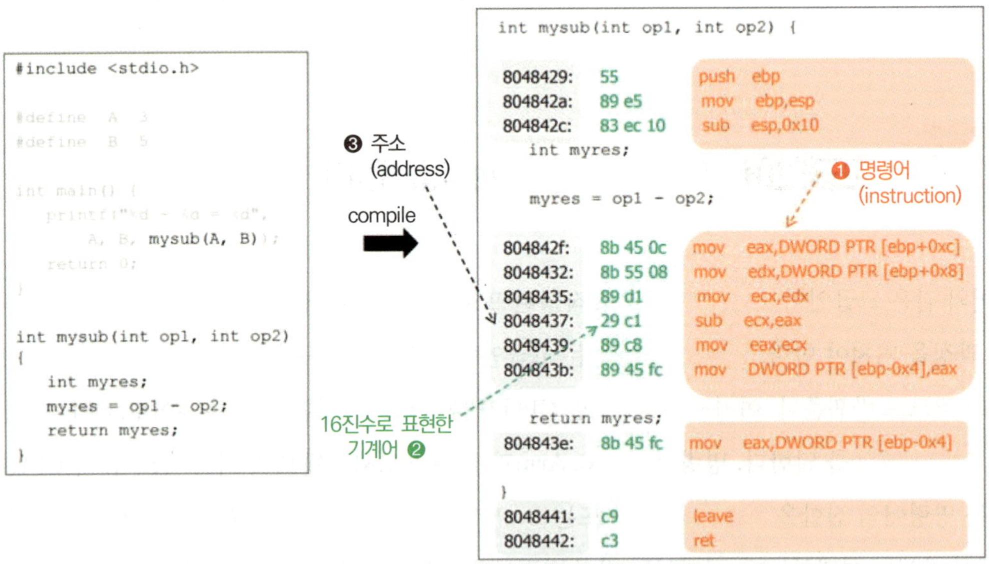

그림1-10 C언어로 작성한 프로그램과 x86 컴퓨터에서 컴파일한 결과

컴퓨터가 프로그램을 실행할 때, 머신코드는 메모리에 담겨있게 되고 CPU는 머신코드를 하나씩 읽어 들여 실행한다. 그림에서 ❸은 메모리 주소이다. 예를 들면, 머신코드 '0x29C1'은 2-byte 크기이다. 따라서 아래쪽 byte인 '0xC1'은 메모리 주소 '0x804_8437', 위쪽 byte인 '0x29'는 '0x804_8438'에 위치해 있다. RISC-V 명령어와 머신코드는 3장에서 자세히 설명한다.

앞서 설명한 대로 고급언어로 작성한 프로그램을 컴파일하면, CPU가 실행할 수 있는 **바이너리**binary가 생성된다. 우리가 사용하는 x86 컴퓨터에서 C코드를 컴파일하면 x86 CPU가 실행할 수 있는 바이너리가 생성되는 것이다. 그러면 이 책에서 앞으로 공부할 RISC-V 바이너리는 어떻게 만들 수 있을까? RISC-V 바이너리를 만들려면 RISC-V CPU 기반 컴퓨터에서 C코드를 컴파일하면 된다. 그런데 문제는 아직 RISC-V 기반 컴퓨터가 없다! 그럼 어떻게 해야 할까? **크로스 컴파일러**cross-compiler라는 것을 사용하면 된다. Cross-compiler는 어떤 컴퓨터에서 다른 종류의 CPU에서 실행할 수 있는 바이너리를 만들어 주는 컴파일러이다. 예를 들어 x86 컴퓨터에서 'RISC-V를 타깃target으로 만든 cross-compiler'를 사용하면, C코드를 RISC-V 바이너리로 만들어 준다.

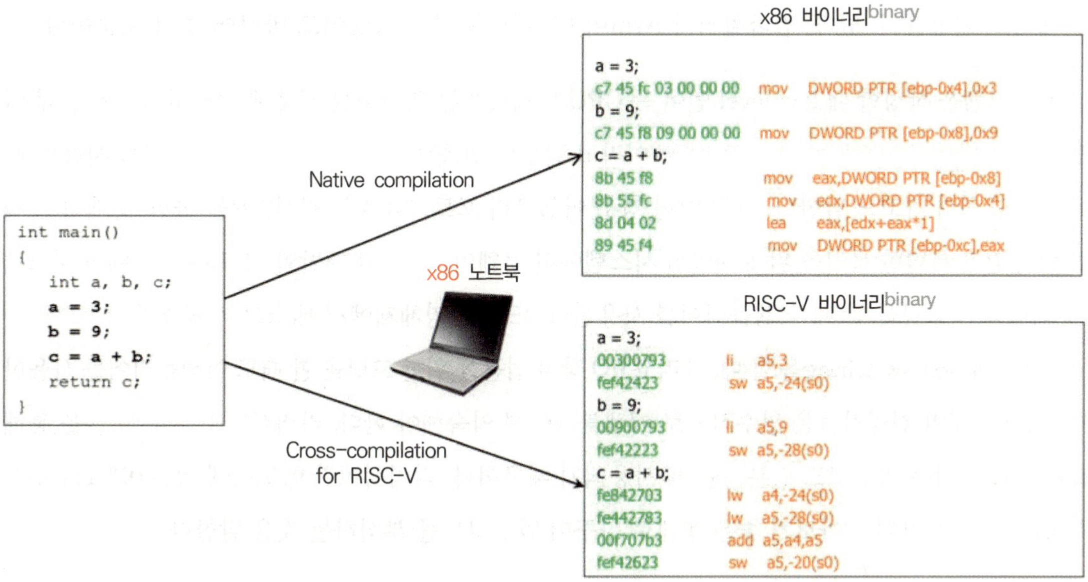

그림1-11 Native-compilation과 cross-compilation

그림1-11은 native compilation과 cross-compilation의 차이를 보여준다. 두 경우 모두 x86 노트북에서 컴파일하는 것을 가정하였다. 우리가 프로그램을 컴파일한다고 하면 보통 native compilation을 말한다. 그림에 보는 것처럼 native compiler는 x86 명령어를 출력하며, RISC-V cross-compiler는 RISC-V 명령어를 출력한다. 3장에서 RISC-V 명령어를 설명할 때 C코드와 명령어의 대응 관계에 대한 예시를 보여주는데 이때 RISC-V cross-compiler를 사용한다. RISC-V cross-compiler 설치에 대한 자세한 내용은 2.2.3절에서 설명한다. 이렇게 생성된 RISC-V 바이너리는 또한 5장에서 설계할 RISC-V CPU 검증에 사용한다. 다시 말하면 앞으로 설계할 RISC-V CPU가 명령어를 제대로 실행하는지 테스트할 때 사용한다.

프로그램을 작성할 때 대부분 C언어와 같은 고급언어를 사용하는데, 그 이유는 여러 가지가 있다. 첫째 keyword나 syntax가 프로그래머에게 직관적이고 친숙해 원하는 기능을 비교적 빠르게 구현할 수 있기 때문이다. 둘째, portable하기 때문이다. Portable이란 말은 한글로 '휴대할 수 있는' 정도가 된다. 예를 들어 x86 컴퓨터에서 개발한 소스코드source code를 Arm 컴퓨터에 가져가도 실행할 수 있다는 말이다. C 언어로 작성한 프로그램 소스를 USB에 담아 Arm 컴퓨터에서 컴파일하면 Arm 컴퓨터에서도 실행할 수 있다. 컴파일러가 Arm이 이해할 수 있는 명령어로 바꾸어 주기 때문이다.

프로그램을 작성할 때 low-level 언어 즉 CPU가 제공하는 명령어를 사용해 코딩하기도 하는데 이를 어셈블리 프로그래밍assembly programming이라고 말한다. 또한 '어셈블리어assembly language를 사용해 프로그래밍 한다'라고도 말한다. 그럼 어떤 경우 어셈블리 프로그래밍을 할까? 예를 들면, 임베디드 시스템과 같은 특별한 목적을 위해 개발한 시스템에서 펌웨어firmware를 개발할 때 또는 하드웨어 시스템에 최적화된 코딩을 할 때 어셈블리어를 사용한다. 또한 운영체제에서 태스크 스케줄링task scheduling을 하여 context switching을 할 때, 그리고 I/O 장치 접근을 위한 코딩을 할 때도 어셈블리어를 사용한다. 컴퓨터 보안 전공자들은 필수적으로 어셈블리어에 익숙해야 한다. 리버싱reverse-engineering을 통해 malware와 같은 악성코드를 분석할 때 사용되기 때문이다. 리버싱이란 메모리에 있는 0과 1로 구성된 binary를 사람이 알아보기 좋은 형태로 바꾸어 악성코드를 분석하는 것을 말한다.

1.8 컴퓨터의 기본 구조 및 동작

앞서 설명한 대로 컴퓨터는 'CPU + Memory + I/O 장치'로 구성된다. 여기서 컴퓨터의 기본 동작을 알아보기 위해 CPU와 메모리에 집중해보자. 그림1-12는 간략화한 CPU와 메모리의 연결 구조이다. 그림과 같이 메모리에는 명령어와 데이터로 구성된 바이너리binary가 적재(저장)되어 있다. 컴퓨터를 켜면 CPU는 명령어를 읽어와 해석하고 실행한다. 그리고 명령어에 따라 메모리에서 데이터를 읽거나 메모리에 데이터를 쓰기도 한다. 이제 그림에 있는 각 component에 대해 알아보자.

- **주소버스**address bus, **데이터버스**data bus: 메모리에는 아주 많은 명령어와 데이터가 저장되어 있다. 메모리는 저장된 정보가 명령어인지 데이터인지 모르며, 그냥 CPU가 요청하는 위치에 있는 정보를 줄 뿐이다. 그럼 CPU가 메모리에 있는 정보에 접근access하려면(읽거나 쓰려면) 어떻게 해야 할까? 어느 위치에 있는 정보에 접근하려는지 메모리에 알려줘야 한다. 컴퓨터에서는 위치location를 주소address라는 용어로 사용한다. 그림1-12에는 CPU와 메모리를 연결하는 두 개의 굵은 선이 있다. 위쪽 연결은 주소를 보내기 위한 선으로 주소버스address bus라고 부른다. CPU가 메모리에 접근하기 위해 메모리 위치를 보내는 용도이다. CPU가 일방적으로 메모리에 보내는 것이라 한 방향으로 표시돼 있다. 아래쪽 연결은 정보(명령어 또는 데이터)에 접근하기 위한 선으로 데이터버스data bus라고 부른다. 데이터버스는 양방향bi-directional 화살표로 되어있다. CPU로 입력되기도 하고 CPU가 출력하기도 하기 때문이다. CPU가 메모리 읽기를 하면 해당 위치에 있는 정보(명령어 또는 데이터)가 data bus를 통해 CPU로 들어오고, 메모리 쓰기를 할 때는 CPU가 메모리에 저장할 데이터를 data bus를 통해 공급한다.

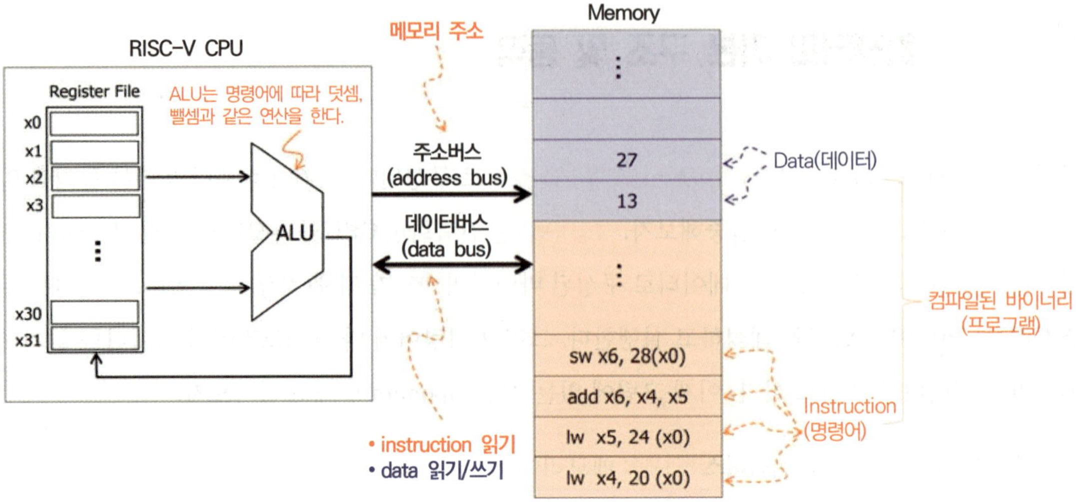

그림1-12 간략화한 컴퓨터의 기본 구조

- **레지스터 파일**register file : 레지스터 파일은 CPU 내부에 있는 임시저장소로 **레지스터**register들의 집합을 말한다. 레지스터는 CPU가 처리하기 전 또는 처리한 후 데이터를 임시로 저장하기 위해 사용된다. 그림1-12에 x0, x1, x2 ... x31 각각이 레지스터이다. 그리고 이러한 레지스터가 쌓여(?)있는 것과 같은 모양이라 **레지스터 파일**register file이라고 부른다. 레지스터 파일 설계에 대해서는 4장에서 자세히 설명한다.

읽어보기

버스(bus)란?

컴퓨터공학을 처음 접하거나 소프트웨어 코딩을 주로 하는 학생들에게는 버스bus란 용어는 왠지 낯설고 쉽게 받아들여지지 않는다. 대중교통 버스와 영어 철자가 같은데, 이것과 관련이 있는 듯 없는 듯 알쏭달쏭하다. 디지털 로직에서 나오는 'bus'라는 용어는 그림1-13처럼 단순히 두 개의 하드웨어 장치를 연결하는 전선wire의 집합을 말한다. 그림과 같이 어떤 목적을 위해 하드웨어 장치들을 여러 가닥의 전선들로 연결했을 때 그 선들의 집합을 버스라고 한다. 전선 한 가닥을 사용해 연결하면 버스라는 용어를 잘 사용하지 않는 경향이 있다.

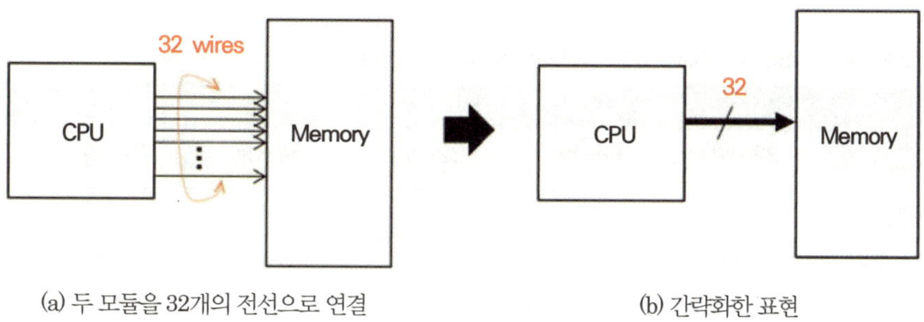

그림1-13 버스(bus)는 두 장치를 연결하는 여러 전선(wire)들의 집합이다.

그림1-14는 여러 하드웨어 장치를 공유버스shared bus로 연결한 하드웨어 시스템이다. 이러한 시스템 구조에서는 버스라는 용어가 좀 더 쉽게 받아들여질 수 있다. 그림과 같이 CPU가 UART라는 I/O 장치에 데이터를 쓰는 경우를 생각해 보자. CPU는 버스에 데이터를 싣고(loading), 실려진 데이터는 버스에 전선을 타고 이동해 목적지 I/O 장치에서 내린다(offloading).^^ 사람이 승강장에서 버스에 타고 목적지에서 내리는 것 처럼...

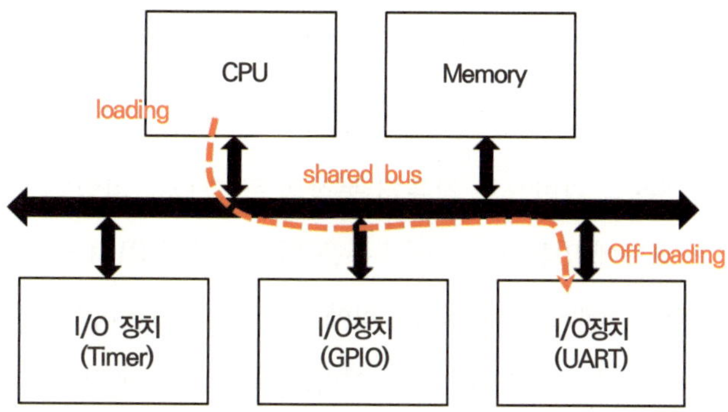

그림1-14 공유버스(shared bus)를 통한 데이터 전달

표1-6은 x86, Arm, RISC-V CPU 레지스터 파일에 있는 일반 목적general purpose: GP 레지스터를 보여준다. 레지스터 파일에 있는 레지스터의 개수는 프로세서에 따라 몇 개 ~ 몇십 개 정도이며, 전체 크기는 대략 몇백 바이트 정도이다. 레지스터 파일은 이렇게 크기가 작아 아주 고속으로 접근(읽기와 쓰기)이 가능하다. 클럭clock과 함께 설명하면 2GHz로 동작하는 CPU는 한 클럭인 0.5ns(ns = 10^{-9}초) 내에 레지스터 파일에 접근할 수 있다. 레지스터 파일에서 읽은 데이터는 명령어에 따라 연산에 사용된다. 클럭에 대한 내용은 4.2.1절에서 자세히 설명한다.

표1-6 x86, Arm, RISC-V CPU에 있는 일반목적(general-purpose) 레지스터 개수 및 명칭

	x86		Arm		RISC-V	
	32-bit	64-bit	32-bit	64-bit	32-bit	64-bit
레지스터 개수	8	16	16	31	32	32
각 레지스터 크기	32-bit	64-bit	32-bit	64-bit	32-bit	64-bit
레지스터 이름	eax, ebx, ecx, edx, esi, edi, ebp, esp	rax, rbx, rcx, rdx, rsi, rdi, rbp, rsp, r8 ~ r15	r0 ~ r15	x0 ~ x30	x0 ~ x31	x0 ~ x31

- ALUarithmetic logical unit : ALU는 CPU 내부에서 연산을 하는 장치이다. 연산이란 덧셈, 뺄셈과 같은 사칙연산arithmetic operation과 AND, OR, XOR와 같은 논리연산logical operation을 말한다. 그림 1-12는 레지스터 파일에서 두 개의 데이터를 읽어 ALU가 연산을 하고, 그 결과를 레지스터 파일에 저장하도록 만든 하드웨어 구조도이다. ALU 설계는 4.1.5절에서 자세히 다룬다.

이제 지금까지 설명한 내용을 기반으로 컴퓨터 동작의 큰 그림을 파악해 보자. 코드1-1은 덧셈을 하는 간단한 C 코드이다. 코드에 있는 'a = b + c' 문을 컴파일하면 RISC-V 명령어 4개(lw, lw, add, sw)로 변환된다. 그리고 컴파일된 명령어는 메모리에 적재된다. 컴퓨터의 전원을 켜면 CPU가 처음으로 하는 것은 메모리에서 명령어를 읽어오는 것이다. 그리고 읽어온 명령어에 따라 명령어에 명시된 동작을 한다. 예를 들면 메모리에 있는 데이터에 접근하기도 하고 연산을 하기도 한다. 메모리 접근에는 '메모리 읽기'와 '메모리에 쓰기' 이렇게 두 가지 종류가 있다.

C 코드		'a = b + c'에 해당하는 어셈블리 코드

int a, b, c;
 	
b = 13;
c = 27;
 	
a = b + c;
	컴파일
	→
		a = b + c;
		lw x4, 20(x0)
		lw x5, 24(x0)
		add x6, x4, x5
		sw x6, 28(x0)

코드1-1 C 예제 코드에 있는 덧셈에 해당하는 RISC-V 어셈블리 코드

그림1-15 ~ 그림1-17은 컴파일된 명령어의 실행에 따른 CPU와 메모리 상태를 보여준다. 그림1-15는 첫 2개의 명령어(①, ②) 실행 후 상태를 보여준다. '① lw x4, 20(x0), ② lw x5, 24(x0)'는 각각 메모리의 20번지와 24번지에 있는 데이터인 13과 27을 읽어 x4, x5 레지스터에 저장하는 명령어이다. CPU가 C 코드에 명시된 덧셈을 하기 위해서는 메모리에 있는 b, c를 CPU 레지스터로 가져와야 하는데, 첫 2개의 명령어가 바로 이런 동작을 하는 것이다. 그림1-16은 세 번째 명령어(③) 실행 흐름과 실행 후 상태를 보여준다. '③ add x6, x4, x5'는 'x6 ← x4 + x5' 동작을 하는 명령어로, x4, x5 레지스터를 읽어 더하고 그 결과를 x6 레지스터에 저장한다. 이는 C 코드의 'b + c'에 대응된다. 덧셈은 ALU에서 한다. 그림1-17은 마지막 명령어(④) 실행 후 상태를 보여준다. 'sw x6, 28(x0)'는 x6 레지스터에 있는 데이터(40)를 메모리 28번지에 저장하는 명령어이다. 이는 C 코드에서 덧셈 결과를 'a' 변수에 저장하는 것에 대응된다.

코드1-1은 아주 간단한 예제이지만 컴퓨터 동작의 중요하고 아주 많은 부분을 말해준다. CPU 명령어의 종류에는 1) 메모리 읽기 · 쓰기 2) 연산 3) 분기 이렇게 세 가지가 있는데, 예제 코드에서 분기 명령어를 제외한 명령어의 큰 동작을 설명하였다. 그림에 보여준 예시가 거부감 없이 이해가 잘 되는 독자는 컴퓨터구조 분야에 좋은 DNA를 타고난 사람이다. 그렇지 않더라도 앞으로 차근차근 설명하니 걱정하지 말길 바란다.

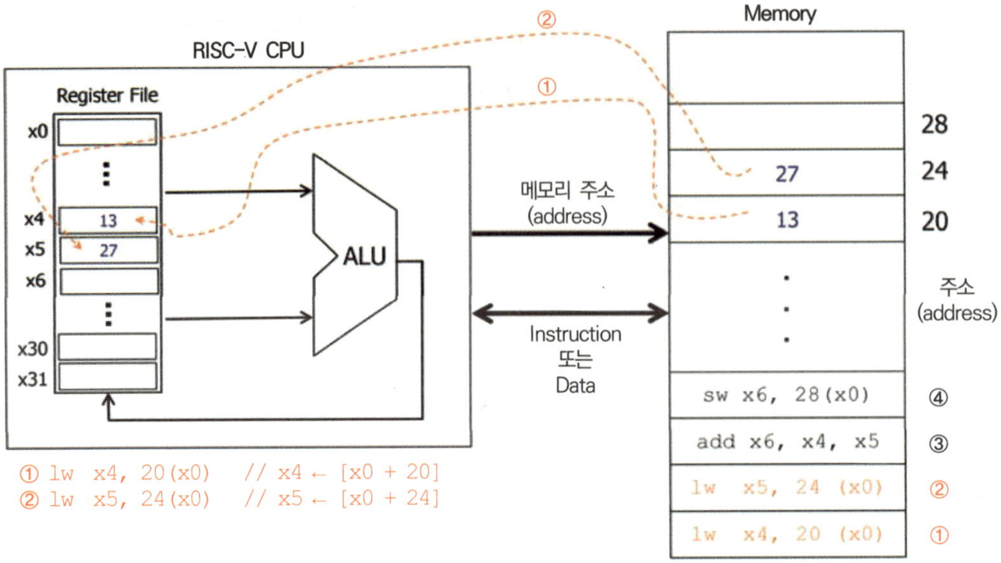

그림1-15 메모리 읽기 명령어('lw') 실행 후 상태

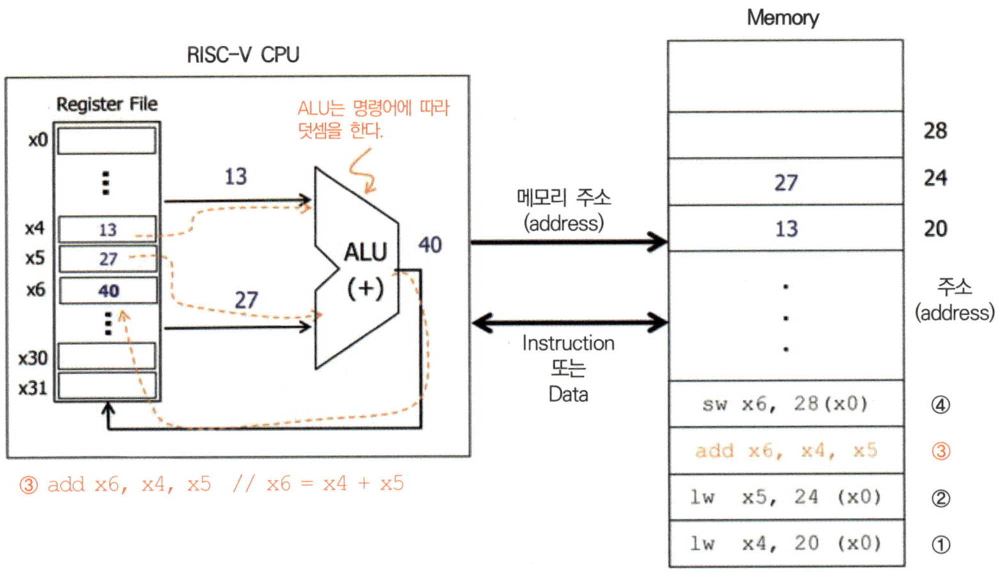

그림1-16 덧셈 명령어('add') 실행 과정 및 실행 후 상태

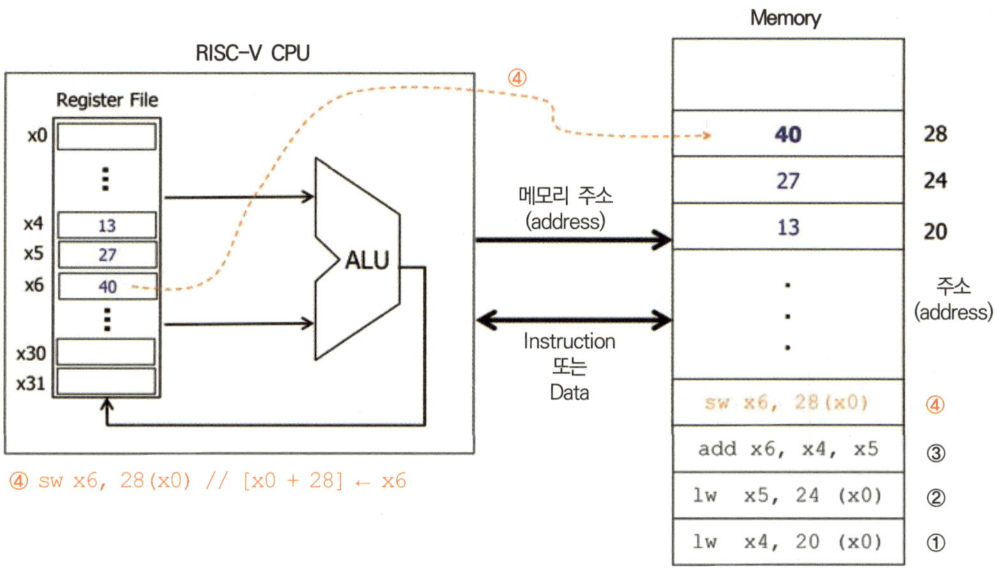

그림1-17 메모리 쓰기 명령어('sw') 실행 후 상태

1.9 컴퓨터는 처음에 어디에서 무엇을 실행할까?

CPU를 한마디로 표현하면 메모리에서 명령어를 읽어 실행하는 하드웨어이다. 컴퓨터가 켜져 있는 동안에는 '계속' 명령어를 읽어 실행한다. 그럼 컴퓨터를 켜면 CPU가 처음으로 가져오는 명령어는 무엇일까? 그리고 그 명령어는 메모리 어느 위치에 있을까? 1.8절에서 설명한 것과 같이 CPU 내부에는 레지스터가 있는데 그 중 아주 특별하고 중요한 레지스터가 하나 있다. 주로 Program Counter[PC]라고 부르는 레지스터이다. PC는 명령어를 읽을 때 사용한다. PC 레지스터는 CPU가 읽어올 명령어가 있는 위치를 담고 있다. 그런데 이름이 좀 이상하다. 프로그램[Program]을 카운트[count]한다??? x86의 경우는 같은 용도의 레지스터를 IP[instruction pointer]라고 부르는데, IP라는 이름은 PC에 비해 쉽게 다가온다. 왜냐하면, IP는 말 그대로 메모리에 있는 명령어[instruction]를 가리키고[point] 있다는 의미이기 때문이다. 여하튼, PC, IP 모두 CPU가 읽어올 명령어의 위치(주소)를 담고 있다. 그림1-18은 RISC-V CPU에서 PC 레지스터에 따라 명령어를 읽는 것을 보여준다. 그림에 보는 것처럼 RISC-V CPU에는 레지스터 파일 외에 PC 레지스터가 따로 있다. 그림에서 'PC = 0'으로 되어 있어 CPU는 메모리 0번지에 있는 명령어인 'lw x4, 20(x0)'을 읽어온다.

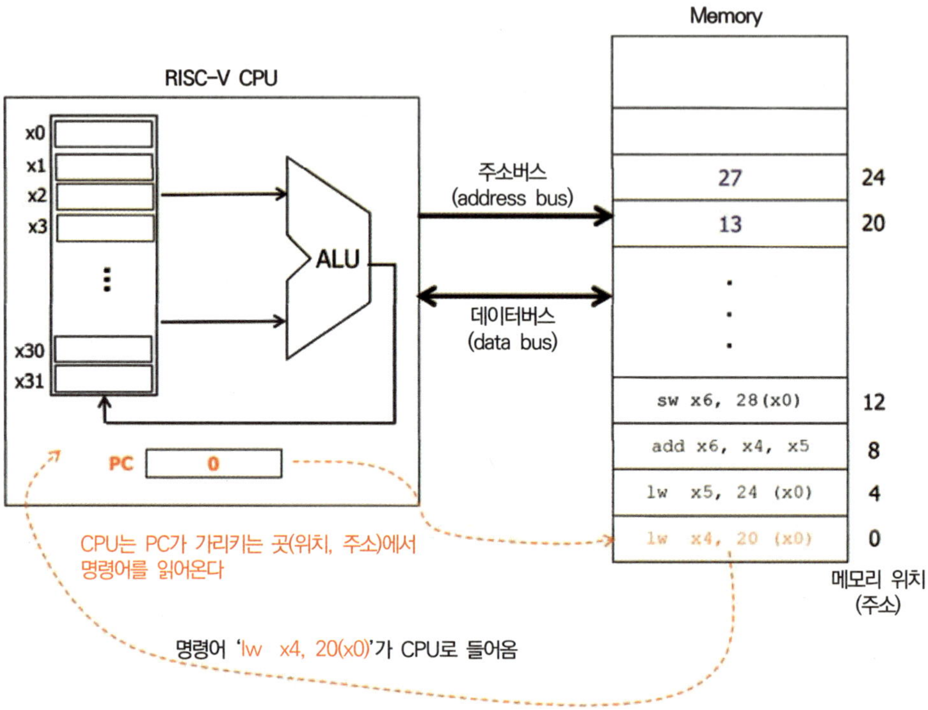

그림1-18 Program Counter(PC) 레지스터의 역할: PC 레지스터가 가리키는 곳(위치, 주소)에서 명령어를 읽어옴.

PC 레지스터는 명령어를 읽어온 후, 자동으로 증가하도록 설계된다. 3장에서 설명하는 RV32I 명령어를 지원하는 RISC-V CPU의 경우 PC 레지스터는 '4'씩 증가한다. RV32I 명령어의 크기는 모두 4-byte로, 다음 명령어의 위치는 'PC + 4'가 되기 때문이다. 그림1-18의 예에서 보면 CPU는 'PC = 0x0'에 있는 'lw x4, 20(x0)' 명령어를 읽어와 실행한다. 그 후 'PC = 0x4'가 되며 CPU는 메모리 4번지에 있는 'lw x5, 24(x0)' 명령어를 읽어와 실행한다. 그 후 'PC = 0x8'이 되고 CPU는 메모리 8번지에 있는 'add x6, x4, x5' 명령어를 읽어와 실행한다. 컴퓨터는 켜져 있는 동안 이 과정을 무한 반복한다.

PC 레지스터는 4.2.2절에서 설명하는 플립플롭flip-flop으로 설계할 수 있다. 플립플롭 중에서도 set과 reset 입력이 있는 flip-flop을 사용하면 처음 시작 값을 설정할 수 있다. 플립플롭의 set 혹은 reset 입력은 컴퓨터 본체에 있는 리셋reset 버튼에 연결되고, 그러면 컴퓨터를 켜거나 리셋 버튼을 누르면 플립플롭은 특정 값에서 동작을 시작한다. PC 레지스터의 처음 시작 값은 CPU 제조사마다 다른데, x86의 경우 16진수로 0xFFFF_FFF0(IP=0xFFFF_FFF0)에서 시작하도록 설계되어 있고, Arm의 경우 0x0 또는 0xFFFF_ 0000 (PC=0x0 또는 PC=0xFFFF_0000)에서 시작하도록 설계되어 있다. RISC-V의 경우 PC 시작 값은 'implementation-defined'로 되어있다. RISC-V CPU 설계 · 제조사에서 임의로 정할 수 있다는 말이다. 이 책에서는 'PC = 0x0'에서 시작한다고 가정한다.

이제 "컴퓨터는 처음에 어디서 무엇을 실행할까?"라는 질문에 대한 답을 해보자. 컴퓨터가 처음 실행하는 명령어가 있는 곳의 위치는 CPU 제조사마다 다르다. 이 책에서 설명하는 RISC-V CPU의 경우 메모리의 0번지에서 명령어를 가져온다. 다시 말하면 메모리의 0번지에서 첫 명령어를 가져오도록 CPU 하드웨어를 설계한다. 따라서 소프트웨어 만드는 사람들은 선택의 여지가 없다. 메모리의 0번지에 첫 명령어를 넣어 두어야 한다. 컴퓨터가 실행하는 첫 코드는 비휘발성non-volatile 메모리(과거에는 ROM, 요즘에는 주로 Flash 메모리)에 저장한다. 왜냐하면 현재 DRAM 기술로 만든 주기억장치는 휘발성volatile이기 때문에 전원이 꺼지면 거기에 있는 명령어와 데이터 모두 사라지기 때문이다. 첫 명령어는 '꼭 무엇이어야 한다'라는 제약이 있는 것은 아니며, Arm의 경우 주로 분기branch 명령어, x86 컴퓨터도 분기 명령어인 'jmp' 명령어를 주로 사용한다.

1.10 RISC vs CISC

컴퓨터를 분류하는 방법은 여러 가지가 있는데 전통적으로 명령어의 복잡도complexity에 따라 분류하기도 한다. 여기서 복잡도란 명령어 하나를 실행하기 위해 CPU 하드웨어가 해야 하는 작업의 양을 의미한다. 이러한 복잡도는 명령어를 만드는 ISA 아키텍트architect에 따라 달라지는데, 이에 따라 컴퓨터는 크게 CISC와 RISC로 나뉜다. CISC는 Complex Instruction Set Computer의 약자이며, RISC는 Reduced Instruction Set Computer의 약자이다. CISC는 말 그대로 각각의 명령어가 복잡한complex 작업을 한다는 의미이고, RISC에서는 각각의 명령어가 줄여진reduced 아주 작은 단위의 작업을 한다는 의미이다. CISC 계열 컴퓨터의 대표적인 예는 x86, IBM 360, Motorola 68000 등이 있으며, RISC 계열 컴퓨터의 예에는 Arm, MIPS, RISC-V가 있다.

그럼 복잡한complex 작업을 한다는 것과 간단한reduced 작업을 한다는 것이 무슨 의미인지 예와 함께 알아보자. CISC 계열 컴퓨터로 우리가 일상에서 사용하는 x86에는 'movsb'라는 명령어가 있다. 'movsb'는 'Move String Byte'의 약자로 메모리에 있는 문자열을 메모리의 다른 곳으로 복사copy하는데 사용하는 명령어이다. 그림1-19는 'movsb' 명령어를 사용하여 메모리 10~15번지에 있는 문자열인 'Hello!'를 20~25번지로 복사하는 예를 보여준다. C 코드에서는 문자열 복사를 위해 string-copy 함수인 'strcpy()'를 사용하는데 이와 같은 기능이다.

문자열을 복사하는 'movsb' 명령어를 실행하기 위해서는 먼저 esi, edi, ecx 레지스터를 설정해야 한다. 그림(a)에 있는 것처럼, esiextended source index 레지스터는 원본source 문자열의 시작주소인 '10'을 담고 있어야 하고, ediextended destination index는 저장하려는 곳의 시작 위치인 '20'을 담고 있도록 설정해야 한다. 그리고 ecx 레지스터는 복사하려는 문자의 개수를 담고 있어야 한다. 'Hello!'에는 6개의 문자가 있어 '6'으로 설정하였다. 이 상태에서 'rep movsb' 명령어를 실행하면 목적 위치에 6개 문자가 복사된다. 'rep'는 x86에 사용하는 명령어 prefix로 ecx에 설정한 값 만큼 'movsb'를 반복하도록 만든다. 여기서 중요한 것은 'rep movsb'는 명령어 하나라는 것이다. 그리고, 이 명령어 하나가 strcpy() 함수와 같은 기능을 한다!

그럼 이러한 문자열 복사가 그렇게 복잡한 작업일까? 복잡한 작업이다. 사람에게는 단순해 보이지만, 문제는 CPU 하드웨어가 이런 작업을 한다는 것이다. 그림1-19는 이러한 동작이 하드웨어 측면에서 얼마나 복잡한지 보여주기 위한 단계별 실행 과정을 보여주고 있다. 먼저 첫 문자 'H'를 복사하기 위해 CPU가 어떤 과정을 거치는지 알아보자. 그림1-19(a)는 'movsb' 실행 전 상태이며, 그림1-19(b)는 문자 하나('H')를 복사한 후의 상태이다. (b)에서 보면 CPU는 esi 레지스터가 가리키는 위치에서

1-byte인 'H'를 읽어온다. 그리고, 읽어온 1-byte를 edi 레지스터가 가리키는 위치에 저장한다. 그 후 다음 문자의 복사를 위해 esi와 edi를 1만큼 증가시킨다. 따라서 'esi = 11'이 되고 'edi = 21'이 된다. 또한 ecx 레지스터 값을 1만큼 감소시켜 5가 된다. 아직 5개 문자를 더 복사해야 한다는 의미이다. 마지막으로 복사하는 동작을 계속해야 할지 아니면 멈춰야 할지 판단하기 위해, ecx 레지스터 값이 0과 같아졌는지 확인한다. 그리고 이러한 일련의 동작을 6번 반복해야 한다. 그림1-19(c)는 'e'를 복사한 후 CPU상태를 보여주며, 그림1-19(d)는 마지막 문자인 '!'를 복사한 후 상태를 보여준다.

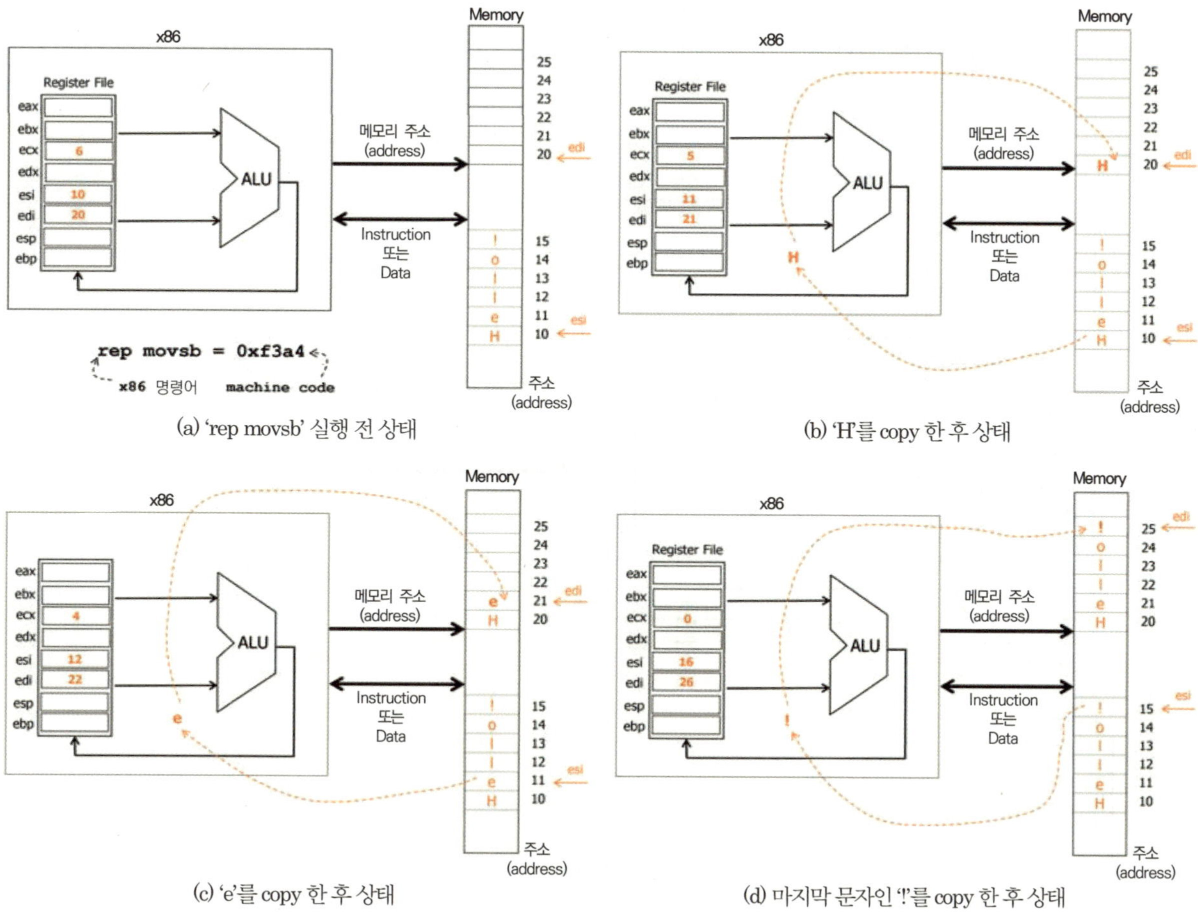

그림1-19 x86 'rep movsb' 명령어가 메모리에 있는 문자열 'Hello!'을 복사하는 과정

이러한 모든 일련의 동작을 하드웨어가 하려면 디지털 로직 설계가 아주 복잡해지며 이에 따라 하드웨어의 크기도 커진다. 'movsb'는 하나의 예일 뿐이며, x86이 제공하는 많은 명령어를 생각하면 x86 프로세서 설계가 아주 복잡하며 까다로울 것이라는 것을 짐작할 수 있다.

그러면 RISC 계열 컴퓨터에서는 문자열 복사를 어떻게 할까? 그림1-20은 RISC-V에서 문자열을 복사하는 어셈블리 코드와 CPU 동작을 보여준다. RISC-V에서는 어셈블리 코드에 보는 것처럼 string-copy를 위해 최소 6개의 명령어를 사용해야 한다. 어셈블리 코드는 메모리에서 읽는 명령어(①), 메모리에 쓰는 명령어(②), 주소를 증가시키기 위한 명령어(③,④), 문자열의 개수를 감소시키는 명령어(⑤), 모든 문자 복사를 완료했는지 판단하는 명령어(⑥)로 구성되어 있다. 여기서 명령어 각각

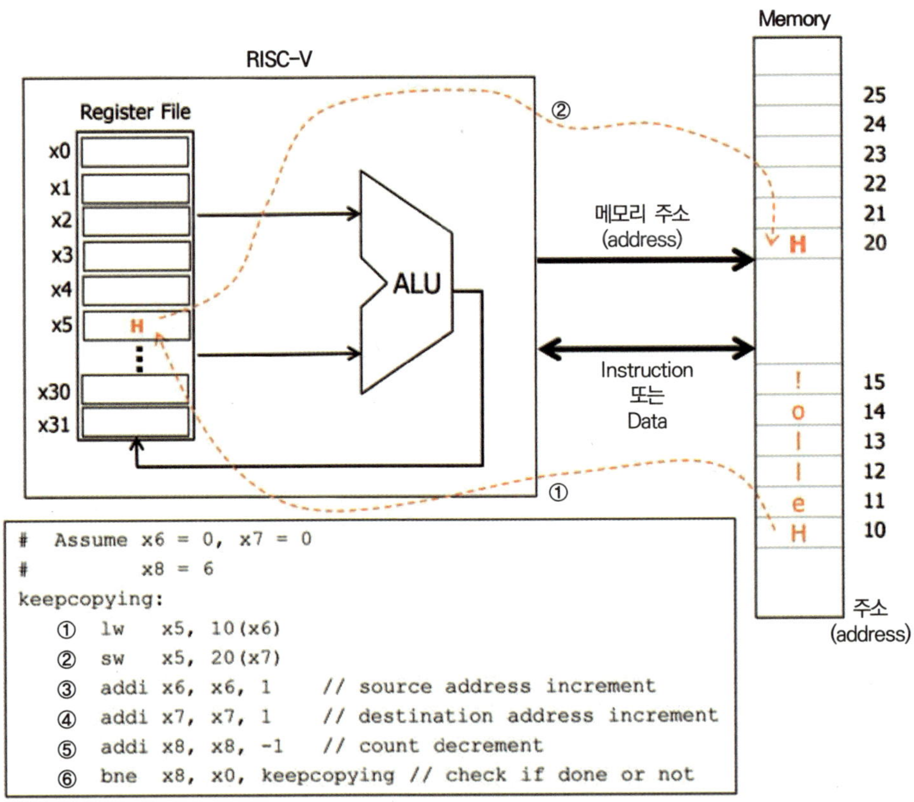

그림1-20 String-copy를 하는 RISC-V 어셈블리 코드 및 하드웨어 동작

은 아주 간단한 동작을 한다. 먼저 ① 'lw x5, 10(x6)' 명령어는 첫 문자인 'H'를 메모리에서 읽어 x5 레지스터에 저장한다. ② 'sw x5, 20(x7)' 명령어는 x5 레지스터에 있는 'H'를 메모리 20번지에 저장한다. ③ 'addi x6, x6, 1' 명령어는 읽어올 다음 문자를 가리키도록 x6을 1 만큼 증가시킨다. ④ 'addi x7, x7, 1'는 저장할 다음 위치를 가리키도록 x7을 1 만큼 증가시킨다. ⑤ 'addi x8, x8, -1' 명령어는 앞으로 복사할 남아 있는 문자열의 개수를 만들기 위해 x8 레지스터를 1 만큼 감소시킨다. 마지막으로 ⑥ 'bne x8, x0, keepcopying' 명령어는 모든 문자열을 복사했는지 점검하기 위해 x8 레지스터와 x0 레지스터를 비교한다. RISC-V에서 x0 레지스터는 항상 0을 가지고 있다. 두 레지스터(x8, x0)가 같지 않으면 'keepcopying' 레이블label로 되돌아가 ① ~ ⑤ 명령어를 반복해서 실행하고, 같으면 종료된다.

이같이 RISC 계열 컴퓨터에서는 각 명령어가 아주 간단한 단위 작업을 한다. 하드웨어 설계 측면에서도 CPU가 이렇게 간단한 작업을 하도록 설계하는 것은 비교적 수월하다. 이에 따라 로직 게이트를 상대적으로 적게 사용하게 되어 하드웨어 비용 측면에서도 유리하다.

표1-7은 CISC와 RISC를 몇 가지 측면에서 비교한 표이다. ① 명령어 측면에서 CISC는 복잡한 동작을 하는 명령어를 지원한다. 반면 RISC는 명령어 각각이 작은 단위의 동작을 한다. ② CISC에서 명령어의 길이는 명령어에 따라 가변적이다. x86의 경우 1-byte 크기의 명령어부터 15-byte 크기의 명령어까지 다양하다. 앞서 예로든 'rep movsb'는 2-byte 길이의 명령어이다. RISC에서는 명령어 길이가 모두 같다. RISC-V 기본 ISA인 RV32I의 경우 명령어의 길이는 모두 4-byte(=32-bit)이다. CPU

표1-7 CISC(Complex Instruction Set Computer)와 RISC(Reduced Instruction Set Computer) 비교

	CISC	RISC
① 명령어	Simple to complex instructions	Simple instructions
② 명령어 길이	Variable: x86의 경우 명령어 크기는 명령어에 따라 1-byte ~ 15-byte로 다름	Fixed: RISC-V RV32I의 경우 명령어의 길이는 모두 32-bit (=4B)로 같음
③ 명령어 개수	Many	Reduced
④ 메모리 접근	Memory-to-memory 연산 지원	'load'와 'store' 명령어만 메모리 접근
⑤ 컴파일된 프로그램 크기	Small	Large
⑥ CPU 하드웨어 복잡도(complexity)	High	Low

하드웨어를 설계할 때 명령어의 길이도 설계 복잡도에 큰 영향을 미친다. x86의 경우 명령어에 따라 크기가 달라, 메모리에서 명령어를 읽어온 후 CPU가 제일 먼저 하는 작업은 명령어를 분리하는 것이다. 첫 번째 명령어가 어디까지이며 두 번째 명령어는 어디까지인지 하드웨어가 구분하는데, 이렇게 명령어의 경계를 판단하는 디지털 로직도 아주 복잡하다. 반면 RISC의 경우 명령어의 크기가 모두 같아 명령어를 분리하는 로직도 아주 간단하다. RISC-V의 경우 단순히 4-byte씩 끊으면 명령어가 구분된다.

③ 명령어의 개수 면에서도 차이가 있다. CISC의 경우 고급언어가 지원하는 semantic을 명령어 차원에서 지원하려 한다. 따라서 명령어 개수가 많다. 앞서 설명한 'strcpy()' 역할을 하는 'rep movsb' 명령어가 하나의 예이다. 반면 RISC의 경우 간단한 단위 명령어들만 제공하기 때문에 명령어의 개수가 대체로 적다. 이러한 특징은 ④ 메모리 접근을 하는 명령어에도 차이를 보인다. CISC의 경우 'movsb'의 예와 같이 메모리 읽기와 메모리 쓰기를 모두 하는 명령어가 있는 반면, RISC는 메모리 읽기 또는 메모리 쓰기를 하는 명령어가 따로 있다. 특별히 메모리 접근을 특징적으로 말하는 이유는 7장에서 설명하는 것처럼 메모리는 접근에 시간이 꽤 걸리기 때문이다. 메모리 접근은 프로그램 실행 시간에 큰 영향을 미친다.

앞서 말한 특징들은 ⑤ 컴파일된 바이너리의 크기에 직접적인 영향을 미친다. String-copy의 예에서 설명한 것처럼, CISC는 고급언어 semantic을 지원하는 명령어를 제공한다. 따라서 프로그램을 컴파일하면 바이너리의 크기가 상대적으로 작다. 이것을 'memory footprint가 작다'라고 표현하는데, 쉽게 말하면 프로그램이 메모리를 적게 차지한다는 말이다. RISC의 경우는 고급언어 semantic을 명령어의 조합으로 만들기 때문에 memory footprint가 상대적으로 크다. ⑥ CPU 하드웨어 복잡도 측면에서는 어떨까? CISC는 설계가 복잡하고 비용이 많이 든다. RISC는 반대로 설계가 간단하고 상대적으로 비용이 적게 든다. 그럼 CISC와 RISC 중 어떤 구조가 좋은 것일까? 이에 대한 논란은 1980년대에 뜨거웠다. 지금은 x86, Arm과 같이 현재 우리 일상에서 많이 사용되는 프로세서에서 볼 수 있듯이, 각 구조를 옹호하는 진영이 서로 싸우지 않고 평화롭게(?) 지내고 있다.

1.11 32-bit, 64-bit 아키텍쳐architecture?

컴퓨터구조의 큰 밑바탕을 말할 때, 32-bit 컴퓨터, 64-bit 컴퓨터 또는 32-bit 아키텍쳐architecture, 64-bit 아키텍쳐와 같은 말을 자주 사용하는데, 이것은 무슨 의미일까? 이것은 CPU 내부에서 데이터 처리를 하는 기본 단위를 말한다. 32-bit 컴퓨터는 32-bit 데이터들을 한 번에 연산할 수 있고, 64-bit 컴퓨터는 64-bit 데이터들을 한 번에 연산할 수 있다. 그림1–21은 CPU의 간략한 내부구조이다. 32-bit CPU에 있는 ALU는 32-bit 데이터 두 개를 입력으로 받고 연산 후 32-bit를 출력한다. 32-bit CPU에서는 이를 위해 각 레지스터의 크기도 32-bit이다. 64-bit CPU에 있는 ALU는 64-bit 데이터 두 개를 입력받고 연산 후 64-bit를 출력한다. 이를 위해 각 레지스터의 크기도 64-bit이다.

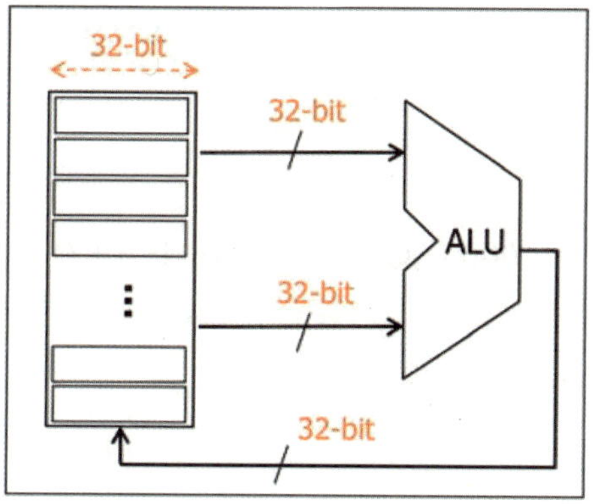

(a) 32-bit CPU

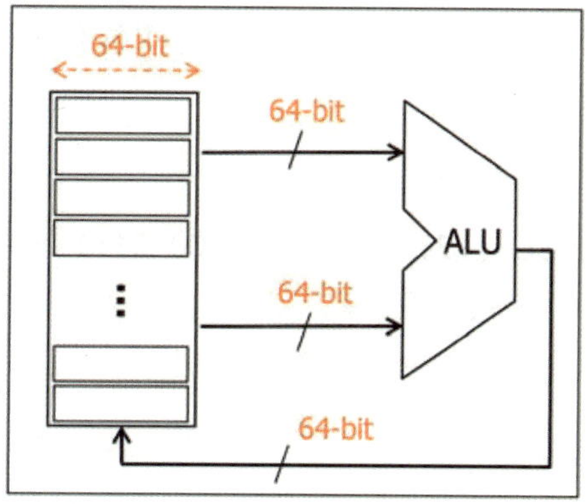

(b) 64-bit CPU

그림1–21 32–bit CPU와 64–bit CPU의 하드웨어 구조도

2021년 현재 데스크톱과 노트북에 사용되는 x86 프로세서와 스마트폰에 사용되는 Arm 프로세서는 모두 64-bit 아키텍쳐 기반이며, 임베디드 시스템에 사용되는 프로세서는 주로 32-bit 아키텍쳐를 사용한다. 임베디드 시스템 응용 분야에 따라서는 아직도 8-bit 프로세서를 사용하기도 한다.

1.12 2의 보수 그리고 정수의 덧셈, 뺄셈

컴퓨터는 2의 보수 2's complement 체계를 사용해 음의 정수를 표현한다. 음의 정수를 2의 보수 체계로 표현하는 방법은 간단하다. 음의 정수와 부호가 반대인 값, 즉 양수 값을 bitwise inverting(0 → 1, 1 → 0)하고 1을 더하면 된다. 그림1-22는 '−7'을 4-bit를 사용하여 2의 보수로 표현한 예이다. 먼저 '+7'인 '0111'에서 시작하여 '0 → 1', '1 → 0'으로 바꾸면 '1000'이 된다. 그리고 거기에 '1'을 더하면 '1001'이 된다. 여기서 4-bit를 사용한 것은 설명의 편의를 위한 것이다. 만약 같은 방식을 사용해 8-bit로 표현하면 '−7'은 '1111_1001', 16-bit로 표현하면 '1111_1111_1111_1001'이 된다. 그럼 컴퓨터에서는 몇 bit를 사용해 음의 정수를 표현할까? 이것은 우리가 프로그램을 작성할 때 사용하는 데이터 타입 data type에 따라 달라진다. C언어의 경우 'char'로 선언된 변수는 8-bit로 표현되고, 'short'로 선언된 변수는 16-bit로 표현된다. 그리고 'int'로 선언된 변수는 32-bit, 'long long'으로 선언된 변수는 64-bit로 표현된다.

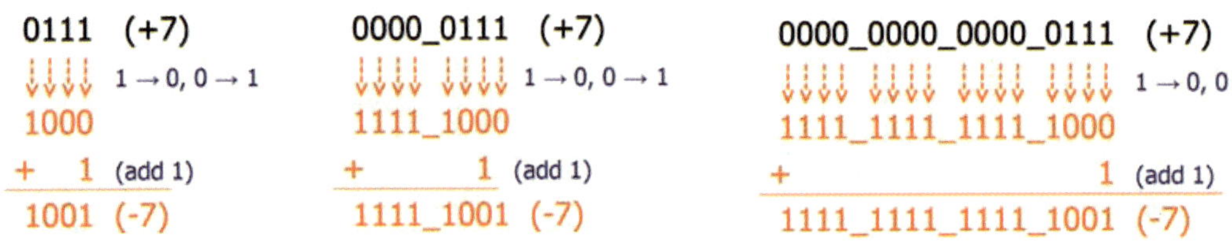

(a) 4-bit 표현 (b) 8-bit 표현 (c) 16-bit 표현

그림1-22 '−7'의 2의 보수 표현

여기서 컴퓨터에서 정수에 관한 오해와 혼동이 쉬운 중요한 사실에 대해 알아보자. 그림1-23은 4-bit로 표현한 정수의 범위를 보여준다. (a)에서는 양수만을 표현하였고, (b)에서는 양수와 음수 모두를 표현하였다. 그림에 보는 것처럼, 양수 만을 표현하면 4-bit로는 '0 ~ +15(= $+2^4-1$)'까지 나타낼 수 있고, 양수와 음수를 모두 표현하면 '−8(= -2^3) ~ +7(= $+2^3-1$)'까지 나타낼 수 있다. 여기서 2진수 값 '1000'을 살펴보면, (a)에서는 '+8'을 의미하고 (b)에서는 '−8'을 의미한다. 2진수 값 '1111'은 (a)에서는

'+15'을 의미하고 (b)에서는 '−1'을 의미한다. 2진수 표현으로는 같은 값인데 양수이기도 하고 음수이기도 하다? 도대체 어떤 것이 맞는 걸까?

(a) 4-bit로 양수만을 표현할 때

10진수:	0	+1	+2	+3	+4	+5	+6	+7	+8	+9	+10	+11	+12	+13	+14	+15
bit 2진수:	0000	0001	0010	0011	0100	0101	0110	0111	1000	1001	1010	1011	1100	1101	1110	1111

10진수:	-8	-7	-6	-5	-4	-3	-2	-1	0	+1	+2	+3	+4	+5	+6	+7
bit 2진수:	1000	1001	1010	1011	1100	1101	1110	1111	0000	0001	0010	0011	0100	0101	0110	0111

(b) 4-bit로 양수, 음수를 모두 표현할 때

그림1-23 4-bit를 사용한 (a) 양수의 표현 (b) 양수와 2의보수를 이용한 음수 표현

두 값 모두 맞다. 이건 또 무슨 말일까? 설명의 편의를 위해 코드1-2에 있는 C 프로그램의 예를 보자. 여기서 변수 a는 'int a'로 signed 정수로 정의했고, 변수 b는 'unsigned b'로 unsigned 정수로 선언하였다. 그리고, a = −1, b = 0xFFFFFFFF로 값을 부여하였다. 이제 컴퓨터가 a, b를 어떻게 표현하는지 알아보자. 먼저 C언어에 'int, unsigned'로 선언한 변수는 32-bit로 표현된다. 이제 '−1'을 2의 보수 체계를 사용해 표현해 보자. '+1(=0x0000_0001)'에서 시작해 '0 → 1', '1 → 0'으로 바꾸면 0xFFFF_FFFE이고, '+1'을 하면 0xFFFF_FFFF가 된다. 'b'는 양수만을 표현하려는 의도로 unsigned를 정의했고 0xFFFF_FFFF를 부여하였다. 32-bit 모두를 1로 만들어 32-bit이 표현할 수 있는 가장 큰 수를 만든 것이다. 따라서 컴퓨터는 변수 a, b에 부여된 값을 표현하기 위해 동일한 0xFFFF_FFFF을 사용한다. 하지만 첫 번째 '0xFFFF_FFFF'의 의미는 '−1(음수 1)'이고, 두 번째 0xFFFF_FFFF의 의미는 아주 큰 양수 $(+2^{32}-1)$이다.

```
int      a;
unsigned b;

a = -1;              // a는 메모리에 '0xFFFF_FFFF'로 저장된다.
b = 0xFFFFFFFF;      // b도 메모리에 '0xFFFF_FFFF'로 저장된다.
```

코드1-2 정수의 표현: '0xFFFF_FFFF'는 음수 −1, 양수 +4,294,967,295 모두를 표현한다.

데이터는 그 데이터를 사용하는 프로그래머인 여러분이 정의하고 해석하기에 따라 의미가 달라진다. 예제와 같이 메모리에 0xFFFF_FFFF 가 있다면, 정의와 해석에 따라 −1 , $+2^{32}-1$ 모두 맞다. 그러면 0xFFFF_FFFF가 꼭 정수이어야 할까? 그렇지 않다. 영화 파일의 일부일 수도 있고 mp3 파일의 한 부분일 수도 있다. 또는 내가 만든 한글 파일의 일부일 수도 있다. 다시 강조하지만, 데이터에 대한 해석은 그 데이터를 만들고 사용하는 사람(프로그래머)이 하는 것이다.

음수를 표현하는 방식은 2의 보수 외에도 'sign/magnitude'와 같은 방법도 있다. 그런데 컴퓨터에서는 왜 굳이 2의 보수 체계를 사용하는 걸까? 그것은 별다른 조작 없이 가산기adder로 자연스럽게 뺄셈을 할 수 있기 때문이다. 이게 무슨 말일까? 빼기를 더하기로 한다니? 2의 보수 체계를 사용하면 덧셈으로 뺄셈을 할 수 있다. 예제를 통해 알아보자. 그림1-24는 4-bit 컴퓨터가 있다고 가정하고, '10 − 4'를 계산하는 예제를 보여준다. '10 − 4'를 할 때 '10 + (−4)'를 하면 되는데, 그림에서는 '−4'를 2의 보수로 표현하여 10과 더하였다. 그 결과 자연스럽게 예상했던 +6이 답으로 나왔다! 앞서 설명한 대로 4-bit CPU에서 ALU는 4-bit 입력을 받고 4-bit 출력을 내보내기 때문에 그림에 carry-out에 의한 출력 맨 앞자리 '1'은 보이지 않는다.

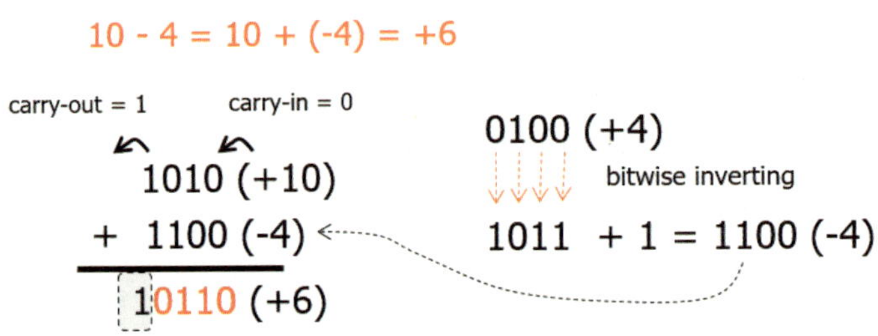

그림1-24 4-bit 컴퓨터에서 뺄셈을 2의 보수를 이용한 덧셈으로 하는 예제

그러면 이러한 동작을 하는 하드웨어를 실제로 어떻게 만들 수 있을까? 그림1-25는 가산기를 사용해 덧셈과 뺄셈을 모두 할 수 있는 하드웨어 구조도이다. multiplexermux는 4.1.2절에서 자세히 설명하는데, 여러 입력 중 하나를 선택하는 하드웨어 모듈이다. 그림에 있는 2:1 mux는 'select'에 따라 두 입력 중 하나를 선택한다. 'select == 0'이면 b를 선택하고, 'select == 1'이면 ~b를 선택한다. 여기서 눈여겨봐야 할 것은 select가 가산기의 carry-in에도 연결되어 있다는 것이다. CPU는 덧셈(a + b)을 하

는 명령어가 들어오면 'select = 0'으로 만든다. 그러면 carry-in에도 0이 들어간다. 따라서 가산기의 출력 y는 'a + b'가 된다. 그리고 뺄셈(a – b)을 하는 명령어가 들어오면 CPU는 'select = 1'로 만든다. 그러면 carry-in에도 1이 들어가게 되고, 가산기의 출력은 'y = a + ~b + 1'이다. 여기서 (~b + 1)은 '-b'를 2의 보수로 표현한 것과 같다! 따라서 그림1-25는 2의 보수를 이용해 뺄셈을 덧셈으로 하는 디지털 로직이다.

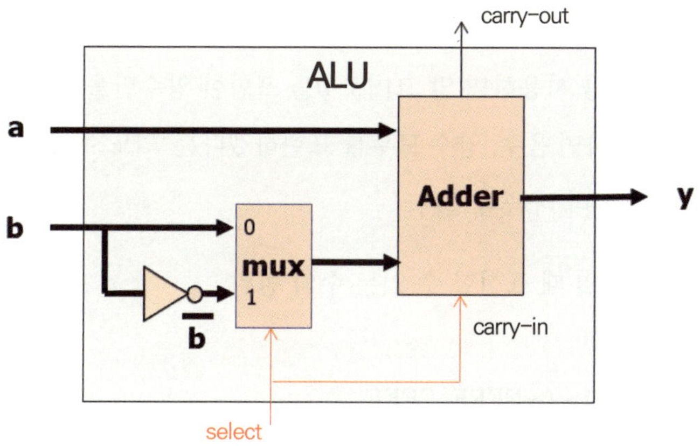

• 덧셈 (Select = 0): $y = a + b = a + b + 0$

• 뺄셈 (Select = 1): $y = a - b = a + (-b) = a + \overline{b} + 1$

그림1-25 덧셈과 뺄셈을 할 수 있는 디지털 로직 회로도

1.13 Signed 정수, Unsigned 정수, 그리고 컴퓨터에서 표현할 수 있는 정수의 한계

앞서 설명한 대로 32-bit CPU는 데이터 처리의 단위가 32-bit이다. 이 책에서 소개할 RISC-V도 32-bit 기반 CPU이다. 그럼 32-bit로 표현할 수 있는 정수의 범위는 어떻게 될까? 고급언어를 사용해 코딩할 때는 데이터 타입data type을 사용해 정수를 선언하는데, C언어에서는 unsigned와 signed 두 가지 타입이 있다. Unsigned를 사용하면 말 그대로 0을 포함한 양수만을 표현하겠다는 프로그래머의 '의도'이고, signed를 사용하면 음수, 양수 모두를 표현하겠다는 '의도'이다. 따라서 표현할 수 있는 수의 범위는 데이터 타입에 따라 다음과 같다.

- 32-bit가 unsigned 정수일 때 표현할 수 있는 수의 범위
    - $0 \sim +(2^{32}-1)$:
    - 16진수로 표현하면 0x0 ~ 0xFFFF_FFFF
- 32-bit가 signed 정수일 때 표현할 수 있는 수의 범위 (여기서 음의 정수 표현을 위해 2의 보수 체계 사용)
    - $-2^{31} \sim +(2^{31}-1)$
    - 16진수로 표현하면 0x8000_0000 ~ 0x7FFF_FFFF

그러면 사람들이 종종 착각하기도 하고 혼란스러워하는 질문을 하나 더 해보자. 컴퓨터 '하드웨어'는 데이터의 의미(예를 들어, signed 정수인지 unsigned 정수인지)를 알고 연산과 같은 데이터 처리를 하는 걸까? 답은 '아니오'이다. 하드웨어는 디지털 로직으로 설계된 대로 데이터를 조작, 변형하고 저장할 뿐이다. 그 의미를 절대로 모른다. 기찻길에 비유를 해보면, 철길(하드웨어)에 기차(데이터)가 지나갈 때, 철길은 기차 안에 사람이 있는지 화물이 있는지(사람 = signed 정수, 화물 = unsigned 정수) 알 수도 없고 알 필요도 없다. CPU 하드웨어는 디지털 로직으로 설계된 대로 명령어에 따라 데이터를 약속된 길로 흘려보내며 데이터를 변형해 주는 것 뿐이다.

1.14 CPU에서 정수의 대소비교는 어떻게 할까?

CPU에서 정수의 대소비교는 어떻게 하는 걸까? 아주 기본적이고 간단한 문제 같지만, 정확한 이해를 위해서는 앞서 설명한 컴퓨터가 표현할 수 있는 정수의 한계와 함께 논리적 사고가 필요하다. 이 문제는 컴퓨터 기본기 중 하나이며, 특히 어셈블리 프로그래밍을 할 때 중요한 역할을 하기도 한다. 그냥 대소비교라고 하면 좀 막연하니 체계적으로 생각해 보자. 영어로는 비교 대상을 제대로 선택해야 한다는 것을, 'apples-to-apples comparison', 'apples-to-oranges comparison'이라는 관용표현을 사용한다. 그러니까, 두 개의 사과 중 어떤 것이 좋은지 비교할 수는 있어도, 사과와 오랜지 중 어떤 것이 좋은지는 객관적 비교가 어렵다는 것이다. 개인적인 취향 및 선호도에 따라 다를 수 있기 때문이다. 컴퓨터에서도 같은 대상을 놓고 비교해야 한다. 두 개가 모두 unsigned 정수이거나, 모두 signed 정수이어야 한다는 말이다. 둘 중 하나는 unsigned, 다른 하나는 signed라면 비교할 때 무언가 이상하다. 만약 코드1-3과 같은 C 코드를 작성했다면 어떤 결과가 나올까?

```
void signed_unsigned_cmp () {

    int a;
    unsigned b;

    a = -1;          // a = 0xFFFF_FFFF
    b = 0xFFFFFFFF;  // b = 0xFFFF_FFFF

    if (a == b)  printf("Equal");
    else         printf("Not Equal");

}
```

코드1-3 signed 정수와 unsigned 정수를 비교하는, 비교 대상이 다른 예제 코드

답은 'Equal'로 나온다. 컴퓨터는 음의 정수를 표현하기 위해 2의 보수 체계를 사용하며 '-1'이 0xFFFF_FFFF로 표현되기 때문이다. 2의 보수를 알고 있는 컴퓨터 전공자들은 이런 논리적 사고를 할 수 있지만, 비전공자 또는 프로그래밍에 입문하는 사람들에게는 알 수 없는 미스터리로 남는 프로그램이다.

두 수의 비교를 위해서는, CPU가 먼저 어떤 연산을 해야 하는데 무슨 연산을 해야 할까? 번뜩 생각나는 것이 빼기이다. 그럼 두 숫자를 뺀 후 무엇을 확인해야 할까? 여기서 고려해야 할 것은 사람이 두뇌로 뺄셈을 하는 것이 아니라, 디지털 로직으로 구성된 가산기adder가 뺄셈을 한다는 것이다. 그러니까 가산기로 뺄셈을 하기 위해, 2의 보수를 이용한 덧셈을 한다. 그럼 그 후 무엇을 확인해야 할까? 아…. 이제 헷갈리고 머리가 어지럽다. 논리적으로 차근차근 생각하면 그리 어렵지 않다! 걱정하지 말고 이어지는 내용을 읽기 바란다.

x86, Arm과 같은 CPU에는 일반 목적general-purpose으로 사용하는 레지스터 파일register file 외에 **상태 레지스터**status register라는 것이 있다. 상태 레지스터에는 대소비교를 위한 **플래그**flag들이 있는데, 명령어에 따라 CPU는 명령어 실행 후 해당 플래그를 업데이트한다. 그럼 플래그에는 어떤 것들이 있을까?

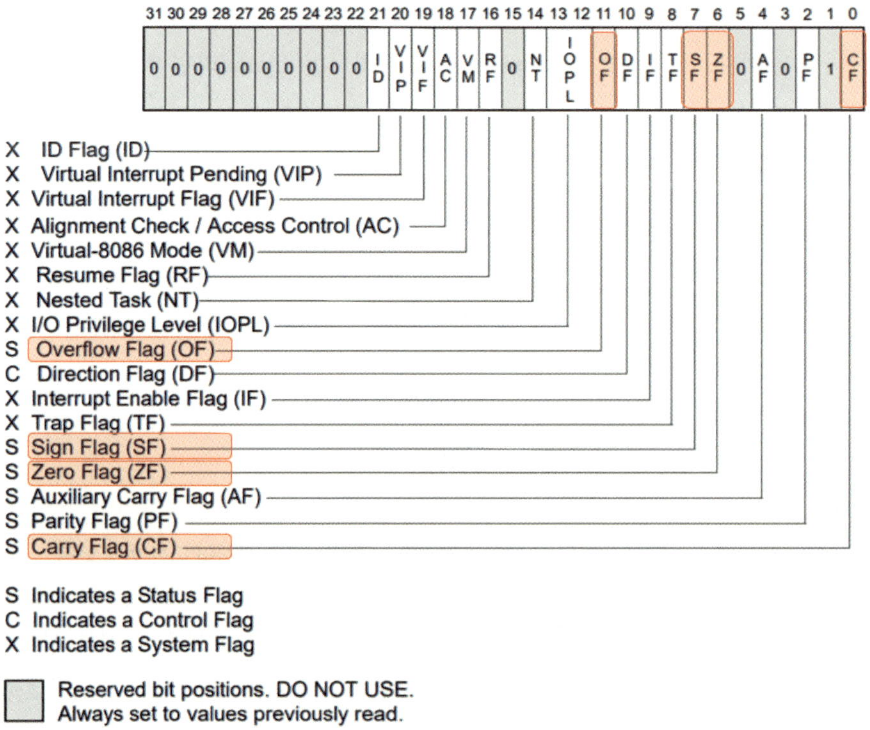

그림1-26 32-bit x86 CPU에 있는 EFLAGS 레지스터

출처 https://software.intel.com/content/www/us/en/develop/articles/intel-sdm.html

먼저 우리가 주로 사용하는 x86에 대해 알아보자. 그림1-26은 32-bit x86 CPU에 있는 'EFLAGS'라는 상태 레지스터이다. 여기서 Overflow Flag^OF^, Sign Flag^SF^, Zero Flag^ZF^, Carry Flag^CF^가 정수의 대소비교를 위해 사용된다.

32-bit Arm CPU에도 같은 역할을 하는 'CPSR^Current Processor Status Register^'이라는 상태 레지스터가 있다. 그림1-27은 CPSR의 형태이며, 여기서 N^Negative^, Z^Zero^, C^Carry^, V^oVerflow^가 정수의 대소비교를 위해 사용된다.

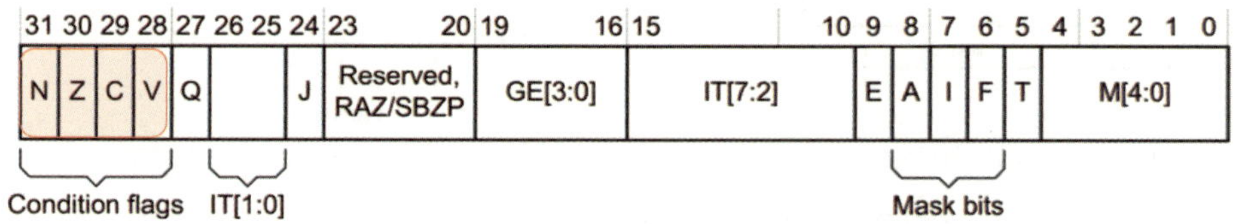

그림1-27 32-bit Arm CPU에 있는 CPSR 레지스터와 N, Z, C, V 플래그

출처 https://developer.arm.com/documentation/ddi0406/latest/

정리하면 x86과 Arm에서는 명칭은 다르지만 같은 기능을 하는 플래그들을 공통으로 제공한다. 표1-8은 이들을 비교한 표이다.

표1-8 x86과 Arm CPU에서 정수의 대소비교를 위해 사용되는 플래그(flag) 비교

플래그	x86	Arm
Zero	ZF	Z
Negative	SF	N
Carry	CF	C
Overflow	OF	V

플래그를 설정하기 위한 값들은 ALU 출력으로부터 나온다. 그림1-28은 간략화한 32-bit CPU의 내부구조와 ALU의 입·출력 및 상태 레지스터를 보여준다. 그림과 같이 ALU 내부에 있는 가산기^adder^와 주변 디지털 로직은 연산결과(y[31:0])와 플래그를 업데이트하기 위한 신호(N, Z, C, V)를 만든다.

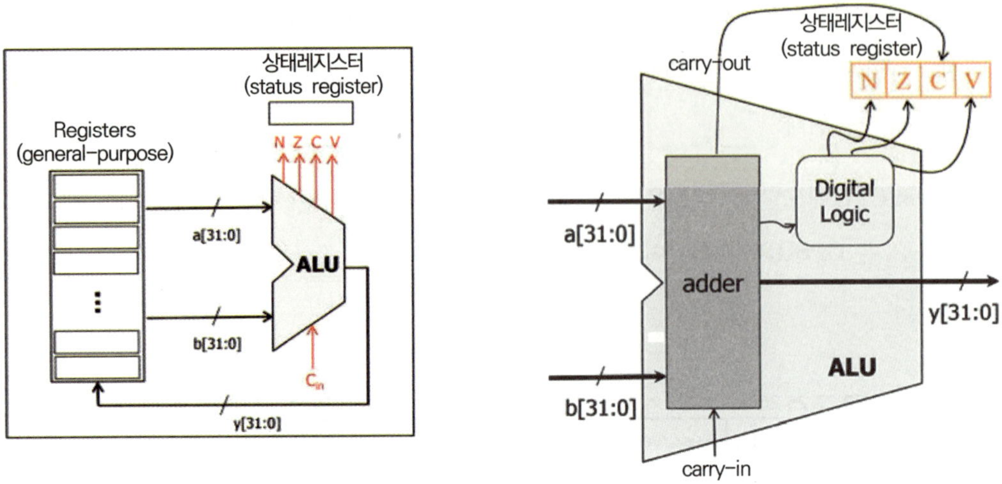

(a) 32-bit CPU 내부구조 (b) ALU 입출력 및 상태 레지스터

그림1-28 간략화한 32-bit CPU 내부구조와 ALU출력에 따른 상태 레지스터 설정

RISC-V CPU에는 이러한 flag를 저장하기 위한 레지스터가 따로 존재하지는 않는다. 하지만 RISC-V 명령어 중 실행 과정에서 대소비교가 필요한 명령어들이 있다. 따라서 이러한 명령어 실행 로직을 설계할 때 표1-8과 같은 flag들을 내부적으로 만들어 사용한다. 이제 설명의 편의를 위해 Arm 프로세서의 N, Z, C, V 플래그들이 어떻게 설정되는지 알아보자. 여기서 설명하는 내용을 바탕으로 RISC-V CPU에서 정수의 대소비교 로직을 설계한다. 두 정수의 크기를 비교하는 큰 그림을 먼저 설명하면, 두 정수를 빼고 연산결과가 '0'인지 혹은 하드웨어가 표현할 수 있는 수의 범위를 넘어갔는지 등을 판단한다. 이런 정보를 이용해 unsigned, signed 정수들의 대소비교에 사용하는, '==, ≤, ≥. < , >' 조건을 만족하는지 판단할 수 있다.

1.14.1 N[Negative]-flag 설정

N-flag의 설정은 아주 쉽다. 그림1-29에 도식화한 것처럼 ALU 연산결과의 MSB[most significant bit], 그러니까 최상위 bit인 y[31]로 설정된다. 컴퓨터는 2의 보수 체계를 사용하기 때문에 최상위 bit가 1이면 연산결과가 음수, 0이면 양수이다. 물론 signed 정수로 생각했을 때 말이다. 그림과 같이 ALU 하드웨어는 signed, unsigned 연산에 상관없이(굳이 설명하자면 하드웨어는 데이터가 signed인지

unsigned인지 모르니까), 연산결과로 나오는 32-bit의 최상위 bit로 N-flag를 설정한다.

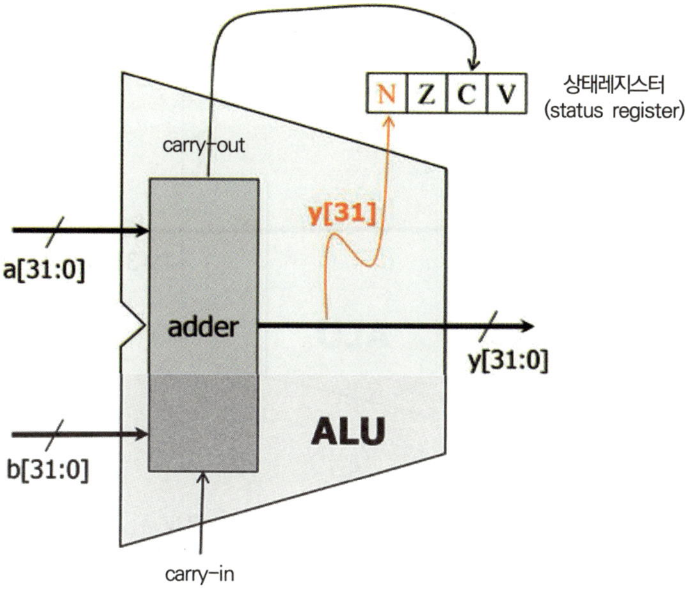

그림1-29 N-flag 설정 로직

1.14.2 Z^Zero-flag 설정

Z-flag의 설정도 아주 쉽다. 그림1-30에 도식화한 것처럼 ALU 연산결과 'y[31:0] == 0'이면 'Z-flag = 1'로 설정된다. 그림에 로직을 보면, ALU 연산결과가 OR 게이트 입력으로 들어간다. 따라서 연산결과가 0으로 모든 입력 bit가 0이면 OR 게이트 출력이 0이 된다. 그리고 Z-flag는 이것을 inverting 한 값으로 설정된다. 그러니까 연산결과가 0이면 1로 설정된다. Z-flag는 비교하는 두 정수가 같은지 판단하기 위해 사용한다. 그러니까 두 값을 뺀 후 'Z-flag = 1'로 설정되면 두 정수는 같다.

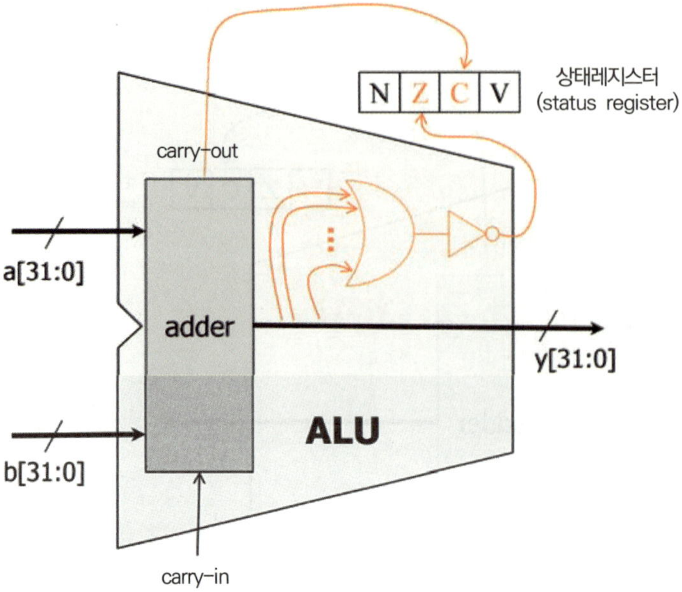

그림1-30 Z-flag와 C-flag 설정 로직

1.14.3 C[Carry]-flag 설정

C-flag를 설정하는 하드웨어 로직도 아주 간단하다. 그림1-30에 도식화한 것처럼 가산기[adder]의 마지막 carry-out(자리올림수)으로 설정된다. 10진수 덧셈에서 자리올림수가 발생할 수 있듯이, 이진수 덧셈에서도 더하는 수에 따라 자리올림수가 발생할 수 있다. 그럼 먼저 C-flag의 용도는 무얼까? 결론부터 말하면 두 개의 'unsigned' 정수를 비교할 때 사용한다. 여기서는 왜 그렇게 되는지 수학적인 증명은 하지 않는다. 대신 직관적으로 이해할 수 있도록 설명한다.

C언어에서 unsigned 정수는 'unsigned a'와 같이 데이터 타입 'unsigned'를 사용하여 선언한다. 그러면 컴퓨터는 32-bit로 그 변수를 표현한다. 그런데 32-bit를 사용해 설명하면 숫자 표현이 너무 길어지니, 여기서는 편의상 C언어의 unsigned 데이터 타입이 3-bit로 표현된다고 가정하자. 3-bit로 표현할 수 있는 unsigned 수의 범위는 그림1-31과 같이 '0 ~ +7'이다. 따라서 컴퓨터에서는 표현할 수 있는 수의 한계 때문에 필연적으로 'overflow, underflow'라는 것이 발생할 수 있다. Overflow는 연산

결과가 표현 가능한 최댓값보다 클 때 발생하고, underflow는 연산결과가 표현 가능한 최솟값보다 작을 때 발생한다. 어떤 교재에서는 overflow, underflow라는 용어의 구분 없이, 그냥 통칭해서 overflow라고 말하기도 한다. 그러니까 연산결과가 컴퓨터가 표현할 수 있는 범위를 넘어가면 overflow가 발생했다고 하는 것이다. 이 책에서는 overflow, underflow를 구분해 사용한다.

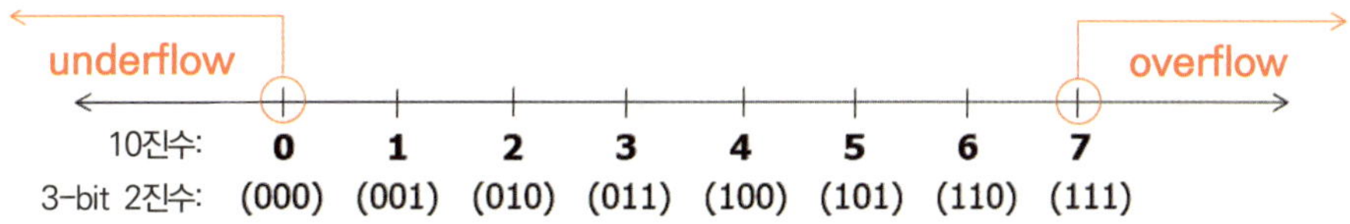

그림1-31 3-bit로 표현할 수 있는 unsigned 정수의 범위 및 overflow, underflow

그럼 unsigned 수들에 대해 어떤 연산을 했을 때 overflow와 underflow가 발생할 수 있을까? 먼저 overflow는 unsigned 정수 두 개를 더하면 일어날 '가능성'이 있다. 예를 통해 알아보자. 그림1-32는 unsigned 정수의 덧셈을 도식적으로 표현한 그림이다. '3 + 2'는 3에서 출발해서 2단계 전진한 곳의 값이 결과이다. 그리고 그 결과인 +5는 3-bit로 표현할 수 있다. 따라서 overflow가 발생하지 않는다. 하지만 그림1-32의 두 번째 예인 '3 + 5'의 경우 3에서 출발하여 5단계 전진하면, 3-bit가 표현할 수 있는 최댓값을 넘어가게 된다. 따라서 carry-out이 발생하며 이것으로 overflow가 일어났다는 것을 판단할 수 있다. 컴퓨터에서는 그림에 표현한 것처럼 앞으로 가다가 +7을 넘어 더이상 전진할 수 없으면 뒤로 돌아간다. 뒤로 돌아가는 이유를 ALU 관점에서 설명하면 3-bit 컴퓨터에서는 ALU 입력과 출력이 모두 3-bit이다. 따라서 '3 + 5'의 결과는 +8(2진수로 '1000')이지만 ALU는 결괏값으로 아래쪽 3-bit인 '000'만 출력하기 때문이다.

그러면 두 개의 unsigned 정수에 대해 뺄셈을 했을 때도 overflow가 일어날 수 있을까? 잠시 생각해 보기 바란다. 답은 절대로 일어날 수 없다. 양수끼리의 뺄셈에서는 연산결과가 첫 숫자보다 항상 작아지기 때문이다. 그림으로 설명하면 뺄셈은 첫 숫자에서 시작해서 두 번째 수 만큼 뒤로 후진하는 동작이다. 결론적으로 unsigned 수의 경우 overflow는 '덧셈'에서만 일어날 수 있으며, 연산결과 C[Carry-out] 플래그가 1이면 overflow가 발생한 것이다.

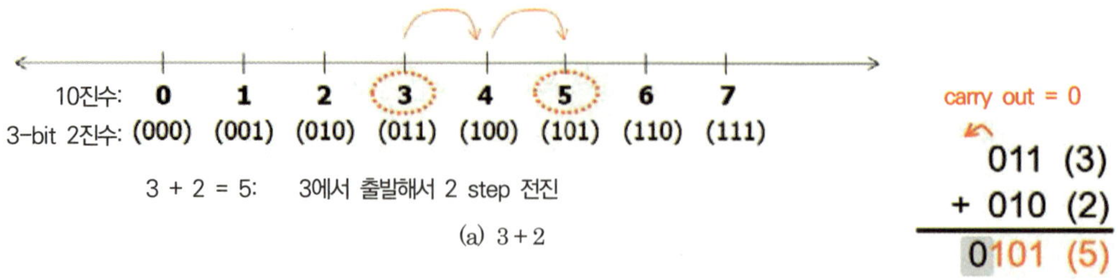

(a) 3 + 2

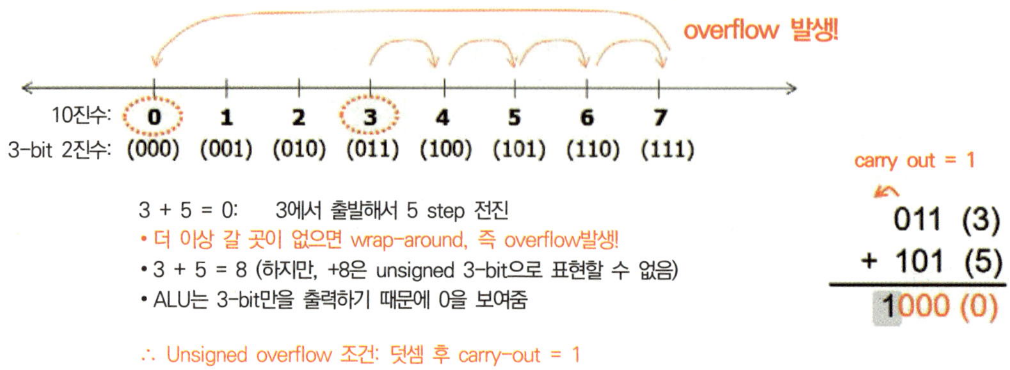

(b) 3 + 5

그림1-32 3-bit unsigned 정수의 덧셈과 overflow 발생 조건

그러면 unsigned 정수의 연산에서 underflow는 언제 발생할 수 있을까? Unsigned 정수 두 개를 더하면 일어날 수 있을까? 연산결과는 항상 첫 숫자보다 커지기 때문에 절대로 일어날 수 없다. 하지만 뺄셈을 하면 일어날 가능성이 있다. 그림1-33에 도식적으로 표현한 것처럼, 뺄셈은 첫 번째 수에서 출발해서 두 번째 숫자만큼 뒤로 가는 것이다. '3 - 2'의 경우 3에서 출발해서 2단계 뒤로 가면 결과는 +1이 되며, underflow는 일어나지 않는다. 한 가지 주의할 것은 underflow가 아니지만, 그림1-33에서 보는 것처럼 carry-out이 발생하여 'C-flag = 1'이 된다는 것이다. 이렇게 되는 이유를 생각해 보자. 컴퓨터는 뺄셈을 2의 보수를 사용해 덧셈으로 한다. '3 - 2'는 '3 + (-2)'이며, '-2'를 2의 보수로 표현하면 '110'이 된다. '110'은 양수로 생각하면 +6이다. 그러니까 '3 + (-2)'는 3에서 출발해서 6단계 앞으로 가는 것과 마찬가지이다. 따라서 carry-out이 발생하며 'C-flag = 1'이 된다.

그림1-33의 두 번째 예인 '3 - 5'는 3에서 출발해서 5단계 뒤로 가야 한다. 그런데 0에서 더이상 뒤

로 갈 수 없어 앞으로 되돌아온다. 따라서 이것은 underflow가 발생한 상황이다. 그런데 그림1-33에 계산식처럼 이때 carry-out = 0으로 'C-flag = 0'이 된다. 즉 'C-flag = 0'이면 underflow가 발생한 것이다. 왜 이렇게 되는 건지 생각해 보자. 앞서 설명한 것처럼, 컴퓨터에서 뺄셈을 하는 방식 때문이다. '3 - 5'는 '3 + (-5)'이며, '-5'를 2의 보수로 표현하면 '011'이다. 양수로 생각하면 +3이다. 그러니까 '3 + (-5)'를 하기 위해 ALU는 '3 + 3'을 하는 것과 같다. 3에서 출발해서 3단계 앞으로 가는 것과 같은 것이다. 따라서 carry-out은 발생하지 않으며 연산결과는 +6이 된다. 정리하면, unsigned 정수의 경우 underflow는 '뺄셈'에서만 일어날 수 있으며, 연산결과 'C-flag = 0'이면 underflow가 발생한 것이다.

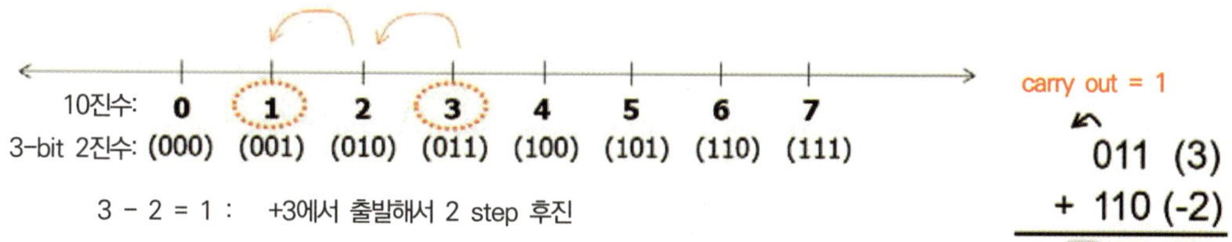

(a) 3 - 2

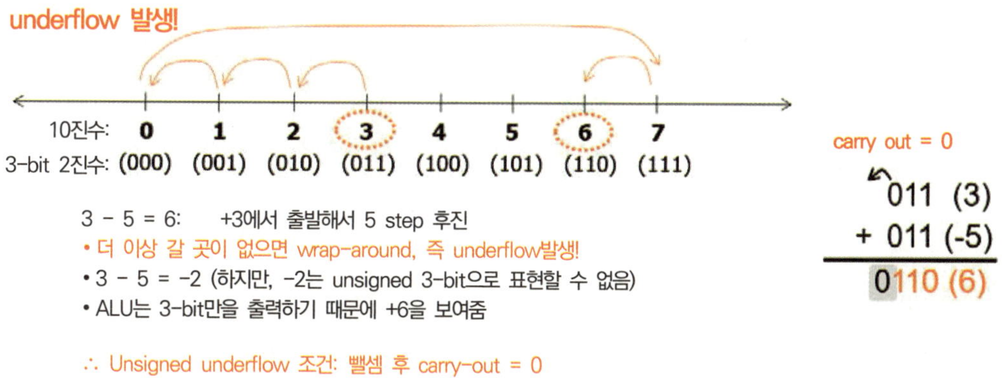

(b) 3 - 5

그림1-33 3-bit unsigned 정수의 뺄셈과 underflow 발생 조건

지금까지 unsigned 수 연산에서 C-flag를 통한 overflow와 underflow의 판단 조건에 대해 알아보았다. 이제 두 개의 unsigned 수의 대소비교 문제를 생각해 보자. 두 숫자를 비교하기 위해 먼저 CPU에게 뺄셈을 시킨다. 뺄셈을 하기 때문에, 연산결과 underflow 발생 여부를 확인하면 대소를 알 수 있

다. Underflow가 발생하지 않으면 첫 번째 수가 크고, underflow가 발생하면 두 번째 수가 크다. 그림1–33의 예를 참조해 보면, '3 - 2'의 경우 뺄셈 후 underflow가 발생하지 않아 'C-flag = 1'이다. 따라서 첫 번째 수가 크다. '3 - 5'의 경우 underflow가 발생하여 'C-flag = 0'이다. 따라서 이 경우 두 번째 수가 크다. 정리하면, **뺄셈 후 'C–flag == 1'이면 첫 번째 수가 크고, 'C–flag == 0'이면 두 번째 수가 크다.** 한 가지 주의할 것은 두 숫자가 같을 때도 뺄셈을 하면 'C-flag = 1'이 된다는 것이다. 예를 들어 '3 - 3'을 컴퓨터가 계산하는 방식으로 연산하면 'C-flag = 1'이 됨을 알 수 있다.

1.14.4 V^Overflow^–flag 설정

V-flag에서 V는 overflow를 말하는데, 앞서 설명한 C-flag와는 다르다는 것에 먼저 주의하자. 결론부터 말하면 C-flag는 'unsigned' 정수의 대소비교를 위해 사용하고, V-flag는 'signed' 정수의 대소비교를 위해 사용한다. C언어에서 signed 정수는 'int a'와 같이 데이터 타입 'int'를 사용해 선언한다. 그럼 signed 정수의 overflow, underflow에 대해 먼저 알아보자. 여기서도 편의를 위해 3-bit signed 정수를 예로 설명한다. 3-bit로 표현 가능한 signed 정수의 범위는 그림1–34와 같이 '–4 ~ +3'이다.

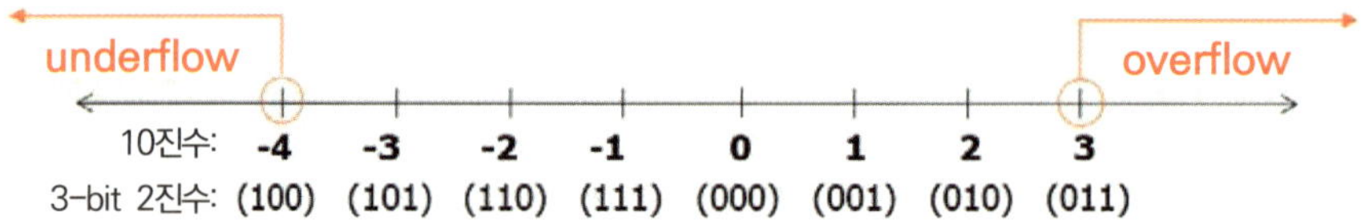

그림1–34 3–bit로 표현할 수 있는 signed 정수의 범위 및 overflow, underflow

먼저 overflow는 어떤 경우에 발생할 수 있을까? '양수 + 양수'를 했을 때 결과가 +3을 초과하면 overflow이다. 그림1–35는 overflow가 발생하는 예로 '2 + 3'을 하는 것을 도식적으로 보여준다. '2 + 3'을 하려면 2에서 출발해서 3단계 전진해야 한다. 하지만 3-bit으로 표현할 수 있는 최댓값이 +3이기 때문에 더이상 갈 수 없다. 따라서 뒤로 돌아가며 overflow가 발생한다. 컴퓨터는 결괏값으로 '101'을 보여준다. '101'은 signed 정수로 생각하면 2의 보수 체계에 따라 -3이다. Overflow가 발생할 수 있는 다른 경우는 '양수 - 음수'를 할 때인데 이는 결국 '양수 + 양수' 연산이기 때문이다.

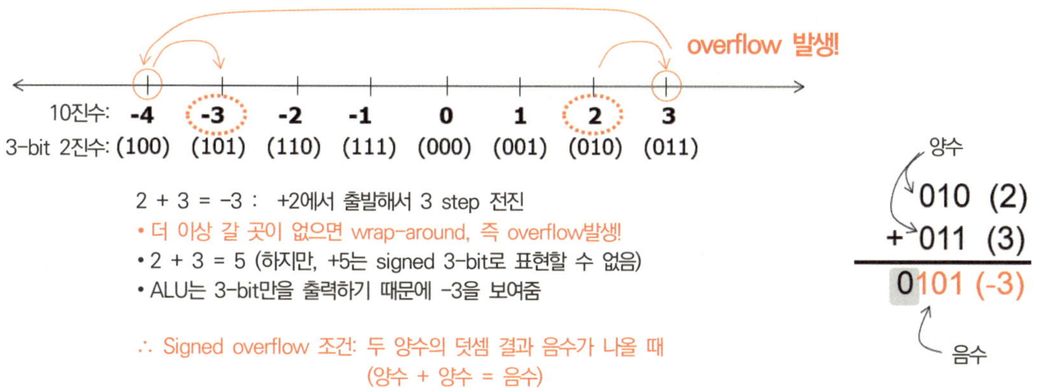

그림1-35 Signed 정수의 덧셈에서 overflow가 발생하는 예 및 overflow 발생 조건

Underflow는 '음수 + 음수'를 했을 때 발생할 '가능성'이 있다. 그림1-36은 underflow가 발생하는 예로 '(−2) + (−3)'을 하는 것을 도식적으로 보여준다. '(−2) + (−3)'은 '−2'에서 출발해서 뒤로 3단계를 가야 한다. 그런데 '−4'가 최솟값이기 때문에 더 이상 뒤로 갈 수 없다. 따라서 앞으로 돌아가게 되며 underflow가 발생한다. 그리고 컴퓨터는 결괏값으로 '011'을 보여준다. '011'은 signed 정수로 생각하면 (unsigned라고 생각해도) +3이다. Underflow가 발생할 수 있는 다른 경우는 '음수 − 양수'를 할 때인데 이는 결국 '음수 + 음수' 연산이기 때문이다.

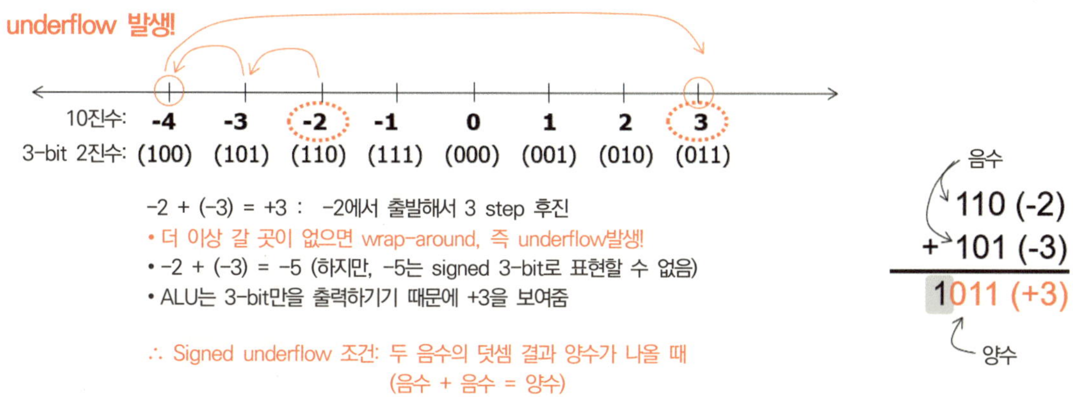

그림1-36 Signed 정수의 뺄셈에서 underflow 발생 예 및 underflow 발생조건

Overflow 플래그(V-flag)는 signed 정수 연산에서 overflow 또는 underflow의 발생 여부를 판단하기 위해 사용된다. 그럼 하드웨어적으로 V-flag 설정 로직을 어떻게 설계해야 할까? 그림1-37의 예를 참고하며 알아보자. Overflow는 두 양수를 더한 후 결과가 음수가 나오는 경우이다. 따라서 더하는 수의 부호와 결괏값의 부호를 확인하면 overflow를 판단할 수 있다. 가산기adder에서 더하는 과정에 따라 부호를 살펴보면 '양수(0) + 양수(0) = 음수(1)'가 되려면 그림1-37에서 보는 것처럼 'C_{out-1} = 1, C_{out} = 0'이어야 한다. Underflow도 마찬가지로 판단할 수 있는데, 두 음수를 더한 후 결과가 양수가 나오는 경우이다. 가산기에서 '음수(1) + 음수(1) = 양수(0)'가 되려면, 그림1-37의 예시와 같이 'C_{out-1} = 0, C_{out} = 1'이어야 한다.

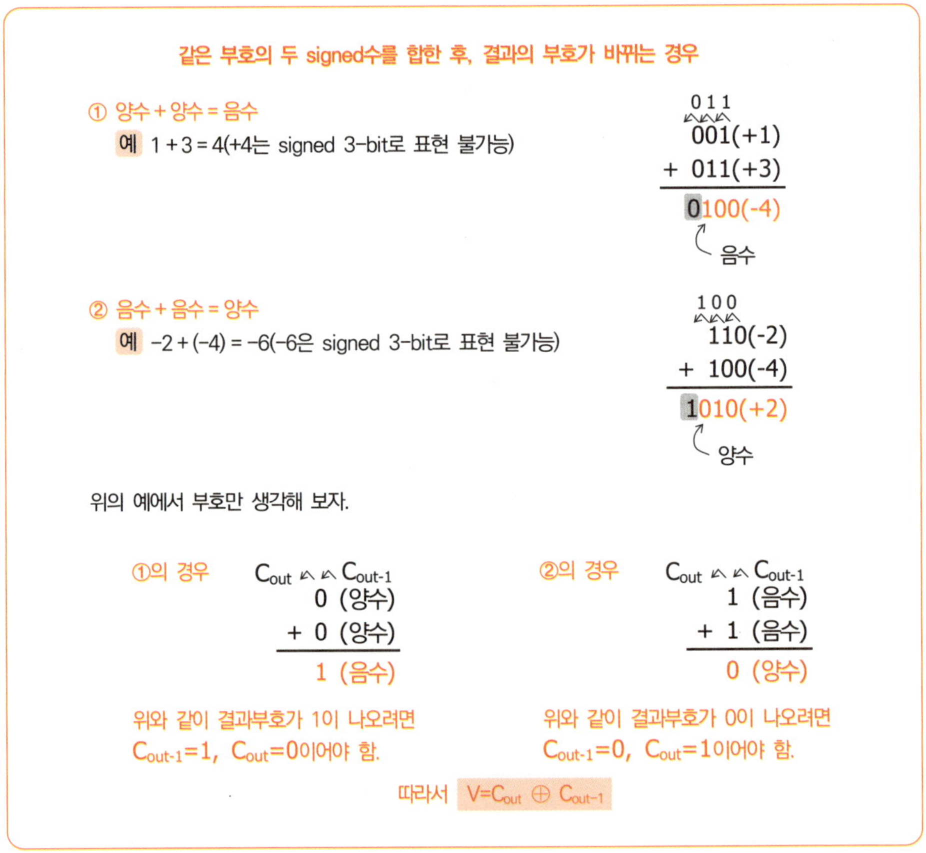

그림1-37 V-flag를 설정하는 boolean equation($V = C_{out} \oplus C_{out-1}$)

그림1-38은 V-flag를 설정하는 디지털 로직으로, overflow 발생조건인 'C_{out-1} = 1, C_{out} = 0' 또는 underflow 발생조건인 'C_{out-1} = 0, C_{out} = 1'일 때 'V-flag = 1'이 되는 로직이다. 그림에 있는 회로도처럼 2-input XOR[exclusive OR]게이트를 사용하여, 마지막 carry-out(C_{31})과 마지막에서 두 번째 carry-out(C_{30})을 입력으로 연결하면 출력이 V-flag가 된다.

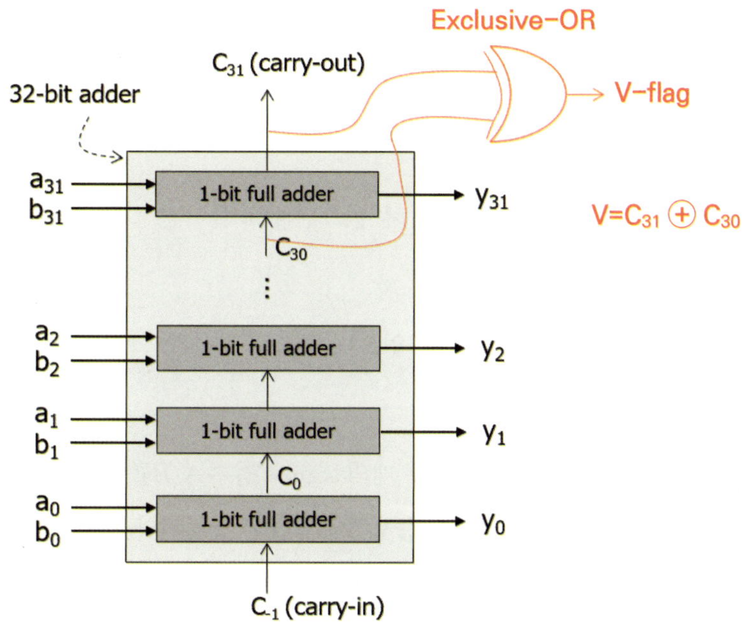

그림1-38 V-flag(overflow flag)를 설정하는 디지털 로직

그러면 '양수 + 음수'를 하면 C_{out}, C_{out-1}은 어떻게 될까? 이때도 C_{out}, C_{out-1} 둘 중 하나만 1이 될 수 있지 않을까? 그렇게 될 수 없다. '양수 + 음수'를 하면 overflow 또는 underflow가 절대로 일어날 수 없다. 그리고 결과는 더하는 값에 따라 양수 또는 음수가 될 수 있다. 두 가지 결과 각각에 대해 생각해 보자. 그림1-39는 더하는 두 수의 부호만을 보여주며 양수 또는 음수로 결과가 나올 때 carry 값을 보여준다. 그림에서 보는 것처럼 'C_{out}= 0, C_{out-1} = 0 또는 C_{out} = 1, C_{out-1} = 1'으로, 마지막 carry-out과 마지막에서 두 번째 carry-out이 같다. 그러니까 V-flag가 설정되는 조건인 C_{out}, C_{out-1} 둘 중 하나만 1이 되는 경우는 발생할 수 없다!

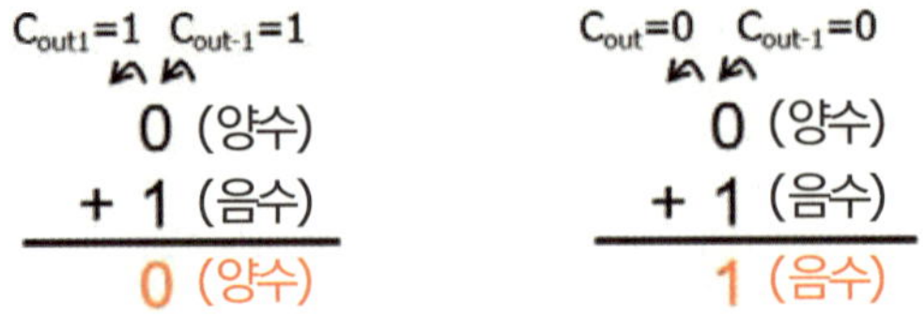

그림1-39 '양수 + 음수' 연산에서 C_{out}과 C_{out-1}이 가질 수 있는 값들

이제 지금까지 설명한 내용을 바탕으로 signed 정수의 대소비교에 대해 알아보자. Unsigned 정수 대소비교에 비해 다소 복잡하지만, 아래 정리한 것처럼 그림1-35, 그림1-36에 컴퓨터의 연산방식을 도식적으로 표현한 것을 생각하며 따라오기 바란다.

- 양수를 더하면 앞으로 전진하고 더 이상 갈 수 없으면 뒤로 돌아감. 그러면 부호가 음수로 바뀌고 overflow 발생
- 양수를 빼면 뒤로 후진하고 더 이상 갈 수 없으면 앞으로 돌아감. 그러면 부호가 양수로 바뀌고 underflow 발생

Unsigned 정수의 대소비교와 마찬가지로, 두 개의 signed 정수 A, B를 비교하려면 먼저 ALU에게 뺄셈('A - B')을 시키며, 그 결과에 따라 N, Z, C, V 플래그들이 설정된다. 이제 'A > B'인지 판단하고 싶은 경우를 생각해 보자. 결론부터 말하면 만약 'A 〉 B'이면 'A - B' 연산 후, 'V-flag == N-flag 그리고 Z-flag = 0'이 된다. 그러니까, 'V, N 모두 0 혹은 1', 그리고 'Z == 0'이면 첫 번째 수(A)가 큰 것이다. 왜 이런지 설명하기 위해, 첫 번째 수(A)가 두 번째 수(B)보다 크다고 가정하고, 다음과 같이 4가지 경우로 나누어 N, Z, C, V가 어떻게 설정되는지 생각해 보자.

① **첫째, 양수 A, 양수 B**: A가 크다고 가정했기 때문에 'A - B'를 하면 overflow가 일어날 수 없어 'V = 0'이다. 그리고 'A - B' 후 결과는 양수로 'N = 0'이다. 즉, V-flag == N-flag이다.

② **둘째, 양수 A, 음수 B**: 'A - B'를 하면 B가 음수이기 때문에 A에서 앞으로 (음수를 빼기 때문에) 전진한다. 그리고 B 값에 따라 아래와 같은 두 가지 경우가 있다. 그리고 두 경우 모두 V와 N은 같다. 즉, V-flag == N-flag이다.

- overflow가 발생하는 경우는 'V = 1'이다. 그리고 overflow가 발생하기 때문에 뒤로 돌아가 결과는 음수로 'N = 1'이 된다.
- overflow가 발생하지 않는 경우는 'V = 0'이다. 그리고 overflow가 발생하지 않기 때문에 결과는 양수로 'N = 0'이 된다.

③ **셋째, 음수 A, 양수 B**: 이 경우는 첫 번째(A) 정수가 당연히 작다. 그러니까 위에서 가정한 것처럼 첫 번째 수가 큰 경우가 아니지만, 여하튼 이 경우에 뺄셈 후 V-flag, N-flag가 어떻게 되는지 생각해 보자. 'A – B'를 하면 A에서 출발해서 후진한다. 그러면 아래와 같이 2가지 경우가 있을 수 있다. 그리고 두 경우 모두 N과 V는 다르다. 즉, **V–flag != N–flag**이다.

- underflow가 발생하는 경우는 'V = 1'이다. 그리고 underflow가 발생하기 때문에 앞으로 돌아가 결과는 양수로 'N = 0'이 된다.
- underflow가 발생하지 않는 경우는 'V = 0'이다. 그리고 underflow가 발생하지 않기 때문에 결과는 음수로 'N = 1'이 된다.

④ **넷째, 음수 A, 음수 B**: A가 크다고 가정했기 때문에 'A – B'를 하면 overflow가 일어날 수 없어 'V = 0'이다. 그리고 'A – B' 후 결과는 양수로 'N = 0'이 된다. 즉 **V–flag == N–flag**이다.

마지막으로 A와 B가 같은 경우에도 'A – B'를 하면 V-flag == N-flag가 된다. 결괏값이 '0'(N = 0)이고 overflow가 발생하지 않기(V = 0) 때문이다. 따라서 'A > B' 조건을 만족하려면, 'A – B'를 한 후 'V == N' 와 더불어 'Z = 0'이어야 한다. 같은 방식으로 'A < B' 조건을 만족하려면, 'A – B'를 한 후 'N != V' 이어야 한다. 표1–9는 지금까지의 설명을 요약하여 정리하였다.

표1-9 플래그를 이용한 signed 정수의 대소비교

signed 정수 A, B		
'A > B'를 만족하는 조건		'A < B'를 만족하는 조건
A B		A B
① (+) − (+) : V = 0, N = 0		① (+) − (+) : V = 0, N = 1
② (+) − (−) : V = 0, N = 0 또는 V = 1, N = 1		② (+) − (−) : V = 0, N = 0 또는 V = 1, N = 1
③ (−) − (+) : V = 0, N = 1 또는 V = 1, N = 0		③ (−) − (+) : V = 0, N = 1 또는 V = 1, N = 0
④ (−) − (−) : V = 0, N = 0		④ (−) − (−) : V = 0, N = 1
따라서 'V == N & Z == 0'		따라서 'V != N'

'A > B', 'A < B' 조건 뿐 아니라 'A ≧ B', 'A ≦ B' 조건도 N, Z, C, V 플래그를 이용해 판단할 수 있다. 표1-10은 unsigned, signed 정수 대소비교를 위해 뺄셈 후 확인해야 할 플래그 값을 정리한 표이다. 먼저, 가장 기본적이고 직관적인 ' == (equal)'을 보면, 'A - B' 연산결과 'Z-flag=1'이면, A와 B가 같다. 너무 당연하다. 다음으로 unsigned 정수 A, B에 대해서 'A ≧ B'인지 판단하고 싶다면 C-flag를 확인하면 된다. 뺄셈 결과 'C-flag=1'이면 'A ≧ B'이다. Signed 정수에 대해서 'A < B'인지 판단하고 싶다면 N-flag와 V-flag를 확인하면 된다. 뺄셈 결과 'N != V'이면 'A < B'이다.

C언어와 같은 고급언어를 이용해 프로그래밍할 때 'if (A > B), if (A == B), while (A != B)' 와 같은 조건문을 많이 사용한다. 이제 이러한 조건을 만족하는지 판단할 때 하드웨어를 이용해 어떻게 결정하는지 대략적인 이해가 됐으리라 생각한다. 5장에서는 RISC-V CPU 설계를 하는데, 그때 표1-10에 정리되어있는 조건을 그대로 사용한다.

표1-10 Unsigned, signed 정수 대소를 판단하기 위한 조건

	판단하려는 조건	확인할 flag 값
Unsigned 정수 a, b	a == b	Z == 1
	a != b	Z == 0
	a < b	C == 0
	a ≦ b	(C == 0) or (Z == 1)
	a > b	(C == 1) and (Z == 0)
	a ≧ b	C == 1
Signed 정수 a, b	a == b	Z = 1
	a != b	Z = 0
	a < b	N != V
	a ≦ b	(Z == 1) or (N != V)
	a > b	(Z == 0) and (N == V)
	a ≧ b	N == V

1.15 컴퓨터의 계층구조

그림1-40은 컴퓨터의 계층구조hierarchy를 보여준다. 계층구조라고 하면 왠지 뜬구름 잡는 듯한 모호하고 추상적인 개념이라고 생각할 수 있다. 하지만 계층구조는 특정 분야에 대한 구체적 학습에 앞서 전체적인 큰 그림을 볼 수 있도록 해준다. 그리고 큰 틀 속에서 현재 공부하는 주제의 위치를 알 수 있도록 도와준다. 컴퓨터 학문 전체에서 컴퓨터구조가 차지하는 위치 및 역할을 알게 되면 학습도 효과적으로 할 수 있다. 숲을 볼 수 있어야 길을 잃지 않는다.

그림에 보듯이 컴퓨터와는 아무런 관련 없어 보이는 물리, 화학, 재료과학 등 기초학문이 현재 컴퓨터의 초석이다. 이러한 기초학문을 기반으로 1940년대 트랜지스터transistor라는 디바이스device를 처음으로 개발하였다. 트랜지스터의 기능은 간단하게도 스위치switch이다. 전등을 켤 때 사용하는 스위치

말이다. 전등을 켤 때는 손가락으로 on, off를 제어하지만, 트랜지스터는 전기적으로 전압을 인가해 제어한다. 이러한 트랜지스터를 몇 개 잘 연결하면 우리가 흔히 알고 있는 NOT, NAND, NOR, XOR, AND, OR 등과 같은 논리게이트logic gate를 만들 수 있다. 그리고 이런 논리게이트를 잘 조합하여 연결하면 좀 더 의미 있는 역할을 하는 Adder, Multiplexer, Flip-Flop과 같은 모듈들을 만들 수 있다. 그리고 이것들을 다시 잘 조합해서 연결하면 CPU와 같은 놀라운 기능을 하는 칩chip을 만들 수 있다. 그러니까 CPU는 결국 아주 많은 트랜지스터(스위치)들의 집합이다. 놀랍지 않은가? 스위치를 잘 연결하면 CPU가 된다니…. Intel 2세대 Core i7의 경우 트랜지스터가 약 10억 개 정도 집적integration되어 있다. iPhone 7에 들어있는 APapplication processor인 A10의 경우 약 33억 개의 트랜지스터가 집적되어 있다. '지구 인구의 반' 정도 개수의 스위치들이 스마트폰 AP에 집적되어 있다는 것이다.

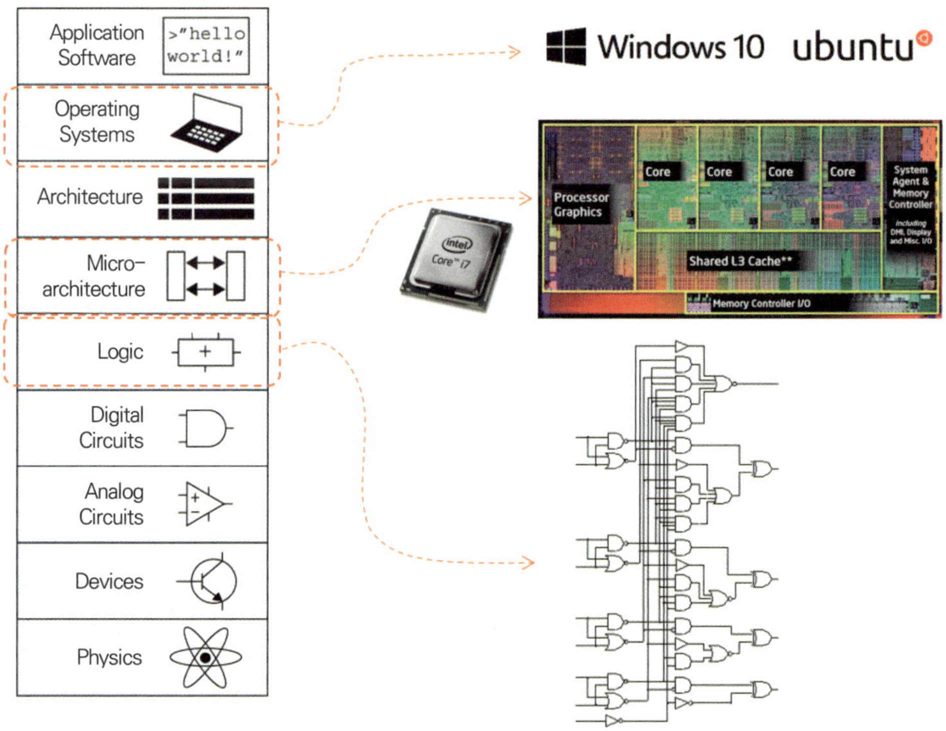

그림1-40 컴퓨터 계층구조(Computer Hierarchy)

그림1-40에서 마이크로아키텍쳐microarchitecture는 CPU 내부 하드웨어 구조를 말한다. 다시 말하면 마이크로아키텍쳐는 보통 청사진과 같은 하드웨어 block diagram 레벨의 구조도이다. 마이크로아키텍쳐를 보면 CPU에서 명령어instruction가 실행되는 큰 그림을 볼 수 있다. 이러한 청사진을 기반으로 하드웨어 설계 엔지니어는 실제 세세한 디지털 로직을 설계한다. 컴퓨터 계층구조에서 마이크로아키텍처 바로 위는 아키텍쳐architecture이다. 아키텍쳐에서는 특정 CPU가 지원하는 명령어instruction, 가상 메모리virtual memory 지원 방법, 인터럽트interrupt처리 등에 대한 구체적 방법을 정의한다. CPU는 디지털 로직을 이용해 설계한다는 면에서 자동판매기와 같은 전자기기에 내장된 디지털 로직과 별반 다르지 않다. 하지만 일반 디지털 로직과는 큰 차이가 있는데 바로 CPU는 '명령어'를 실행하도록 설계되었다는 것이다. 다시 말하면 일반 디지털 로직과는 다르게, CPU는 소프트웨어를 실행할 수 있는 하드웨어이다. 그림1-41은 트랜지스터에서부터 프로세서가 만들어지는 과정을 도식적으로 보여준다.

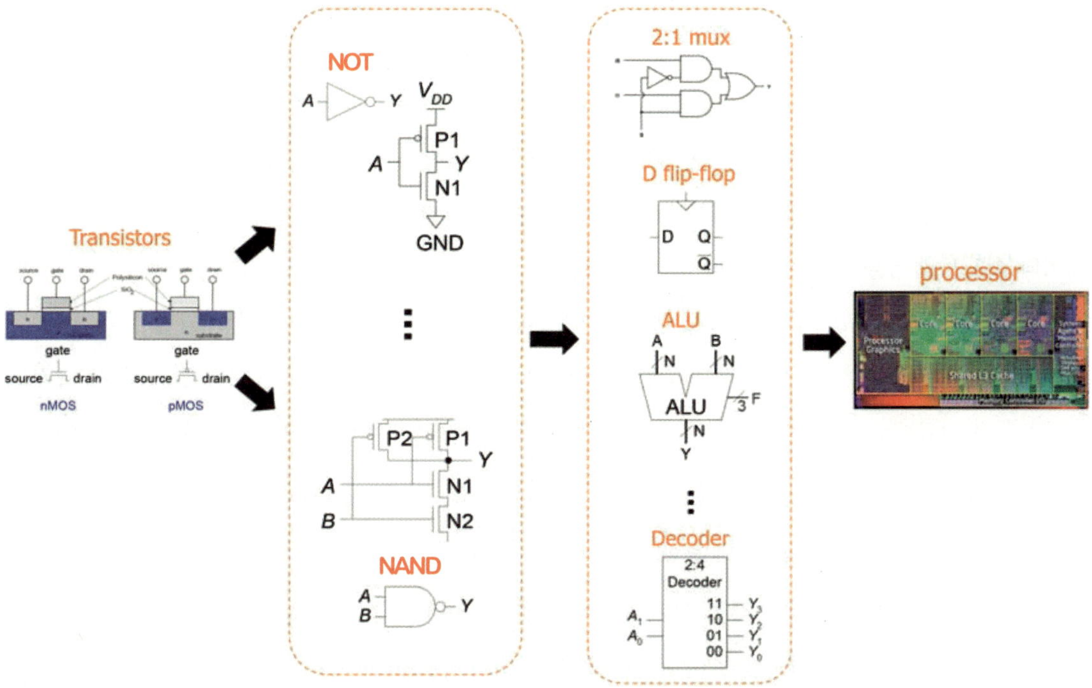

그림1-41 트랜지스터(transistor)에서 프로세서(processor)까지

그림1-40에서 운영체제operating systems는 Windows, Linux와 같은 시스템 소프트웨어system software를 말한다. 운영체제는 컴퓨터 하드웨어를 관리하며 일반 사용자가 컴퓨터를 편하게 사용하기 위한 환경을 제공한다. 예를 들어, 컴퓨터 사용자가 인터넷에서 원하는 자료를 찾으려면 브라우저browser 아이콘을 클릭하고 키워드로 검색하면 된다. 또한 영화를 보거나 음악을 듣고 싶으면 해당 파일을 클릭하기만 하면 된다. 만약 컴퓨터에 운영체제가 설치되어 있지 않다면 어떨까? 컴퓨터를 켜도 모니터에는 아무것도 나타나지 않는다. 문서작업을 할 수도 없고, SNS를 할 수도 없다. 여담으로 운영체제 없이 하드웨어만 제공되는 환경을 'bare-metal'이라고 하는데 가전제품, 로봇 등에 들어가는 내장형 컴퓨터(또는 임베디드 시스템)를 만들 때는 이러한 환경에서 소프트웨어를 개발하기도 한다. 컴퓨터 계층구조의 최상위는 응용소프트웨어application software이다. 응용소프트웨어의 예는 C언어와 같은 고급언어로 만드는 첫 프로그램인 'Hello World'에서부터 워드프로세서word processor, 이메일email 프로그램, 사진편집 프로그램 등 우리가 실생활에서 사용하는 다양한 프로그램을 말한다. 운영체제는 사용자의 요청에 따라 이러한 프로그램을 컴퓨터에서 실행시키고 종료시킨다.

계층구조는 추상화abstraction라는 개념과 연계해 설명한다. 추상화는 아주 중요한 개념이다. 이를 통해 기술 및 제품 개발을 효율적으로 할 수 있기 때문이다. 추상화는 개개인 각자가 작고 잘 정의된 일에 집중할 수 있도록 하며, 그 결과를 다른 사람이 사용할 수 있도록 한다. 예를 들어, Intel에서 하드웨어와 소프트웨어를 만드는 과정을 보자. 새로운 반도체 기술이 개발되면 CADcomputer aided design팀에서는 NAND, NOR, NOT 게이트와 같은 기본 로직을 설계하며 이를 CPU 설계팀에 제공한다. 그러면 CPU 설계팀은 주어진 로직 게이트를 사용해 CPU를 디자인한다. 소프트웨어 팀은 CPU 아키텍트architect가 제공하는 명령어를 이용해 BIOSBasic Input/Output System와 펌웨어firmware 등을 코딩한다.

컴퓨터에 추상화라는 개념과 계층구조가 없다고 생각해 보자. C언어로 'Hello World'와 같은 프로그램을 코딩할 때 어떤 고민을 추가로 해야 할까? 라이브러리library가 없어 'printf()'라는 함수를 사용할 수 없다. 따라서 하드웨어를 직접 제어해 모니터에 'Hello World'라는 문자를 보여주는 방법을 알아야 코딩할 수 있다. 또한, 'Hello World' 프로그램 실행과 종료하기 위한 관리 과정까지 직접 코딩해야 한다. 추상화라는 개념이 없다면 컴퓨터 계층구조에 있는 모든 것을 스스로 고민하고 직접 개발해야 하는 것이다. 그러면 아마도 전 세계에서 소수의 사람만이 소프트웨어 코딩을 할 수 있을 것이다.

학부 컴퓨터공학과에서는 4년에 걸쳐 컴퓨터 계층구조에 있는 계층 각각에 대한 이론 학습과 실습을 한다. 각 계층에 대한 자세한 내용의 학습을 통해 컴퓨터에 대한 큰 그림을 보다 구체적으로 그릴 수 있다. 여기서 중요한 것은 이론뿐 아니라 그것에 기초한 실습이 반드시 필요하다는 것이다. 컴퓨터학은 아주 실용적인 학문이다. 머리로 이해하지만 실제로 구현하지 못하고 응용하지 못하면 모르는 것과 다름이 없다. 또한 직접 해보지 않으면 컴퓨터에 대한 흥미와 자신감도 떨어지게 된다. 이 책에서는 컴퓨터구조를 실습할 수 있는 환경과 더불어 CPU를 직접 설계하는 환상적인(?) 경험을 하도록 설명하고 안내한다.

필자의 경험에 따르면, 대학교 학부 컴퓨터공학 전공자들도 프로그래밍에 자신감을 갖지 못하는 학생들이 꽤 있었다. 그런데 이들 대부분은 아주 논리적인 학생들이었다. 이게 무슨 말인가? 논리적인 학생들이 프로그래밍을 잘 못한다??? 논리적인 학생들은 주로 수학을 좋아하고 잘한다. 그럼 학생들이 어떻게 수학에 호감을 갖고 잘하게 되었을까? 그 비결은 '체계적' 학습이다. 그림1-42는 수학의 학습 체계를 보여준다. 초등학교에서 더하기, 빼기 등을 학습하고, 중학교에서 2차 방정식, 소인수 분해 등을 배움으로써 고등학교에서 미분, 적분, 통계 등을 잘할 수 있었다. 그러니까 초등학교에서부터 차근차근 지식을 쌓아갔다는 것이다. 이것을 수학 학습의 계층구조로 볼 수 있다.

그림1-40에서 설명한 것처럼, 컴퓨터공학에서 프로그래밍은 제일 상위에 있고(수학의 미분, 적분!), 제일 아래에 있는 부분이 컴퓨터 하드웨어(수학의 더하기, 빼기)이다. 이처럼, 컴퓨터의 기본기인 하드웨어에 대한 학습 없이, 즉 프로그램을 실제로 실행하는 장치에 대한 학습 없이 바로 프로그래밍을 하려다 보니 논리 흐름에 괴리가 생기고 뭔가 부족함을 느낀다. 여기서 컴퓨터 기본기에 대한 학습이 없다면, 대부분 학생이 무엇이 문제인지도 모른 채 막연히 컴퓨터가 적성에 맞지 않는다고 생각하며 포기하기도 한다. 만약 이 교재의 독자분 중 이런 경험이 있다면 '컴퓨터구조' 학습을 통해 코딩에 대한 자신감도 회복하길 바란다.

고등학교:
미분, 적분

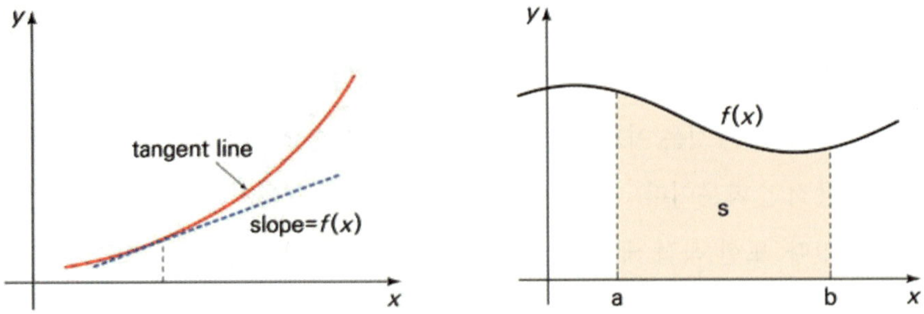

중학교:
2차 방정식

$$8x^2-2x-45=0$$

$$a=8,\ b=-2,\ c=-45$$

$$x=\frac{2\pm\sqrt{(-2)^2-4(8)(-45)}}{2(8)}$$

$$x=2\pm\frac{\sqrt{4+1440}}{16}$$

$$x=2\pm\frac{\sqrt{1440}}{16}$$

$$x=\frac{2+38}{16}=\frac{40}{16}=\frac{5}{2}$$

또는

$$x=\frac{2-38}{16}=\frac{-36}{16}=-\frac{9}{4}$$

초등학교:
덧셈, 뺄셈

그림1-42 수학학습의 계층구조

CHAPTER 2

https://wallpaper.dog/microcontroller-wallpapers

CHAPTER 2

RISC-V 하드웨어 및 소프트웨어 실습환경

컴퓨터공학은 실용적인 학문이다. 하드웨어와 소프트웨어 이론과 더불어, 실제로 하드웨어를 설계하고 소프트웨어 코딩을 할 수 있어야 제대로 학습한 것이다. 머릿속으로만 이해하고 실제로 할 줄 모르면 별 의미없이 시간을 허송한 것과 다름이 없다. 이 교재의 큰 목적 중의 하나는 컴퓨터에서 가장 중요한 역할을 하는 CPU를 독자들이 이해하고 실제로 설계하는 체험적 학습을 할 수 있도록 하는 것이다. 이를 위해 실습할 수 있는 환경이 필요한데, 이는 크게 아래와 같이 이루어져 있다.

- RISC-V 바이너리binary를 만들어 주는 Cross-compiler 설치
- HDLhardware description language로 설계한 하드웨어(이 교재에서는 CPU)를 검증하는데 필요한 ModelSim 시뮬레이터simulator 설치
- HDL로 설계한 하드웨어를 실제 로직 게이트logic gate로 변환해 주는 Quartus-II 설치
- 학습의 재미와 현실감을 키워주기 위한 Cyclone-III FPGA가 장착된 DE0 보드board: 설계한 하드웨어를 Cyclone-III FPGA 다운로드하여 CPU 동작을 눈으로 확인할 수 있는 환경.

여기서 DE0 보드는 학습의 재미와 현실감을 위한 용도로 꼭 필요한 것은 아니다. 따라서 DE0 보드를 반드시 구입할 필요는 없다. 이 교재의 실습은 Windows-64 운영체제가 설치된 데스크톱 또는 노트북을 가정하였다.

2.1 DE0 보드 소개

그림2-1은 DE0 보드board의 사진이다. DE0 보드에 있는 주요 부품은 Intel이 제조한 'Cyclone-III'라는 FPGAfield programmable gate array이다. FPGA는 디지털 로직 설계 교육에 많이 활용되는데, 컴퓨터를 이용해 설계한 디지털 로직을 FPGA에 다운로드하여 그 동작을 직접 눈으로 확인할 수 있기 때문이다. 그럼 컴퓨터구조 학습을 위해 FPGA 보드를 굳이 사용해야 할까? 사용하지 않아도 된다. DE0 보드를 사용하길 원하지 않는 학습자는 이 교재에서 보드에 관련된 내용은 건너뛰어도 된다. 여기서 FPGA 보드를 사용하는 이유는 2가지이다. 첫째, 실전 감각을 키워주기 위해서이다. CPU를 포함한 디지털 로직을 학습할 때, 설계한 하드웨어를 FPGA에 다운로드하고 동작시킴으로 설계한 디지털 로직이 얼마나 빠르게 동작하는지 등에 대한 체험적 학습을 할 수 있다. 그리고 이를 통해 설계한 디지털 로직이 실생활에 어떻게 적용될 수 있는지도 느낄 수 있다. 삼성, LG와 같은 전자회사에서도 제품 개발에 FPGA를 많이 사용한다. 둘째, 학습의 재미를 위해서이다. 학습도 재미가 있어야 효과적이며 지속하게 된다. 내가 설계한 CPU가 C 코드를 실행하여 그 결과를 DE0 보드에 있는 7-segment에 숫자로 보여주는 것만으로도 학습에 대한 충분한 동기부여가 될 수 있다.

그림2-1 Cyclone-III FPGA가 탑재된 DE0 Board

이 책에서 테스트 용도로 사용할 RISC-V 하드웨어 시스템은 저자가 제공한다. 하드웨어 시스템은 컴퓨터구조의 효과적 학습을 위해 최대한 간략화하였으며 내부에는 'CPU + Memory + I/O 장치', 이렇게 컴퓨터를 구성하는 3가지 하드웨어 모듈이 모두 있다. 제공된 하드웨어 시스템을 DE0 보드에 있는 FPGA에 다운로드를 하려면 PC에서 실행되는 'Quartus-II'라는 CAD tool을 사용해야 한다. Quartus-II 설치에 대한 내용은 2.3절에서 자세히 설명한다. 그림2-2는 'RISC-V 하드웨어 시스템'을 Cyclone-III FPGA에 다운로드한 것을 도식적으로 표현한 그림이다. PC와 DE0 보드는 USB 케이블을 통해 연결된다. 그림 위쪽에 표시한 'USB Blaster Connector'에 PC를 연결하면 된다.

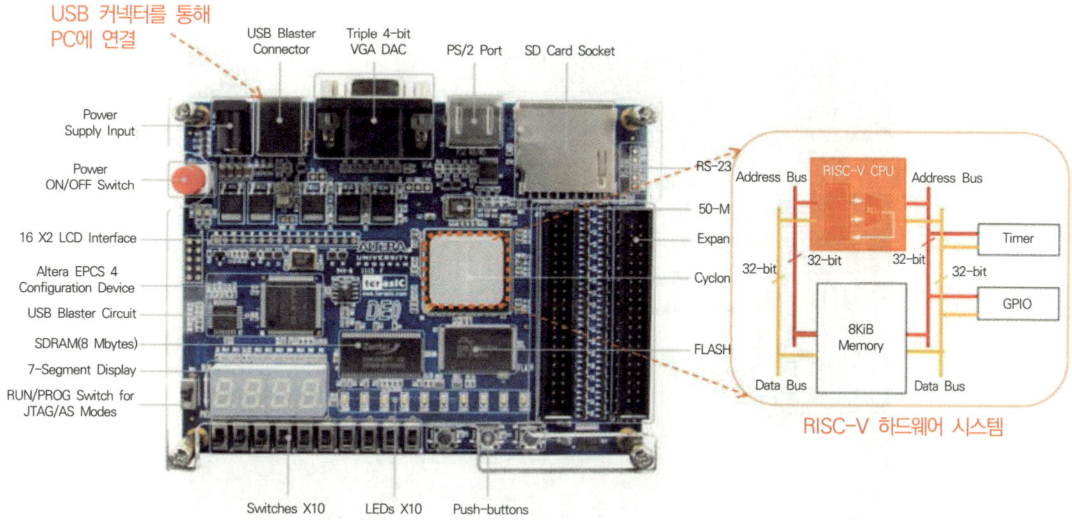

그림2-2 Cyclone-III FPGA에 다운로드 된 RISC-V 하드웨어 시스템

그림2-3은 Cyclone-III FPGA에 있는 각 pin들이 PCB[printed circuit board]에 있는 미세한 전선을 통해 다른 부품에 연결된 것을 도식적으로 보여준다. 그림에는 FPGA에서 7-segment와 switch로 연결된 것을 보여주고 있다. 따라서 FPGA로 다운로드한 하드웨어가 해당 부품들을 제어할 수 있다. 예를 들어 다운로드한 하드웨어가 7-segment에 연결된 pin들을 '0 → 1' 또는 '1 → 0'으로 적절히 바꾸면 7-segment에 원하는 숫자를 표시할 수 있다.

그림2-3 Cyclone-III FPGA와 보드에 있는 부품 간의 연결

그림2-4는 RISC-V 하드웨어 시스템과 보드에 있는 부품 간의 연결을 보여준다. 이 책에서 제공하는 하드웨어 시스템은 DE0 보드에 있는 7-segment와 LED에 연결되도록 설정되어 있다. 즉 7-segment와 LED는 그림에 있는 것처럼, 하드웨어 시스템 내에 'GPIO general-purpose input/output'라고 불리는 I/O 장치에 연결되어 있다. I/O 장치에 관한 내용은 6장에서 설명한다. 따라서 메모리에 적재된 소프트웨어 프로그램으로 7-segment에 숫자를 표시하고 LED를 점멸할 수 있다. 그러니까 RISC-V CPU를 설계한 후 동작 여부를 시각적으로 검증을 할 수 있는 환경이다. 이같이 설계한 하드웨어를 FPGA에 다운로드해 검증하는 작업을 **에뮬레이션** emulation 한다고 말한다. 영어 emulation은 '모방 또는 흉내' 라는 의미이며, 실제 chip을 제작하기 전에 'FPGA를 통해 실제 chip의 동작을 흉내 내본다' 라고 생각하면 용어가 쉽게 다가온다.

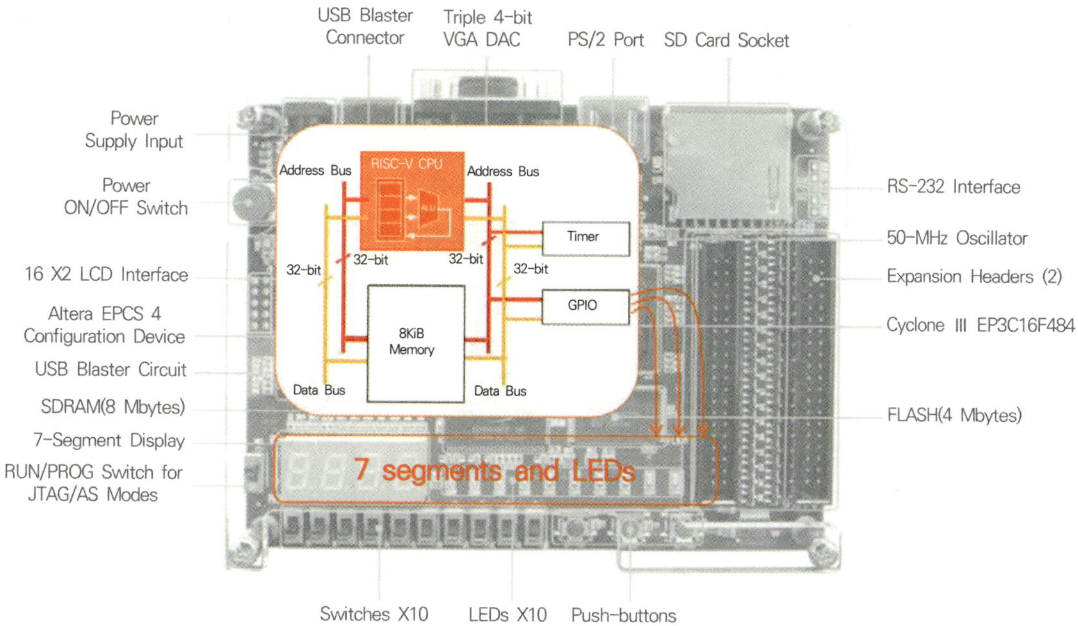

그림2-4 'RISC-V 하드웨어 시스템'과 DE0 보드에 있는 7-segment, LED와 연결: GPIO를 통해 7-segment에 숫자를 표시하고 LED를 점멸할 수 있도록 설계되어 있다.

2.2 RISC-V Cross-Compiler 환경 설정

이 교재에서는 'Eclipse'라는 소프트웨어 개발환경을 사용한다. Eclipse는 Java, C, C++와 같은 고급 언어를 이용해 프로그램을 개발할 때 편리한 환경을 제공한다. 이 책에서는 Eclipse 환경을 사용해 C 언어로 작성된 프로그램 또는 RISC-V 어셈블리 프로그램을 컴파일하여 RISC-V 바이너리binary를 만든다. 이렇게 만들어진 binary는 두 가지 용도로 사용한다. RISC-V CPU 설계 후 설계 검증을 위한 시뮬레이션simulation과 에뮬레이션emulation을 할 때 사용한다. 다시 말하면 컴파일된 바이너리는 설계 검증을 위해 메모리에 적재될 테스트 코드로 사용한다.

Eclipse에서 RISC-V 바이너리를 만들기 위해서는 RISC-V cross-compiler를 설치해야 한다. 우리가 사용하는 데스크톱 또는 노트북 컴퓨터가 대부분 x86 프로세서 기반이기 때문이다. Eclipse를 이용한 cross-compile 환경을 만들기 위해서는 다음과 같은 몇 가지 소프트웨어를 설치해야 한다.

- **JRE**java runtime environment: Eclipse는 주로 Java를 사용해 만들었기 때문에 Java 코드를 실행시킬 수 있는 환경인 JRE가 필요하다.
- **Cygwin**: Cygwin은 Windows에서 사용할 수 있는 Linux와 비슷한 환경이다. 이 책에서 제공하는 RISC-V cross-compiler, perl script, Makefile을 실행하기 위해 Cygwin 환경이 필요하다.
- **RISC-V cross-compiler**: x86 컴퓨터에서 RISC-V 바이너리를 만들기 위해 cross-compiler가 필요하다. 이 교재에서는 64-bit Cygwin에서 build한 RISC-V cross-compiler를 제공한다. 필요에 따라 RISC-V cross-compiler를 직접 build하여 사용해도 된다.

2.2.1 JREJava Runtime Environment 설치

그림2-5는 JRE 설치파일을 받을 수 있는 웹사이트를 보여준다. 여기서 본인이 사용하고 있는 컴퓨터에 설치된 운영체제에 맞는 설치파일을 받아야 한다. 요즘은 대부분 64-bit Windows를 사용하기 때문에 그림에 표시한 'Windows x64'에 있는 파일을 받으면 된다. 만약 32-bit Windows를 사용한다면

'Windows x86'에 있는 파일을 받으면 된다.

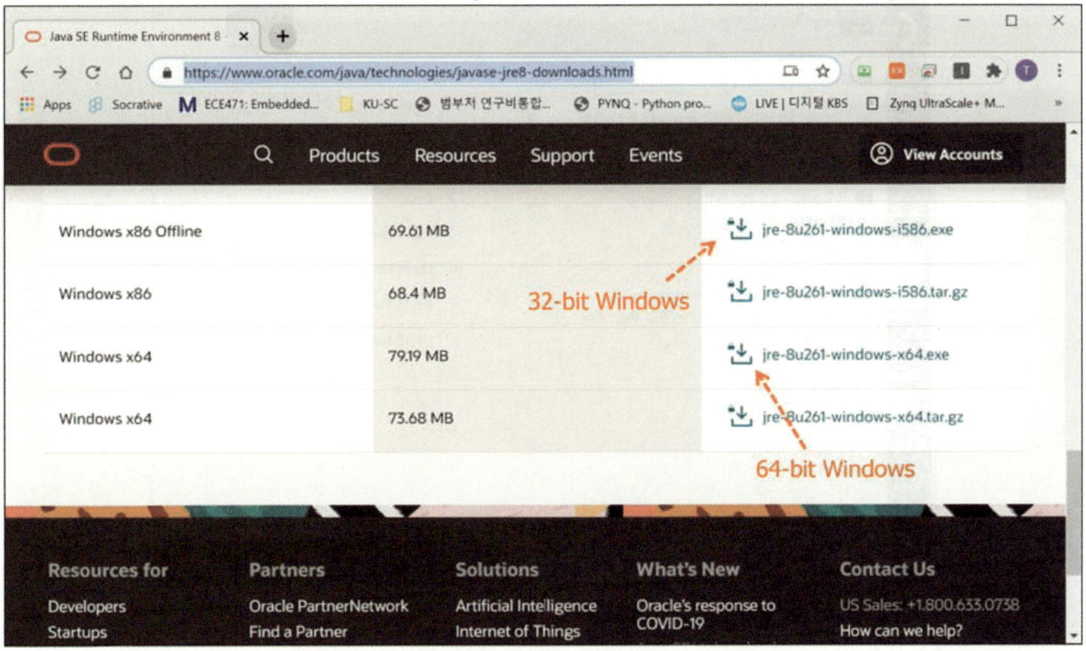

그림2-5 JRE 설치파일을 제공하는 Oracle 웹사이트:
https://www.oracle.com/java/technologies/javase-jre8-downloads.html

JRE install 후 설치된 JRE 버전을 확인해 보기 바란다. 그림2-6, 그림2-7에 보여주는 것처럼 Windows 'cmd' 창을 열고, 'java -version'을 실행하면 JRE 버전을 알 수 있다. 그림에는 version '1.8.0_251'이 설치됐다는 것을 보여주고 있다.

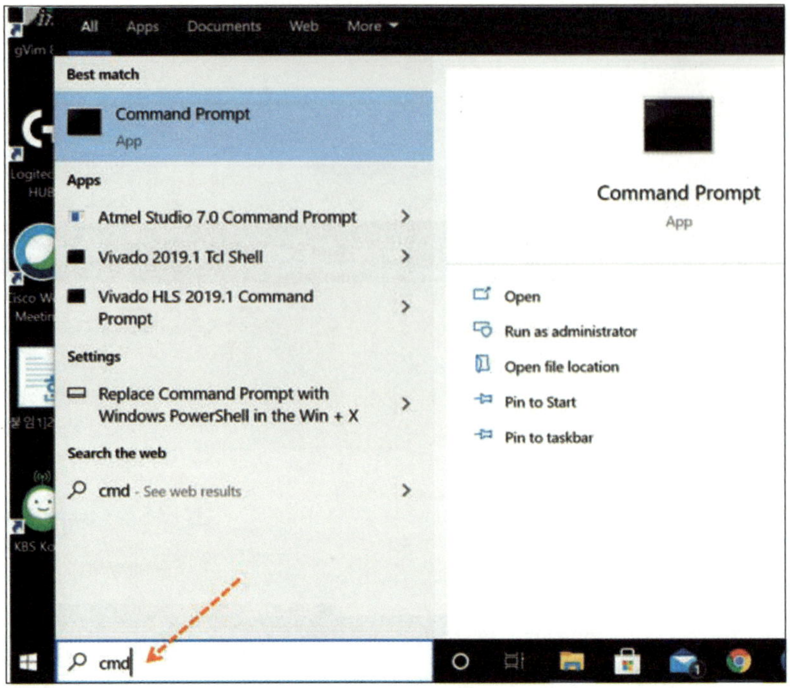

그림2-6 Windows에서 'cmd' 명령어를 입력하는 화면: 이렇게 command 창을 열 수 있다.

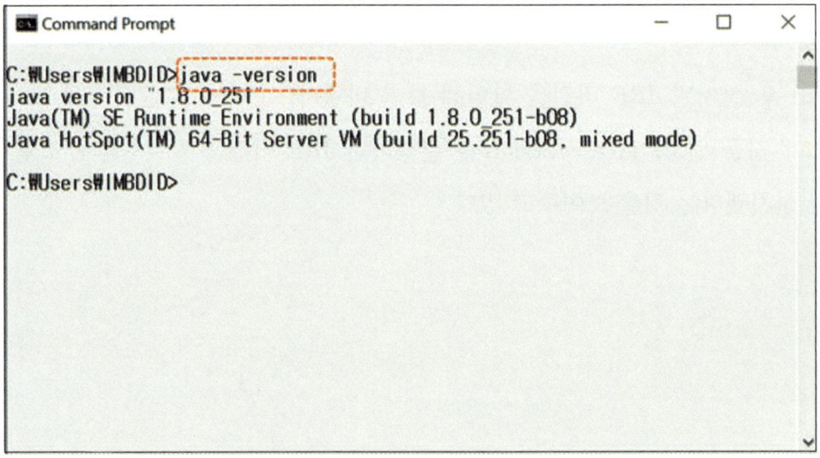

그림2-7 Windows-10 command 창에서 JRE version을 확인하는 화면

2.2.2 Cygwin 설치와 Windows 환경 설정

Cygwin이 필요한 이유는, Cygwin이 이 교재에서 제공하는 RISC-V cross-compiler, perl interpreter, make utility 실행 환경을 제공하기 때문이다. 저자가 제공하는 RISC-V cross-compiler는 64-bit Cygwin 환경에서 build하였다. 'perl' interpreter는 저자가 코딩한 perl script를 실행하기 위해 필요한데, 'perl script'는 그림2-4에 있는 8KiB 메모리 초기화 파일을 만들 때 사용한다. 참고로 8KiB 메모리는 Quartus-II MegaWizard를 사용해 만들었으며, 이 메모리를 초기화하려면 정해진 포맷에 맞춰줘야 한다. 'perl script'은 컴파일된 바이너리를 입력받아 이러한 포맷에 맞는 파일을 만들어 준다. 'make' utility는 cross-compile부터 메모리 초기화 파일 생성까지의 전 과정을 자동화하는데 사용한다.

그림2-8은 Cygwin 설치파일을 다운받을 수 있는 웹사이트를 보여준다. 본인 컴퓨터가 64-bit Windows인 경우 'setup-x86-64.exe'를 다운받아 실행하면 된다.

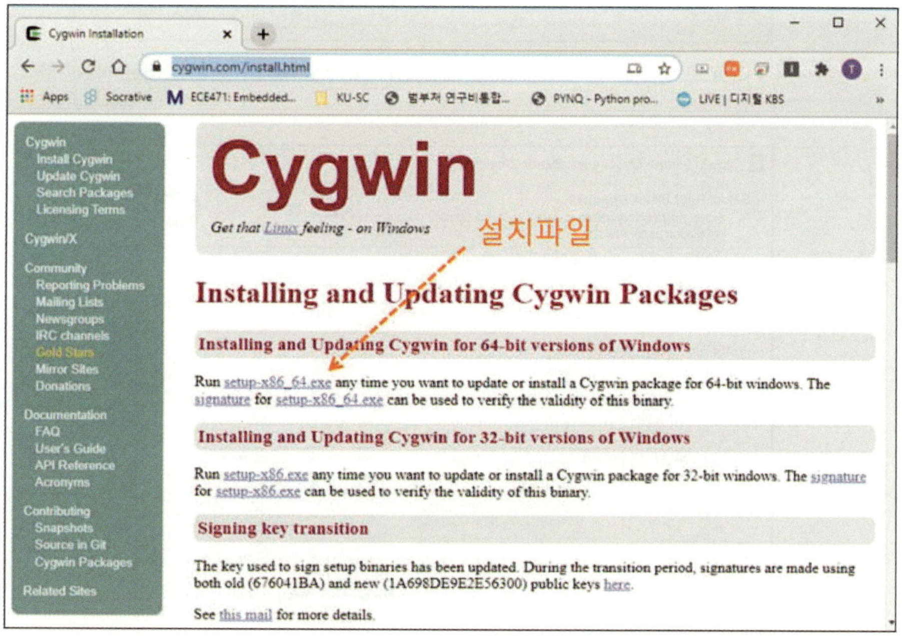

그림2-8 Cygwin 설치파일을 제공하는 웹사이트: https://cygwin.com/install.html

Cygwin 설치는 비교적 간단하다. 다운받은 installer를 실행하면 그림2-9와 같은 'Choose A Download Source' 선택화면이 나오는데, default인 'Install from internet'을 선택하고 'Next'를 클릭한다. 그림2-10은 Cygwin을 설치할 폴더를 지정하는 화면이다. 굳이 변경할 필요없다. 그대로 놓고 'Next'를 클릭한다.

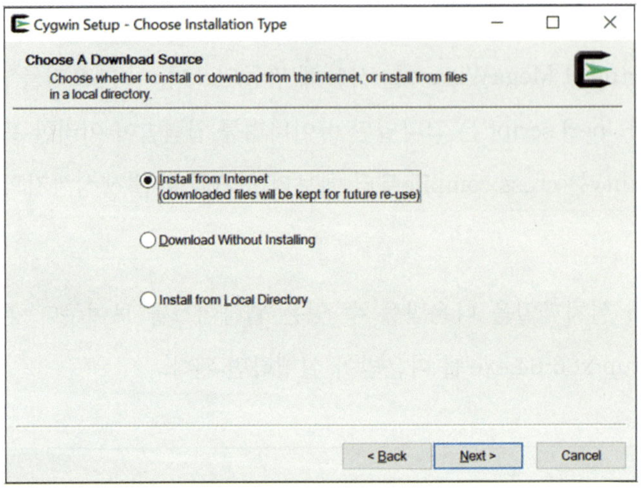

그림2-9 다운로드 source 선택화면: Default('Install from Internet') 선택된 그대로 'Next' 클릭

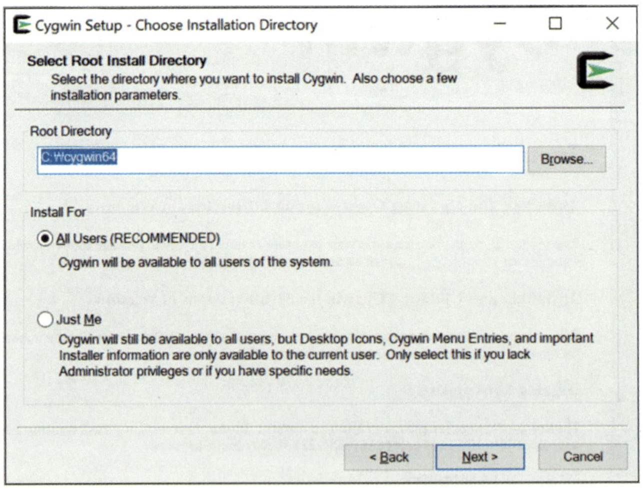

그림2-10 Cygwin 설치할 folder를 지정하는 화면: Default 그대로 'Next' 클릭

그림2-11은 설치를 위해 Cygwin 파일들을 다운로드해야 하는데, 이러한 파일들을 저장할 폴더를 지정하는 화면이다. 여기서 주의할 것은 **경로에 한글, 특수문자, 띄어쓰기가 없도록** 해야 한다는 것이다. 그런 문자가 있으면 나중에 알 수 없는 오류가 발생할 수 있다. 문제가 없다면 이것도 굳이 변경할 필요없이 'Next'를 클릭한다.

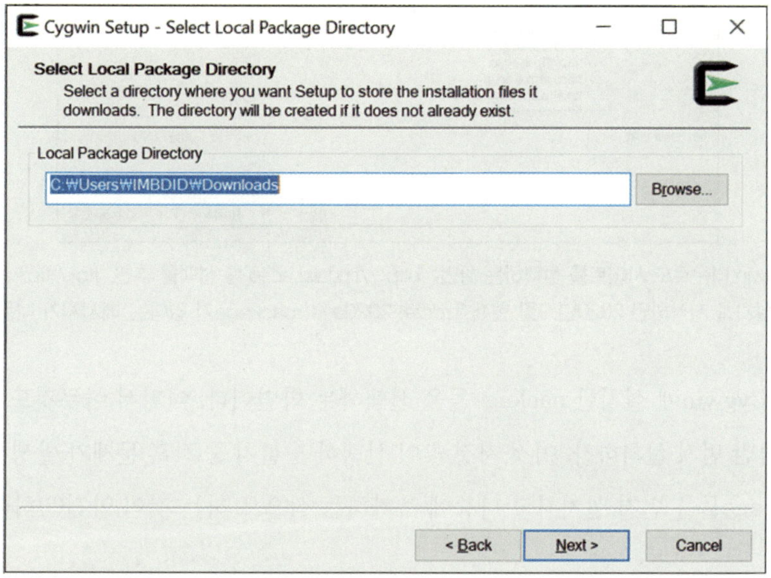

그림2-11 Cygwin install 파일들을 저장하기 위한 folder 지정화면: Default로 놓고 'Next' 클릭

그림2-12는 Cygwin 다운로드 URL을 선택하는 화면이다. 이것은 주의해서 선택해야 한다. 우리나라에서 지리적으로 가까운 서버를 선택해야 다운로드 시간을 줄일 수 있다. 목록에서 찾아보면 KAIST에 있는 'ftp://ftp.kaist.ac.kr'가 가장 가깝다. 하지만 (2020년 9월 현재) 저자의 경험에 따르면 KAIST URL을 선택하고 설치하면, 설치 중 'tzdata-2020a-1' package가 없다는 메시지가 나온다. 차선책으로 일본에 있는 서버인 'http://ftp.jaist.ac.jp'를 선택하자. 그러면 문제없이 잘 설치된다.

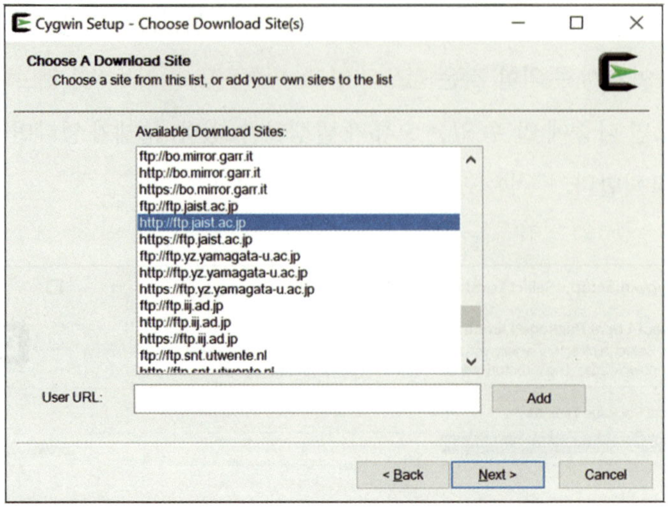

그림2-12 Cygwin 다운로드 사이트를 선택하는 화면: 'http://ftp.jaist.ac.jp'를 선택을 추천. 'ftp://ftp.kaist.ac.kr'을 선택하고 설치를 시작하면 2020년 9월 현재 'tzdata-2020a-1' package가 없다는 메시지가 나온다.

그림2-13은 Cygwin에 설치한 package들을 선택하는 화면이다. 여기서 아무것도 선택하지 말고 기본 package들만 먼저 설치하자. 이것 저것 많이 선택하면 설치 중 간혹 문제가 발생하기도 한다. 경험상 기본 package들을 먼저 설치하고 나중에 추가하는 식으로 하는 것이 안전(?)하다.

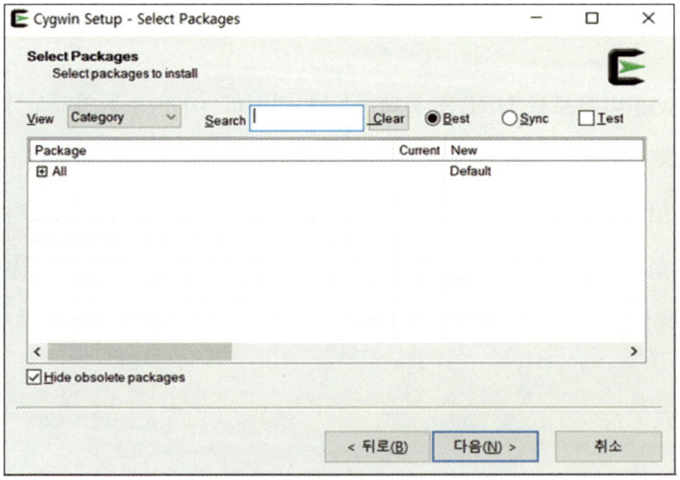

그림2-13 Package를 선택하는 화면: Default로 놓고 '다음' 선택

그림2-14는 Cygwin 설치 전 선택한 package들을 확인하는 화면이다. 'Next'를 클릭하자. 그러면 그림2-15와 같이 설치를 시작하며 몇 분 후 설치가 완료된다.

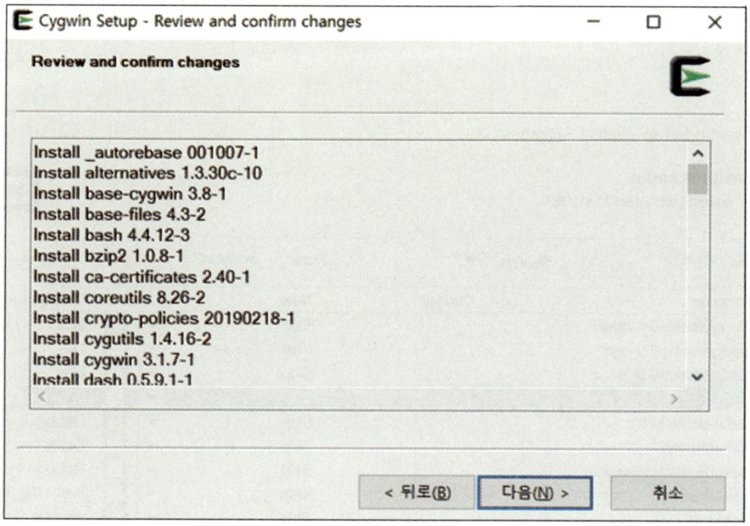

그림2-14 설치할 package들을 확인하는 화면: '다음' 클릭

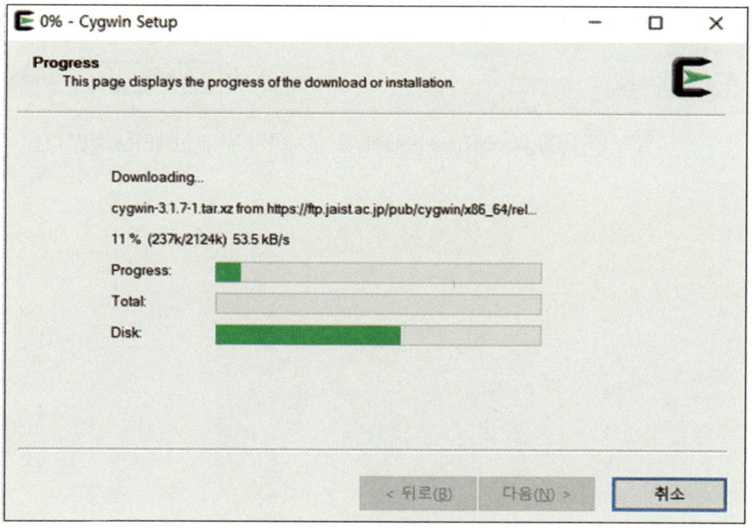

그림2-15 Cygwin 설치 중인 화면

이제 Cygwin에 'make' utility와 perl interpreter를 추가로 설치하자. 그림2-8에서 다운로드한 'setup-x86-64.exe'를 다시 실행하고 앞서 설명한 몇 가지 단계를 거치면 그림2-16와 같이 설치할 package를 선택하는 화면이 나온다. 여기서 그림과 같이 선택하고 'Next'를 클릭하면 'make'가 설치된다.

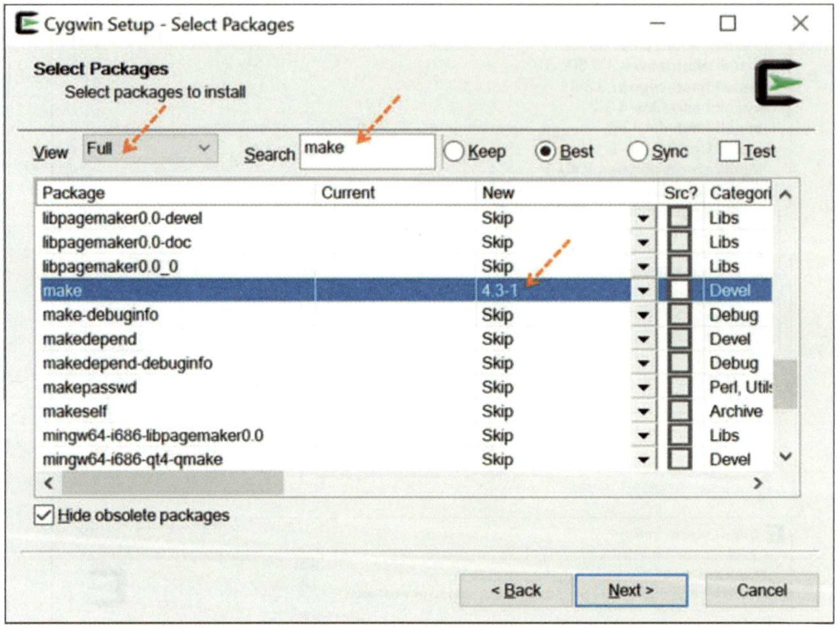

그림2-16 Cygwin에 'make' utility를 설치하기 위해 선택하는 화면

다음으로 perl interpreter를 설치하기 위해 같은 과정을 다시 반복하면 된다. 그림2-8에서 다운로드한 'setup-x86-64. exe'를 다시 실행하여 그림2-17과 같이 설치할 package를 선택하고 'Next'를 클릭하면 perl interpreter가 설치된다.

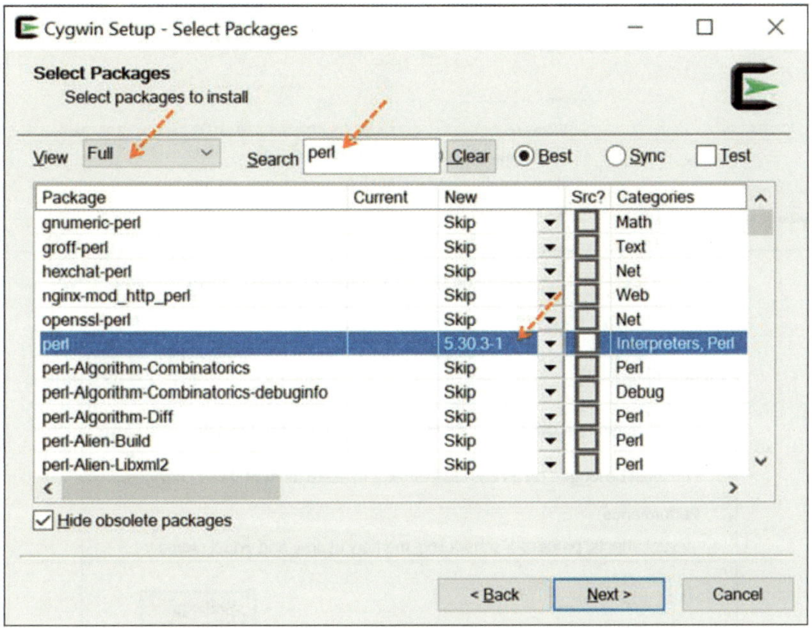

그림2-17 Cygwin에 'perl'을 설치하기 위해 선택하는 화면

마지막으로 Eclipse에서 Cygwin에 설치된 make와 perl을 사용하기 위해서는 Windows 환경변수를 설정해야 한다. 다시말하면 Windows 'PATH' 환경변수에 make와 perl이 설치된 곳의 경로를 추가해야 한다. 설정을 위해서는 먼저 그림2-18과 같이 Windows 'Advanced system setting(고급시스템설정)'을 클릭한다. 그 후 그림2-19와 같은 창에서 'Environment Variables(환경변수)'를 클릭한다. 그러면 그림2-20과 같이 창이 나오며 여기서 make와 perl이 설치된 경로를 추가한다. 앞서 그림2-10과 같은 경로에 Cygwin을 설치했다면 'c:\cygwin64\bin'을 추가하면 된다.

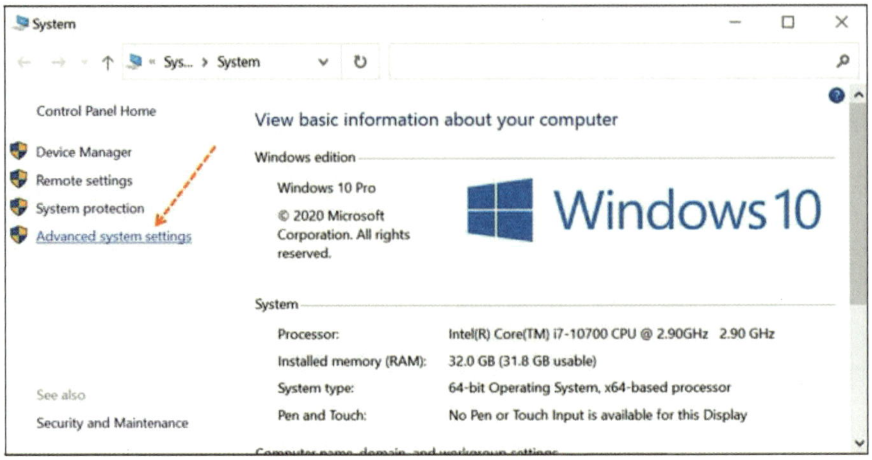

그림2-18 Windows에서 'Advanced system setting' 클릭

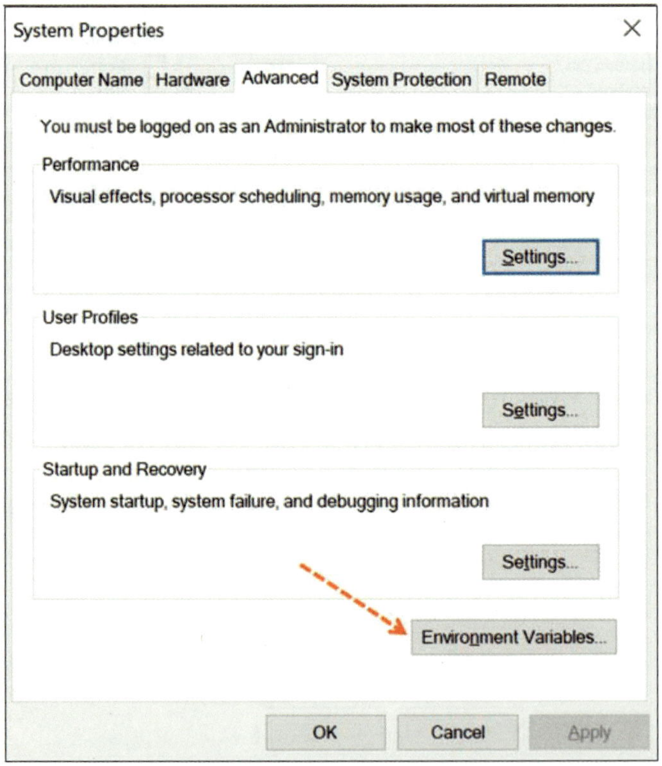

그림2-19 시스템 속성(System Properties)에서 '환경변수(Environment Variables)' 클릭

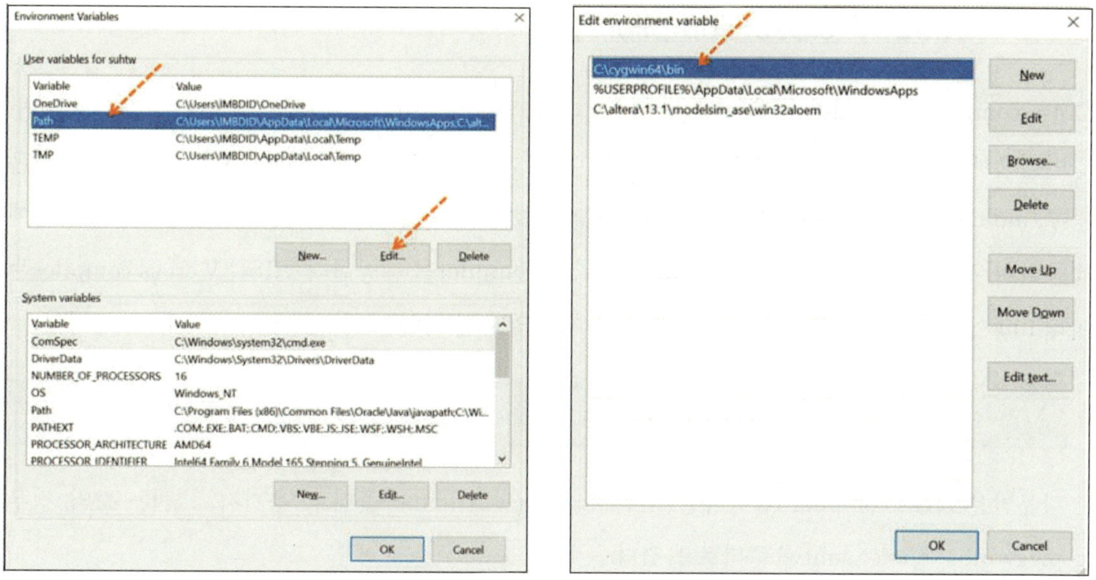

(a) 'Path' 선택 후 'Edit' 클릭 (b) 'C:\ cygwin64\ bin' 경로 추가

그림2-20 PATH 환경변수에 'C:\cygwin64\bin' 경로를 추가하는 화면

Windows 환경변수가 제대로 설정되었는지 확인하기 위해 Windows 'cmd'창을 열어 그림2-21과 같이 실행해 보자. 'which make', 'which perl' 실행 후, 그림에 보여주는 것과 같은 경로가 나오면 제대로 설정이 된 것이다.

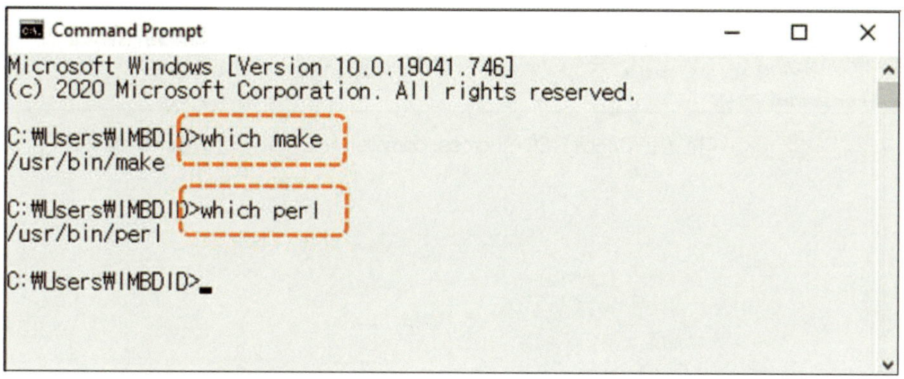

그림2-21 Windows 'cmd'창에서 'which make', 'which perl' 실행결과

2.2.3 RISC-V cross-compiler 설치

Cross-compiler를 build하는 것은 시간이 꽤 오래 걸리는 작업이다. 컴퓨터의 성능에 따라 다르지만, 일반적으로 몇 시간에서 하루 종일 걸리기도 한다. 또한 build에 필요한 package가 설치돼 있지 않은 경우, build 중간에 에러 메시지와 함께 중단되기도 한다. 이러한 불편을 없애고 컴퓨터구조 학습에 집중하기 위해 이 교재에서는 저자가 build한 cross-compiler를 제공한다. RISC-V cross-compiler는 아래 link에서 받을 수 있다. 설치 방법은 간단하다. 압축된 파일을 풀면 된다.

http://esca.korea.ac.kr/RVBook/rv32imac_cc_cygwin64.tar.gz (450.050 MiB)

다운받은 cross-compiler 압축파일을 편의상 cygwin home 폴더로 옮기자. 그림2-22의 경우 'c:\cygwin64\home\suhtw' 폴더로 옮겼다.

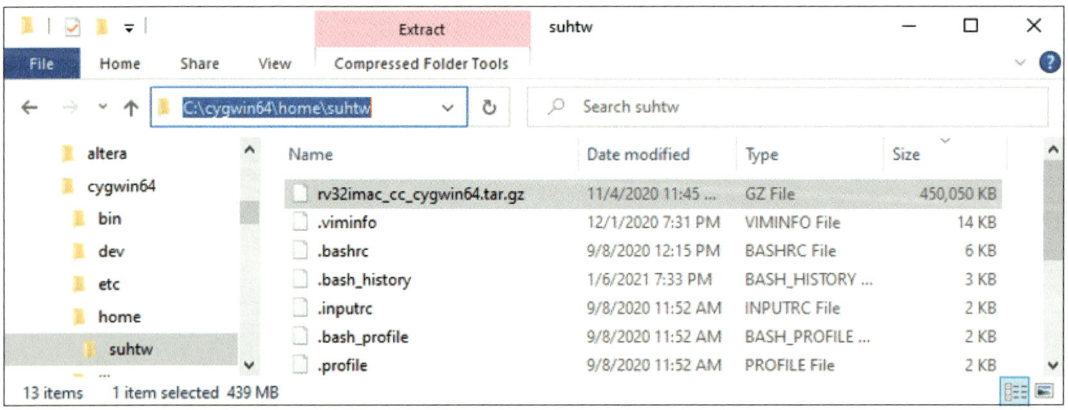

그림2-22 다운받은 32-bit RISC-V cross-compiler(rv32imac_cc_cygwin64.tar.gz)

그 후 Cygwin 설치 후 Windows 바탕화면에 생성된 'Cygwin64 Terminal'을 더블 클릭하여 실행하자. 그리고 그림2-23과 같이 Cygwin terminal에서 'tar zxvf rv32imac_cc_cygwin64.tar.gz' 명령으로 압축을 푼다.

그림2-23 Cygwin terminal에서 cross-compiler 압축을 푸는 화면

그림2-24는 압축을 푼 후 './rv32imac/bin' 폴더에 있는 RISC-V cross-compiler를 보여준다. 그림에는 이 교재에서 자주 사용하는 C compiler, assembler, linker 등을 주황색으로 표시하였다. RISC-V 명령어에 관한 내용은 3장에서 자세히 설명하는데, RISC-V는 명령어를 모듈화해 제공한다. 기본 명령어에 필요에 따라 명령어 extension을 추가하는 방식이다. 그림2-23에서 압축을 푼 cross compiler는 32-bit RISC-V 기본 명령어인 'RV32I' 와 M-extension, A-extension, C-extension 명령어를 지원한다. 이것이 말하는 것은, 컴파일러는 RV32I 명령어 뿐 아니라, 필요에 따라 M, A, C-extension이 제공하는 명령어도 함께 사용해 바이너리를 만든다는 의미이다.

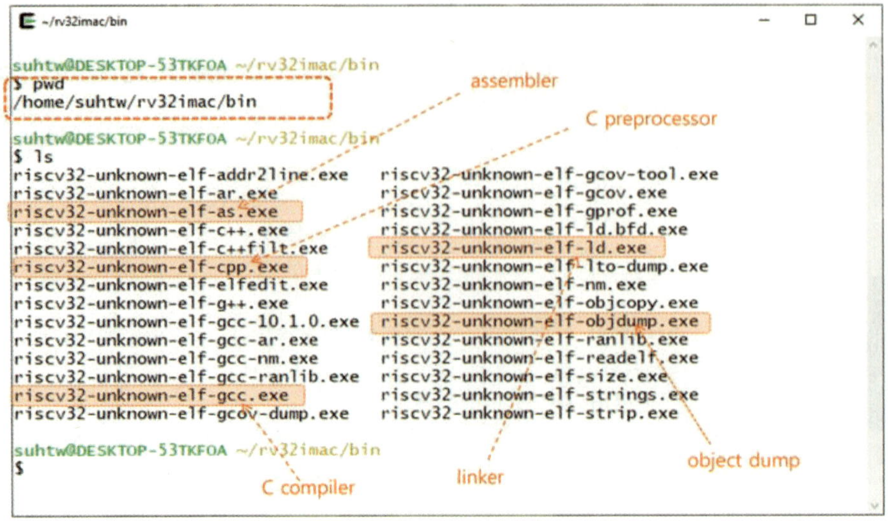

그림2-24 RV32IMAC cross-compiler

2.2.4 Eclipse 설치 및 cross-compilation

그림2-25는 Eclipse를 다운받을 수 있는 웹사이트를 보여준다. 'Download 64-bit'를 클릭해 다운받은 후 installer를 실행하면 그림2-26(a)와 같은 IDE(integrated development environment) 선택화면이 나온다. 여기서 'Eclipse IDE for C/C++ Developers'를 선택한다.

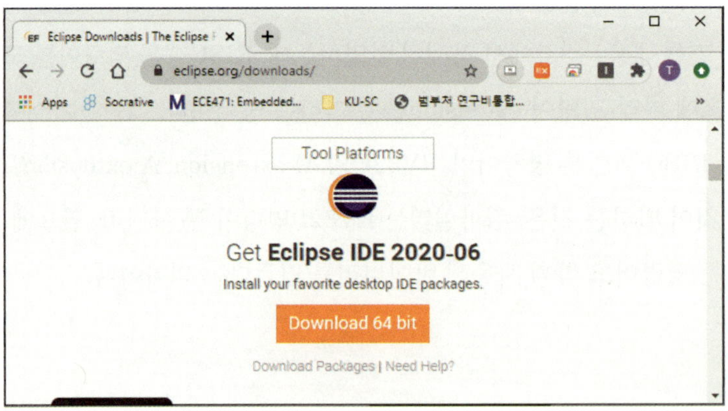

그림2-25 Eclipse를 다운받을 수 있는 웹사이트: https://eclipse.org/downloads

그림2-26(b)는 설치를 시작하는 창을 보여준다. 여기서 'Installation Folder'를 눈여겨보기 바란다. 설치가 끝나고 간혹 'Eclipse 실행 파일'을 찾지 못하기도 하는데, 실행 파일은 'Installation Folder' 경로에 있다.

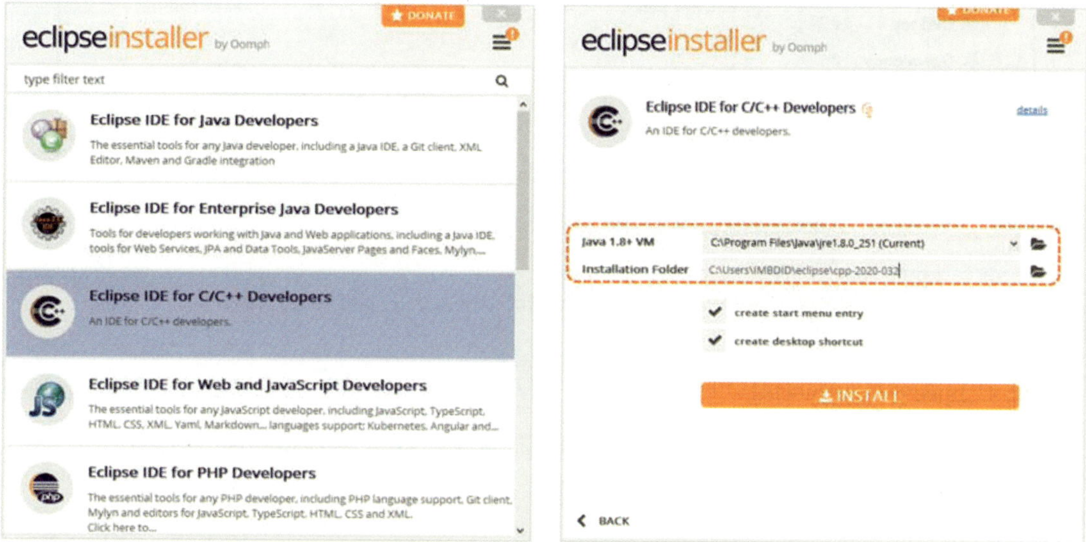

(a) Eclipse IDE for C/C++ Developers 선택 (b) 설치를 시작하는 창

그림2-26 Eclipse IDE 선택 화면 및 설치를 시작하는 창

이제 설치한 Eclipse 환경에서 예제 코드를 컴파일해보자. 예제는 아래 link에서 받을 수 있다. 압축파일을 풀면 그림2-27에 보여주는 것과 같은 파일들이 있다. 압축파일에는 RISC-V 어셈블리 코드와 C 코드, 그림2-4에 있는 '8KiB 메모리' 초기화 파일을 생성하는 perl script, 그리고 컴파일 과정을 자동화하는 Makefile 등이 포함되어 있다.

http://esca.korea.ac.kr/RVBook/lab0_c_asm_example.7z (2 KiB)

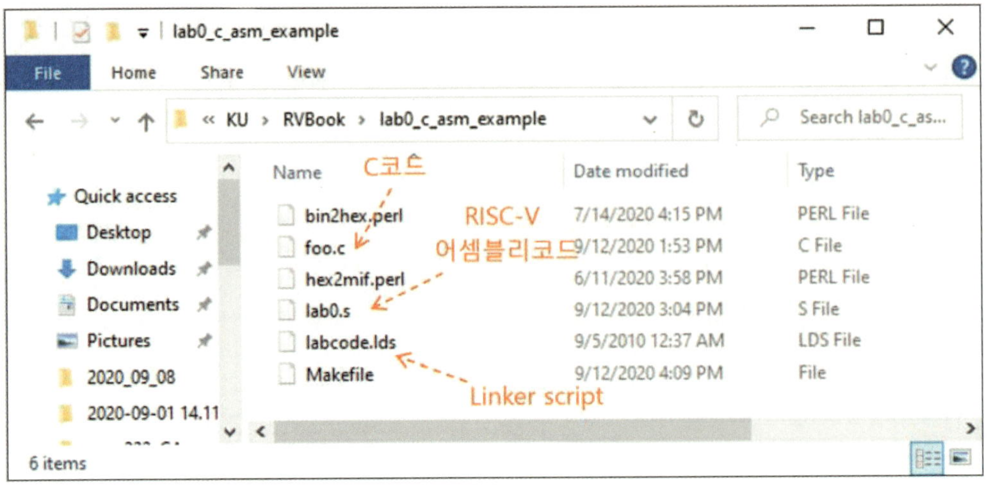

그림2-27 RISC-V 예제 코드: 어셈블리 코드, C 코드, perl script, Makefile

이제 Eclipse에서 project를 만들고 거기에 예제 코드를 추가해 보자. Eclipse를 설치할 때 'Installation Folder'에 지정한 경로에 가면 그림2-28에 보는 것과 같이 Eclipse 실행 파일이 있다.

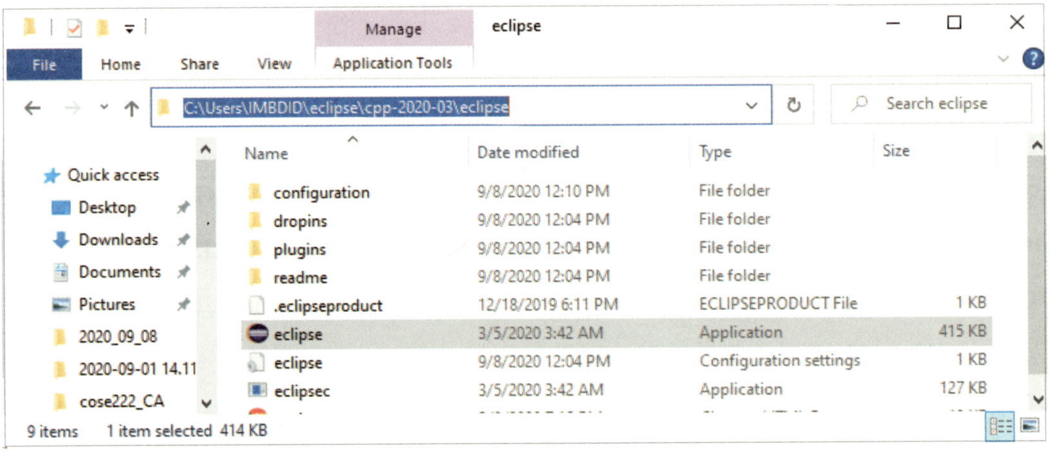

그림2-28 Eclipse 실행 파일

Eclipse 아이콘을 더블클릭하면 그림2-29와 같은 'workspace'를 지정하는 창이 나온다. 말 그대로 앞으로 만들 project와 source code 등이 저장되는 폴더를 말한다. 굳이 변경하지 않아도 된다.

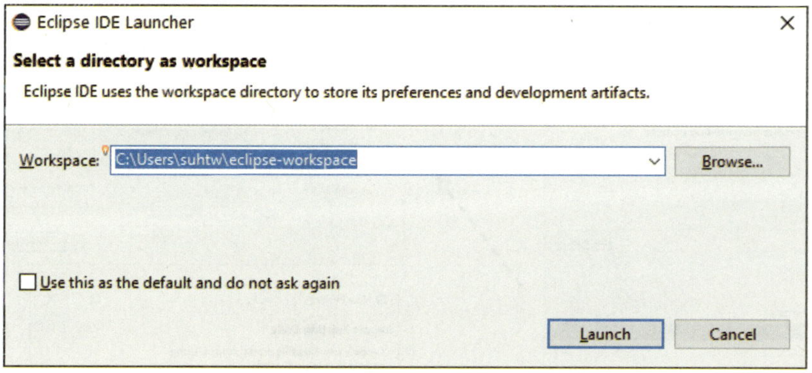

그림2-29 'Workspace' 설정 화면

이제 프로젝트를 만들고 그림2-27에 있는 파일들을 추가하자. 이를 위해 그림2-30과 같이 'New → Makefie Project with Existing Code'를 선택한다. 그리고 그림2-31에 보여주는 과정을 거쳐 예제 코드가 있는 폴더를 선택한다.

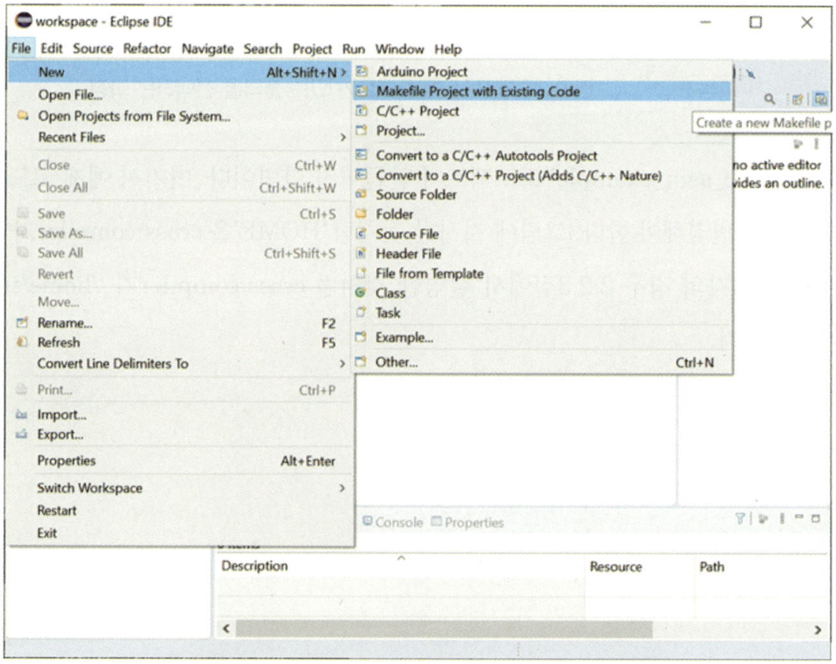

그림2-30 Eclipse에서 새로운 Project를 만드는 화면

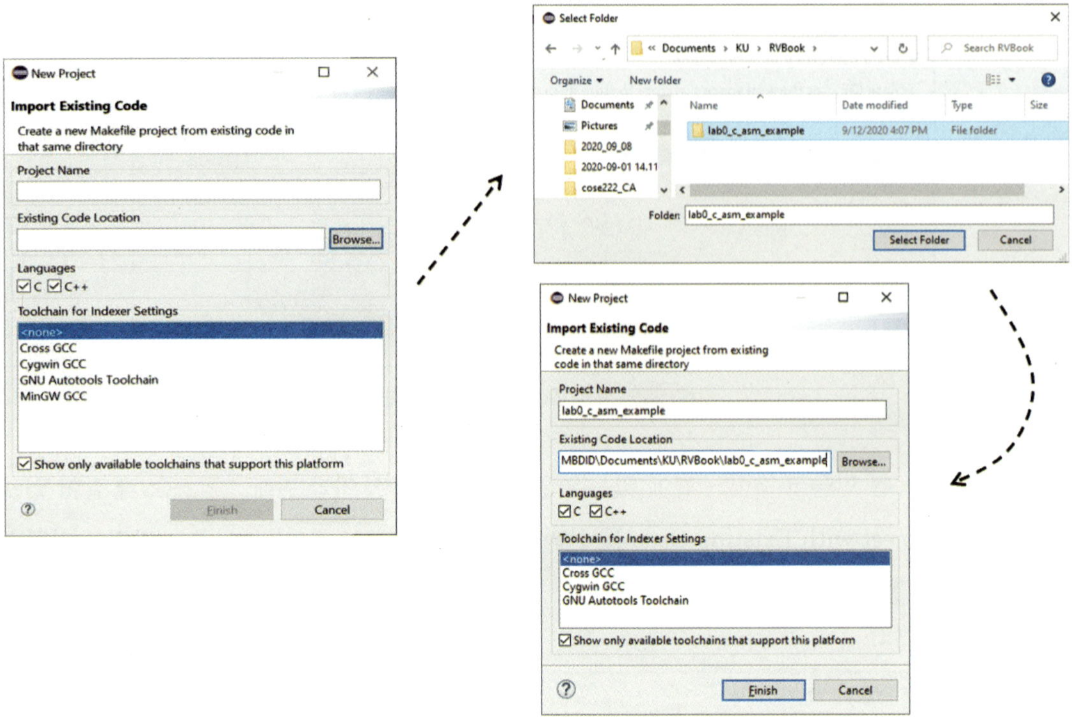

그림2-31 〈그림2-27〉에 있는 예제 코드가 있는 폴터를 선택하는 과정

그림2-32는 'lab0_c_asm_example' 프로젝트가 만들어진 화면이다. 여기서 예제 코드를 컴파일하기 전에 'Makefile'을 변경해야 한다. 그림에 지시한 것처럼 'HOME'을 cross-compiler가 설치된 경로로 바꾸어야 한다. 저자의 경우 2.2.3절에서 설명한 것처럼 cross-compiler가 '/home/suhtw/rv32i-mac/'에 설치되어 있다.

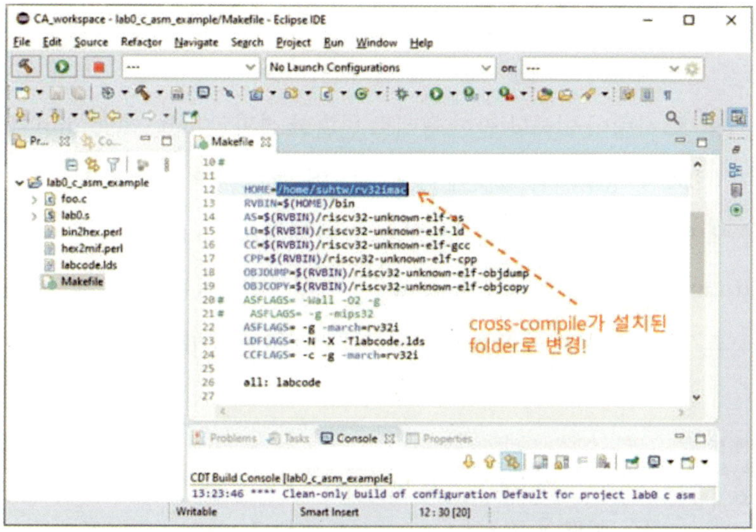

그림2-32 'Makefile'에서 'HOME'을 cross-compiler가 설치된 folder로 변경

이제 그림2-33과 같이 프로젝트 이름인 lab0_c_asm_example에 마우스 오른쪽 버튼을 클릭하고 'Build Project'를 선택하면 컴파일이 된다.

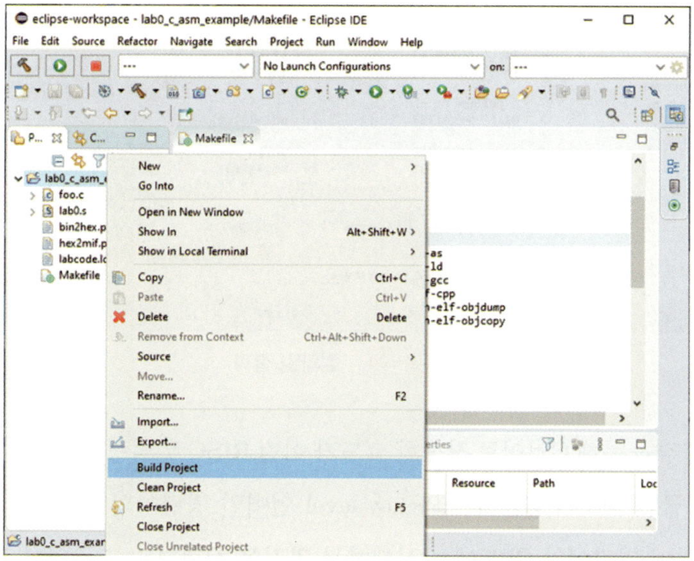

그림2-33 컴파일하기 위해 'lab0_c_asm_example' 프로젝트를 마우스 오른쪽 버튼으로 클릭 후 'Build Project'를 선택한다.

그림2-34는 컴파일된 결과를 보여준다. 어셈블리 코드(lab0.s)와 C 코드(foo.c)를 컴파일하여 바이너리인 'labcode'를 생성하였다. 그림은 컴파일 결과인 'labcode'를 그림2-24에 있는 'riscv32-unknown-objdump.exe'로 사람이 이해할 만한 형태로 변환한 결과인 'labcode.dump'를 보여준다. 그림에 표시한 것처럼, RISC-V 명령어와 그것에 해당하는 머신코드machine code 그리고 머신코드가 위치한 메모리 주소를 보여준다. Perl script인 'bin2hex.perl'과 'hex2mif.perl'는 컴파일 결과인 labcode로부터 'insts_data.mif'를 만든다. 'insts_data.mif'는 그림2-4에 있는 8KiB 메모리를 초기화하는데 사용된다. 그리고 초기화된 메모리는 하드웨어 시뮬레이션과 하드웨어 합성에 사용된다.

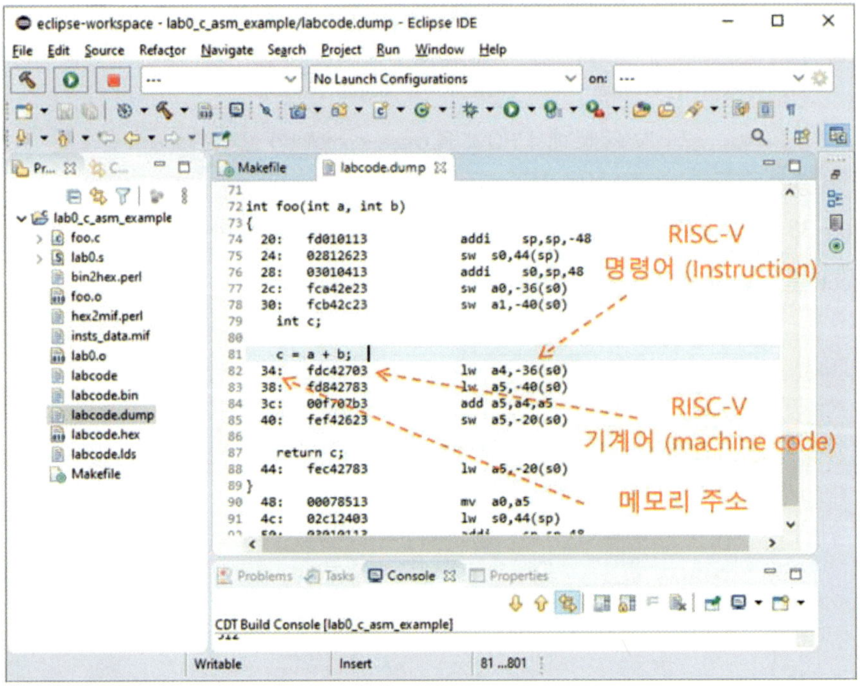

그림2-34 컴파일 결과

이렇게 설정한 환경을 통해 C언어로 작성한 코드가 어떤 RISC-V 명령어로 바뀌는지 확인할 수 있다. 다시 말하면 고급언어로 작성한 코드와 low-level 언어인 명령어의 관계를 알 수 있다. 앞으로 CPU를 직접 설계하여 명령어가 CPU에서 실행하는 과정을 체험하면 고급언어 코드에서 하드웨어에서의 실행까지 전체 과정을 이해할 수 있게 된다. 그러면 컴퓨터에 대한 이해도와 더불어 코딩에 대한 자신감도 높아지게 된다.

그림2-35는 컴파일 과정에서 만들어진 파일들을 모두 지우는 화면을 보여준다. 왼쪽 창에 있는 프로젝트 이름인 'lab0_c_asm_example' 에 마우스 오른쪽 버튼을 클릭하고 'Clean Project'를 선택하면 생성된 파일들이 모두 지워진다. 'Makefile'을 확인해 보면 'Clean'을 할 때 지워야 할 파일들을 나열해 놓았다.

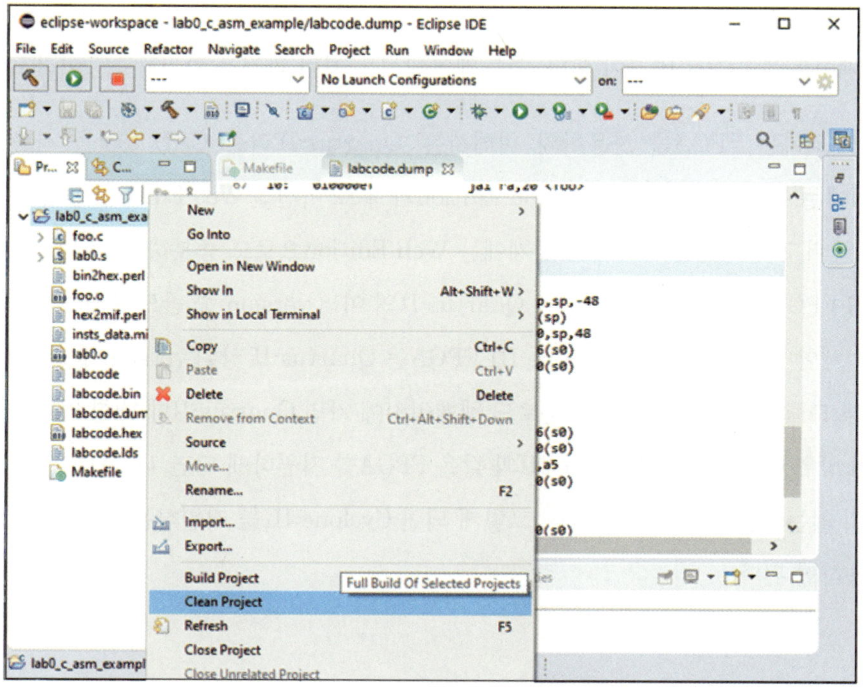

그림2-35 컴파일 후 생성된 파일을 모두 지우려면 'Clean Project'를 실행

2.3 하드웨어 설계 및 합성synthesis 환경

2.1절에서 설명한 대로 DE0 보드에는 Intel FPGA인 Cyclone-III가 장착되어 있다. Cyclone-III FPGA를 사용하기 위해서는 제조사인 Intel이 제공하는 CAD tool을 설치해야 한다. 참고로, Cyclone FPGA는 원래 Altera라는 회사 제품인데, 2015년 Intel이 Altera를 인수하였다. CAD는 Computer Aided Design의 약자이며, CAD tool은 크고 복잡한 하드웨어를 빠르고 편하게 설계할 수 있도록 도와준다. 예를 들어, CAD tool은 VHDL이나 Verilog-HDL과 같은 언어로 설계한 디자인을 실제 로직 게이트logic gate로 바꾸어 준다. 하드웨어에서는 이런 과정을 합성synthesis이라고 부른다.

Intel이 제조하는 FPGA를 사용하기 위해서는 'Quartus-II'라는 CAD tool을 사용해야 한다. Quartus-II에는 유료 버전인 Subscription Edition과 무료 버전인 Web Edition이 있는데, RISC-V CPU와 같은 비교적 간단한 하드웨어 설계에는 Web Edition으로도 충분하다. 한가지 주의할 것은 Cyclone-III FPGA를 사용하기 위해서는 Quartus-II의 여러 version 중 반드시 Quartus-II version 13.1을 설치해야 한다는 것이다. Cyclone-III FPGA는 Quartus-II 상위 version에서는 지원하지 않기 때문이다. 그림2-36에 보여주는 다운로드 웹페이지에 가면 Quartus-II에 대한 안내가 있다. 향후 Quartus-II 상위 version에서 Cyclone-III와 같은 FPGA를 지원하게 되면, Quartus-II 13.1은 더 이상 지원하지 않는다는 내용이다. 나중에 그렇게 되면 Cyclone-III를 지원하는 Quartus-II 무료 version을 사용하면 된다.

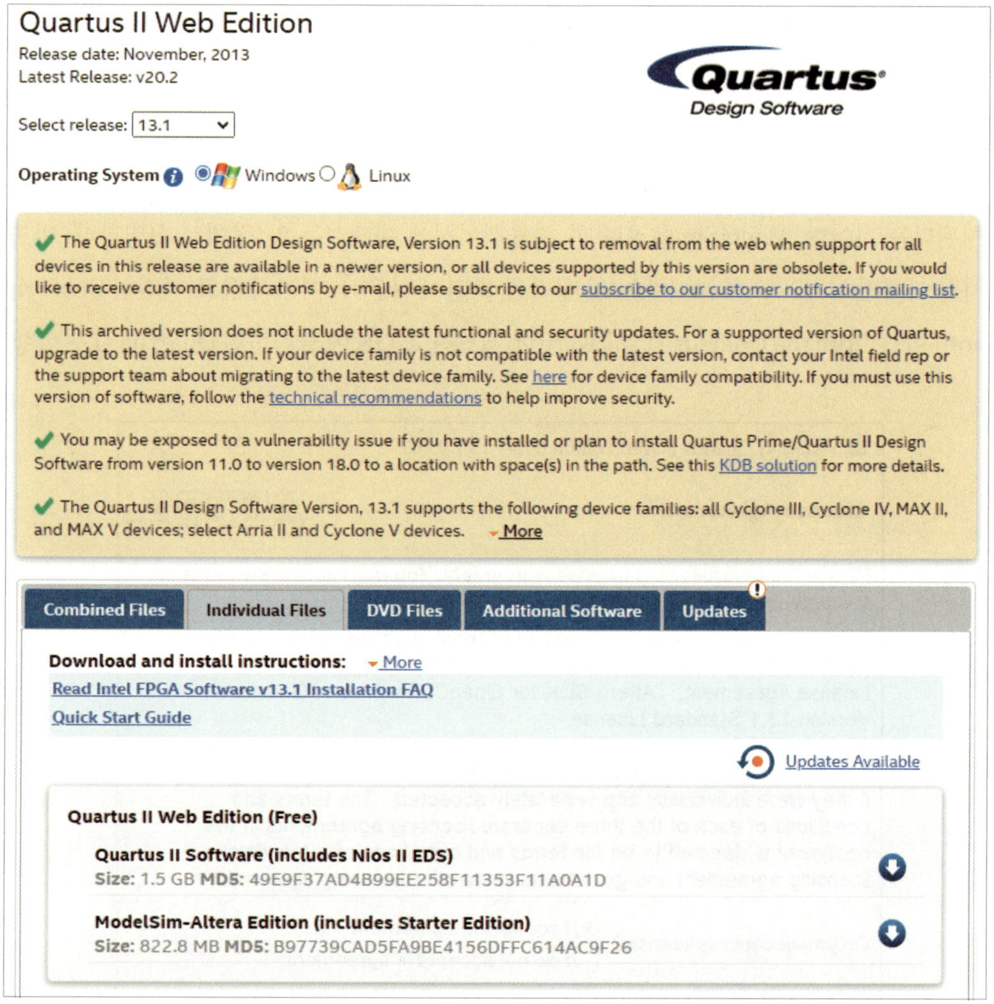

그림2-36 Quartus-II 13.1 Web Edition을 다운 받을 수 있는 웹페이지: https://fpgasoftware.intel.com/13.1/?edition=web

Quartus-II를 설치하는 과정은 아주 간단하다. 설치를 시작하면 먼저 그림2-37에 보는 것과 같은 'License Agreement' 화면이 나오는데 'I accept the agreement'에 체크한다. 그 후 그림2-38과 같은 설치할 폴더를 설정하는 화면이 나온다. 여기서 주의할 것은 경로에 한글이나 특수문자가 없도록 해야 한다는 것이다. 만약 그런 문자가 있으면 Quartus-II가 실행되지 않거나 알 수 없는 오류가 발생하기도 한다. 그와 같은 문제가 없다면 굳이 경로를 바꿀 필요 없이 그대로 설치하자. 그림2-39는 설치할 항목을 선택하는 화면이다. 여기서 이 책에서 사용할 DE0 보드에 있는 Cyclone-III 에만 체크하자. Arria-II, Cyclone-IV와 같은 FPGA를 위한 파일들을 굳이 설치할 필요가 없다. 각 FPGA를 지원하는 파일의 크기가 아주 크기 때문에 하드디스크 공간만 차지한다. 그림2-39에서 눈여겨 볼 것은 합성synthesis tool인 Quartus-II와 더불어 시뮬레이션simulation tool인 'ModelSim-Altera Starter Edition'도 설치된다는 것이다. ModelSim을 이용한 시뮬레이션에 대해서는 2.4절에서 설명한다. 마지막으로 설치를 마치면 그림2-40에 보여주는 것과 같은 화면이 나온다. 여기서 유료 버전인 Subscription Edition이 아닌, 'Run the Quartus-II software'에 첵크하고 'OK'에 클릭하면 Quartus-II가 실행된다.

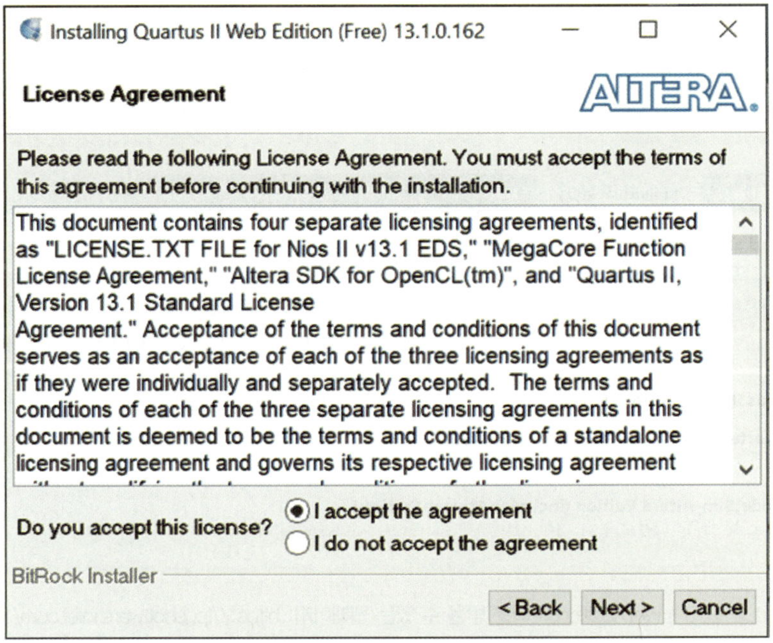

그림2-37 Quartus-II License Agreement 화면

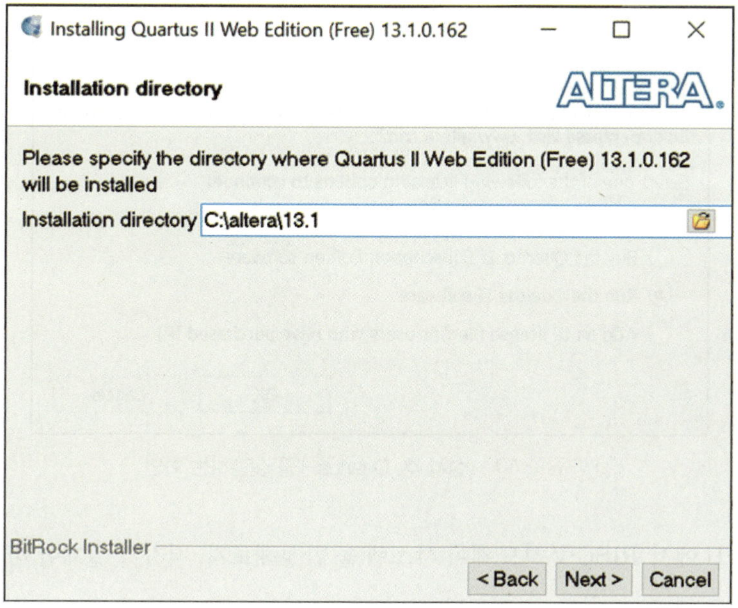

그림2-38 Quartus-II 설치 경로를 설정하는 화면

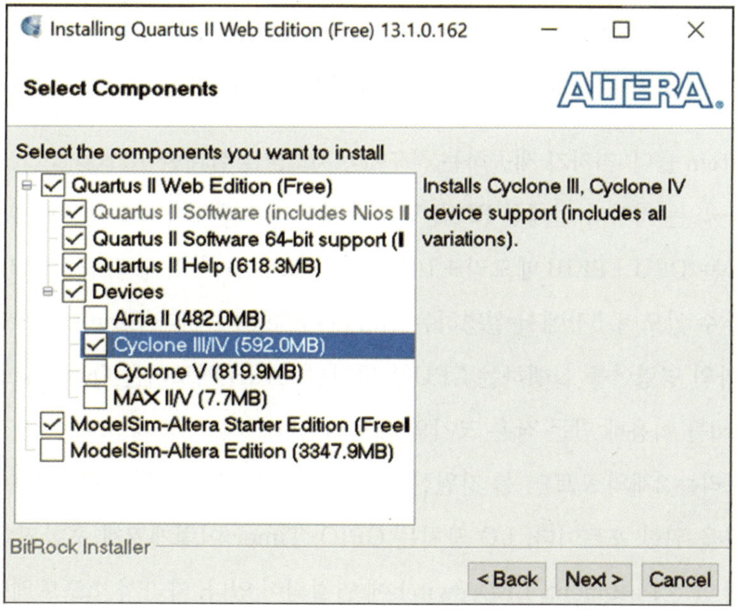

그림2-39 Quartus-II 설치파일을 지정하는 화면. 여기서 'Cyclone-III/IV' FPGA 만 선택한다.

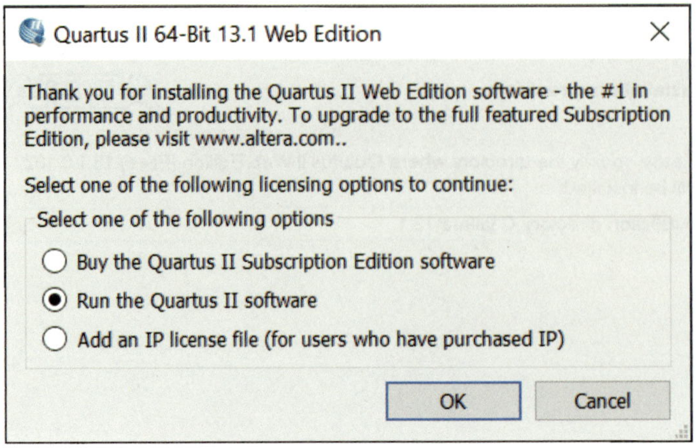

그림2-40 설치 후, Quartus-II를 실행하는 화면

이제 Quartus-II 에서 'RISC-V 하드웨어 시스템'을 합성해보자. 저자가 설계한 하드웨어 시스템은 아래 link에서 받을 수 있다.

http://esca.korea.ac.kr/RVBook/RV32I_HW_System.7z (11.983 KiB)

압축파일을 풀면 그림2-41에 보는 것과 같은 3개의 folder가 있다.

- RV32I_System 폴더: 저자가 제공하는 하드웨어 시스템을 설계한 Verilog source 코드가 있는 곳이다. 그림2-42는 저자가 설계한 RISC-V 하드웨어 시스템 구성도를 보여준다. 하드웨어 시스템을 구성하는 'CPU + 8KiB 메모리 + I/O 장치'가 모두 들어 있다. 제공된 CPU는 RV32I 명령어를 실행할 수 있으며, 5장에서 설명하는 Single-cycle CPU이다. Single-cycle CPU는 각 clock cycle에 하나의 명령어를 실행하는 CPU를 말한다. 8KiB 메모리는 Quartus-II에 있는 tool인 MegaWizard를 이용해 만든 작은 크기의 메모리이다. 그림2-42에 보여주는 것처럼 여기서 사용하는 메모리는 2개의 포트port를 지원한다. 하나는 명령어 접근을 위한 포트이고, 다른 하나는 데이터 접근을 위한 포트이다. I/O 장치는 GPIO, Timer 이렇게 2개 포함되어 있다. GPIO는 DE0 보드에 있는 7-segment, LED, switch에 연결되어 있다. 따라서 소프트웨어 프로그램을 통해 7-segment에 숫자를 표시하거나 switch 입력을 확인할 수 있다. Timer는 특별한 용도 없이,

메모리맵을 만드는 예를 보여주기 위해 포함하였다. 향후 RTOSreal-time operating systems와 같은 간단한 운영체제를 포팅하는 경우 task-scheduling을 위한 주기적인 인터럽트interrupt를 발생시키는 용도로 사용할 수도 있다. Timer를 이용하면, 예를 들어 1msec 마다 interrupt를 발생시킬 수 있다.

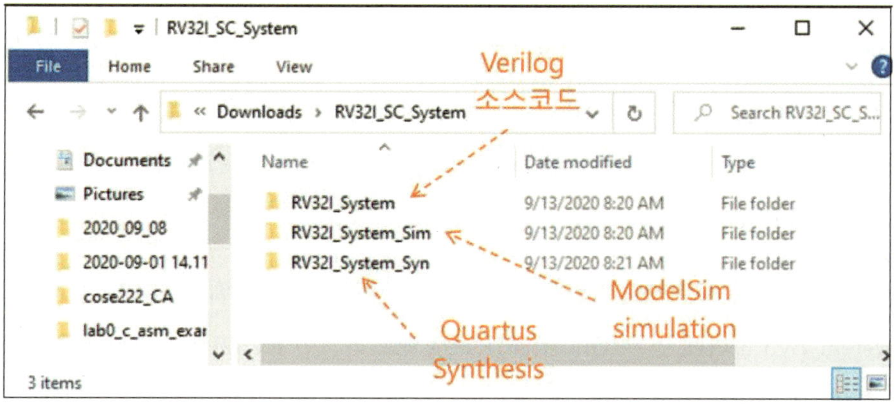

그림2-41 'RISC-V 하드웨어 시스템' 압축 파일에 있는 폴더 구성

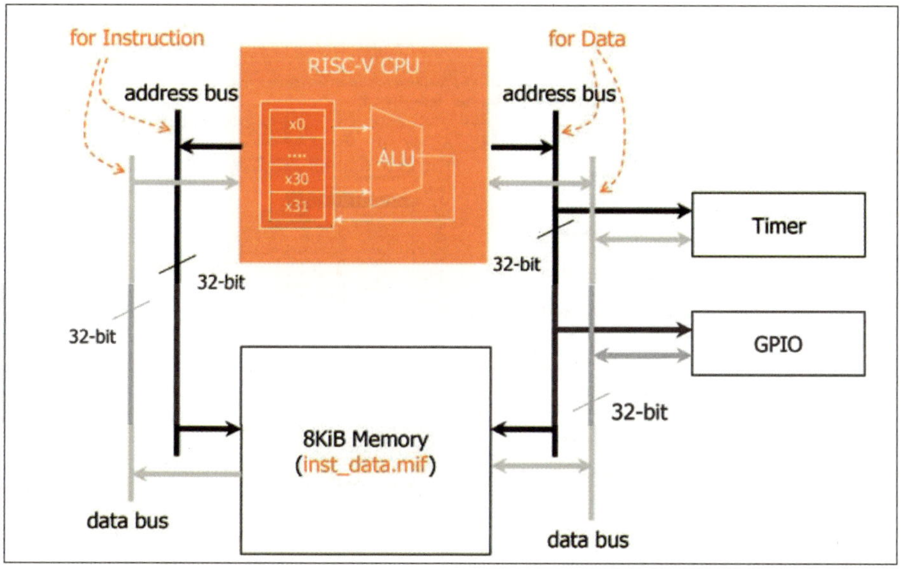

그림2-42 저자가 제공하는 'RISC-V 하드웨어 시스템' block diagram

- RV32I_System_Sim 폴더: **하드웨어 시뮬레이션**simulation을 위한 폴더이다. ModelSim 시뮬레이션을 위해 RV32I_System 폴더에 있는 Verilog 코드를 여기에 미리 컴파일해 두었다. 또한 8KiB 메모리, PLLphase-locked loop과 같은 모듈도 미리 컴파일해 두었다. 메모리와 PLL을 다시 컴파일하려면 Quartus-II가 설치된 폴더에서 Quartus-II가 제공하는 메모리, PLL에 해당하는 Verilog 모델을 찾아 컴파일하면 된다.

- RV32I_System_Syn 폴더: **하드웨어를 합성**synthesis하기 위한 폴더이다. Quartus-II로 RV32I_System 폴더에 있는 Verilog 코드를 합성하면, 그 과정에서 많은 파일들이 생성되는데 이곳에 저장된다. 합성을 마치면 bitstream파일이 나오며, 그것을 DE0 보드에 있는 Cyclone-III FPGA에 다운로드할 수 있다.

이제 Quartus로 만든 프로젝트 파일을 열어 저자가 제공하는 하드웨어 시스템 설계를 살펴보자. RV32I_System_Syn 폴더에 있는, Quartus-II 프로젝트 파일인 RV32I_System.qpf를 더블 클릭하면 그림2-43과 같은 'RV32I_System'이라는 Quartus-II 프로젝트를 볼 수 있다. 그림에 표시한 'Compile Design'을 더블 클릭하면 Verilog로 기술된 하드웨어 설계와 메모리, PLL 등의 하드웨어 모듈이 합성된다.

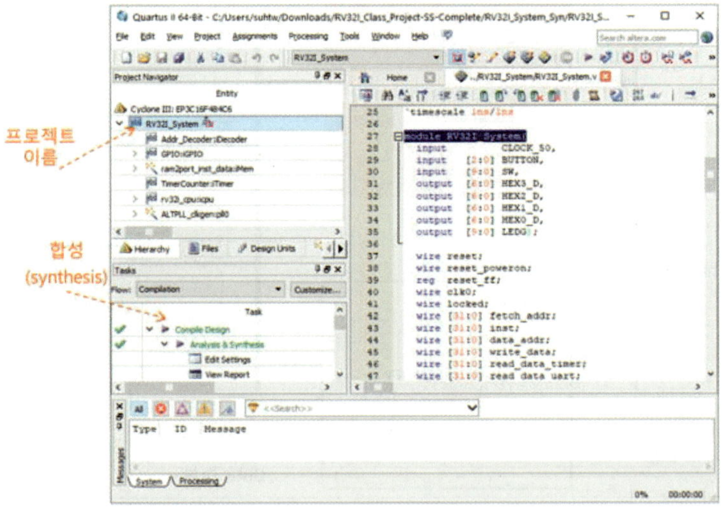

그림2-43 RISC-V 하드웨어 시스템인 'RV32I_System' Quartus-II 프로젝트

RV32I_System.qpf 프로젝트에서 top module은 'RV32I_System.v'이다. RV32_System.v은 CPU + 8KiB 메모리 + GPIO + Timer + Decoder + PLL을 연결한 Verilog 코드이다. 다시 말하면 하드웨어 '시스템'을 구현한 Verilog 코드이다. 하드웨어 시스템에 있는 각 하드웨어 모듈은 그림2-44 'RV32I_ System' 폴더에 있는, 아래와 같은 sub-folder에서 찾을 수 있다.

- RV32I_CPU 폴더: Single-cycle CPU를 설계한 Verilog 코드가 있다.
- Altera_Mem_Dual_Port 폴더: Quartus-II MegaWizard로 만든 8KiB 메모리가 있다. 그림 2-45는 'Quartus-II Tools → MegaWizard' 창을 보여준다. 여기서 각별히 기억할 것은 **메모리를 초기화하기 위한 파일을 'insts_data.mif'로 지정**했다는 것이다. 2.2.4절에서 설정한 Eclipse 환경에서 코드를 컴파일하면 'insts_data.mif'가 생성된다. 이렇게 **새로 생성된 mif 파일을 적용해 시뮬레이션과 합성을 하려면 'RV32I_System_Sim'과 'RV32I_System_Syn' 폴더 모두에 mif 파일을 복사**해야 한다.
- GPIO, Timer 폴더: I/O 장치인 GPIO와 Timer를 설계한 Verilog 코드가 있다.
- Decoder 폴더: CPU가 메모리와 I/O 장치에 접근할 때 사용할 주소 범위를 정의한 메모리맵memory map을 설계한 Verilog 코드가 있다.
- Altera_PLL 폴더: MegaWizard로 만든 PLLphase-locked loop로 Cyclone-III FPGA 내부에서 사용할 clock을 만든다. 여기서 저자가 만든 PLL은 DE0 보드에 있는 50MHz clock oscillator 입력을 받아 FPGA 내부에서 사용할 10MHz clock을 만든다. 보드에 있는 클럭보다 느린 클럭을 만든 이유는 디지털 설계 초보자들을 위한 것이다. 비효율적인 설계로 5장에서 설명하는 critical path가 길어져도 기능에는 문제가 없도록 하기 위함이다. 그러니까 critical path가 100ns만 넘지 않으면 CPU 동작은 정상적으로 된다. PLL은 또한 하드웨어 시스템에서 사용할 위상이 +90°, +180°인 클럭 2개를 추가로 출력한다. 이것은 single-cycle CPU 설계를 위한 trick이라고 할 수 있다. Single-cycle CPU에서는 명령어 fetch에서 실행을 마칠 때까지 한 클럭이 걸린다. 이러한 효과를 위해, 8KiB 메모리에서 명령어 fetch를 할 때는 +90° clock인 clk90을 사용하며, 데이터 접근을 위해서는 위상이 +180°인 clk180을 사용한다.

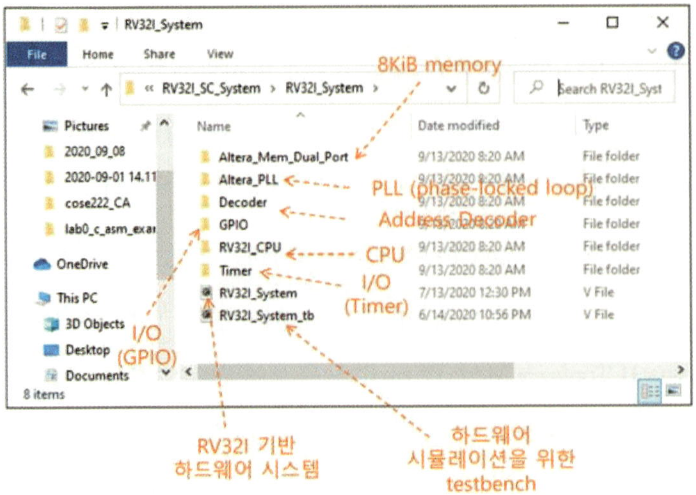

그림2-44 'RV32I 하드웨어 시스템'에 있는 하드웨어 모듈

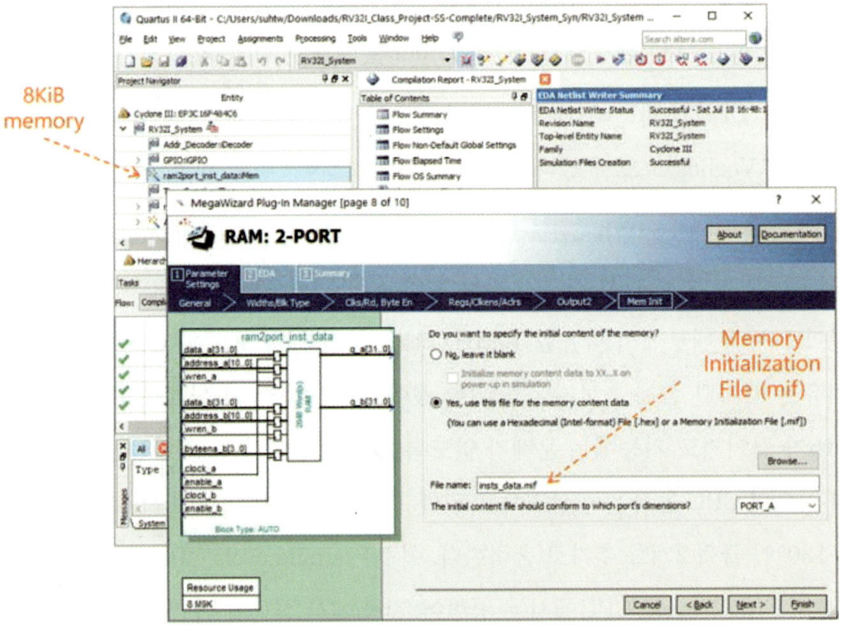

그림2-45 Quartus-II MegaWizard로 만든 8KiB memory: 여기서 메모리를 초기화하는 파일을 'insts_data.mif'로 지정하였다. 2.2.4절에서 설정한 Eclipse 환경에서 코드를 컴파일하면 'insts_data.mif'가 생성된다. 이렇게 새로 생성된 mif파일을 적용해 시뮬레이션과 합성을 하려면 'RV32I_System_Sim'과 'RV32I_System_Syn' 모두에 복사해야 한다.

Quartus-II에는 하드웨어를 설계할 때 도움이 되는 유용한 기능이 있다. 그림2-46에서 보여주는 것처럼, 'RTL Viewer'를 더블 클릭하면 설계한 하드웨어의 schematic diagram을 볼 수 있다. Schematic diagram을 보면 Verilog로 설계한 디자인의 연결 관계 및 변환되는 로직을 알 수 있어 대략적 구조 파악에 도움이 되기도 한다.

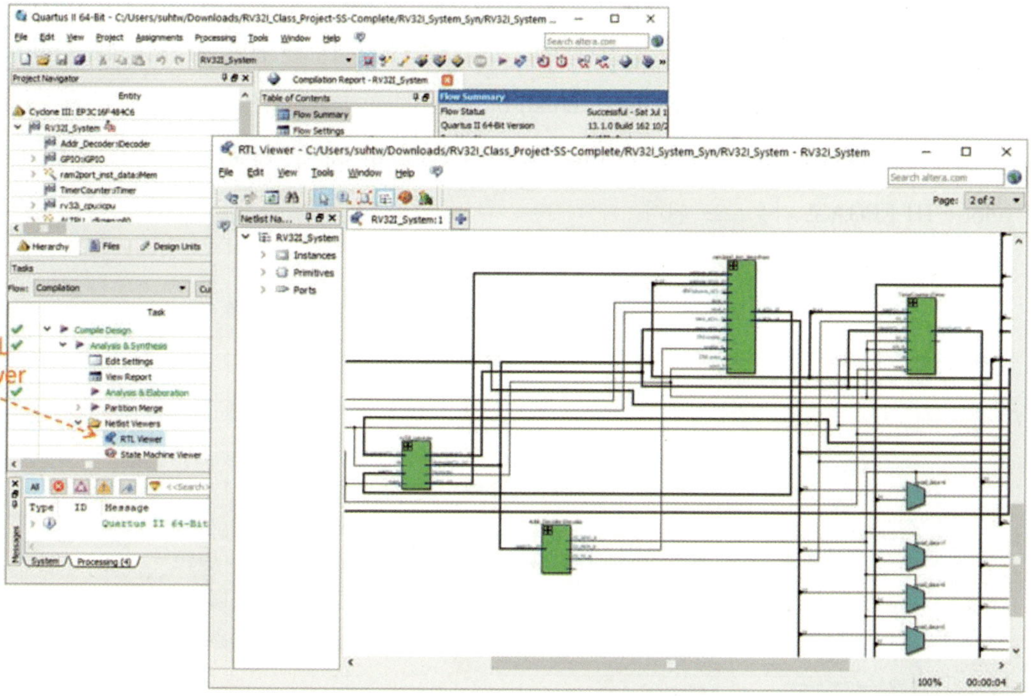

그림2-46 Quartus-II 'RTL Viewer'를 통해 HDL로 설계한 하드웨어의 block diagram등 을 확인할 수 있다.

Quartus-II에서 합성synthesis을 마치면 'RV32I_System.sof'라는 bitstream이 생성되며 그것을 FPGA에 다운로드할 수 있다. 그림2-47은 DE0 보드에 탑재된 Cyclone-III FPGA로 다운로드하기 위한 화면을 보여주고 있다. 그림에 표시한 것과 같이 Quartus-II에서 'Program Device (Open Programmer)'를 클릭하면 새로운 창이 나온다. 여기서 그림에 있는 것처럼 'USB-Blaster'가 나와야 한다. USB-Blaster는 x86 컴퓨터에서 DE0 보드를 인식하고 제어하기 위해 설치된 디바이스 드라이버device driver의 이름이다. x86 컴퓨터 입장에서는 DE0 보드도 I/O 장치 중의 하나이며 이를 인식해야 보드를 제어할 수 있다. 만약, 그림에 있는 것처럼 USB-Blaster가 나오지 않는다면, 왼쪽 옆에 있는 'Hardware Setup'을 클릭한다. 그 결과 USB-Blaster가 리스트 중에 있으면 선택하면 되고, 만약 리스트에 없다면 컴퓨터에 USB-Blaster 디바이스 드라이버가 설치해야 한다.

그림2-48은 Windows-10에서 USB-Blaster 디바이스 드라이버를 설치하는 과정을 보여준다. Windows에 'Device Manager(장치관리자)'를 보면 USB-Blaster가 아직 설치되지 않은 상태이다. 여기서 'Update driver'를 선택하고 설치파일이 있는 경로를 알려주면 된다. 저자의 경우 Quartus-II가 설치된 'C:/altera/13.1/quartus/ drivers/usb-blaster' 경로에 설치파일이 있다. 설치 후 그림2-47에서 하드웨어 bitstream인 'output_files/ RV32I_System.sof'를 선택한 후 'Start'를 누르면, Cyclone-III FPGA로 다운로드 된다.

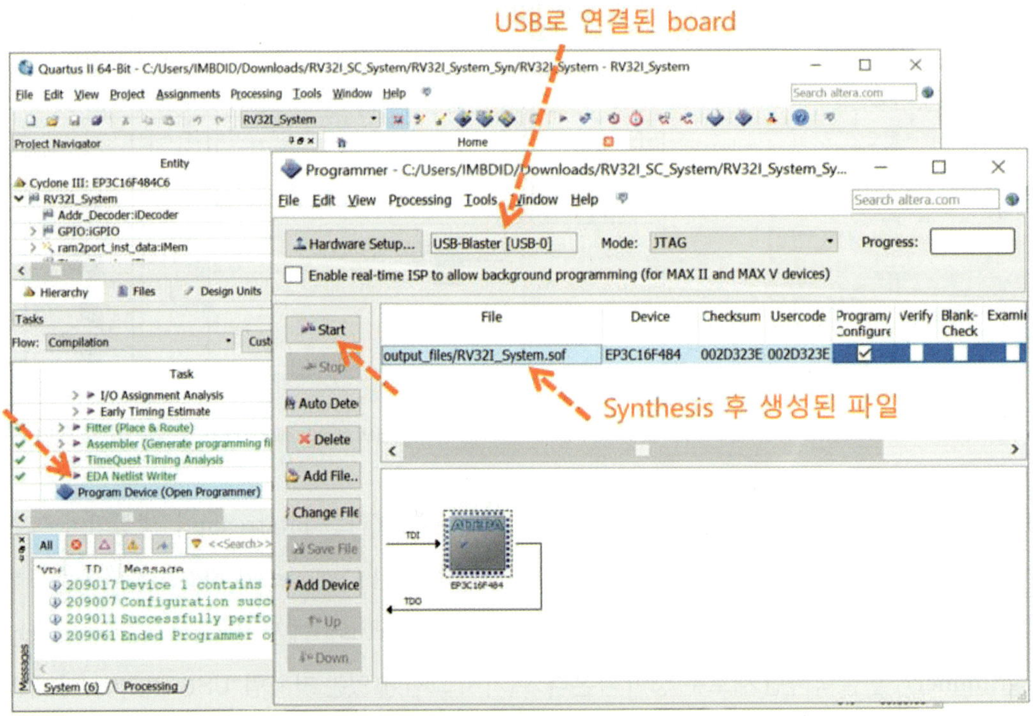

그림2-47 Quartus-II에서 합성한 하드웨어를 FPGA에 다운로드하기 위한 창

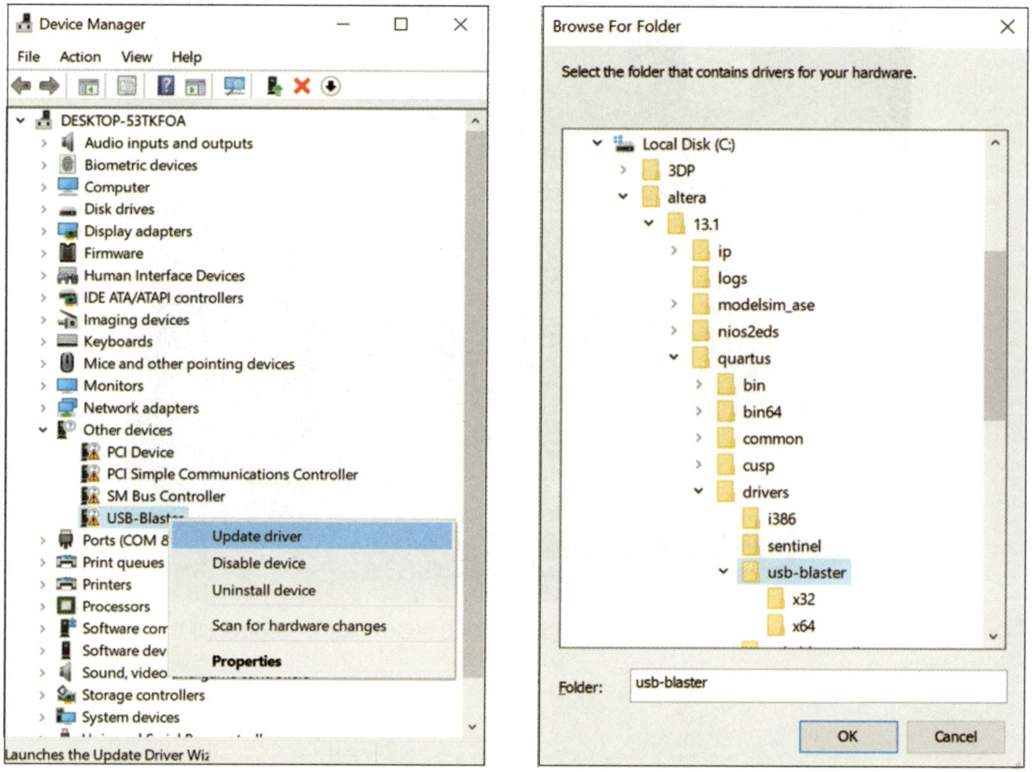

그림2-48 Windows에서 USB-Blaster 디바이스 드라이버 설치를 위한 경로

그림2-49는 하드웨어 bitstream 인 'output_files/RV32I_System.sof'를 Cyclone-III FPGA에 다운로드한 후 상태를 보여준다. 맨 오른쪽 7-segment에 '0 ~ 9' 숫자가 번갈아 표시된다. 숫자가 표시되는 이유는 8KiB 메모리를 초기화하는 'insts_data.mif' 때문이다. 다시말하면 그림2-41에 보여주는 'RV32I_System_Syn' 폴터에 있는 'insts_data.mif'가 7-segment에 숫자를 주기적으로 보여주는 프로그램이다. GPIO에 있는 레지스터에 적절한 값을 쓰면 7-segment에 숫자가 나타난다. 이것을 지금까지 설명한 toolchain 관점에서 설명하면 Eclipse 환경에서 소프트웨어 프로그램을 코딩하고 'insts_data.mif'를 생성하였다. 그리고, Quartus-II를 통해 'insts_data.mif'와 함께 합성한 하드웨어 bitstream을 생성하고 이를 Cyclone-III FPGA에 다운로드하였다. 다운로드가 끝나면 설계된 대로 CPU는 메모리에서 명령어를 읽어 동작을 시작한다.

그림2-49 하드웨어 bistream(RV32I_System.sof) 다운로드 후 DE0 보드의 상태: 7-Segment에 0 ~ 9 숫자가 표시된다.

2.4 하드웨어 시뮬레이션simulation 환경

하드웨어를 설계한 후 **시뮬레이션**은 필수적인 과정이다. 시뮬레이션을 통해 하드웨어가 설계 의도대로 동작하는지 반드시 확인해야 한다. 하드웨어 설계 초보자는 물론 숙련된 engineer도 설계 중 실수를 하며 또한 생각지 못한 오류가 항상 존재하기 때문이다. 하드웨어 시뮬레이션을 하기 위해서는 CAD tool이 필요한데, 이 교재에서는 'ModelSim-Altera Starter Edition'을 사용한다. ModelSim은 그림2-39에서 Quartus-II를 설치할 때 함께 설치되었으며, industry-grade로 잘 만들어진 시뮬레이터simulator이다. ModelSim은 Mentor라는 CAD회사에서 만든 HDL 시뮬레이터이다.

시뮬레이션을 하려면 HDL로 설계한 디자인을 컴파일해야 한다. 여기서 '컴파일'이란 설계한 HDL 코드에 syntax 오류가 있는지 확인하고 또한 HDL 디자인을 시뮬레이션할 수 있는 형태로 바꾸는 것을 말한다. 앞서 설명한 대로 그림2-41에 'RV32I_System_Sim'는 시뮬레이션을 위한 폴더이다. 독자의 편의를 위해 'RV32I_System'에 있는 HDL 디자인, 8KiB 메모리, PLL을 'RV32I_System_Sim' 폴더 하위에 있는 work 폴더에 미리 컴파일해 놓았다. 만약 HDL 설계를 수정하면 해당 파일을 다시 컴파일해야 시뮬레이션할 수 있다.

시뮬레이션을 하려면 그림2-50에 보여주는 것처럼, ModelSim에게 컴파일한 결과가 저장되어 있는 폴더를 알려줘야 한다. 앞서 설명한 work 폴더 경로를 알려줘야 한다. ModelSim 메뉴에서 'File → Change Directory'를 선택하고 'RV32I_System_Sim'을 선택한다. 그러면 그림2-51과 같이 work 폴더가 나타나며 그 아래 컴파일한 모든 하드웨어 모듈 이름을 볼 수 있다.

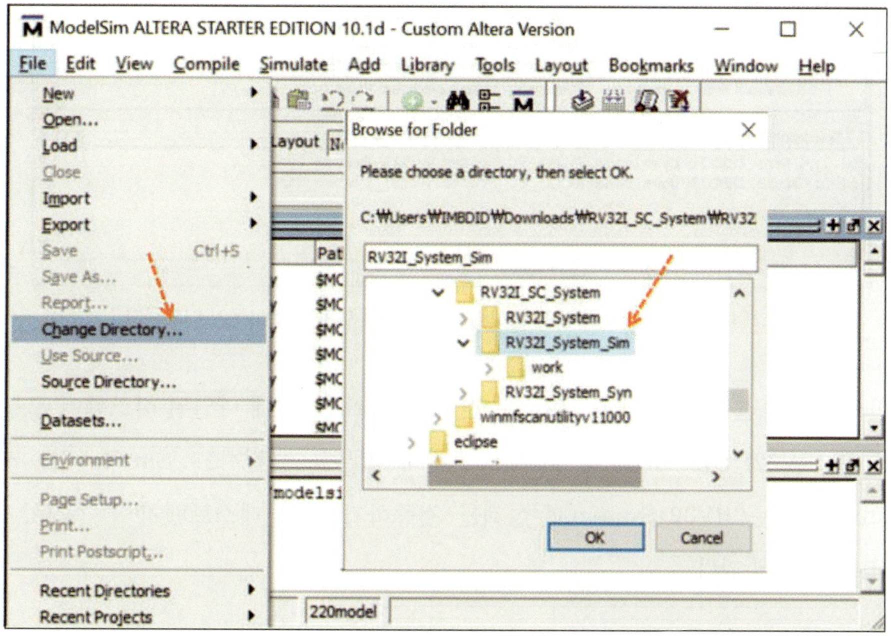

그림2-50 '32-bit RISC-V 하드웨어 시스템' 시뮬레이션을 위해 'Change Directory'를 선택한 후 'RV32I_System_Sim' 선택

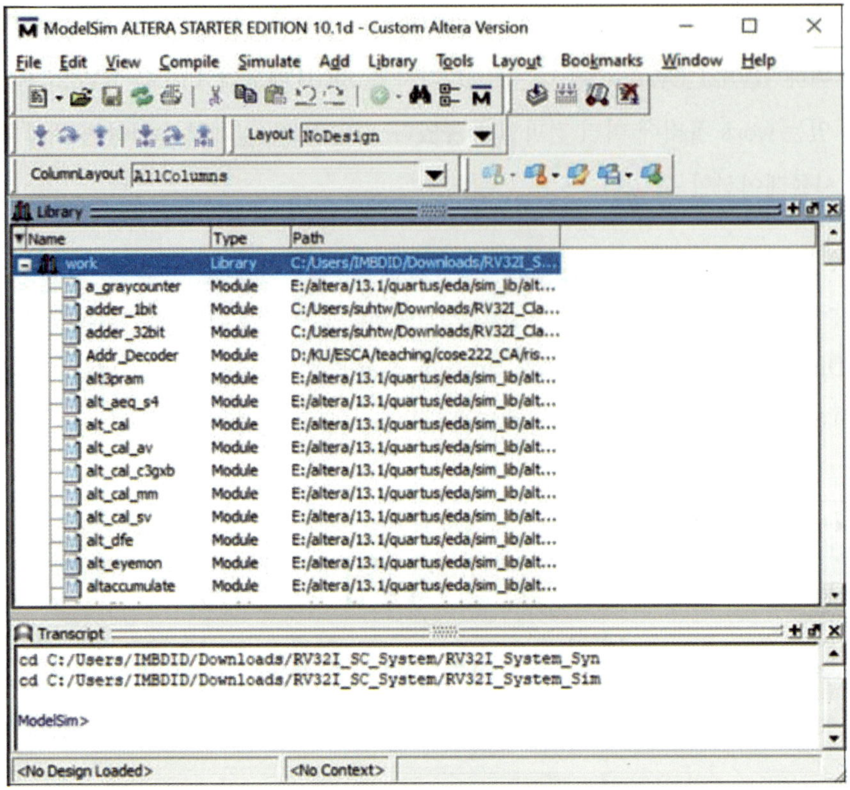

그림2-51 'work' 아래에 컴파일한 하드웨어 모듈들의 이름이 나타난다.

시뮬레이션을 하려면 그림2-52에 보여주는 것처럼 'work' 아래에 나열된 하드웨어 모듈 중 test-bench 모듈인 'RV32I_System_tb'에 마우스 오른쪽 버튼을 클릭하고 'Simulate'를 선택한다. RV32_System_tb.v는 'RV32_System.v' 설계를 검증하기 위한 테스트벤치[testbench]로, 그림2-44 RV32_System 폴더에 있다.

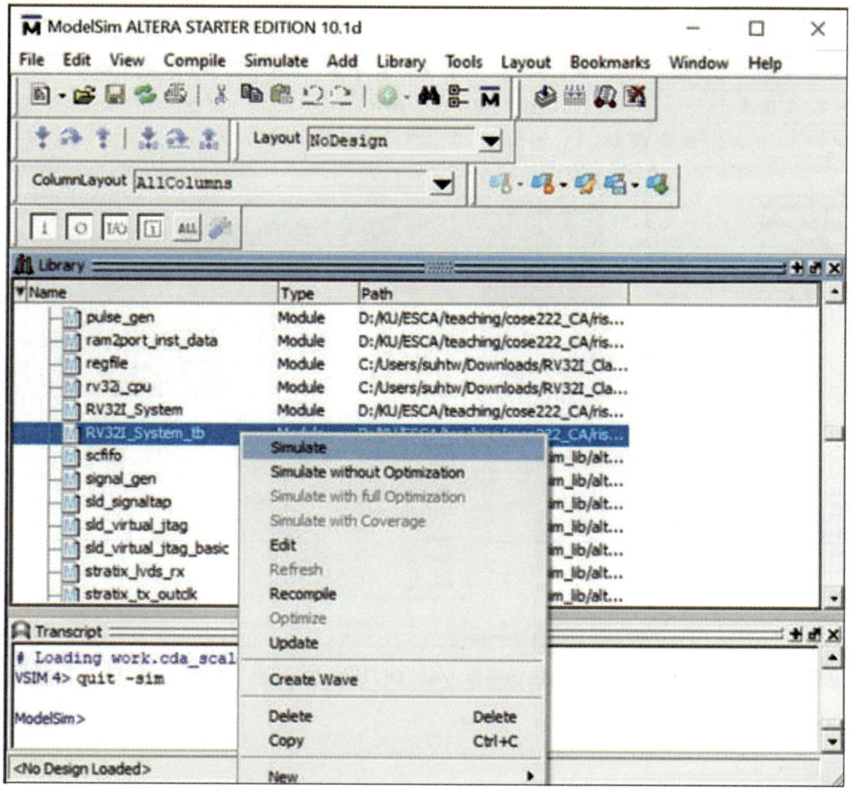

그림2-52 하드웨어 시뮬레이션을 하려면 'work' 아래 있는 testbench 인 'RV32I_System_tb' 위에 마우스 오른쪽 버튼을 누른 상태에서 'Simulate' 선택

그러면 그림2-53에 보여주는 것과 같은 화면이 나타난다. 화면 왼쪽 창에는 testbench 모듈 이름인RV32I_System_tb)부터 그 안에 포함된 모듈을 계층별로 보여준다. 다시 말하면 'RV32I_System_tb'는 'iRV32I_System'를 포함하고 있고, 'iRV32I_System'에는 'pll0, icpu'등이 포함되어 있다. 이제 icpu 내부에 있는 모든 signal을 관찰해 보자. 그렇게 하려면 왼쪽 창에서 icpu를 선택하고, 그림에 보여주는 것처럼 오른쪽 창에서 마우스 오른쪽을 누른 후 'Add to → Wave → Signals in Region'을 선택하면 된다. 그러면 그림2-54와 같이 waveform 화면과 함께 추가한 signal들이 나타난다.

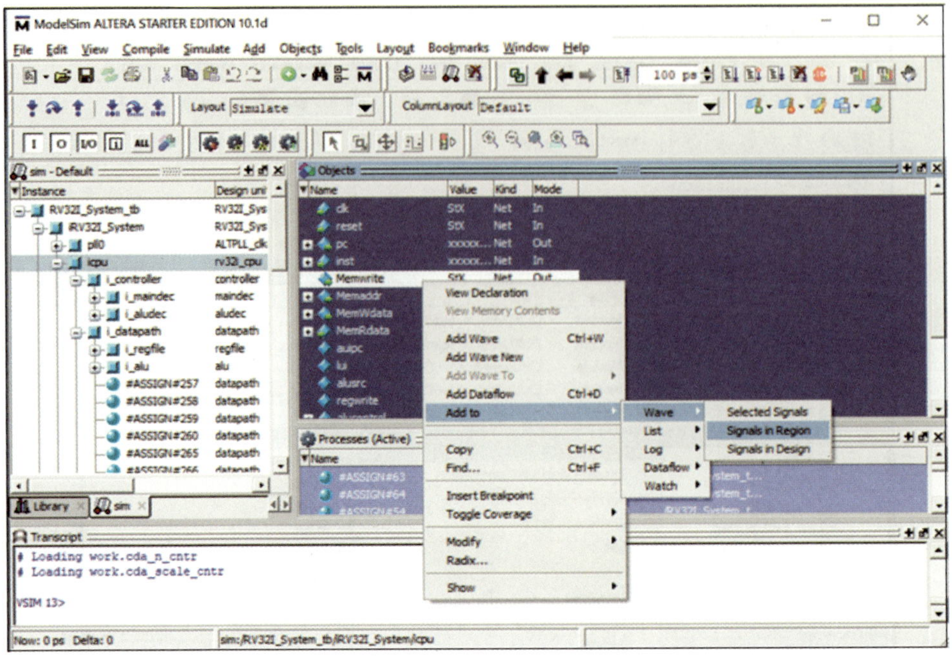

그림2-53 시뮬레이션 시작 전에 보고 싶은 signal들을 선택: 여기서는 'Signals in Region'으로 icpu instance에 있는 모든 signal을 선택하였다.

그러면 시뮬레이션을 하기 위한 모든 준비가 끝났다. 이제 그림2-54에 보여주는 것과 같이, 'Transcript' 창에 시뮬레이션하려는 시간을 입력한다. 그림의 예에서는 '1000nsec' 동안 시뮬레이션 하기 위해 'run 1000ns'를 실행하였다. 실제 시간 1μsec(==1000ns) 동안 하드웨어 시스템에서 어떤 일이 일어나는지 보고 싶은 것이다. 그림2-55는 시뮬레이션 결과로, 추가한 signal들의 시간에 따른 변화를 볼 수 있는 waveform이다. 하드웨어 설계와 검증을 처음하는 사람들은 종종 waveform을 보는 것을 부담스럽게 생각하거나 어려워하기도 한다. Waveform을 보는 방법은 사실 아주 간단하다. 입력에 따라 출력이 설계한 대로 제대로 나오는지 확인하는 것이다. 굳이 하나의 팁이라고 하면 하드웨어 시뮬레이션을 할 때는 먼저 clock과 reset을 보며 처음 시작 시점을 확인한다. 그리고 RISC-V 시스템의 경우 CPU가 제대로 동작하는지 확인해야 하는데, CPU의 첫 동작은 PC(program counter)가 가리키는 메모리 위치에서 명령어를 읽어오는 것이다. 따라서 waveform에서 PC에 따른 명령어를 확인한다. 그 후 명령어에 따라 종속적으로 출력되도록 설계된 signal의 값을 확인하며 검증하면 된다.

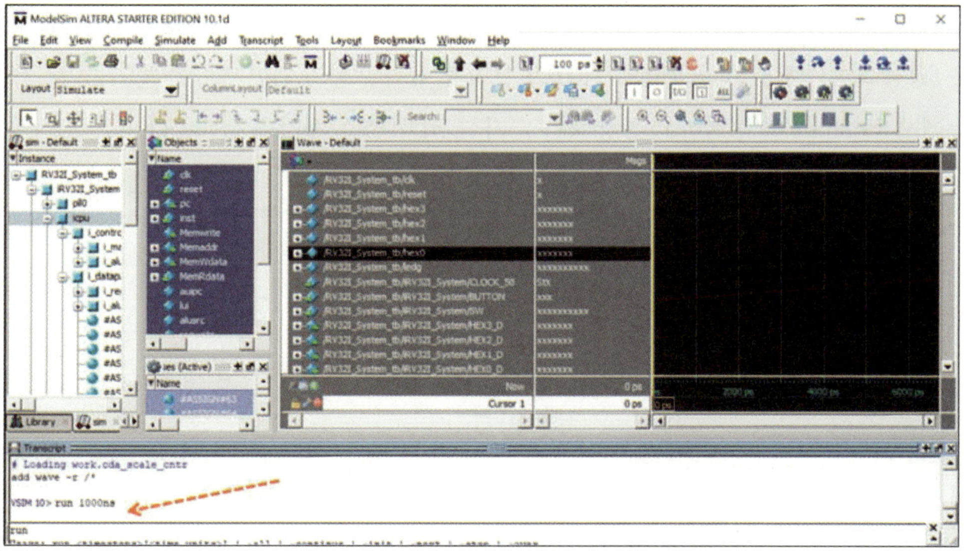

그림2-54 ModelSim 시뮬레이션 시작: 'Transcript' 창에 시뮬레이션하고 싶은 시간 입력한다. 그림에 입력한 'run 1000ns'는 처음(0 nsec)부터 1000 nsec 까지, 그러니까 1µsec 동안 동작시키라는 의미이다.

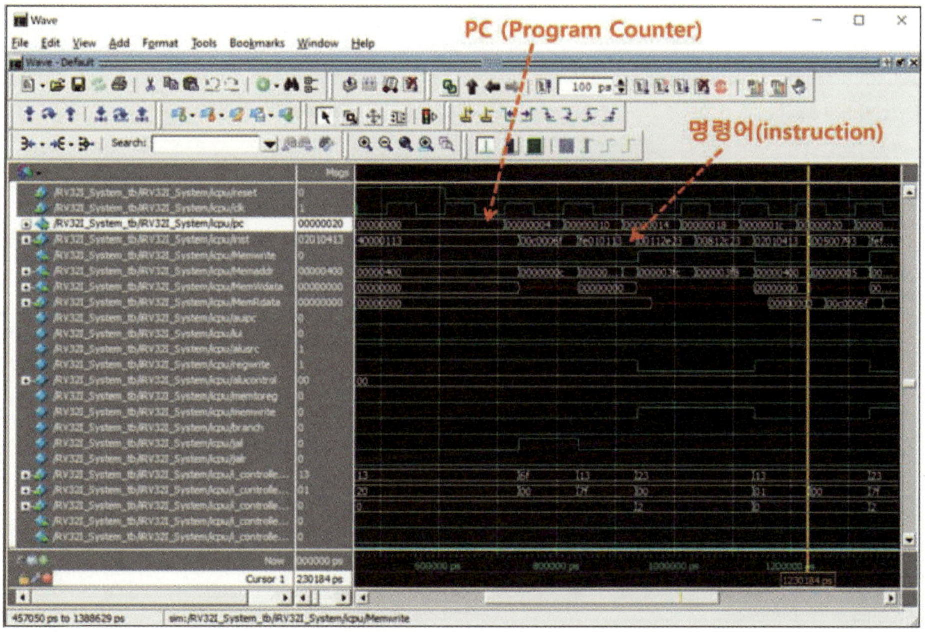

그림2-55 시뮬레이션 결과 화면: 시간에 따라 변하는 각 signal을 보며 하드웨어가 설계된 대로 동작하는지 검증한다.

만약 독자가 HDL 설계를 수정하면 해당 파일을 반드시 컴파일해야 수정사항이 반영된 시뮬레이션할 수 있다. 그림2-56은 ModelSim에서 HDL설계를 '컴파일'하기 위한 메뉴를 보여준다. 그림과 같이 메뉴에서 'Compile'을 선택하고 수정 혹은 추가한 HDL 소스 파일을 선택한다.

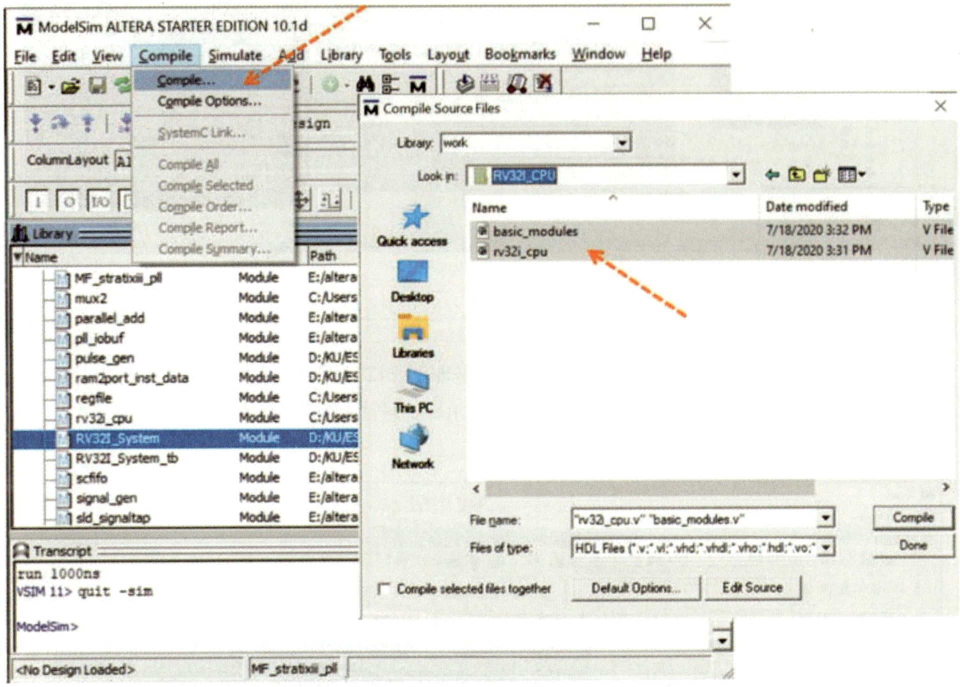

그림2-56 ModelSim에서 하드웨어 모듈을 'Compile' 하는 화면: 하드웨어 설계를 변경한 후 시뮬레이션 하려면 반드시 해당 파일을 'Compile' 해야 함.

CHAPTER 3

CHAPTER 3

RISC-V 명령어

3.1 RISC-V 개요 및 명령어 체계

RISC-V는 2010년 미국 버클리대학University of California, Berkeley에서 처음으로 소개한 open standard ISAinstruction set architecture, 즉 명령어 set이다. 2020년 현재 기본 명령어 set은 확정되었고, 부가적 기능을 하는 명령어들을 working group에서 개발 중에 있다. RISC-V는 ISA를 모듈화하여 제공한다. 필수적인 명령어인 'Base ISA'와 필요에 따라 추가할 수 있는 'ISA extension'을 제공하는 것이다. 표 3-1은 2019년 12월 RISC-V 기술문서인 unprivileged ISA에 있는 base ISA와 extension을 보여준다. 여기서 'Unprivileged'라는 말은 시스템 관리자가 아닌 일반 유저User가 사용할 수 있는 명령어를 의미한다. ISA에서는 root, admin 또는 superuser와 같이 시스템 관리 권한을 갖는 사람만 실행할 수 있는 Privileged 명령어도 제공한다.

표3-1에서 보여주는 것처럼 Base ISA에는 RV32I와 RV64I 두 종류가 있다. RV32I는 32-bit 아키텍쳐에 기반한 정수integer 처리를 위한 명령어들이며, 이것을 실행할 수 있도록 설계한 CPU는 주로 소형 저전력 임베디드 시스템을 위한 프로세서로 사용되고 있다. RV64I는 64-bit 아키텍쳐에 기반한 정수integer 처리를 위한 명령어들이다. RV64I는 64-bit 기반으로 레지스터의 크기와 PCprogram counter가 모두 64-bit이며, RV32I 명령어 외에 추가로 12개의 명령어를 제공한다. RV64I는 주로 스마트폰에 사용되는 APapplication processor와 같은 고성능 시스템을 위한 명령어 set이다. 그런데 base ISA는

말 그대로 덧셈, 뺄셈, 논리연산과 같은 기본적인 명령어만 제공하여 여러 응용프로그램 실행에 필요한 충분한 성능을 기대하기 어렵다. 따라서 64-bit RISC-V CPU는 일반적으로 정수의 곱셈, 나눗셈, 그리고 부동소수점 연산을 할 수 있는 명령어 제공해야 한다. 즉 표3-1에 정리한 명령어 extension을 지원해야 한다. Base ISA에 extension을 추가한 명령어 set은, 표에 있는 extension 이름을 합쳐 사용한다. 예를 들어 'RV32IMAC'는 RV32I + M정수의 곱셈과 나눗셈 명령어 + Aatomic 명령어 + Ccompressed 명령어, 이렇게 세 가지 extension을 포함하는 명령어 set을 말한다. 이 책에서는 가장 기본이 되는 **RV32I ISA**에 대해 설명한다.

명령어instruction는 **머신코드**machine code 또는 **기계어**라고도 부른다. 어셈블리 프로그래밍을 할 때는 명령어를 사용해 코딩하며, 명령어가 컴파일러 혹은 어셈블러를 통해 0과 1로 이루어진 형태로 바뀐 것을 기계어라고 말한다. 컴퓨터가 프로그램을 실행하기 위해서는 먼저 기계어로 이루어진 프로그램을 메모리에 적재한다. 그리고 CPU는 기계어를 읽어 실행한다. 따라서 컴퓨터구조를 학습하기 위해서는 명령어와 기계어에 대한 아주 자세한 이해가 필요하다. CPU의 기본 기능이 바로 명령어를 실행하는 것이기 때문이다. 이 장에서는 CPU에서 명령어를 실행하는 것에 대한 이해를 돕기 위해, RV32I 명령어의 실행을 CPU의 '대략적인' 구조와 함께 설명한다. CPU의 내부 하드웨어 구조를 **마이크로아키텍처**microarchitecture라고 하는데, 이에 대해서는 5장에서 자세히 설명한다.

표3-1 RISC-V Unprivileged ISA

	ISA (Instruction Set Architecture)	설명 (Integer: 정수)
Base	RV32I	Integer 명령어 Set (32-bit 아키텍쳐)
	RV64I	Integer 명령어 Set (64-bit 아키텍쳐)
Extension	M	Integer 곱셈(multiplication)과 나눗셈(division)을 할 수 있는 명령어
	A	Atomic instructions: 동기(synchronization)을 지원하기 위한 명령어. 주로 Read-Modify-Write 동작을 의미한다.
	F	Single-precision floating-point 연산을 위한 명령어
	D	Double-precision floating-point 연산을 위한 명령어
	Q	Quad-precision floating-point 연산을 위한 명령어
	C	Compressed Instructions: 16-bit 명령어

RV32I에는 그림3-1에 보는 것처럼 32개(x0 ~ x31)의 일반목적 레지스터general-purpose register와 Program CounterPC가 있다. 그 중 x0 레지스터는 항상 '0'으로 고정hardwired-zero되어 있어 다른 값으로 바꿀 수 없다. 이렇게 한 이유는 프로그램 수행 중 0이 많이 사용되는데 그때마다 주기억장치에서 읽어오지 않고 바로 사용하도록 하기 위해서이다. 표3-2는 RV32I 일반목적 레지스터와 calling convention을 보여준다. Calling convention에 대해서는 3.5절에서 자세히 설명한다. 여기서는 어셈블리로 코딩할 때 'x0 ~ x31' 외에 표의 두 번째 열에 있는 이름을 사용할 수 있다는 것만 알아두자. 예를 들면, x0 대신 zero를 사용할 수 있고, x1 대신 ra를 사용할 수 있다. 어셈블리 프로그래밍을 할 때 'x0 ~ x31'를 사용하는 것 보다 의미가 내포된 이름을 사용하면 좀 더 직관적(?)이고 전달력 좋은 코드를 만들 수 있다.

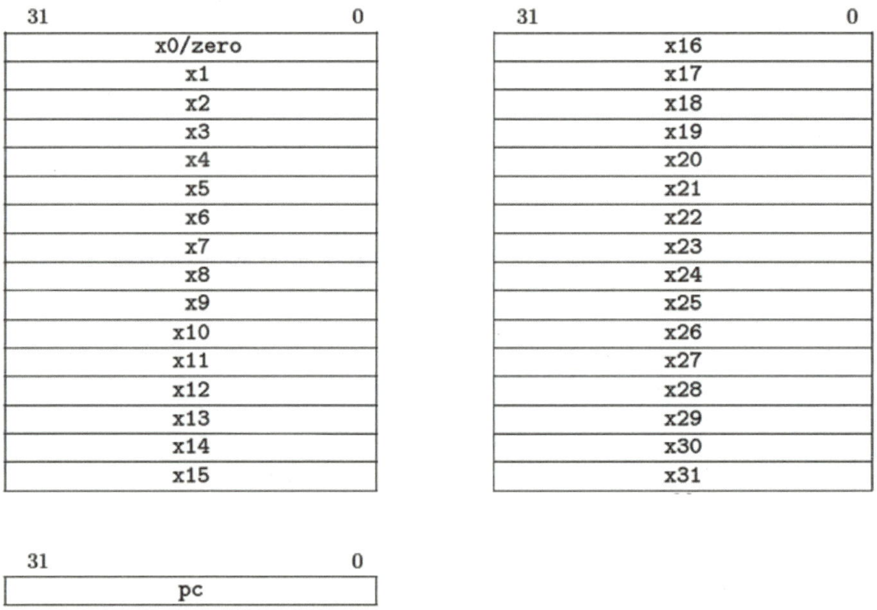

그림3-1 RV32I에 있는 일반목적 레지스터(general-purpose register)와 PC(Program Counter)

표3-2 RV32I 레지스터 및 calling convention

register number	Name	용도	Saver
x0	zero	constant 0 (hardwired)	-
x1	ra	return address (link register)	caller
x2	sp	stack pointer	callee
x3	gp	global pointer	-
x4	tp	thread pointer	-
x5 ~ x7	t0 ~ t2	temporaries	caller
x8	s0 / fp	saved register / frame pointer	callee
x9	s1	saved register	callee
x10 ~ x11	a0 ~ a1	function arguments / return values	caller
x12 ~ x17	a2 ~ a7	function arguments	caller
x18 ~ x27	s2 ~ s11	saved registers	callee
x28 ~ x31	t3 ~ t6	temporaries	caller

표3-3은 RV32I가 제공하는 모든 명령어를 정리한 표이다. 표에 보는 것처럼 RV32I는 단 40개의 명령어를 제공한다. 앞으로 표에 있는 명령어의 형태, 기능, 용도에 대해 C코드 및 어셈블리 예제와 함께 자세히 알아본다.

표3-3 RV32I Base Instruction Set

7-bit func7 31 ~ 25	5-bit rs2 24 ~ 20	5-bit rs1 19 ~ 15	3-bit funct3 14 ~ 12	5-bit rd 11 ~ 7	7-bit opcode 6 ~ 0	Mnemonic	명령어 type
imm[31:12]				rd	0110111	LUI	U-type
imm[31:12]				rd	0010111	AUIPC	
imm[20][10:1][11][19:12]				rd	1101111	JAL	J-type
imm[11:0]		rs1	000	rd	1100111	JALR	I-type
imm[12][10:5]	rs2	rs1	000	imm[4:1][11]	1100011	BEQ	B-type
imm[12][10:5]	rs2	rs1	001	imm[4:1][11]	1100011	BNE	
imm[12][10:5]	rs2	rs1	100	imm[4:1][11]	1100011	BLT	
imm[12][10:5]	rs2	rs1	101	imm[4:1][11]	1100011	BGE	
imm[12][10:5]	rs2	rs1	110	imm[4:1][11]	1100011	BLTU	
imm[12][10:5]	rs2	rs1	111	imm[4:1][11]	1100011	BGEU	
imm[11:0]		rs1	000	rd	0000011	LB	I-type
imm[11:0]		rs1	001	rd	0000011	LH	
imm[11:0]		rs1	010	rd	0000011	LW	
imm[11:0]		rs1	100	rd	0000011	LBU	
imm[11:0]		rs1	101	rd	0000011	LHU	
imm[11:5]	rs2	rs1	000	imm[4:0]	0100011	SB	S-type
imm[11:5]	rs2	rs1	001	imm[4:0]	0100011	SH	
imm[11:5]	rs2	rs1	010	imm[4:0]	0100011	SW	
imm[11:0]		rs1	000	rd	0010011	ADDI	I-type
imm[11:0]		rs1	010	rd	0010011	SLTI	
imm[11:0]		rs1	011	rd	0010011	SLTIU	
imm[11:0]		rs1	100	rd	0010011	XORI	
imm[11:0]		rs1	110	rd	0010011	ORI	
imm[11:0]		rs1	111	rd	0010011	ANDI	
0000000	shamt	rs1	001	rd	0010011	SLLI	
0000000	shamt	rs1	101	rd	0010011	SRLI	
0100000	shamt	rs1	101	rd	0010011	SRAI	
0000000	rs2	rs1	000	rd	0110011	ADD	R-type
0100000	rs2	rs1	000	rd	0110011	SUB	
0000000	rs2	rs1	001	rd	0110011	SLL	
0000000	rs2	rs1	010	rd	0110011	SLT	
0000000	rs2	rs1	011	rd	0110011	SLTU	
0000000	rs2	rs1	100	rd	0110011	XOR	
0000000	rs2	rs1	101	rd	0110011	SRL	
0100000	rs2	rs1	101	rd	0110011	SRA	
0000000	rs2	rs1	110	rd	0110011	OR	
0000000	rs2	rs1	111	rd	0110011	AND	
fm pred	succ	rs1	000	rd	0001111	FENCE	
000000000000		00000	000	00000	1110011	ECALL	
000000000001		00000	000	00000	1110011	EBREAK	

그림3-2는 RV32I 명령어의 형태 및 각 field의 의미를 보여준다. RV32 명령어는 R-type, I-type, S-type, U-type 이렇게 4가지 기본형태와 B-type, J-type 이렇게 2가지 파생된 형태로 만들어진다. 명령어의 길이는 모두 32-bit이다. 명령어에서 'opcode, funct7, funct3' field는 명령어가 어떤 동작 operation을 하는지 명시하는 부분이다. 명령어에서 동작을 명시하는 부분을 통칭해서 일반적으로는 opcode라고 말한다. rs1, rs2, rd field에는 레지스터 번호를 명시하는데, rs1에는 첫 번째 피연산자 레지스터 source operand register, rs2에는 두 번째 피연산자 레지스터, rd에는 목적지 레지스터 destination register를 명시한다. 레지스터 파일에 있는 레지스터의 개수가 32개이기 때문에 rs1, rs2, rd는 모두 5-bit로 이루어져 있다. 32(=2^5)개 레지스터 중 1개를 명시하려면 5-bit가 필요하기 때문이다. imm immediate은 명령어에 포함된 상수로 우리말로는 즉치값이라고 한다.

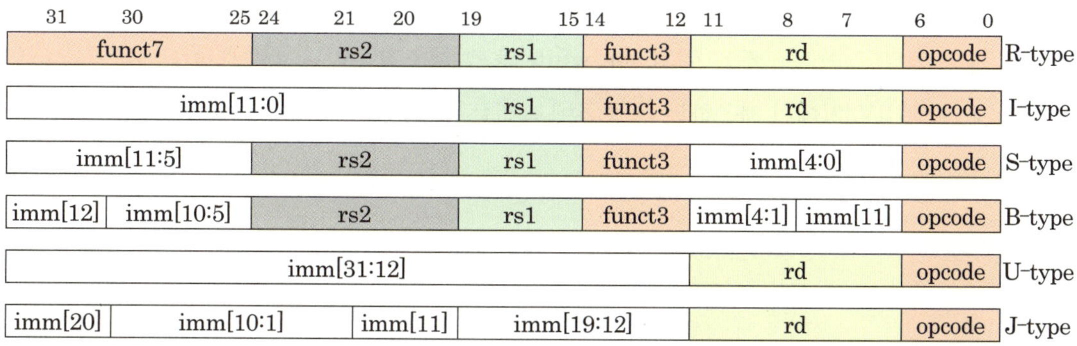

(a) RV32I 명령어를 만드는 6가지 형태

명령어 field	설명
opcode[6:0] (7-bit)	명령어가 어떤 동작(operation)을 해야 하는지 명시 예) 덧셈, 뺄셈, 메모리에서 읽기, 메모리로 쓰기, 분기
funct7[31:25] (7-bit)	
funct3[14:12] (3-bit)	
rs1[19:15] (5-bit)	첫 번째 피연산자 레지스터(1st source operand register)를 명시
rs2[24:20] (5-bit)	두 번째 피연산자 레지스터(2nd source operand register)를 명시
rd[11:7] (5-bit)	목적지 레지스터(destination register)를 명시
imm	명령어에 포함된 상수. 즉치값(immediate)

(b) RV32I 명령어 field의 의미

그림3-2 RV32I 명령어 형태 및 각 field의 의미

예를 들어 가장 직관적인 add 명령어를 살펴보자. 'add x2, x3, x4'은 R-type 명령어로, CPU는 'x3 + x4' 덧셈 연산을 하고 그 결과를 x2 레지스터에 저장한다. 이 명령어는 표3-3에 따라 'opcode = 0110011, funct7 = 0000000, funct3 = 000' 이다. 첫 번째 source 레지스터는 x3이기 때문에 'rs1 = 3', 두 번째 source 레지스터는 x4이기 때문에 'rs2 = 4', destination 레지스터는 x2이기 때문에 'rd = 2'로 설정된다.

우리가 작성하는 소프트웨어 프로그램의 기능을 한마디로 표현하면 '조건에 따라(혹은 조건 없이) 데이터 연산 혹은 처리를 하는 것'이라고 말할 수 있다. 이와 같은 기능을 지원하기 위해 모든 CPU는 최소한 3가지 종류의 명령어는 반드시 제공한다. 첫째, **데이터처리 명령어**data processing instruction로 산술 연산, 논리연산 등을 하기 위한 명령어이다. 둘째, **메모리접근 명령어**memory access instruction로 CPU가 데이터를 메모리에서 레지스터로 가져오는 명령어, 그리고 레지스터값을 메모리로 쓰기 위한 명령어이다. 셋째, **분기 명령어**branch instruction로 'if, for, while'과 같은 조건문이나 함수호출function call을 위한 명령어이다. 이제 RV32I에서 제공하는 각 종류에 속하는 명령어에 대해 자세히 알아보자.

3.2 RV32I 데이터처리 명령어data processing instruction

컴퓨터를 사용하는 중요한 이유 중 하나는, 컴퓨터가 덧셈, 뺄셈과 같은 연산을 아주 빠르게 하기 때문이다. 이러한 연산을 위한 명령어를 '데이터처리 명령어'라고 하는데, RV32I에서 데이터처리 명령어는 R-type, I-type 형식을 사용해 정의한다. RV32I 명령어에서 정의하는 연산은 크게 산술arithmetic연산, 논리logical연산, shift 연산, 비교 연산 등이 있다.

3.2.1 산술명령어arithmetic instruction

표3-4는 RV32I가 제공하는 산술명령어와 예를 보여준다. 산술명령어는 사칙연산(+, -, ×, /)을 할 수 있는 명령어를 말한다. 그런데 RV32I에는 정수에 대한 덧셈과 뺄셈을 하는 명령어만 있다. 곱셈, 나눗셈 명령어가 필요하면 표3-1에 정리한 M-extension에서 제공하는 명령어를 실행할 수 있도록 CPU를 설계해야 한다.

표3-4 RV32I가 제공하는 산술명령어(arithmetic instruction)

명령어(instruction)	형태(format)	예제
add rd, rs1, rs2	R-type	add x4, x5, x6 // x4 = x5 + x6
sub rd, rs1, rs2		sub x4, x5, x6 // x4 = x5 − x6
addi rd, rs1, imm	I-type	add x4, x5, 7 // x4 = x5 + 7 add x4, x5, -15 // x4 = x5 + (-15)

이제 산술명령어 각각에 대해 예와 함께 자세히 알아보자. 먼저 add 명령어에 대해 알아보자. 'add a5, a4, a5'는 'a4 + a5 (= x14 + x15)' 덧셈을 하여 a5(=x15) 레지스터에 저장하는 명령어이다. 그림 3-3은 'add a5, a4, a5' 명령어의 머신코드가 어떻게 결정되는지 보여준다. add 명령어는 R-type 명령어로 opcode, funct7, funct3에는 표3-3에 정리한 RISC-V 아키텍트architect: 설계자가 정한 값인, '51, 0, 0'이 각각 들어간다. 그리고 rs1, rs2에는 source 레지스터 번호인 14(=x14), 15(=x15), rd에는 destination 레지스터 번호인 15(=x15)가 들어간다. 이러한 값들을 그림3-3과 같이 넣어 2진수로 표현하면 바로 'add a5, a4, a5' 명령어의 머신코드가 된다. 그리고 이를 16진수 형태로 표현하면 그림에 있는 것처럼 0x00F7_07B3이 된다. 여기서 '_'는 가독성을 위해 추가한 기호로 무시하면 된다.

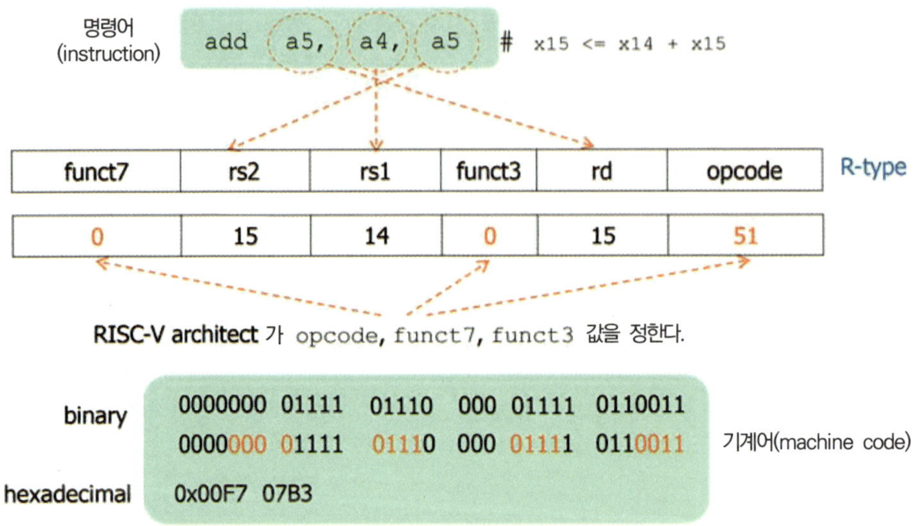

그림3-3 'add a5, a4, a5' 명령어와 그에 해당하는 기계어

다음으로 sub 명령어에 대해 알아보자. 그림3-4에 있는 'sub a5, a4, a5' 명령어는 'a4 - a5(=x14 - x15)' 뺄셈을 하여 a5(=x15) 레지스터에 저장하는 명령어이다. sub 명령어도 R-type 명령어로 그림에 있는 것처럼 opcode, funct7, funct3에는 RISC-V 아키텍트가 정한 값인, '51, 32, 0'이 각각 들어간다. 그리고 rs1, rs2, rd에는 source와 destination 레지스터 번호인 14(=x14), 15(=x15), 15(=x15)가 각각 들어간다. 이러한 값들을 그림3-4과 같이 넣어 2진수로 표현하면 머신코드가 된다. 그리고 이를 16진수 형태로 표현하면 그림에 있는 것처럼 '0x40F7_07B3'이 된다.

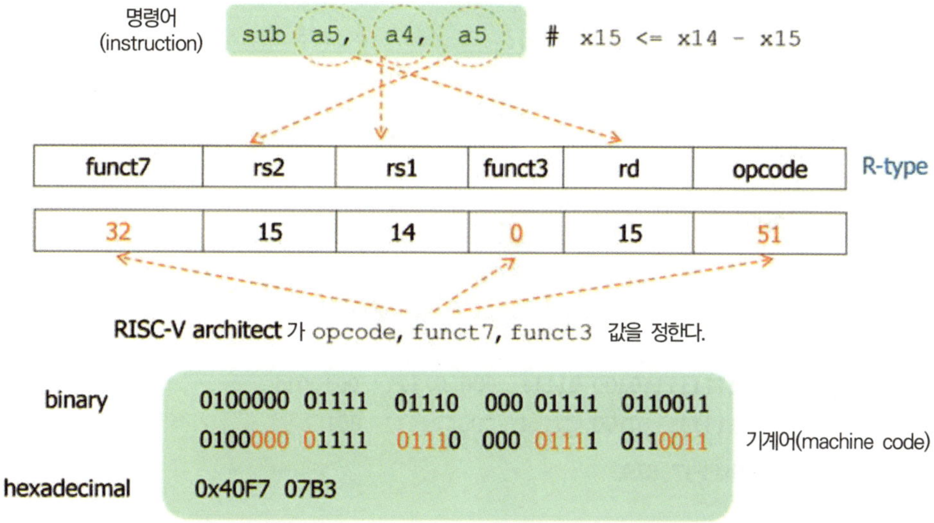

그림3-4 'sub a5, a4, a5' 명령어와 그에 해당하는 기계어

마지막으로 addi 명령어에 대해 예와 함께 알아보자. 그림3-5에 있는 'addi a5, a5, -12'는 'a5 + (-12)(= x15 + (-12))' 덧셈을 하여 a5(=x15) 레지스터에 저장하는 명령어이다. addi는 I-type 명령어로 그림에 있는 것처럼 opcode, funct3에는 RISC-V 아키텍트가 정한 값인, '19, 0'이 각각 들어간다. 그리고 rs1, rd에는 첫 번째 source register와 destination register 번호인 15(=x15), 15(=x15)가 각각 들어간다.

그럼 두 번째 source operand인 '-12'는 imm12에 어떤 형태로 들어갈까? 1.12절에서 설명한 것처럼, 컴퓨터에서는 음의 정수를 2의 보수체계를 사용해 표현한다. 따라서 '-12'를 2의 보수로 표현한 값이 imm[11:0]에 들어간다. 자세히 설명하면 '+12'를 12-bit로 표현하면 이진수로 '0000_0000_ 1100'이며, 이 값을 bitwise inverting(0 → 1, 1 → 0)하고 1을 더하면, 즉 '1111_1111_0011 + 1'을 하면 이진수로 '1111_1111_0100'이다. 즉 imm[11:0]에는 '-12'를 2의 보수로 표현한 값인 16진수로 '0xFF4'가 들어간다. 따라서 그림에 있는 것처럼, 'addi a5, a5, -12' 명령어는 16진수로 0xFF47_8793이 된다.

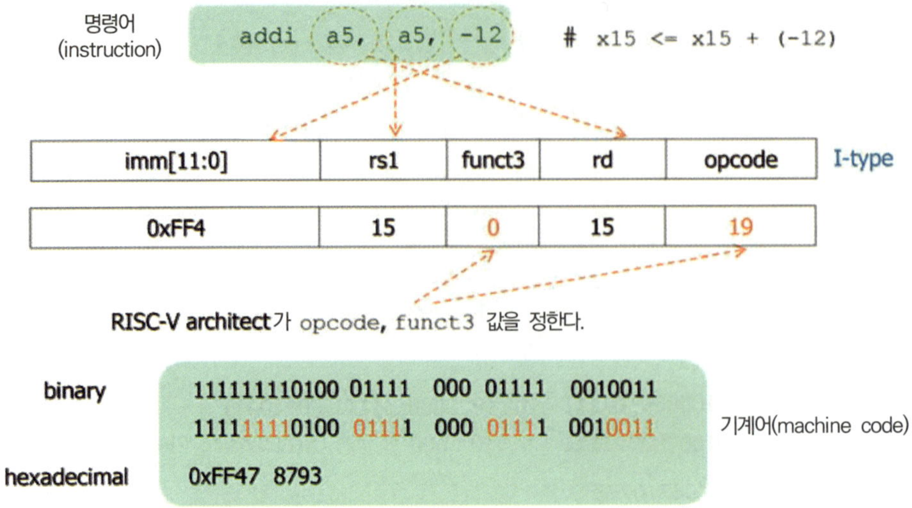

그림3-5 'addi a5, a5, −12' 명령어와 그에 해당하는 기계어

읽어보기

Immediate에 명시할 수 있는 정수의 범위?

addi 명령어에 명시할 수 있는 **즉치값**immediate**의 범위**는 어떻게 될까? 즉치값은 addi 명령어에서 12-bit인 imm[11:0]에 명시하며 1.12절에 설명한 2의 보수체계를 사용해 signed 정수를 표현한다. 따라서 imm[11:0]에서 MSBmost significant bit인 imm[11]은 부호(sign) bit와 같은 역할을 한다. 그러면 표현할 수 있는 가장 큰 정수는 0x7FF = +2047 = $+2^{11}-1$ 이며, 가장 작은 정수는 0x800 = −2048 = -2^{11}이다. 즉 imm[11:0]에 명시할 수 있는 **즉치값의 범위는 −2048 ~ +2047**이다.

코드3-1은 덧셈과 뺄셈을 하는 C 예제 코드와 컴파일된 결과를 보여준다. 2.2.4절에서 설정한 Eclipse 환경에서 C 예제 코드를 컴파일한 후 dump 파일을 열면 코드3-1 오른편에 보여주는 것과 같은, C 코드에 해당하는 disassemble된 명령어를 확인할 수 있다. C언어에서 'int' 데이터 타입data type을 사용하면 컴파일러는 해당 변수를 32-bit로 표현한다. 이제 C 코드와 컴파일된 코드를 비교해 보자. C 코드에서 '+' 연산자는 컴파일러가 'add 명령어'를 사용하여 변환하였고, '−' 연산자는 'sub 명령어'를 사용해 변환하였다. 또한 'a + 12'와 같이 상수를 사용한 코드는 'addi 명령어'를 사용해 변환하였다. 코드3-1에 컴파일러가 사용한 add, sub, addi 명령어와 그에 해당하는 머신코드를 그림3-3 ~ 그림3-5에서 설명한 방식으로 유도해 확인해 보길 바란다.

```
int a, b, c, d, e, f;

c = a + b;

d = a - b;

e = a + 12;

f = a - 12;
```

컴파일 →

```
        int a, b, c, d, e, f;

        c = a + b;
bc:     fe842703        lw      a4,-24(s0)
c0:     fe442783        lw      a5,-28(s0)
c4:     00f707b3        add     a5,a4,a5
c8:     fef42623        sw      a5,-20(s0)

        d = a - b;
cc:     fe842703        lw      a4,-24(s0)
d0:     fe442783        lw      a5,-28(s0)
d4:     40f707b3        sub     a5,a4,a5
d8:     fef42023        sw      a5,-32(s0)

        e = a + 12;
dc:     fe842783        lw      a5,-24(s0)
e0:     00c78793        addi    a5,a5,12
e4:     fcf42e23        sw      a5,-36(s0)

        f = a - 12;
e8:     fe842783        lw      a5,-24(s0)
ec:     ff478793        addi    a5,a5,-12
f0:     fcf42c23        sw      a5,-40(s0)
```

코드3-1 C 언어로 코딩한 덧셈, 뺄셈 예제와 RV32I를 타깃으로 컴파일한 결과

이제 산술명령어가 CPU에서 어떻게 실행되는지 그림3-6에 있는 간략화한 CPU 구조와 함께 살펴보자. 'add a5, a4, a5' 명령어 실행 과정은 아주 간단하다. CPU로 명령어가 들어오면, CPU에 설계된

디지털 로직은 그림3-2에 있는 명령어 type에 따라 각 field를 분리하고, 그것을 CPU 내부에 있는 해당 모듈에 공급한다. 이에 따라 그림3-6(a)에 도식화한 것처럼 source 레지스터인 x14, x15는 레지스터 파일에서 나오며, ALU는 덧셈을 하고, 그 결과는 destination 레지스터인 x15에 저장된다. sub 명령어도 CPU 내부에서 실행 흐름은 add 명령어와 같다. 차이점은 1.12절에서 설명한 것처럼, 뺄셈을 하기 위해 ALU가 2의 보수를 만들고 그것으로 덧셈을 한다는 것이다. 그림3-6(b)와 같이 CPU는 ALU에게 'sub'라는 control 신호를 공급하고, ALU는 두 번째 source operand를 2의 보수로 만들어 그것으로 덧셈을 한다. 그림에 있는 정수를 예로 들어 계산하면, ALU는 '13 - 27 = 13 + ~27 + 1'을 한다. 따라서 계산 결과는 '0xFFFF_FFF2'가 된다. 이것은 '-14'를 2의 보수로 표현한 값이다.

(a) `add a5, a4, a5 (= add x15, x14, x15)`
`// x15 = x14 + x15`

(b) `sub a5, a4, a5 (= sub x15, x14, x15)`
`// x15 = x14 - x15 = x14 + (~x15 + 1)`

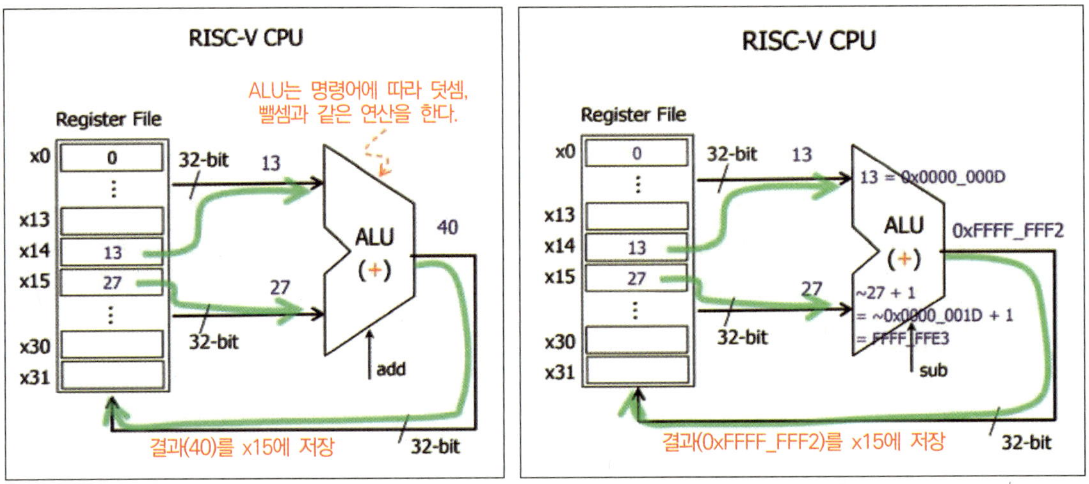

그림3-6 RISC-V CPU 에서 'add'와 'sub' 명령어의 실행 과정

그림3-7은 CPU가 'addi a5, a5, -12' 명령어를 실행하는 흐름을 보여준다. 첫 번째 source operand(=x15)는 레지스터 파일에서 나오며 두 번째 source operand(= -12)는 명령어 자체에 포함되어 있다. 그런데 명령어에 있는 '-12'를 표현한 0xFF4는 12-bit로, 이대로는 ALU에서 연산을 할 수 없다. 왜냐하면 32-bit CPU에서는 연산의 기본 단위가 32-bit이기 때문이다. 다시 말하면 32-bit CPU

에 있는 ALU는 입력과 출력의 크기가 모두 32-bit이다. 따라서 12-bit 즉치값을 32-bit으로 만들어야 한다. 그림3-8은 12-bit를 32-bit로 만드는 두 가지 방법인 sign-extension과 zero-extension을 보여준다. 첫째, sign-extension은 12-bit에서 sign 역할을 하는 MSBmost significant bit를 확장되는 위쪽 20-bit에 모두 채워 넣는다. 둘째 zero-extension은 확장되는 위쪽 20-bit을 무조건 0으로 채워 넣는다. 그러면 sign-extension과 zero-extension은 어떤 경우에 하는 걸까? 확장하려는 수의 데이터 타입에 따라 결정한다. 확장하려는 수를 signed 정수로 생각하면 sign-extension을 하며, unsigned 정수로 생각하면 zero-extension을 한다. 그렇게 해야 '확장 전 정수'와 '확장 후 정수'가 같은 값이 된다. 그림3-7에 있는 '0xFF4'를 예로 들어보자. 0xFF4는 signed 정수로 생각하면 '-12'이며, 그것을 sign-extension한 결과인 '0xFFFF_FFF4'도 2의 보수 표현으로 '-12'이다. 하지만 zero-extension을 하면 '0x0000_0FF4'가 되며, 이것은 더 이상 '-12'가 아니다. 양수 +4,084 이다. 그럼 addi 명령어에 포함된 immediate의 경우는 어떻게 해야할까? addi 명령어에 포함된 imm[11:0]에는 signed 정수가 들어간다. 따라서 그림3-7에 보는 것처럼 addi 명령어가 들어오면 imm[11:0]는 하드웨어적으로 sign-extension이 되도록 설계해야 한다. ALU는 그 결과인 0xFFFF_FFF4를 입력으로 덧셈을 한다.

```
addi a5, a5, -12 (= addi x15, x15, -12)
// x15 = x15 + (-12)
```

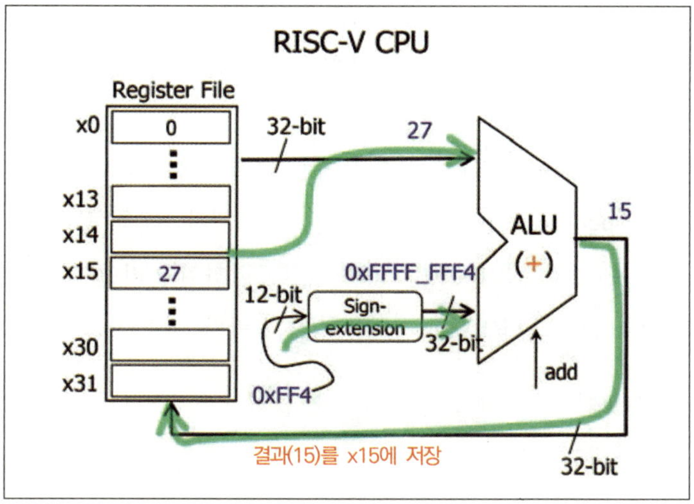

그림3-7 RISC-V CPU에서 'addi' 명령어의 실행 흐름

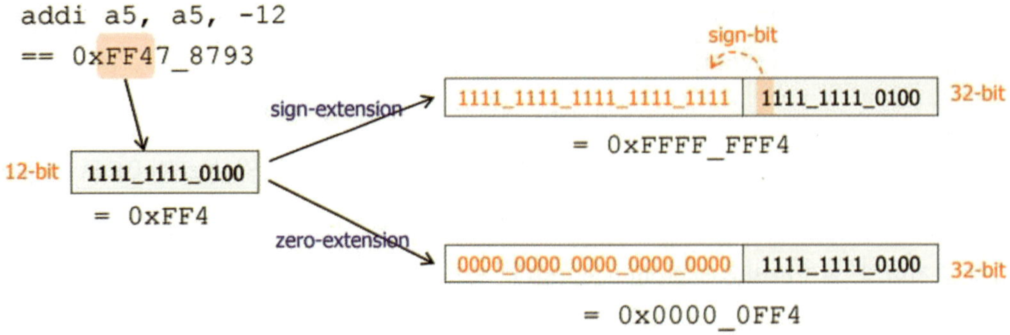

그림3-8 sign-extension과 zero-extension 비교

3.2.2 논리 명령어logical instruction

표3-5 RV32I가 제공하는 논리 명령어(logical instruction)

명령어(instruction)	형태	예제
and rd, rs1, rs2	R-type	and x10, x8, x9 // x10 = x8 & x9
or rd, rs1, rs2		or x10, x8, x9 // x10 = x8 | x9
xor rd, rs1, rs2		xor x10 x8, x9 // x10 = x8 ^ x9
andi rd, rs1, imm	I-type	andi x10, x8, 0x3 // x10 = x8 & 0x3
ori rd, rs1, imm		ori x10, x8, 0x3 // x10 = x8 | 0x3
xori rd, rs1, imm		xori x10 x8, 0x3 // x10 = x8 ^ 0x3

표3-5는 RV32I가 제공하는 논리 명령어로, 여기에는 AND, OR, XOR 연산을 하는 명령어가 있다. 논리 명령어는 source operand를 bit 별(bitwise)로 연산한다. 예를 들어 '0x1234_5678 AND 0x000F_000F' 연산을 하면 결과는 '0x0004_0008'가 된다. 따라서 논리연산을 할 때 source operand의 데이터는 정수가 아닌 0과 1의 나열로 생각하는 경우가 많다.

먼저 논리 명령어의 용도를 표3-6에 있는 예와 함께 살펴보자. AND 연산은 source operand의 특정 위치에 있는 bit들을 빼내고 싶을 때 사용할 수 있다. 예를 들어, 'andi x3, x2, 0x0FF' 명령어는 첫 번째 source operand인 x2에 있는 마지막 byte를 빼내 x3 레지스터에 저장한다. AND 연산은 I/O 장치에 있는 레지스터를 읽은 후 확인하고 싶은 bit만을 빼낼 때 유용하게 사용될 수 있다. OR 연산은 특정 bit만 1로 만들고 나머지 bit들은 그대로 유지하고 싶을 때 사용할 수 있다. 표에 있는 'ori x3, x2, 0x0FF' 명령어는 x2 레지스터에 있는 맨 아래 byte만 모두 1로 만들고 나머지 상위 3-byte는 그대로 유지한 값을 x3 레지스터에 저장한다.

표3-6 논리 명령어(logical instruction) 예시

논리 명령어 예	동작
andi x3, x2, 0x0FF	x3 = x2 & 0x0000_00FF
ori x3, x2, 0x0FF	x3 = x2 | 0x0000_00FF
xori x3, x2, 0x0FF	x3 = x2 ^ 0x0000_00FF
xor x3, x2, x2	x3 = x2 ^ x2 // x3 = 0

Exclusive ORXOR 연산은 두 가지 용도로 많이 사용한다. 첫째, source operand의 값을 반전Inverting 시킬 때 유용하다. 표3-7은 XOR 논리게이트의 진리표이다. 두 번째 입력(b)이 1이면 출력 Y는 첫 번째 입력(a)을 반전한 값이 된다. 따라서 표3-6에 있는 'xori x3, x2, 0x0FF' 명령어는 첫 번째 source operand에 있는 마지막 바이트를 반전시킨다. 즉 x2의 마지막 byte에 있는 bit들을 '1 → 0', '0 → 1'로 만들고, 그 결과가 x3 레지스터에 저장된다. 둘째, 레지스터를 '0'으로 초기화할 때 유용하다. 표3-6에 'xor x3, x2, x2' 명령어를 실행하면 그 결과 x3는 0이 된다. 표3-7 XOR 논리게이트의 진리표를 보면 두 입력(a, b)이 같을 때 출력은 0이 되기 때문이다.

표3-7 XOR 논리게이트 진리표(truth table)

입력		출력
a	b	Y
0	0	0
0	1	1
1	0	1
1	1	0

산술명령어와 마찬가지로 논리 명령어도 표3-3에 정리한 것처럼 R-type과 I-type을 사용한다. CPU에서 실행 과정도 ALU가 AND, OR, 또는 XOR 연산을 한다는 것에 차이가 있을 뿐 산술명령어의 실행과 같다. 코드3-2는 AND, OR, XOR 연산을 하는 C 예제 코드와 컴파일된 결과를 보여준다. 컴파일된 결과에 있는 and, or, xor, andi, ori, xori 명령어들과 그에 해당하는 머신코드를, 표3-3을 참고해 유도하고 확인하기 바란다. RISC-V CPU를 설계할 때 한 가지 주의해야 할 것은 I-type 논리 명령어의 두 번째 source operand인 12-bit immediate, 그러니까 imm[11:0]도 sign-extension을 해야 한다는 것이다. I-type 산술명령어와 같다. 이에 대한 자세한 내용은 [읽어보기: 논리 명령어의 source operand를 sign-extension?]를 참고하기 바란다.

```c
int a, b, c, d, e, f, g;

b = a & b ;

c = a | b ;

d = a ^ b ;

e = a & 0x7FF ;

f = a | 0x555 ;

g = a ^ 0xFFF ;
```

컴파일
→

```
      int a, b, c, d, e, f, g;

      b = a & b ;
bc:   fe442703    lw      a4,-28(s0)
c0:   fe842783    lw      a5,-24(s0)
c4:   00f777b3    and     a5,a4,a5
c8:   fef42223    sw      a5,-28(s0)

      c = a | b ;
cc:   fe842703    lw      a4,-24(s0)
d0:   fe442783    lw      a5,-28(s0)
d4:   00f767b3    or      a5,a4,a5
d8:   fef42623    sw      a5,-20(s0)

      d = a ^ b ;
dc:   fe842703    lw      a4,-24(s0)
e0:   fe442783    lw      a5,-28(s0)
e4:   00f747b3    xor     a5,a4,a5
e8:   fef42023    sw      a5,-32(s0)

      e = a & 0x7FF ;
ec:   fe842783    lw      a5,-24(s0)
f0:   7ff7f793    andi    a5,a5,2047
f4:   fcf42e23    sw      a5,-36(s0)

      f = a | 0x555 ;
f8:   fe842783    lw      a5,-24(s0)
fc:   5557e793    ori     a5,a5,1365
100:  fcf42c23    sw      a5,-40(s0)

      g = a ^ 0xFFF ;
104:  fe842703    lw      a4,-24(s0)
108:  000017b7    lui     a5,0x1
10c:  fff78793    addi    a5,a5,-1
110:  00f747b3    xor     a5,a4,a5
114:  fcf42a23    sw      a5,-44(s0)
```

코드3-2 C 언어로 코딩한 논리연산 예제와 RV32I를 타깃으로 컴파일한 결과

읽어보기

논리 명령어의 12-bit immediate를 sign-extension?

일반적으로 다른 CPU에서는 논리 명령어에 있는 즉치값immediate은 ALU로 보내기 전에 zero-extension을 한다. 논리연산에서 사용하는 데이터는 일반적으로 '음수 또는 양수를 나타내는 정수'가 아닌 '0과 1이 그냥 나열된 것'으로 생각하기 때문이다. 하지만 RISC-V ISA 기술문서에 따르면 산술 · 논리 명령어에 상관없이 CPU 하드웨어는 sign-extension을 한다고 명시되어 있다. 이렇게 명령어 구별 없이 일관되게 sign-extension을 하면 물론 하드웨어 설계는 간단해지지만 직관적이지 않다. 그런데 왜 그렇게 결정했을까? 기술문서에서는 그 이유를 논리 명령어에 있는 source operand를 zero-extension을 하는 것에 대한 별다른 이득(benefit)이 없기 때문이라고 설명한다. 맞다. 별다른 이득이 없다! 왜냐하면 sign-extension을 하든 zero-extension을 하든 표현할 수 있는 값들의 '개수'는 4096(=2^{12})개로 같기 때문이다. 단지 표현할 수 있는 값들이 아래 표와 같이 다를 뿐이다.

	zero-extension	sign-extension
12-bit immediate로 표현할 수 있는 값의 범위	0x0000_0000 ~ 0x0000_0FFF	· 0x0000_0000 ~ 0x0000_07FF · 0xFFFF_F800 ~ 0xFFFF_FFFF

예를 통해 좀 더 구체적으로 알아보자. 12-bit immediate의 MSB가 '0'인 경우 sign-extension과 zero-extension에 차이가 없다. 예를 들어, 'andi x3, x4, 0x7FF' 명령어에서 0x7FF의 MSB는 0 (왜냐하면 7=0111)이다. 따라서 sign-extension, zero-extension 모두 같은 값인 0x0000_07FF을 만든다. Sign-extension이 문제(?)가 될 수 있는 경우는 immediate의 MSB가 1인 경우이다. 코드3-3에 C 코드에서 'b = a & 0xFFF' 문은 a와 0x0000_0FFF를 AND 연산하라는 의미이다. 그럼 이 코드를 컴파일하면 어떤 명령어가 나올까? 'andi a5, a4, 0xFFF' 명령어를 사용할 수는 없다. 왜냐하면 RISC-V CPU는 andi 명령어를 실행할 때 0xFFF를 sign-extension 하기 때문이다(표에 보는 것처럼 12-bit immediate를 sign-extension해서 0xFFF를 만들 수 없다!). 그러면 CPU는 'a5 = a4 & 0xFFFF_FFFF' 연산을 하게 되어 C 코드의 의도와 다른 결과가 나오게 된다. 코드3-3에 컴파일 결과를 보면 'lui a5, 0x1', addi a5, a5, -1' 명령어를 통해 'a5 = 0x0000_0FFF'로 만든 후, 'and a5, a4, a5' 명령어를 사용했다. 이렇게 MSB가 1일 경우 명령어의 조합으로 원하는 값을 만들 수 있다. lui 명령어는 3.5절에서 설명한다.

```
int a, b;

b = a & 0xFFF ;
```

컴파일 →

```
        int a, b;

        b = a & 0xFFF ;
b8:     fec42703        lw      a4,-20(s0)
bc:     000017b7        lui     a5,0x1
c0:     fff78793        addi    a5,a5,-1
c4:     00f777b3        and     a5,a4,a5
c8:     fef42423        sw      a5,-24(s0)
```

코드3-3 'b = a & 0xFFF' C 코드를 RV32I 타깃으로 컴파일한 결과

3.2.3 Shift 명령어shift instruction

표3-8 Shift 명령어(shift instruction)

명령어(instruction)	형태	예제
sll rd, rs1, rs2 // left logical	R-type	sll x5, x4, x3 // x5 = x4 << x3[4:0]
srl rd, rs1, rs2 // right logical		srl x5, x4, x3 // x5 = x4 >> x3[4:0]
sra rd, rs1, rs2 // right arithmetic		sra x5, x4, x3 // x5 = x4 >>> x3[4:0]
slli rd, rs1, amount // left logical	I-type	slli x5, x4, 7 // x5 = x4 << 7
srli rd, rs1, amount // right logical		srli x5, x4, 7 // x5 = x4 >> 7
srai rd, rs1, amount // right arithmetic		srai x5, x4, 7 // x5 = x4 >> 7

표3-8은 RV32I가 제공하는 shift 명령어를 보여준다. 'SLL, SRL, SRA'는 R-type명령어이며, 'SLLI, SRLI, SRAI'는 I-type 명령어이다. Shift 명령어의 동작은 간단하다. 첫 번째 source operand를 두 번째 source operand에 명시되어 있는 shift amount만큼 shift 하면 된다. Shift amount는 R-type 명령어에서는 두 번째 source operand인 rs2 레지스터의 마지막 5-bit에 명시되며, I-type 명령어에서는 명령어에 포함된 5-bit에 명시된다. 5-bit를 사용하는 이유는 shift amount로 0 ~ 31까지 명시할 수 있기 때문이다. 32-bit 레지스터에 있는 값을 31-bit를 초과해 shift 하는 것은 별 의미 없는 연산이다. 32-bit 레지스터에 있는 모든 값이 shift되어 남아 있지 않게 되기 때문이다.

Shift에는 그림3-9에 정리한 것처럼 logical shift와 arithmetic shift 이렇게 두 가지 종류가 있다. 그리고 각각에 대해 왼쪽left, 오른쪽right 방향으로 shift 할 수 있다. 따라서 총 4가지 shift가 있다. 그런데 left-shift의 경우 logical과 arithmetic에 차이가 없다. 이에 따라 RISC-V은 SLL, SRL, SRA, 이렇게 세 종류의 명령어를 제공한다. 표3-9에 있는 예제와 함께 살펴보자. 설명의 편의상 8-bit 데이터를 shift하는 예시이다. Left-shift의 경우 logical, arithmetic에 상관없이 MSBmost significant bit쪽 bit들이 왼쪽으로 빠져나가고, 오른쪽에 비워지는 bit들은 0으로 채워진다. 반면, Right-shift에서는 LSBleast significant bit쪽 bit들이 빠져나가고 왼쪽 bit들이 비게 되는데, logical과 arithmetic 동작에 큰 차이가 있다. Arithmetic shift에서는 비워지는 bit들에 원래 데이터의 부호 역할을 하는 MSB를 복사한다.

하지만 logical shift에서는 부호 bit에 상관없이 0으로 채운다. 그림3-8에서 설명한 sign-extension, zero-extension과 같은 개념이다.

Logical은 unsigned 정수 혹은 bit sequence에 대한 shift에 사용

Arithmetic은 signed 정수에 대한 shift에 사용

Shift	Left (←)	Right (→)
Logical	SLL	SRL
Arithmetic	SLA(=SLL)	SRA

그림3-9 Shift 종류 및 방향

표3-9 RV32I가 제공하는 shift 명령어와 shift 동작 예시

Shift 명령어	예제 (설명의 편의상 8-bit 데이터를 shift 하는 예시)
SLL[Shift Left Logical]	0100_1011 << 1-bit → 1001_0110
	1100_1011 << 3-bit → 0101_1000
SRL[Shift Right Logical]	1100_1011 >> 1-bit → 0110_0101
	1100_1011 >> 3-bit → 0001_1001
SRA[Shift Right Arithmetic]	0100_1011 >> 1-bit → 0010_0101
	1100_1011 >> 3-bit → 1111_1001

그림3-10과 그림3-11은 'sra s3, s1, s4' 명령어와 'srai, s3, s1, 4' 명령어를 기계어로 변환하는 과정과 결과를 보여준다. 'opcode, funct7, funct3'는 표3-3에 보여주는 것처럼, RISC-V 아키텍트에 의해 결정된 값이며, source와 destination register 번호는 표3-2에 따라 's3 == x19, s1 == x6, s4 == x20' 이다.

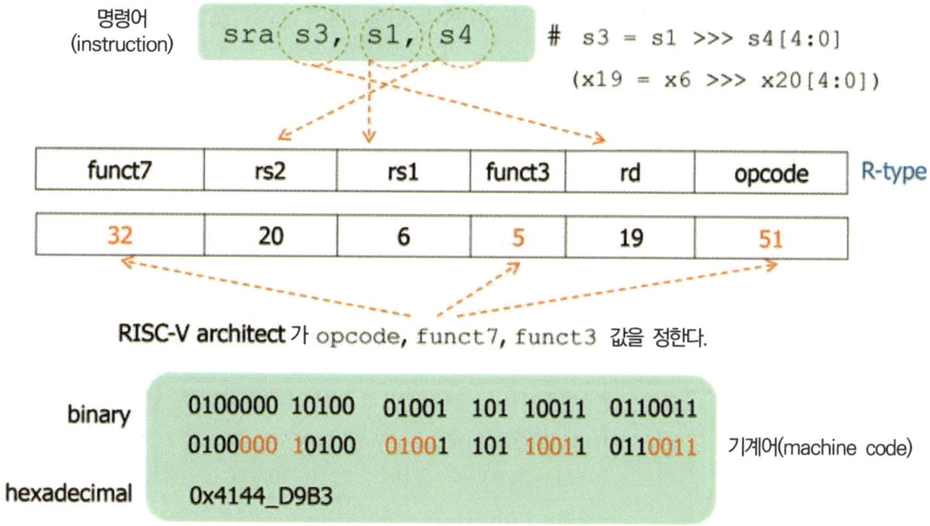

그림3-10 'sra s3, s1, s4' 명령어와 그에 해당하는 기계어

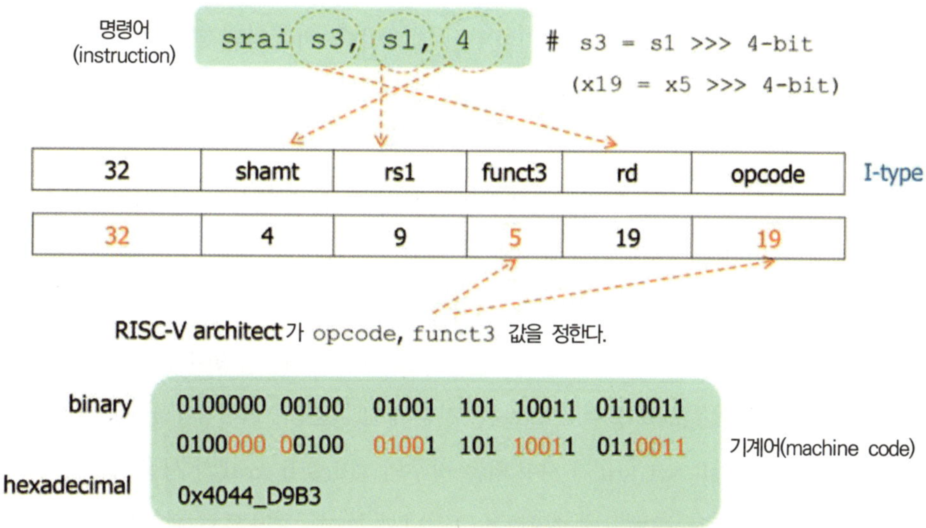

그림3-11 'srai s3, s1, 4' 명령어와 그에 해당하는 기계어

그럼 shift 명령어는 언제 사용할 수 있을까? 말 그대로 원하는 양만큼 데이터를 shift 하고 싶을 때 사용한다. 그리고 곱하기, 나누기 명령어 대용으로도 유용하게 사용할 수 있다. 단, 제약이 있는데,

표3-10의 예처럼 2^n, 즉 1, 2, 4, 8, 16 등으로 곱할 때와 나눌 때만 shift 연산으로 할 수 있다. 설명의 편의상 8-bit 정수에 대한 곱셈과 나눗셈의 예를 들었다.

표3-10 Shift를 통한 곱셈과 나눗셈의 예: 8-bit 정수에 대한 연산

연산		Shift
+5 × 2 = +10	→	1-bit SLL (shift left-logical): 0000_0101 << 1-bit = 0000_1010 (=10)
+9 / 4 = +2 (나머지 1)	→	2-bit SRA (shift right-arithmetic): 0000_1001 >> 2-bit = 0000_0010 (= +2)
+130 / 16 = +8 (나머지 2)	→	4-bit SRL (shift right-logical): 1000_0010 >> 4-bit = 0000_1000 (= +8)
−3 × 8 = −24	→	3-bit SLL (shift left-logical): 1111_1101 << 3-bit = 1110_1000 (= −24)
−8 / 4 = −2	→	2-bit SRA (shift right-arithmetic): 1111_1000 >> 2-bit = 1111_1110 (= −2)

코드3-4는 C언어로 코딩한 shift 예제와 컴파일한 결과이다. 컴파일된 결과에서 sll, srl, sra, slli, srli, srai 명령어들과 그에 해당하는 머신코드를 유도하고 확인하기 바란다. C 언어에서 right-shift를 하려면 '>> 연산자'를 사용하고, left-shift를 하려면 '<< 연산자'를 사용한다. 그럼 logical shift와 arithmetic shift를 위한 연산자가 따로 있을까? 그렇지 않다. 같은 연산자를 사용한다. 그러면 logical shift 명령어와 arithmetic shift 명령어는 어떤 상황에서 나오는 걸까? 선언한 데이터의 타입에 따라 컴파일러가 구별하여 명령어를 사용한다. 컴파일 결과에서 보는 것처럼 'int'로 선언한(즉 signed 정수로 선언한) 정수에 대한 shift 연산에서는 arithmetic-shift 명령어(sra, sll)를 사용하였고, 'unsigned'로 선언한(즉 unsigned 정수로 선언한) 정수에 대한 shift 연산은 logical shift 명령어(srl, sll)를 사용하였다. 그리고 'sll, srl, sra'가 사용되는 경우와 'slli, srli, srai'가 사용되는 경우의 차이도 보기 바란다. Shift amount가 프로그램 실행 중 그러니까 동적dynamic으로 결정되면 전자를 사용하고, 컴파일할 때 그러니까 정적static으로 이미 결정되면 후자를 사용한다. 코드3-4에는 또한 곱셈과 나눗셈을 하는 C 코드 예가 있다. $8(=2^3)$, $16(=2^4)$으로 곱하고 나누는 연산을 하는 예제이며, 컴파일러는 shift 명령어를 사용해 어셈블리 코드로 바꾸어 주었다.

```
// 'int': signed
// 'unsigned': unsigned
int      a, b, c, d, e, f;
unsigned g, h, i, j, k, l;
unsigned smt;

b = a >> smt; // arithmetic
c = a << smt; // arithmetic
d = a >> 7;   // arithmetic
e = a * 8;    // mult
f = a / 16;   // div

h = g >> smt; // logical
i = g << smt; // logical
j = g >> 7;   // arithmetic
k = g * 8;    // mult
l = g / 16;   // div
```

컴파일 →

```
         int      a, b, c, d, e, f;
         unsigned g, h, i, j, k, l;
         unsigned smt;
         b = a >> smt; // arithmetic
40:      fe842783        lw      a5,-24(s0)
44:      fec42703        lw      a4,-20(s0)
48:      40f757b3        sra     a5,a4,a5
4c:      fef42223        sw      a5,-28(s0)
         c = a << smt; // arithmetic
50:      fe842783        lw      a5,-24(s0)
54:      fec42703        lw      a4,-20(s0)
58:      00f717b3        sll     a5,a4,a5
5c:      fef42023        sw      a5,-32(s0)
         d = a >> 7;   // arithmetic
60:      fec42783        lw      a5,-20(s0)
64:      4077d793        srai    a5,a5,0x7
68:      fcf42e23        sw      a5,-36(s0)
         e = a * 8;    // mult
6c:      fec42783        lw      a5,-20(s0)
70:      00379793        slli    a5,a5,0x3
74:      fcf42c23        sw      a5,-40(s0)
         f = a / 16;   // div
78:      fec42783        lw      a5,-20(s0)
7c:      41f7d713        srai    a4,a5,0x1f
80:      00f77713        andi    a4,a4,15
84:      00f707b3        add     a5,a4,a5
88:      4047d793        srai    a5,a5,0x4
8c:      fcf42a23        sw      a5,-44(s0)
         h = g >> smt; // logical
90:      fe842783        lw      a5,-24(s0)
94:      fd042703        lw      a4,-48(s0)
98:      00f757b3        srl     a5,a4,a5
9c:      fcf42623        sw      a5,-52(s0)
         i = g << smt; // logical
a0:      fe842783        lw      a5,-24(s0)
a4:      fd042703        lw      a4,-48(s0)
a8:      00f717b3        sll     a5,a4,a5
ac:      fcf42423        sw      a5,-56(s0)
         j = g >> 7;   // arithmetic
b0:      fd042783        lw      a5,-48(s0)
b4:      0077d793        srli    a5,a5,0x7
b8:      fcf42223        sw      a5,-60(s0)
         k = g * 8;    // mult
bc:      fd042783        lw      a5,-48(s0)
c0:      00379793        slli    a5,a5,0x3
c4:      fcf42023        sw      a5,-64(s0)
         l = g / 16;   // div
c8:      fd042783        lw      a5,-48(s0)
cc:      0047d793        srli    a5,a5,0x4
d0:      faf42e23        sw      a5,-68(s0)
```

코드3-4 C 언어로 코딩한 shift 예제와 RV32I 타깃으로 컴파일한 결과

읽어보기

Shift를 통한 곱셈, 나눗셈

Shift 연산으로 곱셈 혹은 나눗셈을 할 때는, unsigned, signed 데이터 타입data type에 따라 적절한 shift를 선택해야 한다. Unsigned 정수에 대한 연산에서는 logical shift를 사용해야 하며, signed 정수에 대한 연산에서는 arithmetic shift를 사용해야 한다. 앞서 설명한 것처럼 left-shift의 경우는 arithmetic과 logical 연산이 동일하기 때문에 문제가 없지만, right-shift의 경우는 확연한 차이가 있다. 표3-11은 음수 정수를 right-shift를 할 때, arithmetic과 logical 연산의 차이를 보여준다. '-8'에 대해 1-bit shift-right-arithmeticSRA를 하면 원래 데이터의 부호 비트sign-bit인 MSB가 복사되어 결과는 '1111_1100'이며 2의 보수체계 표현으로 '-4'이다. 하지만, '-8'에 대해 1-bit shift-right-logicalSRL을 하면 비워지는 MSB를 0으로 채우기 때문에 결과는 '+124'가 된다. 프로그래머가 이걸 의도했다면 어쩔 수 없지만 일반적이지는 않다.

표3-11 Shift를 통한 unsigned, signed 정수에 대한 곱셈과 나눗셈의 예

Unsigned 정수 +5 (=0000_0101)에 대한 1-bit SLL	1-bit SLL (left logical): 0000_0101 << 1-bit = 0000_1010 (10진수: +5) (10진수: +10)	5 × 2 = +10
Signed 정수 −8 (=1111_1000)에 대한 shift연산	1-bit SRA (right arithmetic): 1111_1000 >> 1-bit = 1111_1100 (10진수: −8) (10진수: **−4**)	−8 / 2 = −4
	1-bit SRL (right logical): 1111_1000 >> 1-bit = 0111_1100 (10진수: −8) (10진수: **+124**)	−8 / 2 = +124 (?)

RISC-V에서 M-extension을 지원하는 CPU는 곱하기, 나누기를 위한 'MUL, DIV' 명령어를 제공한다. 그런데 굳이 shift로 곱셈과 나눗셈을 할 필요가 있을까? 할 필요가 있다. Shift는 아주 간단하고 싸게(?) 연산을 할 수 있기 때문이다. 싸다는 말은 하드웨어 측면에서 shifter가 곱셈기multiplier나 나눗셈기divider보다 훨씬 간단하므로 연산을 빠르고 저전력으로 할 수 있다는 의미이다. 그럼 M-extension을 지원하지 않는 CPU에서 2^n이 아닌 다른 값으로 곱하기 또는 나누기를 하려면 어떻게 해야 할까? Shift 명령어와 더하기, 빼기 명령어를 조합해서 할 수 있다. 코드3-5는 곱셈(a × 9, a × 15)을 하는 C 코드 예제와 컴파일된 결과를 보여준다. 'a × 9'는 3-bit left-shift 와 덧셈으로 바뀌었다. 그러니까 'a × 8 + a' 연산을 하는 것이다. 'a × 15'는 4-bit left-shift와 뺄셈으로 바뀌었다. 'a × 16 − a' 연산을 하는 것이다. 곱셈은 이렇게 쉽고 직관적으로 구현할 수 있다. 하지만 나눗셈은 좀 복잡하다. 아주

비효율적이지만 직관적으로 나눗셈을 뺄셈만으로 할 수 있다. 예를 들어 'a ÷ 3'의 답은 'a - 3 - 3 - ... -3' 와 같이 a에서 뺄 수 있는 3의 개수가 된다. 예를 들어 '16 ÷ 3'의 답은 5이다(나머지 1). 16에서 3을 다섯 번 뺄 수 있기 때문이다. 실제로는 shift 연산과 함께 효율적으로 나눗셈을 할 수 있는 알고리즘이 있다. 'DIV' 명령어 없이 나눗셈을 하려면 이와 같은 알고리즘을 함수로 구현해 사용한다.

```
int  a, b, c;

b = a * 9;    // mult
c = a * 15;   // mult
```

컴파일 →

```
        int  a, b, c;

        b = a * 9;    // mult
  40:   fec42703   lw   a4,-20(s0)
  44:   00070793   mv   a5,a4
  48:   00379793   slli a5,a5,0x3
  4c:   00e787b3   add  a5,a5,a4
  50:   fef42423   sw   a5,-24(s0)

        c = a * 15;   // mult
  54:   fec42703   lw   a4,-20(s0)
  58:   00070793   mv   a5,a4
  5c:   00479793   slli a5,a5,0x4
  60:   40e787b3   sub  a5,a5,a4
  64:   fef42223   sw   a5,-28(s0)
```

코드3-5 C 언어로 코딩한 곱셈 예제와 RV32I 타깃으로 컴파일한 결과

그림3-12는 CPU에서 'sll x5, x6, x7' 명령어와 'srai x11, x10, 9' 명령어를 실행하는 흐름을 보여준다. Shift 연산은 ALU에서 하도록 설계하거나 shifter를 분리하여 따로 설계할 수도 있다. 그림에서 '2:1 mux'는 선택select에 따라 두 입력 중 하나를 선택하는 하드웨어이다. 'select == 0'이면 첫 번째 입력을 선택하고, 'select ==1' 이면 두 번째 입력을 선택한다. Multiplexermux는 4.1.2절에서 자세히 설명한다. 그림3-12 (a)는 CPU가 R-type인 'sll x5, x6, x7' 명령어를 실행하는 흐름을 보여준다. CPU 하드웨어는 opcode, funct7, funct3에 따라 적절한 control 신호를 만들어 준다. (a)에서는 mux가 첫 번째 입력(x7)을 선택하도록 'select = 0'으로 만들고, shifter가 'logical left' 연산을 하도록 control 신호를 만든다. 그림3-12 (b)는 I-type인 'srai x11, x10, 9' 명령어의 실행 흐름을 보여준다. srai 명령어에서 shamtshift amount는 명령어 자체에 포함되어 있다. 따라서 CPU 하드웨어는 mux가 두 번째 입력인 9를 선택하도록 'select = 1'로 만든다. 그리고 shifter가 'arithmetic right' 연산을 하도록 control

신호를 만들어 준다.

컴퓨터를 사용하는 목적을 한마디로 표현하면 사용자가 의도에 따라 데이터에 대한 연산과 변형을 하는 것이다. 고급언어와 저급언어와의 관계, 그리고 하드웨어에서 기계어의 실행 과정을 이해하면, 컴퓨터에서 데이터가 어떻게 변형되는지 머릿속에서 그려볼 수 있게 된다. 그렇게 되면 프로그래밍에 자신감도 생긴다. 이것도 대학에서 '컴퓨터구조'를 배우는 큰 목적 중의 하나이다. 다시 말하면 컴퓨터구조를 학습함으로써 고급언어 프로그램의 명령어로의 변환, 그리고 그것이 하드웨어에서 실행되는 과정을 이해하여 컴퓨터 전반에 걸친 기본기를 쌓을 수 있다.

(a) `sll x5, x6, x7`
`// x5 = x6 << x7[4:0]`

(b) `srai x11, x10, 9`
`// x11 = x10 >>> 9`

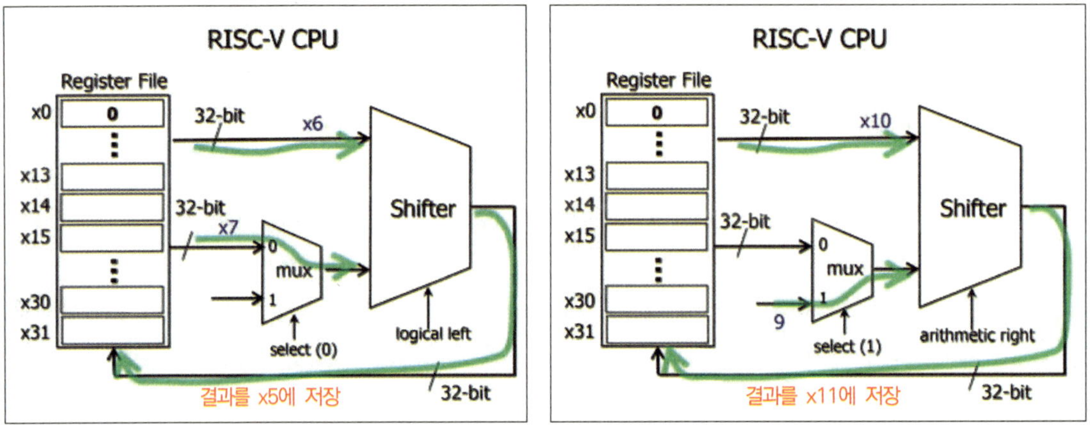

그림3-12 RISC-V CPU에서 'sll x5, x6, x7', 'srai x11, x10, 9' 명령어의 실행 흐름

3.2.4 비교 명령어comparison instruction

표3-12 비교 명령어(comparison instruction)

<table>
<tr><th>명령어(instruction)</th><th>형태</th><th>예제</th></tr>
<tr><td>slt rd, rs1, rs2</td><td rowspan="2">R-type</td><td>slt x6, x7, x8
// if (x7 < x8) x6 = 1; else x6 = 0;
// 여기서 'x7, x8'을 signed 정수로 생각</td></tr>
<tr><td>sltu rd, rs1, rs2</td><td>sltu x6, x7, x8
// if (x7 < x8) x6 = 1; else x6 = 0;
// 여기서 'x7, x8'을 unsigned 정수로 생각</td></tr>
<tr><td>slti rd, rs1, imm</td><td rowspan="2">I-type</td><td>slti x6, x7, 23
// if (x7 < 23) x6 = 1; else x6 = 0;
// 여기서 'x7, 23'을 signed 정수로 생각</td></tr>
<tr><td>sltiu rd, rs1, imm</td><td>sltiu x6, x7, 23
// if (x7 < 23) x6 = 1; else x6 = 0;
// 여기서 'x7, 23'을 unsigned 정수로 생각</td></tr>
</table>

표3-12는 RV32I가 제공하는 비교 명령어와 예를 보여준다. SLT는 'set less than'의 약자로 'rs1 < rs2' 이면 'rd = 1'로 설정하며, 그렇지 않으면 'rd = 0'으로 설정한다. 여기서 rs1, rs2는 signed 정수로 생각하고 비교한다. SLTU는 'set less than unsigned'의 약자로 rs1, rs2를 unsigned 정수로 취급한다는 것을 제외하고 SLT 명령어의 동작과 같다. SLTI, SLTIU는 두 번째 operand가 immediate에 명시되며 'SLT, SLTU' 동작과 같다. 그러니까 'rs1 < immediate' 이면 'rd = 1'로 설정한다.

코드3-6은 C 언어로 코딩한 비교문 예제와 컴파일 결과이다. (a) 코드에서 test1, test2, test3는 Boolean 변수로 선언하였다. 'test1 = (a > b)'의 경우 비교 결과가 참true이면 1, 그렇지 않으면 0을 test1 변수에 설정하는 코드이다. 컴파일러는 'test1 = a > b' 문을 slt 명령어를 사용해 변환하였다. 변수 a, b가 signed 정수로 선언되었기 때문이다. 'test2 = c < d'는 변수 c, d를 unsigned 정수로 선언했기 때문에 sltu 명령어를 사용해 변환하였다. 그리고 'test3 = c < 7'를 sltui 명령어를 사용해 변환하였다. 변수 c가 unsigned 정수이고 7은 상수constant이기 때문이다. (b) 코드의 경우 if 문 전체가 'slt a0, a1, a0' 명령어 하나로 변환되었다. 컴파일러가 꽤 영리하다!

```
// 'int': signed
// 'unsigned': unsigned

 int       a, b;
 unsigned  c, d;

 _Bool test1, test2, test3;

 test1 = (a > b);

 test2 = (c < d);

 test3 = (c < 7);
```

(a) → 컴파일

```
int       a, b;
unsigned c, d;

_Bool test1, test2, test3;

 test1 = (a > b);
 48:    fe842703    lw     a4,-24(s0)
 4c:    fe442783    lw     a5,-28(s0)
 50:    00e7a7b3    slt    a5,a5,a4
 54:    fef401a3    sb     a5,-29(s0)

 test2 = (c < d);
 58:    fdc42703    lw     a4,-36(s0)
 5c:    fd842783    lw     a5,-40(s0)
 60:    00f737b3    sltu   a5,a4,a5
 64:    fcf40ba3    sb     a5,-41(s0)

 test3 = (c < 7);
 68:    fdc42783    lw      a5,-36(s0)
 6c:    0077b793    sltiu   a5,a5,7
 70:    fcf40b23    sb      a5,-42(s0)
```

```
int main(int a, int b) {

   int test1;

   if (a > b)  test1 = 1;
   else        test1 = 0;

   return (test1);
}
```

(b) → 컴파일

```
// 최적화 option '-O2'로 컴파일한 결과

50:  00a5a533   slt       a0,a1,a0
54:  00008067   ret
```

코드3-6 C 언어로 코딩한 비교문 예제와 RV32I 타깃으로 컴파일한 결과

그럼 CPU는 'SLT, SLTU, SLTI, SLTIU' 명령어를 어떻게 실행할까? 1.14절에서 설명한 대로 빼기 연산을 하고 그 결과로 설정된 N, Z, C, V 값을 이용한다. Signed 정수를 비교하는 SLT와 SLTI 명령어의 경우, 뺄셈 후 표1-10에 따라 'N != V'이면 'rd = 1'로 설정하고 그렇지 않으면 'rd = 0'으로 설정한다. Unsigned 정수를 비교하는 SLTU와 SLTIU 명령어의 경우, 뺄셈 후 표1-10에 따라 'C == 0'이면 'rd = 1'로 설정하고 그렇지 않으면 'rd = 0'으로 설정한다. CPU 하드웨어에서 실행 흐름은 기본적으로 그림3-6 (b) 뺄셈과 같으며 추가로 플래그를 확인하는 로직이 필요하다.

3.3 RV32I 메모리접근 명령어Memory Access Instruction

표3-13 메모리 접근 명령어(memory access instruction)

	명령어(instruction)	형태	설명

Memory Read (Load)	lb rd, imm[11:0](rs1)
	// load byte
		I-type	lb x5, 4(x7)
			// x5 ← mem [x7 + 4]
			// 메모리에서 1-byte를 읽은 후,
			// 32-bit로 sign-extension하고, x5에 저장

	lbu rd, imm[11:0](rs1)
	// load byte unsigned
			lbu x5, 4(x7)
			// x5 ← mem [x7 + 4]
			// 메모리에서 1-byte를 읽은 후,
			// 32-bit로 zero-extension하고, x5에 저장

	lh rd, imm[11:0](rs1)
	// load half-word
			lh x5, -4(x7)
			// x5 ← mem [x7 + (-4)]
			// 메모리에서 2-byte(half-word)를 읽은 후,
			// 32-bit로 sign-extension하고, x5에 저장

	lhu rd, imm[11:0](rs1)
	// load half-word unsigned
			lhu x5, -4(x7)
			// x5 ← mem [x7 + (-4)]
			// 메모리에서 2-byte(half-word)를 읽은 후,
			// 32-bit로 zero-extension하고, x5에 저장

	lw rd, imm[11:0](rs1)
	// load word
			lw x5, -16(x7)
			// x5 ← mem [x7 + (-16)]
			// 메모리에서 4-byte(word)를 읽은 후, x5에 저장

Memory Write (Store)	sb rs2, imm[11:0](rs1)
	// store byte
		S-type	sb x4, -3(x7)
			// mem [x7 + (-3)] ← x4[7:0]
			// x4[7:0] 즉 레지스터의 마지막 1-byte를
			// 메모리에 저장

	sh rs2, imm[11:0](rs1)
	// store half-word
			sh x4, -2(x7)
			// mem [x7 + (-2)] ← x4[15:0]
			// x4[15:0] 즉 레지스터의
			// 하위 2-byte(=half-word)를 메모리에 저장

	sw rs2, imm[11:0](rs1)
	// store word
			sw x4, -8(x7)
			// mem [x7 + (-8)] ← x4[31:0]
			// 레지스터에 있는 4-byte(word)를 메모리에 저장

3.2절에서 설명한 것처럼, CPU는 데이터처리 명령어를 제공한다. RISC-V에서 데이터처리 명령어는 source 레지스터를 읽어 연산을 하고, 그 결과를 destination 레지스터에 저장한다. 그런데 컴퓨터를 켜면 CPU 레지스터 파일에는 아무런 데이터도 없는 상태이다. 그럼 연산을 하기 위한 데이터는 어디에서 가져오는 걸까? 메모리memory에서 가져온다. 그리고 연산 후 레지스터에 저장된 값을 메모리로 저장하기도 해야 한다. CPU에는 있는 적은 수의 레지스터를 후속 연산 등을 위한 데이터 저장하는 용도로 사용해야 하기 때문이다. 이렇게 메모리에 있는 데이터를 CPU 레지스터로 읽어오고, 또는 CPU 레지스터에 있는 데이터를 메모리로 저장하기 위해, CPU는 메모리접근 명령어를 제공한다.

표3-13은 RV32I가 제공하는 메모리접근 명령어와 예를 보여준다. 메모리접근에는 '읽기'와 '쓰기' 두 가지 종류가 있다. **메모리 읽기**memory read 명령어는 메모리에 있는 데이터를 읽어 CPU 레지스터에 저장한다. 이를 **load 명령어**라고도 한다. **메모리 쓰기**memory write 명령어는 그 반대 동작으로, CPU 레지스터에 있는 값을 메모리에 저장한다. 이를 **store 명령어**라고도 한다. 이렇게 load, store 명령어의 동작 자체는 간단하다. 그런데 표3-13에 정리한 것처럼 RISC-V에는 load 명령어는 6개, store 명령어는 3개가 있다. 이렇게 여러 개 명령어가 있는 이유는 무엇일까? 접근하는 데이터의 크기에 따라 그리고 접근하는 데이터가 signed, unsigned 인지에 따라 별개의 명령어가 필요하기 때문이다.

명령어를 하나하나 예와 함께 살펴보자. 'lw x3, 0(x2)' 명령어는 메모리의 'x2 + 0' 위치에서 하나의 word(32-bit)를 읽어 x3 레지스터에 저장한다. 'lh x3, 2(x2)' 명령어는 메모리의 'x2 + 2' 위치에서 half word(=2-byte)를 읽어 x3 레지스터에 저장한다. 'lb x3, 3(x2)' 명령어는 메모리의 'x2 + 3' 위치에서 1-byte를 읽어 x3 레지스터에 저장한다. 'sw x3, 8(x2)' 명령어는 x3 레지스터에 있는 값 즉 하나의 word를 메모리 'x2 + 8' 위치에 저장한다. 'sh x3, 4(x2)' 명령어는 x3 레지스터의 아래쪽 2-byte인 half word를 메모리 'x2 + 4' 위치에 저장한다. 'sb x3, 1(x2)'은 x3 레지스터의 맨 아래쪽 1-byte를 메모리 'x2 + 1' 위치에 저장한다.

표3-13에 있는 것처럼 load 명령어에서 word(4-byte)를 읽는 명령어는 'lw'로 하나만 있다. 하지만, half-word(2-byte)를 읽는 명령어는 'lh, lhu' 2개가 있고, 1-byte를 읽는 명령어도 'lb, lbu' 2개가 있다. **메모리에 있는 데이터를 signed 또는 unsigned 정수로 생각하는지에 따라 명령어가 따로 있는 것**이

다. 1-byte를 읽는 명령어의 경우, 해당 byte를 signed 정수로 간주하고 읽을 때는 lb 명령어를 사용해야 한다. 그리고 unsigned 정수로 생각하고 읽을 때는 lbu 명령어를 사용해야 한다. 그럼 CPU가 lb, lbu 명령어를 실행할 때 차이는 무엇일까? CPU는 lb 명령어로 읽어온 데이터는 32-bit으로 sign-extension을 한 후 레지스터에 저장하고, lbu 명령어로 읽어온 데이터는 32-bit으로 zero-extension을 한 후 레지스터에 저장한다. 그렇게 해야 그림3-8에서 설명한 것과 같은 이유로, 읽어온 byte 값의 의미가 그대로 유지된다. 요약하면 RV32I CPU는 32-bit 아키텍처로 레지스터의 크기가 32-bit이다. 그러니까 메모리에서 1-byte만을 읽어 올 때도 4-byte(=32-bit) 크기의 레지스터에 저장해야 한다. 따라서 읽어올 1-byte를 signed 또는 unsigned 정수로 취급하는지에 따라 적절한 명령어를 사용해야 한다. Half-word(=2-byte)를 읽는 lh, lhu 명령어도 같은 방식으로 생각하면 된다.

그림3-13은 load 명령어를 실행한 후 레지스터의 값을 보여주는 예제이다. 'lbu x3, 4(x1)' 명령어는 메모리의 'x1 + 4' 위치에서 1-byte를 읽어, 32-bit로 zero-extension을 한 후 x3 레지스터에 저장한다. 따라서 x3 레지스터에는 0x0000_009A가 저장된다. lbu 명령어를 사용했다는 것은, 프로그래머는 메모리에 있는 0x9A를 unsigned byte(10진수로 +154)로 생각한다는 의미이다. x3에 저장되는 32-bit 값인 0x0000_009A도 여전히 10진수로 +154이다. 'lb x4, 4(x1)'도 같은 위치에서 1-byte를 읽지만, 32-bit로 sign-extension 한 후 x4 레지스터에 저장한다. 0x9A는 MSB가 1로 sign-extension을 하면 상위 3-byte가 모두 1로 채워져 'x4 = 0xFFFF_FF9A'가 된다. lbu 명령어를 사용했다는 것은, 프로그래머는 메모리에 있는 0x9A를 signed byte로 생각한다는 의미이다. 0x9A는 2의 보수 표현으로 '−146'이다. 그리고 x3에 저장되는 32-bit 값인 0xFFFF_FF9A도 여전히 2의 보수 표현으로 −146이다. 2-byte를 읽는 lh, lhu 명령어의 실행도 똑같이 적용된다. CPU는 lh 명령어를 실행할 때, 메모리에서 읽어온 2-byte 데이터를 32-bit로 sign-extension을 한 후 destination 레지스터에 저장한다. 그리고 lhu 명령어를 실행할 때는 읽어온 2-byte 데이터를 32-bit로 zero-extension을 한 후 destination 레지스터에 저장한다.

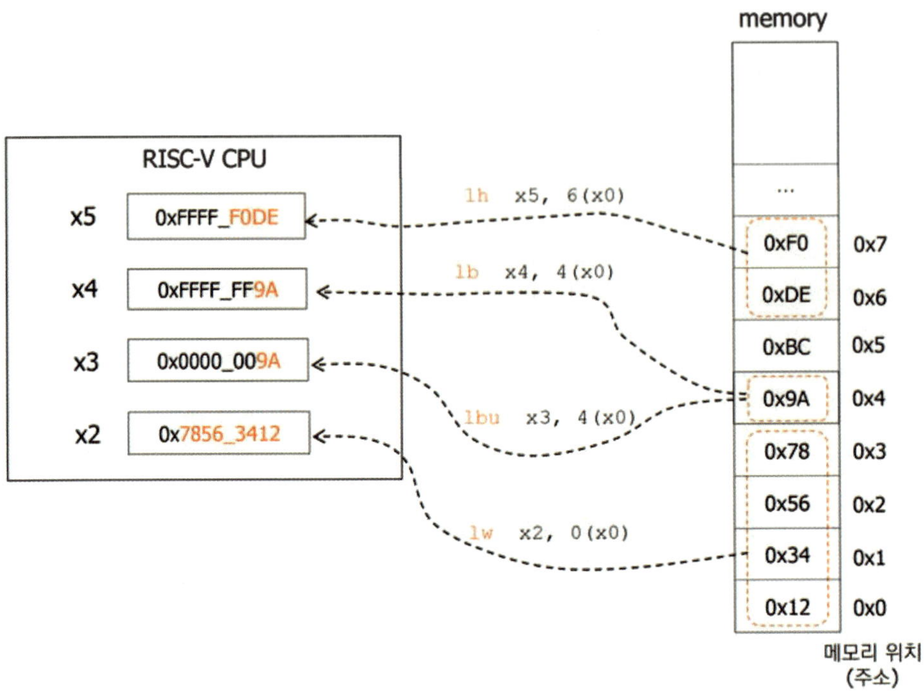

그림3-13 CPU에서 load 명령어 실행 후 레지스터 상태

코드3-7은 C 언어로 코딩한 형변환type-casting 예제와 컴파일된 결과를 보여준다. (a)는 'signed' char 변수 b, c를 int형으로 변환하여 더한다. 다시 말하면 'signed 1-byte (char)' 변수를 'signed 4-byte(int)'로 바꾸어casting 더하는 것이다. 따라서 메모리에서 1-byte를 읽어와 sign-extension 해야 하고 컴파일러는 이를 위해 'lb 명령어'를 사용하였다. 계산 후에는 int 변수인 'a'에 저장하기 때문에 'sw 명령어'를 사용하였다. (b)는 (signed) short 변수를 'signed' int 변수로 바꾸어 더한다. 따라서 메모리에서 2-byte를 읽어와 sign-extension을 해야 하고, 컴파일러는 이를 위해 'lh 명령어'를 사용했다. 계산 후에는 int 변수인 'a'에 저장하기 때문에 'sw'명령어를 사용하였다. 여기서는 'lb, lh' 사용 예를 보여주기 위해 다소 이상한(?) 프로그램을 만들었다. 그런데 사실 프로그래밍이라는 것이 결국 우리가 하고 싶은 작업을 표현하는 것이고, 컴퓨터의 작동원리와 구조에 대한 이해를 바탕으로 코드를 작성했기 때문에 그리 이상한 프로그램도 아니다!

```
// 'int': signed 32-bit integer

 int  a;
 signed char b, c;

 a = (int) b + (int) c;
```

(a) → 컴파일

```
int  a;
signed char b, c;

a = (int) b + (int) c;
 c8: fef40703    lb    a4,-17(s0)
 cc: fee40783    lb    a5,-18(s0)
 d0: 00f707b3    add   a5,a4,a5
 d4: fef42423    sw    a5,-24(s0)
```

```
// 'short': signed 16-bit
integer

 int   a;
 short b, c;

 a = (int) b + (int) c;
```

(b) → 컴파일

```
int   a;
short b, c;

a = (int) b + (int) c;
 c8: fee41703    lh    a4,-18(s0)
 cc: fec41783    lh    a5,-20(s0)
 d0: 00f707b3    add   a5,a4,a5
 d4: fef42423    sw    a5,-24(s0)
```

코드3-7 C 언어로 코딩한 형 변환(type-casting) 예제와 RV32I 타깃으로 컴파일한 결과

그림3-14는 'lw x5, 24(x19)' 명령어를 기계어로 변환하는 과정과 결과를 보여준다. Load 명령어는 I-type 명령어이다. 접근할 메모리의 위치는 'rs1 + imm[11:0]'로 결정되는데, 여기서 rs1을 base, 그리고 imm[11:0]를 offset이라고 부르기도 한다. 즉 'base + offset'이 메모리에 있는 접근할 데이터의 위치이다. 여기서 offset은 signed 정수로 2의 보수를 사용해 표현한다. 따라서 base를 기준으로 위 혹은 아래 위치에 접근할 수 있다.

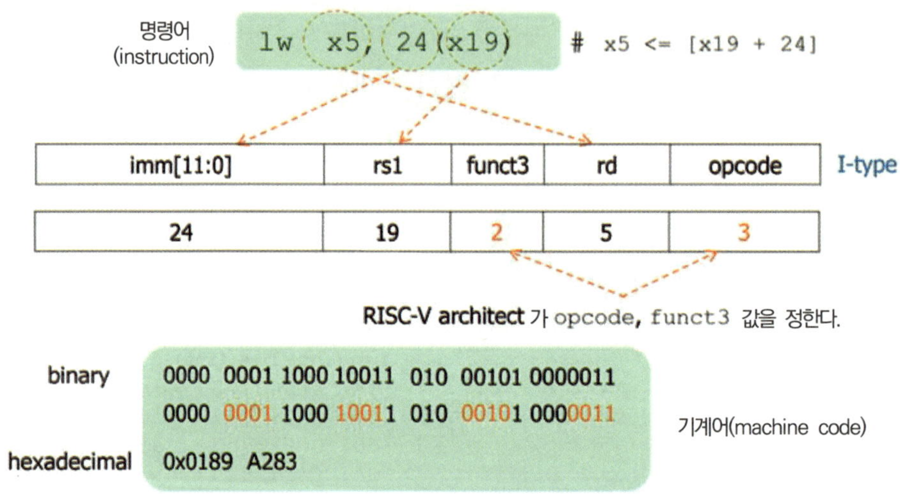

그림3-14 'lw x5, 24(x19)' 명령어와 그에 해당하는 기계어

그림3-15는 'sw x7, -8(x19)' 명령어를 기계어로 변환하는 과정과 결과를 보여준다. store 명령어는 S-type 명령어이다. Load 명령어와 마찬가지로, 12-bit immediate에 저장되는 값은 2의 보수로 표현된다. 그림의 예에는 '-8'을 2의 보수로 표현하여 immediate에 채운 것을 보여준다. '+8'을 12-bit로 표현하면 '0000_0000_1000'이기 때문에, bitwise inverting(0 → 1, 1 → 0)하여 1을 더하면 '1111_ 1111_1000'이 된다.

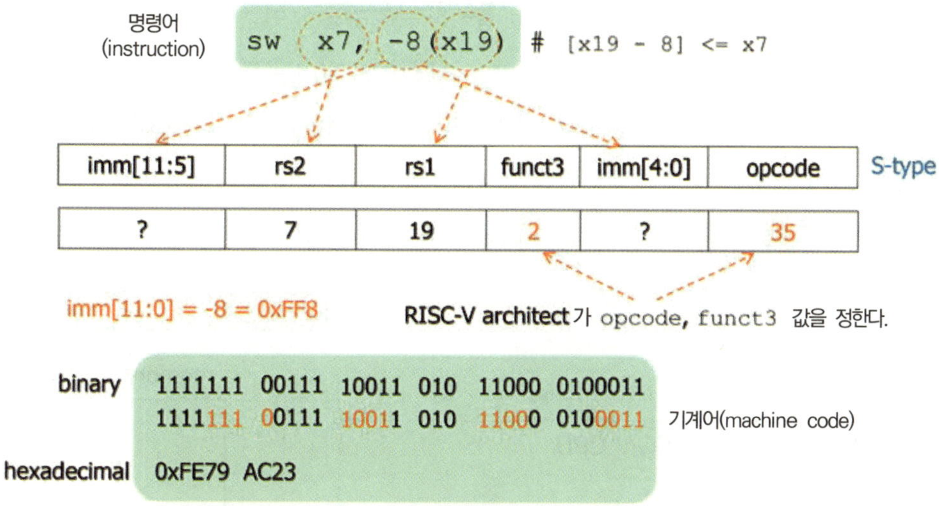

그림3-15 'sw x7, -8(x19)' 명령어와 그에 해당하는 기계어

그럼 메모리접근 명령어로 접근할 수 있는 위치의 범위는 어떻게 될까? Load 명령어와 store 명령어의 형태를 보면, 메모리 주소는 'rs1 + sign-extension(imm[11:0])'가 된다. 여기서 imm[11:0]는 2의 보수로 표현된 값이다. 따라서 그림3-16에 표현한 것처럼, rs1 레지스터에 있는 base를 기준으로 '-2048(=-2^{11}) ~ +2047(=$+2^{11}-1$)' 위치에 있는 데이터에 접근할 수 있다.

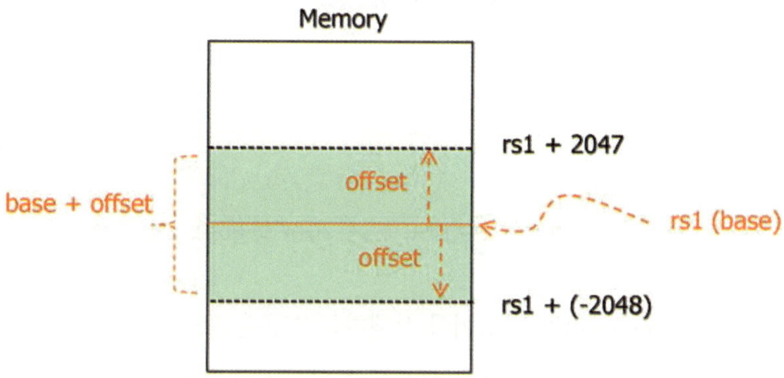

그림3-16 메모리접근 명령어로 접근할 수 있는 위치의 범위

그림3-17은 CPU에서 'lb x5, 4(x0)' 명령어를 실행하는 흐름을 보여준다. 먼저 접근할 메모리 주소를 계산해야 하는데, ALU를 활용해 계산할 수 있다. ALU에서 'x0 + 4' 덧셈을 하도록 하면 된다. 그림에 표현한 것처럼 rs1에 명시된 x0 레지스터값인 0와 immediate에 있는 4가 ALU 입력으로 들어가며, 덧셈 결과인 4가 출력된다. 그후 메모리 주소 4번지에서 읽은 1-byte 데이터 0x9A가 CPU로 들어온다. CPU는 읽은 1-byte 데이터를 32-bit로 sign-extension을 한 후, 그 결과인 0xFFFF_FF9A를 x5 레지스터에 저장한다.

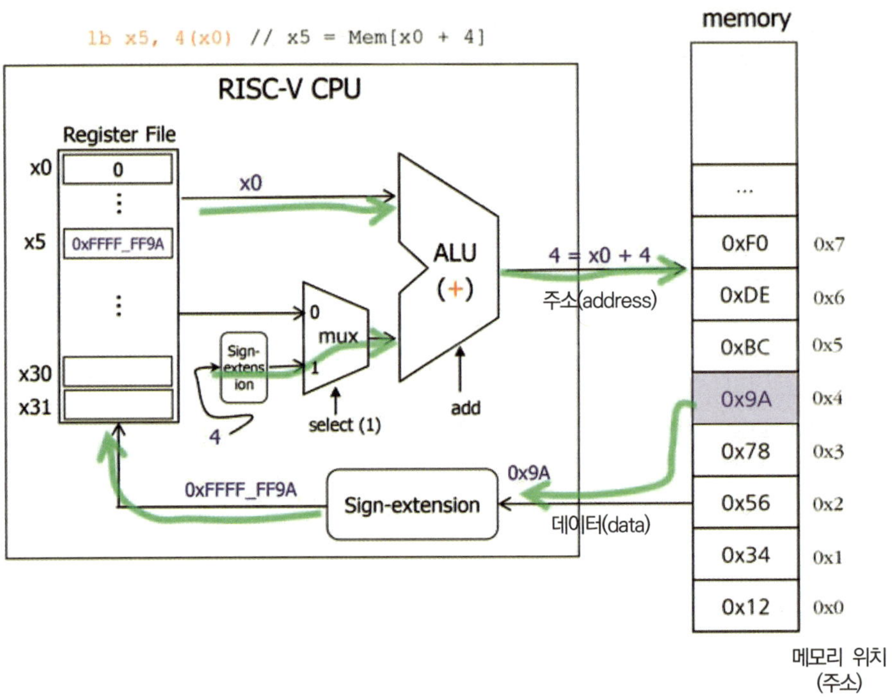

그림3-17 RISC-V CPU에서 'lb x5, 4(x0)' 명령어의 실행 흐름

그림3-18은 CPU에서 'sb x5, 4(x0)' 명령어를 실행하는 흐름을 보여준다. sb는 메모리 쓰기 명령어로 CPU는 주소와 데이터 모두를 메모리에 공급해야 한다. Load 명령어와 마찬가지로, 메모리 주소는 ALU에서 덧셈으로 계산하며 그 결과 4가 출력된다. 메모리에 저장할 데이터는 그림에 표현한 것

같이, 레지스터 파일에서 읽은 x5 레지스터의 맨 아래쪽 바이트인 x5[7:0]이다. 실행결과 그림처럼 메모리의 4번지에는 새로운 데이터인 x5[7:0]가 저장된다.

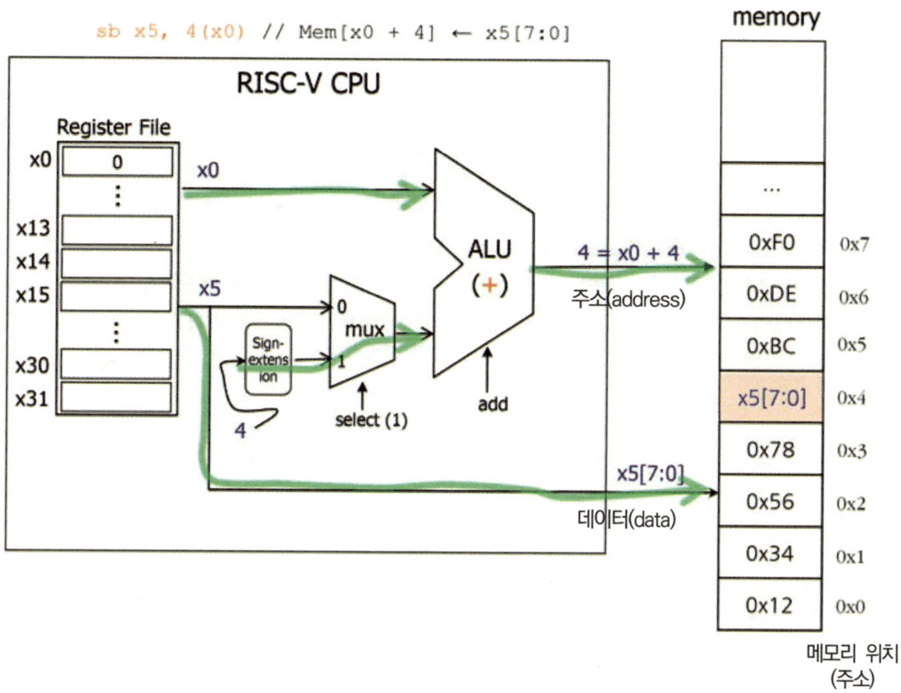

그림3-18 RISC-V CPU에서 'sb x5, 4(x0)' 명령어의 실행 흐름

읽어보기

엔디언endian

메모리는 논리적으로 byte 단위로 나누어져 있다. 그리고 sb 명령어를 사용하면 메모리 해당 주소에 byte가 쓰여진다. 너무나 당연하다. 그러면 sw 명령어로 word(4-byte)를 저장할 때, word에 있는 각 byte는 메모리의 어느 위치에 쓰여질까? 마찬가지로 sh 명령어로 half-word(2-byte)를 저장할 때, half-word에 있는 각 byte는 메모리에 어느 위치에 쓰여질까? Endian이라는 방식에 따라 각 byte가 저장되는 위치가 다르게 된다. 그림3-19는 big-endian, little-endian 이라고 부르는 두 가지 방식을 보여주는 그림이다. 'sw x7, 0x20(x0)' 명령어의 실행 예를 통해 알아보자. x7 레지스터에는 '0x12345678'이 있다고 가정한다. 'sw x7, 0x20(x0)'는 메모리 0x20번지에 'x7 = 0x12345678'을 저장하는 명령어이다. 바이트 주소로 생각하면, 0x20, 0x21, 0x22, 0x23 번지에 x7 레지스터에 있는 각각의 바이트가 저장된다. Big-endian 시스템에서는 그림에 보여주는 것처럼, 데이터의 최상위 byte인 0x12가 메모리 하위 주소에 저장되고, 최하위 byte인 0x78는 메모리 상위 주소에 저장된다. Little-endian 시스템에서는 반대로 데이터의 최하위 byte인 0x78이 메모리 하위 주소에 저장되고, 최상위 byte인 0x12는 메모리 상위 주소에 저장된다.

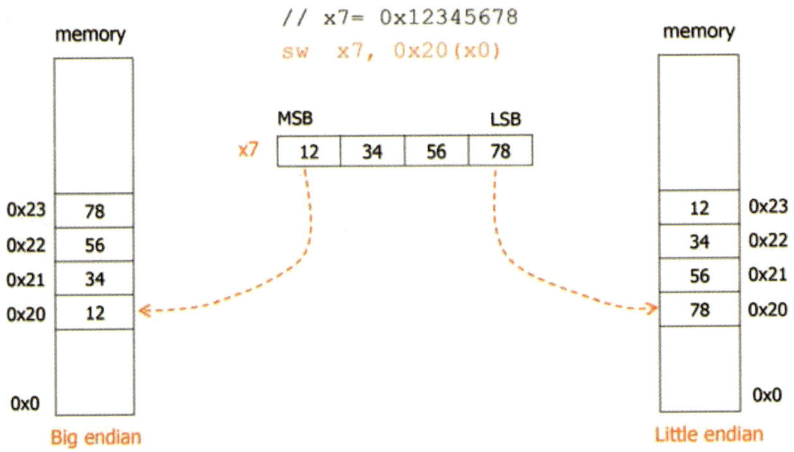

그림3-19 Big-endian, little-endian 비교

그럼 컴퓨터에서는 어떤 방식을 사용할까? 프로세서에 따라 다른데 IBM 360, Motorola 68k, Spark 등은 big-endian 방식을 사용하며, x86는 little-endian 방식을 사용하는 대표적인 프로세서이다. 또한 Arm, RISC-V는 두 가지 방식을 모두 제공하는 bi-endian 프로세서이다. Bi-endian에서는 주로 시스템을 켤 때(power-on) 특정 pin의 상태 또는 시스템 레지스터 설정에 따라 앞으로 사용할 endian이 결정된다. 데스크톱, 스마트폰과 같은 단일 컴퓨터시스템에서 endian은 아무런 문제를 유발하지 않는다. 하지만 서로 다른 endian을 사용하는 컴퓨터 간에 데이터를 주고받을 때는 주의가 필요하다. 역사적으로 보면 컴퓨터 초창기 프로세서 설계에서 endian은 무작위로 결정되었다. 이 책에서는 little-endian 방식을 사용한다.

3.4 RV32I 분기 명령어Branch Instruction

컴퓨터는 연산을 아주 빠르게 할 수 있다는 면에서 전자계산기와 같다. 하지만 단순한 전자계산기와 구별되는 특징이 있는데, 바로 조건에 따라 다른 코드를 실행할 수 있다는 것이다. 그리고 함수function와 같은 기능을 구현할 수도 있다. 이러한 기능을 지원하기 위해 CPU는 분기 명령어branch instruction를 제공한다. 표3-14는 RV32I가 제공하는 분기 명령어를 보여준다. 분기 명령어에는 **조건에 따른 분기**conditional branch 명령어와 **무조건 분기**unconditional branch 명령어 두 종류가 있다. 각각에 대해 알아보자.

표3-14 분기 명령어(branch instruction)

	명령어 (instruction)	형태	예제

조건에 따른 분기 (Conditional branch)	beq rs1, rs2, imm[12:1]	B-type	beq x5, x6, L1
			// if (x5 == x6) PC ← L1;
			// else PC ← PC + 4;

	bne rs1, rs2, imm[12:1]		bne x5, x6, L1
			// if (x5 ≠ x6) PC ← L1;
			// else PC ← PC + 4;

	blt rs1, rs2, imm[12:1]		blt x5, x6, L1 // x5, x6: signed 정수
			// if (x5 < x6) PC ← L1;
			// else PC ← PC + 4;

	bltu rs1, rs2, imm[12:1]		bltu x5, x6, L1 // x5, x6: unsigned 정수
			// if (x5 < x6) PC ← L1;
			// else PC ← PC + 4;

	bge rs1, rs2, imm[12:1]		bge x5, x6, L1 // x5, x6: signed 정수
			// if (x5 ≧ x6) PC ← L1;
			// else PC ← PC + 4;

	bgeu rs1, rs2, imm[12:1]		bgeu x5, x6, L1 // x5, x6: unsigned 정수
			// if (x5 ≧ x6) PC ← L1;
			// else PC ← PC + 4;

무조건 분기 (Unconditional branch)	jal rd, imm[20:1]	U-type	jal ra, foo // foo() 함수 호출
			// PC ← foo;
			// ra(=x1) ← PC + 4;

	jalr rd, rs1, imm[11:0]	I-type	jalr ra, 8(x4)
			// PC ← x4 + 8;
			// ra(=x1) ← PC + 4;

3.4.1 조건에 따른 분기 명령어conditional branch instruction

RV32I는 표3-14에 정리한 것처럼 6개의 conditional branch 명령어를 제공한다. Conditional branch 명령어는 고급언어의 if, while, for, case를 사용한 조건문에서 '==, !=, <, >, ≦, ≧' 와 같은 조건의 만족 여부를 판단할 때 사용한다. 조건의 만족 여부에 따라 다음 실행할 명령어가 결정되는 것이다. 예를 들어, 'beq x5, x6, L1' 명령어는, 'x5 == x6'이면 CPU는 L1 레이블label에 있는 명령어를 실행하고, 'x5 ≠ x6'이면 CPU는 beq 바로 다음에 있는 명령어를 실행한다. L1 레이블에 있는 명령어를 실행한다는 것은 하드웨어적으로 'PC ← L1'으로 설정하는 것을 말하며, 바로 다음에 있는 명령어를 실행하는 것은 통상적인 'PC ← PC + 4'를 말한다. 그리고 Branch 명령어의 실행 결과를 말할 때 taken 또는 not-taken과 같은 용어를 자주 사용하는데, 'beq x5, x6, L1' 명령어의 예에서는 'x5 == x6' 이면 branch가 taken 됐다고 말하고, 그렇지 않으면 not-taken 됐다고 말한다.

코드3-8은 for 조건문을 사용해 0 ~ 9까지 정수를 더하는 C 코드 예제와 그것과 같은 기능을 하는 RV32I 어셈블리 코드이다. C 코드와 어셈블리 코드를 비교해 보자. 어셈블리 코드 ❶ 'add s0, zero, zero' 명령어는 C 코드 'sum = 0'에 대응된다. 변수 sum을 위해 s0 레지스터를 사용한다고 가정하였다. ❷ 'add s1, zero, zero' 명령어는 for loop의 'i = 0'에 대응된다. 변수 i를 위해 s1 레지스터를 사용한다고 가정하고, 's1 = 0'으로 초기화하였다. ❸ 'addi t0, zero 10' 명령어는 'for loop'를 빠져나가는 조건인 'i != 10'을 위해, 't0 = 10'으로 설정하였다. ❹ 'beq s1, t0, done'는 s1 레지스터값과 t0 레지스터값이 같은지 확인한다. C 코드 'i != 10'에 대응되는 코드이다. 두 값이 같으면 'PC ← done 레이블'로 설정되고, 그렇지 않으면 'PC ← PC + 4'로 되어 다음 명령어인 'add s0, s0, s1'를 실행한다. ❺ 'add s0, s0, s1'는 'sum = sum + i'에 대응되며, ❻ 'add s1, s1, 1'은 for loop에 'i = i + 1'에 해당한다. 마지막 명령어인 ❼ 'j for'는 앞으로 설명할 무조건 분기 명령어로, 'PC ← for 레이블'로 설정한다. 그러면 CPU는 for 레이블에 있는 'beq s1, t0 done' 명령어를 다시 실행한다. 따라서 s1 레지스터(즉 C 코드에서 i)가 10이 될 때까지 'beq, add, addi' 명령어를 반복해 실행한다.

```
// add the numbers from 0 to 9

int  sum = 0;
int  i;

for (i=0; i != 10; i=i+1) {

  sum = sum + i;

}
```

(a) 'for' loop를 사용한 C 예제 코드

```
// s0 = sum, s1 = i

      add  s0, zero, zero // ❶
      add  s1, zero, zero // ❷
      addi t0, zero, 10   // ❸
for:  beq  s1, t0, done   // ❹
      add  s0, s0, s1 // ❺ sum = sum + i
      addi s1, s1, 1  // ❻ i = i + 1
      j    for        // ❼

done:
```

(b) (a)와 같은 기능을 하는 RV32I 어셈블리 코드

코드3-8 'for loop'를 사용한 C 예제 코드와 같은 기능을 하는 RV32I 어셈블리 코드

이렇게 beq 명령어는 '==' 조건을 판단할 때 사용한다. 그리고 표3-14에 bne, blt, bge 명령어는 각각 '≠, <, ≥' 조건을 판단할 때 사용한다. 'bltu, bgeu'와 같이 명령어 끝에 'u'가 있는 명령어는 unsigned 정수 비교에 사용하며, 'blt, bge'와 같이 'u'가 없는 명령어는 signed 정수 비교에 사용한다. 프로그래밍에서 조건문에 사용하는 조건은 모두 6가지로 equal (==), not equal (!=), greater than (>), greater than or equal (≥), less than (<), less than or equal (≤) 이다. 그리고, 비교하는 정수가 unsigned 인지 signed인지에 따라 구별해야 한다. 그런데 equality(==)와 inequality(!=) 비교에서는 signed, unsigned 정수에 상관없이 같은 명령어인 'beq, bne'를 각각 사용할 수 있다. 두 수가 같으면 데이터 타입에 상관없이 뺄셈 결과가 '0'이기 때문이다. 따라서 총 10(=4 + 4 + 2)가지의 conditional branch 명령어가 필요하다. 그런데 표3-14에 보면 RV32I는 6개의 명령어만 제공한다. 어떻게 된 걸까?

그 이유는 6개의 명령어로 앞서 말한 10가지 조건을 모두 구현할 수 있기 때문이다. 바로 Pseudo 명령어를 통해 10가지 조건을 구현할 수 있다. Pseudo 명령어의사명령어란 CPU가 모르는 쉽게 말하면 '가짜 명령어'이다. Pseudo 명령어를 제공하는 이유는 명령어가 프로그래머에게 더 친근(?)하고, 쉬워 보이고, 직관적이어서 프로그래밍할 때 선호하기 때문이다. 프로그래머를 위한 일종의 배려로 보면 된다. 또한 이를 통해 CPU가 실제로 제공해야 하는 명령어의 개수를 늘릴 필요가 없어 CPU 설계 복잡도 측면에서도 도움이 된다. Pseudo 명령어는 컴파일러가 컴파일 과정에서 실제 명령어로 바뀌

준다. 표3-15는 데이터 타입과 판단하려는 조건에 따라 사용할 수 있는 명령어를 보여준다. Signed 정수 a, b에 대해, 'a > b' 조건을 판단하려면 pseudo 명령어인 'bgt a, b, L1'를 사용하면 된다. 그러면 컴파일러가 그것을 'blt b, a, L1' 명령어로 바꿔준다. Unsigned 정수 a, b에 대해, 'a ≦ b' 조건을 판단하려면 pseudo 명령어인 'bleu a, b, L1'를 사용하면 된다. 그러면 컴파일러가 실제 명령어인 'bgeu b, a, L1'로 바꿔준다.

표3-15 데이터 타입(data type)과 비교 조건에 따른 분기 명령어

데이터타입	비교	Pseudo 명령어	실제 명령어
Unsigned	a == b		beq a, b, label
	a != b		bne a, b, label
	a > b	bgtu a, b, label	bltu b, a, label
	a ≧ b		bgeu a, b, label
	a < b		bltu a, b, label
	a ≦ b	bleu a, b, label	bgeu b, a, label
Signed	a == b		beq a, b, label
	a != b		bne a, b, label
	a > b	bgt a, b, label	blt b, a, label
	a ≧ b		bge a, b, label
	a < b		blt a, b, label
	a ≦ b	ble a, b, label	bge b, a, label

코드3-9는 conditional 분기 명령어를 사용한 어셈블리 예제 코드와 그것을 컴파일한 결과를 보여준다. 여기서 'bgt, ble' pseudo 명령어를 주의 깊게 보기 바란다. 컴파일된 결과를 보면, 'bgt x5(=t0), x6(=t1), myself' 명령어는 실제 명령어인 'blt t1, t0, 14'로 바뀌어 있다. Greater than (= gt: >) 조건 판단에서 less than (= lt: <) 조건 판단으로 바뀌었고 이에 따라 source operand의 위치도 바뀌어 있다. 'ble x5(=t0), x6(=t1) myself' pseudo 명령어도 같은 방식으로 실제 명령어인 'bge t1, t0, 14'로 바뀌어 있다. 이처럼 프로그래머의 코딩 편의에 따라 pseudo 명령어를 사용하면, 컴파일러 또는 어셈블러가 CPU가 실행할 수 있는 '진짜' 명령어로 바꿔주는 것이다.

```
   beq x5, x6, myself
   bgt x5, x6, myself
   bge x5, x6, myself
   blt x5, x6, myself
   ble x5, x6, myself

myself:
   add x7, x8, x9
```

컴파일 →

```
   beq x5, x6, myself
0: 00628a63   beq  t0,t1,14 <myself>

   bgt x5, x6, myself
4: 00534863   blt  t1,t0,14 <myself>

   bge x5, x6, myself
8: 0062d663   bge  t0,t1,14 <myself>

   blt x5, x6, myself
c: 0062c463   blt  t0,t1,14 <myself>

   ble x5, x6, myself
10: 00535263  bge  t1,t0,14 <myself>

00000014 <myself>:
myself:

   add x7, x8, x9
14: 009403b3   add  t2,s0,s1
```

코드3-9 Conditional 분기 명령어를 사용한 어셈블리 코드와 어셈블 결과

고급언어로 조건문을 작성하면 컴파일러는 주로 반대 조건을 판단하는 low-level 코드를 만든다. 그 이유를 코드3-10에 있는 예제와 함께 살펴보자. C 코드에서 if 조건문은 'a > b'을 만족하는지 판단하며, 만족하면 'c++'를 실행한다. if 조건문에 else 문은 없다. 따라서 'd++' 문은 항상 실행해야 한다. 오른편 코드는 C 코드와 같은 기능을 하는 어셈블리 코드인데, 이해를 돕기 위해 C 코드와 섞어서 사용하였다. (a)는 'bgt a, b, L1' 명령어로 C 코드에 있는 greater than 조건인 'a > b'를 그대로 판단하며, (b) 코드는 'ble a, b, L1' 명령어로 반대 조건인 less than (a < b)을 판단한다. (a)는 C 코드의 기능을 구현하기 위해 bgt, j 명령어로 L1, L2 레이블로 분기해야 하는데 비해, (b)는 ble 명령어 하나만 필요해 상대적으로 간결하고 가독성이 좋다.

```
int a, b, c, d;

if ( a > b ) c++

d++;
```

컴파일 →

(a)

```
    bgt a, b, L1 // if a > b then goto L1
    d++
    j  L2

L1: c++
L2:
```

(b)

```
    ble a, b, L1 // if a ≦ b then goto L1
    c++

L1: d++
```

코드3-10 C 언어로 작성한 조건문 예시와 그것과 같은 기능을 하는 두 가지 버전의 어셈블리 pseudo 코드

코드3-11은 C 언어로 작성한 if 조건문 예제 코드와 컴파일한 결과를 보여준다. 첫 번째 if 조건문은 signed 정수 a, b에 대해 'a > b' 여부를 판단한다. 그런데 컴파일러는 그 반대 조건인 'b ≧ a' 조건을 판단하는 'bge a5, a4, 7c' 명령어를 사용하였다. 조건을 만족하면 'PC ← 0x7C'로 설정하고 'lw ..., addi a5, a5 -1, sw ...' 명령어를 실행하는데 C 코드에서 else 문인 'd− −'에 해당한다. 그렇지 않으면 바로 다음 명령어인 'lw ..., addi a5, a5, 1, sw ..., j ...'를 실행하는데 C 코드 'c++'에 해당한다. 두 번째 if 조건문은 unsigned 정수 e, f에 대해 'e < f' 여부를 판단한다. 컴파일러는 마찬가지로 그 반대 조건인 'e ≧ f'를 판단하는 'bgeu a4, a5, a4' 명령어를 사용하였다. 그리고 unsigned 정수에 대한 비교이기 때문에 명령어에 'u'가 있는 bgeu를 사용하였다.

```
// 'int': signed,
// 'unsigned': unsigned

int      a, b, c, d;
unsigned e, f, g, h;

if (a > b) c++;
else       d--;

if (e < f) g++;
else       h--;
```

컴파일 →

```
int      a, b, c, d;
unsigned e, f, g, h;

if (a > b) c++;
60: fec42703   lw   a4,-20(s0)
64: fe842783   lw   a5,-24(s0)
68: 00e7da63   bge  a5,a4,7c
6c: fe042783   lw   a5,-32(s0)
70: 00178793   addi a5,a5,1
74: fef42023   sw   a5,-32(s0)
78: 0100006f   j    88 <SevenSeg+0x34>

else      d--;
7c: fe442783    lw   a5,-28(s0)
80: fff78793    addi a5,a5,-1
84: fef42223    sw   a5,-28(s0)

if (e < f) g++;
88: fdc42703    lw    a4,-36(s0)
8c: fd842783    lw    a5,-40(s0)
90: 00f77a63    bgeu  a4,a5,a4
94: fd042783    lw    a5,-48(s0)
98: 00178793    addi  a5,a5,1
9c: fcf42823    sw    a5,-48(s0)
a0: 0100006f    j     b0

else      h--;
a4: fd442783    lw     a5,-44(s0)
a8: fff78793    addi   a5,a5,-1
ac: fcf42a23    sw     a5,-44(s0)
```

코드3-11 C 언어로 작성한 if 조건문 예제와 컴파일 결과

그림3-20은 코드3-9에 있는 'blt x5, x6, myself' 명령어와 그것을 기계어로 변환하는 과정 및 결과를 보여준다. Conditonal 분기 명령어는 B-type 형태를 사용한다. 명령어의 immediate에는 분기할 목적지가 들어가게 되는데, 절대 주소가 아닌 현재 분기 명령어로부터 몇 바이트 떨어져 있는지를 명시한다. 그림의 예에서는 목적지인 'myself'가 현재 분기 명령어의 위치에서 +8-byte 떨어져 있다. RV32I 명령어의 크기는 4-byte이고, 명령어 2개 뒤에 목적지가 있기 때문이다. 따라서 immediate에는 '+8'이 들어간다. 여기서 주의할 것은 명령어에 있는 imm[12:1]에는 imm[0]가 포함되어 있지 않다는 것이다. 명령어에 있는 imm[12:1]의 마지막 4-bit인 '0100' 값을 그대로 보면 '+4'인 것으로 생각

할 수 있는데, CPU 내부에서 imm[12:1] 오른쪽 끝에 '0'을 붙인다. 그러니까 CPU 내부에서 만들어지는 'imm[12:0] = 0_0000_0000_1000'이 되어 '+8'이 된다. 그럼 애초에 명령어를 만들 때 immedate에 들어가는 정보를 imm[12:1]로 결정한 이유는 무얼까? 먼저 RV32I 명령어에 있는 32-bit 인코딩 encoding 공간의 제약으로 immediate를 위해 12-bit를 사용하게 된 것은 용인하고 넘어가자. 그러면 12-bit를 imm[11:0]로 정의하는 것이 자연스러워 보이는데 그렇게 하지 않은 이유는 무얼까? 답은 분기 명령어로 가능한 멀리까지 분기할 수 있도록 만들면서, 표3-1에 있는 C-extension을 고려한 결정이라고 말할 수 있다. 그리고 이에 대한 이해를 위해 정렬alignment이라는 배경지식이 필요하다.

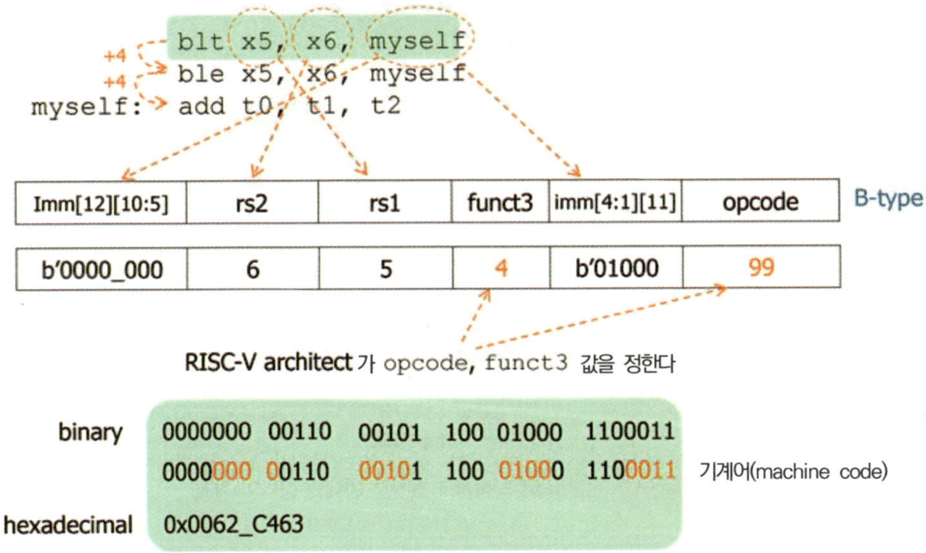

그림3-20 'blt x5, x6, myself' 명령어와 그것에 해당하는 기계어

프로세서 기술문서에는 명령어나 데이터가 위치할 수 있는 '시작 주소'에 제약을 두기도 하는데, 이때 **정렬**alignment이라는 용어를 사용한다. n-byte에 정렬된 주소란 '주소 ÷ n'을 하면 나머지가 '0'이 되는 주소를 말한다. 4-byte에 align된 주소를 예로 들면 0, 4, 8, 0xC 번지 등이 있다. 메모리 1, 2, 3, 5, 6 번지 등은 4-byte에 align된 주소가 아니다. 8-byte에 align된 주소는 0, 8, 0x10, 0x18 번지 등이 있다.

명령어에 대한 alignment 제약이 있는 RISC-V 시스템에서는 명령어가 위치한 시작 주소의 마지막 2-bit는 모두 0이어야 한다. 명령어 크기가 4-byte이기 때문이다. 따라서 애초에 분기 명령어의 immediate에 들어갈 내용을 결정할 때 imm[1:0]는 항상 '00'이 되어 포함할 필요가 없었다. 즉, 명령어에 imm[13:2]를 포함하도록 하면 된다. 그런데 명령어에 imm[1]이 포함된 것은 C-extension 지원을 위한 것으로 합리적 유추를 할 수 있다. C-extension에서 제공하는 명령어의 크기는 16-bit(=2-byte)이다. 따라서 imm[0]는 항상 '0'이지만 imm[1]은 명령어의 위치에 따라 0 또는 1이 될 수 있다.

그림3-20에 B-type 명령어 형태를 보면 imm[12:1]가 명령어에 분산되어 들어간다. 따라서 하드웨어 설계에서는 immediate를 재배치하여 imm[12:1]로 가지런하게 만들어야 한다. Conditonal 분기 명령어가 taken될 때 분기할 목적지destination는 아래 식으로 계산된다. Destination은 현재 분기 명령어의 PC에서 immediate에 명시된 offset만큼 떨어진 위치이다. 이러한 방식을 PC-relative addressing이라고 말한다. 그럼 destination은 현재 분기 명령어에서 얼마나 멀리까지 떨어져 있을 수 있을까? 명령어에 있는 immediate는 2의 보수를 사용한다. 따라서 destination은 현재 위치에서 앞쪽(+)에 있을 수도 있고 뒤쪽(-)에 있을 수도 있다. 식에 있는 'sign-extension(imm[12:1], 0)'을 숫자로 표현하면, destination은 현재 위치에서 '-2^{12} byte ~ ($+2^{12}$ – 4) byte' 만큼 떨어져 있을 수 있다. 명령어의 개수로 생각하면 현재 위치에서 '–1024 ~ +1023' 명령어만큼 떨어져 있을 수 있다.

Branch destination = PC + sign-extension(imm[12:1], 0)

그림3-21은 CPU에서 'blt x5, x6, myself' 명령어가 실행되는 흐름을 보여준다. Conditional 분기 명령어는 조건에 따라 PC 레지스터값을 바꾸는 명령어이다. 따라서 그림과 같은 PC 레지스터값을 결정하는 로직이 필요하다. 이를 위해 'mux' 를 추가하여 통상적인 'PC + 4'와 'branch destination' 중 하나를 선택하도록 하였다. 2:1 mux에 있는 두 개의 입력 중 하나를 선택하는 select 신호는 ALU 출력 결과를 통해 만들 수 있다. 'blt x5, x6, myself' 명령어를 실행할 때, CPU는 ALU에게 x5, x6 대소비교를 위해 뺄셈(x5 – x6)을 시킨다. 그 결과 표1-10에 정리한 것처럼 (N != V)이면 'select = 1'이 된다(즉 taken branch). 그러면 mux의 두 번째 입력이 선택되어 'PC ← branch destination'이 된다. 그렇지 않으면(not-taken이면) mux의 첫 번째 입력이 선택되어 'PC ← PC + 4'로 설정된다.

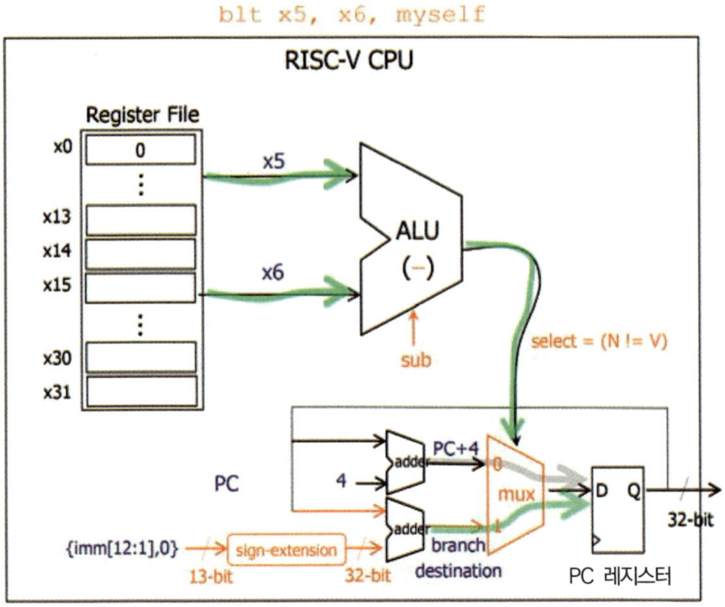

그림3-21 RISC-V CPU에서 'blt x5, x6, myself' 명령어의 실행 흐름

3.4.2 무조건 분기 명령어unconditional branch instruction

무조건 분기 명령어에 대해 알아보기 전에, 무조건 분기 명령어와 함께 주로 쌍으로 사용되는 명령어에 대해 먼저 살펴보자. 표3-16은 'lui, auipc' 명령어와 예제를 보여준다. 'lui 명령어'는 레지스터의 상위 20-bit를 특정 값으로 채울 때 사용하는데, immediate에 있는 20-bit 값을 destination 레지스터의 위쪽에 채우고 아래쪽 12-bit는 0으로 채운다. 예를 들어, 'lui x5, 0x12345' 명령어를 실행하면 'x5 = 0x1234_5000'이 된다. auipc 명령어는 lui의 동작과 비슷한데, 차이는 'auipc 명령어의 PC'를 더한 값으로 레지스터를 채운다는 것이다. 예를 들어, 'auipc x5, 0x12345' 명령어를 실행하면, 'x5 = PC + 0x1234_5000'이 된다. 그러니까 auipc 명령어는 PC-relative 주소를 만들 때 주로 사용한다. 다시 말하면 현재 PC에서 offset만큼 떨어진 곳, 즉 relative상대적하게 떨어져 있는 곳의 주소를 레지스터에 저장하기 위해 사용한다.

표3-16 lui, auipc 명령어

명령어(instruction)	형태	예제
lui rd, imm[31:12] // load upper immediate	U-type	lui x5, 0x12345 // x5 = 0x1234_5000
auipc rd, imm[31:12] // add upper immediate to PC	U-type	auipc x5, 0x12345 // x5 = current PC + 0x1234_5000

RV32I는 표3-14에 정리한 것처럼, 무조건 분기 명령어 2개를 제공한다. jaljump and link 명령어는 PC-relative 방식으로, 분기하려는 목적지가 현재 명령어 위치에서 immediate 만큼 떨어져 있는 direct jump 명령어이고, jalrjump and link register 명령어는 목적지가 레지스터값에서 immediate 만큼 떨어져 있는 indirect jump 명령어이다. Indirect라는 말은 분기할 목적지가 명령어에 직접적으로 명시되는 것이 아니라, 레지스터를 통해 간접적(?)으로 명시되기 때문에 붙여진 용어이다. 따라서 jalr의 경우, 분기할 목적지가 프로그램 실행 중 동적dynamic으로 레지스터값을 바꾸어 변경될 수 있다. 'jal, jalr' 명령어는 고급언어에서 함수호출function call 혹은 goto와 같은 무조건 분기를 구현할 때 사용된다.

그럼 jal 명령어를 통한 함수 호출에 대해 알아보자. 예를 들어 foo()라는 함수를 호출하려면, 'jal x1, foo' 명령어를 사용하면 된다. CPU는 'jal x1, foo' 명령어를 실행할 때 두 가지 동작을 한다. 첫째 'PC ← foo'로 설정한다. PC를 함수명으로 설정하는데, 'foo'와 같은 함수명(=함수 레이블)은 함수에 있는 첫 번째 명령어의 위치를 말한다. 둘째, 'x1 ← PC + 4'로 설정한다. 이 동작은 x1 레지스터를 jal 명령어 다음 명령어의 주소로 설정하는 것인데, 바로 함수 실행 후 돌아올 위치이다. 코드3-12는 main() 함수에서 foo() 함수를 호출하는 C 예제 코드와 컴파일한 결과이다. 고급언어로 함수 호출을 하면 컴파일러는 calling convention에 따라 코드를 생성한다. Calling convention이란 함수 호출에 관련한 구체적 방식을 정한 것을 말한다. 즉 함수 실행 후 돌아올 주소는 어디에 저장할지, 함수 호출에서 어떤 방식으로 인자argument를 callee 에게 전달할지, 함수 실행 결과를 caller에게 어떻게 전달할지 등을 정의한다. 이러한 방식은 x86, Arm, RISC-V 등과 같은 프로세서마다 모두 다른데, RISC-V에서는 표3-2에 정리한 것과 같다. 즉 함수 실행 후 돌아올 주소는 'rareturn address 레지스터'에 저장하며, callee로 argument를 전달하기 위해 'a0, a1, a2, a3, a4, a5, a6, a7 레지스터'를 사용한다. 그리고 함수 실행 후 결과를 caller에게 전달하기 위해 'a0, a1 레지스터'를 사용한다. 만약 callee에게 전달할 argument가 8개보다 많거나, caller에게 전달할 결과가 2개보다 많다면 **스택**stack을 통해 전달한다. **스택**은 **프로그램 실행 과정에서 데이터를 임시로 저장하기 위해 지정한 메모리 영역**이다. 컴파일된 코드를 보면 스택이 항상 사용되는 것을 볼 수 있다. 함수에서 선언한 모든 지역 변수는 스택에 할당되기 때문이다. 따라서 프로세서마다 하나의 레지스터를 스택 접근을 위한 전용으로 지정하여 사용한다. RISC-V에서는 표3-2처럼 'x2 레지스터'를 stack pointer(=SP)로 지정하였다.

코드3-12에 컴파일된 결과를 보면 컴파일러는 함수 호출을 위해 'jal ra, 9c<foo>' 명령어를 사용하였다(❷). 이를 실행하면 'PC ← 0x9C', 'ra ← 0x80'으로 설정된다. foo() 함수의 시작 위치, 즉 함수의 첫 번째 명령어가 0x9C에 있으며, 함수 실행 후 돌아올 주소는 jal 명령어 바로 다음 명령어 위치인 0x80이다. 그럼 돌아올 주소는 항상 'ra(=x1) 레지스터'에 저장해야 할까? 만약 어셈블리로만 코딩하면 'jal x5, foo'와 같이 돌아올 주소가 저장될 레지스터를 마음대로 바꿀 수 있다. 하지만, 굳이 x5와 같이 다른 레지스터를 지정할 이유는 없다. 특히 어셈블리와 C언어와 같은 고급언어를 함께 사용해 프로그램을 작성하는 경우 어셈블리 코드에서는 calling convention을 준수하며 코딩해야 한다. 그렇지 않으면 프로그램이 제대로 수행될 수 없다. 예를 들어 코드3-12에 컴파일러가 생성한 코드를 보면, caller로 돌아가기 위해 'ret' 명령어(❹)를 사용하는데, ret 명령어는 돌아갈 주소가 ra에 저장되어 있다고 가정한다. ret 명령어는 표3-17에서 자세히 설명한다. 코드3-12에서 main()은 foo() 함수로 2개의 인자argument 'a, b'를 전달한다. 이를 위해 'jal ra, 9c' 명령어 실행 전 calling convention에 따라 a, b를 a0, a1 레지스터에 각각 저장하였다(❶). 그리고 foo() 함수는 실행 결과인 'a + b'를 a0 레지스터에 저장한 후(❸), ret 명령어(❹)로 main() 함수로 돌아간다.

```
int main()
{
    int  a, b, c;

    c = foo(a, b);

    return c;
}


int foo(int a, int b)
{
   return (a + b);
}
```

컴파일 →

```
int main()
{
  64: fe010113   addi   sp,sp,-32
  68: 00112e23   sw     ra,28(sp)
  6c: 00812c23   sw     s0,24(sp)
  70: 02010413   addi   s0,sp,32

         int      a, b, c;

         c = foo(a, b);
  74: fe842583   lw     a1,-24(s0)  ❶
  78: fec42503   lw     a0,-20(s0)
  7c: 020000ef   jal    ra,9c <foo> ❷
  80: fea42223   sw     a0,-28(s0)

         return c;
  84: fe442783   lw     a5,-28(s0)
}
  88: 00078513   mv     a0,a5
  8c: 01c12083   lw     ra,28(sp)
  90: 01812403   lw     s0,24(sp)
  94: 02010113   addi   sp,sp,32
  98: 00008067   ret


int foo(int a, int b)
{
  9c: fe010113   addi   sp,sp,-32
  a0: 00812e23   sw     s0,28(sp)
  a4: 02010413   addi   s0,sp,32
  a8: fea42623   sw     a0,-20(s0)
  ac: feb42423   sw     a1,-24(s0)

   return (a + b);
  b0: fec42703   lw     a4,-20(s0)
  b4: fe842783   lw     a5,-24(s0)
  b8: 00f707b3   add    a5,a4,a5

}
  bc: 00078513   mv     a0,a5       ❸
  c0: 01c12403   lw     s0,28(sp)
  c4: 02010113   addi   sp,sp,32
  c8: 00008067   ret                ❹
```

코드3-12 C 언어를 사용해 함수 호출을 하는 예제 코드와 컴파일 결과 다음으로 jalr 명령어에 대해 알아보자. 'jalr 명령어'도 함수 호출에 사용한다. 예를 들어 'jalr ra, 12(x5)' 명령어를 실행하면 CPU는 두 가지 동작을 한다. 첫째 'PC ← x5 + 12'로 설정한다. 둘째, 'ra ← PC + 4'로 설정한다. jalr 명령어에서 생각해 볼 것은 분기할 목적지destination가 레지스터값에 따라 달라진다는 것이다. 이와 같은 방식을 indirect jump라고 말한다. Destination 주소를 직접 명시하는 direct jump와 달리, 레지스터를 통해 간접적indirect으로 명시한다. 그럼 **Indirect jump 명령어를 제공하는 이유**는 무얼까? 두 가지로 생각할 수 있다. **첫째 호출하는 함수의 위치가 너무 멀어 jal 명령어로 도달할 수 없을 수 있기 때문**이다. jalr은 레지스터를 통해 32-bit 주소 공간에서 목적지가 어디든 분기할 수 있다. **둘째, 호출할 함수가 '실행 중run-time' 결정되는 것을 지원**하기 위해서이다. 각각에 대해 예제와 함께 알아보자.

첫째, 호출하는 함수의 위치가 너무 멀어 jal 명령어를 사용할 수 없는 예제를 살펴보자. 코드3-13은 caller에서 callee까지 거리에 따른 컴파일 결과를 보여준다. 호출할 함수인 myadd()는 덧셈을 하는 아주 간단한 함수이며, 'call myadd' 명령어로 호출한다. 'call 명령어'는 pseudo 명령어로 표3-17에서 자세히 설명한다. (a)의 경우 'call myadd' 명령어에서 목적지인 myadd()가 명령어 2개 후에 있어 아주 가깝다. 따라서 컴파일러는 jal 명령어를 사용하였다. 분기 destination을 jal 명령어에 있는 imm[20:1]에 PC-relative 방식으로 충분히 명시할 수 있기 때문이다. (b)의 경우 'call myadd' 명령어에서 목적지까지 거리를 고의적으로 아주 멀게 만들기 위해 '.align 22' directive를 사용하였다. '.align 22'는 myadd() 함수의 위치가 4MiB(2^{22})에 정렬align되도록 한다. 4MiB에 정렬된다는 말은 '시작주소 ÷ 4MiB(=0x400000)'를 하면 나머지가 0이어야 한다는 뜻이다. 예를 들어 주소 0x40_0000, 0x80_0000, 0xC0_0000은 4MiB에 정렬된 주소이다. 컴파일된 코드를 보면 myadd() 함수의 위치는 '0x40_0000' (❶)로 정해졌다. 따라서 jal 명령어에 있는 imm[20:1]만으로는 함수의 위치를 명시할 수 없다. 다시 말하면 destination이 jal 명령어를 사용해 PC-relatvie 방식으로 명시할 수 없을 만큼 멀리 떨어져 있다.

```
.text
.align 4

      addi a0, x0, 1
      addi a1, x0, 2
      call myadd
      add  x4, x5, x6

 forever:
      j forever


myadd:
      add a0, a0, a1
      ret
```

(a) → 컴파일

```
        addi a0, x0, 1
  0:    00100513        li  a0,1
        addi a1, x0, 2
  4:    00200593        li  a1,2
        call myadd
  8:    00c000ef        jal ra,14 <myadd>
        add  x4, x5, x6
  c:    00628233        add tp,t0,t1

 forever:
        j forever
 10:    0000006f        j 10 <forever>

myadd:
       add a0, a0, a1
 14:    00b50533        add a0,a0,a1
       ret
 18:    00008067        ret
```

```
.text
.align 4

      addi a0, x0, 1
      addi a1, x0, 2
      call myadd
      add  x4, x5, x6

 forever:
      j forever


.align 22

myadd:
      add a0, a0, a1
      ret
```

(b) → 컴파일

```
     addi a0, x0, 1
0: 00100513    li   a0,1

      addi a1, x0, 2
4: 00200593    li   a1,2

      call myadd
8: 00400097  auipc  ra,0x400
c:  ff8080e7    jalr     -8(ra)  #  400000
<myadd>

❷     add  x4, x5, x6
10: 00628233  add tp,t0,t1

 forever:
      j forever
14: 0000006f   j 14 <forever>


.align 22

myadd:
      add a0, a0, a1
❶ 400000:        00b50533  add a0,a0,a1
      ret
400004: 00008067  ret
```

코드3-13 'call 명령어'에서 callee 까지 거리에 따른 컴파일 결과

컴파일 결과를 보면 'call myadd' 명령어는 'auipc ra, 0x400, jalr -8(ra)' 두 개의 명령어로 바뀌어 있다. 'auipc, jalr' 명령어의 조합을 사용한 것이다. 두 명령어를 차례로 실행해 보자.

- 'auipc ra, 0x400' 명령어는 'ra ← 0x0040_0000 + PC'로 설정한다. 여기서 PC는 auipc 명령어의 위치로, 컴파일된 코드를 보면 8이다. 따라서 'ra ← 0x0040_0008'로 설정된다.
- 'jalr -8(ra)' 명령어는 머신코드를 분석해보면 'jalr ra, -8(ra)'와 같은 명령어이다. 묵시적으로 ra 레지스터가 return address를 저장하는 용도로 사용되기 때문에 표시하지 않은 것이다. 'jalr ra, -8(ra)'를 실행하면 두 가지 동작을 한다. 먼저 'PC ← ra + (-8) = 0x0040_0008 + (-8) = 0x40_0000'으로 설정한다. '0x40_0000'은 myadd() 함수에 있는 첫 명령어의 위치이다. 그리고, 'ra ← 0x10'로 설정한다. '0x10'은 'jalr -8(ra)' 명령어 다음 위치로, 함수 실행 후 돌아올 주소인 'add x4, x5, x6' 명령어 위치이다(❷).

둘째, 호출할 함수가 실행 중[run-time] 결정되는 예제를 보자. 고급언어로 프로그래밍할 때 function pointer라는 것을 많이 사용하는데, 이때 컴파일러는 'jalr 명령어'를 사용한다. Function pointer라고 하면 굉장히 어렵고 부담스럽게 생각할 수 있는데, 사실 간단한 개념이다. Function pointer는 함수의 시작 주소, 다시 말하면 함수에 있는 첫 명령어 위치를 담고 있다. 어셈블리 프로그래밍에서 사용하는 레이블[label]과 같이 foo()와 같은 함수의 이름도 레이블[label]이며, 그것의 의미는 함수의 시작 주소이다. Function pointer를 사용하기 위해서는 이러한 기본 개념을 숙지하고 C언어와 같은 고급언어에서 사용을 위한 문법만 학습하면 된다.

코드3-14는 C 코드에서 function pointer를 사용한 예제와 컴파일 결과이다. 'main()' 함수를 보면 전달받은 인자에 따라 'switch'문을 이용해 실행할 함수를 선택한다. 여기서 'sum2, sub2, and2' 는 모두 함수명이다. 컴파일된 결과를 보면, sum2() 함수의 시작 주소는 0xec = 236, sub2() 함수의 시작 주소는 0x11c = 284, and2() 함수의 시작 주소는 0x14c = 332로 결정되었다. 이제 컴파일된 코드를 살펴보자. ❶, ❷, ❸에서 각 함수의 시작 주소를 a5 레지스터에 저장한 후 store 명령어로 메모리 특정 위치에 저장한다. 그리고 switch문에 의해 실행 중 결정된 함수 주소의 시작 주소를 메모리에서 읽어(❹), 'jalr a5' 명령어(❻)로 호출한다. 호출 전 calling convention에 따라 argument인 '10, 13'을

'a0, a1'에 저장하였다(❺). 여기서 더불어 'break'문이 어떤 명령어로 변환되었는지 보기 바란다. 컴파일 결과에 있는 것처럼 jump 명령어로 구현되었다. 다시 말하면 만약 switch문에 의해 실행할 함수가 결정되면 'j c0'에 의해 0xc0 위치에 있는 'res = fp(10, 13)'를 실행한다. 'j 명령어'는 표3-14에서 자세히 설명한다.

```c
int main(char op) {

  int res;
  int (*fp) (int, int);

  switch (op) {
      case '+': fp = sum2;
                break;
      case '-': fp = sub2;
                break;
      default:  fp = and2;
  }

  res = fp(10, 13);
  return (res);
}


int sum2(int n1, int n2) {
        return (n1 + n2);
}

int sub2(int n1, int n2) {
        return (n1 - n2);
}

int and2(int n1, int n2) {
    return (n1 & n2);
}
```

컴파일
→

```
   switch (op) {
   88: fdf44783   lbu    a5,-33(s0)
   8c: 02b00713   li     a4,43
   90: 00e78863   beq    a5,a4,a0
   94: 02d00713   li     a4,45
   98: 00e78a63   beq    a5,a4,ac
   9c: 01c0006f   j      b8 <main+0x48>

       case '+': fp = sum2; break;
   a0: 0ec00793   li     a5,236     ❶
   a4: fef42623   sw     a5,-20(s0)
   a8: 0180006f   j      c0 <main+0x50>

       case '-': fp = sub2; break;
   ac: 11c00793   li     a5,284     ❷
   b0: fef42623   sw     a5,-20(s0)
   b4: 00c0006f   j      c0 <main+0x50>
       default:  fp = and2;
   b8: 14c00793   li     a5,332     ❸
   bc: fef42623   sw     a5,-20(s0)
   }

   res = fp(10, 13);
   c0: fec42783   lw     a5,-20(s0) ❹
   c4: 00d00593   li     a1,13      ❺
   c8: 00a00513   li     a0,10
   cc: 000780e7   jalr   a5         ❻
   d0: fea42423   sw     a0,-24(s0)
   ...


int sum2(int n1, int n2) {
   ec: fe010113   addi   sp,sp,-32
   ...
int sub2(int n1, int n2) {
  11c: fe010113   addi   sp,sp,-32
   ...
int and2(int n1, int n2) {
  14c: fe010113   addi   sp,sp,-32
   ...
```

코드3-14 C코드에서 'function pointer'를 사용한 예제와 컴파일 결과

이렇게 RV32I는 unconditional 분기 명령어로 'jal, jalr' 두 개만을 제공한다. 그런데 두 개의 명령어를 통해 프로그래밍에서 직관적으로 사용할 수 있는 다양한 pseudo 명령어를 만들 수 있다. 표3-17은 'jal, jalr' 명령어를 이용한 pseudo 명령어를 보여준다. 'j offset'은 jump 명령어로 C언어의 'goto 문' 같이 특정 레이블에 있는 코드를 실행하고 싶을 때 사용한다. 'j offset' 명령어를 사용하면 컴파일러가 'jal x0, offset' 명령어로 바꿔준다. 여기서 jal 명령어를 사용하여 함수 호출을 하는 듯 보이지만, 돌아올 곳의 주소return address가 x0 레지스터로 지정되어 있다. x0 레지스터는 항상 0으로 고정된 변경할 수 없는 레지스터이다. 따라서 돌아올 위치는 저장되지 않는다! 이렇게 destination register를 x0로 지정하면, 표에 정리한 직관적으로 사용할 수 있는 여러 pseudo 명령어를 만들 수 있다.

표3-17 무조건 분기(unconditional branch) pseudo 명령어

	Pseudo 명령어	실제 명령어
Jump	j offset	jal x0, offset
Jump and link	jal offset	jal x1, offset
jump register	jr rs	jalr x0, 0(rs)
Jump and link register	jalr rs	jalr x1, 0(rs)
Return from function	ret	jalr x0, 0(x1)
Call function	call offset	auipc x1, offset[31:12] + offset[11] jalr x1, offset[11:0](x1)

함수를 호출할 때는 표3-17에 있는 'jal offset' 또는 'call offset' 명령어를 사용하면 된다. 예를 들어 'jal foo' 명령어를 사용하면 어셈블러는 실제 명령어인 'jal x1, foo'로 바꿔준다. Calling convention에 따라 x1 레지스터는 함수 실행 후 돌아올 return address를 저장하기 위해 사용하기 때문이다. 그럼 jal과 call 명령어의 차이는 무엇일까? 코드3-13에서 설명한 것처럼, call 명령어는 호출하는 함수의 위치가 아주 멀리 떨어져 있을 때도 사용할 수 있다. 이 경우 call 명령어는 표에 보는 것처럼 'auipc, jalr' 두 개의 명령어로 변환된다. 함수 호출을 할 때 'jal' 명령어보다 'call' 명령어가 직관적이다. call 명령어를 사용하면 어셈블러가 호출하는 함수까지의 거리에 따라 적절한 명령어로 변환해 준다. 'ret' 명령어는 호출한 함수로 복귀할 때 사용할 수 있는 pseudo 명령어이다. 'ret' 명령어는 컴파일러에 의

해 'jalr x0, 0(x1)' 명령어로 변환된다. 'j offset' 명령어와 마찬가지로 돌아올 주소를 저장할 레지스터를 x0로 지정하였다. 따라서 'PC ← x1(=ra)'로 설정되고, 돌아올 주소는 저장되지 않는다.

그림3-22는 'jal ra, foo' 명령어와 그것을 기계어로 변환한 예이다. 'jal'은 J-type 명령어이다. 명령어의 immediate에는 분기할 목적지가 들어가게 되는데, B-type 분기 명령어와 마찬가지로, 절대주소absolute address가 아닌 jal 명령어로부터 몇 바이트 떨어져 있는지를 명시한다. 그림의 예에서는, 분기할 목적지인 'foo'는 'jal ra foo' 명령어에서 +8-byte 떨어져 있다. 따라서 '+8'이 명령어의 immediate에 들어가게 되어, 'imm[20:1] = 0000_0000_0000_0000_0100'이 된다. 그림3-20 B-type 조건 분기 명령어에서 설명한 것처럼, 마지막 4-bit인 '0100'을 보면 '+4'로 오해할 수 있는데, imm[0]은 명령어에 포함되지 않는 것에 주의하자.

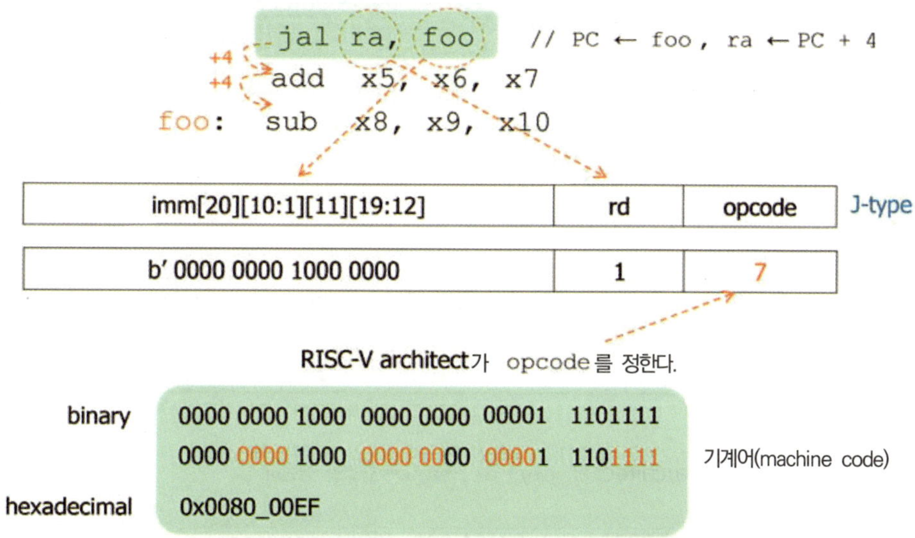

그림3-22 'jal ra, foo' 명령어와 그에 해당하는 기계어

그림3-22에 J-type 명령어 형태를 보면 immediate 값이 명령어에 뒤섞여 들어간다. 하드웨어 설계에서는 immediate를 재배치하여 imm[20:1]로 가지런하게 만들어야 한다. jal 명령어의 destination은 아래 식으로 계산된다. jal 명령어의 PC에서 immediate에 명시된 offset만큼 떨어진 위치이

다. 그럼 destination은 jal 명령어에서 얼마나 멀리까지 떨어져 있을 수 있을까? 명령어에 immediate는 2의 보수를 사용한다. 따라서 destination은 현재 위치에서 앞쪽(+)에 있을 수도 있고 뒤쪽(-)에 있을 수도 있다. 식에 있는 'sign-extension(imm[20:1], 0)'을 숫자로 표현하면, destination은 현재 위치에서 '-2^{20} byte ~ ($+2^{20}$ - 4) byte 만큼 떨어져 있을 수 있다. 즉, jump 할 수 있는 범위는 '-1MiB ~ +(1MiB - 4)' 이다.

jal destination = PC + sign-extension(imm[20:1], 0)

그림3-23은 'jalr ra, 4(t0)' 명령어와 그것을 기계어로 변환한 예이다. 'jalr'은 I-type 명령어로, destination은 아래 식과 같이 rs1과 imm[11:0]를 sign-extension하여 더한 값으로 결정된다.

jalr destination = rs1 + sign-extension(imm[11:0])

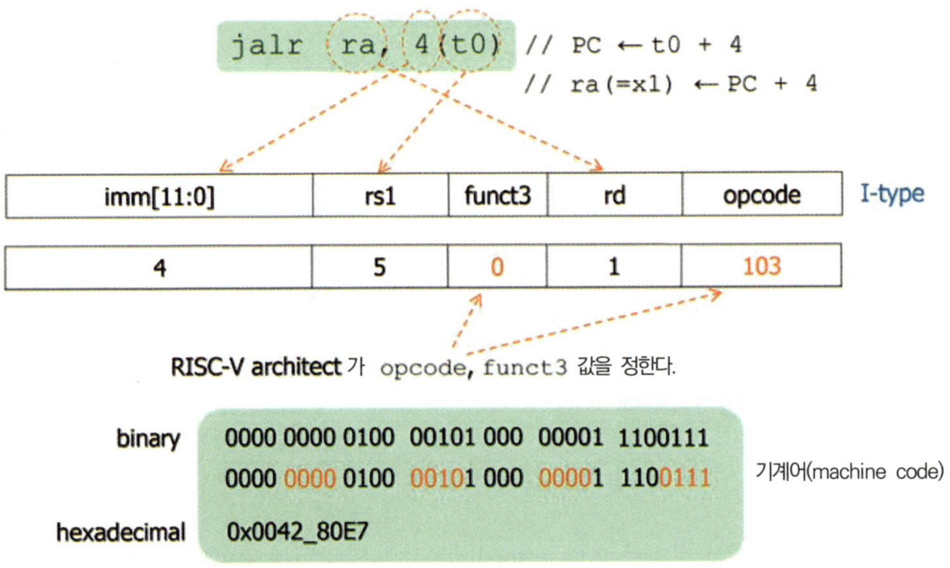

그림3-23 'jalr ra, 4(t0)' 명령어와 그것에 해당하는 기계어

그림3-24는 CPU에서 'jal ra, foo', 'jalr ra, 4(t0)' 명령어가 실행되는 흐름을 보여준다. 무조건 분기 명령어는 PC 레지스터값을 무조건 바꾸는 명령어이다. 따라서 그림과 같이 PC 레지스터값을 결정하는 로직이 필요하다. 그림에서는 '4:1 mux' 를 추가하여 통상적인 'PC + 4'와 'jal destination', 'jalr destination' 중 하나를 선택하도록 하였다. jal destination은 그림3-21 조건 분기 명령어와 유사하게 설계했으며, jalr destination은 ALU를 활용해 덧셈으로 만들었다. 4:1 mux 입력 중 하나를 선택하게 하는 select는 CPU가 실행하는 명령어(jal, jalr)에 따라 결정된다. 그림에서는 또한 돌아올 곳의 주소인 'PC + 4'를 rd 레지스터에 저장하는 흐름도 보여준다.

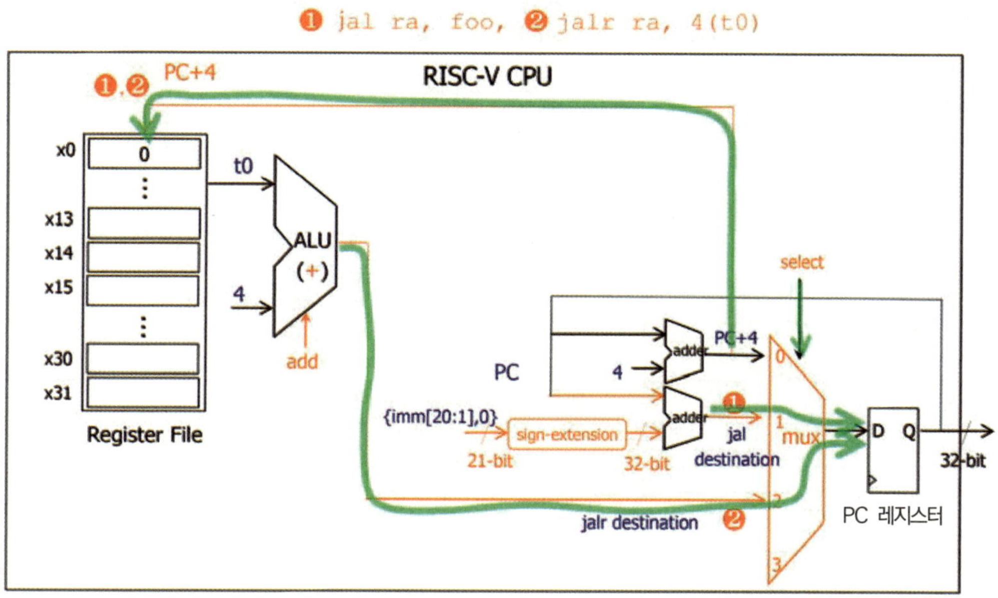

그림3-24 RISC-V CPU에서 'jal ra, foo', 'jalr ra, 4(t0)' 명령어의 실행 흐름

3.5 Pseudo 명령어Pseudo Instruction

표3-18 Pseudo 명령어

기능	Pseudo 명령어	실제 명령어
Load absolute address	la rd, symbol	auipc rd, ... addi rd, rd, ...
Load immediate	li rd, immediate	lui rd, ... addi rd, ...
No operation	nop	addi x0, x0, 0
Copy register	mv rd, rs	addi rd, rs, 0
One's complement	not rd, rs	xori rd, rs, -1
Two's complement	neg rd, rs	sub rd, x0, rs
Branch if >, signed	bgt rs, rt, offset	blt rt, rs, offset
Branch if ≦, signed	ble rs, rt, offset	bge rt, rs, offset
Branch if >, unsigned	bgtu rs, rt, offset	bltu rt, rs, offset
Branch if ≦, unsigned	bleu rs, rt, offset	bgeu rt, rs, offset
Jump	j offset	jal x0, offset
Jump and link	jal offset	jal x1, offset
jump register	jr rs	jalr x0, 0(rs)
Jump and link register	jalr rs	jalr x1, 0(rs)
Return from function	ret	jalr x0, 0(x1)
Call function	call offset	auipc x1, offset[31:12] + offset[11] jalr x1, offset[11:0](x1)

표3-18은 RISC-V pseudo 명령어를 정리한 표로, 표3-15, 표3-17에 있는 pseudo 분기 명령어를 포함한다. 3.4.1절에서 설명한 것처럼, pseudo 명령어란 CPU가 모르는 쉽게 말하면 '가짜 명령어'이다. Pseudo 명령어를 제공하는 이유는 프로그래머를 위한 일종의 배려이다. 명령어가 프로그래머에게 더 친근(?)하고, 쉬워 보이고, 직관적이어서 프로그래밍할 때 편하게 사용할 수 있기 때문이다.

Pseudo 명령어는 컴파일러가 컴파일 과정에서 실제 명령어로 바꿔준다.

예제 코드와 함께 몇 가지 유용한 pseudo 명령어를 알아보자. 코드3-15은 pseudo 명령어를 사용한 예제 코드와 컴파일한 결과를 보여준다. 예제는 op1에 있는 4개의 데이터(1, 2, 3, 4) 각각에 0x12345678을 더하고, 그 결과를 result 위치에 저장하는 코드이다. 실행 후 result에 저장되는 값은 '0x12345679, 0x1234567A, 0x1234567B, 0x1234567C'가 된다. la 명령어는 레이블label이 달려있는 위치를 레지스터에 저장할 때 사용한다. 다시 말하면 symbol심볼 또는 label레이블이 달려있는 메모리 위치를 특정 레지스터에 저장하는 명령어이다. 예제 코드 첫 명령어인 'la t0, op1'는, op1 레이블이 달려있는 위치를 t0 레지스터에 저장한다. 어셈블리 코드 ❶에 보면 'op1' 위치에는 첫 데이터 '1'이 있다. 컴파일 결과를 보면 op1 위치는 '.align 16' directive에 의해 2^{16}-byte에 정렬된align '0x1_0000'로 정해졌다(❷). 따라서 명령어 실행 후 't0 = 0x1_0000' 이 된다. 코드3-15에 컴파일된 코드를 보면 'la t0, op1'는 명령어 2개로 바뀌었다. 첫 명령어인 'auipc t0, 0x10'는 't0 = PC + 0x1_0000 = 0x1_0000' 으로 설정한다. 두 번째 명령어인 'mv t0, t0'의 머신코드를 해석해 보면 'addi t0, t0, 0' 와 같은 명령어로 기능적으로 아무런 역할을 하지 않는다. 어셈블러가 그리 똑똑하지는 않다. 다음으로 'la t1, result' 명령어는 t1 레지스터에 'result' 위치를 저장한다. 컴파일된 코드를 살펴보면 result의 위치는 op1에서 16-byte 떨어진 '0x10010'으로 정해졌다(❸). 'la t1, result'도 명령어 2개로 바뀌었다. 첫 명령어인 'auipc t1, 0x10'은 't1 = PC + 0x1_0000 = 0x1_0008'로 설정한다. 두 번째 명령어인 'addi t1, t1, 8'은 't1 = 0x1_0008 + 8 = 0x10010'로 설정한다.

li 명령어는 레지스터를 상수로 설정할 때 유용하다. 코드3-15에 'li t2, 0x12345678' 명령어는 't2 = 0x12345678'로 설정한다. 이를 위해 컴파일러는 두 개의 명령어를 사용했다. 첫 명령어인 'lui t2, 0x12345'는 't2 = 0x12345000'로 만든다. 두 번째 명령어인 'addi t2, t2, 1656'은 't2 = 0x12345000 + 1656 = 0x12345678'로 설정한다. 코드3-15에 다음 명령어인 'li t3, 4'는 't3 = 4'로 설정한다. 그런데 이 경우 상수가 크지 않아 'addi t3, x0, 4' 명령어 하나로 변환하였다. nop 명령어는 말 그대로 아무것도 하지 않는 것과 같은 명령어이다. 컴파일러는 'nop'를 위해 'addi x0, x0, 0' 명령어를 사용했다. x0 레지스터는 항상 0으로 고정hardwired-zero되어 있어 다른 값으로 바꿀 수 없다. 따라서 아무것도 하지 않은 것과 같다.

```
        la   t0, op1          # t0 = address of op1
        la   t1, result       # t1 = address of result
        li   t2, 0x12345678   # t2 = 0x1234_5678
        li   t3, 4            # t3 = 4

myloop:
        lw   s0, 0(t0)        # load a word in op1
        add  s1, s0, t2
        sw   s1, 0(t1)        # store to result
        addi t3, t3, -1       # t3 = t3 - 1
        beq  t3, zero, done   #
        addi t0, t0, 4
        addi t1, t1, 4
        j    myloop

done:
        nop                   # 'nop' pseudo code
        j done

.data
.align 16
op1:    .word  1, 2, 3, 4    // ❶
result: .word  0, 0, 0, 0
```

컴파일 ↓

```
        la   t0, op1              # t0 = address of op1
  0:    00010297  auipc  t0, 0x10
  4:    00028293  mv     t0, t0  # == addi t0, t0, 0

        la   t1, result           # t1 = address of result
  8:    00010317  auipc  t1, 0x10
  c:    00830313  addi   t1, t1, 8 # 10010 <result>

        li   t2, 0x12345678       # t2 = 0x1234_5678
 10:    123453b7  lui    t2, 0x12345
 14:    67838393  addi   t2, t2, 1656 # 12345678 <result+0x12335668>

        li   t3, 4                # t3 = 4
 18:    00400e13  li     t3, 4   # == addi t3, x0, 4

myloop:
        lw   s0, 0(t0)            # load a word in op1
 1c:    0002a403   lw  s0, 0(t0) # 10000 <op1>

        add  s1, s0, t2
```

```
  20:    007404b3    add  s1,s0,t2

         sw   s1, 0(t1)      # store to result
  24:    00932023    sw  s1, 0(t1)

         addi t3, t3, -1     # t3 = t3 - 1
  28:    fffe0e13    addi  t3, t3, -1

         beq  t3, zero, done #
  2c:    000e0863    beqz        t3, 3c <done>

         addi t0, t0, 4
  30:    00428293    addi  t0, t0, 4

         addi t1, t1, 4
  34:    00430313    addi  t1, t1, 4

         j    myloop
  38:    fe5ff06f    j   1c <myloop>

done:
          nop              # 'nop' pseudo code
  3c:    00000013    nop   #  == addi x0, x0, 0

          j done
  40:    ffdff06f    j   3c <done>


SYMBOL TABLE:
00000000 l       .text  00000000 __start
00010000 l       .data  00000000 op1          ❷
00010010 l       .data  00000000 result       ❸
0000001c l       .text  00000000 myloop
0000003c l       .text  00000000 done
```

코드3-15 Pseudo 코드를 사용한 어셈블리 코드 예제와 컴파일 결과

CHAPTER 4

https://wallpaper.dog/microcontroller-wallpapers

CHAPTER 4

CPU 설계를 위한 하드웨어

이 장에서는 RISC-V CPU 설계에 필요한 하드웨어 모듈[module]에 대해 설명한다. 앞으로 설명하는 몇 가지 하드웨어 모듈을 조합하여 연결하면 놀랍게도 간단한 CPU를 설계할 수 있다! 이 교재에서는 하드웨어 설계에 Verilog-HDL이라는 언어를 사용한다. HDL[hardware description language]는 하드웨어를 빠르고 편하게 설계할 수 있도록 도와준다. 그리고 Verilog로 설계한 하드웨어는 2.3절에서 설치한 Quartus-II를 이용해 합성[synthesis]한 후 그 결과를 보여준다. **합성**이란 Verilog-HDL과 같은 하드웨어 설계 언어로 기술한 하드웨어를 AND, OR, NOT, flip-flop과 같은 실제 로직 게이트의 조합으로 바꿔주는 것을 말한다. **그림4-1**은 Verilog-HDL을 이용한 간단한 하드웨어 설계 예시와 Quartus-II가 합성한 결과를 보여준다.

HDL-based Design

```
module example(
   input  a, b, c,
   output y);

  assign y = ~a & ~b & ~c |
              a & ~b & ~c |
              a & ~b &  c;
endmodule
```

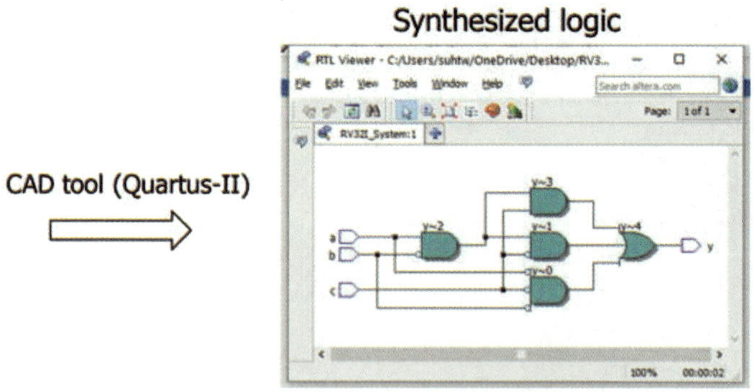

그림4-1 Verilog-HDL을 이용한 설계와 CAD tool인 Quatus-II를 이용한 합성(synthesis) 결과

Verilog-HDL은 비교적 쉽게 배울 수 있는 하드웨어 설계 언어이다. 몇 가지 keyword와 문법만 학습하면 되기 때문이다. 하지만 하드웨어를 만드는 언어이기 때문에 디지털 로직 설계의 기본기에 대한 이해가 필요하다. 소프트웨어 코딩에 익숙한 사람의 경우 Verilog를 이용한 설계를 때때로 소프트웨어 프로그래밍하는 것으로 착각하는 경우도 있다. 그럼 이러한 HDL을 이용한 하드웨어 설계와 소프트웨어 프로그램의 차이는 무엇일까? **소프트웨어**는 코딩한 대로 컴퓨터에서 **순차적**sequential으로 실행된다. 반면, **하드웨어**는 설계에 포함된 모든 로직이 **동시에**simultaneous 동작한다. '동시'라는 말이 굉장히 부담스럽게 느껴질 수 있는데, 사실 원리적으로 너무 당연하다.

하나의 비유로 자동차에 있는 전기·기계 하드웨어 시스템들을 생각해보자. 자동차에는 엔진 시스템, 브레이크 시스템, 오디오 시스템, 네비게이션 등 여러 전자 및 기계 시스템이 장착되어 있다. 이러한 시스템은 모두 '동시'에 동작하고 있다. 브레이크를 밟을 때 오디오 시스템에서는 음악을 들려주고 있고, 그때 네비게이션도 현재 자동차의 위치를 지도 위에 보여준다. 그런데 이러한 시스템들이 동시에 동작한다고 해서 모든 것을 한꺼번에 설계하는 것은 아니다. 따로 만들어 연결하고 통합하면 자동차라는 하나의 큰 시스템이 되는 것이다! 디지털 로직 설계도 비슷한 개념으로 이해하면 된다. 필요한 단위 로직을 설계하고 그것들을 연결하고 통합하면 CPU와 같은 큰 하나의 하드웨어 시스템이 된다. 하지만 각 단위 로직들은 어떤 시간에서 보면 동시에 동작하고 있다.

디지털 회로에는 **조합회로**combinational logic와 **순차회로**sequential logic, 이렇게 두 종류가 있다. 조합회로는 출력이 '현재 입력'에 의해서만 결정되는 회로이고, 순차회로는 출력이 '현재 입력'과 '과거 입력'에 의해 결정되는 회로이다. 예를 들어 그림4-2 (a)에 2-input AND 게이트는 간단한 조합회로이다. A, B에 입력을 넣어주면 잠시 후 출력이 결정되어 나오기 때문이다. 그림4-2 (b)도 마찬가지이다. A, B, C, D에 입력을 가하면 잠시 후 그것에 의해 결정되는 출력 Y가 나온다. 순차회로의 좋은 예는 그림4-2 (c) 자동판매기에 들어 있는 디지털 로직이다. 자판기에서 하나에 300원 하는 콜라를 뺀다고 생각해보자. 100원짜리 동전을 넣으면 디지털 로직은 첫 번째 100원이 들어왔다는 것은 기억하고 있다. 그리고 두 번째 100원짜리 동전이 들어오면, 과거의 입력(100원)과 현재 입력(100원)을 더해 200원이 들어왔다고 보여준다. 그리고 100원을 하나 더 넣으면 과거 입력(200원)과 현재의 입력(100원)을 더해 콜라를 뺄 수 있도록 해준다. 이렇게 순차회로의 출력은 과거 입력과 현재 입력으로 결정된다.

그럼 디지털 로직에서 과거 입력을 어떻게 기억할 수 있을까? 앞으로 소개할 플립플롭flip-flop이 데이터를 저장(=기억)하는 용도로 사용된다.

그림4-2 조합회로와 순차회로 예

디지털 로직을 설계할 때 기능 외에도 생각해야 할 중요한 고려사항이 있다. 바로 delay지연시간이다. Delay란 디지털 로직에 입력을 가한 후, 출력이 나올 때까지 걸리는 시간을 말한다. Delay라고 하면 디지털 로직 설계에서 별로 중요하지 않은 것으로 생각하고 가볍게 지나가기도 하는데, delay는 디지털 로직의 동작 주파수를 결정하는 아주 중요한 요인이다! 그림4-3은 하나의 예로 buffer의 delay를 보여준다. 입력 A와 출력 Y를 비교해 보면, buffer의 delay 후에 출력이 나오고 있다. 그럼 delay가 왜 생기는 걸까? 어떤 신호가 전달되려면 항상 시간이 걸린다. 빛의 속도는 3×10^8m/sec으로, 1초에 대략 3×10^8m를 간다. 그래서 태양 빛이 지구에 도달하는데 대략 8분 19초가 걸린다. 즉 빛 신호가 전달되는 데도 delay가 있다는 것이다. 소리도 1초에 대략 340m를 간다. 사람도 집에서 출발해 학교, 직장으로 가려면 버스를 타고 전철도 타고 걸어가며 시간이 걸려 목적지에 도착한다.^^

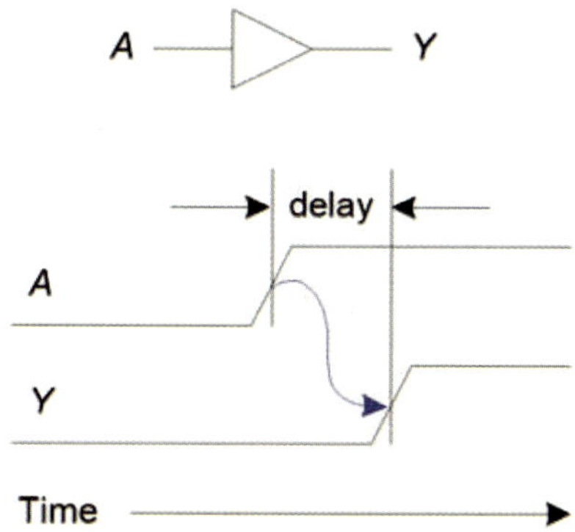

그림4-3 Buffer delay

전기신호도 마찬가지다. 입력에서 시작해 로직 게이트와 미세한 전선wire을 거쳐 출력이 나올 때까지 시간이 걸린다. 대학에서 디지털 로직과 컴퓨터구조를 학습하고 설계할 때 주로 기능만을 중요시하고 delay에 대해 언급하지 않는 경우가 많다. 그런데 delay는 기능과 더불어 꼭 생각해야 할 엄청나게 중요한 요인이다. 바로 delay가 설계한 회로의 동작 주파수를 결정하기 때문이다. 예를 들어 설계한 로직의 최대 delay가 1 nsec(nanosecond = 10^{-9}초)이면 최대 동작 주파수 f는 1GHz가 된다. 삼성, SK하이닉스, LG, 인텔, 애플과 같은 전자회사에서 하드웨어를 설계할 때는 동작 주파수 목표가 주어진다. 하드웨어 설계자는 이 목표 달성을 위해 설계를 최적화하여 delay 요구 조건을 맞추기 위해 노력한다.

그럼 0V, 3.3V와 같은 전기신호가 AND, OR, NOT과 같은 로직 게이트를 통과하는데 시간이 얼마나 걸릴까? 이건 **반도체 기술**semiconductor technology과 직접적인 관련이 있다. 32nm, 22nm, 14nm, 10nm, 7nm와 같은 트랜지스터의 채널 길이를 **technology node**라고 말하는데, 7nm와 32nm를 비교하면 당연히 7nm 노드를 이용해 만든 로직 게이트의 delay가 짧다. 삼성, SK하이닉스, 인텔과 같은 **반도체 제조공장**fabrication facility(fab)이 있는 회사에서는 새로운 technology node를 개발할 때마다 NAND, NOR, AND, OR, flip-flop과 같은 기본 로직 게이트 및 모듈을 설계하고 그것의 특성(area, power, delay 정보)을 측정해 정리해 놓는다. 주로 CAD를 담당하는 부서에서 이러한 일을 하는데 기본 로직 게이트와 모듈별 특성은 library에 정리된다. 마치 소프트웨어 코딩에서 사용하는 library와 같이 생각하면 된다. 이렇게 준비된 library는 디지털 로직 설계에 사용된다. 설계 엔지니어는 Verilog-HDL과 같은 언어를 이용해 하드웨어 로직을 설계하고, CAD tool이 이를 실제 로직 게이트로 이루어진 회로로 바꿔준다. 이때 CAD tool은 library에 있는 로직 게이트를 사용해 Verilog로 기술한 기능을 그대로 구현한다. 다시 처음 질문으로 돌아가 보자. 로직 게이트 delay는 technology node와 게이트의 종류에 따라 다르다. AND, OR 게이트의 delay는 대략 ~psec(picosecond = 10^{-12} 초) 정도 된다고 생각하면 된다.

읽어보기

반도체 기술Semiconductor Technology

반도체 기술이란 주로 트랜지스터transistor를 만드는 기술을 말한다. 반도체 기술이 발전하면서 트랜지스터의 크기가 작아지고 구조도 달라지고 있다. 1.15절에서 설명한 것처럼 트랜지스터의 기능은 스위치이며 로직게이트logic gate를 만드는 기본 단위이다. 디지털 로직 설계에서 사용하는 트랜지스터는 MOSMetal-Oxide-Semiconductor 트랜지스터이다. 그림4-4 (a)는 전통적인 MOS의 구조이며, (b)는 MOS의 실제 단면 사진이다. 반도체 기술이라고 말할 때 주로 32nm, 22nm, 14nm 10nm, 7nm와 같이 숫자로 말하는데, 이것은 (a)에 표시한 것과 같은 채널channel의 길이를 말한다. 채널은 전기가 지나가는 통로이며 채널의 길이가 짧을수록 당연히 스위치가 빠르게 동작한다. 인텔의 경우 2009년 32nm, 2011년 22nm, 2014년 14nm, 2017년 10nm 기술을 개발해 칩을 제작했으며 2020년 현재 7nm 기술 개발에 난항을 겪고 있다.

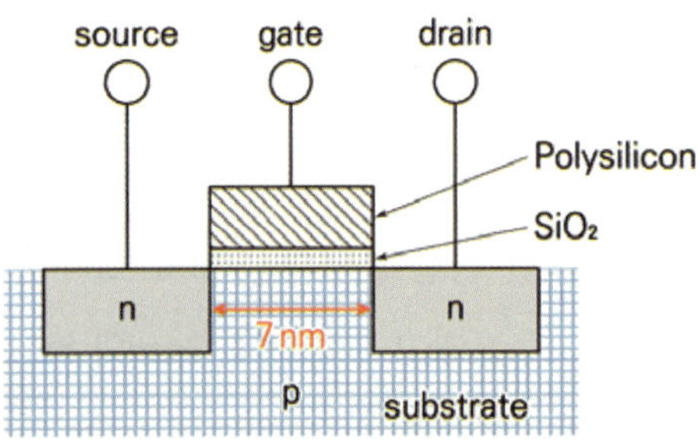

(a) MOS 트랜지스터 단면 구조

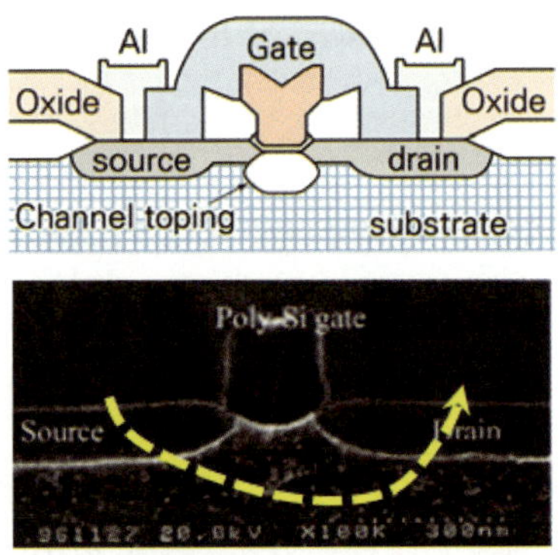

(b) MOS 트랜지스터 사진

- 게이트에 0(0V)를 인가하면 스위치 off
- 게이트에 1(5V, 3.3V, 1V 등)을 인가하면 스위치 on

그림4-4 MOS 트랜지스터

4.1 조합회로combinational logic

앞서 설명한 대로 조합회로는 출력이 '현재 입력'에 의해서만 결정되는 회로이다. 이제 5장에서 RISC-V CPU를 설계할 때 사용되는 조합회로 모듈에 대해 살펴보자.

4.1.1 Concatenation & Replication

Concatenation과 replication의 동작은 아주 간단하다. 먼저 concatenation은 두 개 이상의 입력을 묶어 하나의 출력을 만든다. 다시 말하면 '여러 개의 다른 이름으로 이루어진 입력'을 '하나의 이름을 가진 출력'으로 바꾸는 것과 다름이 없다. 예를 들어, RISC-V에서 B-type 분기 명령어 destination을 계산하는데, 명령어에 포함된 12-bit imm[12:1] 뒤에 0을 붙여 13-bit imm[12:0] 만들 때 사용한다. 설계4-1은 Verilog로 설계한 concatenation 로직과 합성 결과를 보여준다. Verilog 설계를 보면, 입력은 12-bit `imm12[12:1]` 그리고 출력은 13-bit `imm13[12:0]`로 선언하였다. 그리고 concatenation 연산자인 '`{ , }`'를 사용해 함께 묶을 시그널을 나열하였다. 여기서는 `imm12[12:1]`과 `0`을 묶는다. Quartus-II가 합성한 결과를 보면, Verilog로 설계한 대로 입력 `imm[12:1]`과 Ground 기호로 표시된 `0`이 묶여 13-bit 출력이 나온다.

```
module RV32I_System  (
  input  [12:1]  imm12,
  output [12:0]  imm13);

assign imm13 = {imm12,1'b0};

endmodule
```

합성
→

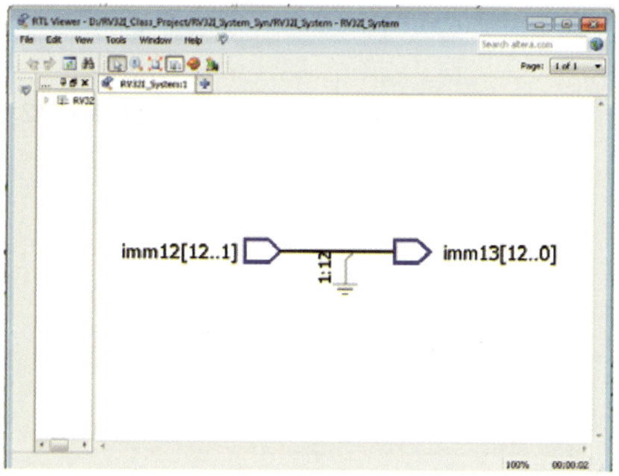

설계4-1 Verilog로 설계한 concatenation 로직 예제와 합성 결과

Replication은 말 그대로 신호를 반복적으로 복제하는 것이다. 예를 들어, 2-bit 데이터 '01'을 3번 복제하면 '010101'이 된다. Verilog를 이용한 설계에서 replication을 하려면 '`{n{m}}`'과 같이 기술하면 된다. 여기서 n은 복제할 개수, 그리고 m은 복제의 대상을 말한다. 앞선 예를 설계하려면 `{3'{01}}`와 같이 기술하면 된다. RISC-V CPU를 설계할 때, replication은 명령어에 있는 immediate를 32-bit로 sign-extension 할 때 유용하다. B-type 분기 명령어의 경우 명령어에 포함된 imm[12:1]을 sign-extension 해야 하는데, 이때 그림4-5와 같이 imm[12:1]의 최상위 bit인 imm[12]를 19번 복제하여 imm[12:1] 앞쪽에 붙인다. 설계4-2는 그림4-5를 Verilog로 기술한 설계와 Quartus-II로 합성한 결과를 보여준다. I-type 명령어도 마찬가지로 명령어에 포함된 12-bit imm[11:0]를 sign-extension 해야 하는데, 이때 imm[11:1]의 최상위 bit인 imm[11]를 20번 복제한 것을 imm[11:0] 앞쪽에 붙여 32-bit 데이터를 만든다.

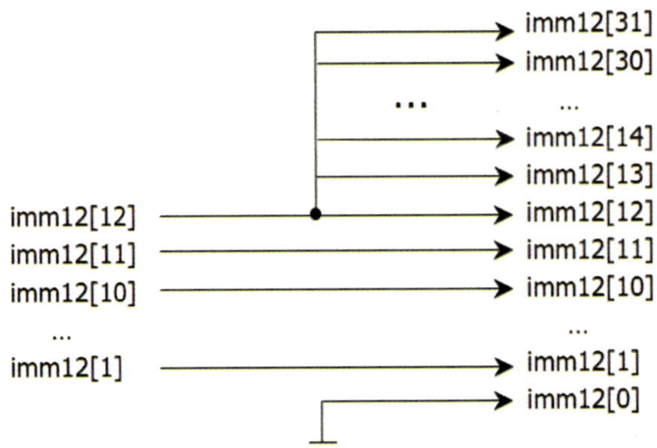

그림4-5 B-type 분기 명령어에 있는 imm[12:1]을 32-bit로 sign-extension 하는 하드웨어 schematic

```
module RV32I_System  (
  input  [12:1]  imm12,
  output [31:0]  imm32);

wire [12:1] imm13;

assign imm13 = {imm12, 1'b0};
assign imm32 = {{19{imm13[12]}},
imm13};

endmodule
```

합성
→

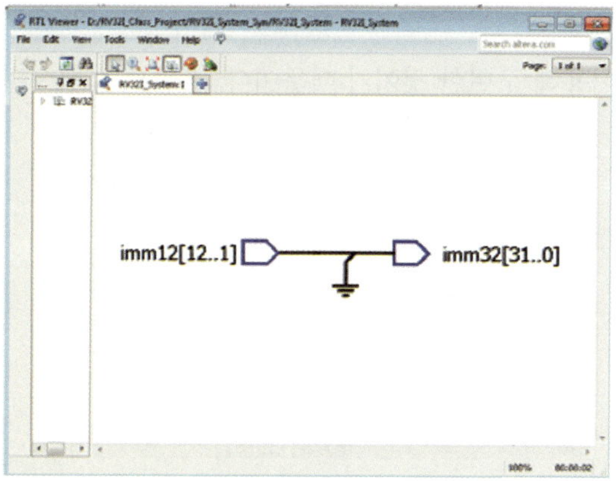

설계4-2 Verilog로 설계한 concatenation, replication과 합성 결과

4.1.2 멀티플렉서multiplexer

Multiplexermux의 기능도 아주 간단하다. 여러 개의 입력 중 하나를 선택하는 기능을 한다. Mux는 하드웨어 설계에서 아주 많이 사용되는데, 예를 들어 RISC-V CPU에서 ALU 두 번째 입력 데이터를 선택하기 위해 사용한다. R-type 명령어의 두 번째 source operand는 레지스터 파일에서 나오고, I-type 명령어의 두 번째 source operand는 immediate로 명령어에 포함되어 있다. 따라서 명령어에 따라 mux를 통해 적절한 source operand를 선택해야 한다. Mux는 입력의 개수에 따라 2:1 mux. 4:1 mux, 8:1 mux 등 여러 가지가 있다. 필요에 따라 설계에 적당한 것을 사용하면 된다.

그림4-6은 2:1 mux와 4:1 mux의 심볼symbol을 보여준다. 2:1 mux는 select(S) 입력에 따라 두 입력 중 하나를 선택해 출력한다. 다시 말하면 'S == 0'이면 Y = D_0가 되고, 'S == 1'이면 Y = D_1이 된다. 설계4-3은 Verilog로 설계한 2:1 mux, 4:1 mux와 Quartus-II로 합성한 결과이다. 여기서는 Verilog로 조합회로를 설계하는 두 가지 방법을 각각 사용하였다. 2:1 mux 설계에서는 'assign' 문을 사용하였고, 4:1 mux 설계에서는 'always' 문을 사용하였다. 이에 대한 자세한 내용은 [읽어보기: Verilog를 이용한 조합회로 설계 방법]을 참고하길 바란다. 합성 결과를 보면, 2:1 mux는 Quartus-II 라이브러리에 있는 mux를 그대로 사용하였다. 4:1 mux 의 경우 2:1 mux와 여러 로직 게이트를 사용해 그 기능을 하도록 만들었다. 합성 결과를 보면 기능 해석이 쉽지 않을 수 있는데, 굳이 분석하려 하지 않아도 된다.

Verilog로 기술한 기능을 Quartus-II에 구현된 CAD 알고리즘에 따라 라이브러리에 있는 logic cell을 이용해 구현한 것이기 때문이다. 자동으로 생성된 결과는 해석이 쉽지 않은 경우가 많다.

(a) 2:1 mux (b) 4:1 mux

그림4-6 2:1 mux와 4:1 mux 심볼(symbol)

```
module mux21  (
  input  D0, D1, S,
  output  Y);

assign Y = S? D1  D0;

endmodule
```

합성 →

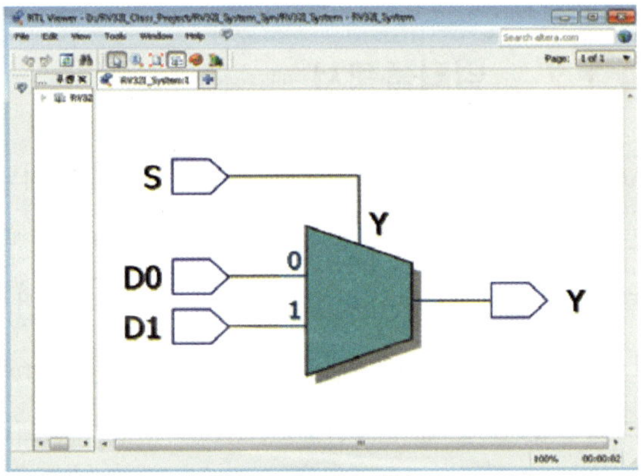


```
module mux41  (
  input       D0, D1, D2, D3,
  input  [1:0] S,
  output  reg  Y);

always @(*)
begin
  if      (S == 2'b00) Y = D0;
  else if (S == 2'b01) Y = D1;
  else if (S == 2'b10) Y = D2;
  else                 Y = D3;
end
endmodule
```

합성 →

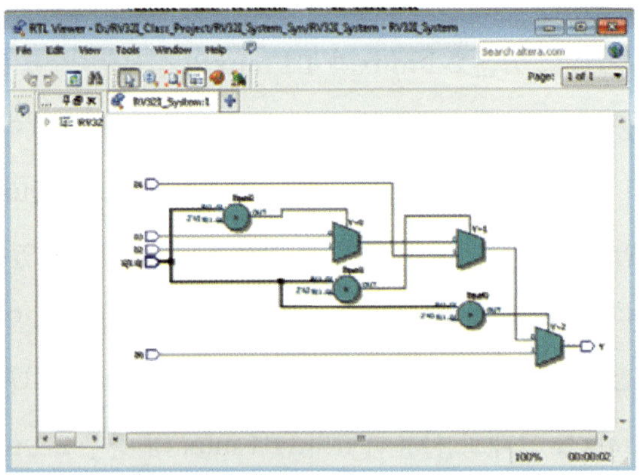

설계4-3 Verilog로 설계한 2:1 mux, 4:1 mux 및 합성 결과

읽어보기

Verilog를 이용한 조합회로 설계 방법

Verilog로 조합회로를 설계하는 방법에는 두 가지가 있다. 첫째는 assign 문을 사용하는 것이고, 둘째는 always 문을 사용하는 것이다. 그럼 어느 경우에 무엇을 사용해야 할까? 정해진 규칙이 있는 것은 아니다. 하지만 설계하려는 로직이 비교적 간단하면 `assign` 사용을 추천하는데, 대체로 1 ~ 2 줄로 간결하게 설계할 수 있기 때문이다. 반대로 설계하려는 로직이 비교적 복잡하면 `always` 사용을 추천한다. `always` 문에서는 `if`, `case`와 같은 여러 가지 키워드를 사용할 수 있어 좀 더 복잡한 기능을 설계할 수 있기 때문이다. 설계4-4는 2:1 mux를 `assign`과 `always`를 사용해 구현한 예이다. 두 가지 설계 모두 직관적이고 이해가 쉬운데, `assign`을 사용한 설계가 간결해 보인다.

Verilog를 이용한 설계에서 주의해야 할 것이 있다. `assign` 문에서 출력으로 사용하는 시그널(signal)은 wire로 선언해야 하고, `always` 문 내부에서 출력으로 사용하는 시그널은 reg로 선언해야 한다는 것이다. (a), (b) 설계에서 `Y`가 이에 해당한다. 이건 Verilog의 매우 기본적인 문법이며 주의해야 할 부분이다. Verilog에서 signal의 종류는 간단하게도 `wire`와 `reg` 이렇게 두 가지뿐이다. 이것은 하드웨어적으로 '전선'을 말한다. (a)에서는 '`input D0, output Y`'와 같이 입력 signal의 종류를 명시하지 않았다. 이렇게 명시하지 않은 signal은 `wire`로 간주한다. 그러니까 '`input wire D0, output wire Y`'와 같은 의미이다.

또한 `always` 문에서는 sensitivity list를 명시해야 한다. (b)에 '`always @(*)`'에 있는 괄호 안에 senstivity list를 명시하는데, '`*`'은 모든 입력을 의미한다. `always` 문 내부에 있는 어떤(*) 입력이라도 변하면, 출력을 다시 evaluation 한다는 의미이다. (b)의 경우 `always` 문 내부에서 사용한 입력은 `D0`, `D1`, `S`이며, 이 중 어떤 입력이라도 변하면 `Y`는 다시 evaluation 된다. Mux의 동작을 생각해보면 당연히 그렇게 해야 한다. 좀 더 크게 조합회로를 생각해보면, 모든 조합회로는 입력이 변하면 출력을 다시 evaluation 해야 한다.

(a) 'assign'을 사용한 2:1 mux 설계

```
module mux2 (
      input D0, D1, S,
      output Y);

   assign Y = S ? D1: D0;

endmodule
```

(b) 'always'를 사용한 2:1 mux 설계

```
module mux2 (input       D0, D1, S,
             output reg Y);
   always @(*)
   begin
      if (S)  Y = D1;
      else    Y = D0;
   end
endmodule
```

설계4-4 `assign`과 `always`를 사용한 2:1 mux 설계

4.1.3 디코더decoder

Decoder는 N 개의 입력을 받아 2^N 개의 출력이 나오는 모듈로, 입력에 따라 오직 하나의 출력만 1이 된다. 다시 말하면 인코딩encoding된 N-bit 입력을 디코딩decoding하여 출력하는 모듈이다. 그림4-7은 2:4 decoder로 2-bit 입력을 받아 4-bit(=2^2) 출력이 나간다. 그리고 진리표에서 보는 것처럼 입력인 A1, A0에 따라 Y3, Y2, Y1, Y0 이렇게 4개의 출력 중 하나만 1이 된다. 설계4-5는 Verilog로 설계한 2:4 decoder와 Quartus-II로 합성한 결과이다. 여기서는 assign 문을 사용하여 각 출력이 TRUE가 되는 조건을 기술하였다. Decoder는 6.1절에서 설명하는 메모리맵memory map을 만들 때 사용한다.

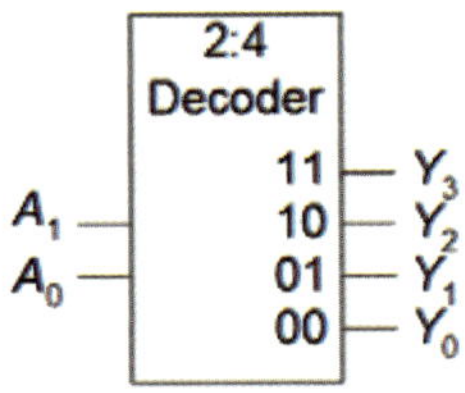

(a) 2:4 decoder

A_1	A_0	Y_3	Y_2	Y_1	Y_0
0	0	0	0	0	1
0	1	0	0	1	0
1	0	0	1	0	0
1	1	1	0	0	0

(b) truth table

그림4-7 2:4 decoder 심볼(symbol)과 진리표

```
module decoder24(
      input    A1, A0,
      output   Y3, Y2, Y1, Y0
);

assign Y3 = ({A1, A0} == 2'b11);
assign Y2 = ({A1, A0} == 2'b10);
assign Y1 = ({A1, A0} == 2'b01);
assign Y0 = ({A1, A0} == 2'b00);

endmodule
```

합성 →

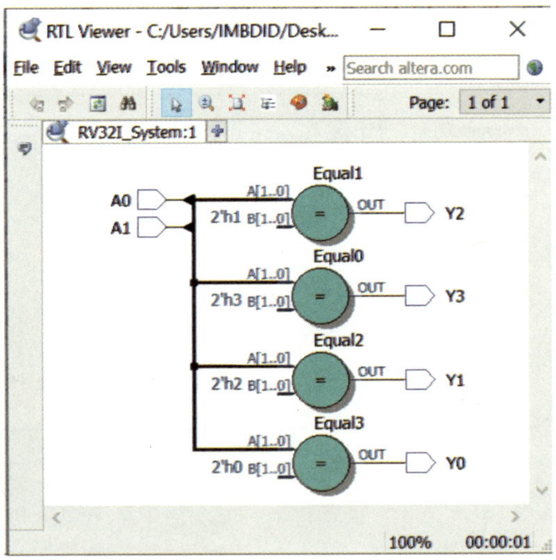

설계4-5 Verilog로 설계한 2:4 decoder와 합성 결과

4.1.4 가산기adder와 감산기subtractor

가산기adder는 대학 디지털 로직 수업에서 가장 먼저 설계해보는 모듈 중 하나이다. 동작은 아주 간단하다. 'a + b'와 같은 덧셈을 하는 로직이다. Adder에는 여러 종류가 있는데, 느리지만 간단한 ripple-carry adderRCA부터 중간급의 carry-lookahead adderCLA, 그리고 가장 빠르고 현재 대부분의 CPU 설계에서 사용되는 prefix adder 등이 있다. Adder 설계에서 이슈는, 10진수의 덧셈처럼 아래 자리에서 자리올림carry 발생 여부를 알아야 다음 자리 계산을 할 수 있다는 것이다. 다시 말하면 마지막 자리 덧셈을 하려면 맨 처음 자리부터 마지막 자리까지 carry가 전달되어야 하며, 이에 따라 최종 결과가 나올 때까지 delay가 길다는 것이다. CLA나 prefix adder는 carry를 미리 계산하는 방식으로 덧셈 결과를 빠르게 내어줄 수 있는 adder이다. 물론 이를 위해서는 로직 게이트가 추가로 필요하여 하드웨어 비용이 올라간다.

과거(주로 1980년대)에는 adder의 하드웨어 비용을 최소화하면서 성능을 높이기 위한 연구를 많이 하였다. 현재 adder 관한 연구는 거의 종료됐다고 할 수 있다. 하드웨어 설계에 adder가 필요하면 Verilog에서 '+' 연산자를 사용하면 되고, 그러면 Quartus-II와 같은 CAD tool이 library에 설계해 놓은 adder를 사용해 합성해 준다. 이 책에서는 직관적으로 이해하기 쉬운 RCA를 Verilog로 직접 설계해 사용한다. 굳이 adder를 직접 설계하는 이유는, 1.14절에서 설명한 정수 비교를 위한 N, Z, C, V 플래그flag를 만들기 위함이다. 플래그는 조건 분기 명령어인 beq, bne, blt, bge, bltu, bgeu 실행을 위한 하드웨어 설계에 사용된다. 그림4-8은 1-bit full adder의 boolean equation, schematic diagram, 그리고 adder의 심볼을 보여준다. 32-bit RCA adder를 만들려면 1-bit adder를 32개 연결하면 된다.

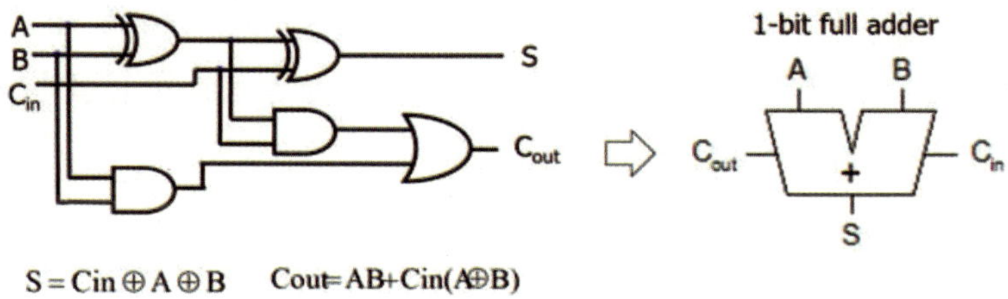

$S = Cin \oplus A \oplus B \qquad Cout = AB + Cin(A \oplus B)$

(a) 1-bit full adder의 boolean equation과 schematic diagram (b) adder 심볼(symbol)

그림4-8 1-bit full adder

그림4-9는 1.12절에서 설명한, adder를 이용해 덧셈(a+b)과 뺄셈(a-b)을 할 수 있는 디지털 로직이다. Verilog를 설계한 adder를 설명하기 위해, 1.12절에 있는 그림1-25와 같은 그림을 추가하였다. RISC-V CPU에서 add 또는 addi 명령어가 들어오면, CPU는 'add_sub = 0'으로 만든다. 그러면 그림과 같이 carry-in에도 0이 들어가 가산기의 출력은 result = a + b가 된다. 그리고 sub 명령어가 들어오면 CPU는 'add_sub = 1'이 되도록 만든다. 그러면 carry-in에도 1이 들어가고, 가산기의 출력은 result = a + ~b + 1이다. 여기서 (~b + 1)은 '-b'를 2의 보수로 표현한 것과 같다. 따라서 그림4-9는 2의 보수를 이용해 뺄셈을 덧셈으로 할 수 있는 디지털 로직이다.

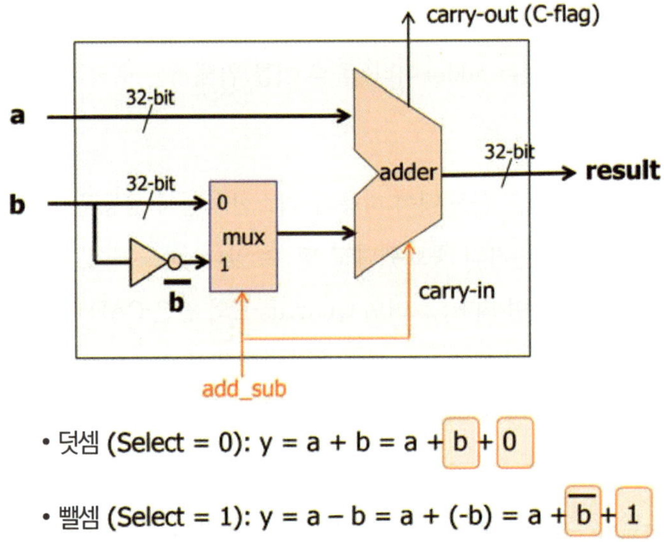

그림4-9 adder/subtractor 하드웨어 구조

설계4-6은 그림4-9를 기반으로 Verilog로 설계한 4-bit adder/subtractor 및 합성 결과이다. 한 페이지에 설계한 코드를 모두 보여줘 가독성을 높이기 위해 4-bit로 설계하였다. 설계는 세 개의 모듈로 구성되어 있으며 계층hierarchy적으로 구조화하였다. 가장 기본이 되는 `adder_1bit` 모듈(❸)은 1-bit full adder이다. 그림4-8에 있는 1-bit full adder의 boolean equation을 Verilog 문법에 따라 그대로 기술하였다. 설계4-6 중간에 있는 모듈인 `adder_4bit`(❷)은 1-bit adder instance 네 개를 연결하였다. 4-bit RCA adder를 만든 것이다. Verilog에서 이런 방식으로 설계하는 것을 structural modelling

이라고 말한다. 단위 module을 만들어 놓고, 상위 모듈에서 그 모듈을 사용하는 방식이다. 4-bit adder 모듈(❷)은 1.14절에서 설명한 N, Z, C, V flag도 출력한다. 마지막 모듈인 `add_sub_4bit`(❶)는 덧셈과 뺄셈을 할 수 있도록 설계하였다. `add_sub` 입력신호에 따라, 'add_sub = 0'이면 덧셈을 하고, 'add_sub = 1'이면 뺄셈을 한다. Verilog 설계에 보는 것처럼, 'add_sub == 0' 이면 4-bit adder의 두 번째 입력에는 b가 그대로 들어가고, carry-in 입력인 cin에는 0이 들어간다. 따라서 4-bit adder는 'a + b'를 한다. 만약 'add_sub == 1' 이면, 4-bit adder의 두 번째 입력에는 ~b가 들어가고, carry-in 입력인 cin 에는 1이 들어간다. 따라서 4-bit adder는 'a + ~b + 1' 연산을 한다. 설계4-6에 있는 합성 결과는 top module인 `add_sub_4bit`의 구조도를 보여주고 있다.

```
module add_sub_4bit  (
        input      [3:0]  a, b,
        input             add_sub,
        output     [3:0]  result,                    ❶
        output            N, Z, C, V);

  wire [3:0] b2, sum ;

  assign b2 = add_sub ?  ~b : b;     // 0: add, 1: sub

  adder_4bit   iadder4 (.a   (a),
                        .b   (b2),
                        .cin (add_sub),
                        .sum (result),
                        .N   (N),
                        .Z   (Z),
                        .C   (C),
                        .V   (V));

endmodule

module adder_4bit ( input  [3:0] a, b,
                    input        cin,
                    output [3:0] sum,                ❷
                    output       N,Z,C,V);

   wire [3:0]  ctmp;

   assign N = sum[3];
   assign Z = (sum == 32'b0);
```

```
  assign C = ctmp[3];
  assign V = ctmp[3] ^ ctmp[2];

  adder_1bit bit3 (.a(a[3]), .b(b[3]), .cin(ctmp[2]), .sum(sum[3]), .cout(ctmp[3]));
  adder_1bit bit2 (.a(a[2]), .b(b[2]), .cin(ctmp[1]), .sum(sum[2]), .cout(ctmp[2]));
  adder_1bit bit1 (.a(a[1]), .b(b[1]), .cin(ctmp[0]), .sum(sum[1]), .cout(ctmp[1]));
  adder_1bit bit0 (.a(a[0]), .b(b[0]), .cin(cin),     .sum(sum[0]), .cout(ctmp[0]));

endmodule

module adder_1bit (input  a, b, cin,
                   output sum, cout);        ❸

  assign sum  = a ^ b ^ cin;
  assign cout = (a & b) | (a & cin) | (b & cin);

endmodule
```

↓ 합성

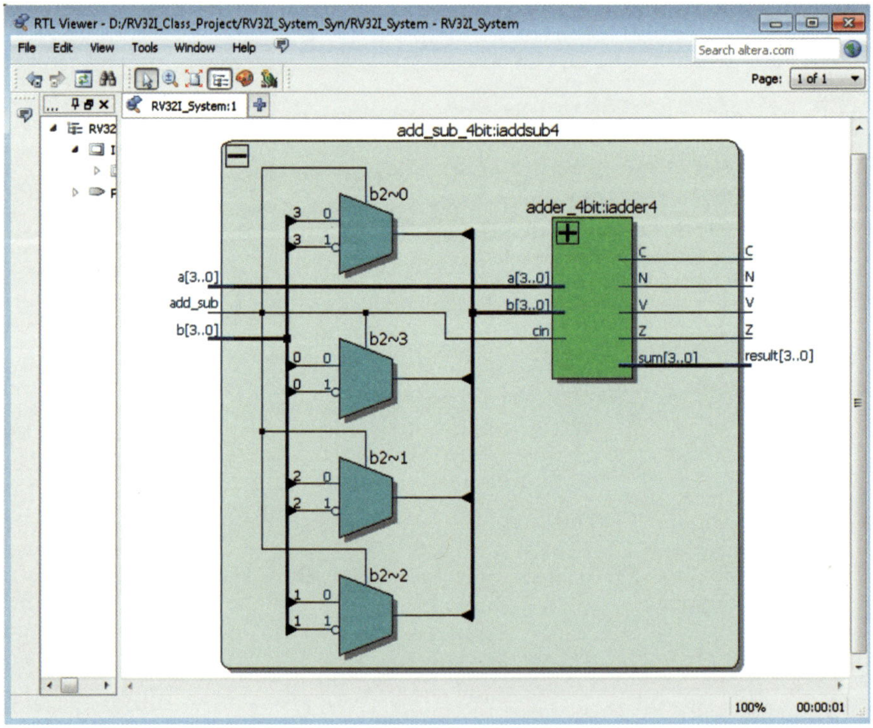

설계4-6 Verilog로 설계한 1-bit RCA 기반 4-bit adder/subtractor 및 합성 결과

4.1.5 ALUArithmetic Logic Unit

ALU는 명령어에 따라 산술연산arithmetic operation이나 논리연산logical operation을 할 수 있는 모듈이다. 산술연산에는 '+, -, ×, /' 가 있으며, 논리연산에는 'AND, OR, NAND, NOR, XOR' 등이 있다. RV32I는 3장에서 설명한 대로, 이 중 '+, -, AND, OR, XOR' 명령어를 제공한다. 그림4-10은 그 중 ALU 진리표에 따라 +, -, AND, OR 이렇게 네 가지 연산을 할 수 있는 4-bit ALU의 하드웨어 구조도이다. 그림4-10 (a) 진리표를 보면 덧셈을 위해 'control[1:0] == 00' 그리고 뺄셈을 위해 'control[1:0] == 01'을 배정하였다. 이렇게 배정한 이유는 control[0]만으로 덧셈과 뺄셈을 구분하기 위함이다. 그러면 control[0]를 `add_sub_4bit` 모듈의 `add_sub` 입력에 바로 연결할 수 있다. OR, AND 연산을 위해서는 control[1:0] 값으로 '10', '11'을 각각 배정하였다.

또한 control[1:0] 신호의 큰 역할은 그림4-10 (b)에 있는 4:1 mux의 출력을 선택하는 것이다. ALU에는 여러 연산을 하는 모듈들이 있고 입력 데이터 a, b에 따라 동시에 무언가를 한다. 하지만 최종 출력은 control[1:0]에 의해 결정된다. 예를 들어 CPU에 AND 명령어가 들어왔다고 가정하자. 그러면 CPU는 'control[1:0]=11'로 만든다. 따라서 4:1 mux는 AND 연산 결과를 선택해 출력으로 내보낸다. 그럼 이때 4-bit OR 로직과 4-bit adder는 무슨 동작을 하고 있을까? 하드웨어 구조에서 보는 것처럼, OR 로직은 OR 연산을 하고 있으며, adder는 'control[0]=1'이어서 뺄셈을 하고 있다. 세 개의 모듈(AND, OR, adder)이 동시에 동작하고 있는 것이다! 그래도 상관없다. 4:1 mux가 control[1:0]에 따라 최종적으로 AND 연산 결과를 선택해 출력하기 때문이다.

control[1:0]	Y (ALU 출력)
0 (00)	a + b
1 (01)	a - b
2 (10)	a OR b
3 (11)	a AND b

(a) ALU 진리표(truth table)

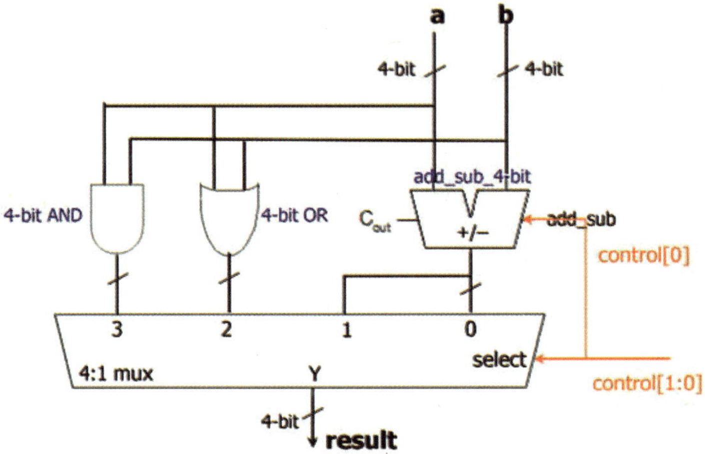

(b) 4-bit ALU 하드웨어 구조도

그림4-10 ALU 진리표 및 하드웨어 구조도

설계4-7은 그림4-10에 있는 구조도를 Verilog로 기술한 설계와 이를 Quartus-II에서 합성한 결과이다. 여기서 4-bit adder/subtractor는 설계4-6에서 만든 모듈을 사용하였다. 설계4-7에서 `case` 문(❶)은 `control[1:0]`에 따른 4:1 mux 기능과 AND, OR 연산 기능(❷)을 함께 담당한다. 여기서 HDL을 이용한 하드웨어 설계에서 아주 중요한 한 가지를 짚고 가자. 요즘은 설계의 편의를 위해 대부분 Verilog-HDL과 같은 언어를 사용해 하드웨어를 설계한다. 그런데, 이렇게 언어로 기술한 문이 어떤 하드웨어를 암시하는지 생각하며 설계하는 사람은 많지 않다. 그러나 **하드웨어에 대한 통찰 없이 설계하는 것은 아주 비효율적이며 비경제적**일 수 있다. 설계한 하드웨어가 동작하지 않아 디버깅에 시간이 아주 오래 걸리거나, 동작은 하더라도 아주 이상한 디지털 회로가 만들어지는 경우가 생길 수 있기 때문이다. 이상하다는 말은 합성과정에서 필요하지 않은 로직들이 포함돼 하드웨어가 매우 커지는 경우를 말한다. 예를 들어보자. 설계4-7에는 `case` 문에 `control[1:0]` 즉 2-bit로 표현할 수 있는 모든 경우(2'b00, 2'b01, 2'b10, 2'b11)가 나열되어 있다. 이것은 크게 보면 4:1 mux를 설계하는 것이다. Verilog에서 `if` 문도 마찬가지다. `if` 문에서 '`else`'가 있다면 크게 보면 mux를 설계한 것이다. 조건에 따른 '선택'을 의미하기 때문이다. 그런데 만약 `case` 문에 모든 경우가 나열되어 있지 않거나, `if` 문의 마지막에 `else`가 없다면 그것은 어떤 디지털 로직을 암시할까? 현재 출력을 저장할 무언가가 필요하다는 걸 의미한다. 나열되지 않은 경우가 입력으로 들어오면 바로 직전 출력을 그대로 내보내야 하기 때문이다. 이러한 설계를 합성하면 '래치latch'라는 과거값을 기억해야 할 때 사용하는 모듈이 포함된 로직이 생성된다. 의도하지 않은 덩치가 큰 필요없는 로직이 생성되는 것이다.

```
module ALU_4bit ( input      [3:0]  a, b,
                  input      [1:0]  control,
                  output reg [3:0]  result);

         wire [3:0] addout;

         always@(*) begin
            case(control[1:0])                         ❶
                 2'b00:   result = addout;
                 2'b01:   result = addout;
                 2'b10:   result = a & b;              ❷
                 2'b11:   result = a | b;
              endcase
         end

         add_sub_4bit  iaddsub4 ( .a        (a),
                                  .b        (b),
                                  .add_sub (control[0]),
                                  .result  (addout),
                                  .N(), .Z(), .C(), .V());
endmodule
```

↓ 합성

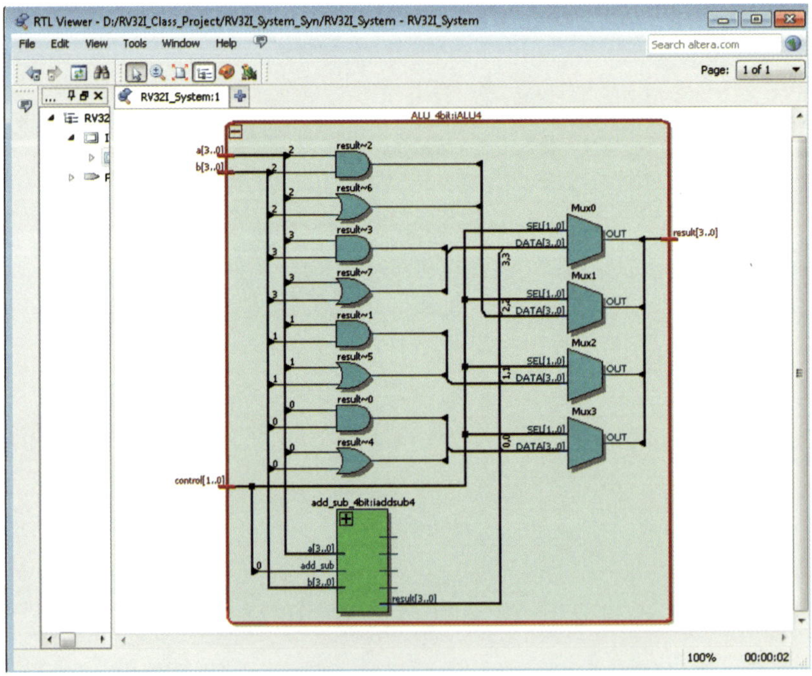

설계4-7 Verilog로 설계한 4-bit ALU 및 합성 결과

4.2 순차회로sequential logic

순차회로는 출력이 '현재 입력'과 '과거 입력'에 의해 결정되는 회로이다. 현재 입력은 말 그대로 지금 인가하는 입력이다. 그러면 '과거 입력'은 이미 지나갔는데 그것을 사용한다는 걸까? 하드웨어에서는 입력된 데이터를 저장할 수 있는 모듈이 있다. 바로 플립플롭flip-flop이라고 부르는 모듈이다. 과거 입력을 가공해 형태를 바꿔 flip-flop에 저장하면 상태state라고도 부른다. 따라서 순차회로를 다시 표현하면 출력이 '현재 입력'과 '현재 상태'에 의해 결정되는 회로이다. 앞서 설명한 300원짜리 콜라를 빼 먹는 자동판매기 예를 들면, 지금까지 200원을 넣은 '현재 상태'에서, 여기에 추가로 100원('현재 입력')을 넣으면 출력으로 콜라를 뺄 수 있다.

플립플롭에 입력 데이터를 저장할 때, 저장할 시점을 알려주는 중요한 신호가 있다. 바로 클럭clock이라고 부르는 입력이다. 클럭은 디지털 설계에서 기본적으로 무조건 사용되는 입력이다! 그리고 클럭에 동기되어 동작하는 디지털 로직을 synchronous logic이라고 부른다. 어떤 하드웨어를 말할때 synchronous동기적라는 단어가 들어있으면 클럭에 동기화되어 동작한다는 말이다. 예를 들어 메모리의 종류 중 SDRAM은 Synchronous DRAM의 약자인데, 이는 메모리 읽기 또는 쓰기와 같은 동작이 클럭에 동기되어 동작한다는 말이다. 컴퓨터를 포함해 세상에 있는 거의 모든 전자기기에는 순차회로sequential logic가 내장돼 있고, 거의 모든 순차회로 설계에 클럭이 사용되는데 이를 synchronous sequential logic이라고 부른다. 그럼 'asynchronous' sequential logic이라는 것도 있을까? 있다! 클럭 없이 로직게이트의 delay만을 이용해 설계하는 방식이다. 그런데 이렇게 설계하는 것은 아주 난해하기 때문에 실제로 적용된 사례는 많지 않다. 이제 클럭 그리고 RV32I CPU 설계에서 꼭 알아야 할 플립플롭, 레지스터에 대해 알아보자.

4.2.1 클럭clock

컴퓨터를 포함한 모든 디지털 기기는 클럭이 입력으로 들어가고, 클럭에 맞추어(동기되어) 동작하도록 설계되어 있다. 예를 들면, 요즘 출시되는 Intel 9세대 Core i7 프로세서는 대략 3.7GHz 클럭으로 동작한다. 용어부터 정리하면 클럭은 **오실레이터**oscillator, **크리스탈**crystal, **크리스탈 오실레이터**crystal oscillator 혹은 **주파수**frequency라는 용어로도 혼용된다. 클럭은 그림4-11 (a)에 있는 것처럼 크리스탈 오실레이터라는 부품에서 나오는 출력신호로, 0과 1을 일정 주기마다 반복적으로 발생시킨다. 0과 1은 사람의 사고 편의를 위해 사용하는 방법이고, 실제 물리적으로는 0은 전압 0V, 1은 부품에 따라 5V, 3.3V, 1V 등과 같은 전압을 의미한다. 그림4-11 (b)과 같이 크리스탈 오실레이터의 한쪽 핀pin은 0V에 연결하고, 다른 한쪽은 5V로 연결하면, CLK 핀 출력으로 48MHz 클럭이 나오게 된다.

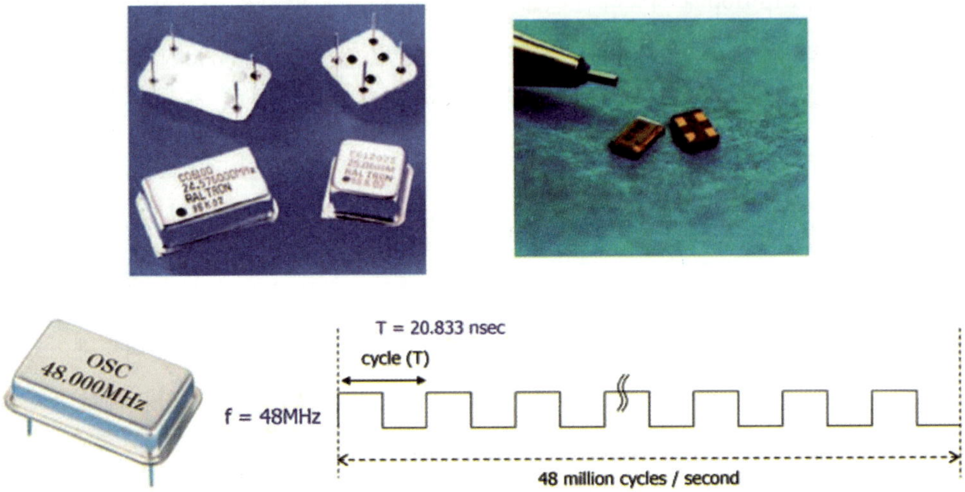

(a) 크리스탈 오실레이터: 주파수(f) = 1/T (T: clock cycle)

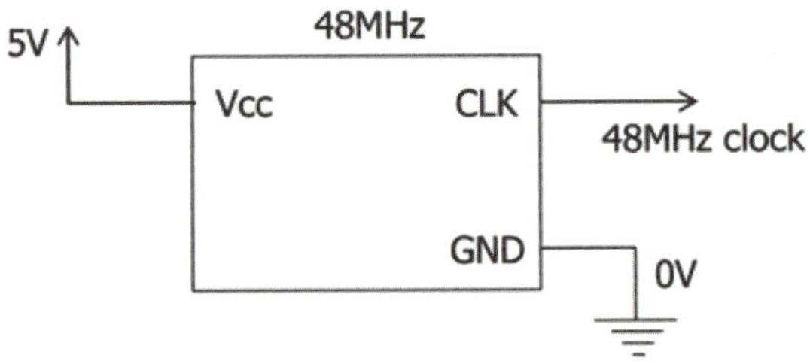

(b) 크리스탈 오실레이터 동작을 위한 연결 예

그림4-11 크리스탈 오실레이터와 동작을 위한 연결 예시

여기서 클럭 주파수를 단순히 숫자로 생각하지 말고, 얼마나 빠른 건지 그 의미를 생각해보자. 그림 4-11에 있는 48MHz는 1초 안에 48Mega(Mega = 10^6), 즉 4천8백만 개의 클럭 사이클clock cycle이 있다는 의미이다. 3.6GHz는 1초 안에 3.6Giga(Giga = 10^9), 그러니까 36억 개의 클럭 사이클이 있다는 의미이다. CPU는 한 사이클에 대략 한 개의 연산(더하기, 빼기)을 할 수 있다. 따라서 3.6GHz로 동작하는 CPU는 1초에 대략 36억 개의 연산을 할 수 있다.

4.2.2 플립플롭Flip-flop

앞서 설명한 것처럼, 플립플롭flip-flop은 데이터를 저장하기 위해 사용하는 모듈이다. 디지털 로직을 처음 공부하는 학생들은 종종 플립플롭을 이해하기 난해한 모듈이라고 여기기도 한다. 이는 아마도 플립플롭의 '용도'를 생각하지 않고 플립플롭 자체에만 집중하기 때문일 것이다. 다시 말하면 플립플롭의 진리표truth table를 이해하기 위해 과거 상태와 현재 상태를 따져가며 분석하고 해석한다. 이런 과정에서 플립플롭의 용도에는 관심이 없고, 플립플롭 자체에 대한 해석에만 집중하다가 포기하게 되는 것이다. 물론 플립플롭 자체에 대한 근본적인 학습도 필요하지만 큰 숲인 디지털 설계를 보지 못하고 개별 나무(AND, OR, flip-flop)에만 집중하는 것은 실용적이지 않다.

D flip–flop: 그림4–12 (a)는 D flip–flop의 심볼을 보여준다. 플립플롭의 용도는 **클럭clock의 상승에지rising-edge에서 input값을 output에 저장**하는 것이다. 디지털카메라를 생각하면 플립플롭 기능을 이해하기 쉽다. 카메라는 그림 (b)에 보여주는 것처럼, 버튼을 누를 때마다 앞에 있는 물체의 사진을 찍어 SD 카드에 저장한다. 플립플롭에서는 카메라 버튼을 누르는 순간이 클럭의 rising-edge에 해당한다. 1GHz 클럭이 연결된 플립플롭을 예로 들면 플립플롭은 1초에 10억장(=1×10^9)의 사진을 찍는다. 클럭의 매 rising-edge 순간마다 입력 D를 출력 Q에 저장하는 것이다. 그런데 디지털카메라와의 차이점은 플립플롭 출력 Q에는 마지막에 찍은 데이터 '하나'만 저장되어 있다는 것이다.

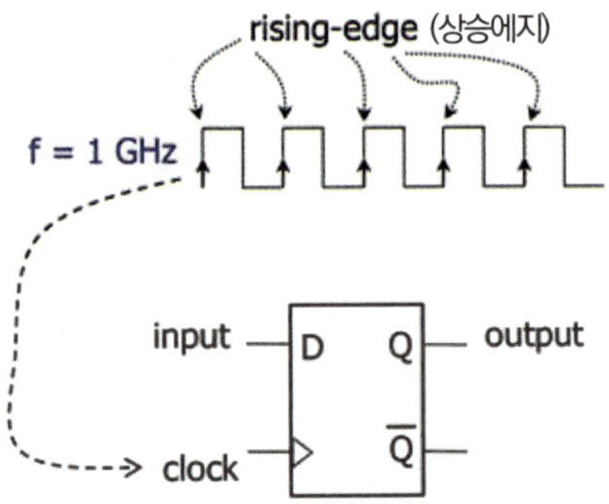

(a) D flip-flop 심볼

(b) 디지털카메라(digital camera)

그림4–12 D flip–flop과 카메라 비교

설계4-8은 Verilog로 설계한 32-bit D flip-flop과 Quartus-II에서 합성한 결과이다. Verilog 설계를 보면 앞서 설명한 플립플롭의 동작과 아주 잘 일치하는 것을 알 수 있다. 클럭(=`clk`)의 상승에지(=`posedge`)에서(=`@`) 항상(=`always`) '`Q <= D`'를 하라고 기술되어 있다. 이같이 '`always`, `posedge`' 등 Verilog 키워드를 하드웨어 동작과 연계해 생각하면, 설계하는 모듈의 큰 그림이 머릿속에 그려지면서 좀 더 구조적인 설계를 할 수 있다. 플립플롭을 만들 때는 항상 '`always @(posedge clk)`'과 같은 문을 사용해야 한다. 설계4-8에서 `Q`를 `reg`로 선언한 것은 앞서 [읽어보기: Verilog를 이용한 조합회로 설계 방법]에서 설명한 대로 시그널 `Q`가 `always` 문에 내부에 있는 출력신호로 사용되기 때문이다.

```
module Dflipflop (
        input               clk,
        input        [31:0] D,
        output reg   [31:0] Q);

   always @(posedge clk)
   begin
       Q <= D;
   end

endmodule
```

합성 →

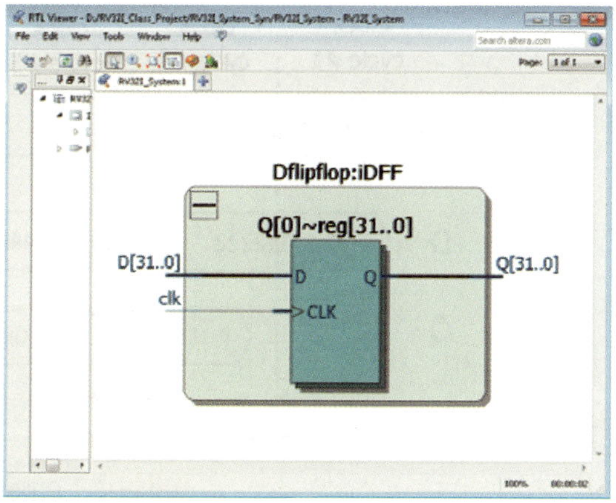

설계4-8 Verilog로 설계한 32-bit D flip-flop과 합성 결과

시뮬레이션simulation(=모의실험)은 하드웨어 설계 후 무조건 거쳐야 하는 과정이다. 소프트웨어 프로그램을 작성한 후, 디버깅을 위해 'printf'와 같은 문을 추가하거나 gdb를 사용하는 것과 같은 작업이다. 특히 하드웨어 설계 초보자들은 시뮬레이션에 익숙해지지 않으면 만들고자 하는 로직을 절대로 설계할 수 없다. 시뮬레이션은 설계한 하드웨어에 있는 시그널의 변화를 시간에 따라 관찰할 수 있게 해준다. 이를 통해 하드웨어가 설계 의도대로 동작하는지 검증할 수 있다.

그림4-13는 D flip-flop 시뮬레이션 예시이다. 시간에 따라 입력 D에 임의의 값을 넣어주고 출력 Q가 제대로 나오는지 확인하는 것이다. 그림을 보면 플립플롭 기능대로 매 rising-edge마다 입력 D 값

을 출력 Q에 저장한다. 그림에서는 delay의 중요성을 강조하기 위해 플립플롭 delay를 고려하여 시뮬레이션 결과를 보여주고 있다. 플립플롭도 로직 게이트로 만들어지기 때문에, 출력 Q에 데이터를 저장하는 데 당연히 시간이 걸린다. 그 시간이 바로 플립플롭의 delay인 것이다. 디지털카메라에 비유하면, 버튼을 누른 다음 '잠시 후' 사진이 SD카드에 저장된다. 사람이 느끼기에는 즉시 저장되는 것 같지만, 실제로는 카메라 속에 있는 SD카드에 저장되기까지 시간이 걸린다. 플립플롭의 delay는 플립플롭의 구조와 그것을 설계할 때 사용한 반도체 기술에 따라 다른데, 대략 '수십 psec ~ 수백 psec' 정도로 생각하면 된다.

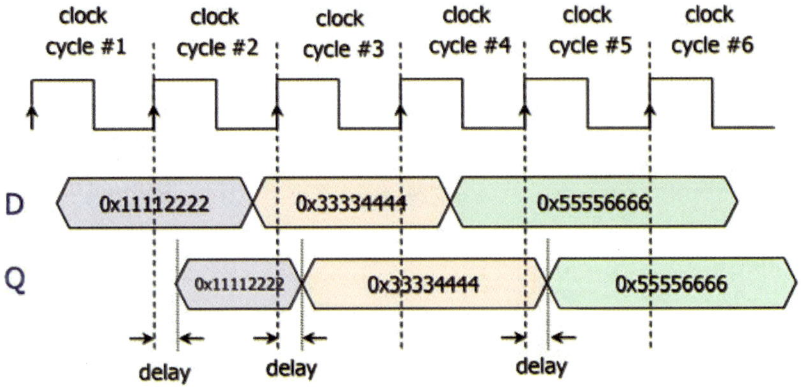

그림4-13 D flip-flop 시뮬레이션 예시

그런데 만약 D flip-flop에 입력 D가 그림4-14 (a)와 같이 들어오면 어떻게 될까? 플립플롭이 입력 D를 출력 Q에 저장하려는 순간(클럭의 rising-edge) 입력 D가 다른 값으로 변했다. 만약 카메라로 사진을 찍으려고 버튼을 누르는 순간 앞에 있는 사람이 움직이면 어떻게 될까? SD카드에 저장된 이미지가 누구를 찍은 사진인지 알아보기 어려울 정도로 흐릴 수 있다. 플립플롭도 똑같다. 클럭의 rising-edge에 입력 D가 변하면 출력 Q에 저장되는 값이 무엇인지 알 수 없다. 그리고 이런 상황이 발생하면 디지털 로직은 정상적으로 동작하지 않는다. 그럼 어떻게 해야 할까? 카메라로 사진 찍을 때와 똑같이 생각하면 된다. 깨끗한 사진을 찍으려면, 카메라 버튼을 누르기 잠시 전과 후에 앞에 있는 사람이 움직이지 말아야 한다. 플립플롭도 rising-edge 전과 후 잠시 입력 D가 변하면 안된다! 그림4-14

(b)는 입력 D가 rising-edge 전과 후 입력이 변하지 말아야 할 구간 조건을 보여준다. Setup time은 클럭의 rising-edge 전에 입력 D가 안정되어 있어야 할(변하지 말아야 할) 최소시간을 말한다. 그리고 hold time은 클럭의 rising-edge 후에 입력 D가 변하지 말고 그대로 유지되어 있어야 할 최소시간을 말한다.

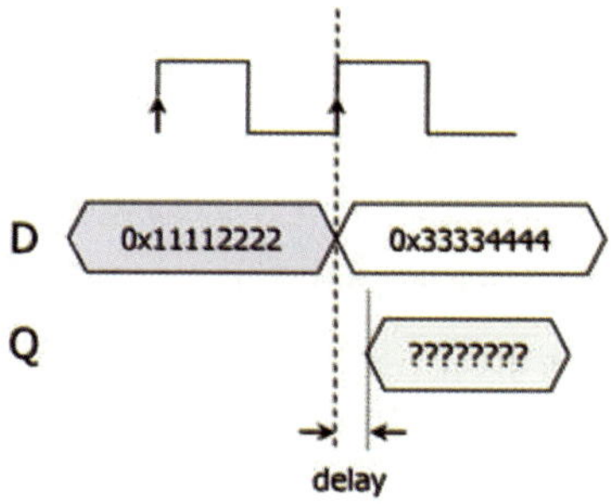

(a) D 입력이 rising-edge 시점에 변하는 경우

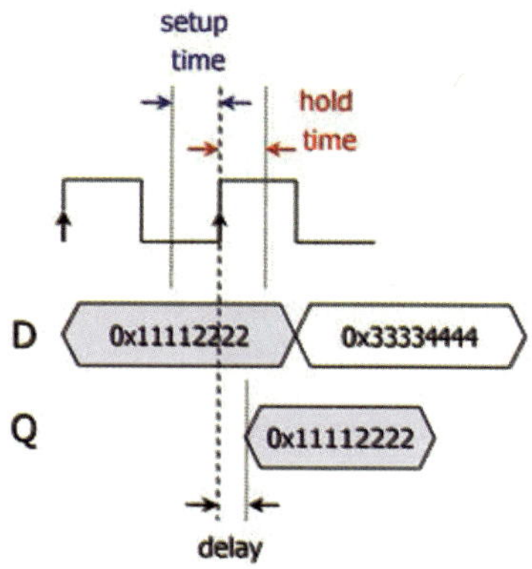

(b) D flip-flop의 정상적 동작을 위한 조건

그림4-14 D flip–flop의 정상적 동작을 위한 조건

그럼 이러한 setup, hold time까지 고려하면서 디지털 로직을 설계해야 할까? 그렇다. 하지만 Verilog로 설계하면 Quatus-II와 같은 CAD tool이 합성할 때 setup, hold violation(위반)이 발생하지 않도록 자동으로 하드웨어를 만들어 준다. 하지만 그럼에도 violation이 발생하면 그 정확한 지점을 찾아 조치해야 한다. 이 교재에서 설계하는 RV32I CPU와 같은 비교적 간단한 로직을 설계할 때는 이러한 violation이 거의 발생하지 않는다. 이러한 문제는 APapplication processor와 같은 아주 큰 디지털 로직 설계에서 자주 발생한다.

Enabled D flip–flop: 그림4–15는 Enabled D flip-flop과 동작 예시를 보여준다. D flip-flop과 비교하면 추가로 enable 입력이 있다. Enabled D flip-flop의 동작은 간단하다. 그림 (b)에 보는 것처럼, enable 입력이 '1'일 때만 일반적인 D flip-flop으로 동작한다. 클럭의 rising-edge ❶과 ❺에서는 'enable == 1'이기 때문에, 입력 D가 출력 Q에 저장된다. 하지만 ❷, ❸, ❹에서는 'enable == 0'으로

입력 D가 출력 Q에 새롭게 저장되지 않는데, 따라서 그림에 보는 것과 같이 ❶에서 저장한 출력 Q 값을 그대로 가지고 있다.

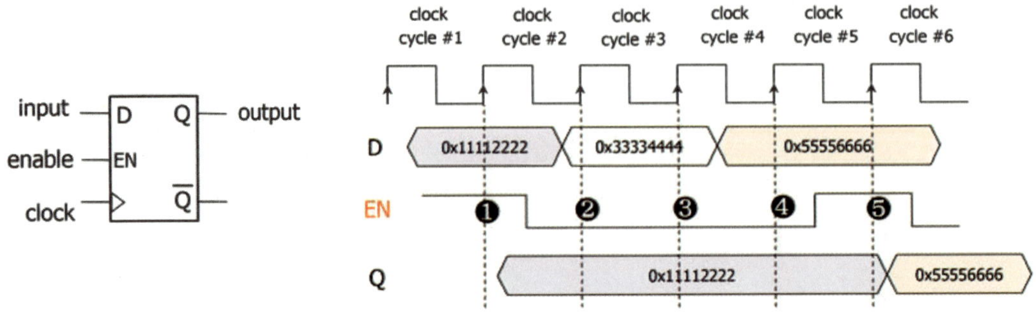

(a) Enabled D flip-flop 심볼

(b) Enabled D flip-flop 동작 예시

그림4-15 Enabled D flip–flop과 동작예시

설계4-9는 Verilog로 설계한 32-bit enabled D flip–flop이다. `always` 문에 ‘`if (enable)` 문’을 해석해 보면, ‘enable == TRUE(=1)’이면 입력 `D`가 출력 `Q`에 저장되고, 그렇지 않으면 아무것도 하지 않는다. 아무것도 하지 않는다는 것은 마지막으로 저장한 출력 `Q`를 그대로 갖고 있다는 말이다. Quartus-II가 합성 결과를 보면 라이브러리에서 enable 입력인 있는 D flip-flop을 사용하였다.

```
module Enabled_Dflipflop (
      input                enable,
      input                clk,
      input        [31:0]  D,
      output reg   [31:0]  Q);

   always @(posedge clk)
   begin
      if (enable)  Q <= D;
   end

endmodule
```

합성 →

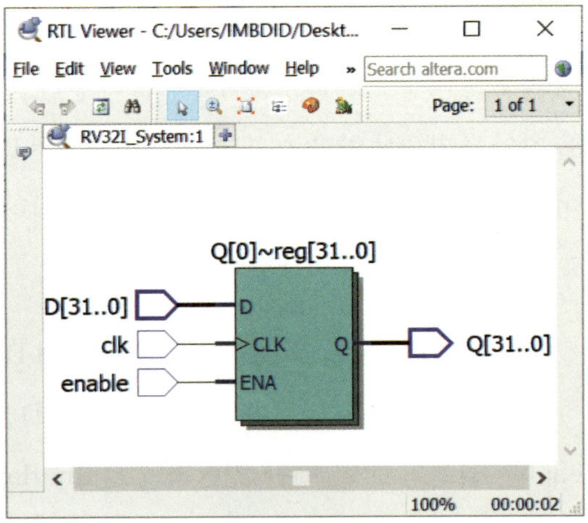

설계4-9 Verilog로 설계한 32-bit enabled D flip–flop과 합성 결과

Settable & Resettable D flip–flop: 그림4–16 (a) set과 reset 기능이 있는 D flip-flop을 보여준다. 평이한 D flip-flop과 비교하면 추가로 set, reset 입력이 있다. Settable D flip-flop은 그림 (b)에 보는 것처럼 set 입력이 1이면 플립플롭의 출력 Q가 '1'로 설정(set)된다. 이때 reset 입력은 0으로 묶어 reset의 역할을 못하게 하였다. 그림 (c)에 있는 resettable D flip-flop은 reset 입력이 1이면 플립플롭의 Q가 0이(즉 reset) 된다. 이때 set 입력은 0으로 묶어 set 역할을 못하게 하였다.

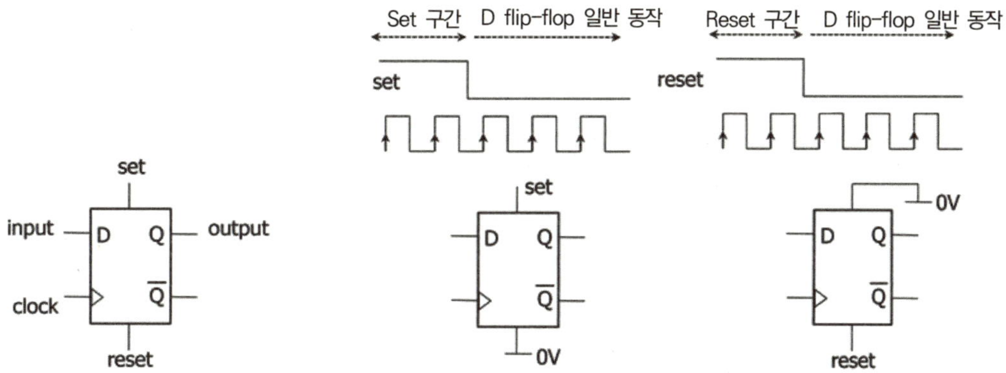

(a) Settable & Resettable D flip-flop (b) Settable D flip-flop (c) Resettable D flip-flop

그림4–16 Asynchronously Settable & Resettable D flip–flop

그럼 이러한 set과 reset 기능이 있는 플립플롭의 용도는 무엇일까? 출력 Q의 초기값 설정을 위해 사용한다. 예를 들면 RISC-V CPU에 있는 레지스터 중 Program Counter(PC)는 처음 시작 값 설정이 필요한 레지스터이다. CPU에서 명령어를 읽어올 메모리 위치를 담고 있기 때문이다. 이러한 레지스터를 만들 때 settable 또는 resettable D flip-flop을 사용한다. 만약 PC 레지스터에 set 혹은 reset 입력이 없다면 어떻게 될까? 컴퓨터를 켜면 PC 레지스터 출력 Q값이 0인지 1인지 모르는 'unknown'으로 시작하게 된다. 그렇게 되면 CPU에서 첫 명령어를 가져오는 위치가 컴퓨터를 켤 때마다 달라질 수 있다! 컴퓨터 본체에는 전체 시스템을 처음부터 다시 시작하게 하는 '리셋 버튼'이 있다. 이러한 리셋 버튼이 CPU에 연결되어 있어, CPU 내부에 있는 PC 레지스터가 정해진 값에서 시작할 수 있도록 하는 것이다. 1.9절에서 설명한 대로 x86의 경우 'IP(=PC)=0xFFFF_FFF0' 에서 시작하며, Arm의 경우 설정에 따라 다르지만 대체로 'PC = 0x0000_0000'에서 시작한다. RISC-V의 경우 PC 시작 값은'implementation-defined'로 되어있다. RISC-V CPU 설계·제조사에서 임의로 정할 수 있다는 말이다. 이 책에서는 'PC = 0x0'에서 시작하도록 설계한다.

읽어보기

플립플롭flip-flop과 레지스터register

플립플롭과 레지스터라는 용어는 자주 혼용되어 사용된다. 예를 들어, flip-flop 하나를 1-bit 레지스터라고 부르기도 하며, 그림4-17과 같이 클럭을 공유하는 32개 flip-flop을 32-bit 레지스터라고 부르기도 한다. 그럼 어떤 경우에 어느 용어를 써야 할까? 특별한 규칙이 있는 것은 아니다. 하지만 대체로 소프트웨어로 접근할 수 없을 때는 flip-flop이라고 부르고, 소프트웨어로 접근할 수 있을 때는 register라고 부르는 '경향'이 있다. 비슷한 맥락으로, 하드웨어를 설계하는 엔지니어는 주로 flip-flop이라고 부르고, 소프트웨어 프로그래머는 register라고 부르는 경향이 있다. 복잡한 하드웨어를 설계할 때는 아주 많은 flip-flop을 사용하게 되는데, 어떤 flip-flop은 소프트웨어가 접근할 수 없는 순수한 하드웨어 동작을 위해 사용하고 어떤 flip-flop은 소프트웨어가 접근하여 프로그램할 수 있도록 만든다. FSMfinite state machine을 만들 때 사용하는 플립플롭은 소프트웨어가 접근할 수 없는, 주로 순수 하드웨어 동작을 위해 사용한다. 반면 CPU 또는 I/O 장치를 설계할 때는 소프트웨어가 접근할 수 있는 레지스터를 제공한다. 그런데 이러한 분류가 일관되게 적용되는 것은 아니다. 5장에서 파이프라인을 구현할 때 flip-flop을 사용하는데 이러한 flip-flop은 소프트웨어가 접근할 수 없다. 하지만 파이프라인 레지스터라고 부른다.

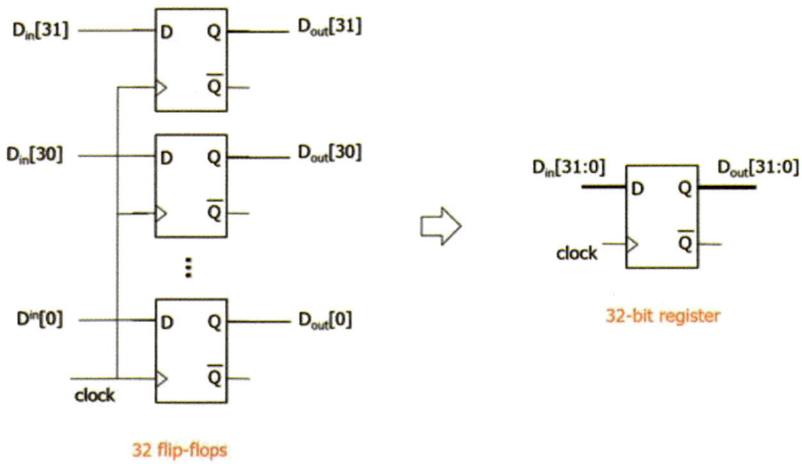

그림4-17 32개 flip-flop과 32-bit register

Set과 reset 기능이 있는 플립플롭은 어떤 방식으로 set 혹은 reset을 하는지에 따라 synchronous, asynchronous 이렇게 두 종류가 있다. Synchronous는 앞서 설명한 대로 클럭에 동기되어 set 혹은 reset을 한다는 의미이고, asynchronous는 그렇지 않다는 말이다. 설계4-10 (a)는 Verilog로 설계한 synchronously settable D flip-flop이다. always 문에 있는 'if (set)'을 해석해 보면, 입력인 set이 1이면 출력 'Q = 0xffff_ffff' 로 설정된다. 여기서 주의할 것은 set이 TRUE(=1)가 되는 즉시 'Q = 0xffff_ffff'가 되는 게 아니라는 것이다! 'always @(posedge clk)'에 명시한 것처럼, 클럭(clk)의 rising-edge일 때까지 기다려야 한다. 다시 말하면, 클럭의 rising-edge에서 'set == 1'이면 Q = 0xffff_ffff가 되고, 그렇지 않으면(set == 0) 일반 D flip-flop으로 동작한다. Synchronously settable flip-flop을 Quartus-II가 합성한 결과를 보자. 일반 D flip-flop을 사용하였고, mux를 사용해 입력 D로 들어갈 데이터를 선택하였다. Set이 1이면 mux의 두 번째 입력인 1이 입력 D로 들어가고, 그렇지 않으면 일반 D flip-flop 동작을 위한 입력이 들어간다. 설계4-10 (b)는 Verilog로 설계한 synchronously resettable D flip-flop이다. 앞서 settable flip-flop의 설명과 대동소이하며, reset이 TRUE(=1)이면 'Q = 0x0000_ 0000' 된다는 것만 다르다.

```
module Settable_Dflipflop (
            input              set,
            input              clk,
            input       [31:0] D,
            output reg [31:0]  Q);

   always @(posedge clk)
   begin
     if (set)  Q <= 32'hffff_ffff;
     else       Q <= D;
   end

endmodule
```

(a)
→
합성

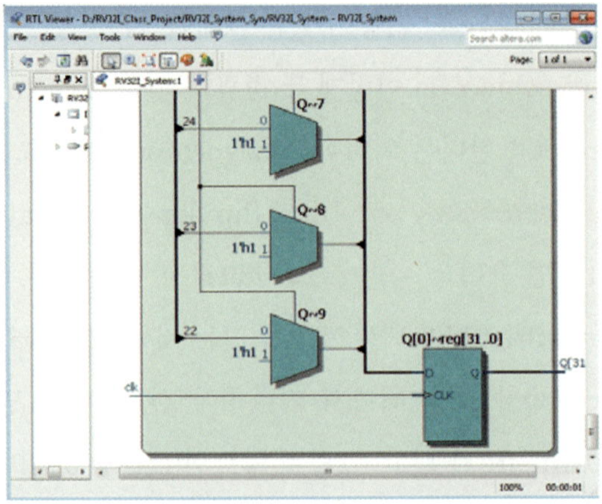


```
module Resettable_Dflipflop (
        input               reset,
        input               clk,
        input        [31:0] D,
        output reg   [31:0] Q);

 always @(posedge clk)
 begin
   if (reset) Q <= 32'h0000_0000;
   else        Q <= D;
 end

endmodule
```

(b)
→
합성

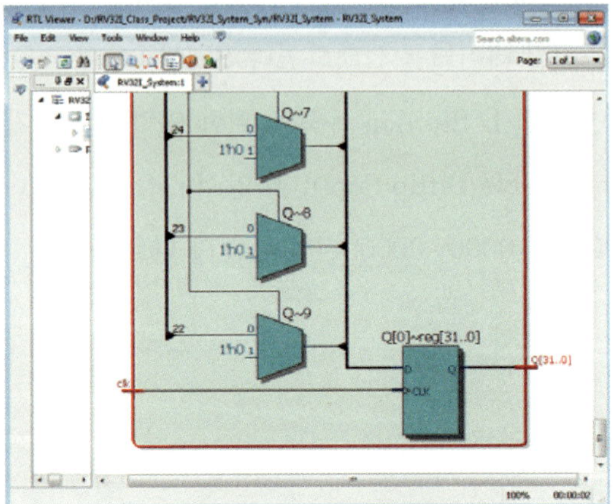

설계4-10 Verilog로 설계한 32-bit synchronously (a) settable (b) resetable D flip-flop과 합성 결과

설계4-11 (a)는 Verilog로 설계한 asynchronously settable D flip-flop이다. 설계4-10 (a)와 비교해 보기 바란다. `always` 문에 내부에 있는 내용은 차이가 없다. 차이점은 '`always @(posedge clk, posedge set)`'에 있는 sensitivity list에 명시한 것처럼, `always` 문이 trigger 되는 조건이 다르다. 여기서는 두 가지 조건이 있다. 첫째, 클럭(`clk`)이 rising-edge가 될 때와 둘째, set 입력이 rising-edge가 될 때이다. 다시 말하면 set 입력이 독립적인 trigger 조건으로 사용된다! 따라서 set 입력이 TRUE가 되면 asynchronous 하게(클럭에 관계없이) 즉시 'Q = 0xffff_ffff'가 된다. Quartus-II가 합성한 결과를 보면 'PRE'라는 별도의 입력이 있는 flip-flop을 사용하였다. 설계4-11 (b)에 있는

asynchronously resettable D flip-flop도 마찬가지로, 'always @(posedge clk, posedge reset)'과 같이 두 가지 trigger 조건이 있다. 그리고 합성한 결과를 보면 'CLR(=clear)'이라는 별도의 입력이 있는 flip-flop을 사용하였다.

```
module Settable_Dflipflop (
        input                set,
        input                clk,
        input         [31:0] D,
        output reg    [31:0] Q);

always @(posedge clk, posedge set)
   begin
      if (set)    Q <= 32'hffff_ffff;
      else        Q <= D;
   end

endmodule
```

(a) → 합성

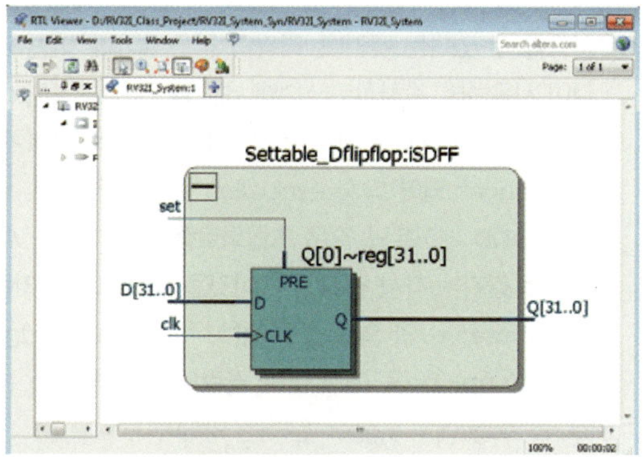


```
module Resettable_Dflipflop (
    input                reset,
    input                clk,
    input         [31:0] D,
    output reg    [31:0] Q);

always @(posedge clk, posedge reset)
 begin
   if (reset)  Q <= 32'h0000_0000;
    else       Q <= D;
  end

endmodule
```

(b) → 합성

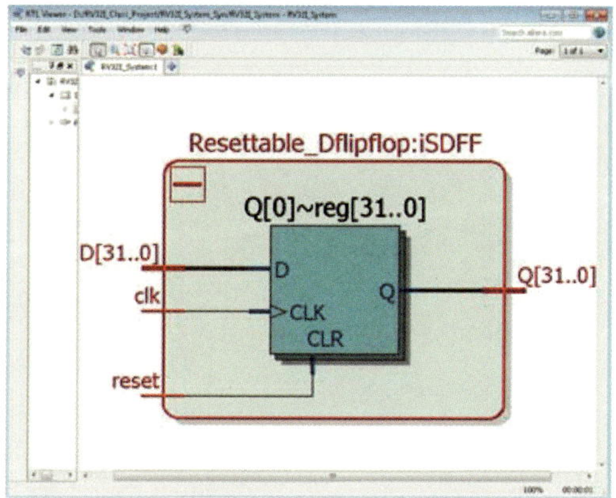

설계4-11 Verilog로 설계한 32-bit asynchronously (a) settable (b) resettable D flip-flop과 합성 결과

읽어보기

조합회로와 순차회로 설계에서 'always' 문

Verilog를 사용해 순차회로를 설계할 때는 항상 `always` 문를 사용해야 한다. 입력을 저장하기 위한 flip-flop이 항상 필요하기 때문이다. 그런데 앞서 [읽어보기: Verilog를 이용한 조합회로 설계방법]에서 조합회로를 설계할 때 `assign` 또는 `always`를 사용할 수 있다고 설명하였다. 그러면 `always` 문은 조합회로와 순차회로 설계에 모두 사용할 수 있다는 것인데, 각각의 경우 설계에 어떤 차이가 있을까? 조합회로를 설계할 때는 ❶ 'always @(*)'과 같이 사용하며, 순차회로 설계에서는 ❷ 'always @(posedge clk) 혹은 always@(negedge clk)'과 같이 사용한다. ❶ '`always @(*)`'에서 '`*`'의 의미는 앞서 설명한 대로 `always` 문 내부에 있는 어떤 입력이라도 변하면 즉시 trigger 되어 다시 evaluation 한다는 것이다. 설명이 어렵게 느껴질 수도 있는데, 사실 아주 간단한 의미이다. AND 게이트와 같은 조합회로를 생각해보면, AND 게이트의 입력신호가 바뀌면 (0 →1 혹은 1→ 0), AND 게이트 결과는 다시 결정된다. 이것을 evaluation이라는 용어로 표현한 것이다. ❷ '`always @(posedge clk)`'에서 `posedge`의 의미는 클럭(`clk`)의 rising-edge에서 trigger되어 `always` 문이 evaluation된다는 의미이다. D flip-flop을 예로 들면 클럭의 rising-edge 순간에 입력 D값을 출력 Q에 저장한다. `negedge`는 클럭의 falling edge에서 trigger 된다는 의미이다.

읽어보기

always에서 Blocking(=) & Nonblocking(<=) 문

always 문 내부에서는 '=' 와 '<=' 를 모두 사용할 수 있다. 참고로 조합회로를 만드는 assign 문에서는 '=' 만 사용할 수 있다. 그럼 '=' 과 '<='의 차이는 무엇일까? Verilog에서 '='는 blocking statement라고 말하고 '<='는 non–blocking statement라고 말한다. 영어 의미 그대로 '=' 는 다음에 나오는 문statement을 blocking하고, '<='는 non–blocking 한다. 그러니까 non–blocking은 다음에 나오는 문과 '동시에' evaluation 된다는 의미로, 동시에 동작하는 하드웨어의 특성을 잘 반영하고 이를 설계할 수 있도록 한다. 하드웨어 설계 입문자에게는 아주 혼란스럽고 헷갈리는 내용인데, 예제와 함께 알아보자.

```
module NonBlocking
    (input      clk,  a,
    output reg y);

  reg b;

  always @(posedge clk)
  begin
      b <= a;  //  ❶
      y <= b;  //  ❷
  end

endmodule
```

(a) → 합성

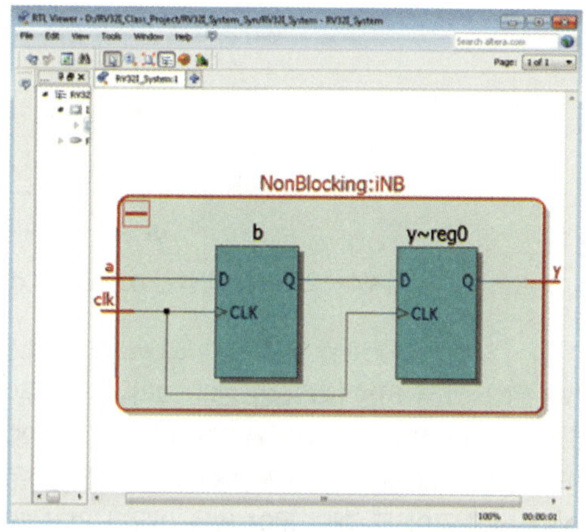


```
module Blocking
    (input      clk,  a,
    output reg y);

  reg b;

  always @(posedge clk)
  begin
      b = a;  //  ①
      y = b;  //  ②
  end

endmodule
```

(b) → 합성

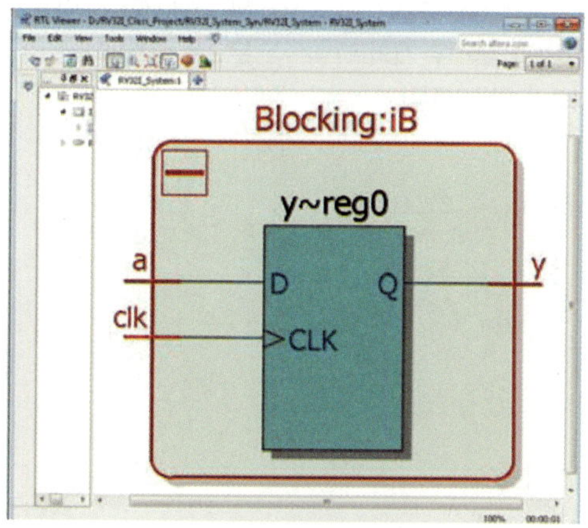

설계4-12 (a) Non–blocking (b) Blocking을 이용한 설계 예제 및 합성 결과

읽어보기

always에서 Blocking(=) & Nonblocking(<=) 문

설계4-12 (a)에 NonBlocking 문을 보자. `always` 문에 있는 두 개의 문 ❶, ❷를 보면 첫 번째 문(❶: `b <= a`)이 두 번째 문(❷: `y <= b`)을 non-blocking한다. 그러니까 ❶ 후에 ❷를 하는 것이 아니라, ❶, ❷가 동시에 evaluation 된다는 것이다. 다시 말하면 클럭의 rising-edge에서 'b ← a' 'y ← b' 를 동시에 evaluation 하는데, 여기서 주의할 것은 시그널 'b'이다. ❶, ❷에 있는 b가 시간적으로 다른 b이다! ❶에 b는 클럭의 rising-edge에서 출력 Q에 잠시 후 (delay 후) 저장되는 새로운(new) b이고, ❷에 b는 rising-edge에서 플립플롭 입력 D에 들어온 b이다. 따라서 그림4-18에 도식화한 것처럼, flip-flop 2개가 연결된 회로가 만들어진다.

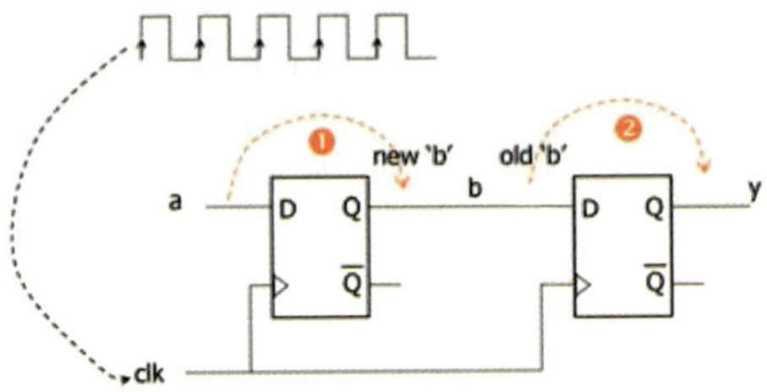

그림4-18 〈설계4-12 (a)〉를 합성한 schematic diagram: clk의 rising-edge에서 ❶, ❷가 동시에 일어난다.

설계4-12 (b)에 Blocking 문을 보자. `always` 문에 있는 두 개의 문 ①, ②를 보면 첫 번째 문(①: `b = a`)이 두 번째 문(②: `y = b`)을 blocking 한다. 그러니까 ① 후에 새로 설정된 b를 가지고 ②를 한다는 것이다. 다시 말하면 두 문장이 순차적으로 evaluation 되며, 따라서 ①, ②에서 b는 같은 b이다. 합성한 결과에서 보는 것처럼 시그널 b는 결국 없어지고 flip-flop 한 개가 생성된다. 그런데 이것은 설계 실수로 볼 수 있다. Flip-flop 하나를 만들 생각이었다면 `always`에 굳이 두 개의 문이 있을 이유가 없기 때문이다. '`y = a`' 하나로 충분하다! 마지막으로 Blocking과 Nonblocking은 '같은 `always` 문' 내에서만 적용된다. 서로 다른 `always` 문 간에는 적용되지 않는다. 만약 설계4-13과 같이 두 개의 `always` 문으로 설계했다면, 각 `always` 문이 flip-flop을 따로 만들어 flip-flop 2개가 연결된 회로가 만들어진다.

```
module Blocking
    (input       clk,  a,
     output reg  y);

   reg b;

   always @(posedge clk)
      b = a;

   always @(posedge clk)
      y = b;

endmodule
```

합성 →

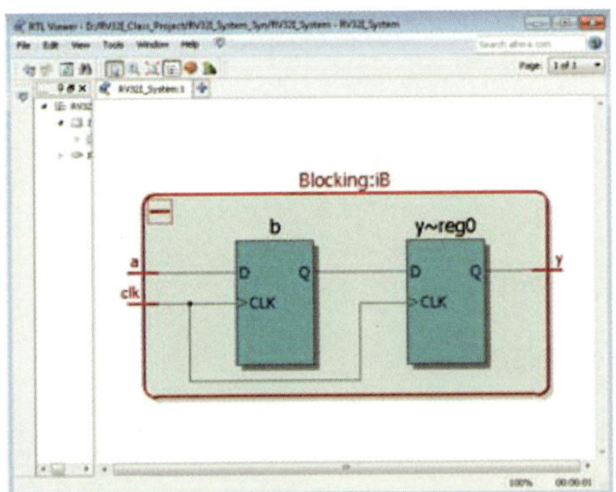

설계4-13 `always` 문을 두 개 사용한 예제 및 합성 결과: Blocking과 Nonblocking은 '같은 `always` 문' 내에서만 적용된다. 서로 다른 `always` 문 간에는 적용되지 않는다.

4.2.3 레지스터 파일register file

CPU에 있는 레지스터 파일은 꽤 덩치가 큰 로직으로, 상용 프로세서에서는 레지스터 파일을 주로 SRAM 기반으로 설계한다. 하지만 이 책에서는 설계와 이해의 편리성, 디버깅, FPGA를 이용한 동작 확인 등을 위해 flip-flop으로 설계한다. 32-bit RISC-V에는 x0 ~ x31 이렇게 32개의 레지스터가 있는데, bit 수로 계산하면 32-bit x 32개 = 1024-bit(=128-byte)이다. 모든 디지털 로직 설계가 그렇듯, 레지스터 파일 설계도 먼저 입력과 출력을 정의해야 한다. 레지스터 파일의 용도는 레지스터를 읽고 쓰는 것이다. 그럼 이를 위해 몇 개의 포트port가 필요할까? RV32I 명령어 실행을 위해서는 두 개의 읽는 포트와 하나의 쓰기 포트가 필요하다. 'add x4, x5, x6' 명령어를 예로 들면, 레지스터 파일에서 source register인 x5, x6를 읽어야 하고 ALU에서 연산한 결과를 destination register인 x4에 저장해야 하기 때문이다.

그림4-19는 레지스터 파일의 입력과 출력을 보여준다. 여기서 레지스터를 읽기 위한 두 개의 포트는 'rs1[4:0], rs1_data[31:0]'과 'rs2[4:0], rs2_data[31:0]'이며, 하나의 쓰기 포트는 'rd[4:0], rd_data[31:0], we'이다. 'rs1, rs2, rd'는 모두 5-bit으로 이루어져 있다. RV32I 명령어에서 source register와 destination register는 모두 32개의 레지스터 중에서 하나를 선택하기 때문이다. 명령어에 따라 읽을 레지스터 번호를 rs1[4:0], rs2[4:0]에 주면, 해당 레지스터가 rs1_data[31:0], rs2_data[31:0]으로 나온다. 그리고 명령어 실행 후 레지스터에 값을 저장할 때는 레지스터 번호와 데이터를 rd[4:0]와 rd_data[31:0]에 각각 공급한다. 'add x4, x5, x6' 명령어를 예로 살펴보자. 두 개의 레지스터를 읽기 위해 명령어에서 레지스터 번호 rs1(=5), rs2(=6)에 해당하는 부분을 레지스터 파일에 공급한다. 그러면 레지스터 파일은 5번, 6번 레지스터를 읽어 rs1_data, rs2_data 포트로 각각 내보낸다. 명령어 실행 결과를 저장하기 위해서는 destination register인 rd(=4)와 ALU 연산 결과를 rd_data로 함께 공급한다.

그러면 쓰기 포트에 wewrite enable 입력이 필요한 이유는 무엇일까? 생각해보면 읽는 것은 아주 착한(?) 동작이지만, 쓰는 것은 굉장히 위험한(?) 동작이다. 레지스터에 있는 데이터를 '변경'하는 것이기 때문이다. 레지스터 파일에서 읽을 때는 레지스터 번호인 rs1, rs2 만 있으면 되지만, 저장할 때는 rd 만으로는 부족하다. 실행 결과를 레지스터 파일에 저장하지 않는 명령어도 있기 때문이다. 예를 들어 'beq x3, x4, L1'와 같은 조건 분기 명령어와 'sw x4, 4(x3)'와 같은 store 명령어는 실행 결과를 레지스터 파일에 저장하지 않는다. 따라서 실행하는 명령어에 따라 레지스터 파일 업데이트 여부를 알려줘야 한다. 이때 사용하는 신호가 we로, 'we == 1'일 때만 해당 레지스터가 업데이트된다.

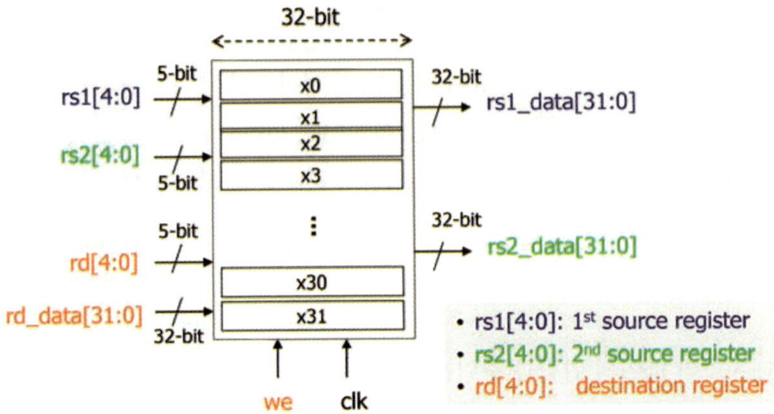

그림4-19 32-bit RISC-V CPU 레지스터 파일(register file)

설계4-14은 Verilog로 설계한 레지스터 파일과 합성 결과이다. 설계 코드를 한 페이지에 보여주기 위해 32-bit RISC-V CPU에 있는 32개의 레지스터 중 4개(x0 ~ x3)를 설계하였다. 레지스터 파일은 ❶, ❷, ❸ 세 개의 `always` 문으로 설계하였다. ❶은 '`we == 1`'이면 destination register인 rd에 rd_data[31:0]를 저장하는 설계이며, ❷, ❸은 각각 source register인 rs1, rs2를 읽는 설계이다. RISC-V에서 x0 레지스터는 'hardwired 0'로 변경할 수 없다. ❶에 '`case (rd[1:0]) 2'd0: ;`'를 보면, x0가 destination이면 아무것도 하지 않는다. 그 외 x1, x2, x3일 경우 '`always @(posedge clk)`' 문을 통해 flip-flop으로 만든 레지스터에 저장된다. ❷, ❸ 레지스터를 읽는 로직은 '`always @(*)`' 문을 사용해 조합회로로 설계되어 있다. '`case`' 문을 사용하여 rs1[1:0], rs2[1:0]에 따라 네 개의 레지스터 (x0, x1, x2, x3) 중에서 하나를 선택하는 로직이다. 즉 4:1 mux를 만드는 로직이다. 만약 읽는 레지스터가 x0이면 0(= 32b'0)을 내보낸다. 설계4-14에 있는 합성 결과는 합성 로직이 방대하여 일부만 보여주고 있다.

```
module regfile(
input              clk,
input              we,
input      [1:0]   rs1, rs2,
input      [1:0]   rd,
input      [31:0]  rd_data,
output reg [31:0]  rs1_data, rs2_data);

  reg [31:0] x1;
  reg [31:0] x2;
  reg [31:0] x3;

  always @(posedge clk) ❶
  begin
        if (we)
        begin
           case (rd[1:0])
           2'd0:  ;
           2'd1:  x1  <= rd_data;
           2'd2:  x2  <= rd_data;
           2'd3:  x3  <= rd_data;
          endcase
         end
  end

   always @(*) ❷
   begin
      case (rs1[1:0])
      2'd0:   rs2_data = 32'b0;
      2'd1:   rs2_data = x1;
      2'd2:   rs2_data = x2;
      2'd3:   rs2_data = x3;
      endcase
    end

   always @(*) ❸
   begin
      case (rs2[1:0])
      2'd0:   rs1_data = 32'b0;
      2'd1:   rs1_data = x1;
      2'd2:   rs1_data = x2;
      2'd3:   rs1_data = x3;
      endcase
 end

 endmodule
```

↓ 합성

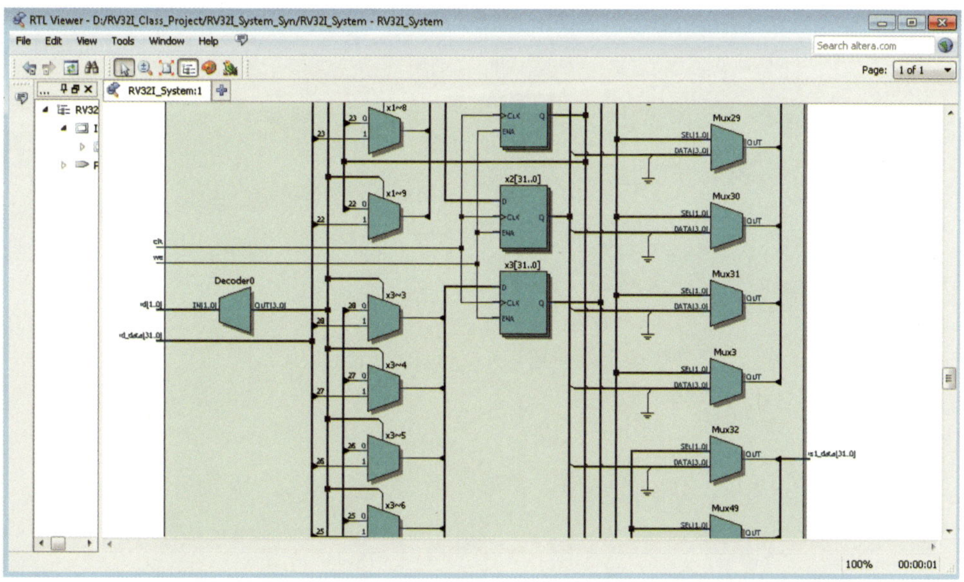

설계4-14 Verilog로 설계한 레지스터 파일 및 합성 결과: 'x0, x1, x2, x3' 4개의 레지스터 설계이며, 합성 결과는 schematic이 방대하여 일부만 보여주고 있다.

그림4-20은 레지스터 파일에 값을 쓰는 것을 보여주는 timing diagram의 예로, x3 레지스터에 0x11112222를 저장하는 동작이다. 설계4-14 ❶에서 기술한 대로, clk의 rising-edge에서 'we == 1'이면 해당 레지스터에 값이 업데이트된다. 그림4-14에서 설명한 것처럼, 레지스터에 값이 제대로 저장되기 위해서는 'we, rd, rd_data' 모두 setup, hold 조건을 만족해야 한다. 카메라에 재차 비유하면, 사진 찍는 버튼을 누르기 전과 후 잠깐은 앞에 있는 물체가 움직이면 안된다.

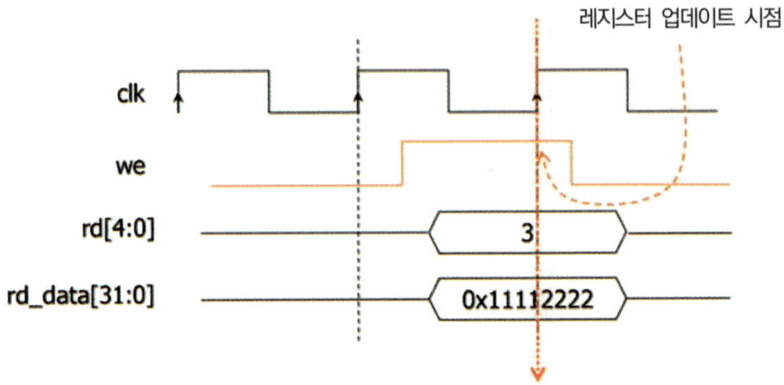

그림4-20 레지스터 파일을 업데이트하는 timing diagram 예: x3 레지스터에 0x11112222를 저장

CHAPTER 5

https://wallpaper.dog/microcontroller-wallpapers

CHAPTER

5

32-bit RISC-V CPU 설계

이 장에서는 3장에서 설명한 RV32I 명령어를 실행할 수 있는 CPU를 설계한다. CPU 내부 하드웨어 구조를 **마이크로 아키텍처**microarchitecture라고 말하는데, 이것은 청사진blueprint과 같은 큰 흐름을 알 수 있는 대략적인 구조를 말한다. 큰 구조를 먼저 파악하고 이해하면 자세한 설계는 청사진을 바탕으로 기계적으로 할 수 있다. 이 장에서는 single-cycle CPU와 pipeline CPU의 마이크로아키텍처에 대해 알아본다.

그림5-1은 single-cycle CPU와 pipelined CPU에서의 명령어 처리 방식을 비교하는 그림이다. 각 명령어는 CPU 내부에서 Instruction Fetch, Decoding, Execution 이렇게 3단계를 거쳐 실행되는 것을 가정하였다. Instruction Fetch(F)는 메모리에서 명령어를 읽어 CPU 내부로 가져오는 단계를 말한다. Decoding(D)은 읽어온 명령어를 해석하는 단계이고, Execution(E)은 해석한 명령어를 실제로 실행하는 단계이다. Single-cycle CPU에서는 그림5-1 (a)에 보는 것처럼 모든 과정이 '하나의 clock cycle' 동안 이루어진다. 다시 말하면 single-cycle CPU는 명령어 하나를 처리하는데 한 클럭이 걸리는 CPU를 말한다. 논리적인 세 개의 단계가 있지만, 물리적으로 단계를 나누지 않는 방식이다. 반면 pipelined CPU는 그림5-1 (b)에 보는 것처럼 F, D, E 각 단계를 처리하는데 한 클럭이 걸린다. 따라서 하나의 명령어를 실행하는데 3개의 clock cycle이 필요하다. 다시 말하면 각 단계를 물리적으로 나누어 구현하는 방식인데, 이것을 pipeline이라고 부른다. 이렇게 명령어를 처리하는 전 과정이 3단계로 이루어져 있으면 3-stage pipeline을 갖는 CPU라고 말한다. 언뜻 생각하면 pipelined CPU가 single-cycle CPU와 비교해 비효율적이라고 생각할 수 있는데 사실 그 반대이다. Pipeline은 CPU의 성

능을 높이는 간단하면서도 아주 효율적인 방법이다. 왜 그럴까?

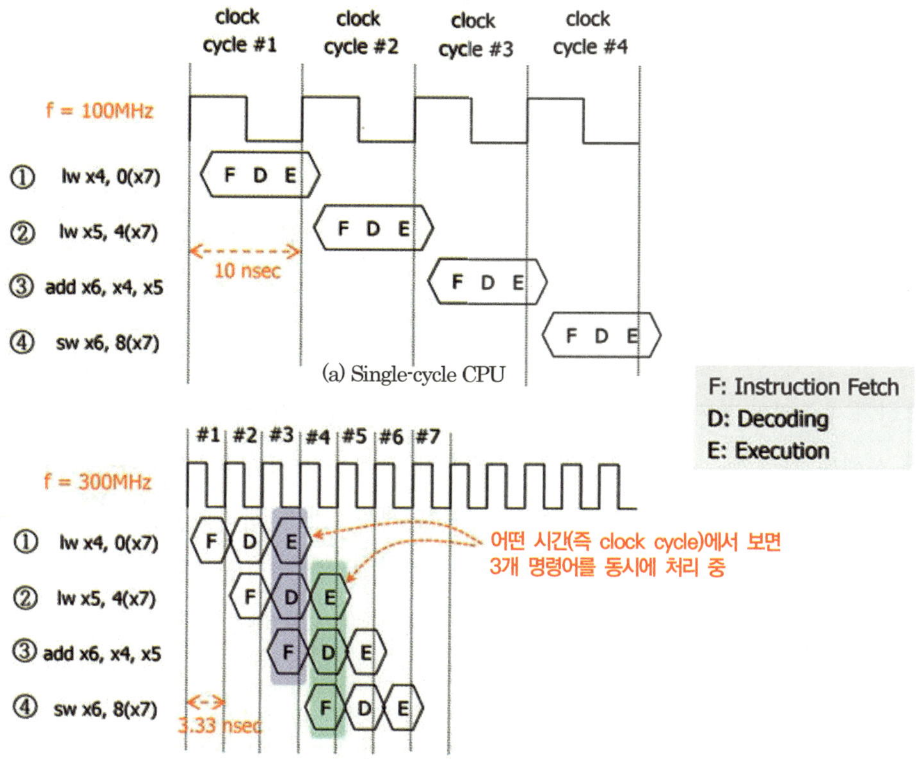

그림5-1 Single–cycle CPU와 pipelined CPU에서 명령어 처리 비교

Pipelined CPU에서는 물리적으로 분리된 모든 단계(F, D, E)를 '동시'에 사용할 수 있다. 즉 어떤 특정 시간(clock cycle)에서 보면 CPU는 3개의 명령어를 동시에 처리하고 있다. 예를 들어 그림5-1 (b)의 clock cycle #3에서 보면, 첫 번째 명령어(① lw x4, 0(x7))가 E 단계에 있을 때 두 번째 명령어(② lw x5, 4(x7))는 D 단계에 있고, 세 번째 명령어(③ add x6, x4, x5)는 F 단계에 있다. 이렇게 하면 pipelined CPU는 single-cycle CPU와 비교해 훨씬 빠른 주파수frequency로 동작하도록 설계할 수 있다. 3-stage pipelined CPU는 single-cycle CPU와 비교해 최대 3배 빠른 주파수로 동작할 수 있다. 그림의 예처럼 single-cycle CPU가 100MHz로 동작한다고 가정하면, pipelined CPU의 최대 동작 가능

주파수는 3배 빠른 300MHz가 된다. 주파수를 높일 수 있는 이유는 하나의 클럭에서 '하나의 단계'만 처리하기 때문이다. 이것이 알쏭달쏭하고 아직 이해가 어려워도 괜찮다. 앞으로 single-cycle CPU와 pipelined CPU를 설계하며 동작 주파수에 대한 깊이 있는 설명을 한다.

Pipeline은 처리량throughput을 획기적으로 높이는 방법이다. 처리량은 아래 식과 같이 단위 시간에 처리할 수 있는 명령어의 개수를 말한다. 그림5-1과 같은 방식으로 CPU가 명령어를 끊임없이 처리하면 3-stage pipelined CPU는 single-cycle CPU와 비교해 처리량이 3배가 된다.

처리량(throughput) = # of instructions / 1 sec

여기서 한가지 주의할 것이 있다. 두 가지 구조에서 명령어 각각을 처리하는데 걸리는 시간은 같다. 각 명령어 실행을 위해서는 여하튼 F, D, E 이렇게 세 단계를 거쳐야 하기 때문이다. Single-cycle CPU가 동작 주파수를 100MHz라고 가정하고 시간을 계산해보자. 하나의 clock cycle은 10nsec이다. 따라서 single-cycle CPU는 10nsec에 하나의 명령어를 처리한다. Pipelined CPU의 경우 하나의 명령어를 처리하는데 3개의 clock cycle이 필요하지만 3배 빠른 주파수로 동작하여 걸리는 시간은 10ns로 같다.

그림5-2는 pipeline의 개념적 이해를 돕기 위한 한가시 비유를 보여준다. 세탁소에서 고객의 세탁물을 처리하는 방식으로 Sequential laundry와 Pipelined laundry을 보여준다. 그림에서는 각 세탁물을 처리하는데 세 단계를 거쳐야 한다고 가정하였다. 첫 단계는 세탁으로 Washer로 표시하였고, 두 번째 단계는 말리는 것으로 Dryer, 마지막 단계는 개는 작업으로 Folder로 표시하였다. 그리고 Washer는 30분, Dryer는 40분, Folder는 20분 걸린다고 가정한다. 그러면 하나의 세탁물을 처리하는 데는 90분(=30 + 40 + 20)이 걸린다.

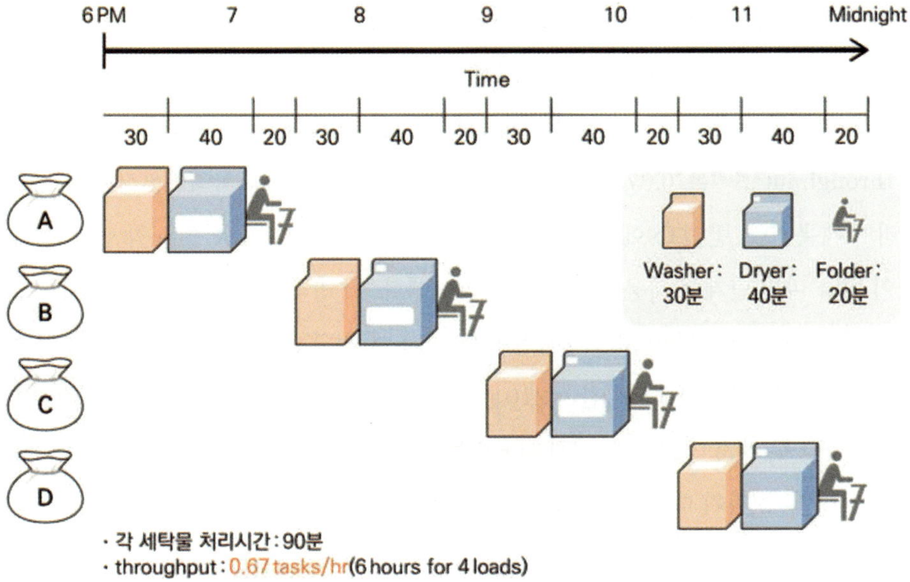

(a) Sequential laundry

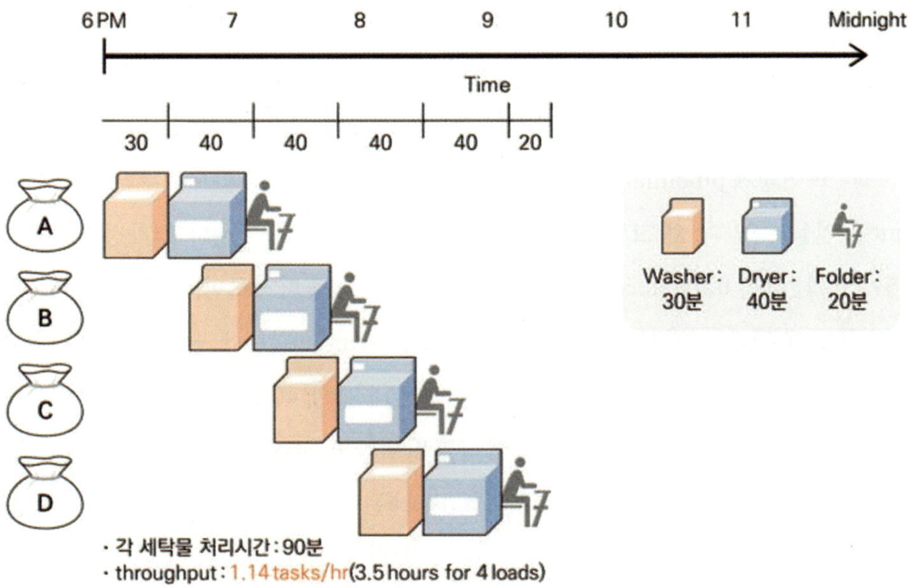

(b) Pipelined laundry

그림5-2 Sequential laundry와 pipelined laundry 비교

이제 각 방식에 대해 자세히 살펴보자. (a)에 sequential laundry 방식에서는 하나의 세탁물을 처음부터 끝까지 처리한 후, 다음 세탁물 처리를 한다. A 세탁물에 대해 'Washer → Dryer → Folder'를 모두 마친 후 B 세탁물 처리를 시작하는 방식이다. 이 방식에서 각 세탁물을 처리하는데 걸리는 시간은 90분이며 throughput처리량은 '0.67 세탁물 / 1시간'이다. 4개의 세탁물 처리에 6시간(= 360분 = 90분 × 4)이 걸리기 때문이다. 반면 (b)에 도식화한 pipelined laundry 방식의 경우 각 단계를 마친 후, 다음 세탁물이 방금 마친 단계를 사용하도록 하는 방식이다. 이 방식에서도 각각의 세탁물을 처리하는데 걸리는 시간은 sequential laundry와 같은 90분이다. 하지만 throughput은 '1.14 세탁물 / 1시간'이 된다. 4개의 세탁물 처리에 3.5.시간(= 210분 = 30 + 40 + 40 + 40 +40 + 20)이 걸리기 때문이다. 세탁소 주인이라면 두 가지 방식 중 당연히 pipelined laundry를 선택할 것이다. 단위 시간 동안 더 많은 세탁물을 처리할 수 있기 때문이다.

그런데 그림5-2 (b)에 도식화한 pipelined laundry에서 throughput을 좀 더 개선할 수 있는 여지가 있을까? 있다! 만약 각 단계에서 걸리는 시간을 같게 할 수 있다면, 즉 pipeline이 balance되어 있다면 pipeline을 통한 최대 효과를 얻을 수 있다. 그림 (b)에 있는 pipeline은 balance되어 있지 않다. Washer, Dryer, Folder 각 단계에서 걸리는 시간이 '30분 - 40분 - 20분'으로 모두 다르기 때문이다. 만약 '30분 - 30분 - 30분'과 같이 각 단계 처리에 걸리는 시간이 모두 같다면 balance된 pipeline이라고 말한다. 그리고 이렇게 pipeline이 balance되어 있으면, 그 파이프라인으로부터 얻을 수 있는 최대 throughput을 얻을 수 있다. 왜 그럴까? 세탁물이 끊임없이 계속 들어온다고 가정하고 생각해보자. 먼저 그림5-2 (b)와 같은 unbalance된 '30분 - 40분 - 20분'으로 따져보면, 매 40분에 하나의 세탁물 처리를 마칠 수 있게 된다. 여기서 첫 세탁물의 Washer와 Dryer 단계에 필요한 시간은 무시하였다. 세탁물이 끊임없이 들어온다고 가정했기 때문이다. 그런데 왜 매 40분일까? Dryer 단계가 40분 걸리기 때문이다. 다시 말하면 다른 단계가 아무리 빨리 끝나더라도 Dryer 단계를 마치기 전까지는 Dryer를 다시 사용할 수 없기 때문이다. 같은 방식으로 balance된 '30분 - 30분 - 30분'으로 따져보자. 각 단계가 모두 30분씩 걸린다면 매 30분에 하나의 세탁물 처리를 마치게 된다. 각 단계가 동일하게 30분씩 걸리기 때문에, 각 단계를 마치자마자 다음 세탁물이 바로 그 단계를 다시 사용할 수 있게 되는 것이다. 같은 방식으로 생각하면 그림5-2 (a)에 sequential laundry는 '매 90분' 마다 하나의 세탁물을 처리하고 있다. 따라서 balance된 3-stage pipeline은 sequential laundry와 비교해, 최대 3배(= 매 90분/매 30분) 좋은 성능을 제공할 수 있다. 즉 'pipeline 단계 수' 배 만큼의 성능을 제공할 수 있다.

세탁소 비유와 같은 원리가 CPU 설계에도 적용된다. Single-cycle CPU는 sequential laundry 방식을 의미하며, pipelined CPU는 pipelined laundry 방식으로 설계하는 것을 말한다. 그림5-2에 A, B, C, D 세탁물을 '명령어'로 바꾸면 single-cycle CPU와 pipelined CPU에서 명령어 처리를 하는 것과 같은 그림이 된다. 세탁소 비유는 CPU 설계에서 생각해야 할 다음과 같은 아주 중요한 메시지를 담고 있다.

> 첫째, pipeline은 CPU에 있는 하드웨어 단계들을 동시에 사용할 수 있게 한다.
> 둘째, pipeline으로부터 최대 효과를 얻기 위해서는 모든 단계가 balance되어야 한다.
> 셋째. pipeline은 이를 통해 처리량throughput을 크게 향상시킨다.

Single-cycle CPU 설계는 직관적이고 비교적 간단하여 CPU 설계 입문자 교육에 적당하다. 하지만 성능이 좋지 않아 실제 제품 설계에는 잘 사용되지 않는다. 반면 pipeline은 x86, Arm 등 거의 모든 CPU 설계에 적용되고 있다. 적은 하드웨어 비용으로 큰 성능 개선 효과를 얻을 수 있기 때문이다.

그림5-3은 간략화한 CPU 마이크로아키텍처를 보여준다. 3장에서 명령어를 설명할 때 사용한 CPU 구조와 같다. 그림에 표시한 것처럼 마이크로아키텍처는 크게 datapath와 control로 구성되어 있다. Datapath는 말 그대로 데이터가 지나가는 길이다. 그림에 있는 ALU의 데이터 입·출력 포트, 레지스터 파일의 데이터 입·출력 포트 등이 예이다. 32-bit CPU는 datapath가 32-bit으로 되어있고, 64-bit CPU는 datapath가 모두 64-bit으로 되어있다. 그리고 control은 datapath를 제어하는 신호이다. 예를 들어 그림에 'ALUSrc'는 2:1 mux로 들어오는 두 개의 입력 중 하나를 선택하는 control 신호이다. ALU 또한 control 신호가 필요하다. ALU는 여러 가지 연산을 할 수 있는 모듈로, 'ALUcontrol'에 따라 덧셈, 뺄셈, AND, OR, XOR 등의 연산 중 하나를 한다.

Datapath와 control은 기찻길 비유로 수월하게 이해할 수 있다. 경부선과 호남선 기찻길(datapath)은 서울에서 시작해 대전에서 갈라진다. 기차가 대전에 접근하면 기차(데이터)가 목적지로 제대로 갈 수 있도록 갈림길인 대전에서 기찻길(datapath)을 선택(control)해야 한다. CPU 하드웨어의 동작도 다르지 않다. CPU에는 명령어 실행을 위해 데이터가 지나갈 길(datapath)들이 모두 마련되어 있다. 그리고 특정 명령어가 들어오면 데이터가 올바른 길을 따라 지나갈 수 있도록 control 해주는 것뿐이다. 다시 말하면 CPU 하드웨어는 명령어에 따라 약속된 길(datapath)로 데이터를 흘려보내면서 데이터에 대한 연산 및 변형 등을 한다.

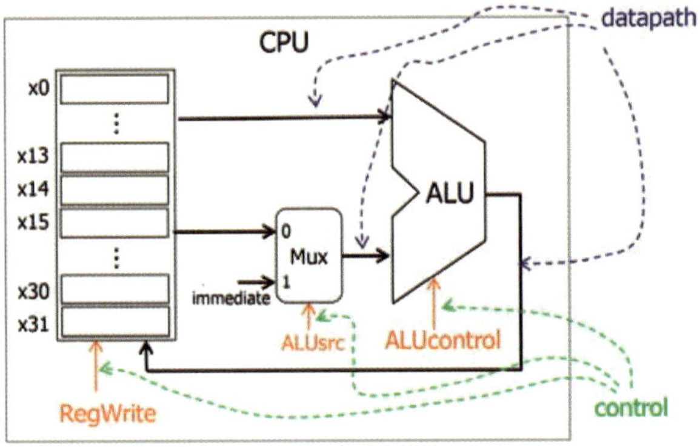

그림5-3 CPU 마이크로아키텍쳐 = datapath + control

그림5-4는 앞으로 기본 구조로 사용하는 CPU와 메모리 간의 연결을 보여준다. 위쪽 연결(❶)은 CPU가 명령어를 읽기 위한 것이고, 아래쪽 연결(❷)은 데이터 접근을 위한 것이다. 따라서 CPU는 명령어 읽기와 데이터 접근을 동시에 할 수 있다. 이와 유사하게 명령어와 데이터 접근용 메모리를 각각 따로 두고 CPU를 연결하는 구조를 Harvard Architecture라고 부르기도 한다.

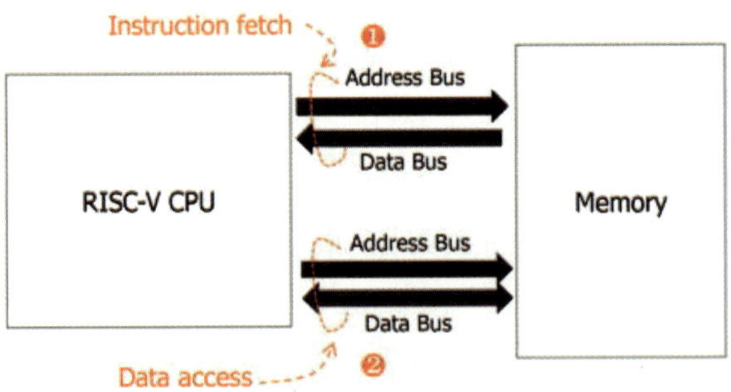

그림5-4 두 개의 포트(port)를 통한 CPU와 메모리 연결: 명령어 읽기와 데이터 접근을 동시에 할 수 있다.

읽어보기

'von Neumann' architecture vs 'Harvard' architecture

그림5-5는 von Neumann(폰노이만) architecture와 Harvard(하버드) architecture를 비교하는 그림이다. 폰노이만 구조는 (a)와 같이 CPU와 메모리가 하나의 포트port로 연결된 구조를 말한다. (b) 하버드 구조에서는 CPU가 두 개의 다른 메모리에 연결되어 있다. 하나의 메모리는 명령어를 담고 있고, 다른 메모리는 데이터를 저장하고 있다. 따라서 CPU는 '명령어 읽기'와 '데이터 접근'을 동시에 할 수 있다. 현재 우리가 사용하는 x86, Arm 컴퓨터 시스템에 있는 주기억장치는 논리적으로 하나의 메모리이다. 그리고 거기에 명령어와 데이터가 모두 저장돼 있다. 그런데 프로세서 내부는 그림5-6에서 보는 것처럼, 분리된 캐시cache를 통해 Harvard architecture와 같은 구조로 되어있다. 캐시는 6장에서 자세히 설명한다.

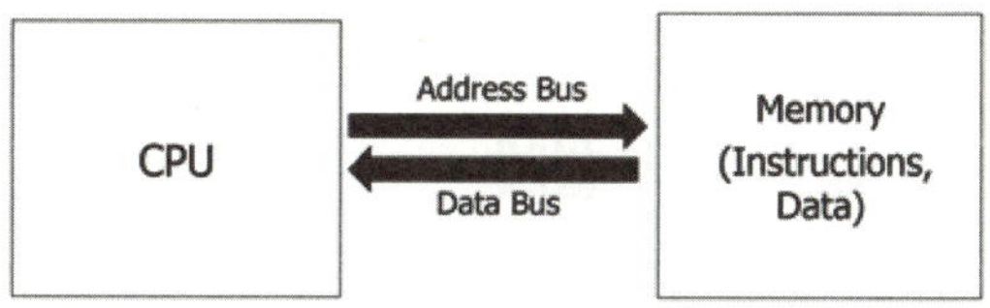

(a) von Neumann Architecture

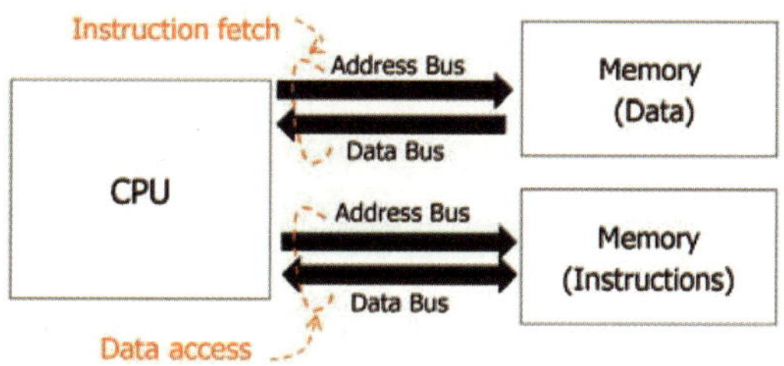

(b) Harvard Architecture

그림5-5 von Neumann 구조 vs Harvard 구조

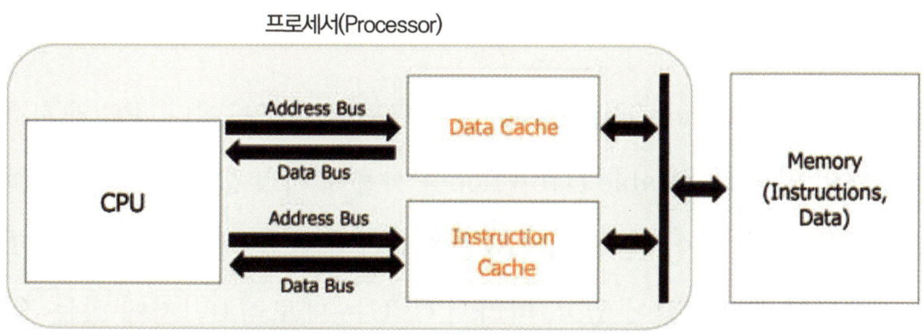

그림5-6 현재 출시되는 프로세서(processor)의 대략적인 내부구조

5.1 Single-cycle CPU 설계

앞서 설명한 대로 single-cycle CPU는 하나의 clock cycle에 명령어 하나를 처리하는 CPU를 말한다. 그럼 CPU가 명령어를 처리할 때 어떤 과정을 거쳐야 할까? 일반적으로 Instruction Fetch, Decoding, Execution 이렇게 세 개의 과정은 꼭 필요하다. Instruction Fetch는 메모리에서 명령어를 읽어오는 과정이며, Decoding은 가져온 명령어를 해석하는 과정이다. 그리고 Execution은 해석한 명령어를 실행하는 과정이다. 이제 각 과정에 해당하는 디지털 로직을 처음부터 점진적으로 설계해보자.

5.1.1 Instruction Fetch 로직 설계

CPU에서 명령어 처리의 첫 과정은 Instruction Fetch로, 이 과정은 메모리에서 명령어를 읽어오는 것을 말한다. RISC-V에서는 PC 레지스터가 가리키는 위치에서 명령어를 가져온다. 명령어 실행 후, CPU는 PC를 '4'만큼 증가시킨 'PC + 4' 위치에서 다음 명령어를 가져온다. RV32I 명령어의 크기가 4-byte이기 때문이다. PC 레지스터는 플립플롭flip-flop으로 만들 수 있다. 플립플롭 중에서도 set과 reset 입력이 있는 flip-flop을 사용하여 처음 시작 값을 설정한다. 컴퓨터를 켜거나 리셋 버튼을 누르면 PC는 정해진 시작 값에서부터 시작한다. 컴퓨터 본체에 있는 리셋 버튼이 물리적으로 플립플롭의 set 혹은 reset 입력에 연결되어 있기 때문이다. RISC-V 기술문서에 보면 PC 시작 값은 'implementation defined'로 되어있다. RISC-V CPU를 설계할 때 임의로 조정 가능하다는 말이다. 이 교재에서는 'PC = 0'에서 시작하도록 설계한다. 따라서 CPU가 실행할 첫 명령어는 메모리 주소 0번지에 있어야 한다.

그림5-7은 CPU에서 Instruction Fetch를 하는 하드웨어 구조도이다. PC 레지스터는 4.2.2절에서 설명한, reset 입력이 있는 resettable D flip-flop을 사용해 시작 값이 0이 되도록 하였다. 즉 'reset == 1'이면 D flip-flop 출력 Q가 0이 된다. 여기서 출력 Q가 바로 우리가 흔히 PC라고 부르는 것이다. PC는 그림과 같이 메모리에 연결되어 있고, 따라서 CPU는 메모리 0번지에 있는 정보(여기서는 명령어)를 읽어온다. 그림에 보면 PC 레지스터 출력 Q는 가산기에도 연결되어 있다. 그리고, 가산기의 다른 한쪽에는 4가 들어간다. 따라서 가산기 출력은 'PC + 4'가 된다. 가산기의 출력은 PC 레지스터

입력 D로 연결되어 있어 clock의 rising-edge에서 PC 레지스터의 출력 Q는 'PC + 4'가 된다.

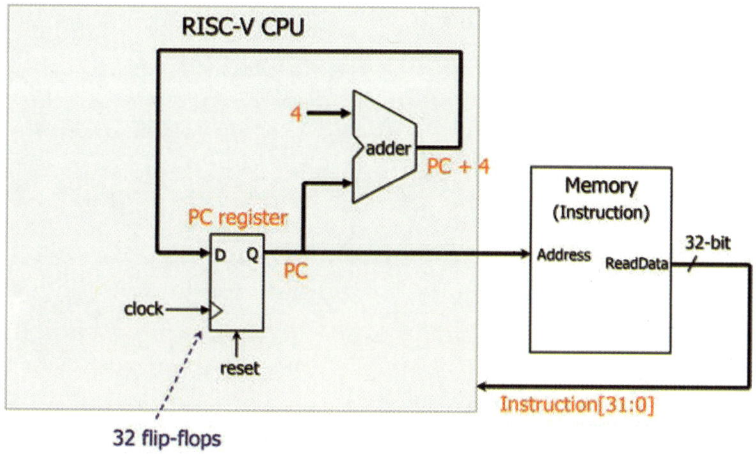

그림5-7 Instruction Fetch 로직

설계5-1와 설계5-2는 Instruction Fetch 로직을 설계한 Verilog 코드이다. 설계5-1은 짧고 간결한 설계이며, 설계5-2는 구조적인 설계이다. 설계5-1 `always` 문은 sensitivity list에 명시된 것처럼, `clk` 또는 `reset`의 rising-edge에서 trigger 된다. 4.2.2절에서 설명한 asynchronous resettable flip-flop을 만든 것이다. Flip-flop의 reset 입력은 컴퓨터 리셋 버튼과 같은 시스템 리셋에 연결되어 있다. 손가락으로 컴퓨터 리셋 버튼을 누른 후 떼면 '0 → 1 → 0'과 같은 신호가 만들어지는데 이것이 flip-flop의 reset 입력에 전달되어 'PC = 0'에서 시작하게 된다. 그 후 D flip-flop은 통상적으로 동작하여, 입력 D로 들어오는 'PC + 4'가 클럭(`clk`)의 rising-edge에서 출력 Q에 저장된다.

```
module rv32i_cpu  (

        input   clk,
        input   reset,
        output reg [31:0] pc

);

always @(posedge clk, posedge reset)
begin

   if  (reset) pc <= 32'h0;
   else        pc <= pc + 4;

end

endmodule
```

설계5-1 Verilog로 설계한 Instruction Fetch 로직 #1

하드웨어 설계 초보자에게는 설계5-1에 기술한 'pc <= pc + 4'는 직관적이지 않거나 이해가 어려울 수 있다. 그렇다면 처음에는 설계5-2와 같이 설계하는 것을 추천한다. 그림5-7에 하드웨어 구조도에 있는 모듈인 PC 레지스터와 가산기 각각을 따로 만들고 연결하는 방식이다. 설계5-2에 pcreg 모듈은 단순히 asynchronous resettable D flip-flop을 Verilog로 기술한 것이다. 가산기인 myadder 모듈도 직관적이다. 입력 a와 b를 더해 출력인 y를 만든다. rv32i_cpu 모듈은 단위 모듈인 pcreg와 myadder를 ❶, ❷ 같이 가져와(=instantiation) 단순히 연결한 것이다. 'pcnext'라는 전선wire을 사용해 myadder의 출력과 pcreg의 입력 D를 연결하였다. 그리고 myadder 두 번째 입력 b는 '4(=32'b100)'로 고정하였다. 이런 방식으로 설계하는 것을 Verilog에서 structural modelling이라고 부른다. Structural modelling은 주로 덩치가 큰 하드웨어를 설계할 때 사용하는데, 세분화해 만든 단위 하드웨어 모듈을 연결하여 최종 모듈을 설계하는 것을 말한다. 하위 모듈을 만들어 놓고 그것들을 연결하여 상위 모듈을 만들기 때문에 마치 장난감 레고LEGO 조립하듯 '구조적structural'인 느낌이 있다. 다만 Instruction Fetch와 같은 간단한 로직은 설계5-1과 같이 간결하게 설계하는 것에도 익숙해져야 한다.

```
module pcreg (

      input   clk,
      input   reset,
      output reg [31:0]  Q,
      input      [31:0]  D
);

always @(posedge clk, posedge reset)
begin

 if  (reset) Q <= 32'h0;
 else        Q <=  D ;

end

endmodule
```

```
module myadder (

     input [31:0]  a,
     input [31:0]  b,
     output [31:0] y
);

  assign  y = a + b;

endmodule
```

```
module rv32i_cpu (

      input  clk,
      input  reset,

      output [31:0] pc
);

wire [31:0] pcnext;

// instantiate pc ❶
 pcreg   ipcreg ( .clk (clk),
                  .reset (reset),
                  .Q (pc),
                  .D (pcnext));

// instantiate adder ❷
 myadder  imyadder ( .a (pc),
                     .b (32'b100),
                     .y (pcnext));

endmodule
```

설계5-2 Verilog로 설계한 Instruction Fetch 로직 #2

그림5-8은 설계5-2를 Quartus-II에서 합성 후 'RTL Viewer'로 볼 수 있는 결과이다. 이는 그림5-7의 하드웨어 구조도와 비슷하다. 합성 결과에 있는 adder의 두 번째 입력은 '30'b20000000'로 나타나 있는데 이것은 32'b100(=4)를 LSB부터 거꾸로 표시한 것이다. 단순한 표현 방법의 차이이다.

Verilog를 이용한 로직 설계에서 항상 염두에 두어야 할 것은 설계하려는 하드웨어의 대략적인 구조도를 머릿속에 그려야 한다는 것이다. 크게는 설계하려는 로직이 조합회로인지 순차회로인지 먼저 생각해야 한다. 그리고 작게는 Verilog로 어떤 종류의 모듈을 설계하려는 건지에 대한 구상이 되어있어야 한다. 예를 들면 `always` 문으로 flip-flop을 포함한 로직을 설계하려는 것인지, 아니면 크게 mux와 같은 기능을 설계하려는 것인지 등과 같은 구상을 먼저 해야 한다. 설계하려는 로직의 밑그림을 생각하지 않고 Verilog를 사용하면 설계 의도대로 동작하지 않거나, 합성 후 아주 비효율적인 로직이 나오기도 한다.

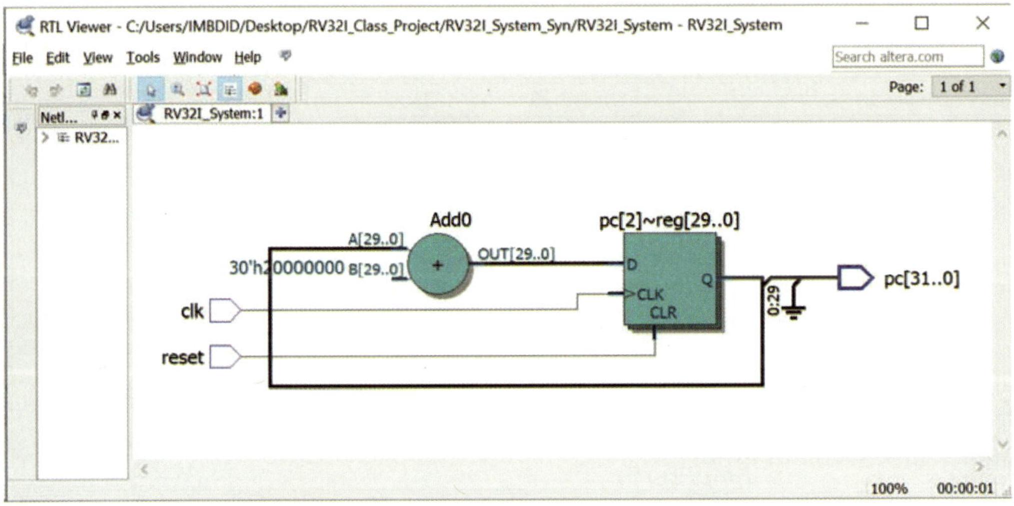

그림5-8 〈설계72〉를 Quartus-II에서 합성한 결과

설계의 다음 단계인 **시뮬레이션**simulation은 하드웨어 설계 후 꼭 거쳐야 하는 과정이다. 설계한 로직이 의도대로 동작하는지 확인하며 디버깅debugging하는 과정이다. 하드웨어 설계 초보자는 물론 숙련된 엔지니어도 실수를 항상 한다. 따라서 simulation은 아주 중요한 단계이다. 특히 설계 초보자의 경우는 simulation을 통해 하드웨어 동작을 더욱 확실히 이해하게 되기도 한다. 만약 simulation 결과를 해석하지 못하면 하드웨어를 제대로 이해하지 못하고 있는 것이나 마찬가지이다! 시뮬레이션은 2.4절에서 설치한 ModelSim을 사용한다.

코드5-1은 시뮬레이션을 위해 메모리에 적재할 예제 코드이다. 하드웨어 시뮬레이션에서는 이같이 디버깅을 위해 사용하는 입력을 testvector라고 부른다. 첫 4개 명령어는 'a = b + c'를 하는 코드로 두 개의 데이터를 메모리에서 읽어와 더하고 그 결과를 메모리에 저장한다. 첫 번째 명령어인 'lw x5, 0x400(x0)'는 메모리 0x400번지에 있는 데이터 '0x11223344'를 x5 레지스터에 저장한다. 두 번째 명령어인 'lw x6, 0x404(x0)'는 0x404번지에 있는 데이터인 '0x44332211'를 x6에 저장한다. 세 번째 명령어인 'add x7, x5, x6'는 덧셈(x5 + x6)을 하고 그 결과를 x7 레지스터에 저장한다. 네 번째 명령어인 'sw x7, 0x408(x0)는 x7 레지스터를 메모리 0x408번지에 저장한다. 2장 그림2-45에서 설명한 것처럼 시뮬레이션을 하려면 메모리 초기화를 위한 mif 파일이 필요하다. 2.2.4절에서 설치한 Eclipse 환경에서 코드5-1 왼편에 있는 어셈블리 코드를 컴파일하면 mif 파일이 생성되며, mif 파일에는 코드5-1 오른편에 주황색으로 표시한 머신코드가 들어있다.

```
   lw x5, 0x400(x0)
   lw x6, 0x404(x0)
   add x7, x5, x6
   sw  x7, 0x408(x0)

   mv  a0, x5
   mv  a1, x7
   call  foo

forever:
   j forever


.data
.align 10
.word  0x11223344, 0x44332211
```

컴파일
→

```
          lw x5, 0x400(x0)
  0:     40002283    lw    t0,1024(zero)

          lw x6, 0x404(x0)
  4:     40402303    lw    t1,1028(zero)

          add x7, x5, x6
  8:     006283b3    add   t2,t0,t1

          sw  x7, 0x408(x0)
  c:     40702423    sw    t2,1032(zero)

          mv  a0, x5
 10:     00028513    mv    a0,t0

          mv  a1, x7
 14:     00038593    mv    a1,t2

          call  foo
 18:     008000ef    jal   ra,20 <foo>

forever:
          j forever
 1c:     0000006f    j  1c <forever>

...

400:     11223344
404:     44332211
```

코드5-1 하드웨어 시뮬레이션을 하기 위한 testvector 및 메모리에 적재되는 binary

그림5-9 (a)는 설계5-2 Instruction Fetch 하드웨어의 동작을 표현한 waveform으로, ModelSim 시뮬레이션 결과를 이해하는 데 도움을 주기 위해 그린 그림이다. 그림에서 reset이 잠시 high(=1)로 올라갔다가 내려간 것은(❶ → ❷) 앞서 설명한 컴퓨터 본체에 있는 리셋 버튼을 누른 것을 모델링 한 것이다.

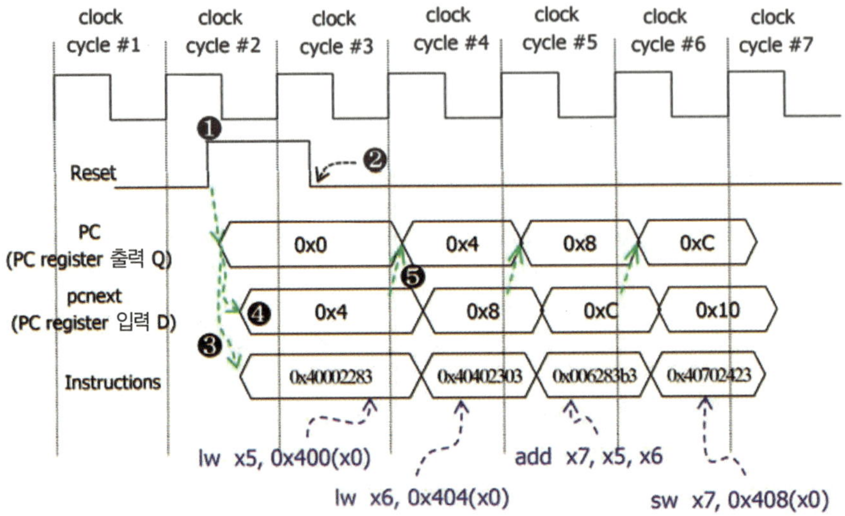

(a) 'Instruction Fetch' 동작 예시

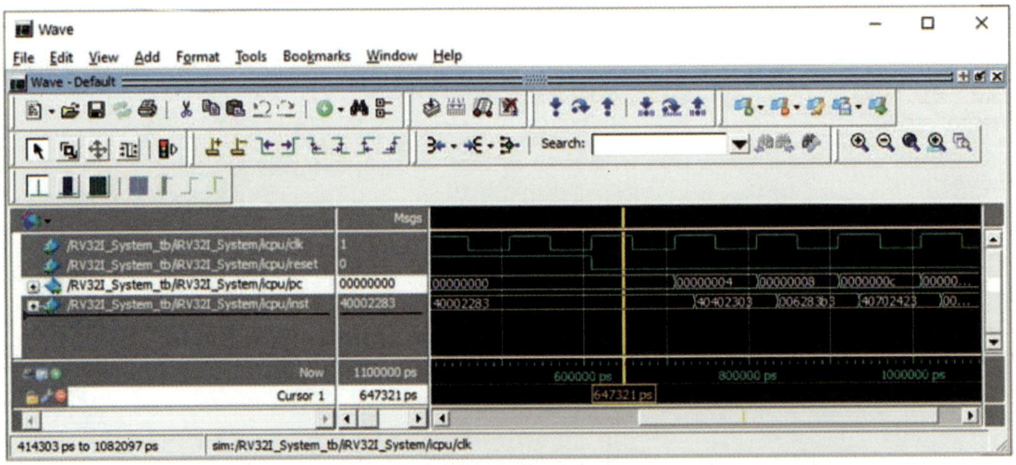

(b) <설계5-2> 'Instruction Fetch' 모듈을 ModelSim으로 시뮬레이션한 결과

그림5-9 'Instruction Fetch' waveform 예시 및 ModelSim 시뮬레이션 결과

설계5-2는 asynchronous resettable flip-flop을 사용했기 때문에 'reset == 1'이면 바로 PC 레지스터의 출력 Q가 0이 된다. 그 후로는 reset이 low(=0)로 유지되고 있다. 즉 컴퓨터 리셋 버튼에서 손을 뗀 상태라고 생각하면 된다. CPU의 통상적 동작은 reset이 끝난 후부터 시작한다. PC 레지스터 출력 Q는 그림5-7에 보는 것처럼, address bus를 통해 메모리 주소입력으로 연결되어 있다. 따라서 메모리는 그 주소에 해당하는 정보(여기서는 명령어)를 내어주게 된다(❸). 메모리도 주소를 받고 해당 위치에 있는 명령어를 읽는데 시간이 걸린다. 그림에 보여주는 waveform은 실제 하드웨어에서 발생하는 이러한 delay를 고려하였다. 그림5-9 (a) pcnext는 adder의 출력이기 때문에, PC 입력을 받고 잠시 후 'PC + 4'가 출력된다(❹). PC 레지스터는 clock의 rising-edge에 입력 D에 연결된 pcnext를 출력 Q에 저장한다(❺). 그림5-9 (b)는 설계5-2를 ModelSim으로 시뮬레이션한 결과로 'clk, reset, pc, inst(명령어)'의 waveform이다. (a)와 비교하며 살펴보기 바란다.

5.1.2 Decoding 로직 설계

Decoding은 메모리에서 읽어온 명령어를 말 그대로 해석하는 과정이다. 그림5-10에 도식화한 것과 같이, Decoding 단계에서는 두 가지 작업을 한다. 첫째, 명령어 실행을 위한 control 신호를 만든다. Control 신호는 명령어에 따라 데이터가 지나가야 할 datapath 선택에 사용된다. 명령어가 수행할 동작은 일반적으로 명령어에 'opcode[operation code]'라고 불리는 field에 명시되어 있다. RISC-V에서는 operation code를 'opcode, funct7, funct3' 이렇게 3개의 field에 명시한다. 따라서 decoding 로직은 'opcode, funct7, funct3'을 입력받아 필요한 control 신호를 만든다. 둘째, 데이터 연산 등을 위한 피연산자[source operand]를 준비한다. RV32I에서 source operand는 명령어의 rs1, rs2, 또는 immediate에 명시되어 있다. 따라서 rs1, rs2에 따라 레지스터 파일을 읽고, immediate 값을 sign-extension하여 source operand를 준비하면 된다. 3.1절 그림3-2에 정리한 명령어 형태를 살펴보면 'opcode, funct7, funct3, rs1, rs2, rd' field가 같은 위치에 있다. 따라서 읽어온 명령어로부터 Decoding 로직 설계를 아주 간편하게 할 수 있다.

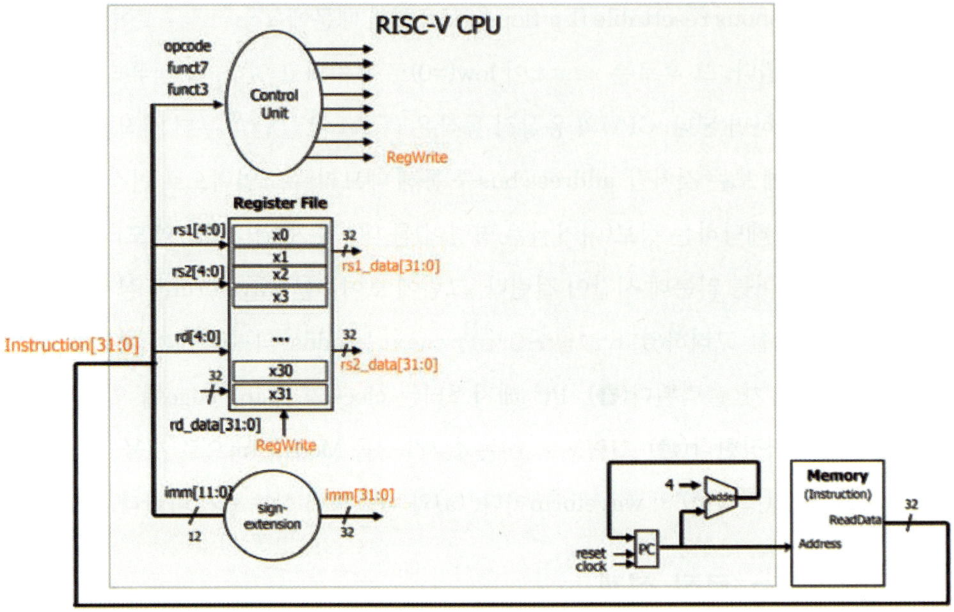

그림5-10 Decoding 과정에서 하는 작업: 1) Control 신호 생성 2) source operand 준비

그림5-10에서 Control Unit은 control 신호를 만드는 모듈이다. 그림에는 'RegWrite' 신호만 출력하는데, 앞으로 datapath를 차차 늘려가며 필요한 control 신호를 추가한다. 'RegWrite'는 레지스터 파일을 업데이트해야 하는지 여부를 결정하는 신호이다. 명령어에 따라 실행 결과를 레지스터 파일에 저장할 수도 있고 그렇지 않을 수도 있기 때문이다. 예를 들어 'add x4, x6, x2' 명령어는 실행 결과를 x4 레지스터에 저장한다. 따라서 add 명령어가 들어오면 Control Unit은 'RegWrite = 1'로 만들어야 한다. 하지만 'beq x5, x6, L1' 명령어는 실행 결과를 레지스터 파일에 저장하지 않는다. 조건의 만족 여부에 따라 PC 레지스터를 설정하는 명령어이기 때문이다. 따라서 조건 분기 명령어가 들어오면 Control Unit은 'RegWrite = 0'으로 만들어야 한다.

그림5-10은 source operand를 내보내는 로직도 보여준다. 명령어에 있는 rs1[4:0], rs2[4:0]를 레지스터 파일에 연결하면 해당 레지스터가 rs1_data[31:0], rs2_data[31:0]으로 출력된다. RV32I에서는 명령어에 따라 imm[11:0]를 두 번째 source operand로 사용하기도 한다. Source operand로 사용하기 위해서는 imm[11:0]를 입력받아 32-bit로 sign-extension해야 하는데, 그림에 있는

sign-extension 모듈이 그런 역할을 한다. 명령어 형태에 따라 살펴보면, R-type과 B-type 명령어들은 두 개의 source operand를 모두 레지스터 파일에서 가져온다. 예를 들면, 'add x4, x6, x2', 'beq x3, x4, L1'과 같다. I-type과 S-type 명령어들은 첫 번째 source operand는 레지스터 파일에서 읽고 두 번째 source operand는 명령어에 포함되어 있다. 예를 들면, 'addi x4, x6, 7', 'lw x5, 8(x7)', 'jalr x1, 12(x5)', 'sw x5, 8(x7)'과 같다.

설계5-3은 '`RegWrite`' control 신호를 만드는 Verilog 설계이다. `RegWrite` 신호는 RV32I 명령어 encoding의 마지막 7-bit인 'opcode[6:0]' 만으로 결정할 수 있다(3.1절 그림3-2 참조). 예를 들어, R-type 명령어라는 것을 말해 주는 '`opcode[6:0] = 011_0011`'이면 '`RegWrite = 1`'이 되어야 한다. 'add x5, x6, x7'와 같은 R-type 명령어는 연산 결과를 레지스터 파일에 저장해야 하기 때문이다. 그리고 S-type 명령어를 말하는 '`opcode[6:0] == 101_0011`'이면 '`RegWrite = 0`'이 되어야 한다. 'sw x5, 4(x7)'과 같은 S-type 명령어는 메모리에 저장하는 명령어로 레지스터 파일은 업데이트하지 않는다. B-type 명령어를 말하는 '`opcode[6:0] == 110_0011`'도 역시 '`RegWrite = 0`'이 되어야 한다. 'beq x7, x8, L1'과 같은 B-type 명령어도 조건의 만족 여부에 따라 PC 레지스터를 설정하는 명령어이며, 레지스터 파일은 업데이트하지 않는다.

설계5-3은 입력된 명령어에 따라 control 신호를 만드는 '조합회로'이다. 여기서는 조합회로를 `always` 문으로 만든 경우이다(4.1.2절 [읽어보기: Verilog를 이용한 조합회로 설계 방법] 참조). 그리고 '`case`' 키워드를 사용해 설계했는데, 주의할 점은 조합회로를 만들기 위해서는 ❶에 있는 '`default`' 문이 꼭! 있어야 한다는 것이다. '`case (opcode)`' 문에서 선택 조건으로 사용한 `opcode[6:0]`의 크기가 7-bit인데, 선택지에는 7-bit로 표현 가능한 128(=2^7)개 모두를 나열하지 않았기 때문이다. 만약 `default` 문이 없는 상태로 합성하면 래치latch, 그러니까 기억장치가 포함된 로직이 생성된다. 선택지에 명시하지 않은 opcode가 들어오면 바로 전에 결정된 `RegWrite`를 그대로 출력해야 하기 때문이다. 바로 전에 결정된 값을 내보내려면 그것을 '기억'하고 있는 로직이 필요하다.

그런데 선택지에 명시하지 않은 opcode가 들어올 수 있을까? 다시 말하면 메모리에서 읽어온 명령어가 RV32I가 제공하지 않는 명령어일 수 있을까? 그럴 수도 있는데 이런 상황은 프로그래머의 실수로 분기 명령어의 destination을 명령어가 아닌 데이터가 있는 위치로 잘못 설정한 경우, 혹은 어설픈 해커가 메모리에 있는 명령어를 잘못 변경시킨 경우 등 여러 가지가 있을 수 있다. 만약 이렇게 CPU가 해석decoding하지 못하는, 그러니까 CPU가 모르는 명령어가 들어오면 보통 6.2절에서 설명하는 익셉션exception이 발생하도록 하드웨어를 설계한다.

```
module maindec(input   [6:0] opcode,
               output  reg   RegWrite);

  always @(*)
  begin
    case(opcode)
      7'b011_0011: RegWrite <= 1'b1; // R-type
      7'b001_0011: RegWrite <= 1'b1; // I-type Arithmetic
      7'b000_0011: RegWrite <= 1'b1; // I-type Load
      7'b110_0111: RegWrite <= 1'b1; // I-type Jalr
      7'b010_0011: RegWrite <= 1'b0; // S-type Store
      7'b110_0011: RegWrite <= 1'b0; // B-type Branch
      7'b011_0111: RegWrite <= 1'b1; // LUI
      7'b001_0111: RegWrite <= 1'b1; // AUIPC
      7'b110_1111: RegWrite <= 1'b1; // JAL
      default:     RegWrite <= 1'b0; // ❶
    endcase
  end

endmodule
```

설계5-3 'RegWrite' control 신호를 만드는 Verilog 설계

그림5-11은 설계5-3을 Quartus-II에서 합성한 후 'RTL Viewer'로 볼 수 있는 결과이다. 합성결과를 해석해 보면 먼저 Decoder를 사용해 7-bit opcode 입력에 따라 128-bit 출력 중 하나만 1이 되도록 하였다. 그리고 후속 OR 게이트를 통해 Verilog 설계에서 명시한 7가지 opcode 입력에 대해서만 RegWrite가 '1'이 되는 로직이다. Quartus-II에서 합성한 결과는 참고용으로만 보길 바란다. Quartus-II에 구현된 CAD 알고리즘에 따라, 그리고 Intel FPGA인 Cyclone-III를 타깃target으로 나온 결과이기 때문이다. 다른 회사 FPGA를 타깃으로 하거나 ASICApplication-Specific Integrated Circuit을 만들기 위한 합성, 그리고 다른 CAD tool을 사용하면 같은 기능을 하는 다른 로직이 나오기도 한다.

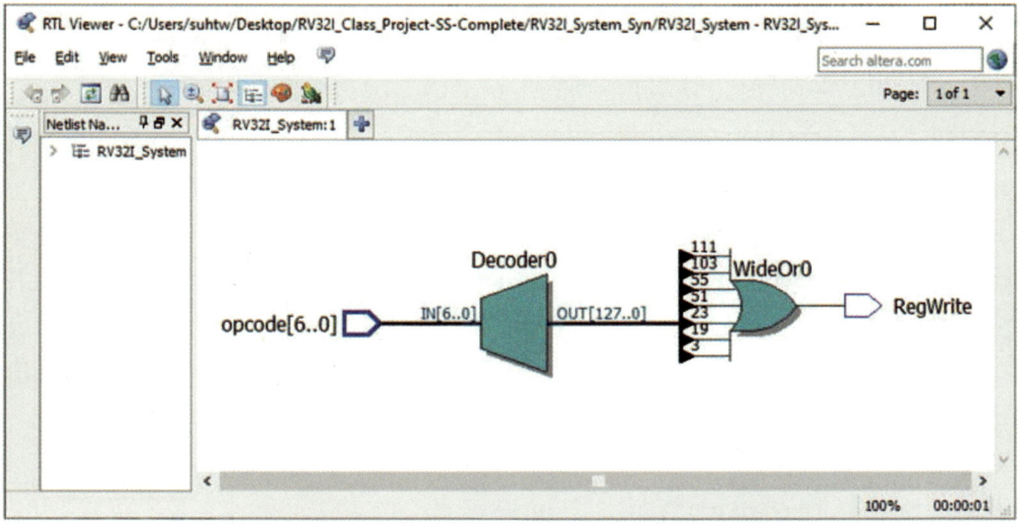

그림5-11 〈설계5-3〉를 Quartus-II에서 합성한 결과

설계5-4는 Verilog로 설계한 source operand를 만드는 로직이다. Verilog 설계를 보면, 명령어에서 `rs1[4:0]`와 `rs2[4:0]`를 추출하여(❶) 레지스터 파일에 연결하였다. 레지스터 파일은 이에 따라 rs1, rs2 번호에 해당하는 레지스터를 읽어 `rs1_data[31:0]`과 `rs2_data[31:0]`를 통해 내어준다. 레지스터 파일 설계는 4.2.3절을 참고하기 바란다. 설계5-4는 명령어에 있는 immediate로부터 두 번째 source operand를 만드는 로직도 보여준다(❷). 4.1.1절에서 설명한 replication, concatenation 연산을 통해 12-bit immediate인 `inst[31:20]`로부터 sign-extension한 32-bit immediate인 `se_imm_itype[31:0]`를 만든다.

```
wire [4:0]  rs1, rs2, rd;
wire [31:0] rs1_data, rs2_data;
reg  [31:0] rd_data;

assign rs1 = inst[19:15]; ❶
assign rs2 = inst[24:20];
assign rd  = inst[11:7];

// Register File
regfile i_regfile(
  .clk        (clk),
  .we         (RegWrite),
  .rs         (rs1),
  .rs2        (rs2),
  .rd         (rd),
  .rd_data    (rd_data),
  .rs1_data   (rs1_data),
  .rs2_data   (rs2_data));

// Sign-extension
assign se_imm_itype[31:0] = {{20{inst[31]}},inst[31:20]}; ❷
```

설계5-4 Verilog로 설계한 'source operand' 준비 로직

그림5-12는 명령어에 따른 RegWrite 신호의 waveform으로, ModelSim 시뮬레이션 결과를 이해하는데 도움을 주고자 그린 그림이다. 그림5-9 Instruction Fetch에서 사용한 testvector에 있는 명령어 4개에 따른 RegWrite의 변화이다. 첫 3개의 명령어인 'lw x5, 0x400(x0), lw x6, 0x404(x0), add x7, x5, x6'는 모두 실행 결과를 레지스터 파일에 저장하는 I-type, R-type 명령어로 설계에 따라 'RegWrite = 1'이 된다. 레지스터 파일에 실행 결과가 저장되는 시점은 그림에 표시한 clock의 rising-edge인 ❶, ❷,❸이다. 네 번째 명령어인 'sw x7, 0x408(x0)'는 S-type 명령어로 레지스터 파일을 업데이트하지 않으며, 설계에 따라 'RegWrite = 0'이 된다. 따라서 ❹ 시점에서 레지스터 파일은 업데이트되지 않는다. ModelSim 시뮬레이션 결과는 다음 절에서 설명하는 Execution 과정과 함께 보기로 하자.

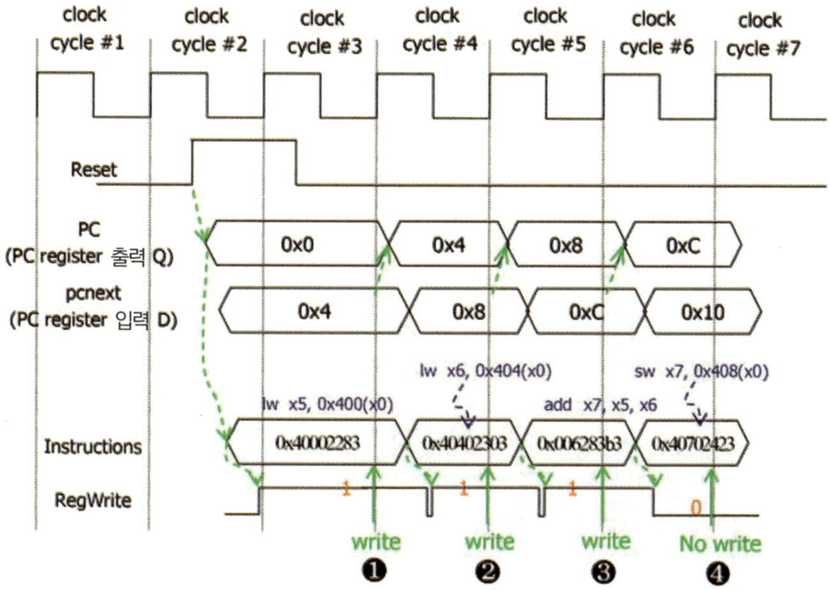

그림5-12 명령어에 따른 'RegWrite' 신호의 변화를 보여주는 waveform

5.1.3 Execution 로직 설계

Execution은 명령어를 실제로 실행하는 과정이다. 이제 데이터처리, 메모리 접근, 분기 이렇게 세 가지 종류의 명령어를 실행할 수 있는 디지털 로직을 점진적으로 추가하며 single-cycle CPU를 완성해보자.

(a) 데이터처리 명령어data processing instruction 실행

그림5-13은 데이터처리 명령어를 실행할 수 있는 CPU 구조를 보여준다. Decoding 로직까지 설계한 그림5-10과 비교해 보면 추가된 하드웨어 모듈은 ❶ 2:1 mux와 ❷ ALU이다. 여기서 2:1 mux는 ALU의 두 번째 입력을 결정하기 위해 추가하였다. RV32I에서 데이터처리 명령어는 R-type과 I-type 두 가지 형태를 사용해 만들었다. R-type 명령어의 source operand는 모두 레지스터 파일에서 나오는 반면, I-type 명령어는 첫 번째 source operand는 레지스터 파일에서 나오며 두 번째 source operand는 명령어에 포함되어 있는 immediate이다. 따라서 명령어에 따라 두 번째 source operand

를 선택하는 2:1 mux가 필요하다. 그림에 있는 mux control 신호인 'ALUSrc'는 Control Unit에서 만드는데, 명령어 opcode에 따라 값을 결정한다. 현재 실행하는 명령어가 'opcode == 0110011(R-type)'이면 'ALUSrc = 0'으로 만들어 mux의 첫 번째 입력인 레지스터 파일에서 읽은 데이터를 선택하게 한다. 그리고 'opcode == 0010011(I-type)'이면 'ALUSrc = 1'로 만들어 mux의 두 번째 입력인 32-bit immediate를 선택하게 한다.

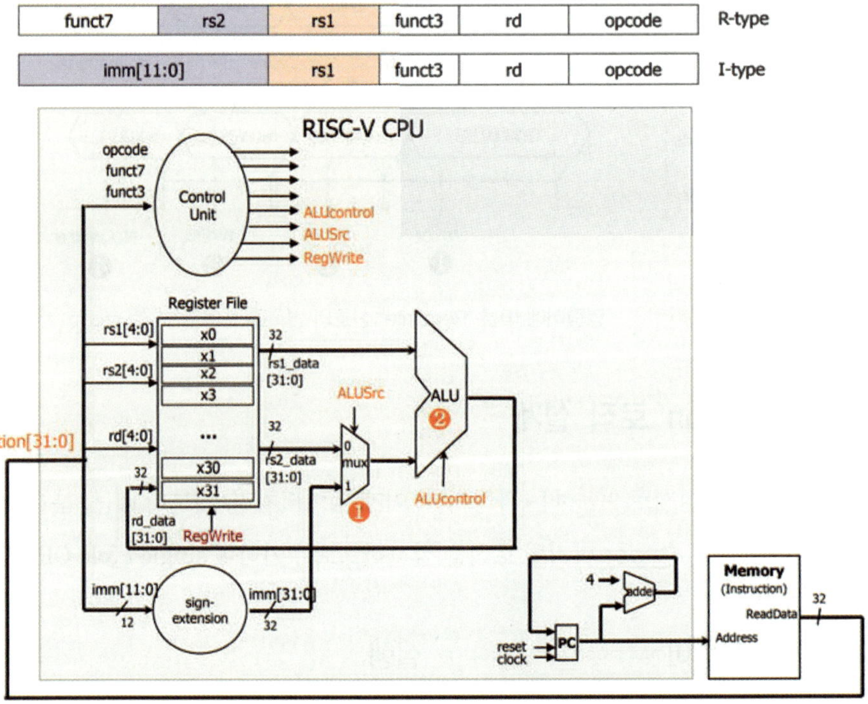

그림5-13 데이터처리 명령어 실행을 위한 CPU 구조

ALU는 4.1.5절에서 설명한 것처럼 설계하면 되는데, RV32I 명령어 실행을 위해서는 덧셈, 뺄셈, AND, OR, XOR 뿐 아니라 shift와 slt=set less than와 같은 연산을 할 수 있도록 설계해야 한다. ALU 설계는 명령어에 따라 제공해야 할 연산들을 파악하고, 그 연산을 할 수 있는 디지털 로직을 만드는 것이다. 그리고 각 연산을 위한 ALU control 신호를 결정하면 되는데, 여기에 설계자의 경험과 창의력이 필요하다. 소프트웨어 프로그래밍을 할 때 다양한 방식과 접근법이 있는 것과 같다. 예를 들어, 숫

자 정렬 프로그램을 코딩할 때 Quicksort, Bubble sort, Insertion sort등 다양한 알고리즘을 사용할 수 있다. 그리고 이러한 알고리즘, 프로그래머의 상상력과 창의력에 따라 코드의 크기 및 실행시간이 달라진다. 하드웨어 설계도 마찬가지다. 하드웨어 엔지니어는 디지털 로직 기본기를 바탕으로 설계하는데, 개인의 경험, 상상력, 창의력에 따라 설계한 하드웨어의 비용과 성능이 달라진다.

그림5-14 (a)는 RV32I 명령어 실행에 필요한 연산과 그 연산을 위해 저자가 할당한 ALU control 신호이다. 여기서 주의할 점은 '데이터처리 명령어' 뿐 아니라 '메모리 접근 명령어'와 '조건 분기 명령어'의 실행을 위해서도 ALU control 신호를 할당했다는 것이다. 메모리 접근 명령어의 경우 접근할 메모리 위치를 계산할 때 ALU로 덧셈을 하려고 한다. 예를 들어 'lw x5, 0x400(x5)' 명령어의 경우 접근할 메모리의 위치를 계산하기 위해 ALU에게 덧셈('0x400 + x5')을 시킨다. 따라서 load와 store 명령어의 경우, add 명령어와 같이 'ALUcontrol[4:0] = 00000'으로 할당하였다. 조건 분기 명령어의 경우는 조건의 만족 여부를 결정하기 위해 ALU에게 뺄셈을 시킬 것이다. 예를 들어 'beq x5, x6 L1' 명령어의 경우, x5와 x6가 같은지 판단하기 위해 뺄셈(x5 - x6)이 필요하다. 따라서 조건 분기 명령어의 경우 sub 명령어와 같이 'ALUcontrol[4:0] = 10000'으로 할당하였다.

그림5-14 (b)는 ALUcontrol[4:0]에 따라 연산 결과를 출력하는 ALU의 간략한 구조도이다. 5-bit ALUcontrol[4:0]에서 하위 4-bit인 ALUcontrol[3:0]는 최종 출력 Y를 결정하는 mux select 신호 역할을 한다. 최상위 bit인 ALUcontrol[4]는 뺄셈 연산을 하기 위해 두 번째 입력을 2의 보수로 만드는 용도로 사용하였다. 그림은 'sltu, sltiu' 명령어 실행을 위한 로직도 보여준다. sltu 명령어는 두 개의 source operand를 비교해 'less than' 조건을 만족하면 destination register를 1로 그렇지 않으면 0으로 설정한다. 예를 들어 'sltu x7, x5, x6'는 'x5 < x6' 이면 'x7 = 1'로 설정하며 그렇지 않으면 'x7 = 0'으로 설정한다. 그리고 여기서 x5, x6는 모두 unsigned 정수로 생각하고 비교한다. 조건 분기 명령어와 마찬가지로 'less than' 조건을 만족하는지 판단하기 위해 ALU에게 먼저 뺄셈을 시킨다. sltu 명령어를 위해 할당된 ALUcontrol 값인 '11000'에서 알 수 있듯이, 'ALUcontrol[4] == 1'이기 때문에 adder는 뺄셈을 하게 된다. 그 후 가산기 출력 carry-out(C_{out})을 확인하면 less than 여부를 알 수 있다(표1-10 참조). 'C_{out} == 0'이면 'less than' 조건을 만족한다. 그리고 이때 ALU 출력을 '1'로 만들기 위해 Inverter(그림에 ※)를 이용해 C_{out}을 반전시키고 32-bit로 zero-extension 하였다.

ALUcontrol [4:0]	Function	ALUcontrol [4:0]	Function
0_0000	A+B (add, addi, load, store, lui, auipc)	1_0000	A−B (sub, branches¥)
0_0001	A & B (and, andi)	1_0001	
0_0010	A | B (or, ori)	1_0010	
0_0011	A ^ B (xor, xori)	1_0011	
0_0100	A << B (sll, slli)	1_0100	
0_0101	A >> B (sri, srli)	1_0101	
0_0110	A >>> B (sra, srai)	1_0110	
0_0111		1_0111	A−B (slt, slti)
0_1000		1_1000	A−B (sltu, sltiu)
0_1001		1_1001	
0_1010		1_1010	
0_1011		1_1011	
0_1100		1_1100	
0_1101		1_1101	
0_1110		1_1110	
0_1111		1_1111	

(a) ALUcontrol[4:0]에 따른 ALU 연산

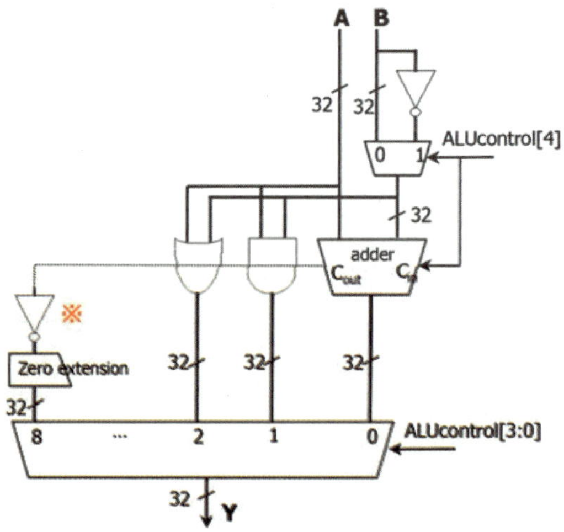

(b) ALU의 대략적 구조

그림5-14 RV32I 명령어 실행을 위한 ALU 구조

설계5-5는 그림5-14 (a)에 명시한 ALUcontrol[4:0]에 따라 연산 결과를 내어주는 ALU 설계이다. 비교적 직관적이고 이해하기 어렵지 않다. 여기서 가산기는 32-bit ripple-carry adder인 `adder_32bit`를 사용하였다. 4.1.4절 설계4-6에서 설명한 4-bit 가산기를 참고하기 바란다.

```
  module alu(input        [31:0]  a, b,
             input        [4:0]   alucont,
             output reg[31:0]  result,
             output               N, Z, C, V);

  wire [31:0] b2, sum ;
  wire        slt, sltu;

  assign b2 = alucont[4] ? ~b:b;

  adder_32bit iadder32 (.a   (a), .b   (b2), .cin(alucont[4]), .sum (sum),
                        .N   (N), .Z   (Z), .C   (C), .V   (V));

  // signed less than condition
  assign slt  = N ^ V ;

  // unsigned lower (C clear) condition
  assign sltu= ~C ;

  always@(*)
    case(alucont[3:0])
      4'b0000: result <= sum;          // A + B
      4'b0001: result <= a & b;
      4'b0010: result <= a | b;
      4'b0011: result <= a ^ b;
      4'b0100: result <= a <<  b[4:0]; // shift left logical (sll)
      4'b0101: result <= a >>  b[4:0]; // shift right logical(srl)
      4'b0110: result <= a >>> b[4:0]; // shift right arithmetic(sra)
      4'b0111: result <= {31'b0,sltu}; // sltu, sltiu
      4'b1000: result <= {31'b0,slt};  // slt, slti
      default: result <= 32'b0;
    endcase

endmodule
```

설계5-5 〈그림5-14 (a)〉 ALUcontrol[4:0]에 따라 연산을 하는 ALU를 Verilog로 설계한 예

이제 ALUcontrol[4:0]을 만드는 로직에 대해 알아보자. ALUcontrol[4:0] 당연히 RV32I 명령어에 따라 결정해야 한다. 표5-1는 저자의 판단에 따라 만든 진리표로, 명령어에 있는 opcode, funct7, funct3에 따라 ALUcontrol[4:0]를 결정하였다. 앞서 설명한 대로 데이터처리 명령어뿐 아니라, 다른 종류의 명령어도 덧셈, 뺄셈과 같은 연산이 필요하면 ALU를 사용하도록 하였다. ALU에 그런 기능(덧셈, 뺄셈)이 있는데, 굳이 adder를 따로 마련할 필요가 없기 때문이다. 메모리 접근 명령어는 접근할 메모리 주소를 계산할 목적으로, 조건 분기 명령어의 경우 두 정수를 비교할 목적으로 ALU를 사용한다. 표5-1에 진리표는 LUI, AUIPC 명령어도 ALU에서 덧셈을 하도록 하였다. AUIPC 명령어의 경우 'PC + (imm[31:12]<<12)' 덧셈이 꼭 필요하다. 하지만 LUI 명령어의 경우 덧셈이 필요하지 않지만 '0 + (imm[31:12] <<12)'를 하도록 하였다. LUI 명령어의 경우 설계자의 판단에 따라 ALU를 거치지 않고 datapath를 따로 만들어 결괏값을 레지스터 파일에 저장하는 방식으로 설계할 수도 있다.

표5-1 명령어('opcode, funct7, funct3')에 따라 ALUcontrol[4:0]을 결정하는 진리표

	Instruction	Opcode [7:0] (input)	Funct7 [7:0] (input)	Funct3 [7:0] (input)	ALUcontrol [4:0] (output)
R-type	ADD	011_0011	000_0000	000	0_0000 (add)
	SUB	〃	010_0000	000	1_0000 (subtract)
	SLL	〃	000_0000	001	0_0100 (sll)
	SLT	〃	000_0000	010	1_0111 (slt)
	SLTU	〃	000_0000	011	1_1000 (sltu)
	XOR	〃	000_0000	100	0_0011 (xor)
	SRL	〃	000_0000	101	0_0101 (srl)
	SRA	〃	010_0000	101	0_0110 (sra)
	OR	〃	000_0000	110	0_0010 (or)
	AND	〃	000_0000	111	0_0001 (and)
B-type	BEQ	110_0011	x	000	1_0000 (subtract)
	BNE	〃	x	001	1_0000 (subtract)
	BLT	〃	x	100	1_0000 (subtract)
	BGE	〃	x	101	1_0000 (subtract)
	BLTU	〃	x	110	1_0000 (subtract)
	BGEU	〃	x	111	1_0000 (subtract)
I-type	ADDI	001_0011	x	000	0_0000 (add)
	SLTI	〃	x	010	1_0111 (subtract)
	SLTIU	〃	x	011	1_1000 (subtract)
	XORI	〃	x	100	0_0011 (xor)
	ORI	〃	x	110	0_0010 (or)
	ANDI	〃	x	111	0_0001 (and)
	SLLI	〃	000_0000	001	0_0100 (sll)
	SRLI	〃	000_0000	101	0_0110 (srl)
	SRAI	〃	010_0000	101	0_0110 (sra)
	Load (LB, LH, LW, LBU, LHU)	000_0011	x	x	0_0000 (add)
	JALR	110_0111	x	x	0_0000 (add)
S-type	Store (SB, SH, SW)	010_0011	x	x	0_0000 (add)
U-type	LUI	011_0111	x	x	0_0000 (add)
	AUIPC	001_0111	x	x	0_0000 (add)

설계5-6은 표5-1 진리표에 따라 ALUcontrol[4:0]을 출력하는 설계이다. ALUcontrol[4:0]을 만드는 로직도 조합회로이다. 현재 명령어에 있는 opcode, funct7, funct3 입력에 따라 ALUcontrol[4:0]이 바로 결정되기 때문이다. 따라서 case 문 선택지에 default 문을 추가하였다(❶).

```
`define OP_R              7'b0110011
`define OP_I_ARITH        7'b0010011
`define OP_I_LOAD         7'b0000011
`define OP_I_JALR         7'b1100111
`define OP_S              7'b0100011
`define OP_B              7'b1100011
`define OP_U_LUI          7'b0110111
`define OP_U_AUIPC        7'b0010111
`define OP_J_JAL          7'b1101111

module aludec(input      [6:0] opcode,
              input      [6:0] funct7,
              input      [2:0] funct3,
              output reg[4:0] ALUcontrol);

  always @(*)
    case(opcode)
      `OP_R:         // R-type
        case({funct7,funct3})
        10'b0000000_000: ALUcontrol <= 5'b00000; // addition (add)
        10'b0100000_000: ALUcontrol <= 5'b10000; // subtraction (sub)
        10'b0000000_001: ALUcontrol <= 5'b00100;  // shift-left logical (sll)
        10'b0000000_010: ALUcontrol <= 5'b10111; // set less than (slt)
        10'b0000000_011: ALUcontrol <= 5'b11000; // sltu
        10'b0000000_100: ALUcontrol <= 5'b00011;  // xor(xor)
        10'b0000000_101: ALUcontrol <= 5'b00101;  // srl
        10'b0100000_101: ALUcontrol <= 5'b00110;  // sra
        10'b0000000_110: ALUcontrol <= 5'b00010; // or (or)
        10'b0000000_111: ALUcontrol <= 5'b00001; // and (and)
        default:         ALUcontrol <= 5'bxxxxx; // ❶
        endcase

      `OP_I_ARITH:   // I-type Arithmetic
        casez({funct7,funct3})
         10'b???????_000:  ALUcontrol <= 5'b00000; // addi(=add)
         10'b0000000_001:  ALUcontrol <= 5'b00100; // slli(=sll)
         10'b???????_010:  ALUcontrol <= 5'b10111; // slti(=slt)
         10'b???????_011:  ALUcontrol <= 5'b11000; // sltiu(=sltu)
         10'b???????_100:  ALUcontrol <= 5'b00011; // xori(=xor)
         10'b0000000_101:  ALUcontrol <= 5'b00101; // srli(=srl)
         10'b0100000_101:  ALUcontrol <= 5'b00110; // srai(=sra)
```

```
        10'b???????_110:  ALUcontrol <= 5'b00001; // and (andi)
        10'b???????_111:  ALUcontrol <= 5'b00010; // or (ori)
        default:          ALUcontrol <=  5'bxxxxx; // ❶
        endcase

      `OP_I_LOAD,        // I-type Load (LW, LH, LB...)
      `OP_S,             // S-type Store (SW, SH, SB)
      `OP_U_LUI,         // U-type (LUI)
      `OP_U_AUIPC:       // U-type (AUIPC)
          ALUcontrol <= 5'b00000;  // addition

      `OP_B:             // B-type Branch (BEQ, BNE, ...)
          ALUcontrol <= 5'b10000;  // subtraction

     default:
          ALUcontrol <= 5'b00000;  // ❶
   endcase

endmodule
```

설계5-6 〈표5-1〉 진리표에 따른 ALUcontrol[4:0] 로직 설계

(b) 메모리 접근 명령어memory access instruction 실행

그림5-15는 '데이터처리 명령어'와 '메모리 접근 명령어'를 실행할 수 있는 CPU 구조를 보여준다. 구조의 복잡도를 줄이기 위해 메모리 접근 명령어 중 'lw, sw'를 실행할 수 있는 모듈을 추가하였다. 표3-3에 보는 것처럼, load 명령어와 store 명령어는 각각 I-type, S-type을 사용해 만들어졌다. 두 형태 모두 메모리에 접근할 주소는 'rs1 + immediate'로 만들어진다. 예를 들어 'lw x5, 0x24(x3)', 'sw x7, 0x38(x7)' 명령어를 실행할 때 접근할 메모리 주소는 각각 ' x3 + 0x24', 'x7 + 0x38 '이다. 그림5-15 구조에서는 ALU가 주소 계산을 담당한다. 그리고 ALU 출력이 바로 메모리의 주소 포트에 연결되어 있다. Load 명령어 실행에서는 그림에 표시한 ALU 출력(❶)을 통해 주소를 공급하고 메모리에서 읽은 데이터는 ❸으로 표시한 datapath를 통해 레지스터 파일에 저장된다. 그림에 2:1 mux (❹)를 추가한 이유는, 데이터처리 명령어 결과(❶)와 load 명령어로 메모리에서 읽은 데이터(❸) 이렇게 두 개가 레지스터 파일에 있는 하나의 입력(rd_data[31:0])으로 연결되어야 하기 때문이다. Store 명령어 실행에서는 메모리 주소는 ALU 출력인 ❶을 통해 공급되고, 메모리에 저장할 데이터인 rs2는 레지스터 파일에서 출력되어 ❷를 통해 공급된다.

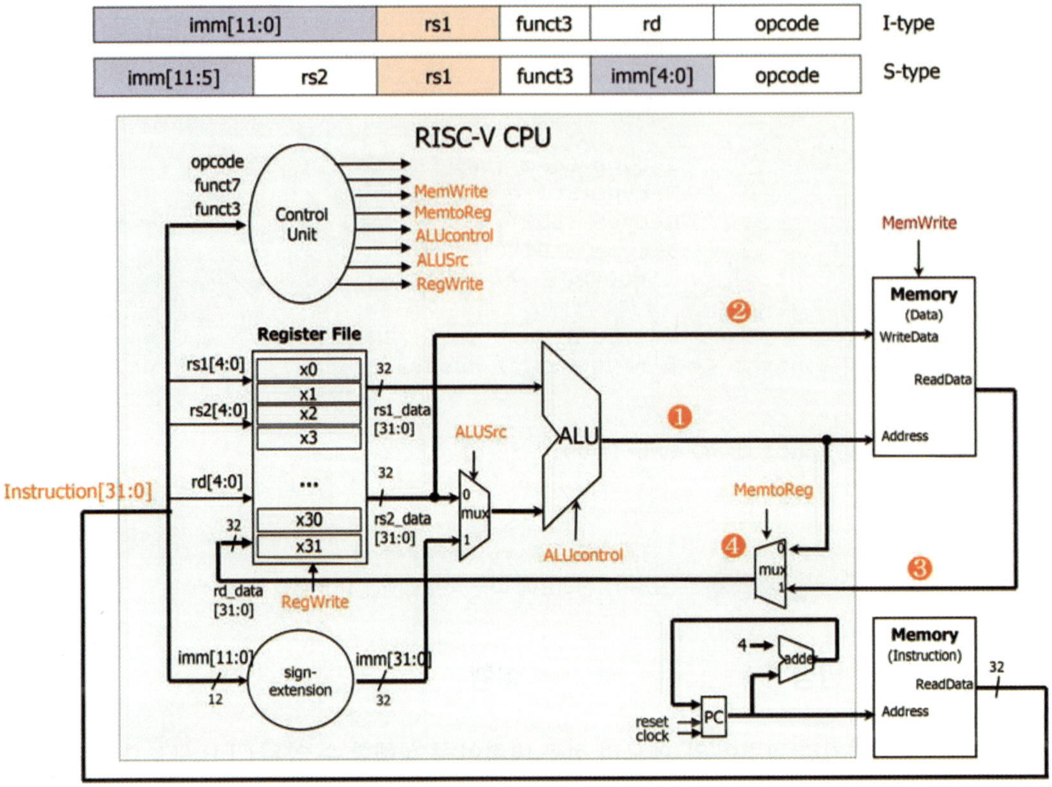

그림5-15 '데이터처리 명령어'와 '메모리 접근 명령어' 실행을 할 수 있는 CPU 구조

그림5-16은 'lw x5, 0x400(x0)' 명령어 실행을 위해 결정된 control 신호 값과 이에 따라 선택된 datapath를 보여준다. lw 명령어에 따라 Control Unit에서 만든 control 신호 값을 확인하기 바란다. 설명한 것처럼, control 신호 값에 의해 데이터가 지나갈 길(datapath)이 결정되어 명령어가 실행된다. 그림에 표시한 것처럼 ALU에서 계산한 '0x400 = 0x400 + x0'가 메모리 주소입력으로 공급된다. 메모리에서 읽은 데이터는 CPU로 들어와 2:1 mux를 거쳐 레지스터 파일로 공급된다.

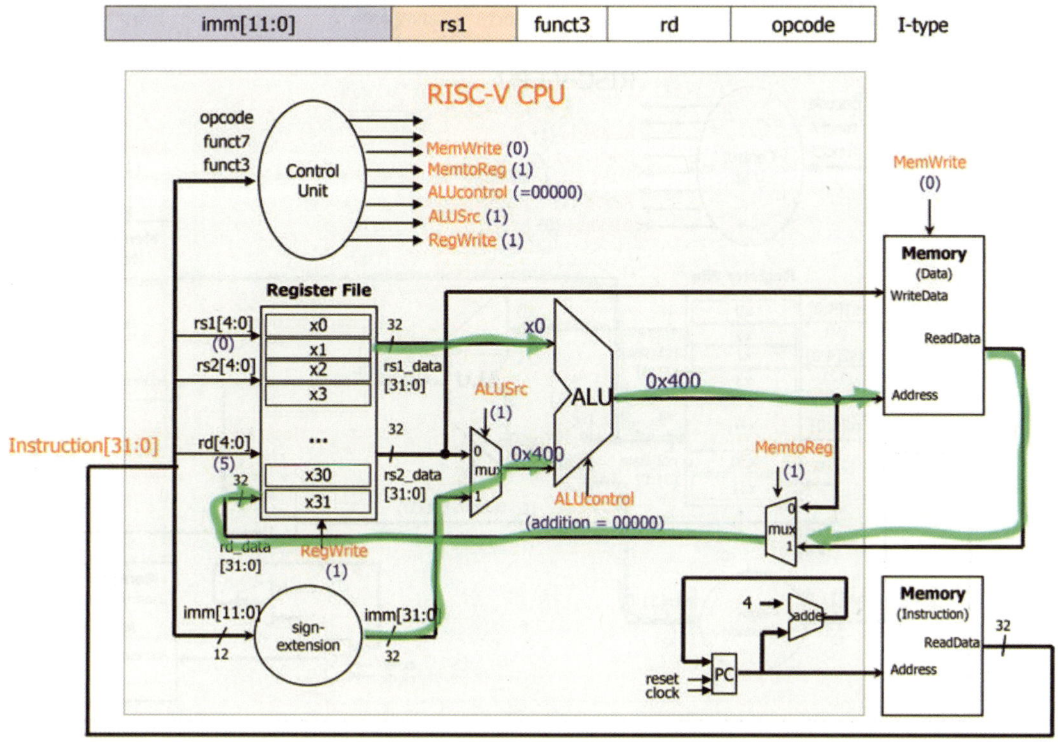

그림5-16 'lw x5, 0x400(x0)' 명령어 실행을 위해 결정된 control 신호 값과 그에 의해 선택된 datapath

그림5-17은 'sw x7, 0x408(x0)' 명령어 실행을 위해 결정된 control 신호 값과 이에 따라 선택된 datapath를 보여준다. Store 명령어는 데이터를 메모리에 저장하는 동작이기 때문에, CPU는 메모리에 주소와 데이터를 공급한다. 메모리 주소는 ALU에서 계산한 값인 '0x408 = 0x408 + x0'이며, 저장할 데이터(x7)는 레지스터 파일 두 번째 출력에서 나와 메모리로 공급된다. Control Unit은 메모리에 저장하기 위한 control 신호인 MemWrite를 1로 만들어 주었다. 그림에서 'x'는 don't care를 의미하며, 0 또는 1 어떤 값이든 상관없다는 말이다. 예를 들어 MemtoReg 신호는 레지스터 파일로 보낼 데이터를 결정하는데, store 명령어의 경우 아무 데이터나 레지스터 파일로 보내도 상관없다. Store 명령어는 레지스터 파일을 업데이트하는 명령어가 아니기 때문이다.

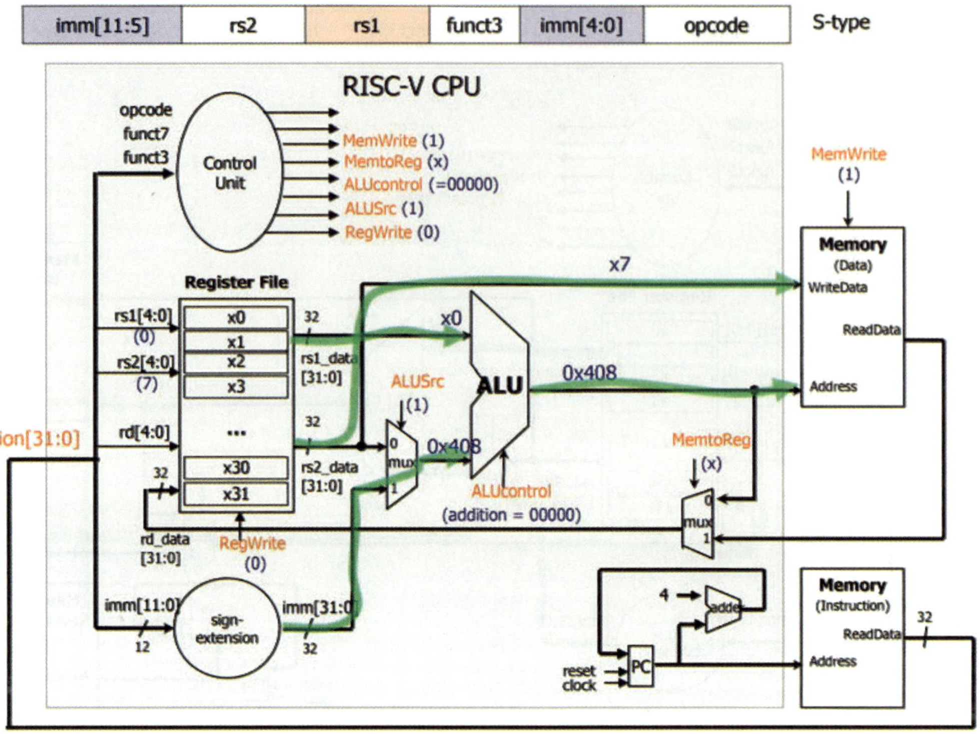

그림5-17 'sw x7, 0x408(x0)' 명령어 실행을 위해 결정된 control 신호 값과 그에 의해 선택된 datapath

그림5-18은 코드5-1 testvector에 있는 '데이터처리 명령어'와 '메모리 접근 명령어'에 대한 ModelSim 시뮬레이션 결과이다. 그림에는 명령어(inst)에 따른 control 신호 값과 이를 통해 선택된 주요 datapath에 있는 데이터, 그리고 몇몇 레지스터 값을 보여준다. 첫 명령어인 'lw x5, 0x400(x0)'를 실행한 후 'x5 ← 0x11223344'로 설정되었으며, 두 번째 'lw x6, 0x404(x0)' 명령어를 실행한 후 'x6 ← 0x44332211'로 설정되었다. 그리고 세 번째 명령어인 'add x7, x5, x6' 실행 후 'x7 ← 0x55555555'가 되었다. 이렇게 명령어 세 개는 레지스터를 업데이트하는 명령어이기 때문에 해당 명령어가 실행되는 cycle에서 'RegWrite = 1' 이다. 네 번째 명령어인 'sw x7, 0x408(x0)'는 메모리에 저장하는 명령어이기 때문에 해당 cycle에서 'MemWrite = 1'이다. 이 외에도 각 명령어가 실행되는 clock cycle에서 ALUSrc, ALUcontrol[4:0], MemWrite, MemtoReg, RegWrite 등 control 신호 값을 확인하길 바란다.

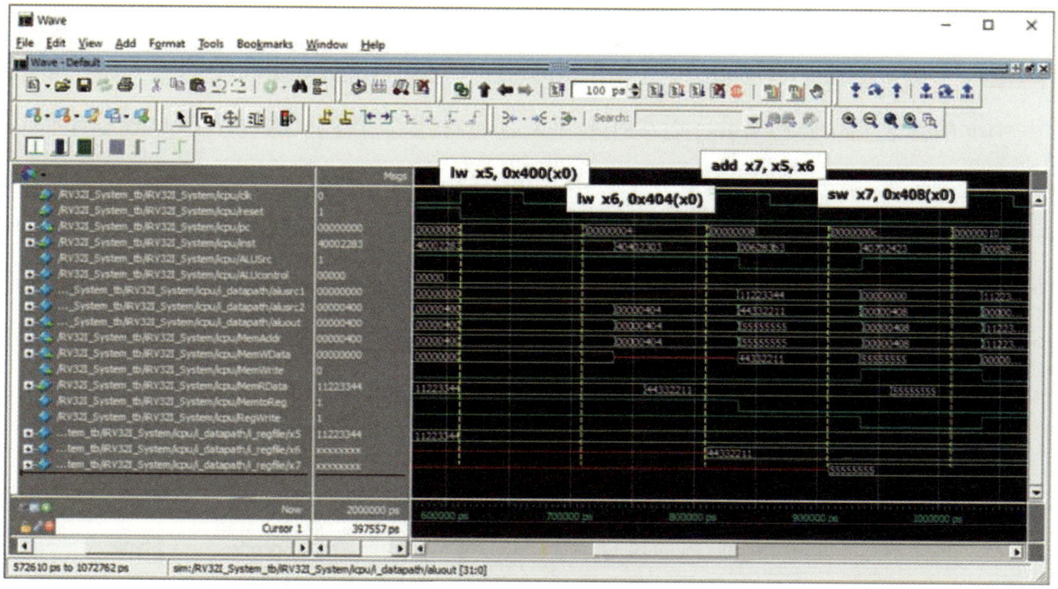

그림5-18 〈코드5-1〉 testvector에 있는 명령어 네 개를 ModelSim으로 시뮬레이션한 결과

(c) 분기 명령어branch instruction 실행

그림5-19는 '데이터처리 명령어', '메모리 접근 명령어', '분기 명령어' 이렇게 세 종류의 명령어 모두를 실행할 수 있는 CPU 구조를 보여준다. 구조의 복잡도를 줄이기 위해 분기 명령어 중, 'beq, jal' 명령어 실행을 위해 필요한 모듈을 추가하고 연결하였다. 분기 명령어는 PC 레지스터를 변경시키기 때문에, 주로 PC 관련 로직에 많은 변화가 있다. RISC-V에는 **PC를 변경할 수 있는 후보는 세 가지**가 있다.

- PC + 4
- 조건 분기 destination = PC + sign-extension(imm[12:1],1'b0)
- 무조건 분기 destination = PC + sign-extension(imm[20:1],1'b0)

따라서 그림5-19에 PC 레지스터 입력 쪽을 보면 mux(❶, ❹)를 추가해, 명령어에 따라 세 가지 후보 중 하나가 선택되게 하였다. ❷, ❺는 각각 조건 분기 destination과 무조건 분기 destination을 만드는 로직이다. 조건 분기 명령어인 'beq'의 경우 taken 여부를 판단하기 위해 ALU에서 뺄셈을 시키며 그 결과가 '0'이면 mux (❶) control 신호인 'btaken = 1'이 된다(❸). 'btaken'은 'PC + 4'와 '조건 분기 destination' 중 하나를 선택하는 신호이다. 무조건 분기 명령어인 'jal'의 경우 Control Unit에서 나온 control 신호인 'jal = 1'이 되며(❻), 이에 따라 mux(❹)는 입력 중 jump destination을 선택한다. jal 명령어는 또한 'PC + 4'를 rd에 저장해야 한다. 이에 따라 레지스터 파일의 rd_data[31:0]에 입력되어야 할 후보가 하나 더 늘게 되었다. 정리하면 레지스터 파일의 쓰는 포트(rd_data[31:0])로 연결되어야 하는 후보는 i) 데이터처리 명령어 결과, ii) 메모리에서 읽은 데이터, iii) 'PC + 4', 이렇게 세 개이다. 따라서 입력의 개수가 많은 4:1 mux(❼)를 사용하였다. 그림에는 4:1 mux에 있는 4개의 입력

Imm[12][10:5]	rs2	rs1	funct3	imm[4:1][11]	opcode	B-type

imm[20][10:1][11][19:12]	rd	opcode	J-type

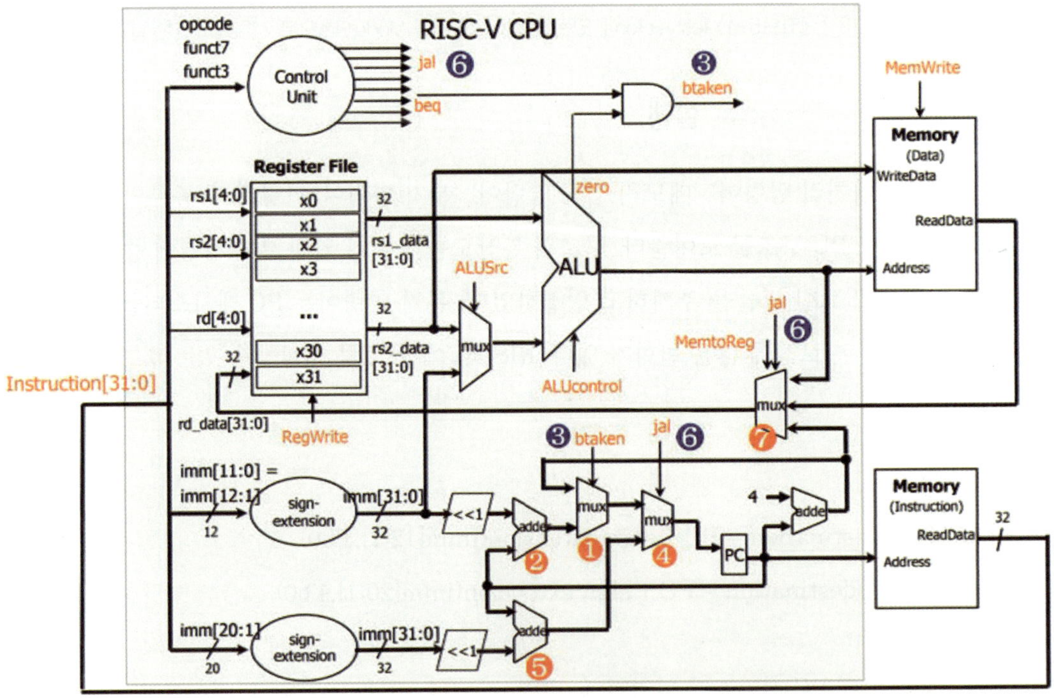

그림5-19 '데이터처리 명령어', '메모리 접근 명령어', '분기 명령어' 실행을 위한 CPU 구조

중 3개를 사용하고 나머지 하나는 연결하지 않은 상태이다. 그렇게 해도 상관없다. 어차피 연결되어 있지 않은 입력은 CPU 동작 중 선택되지 않는다.

그림5-20은 'beq x3, x4, L1' 명령어를 실행할 때 결정된 control 신호 값과, 그에 따라 선택된 datapath를 보여준다. 'x3 == x4'이면 'PC ← L1'으로 설정되고, 그렇지 않으면 'PC ← PC + 4'로 설정되어야 한다. 비교를 위해 ALU는 뺄셈을 하고 그 결과에 따라 taken 여부를 결정한다. 그림에서는 taken 되었다고 가정하였다. 그림에 보는 것처럼 'btaken = 1'이면 PC 레지스터는 'PC + sign-extension (imm[12:1],1'b0)'로 설정된다.

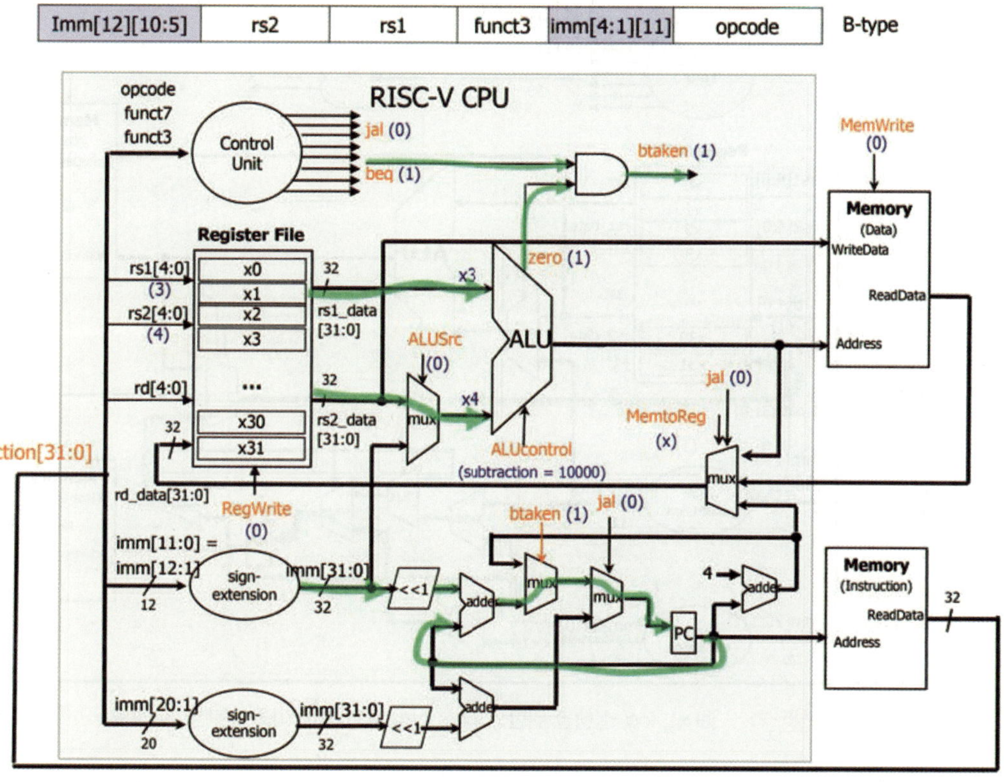

그림5-20 'beq x3, x4, L1'가 taken된 경우 control 신호 값과 그에 따라 선택된 datapath

그림5-21은 'jal x1, foo' 명령어를 실행할 때 결정된 control 신호 값과 그에 따라 선택된 datapath를 보여준다. 'jal x1, foo' 명령어를 실행하려면 'PC ← foo', 'x1 ← PC + 4' 이렇게 두 가지 작업을 해야 한다. 그림에 ❶은 'PC ← foo'로 설정되는 것을 보여주는데, 'jal == 1' 신호에 따라 PC 레지스터가 'PC + sign-extension (imm[20:1],1'b0)'로 설정되는 흐름이다. ❷는 'x1 ← PC + 4'로 설정되는 것을 보여준다. 'jal == 1' 신호에 따라 mux(❸) 입력 중 'PC + 4'가 선택되어 레지스터 파일 입력으로 들어간다.

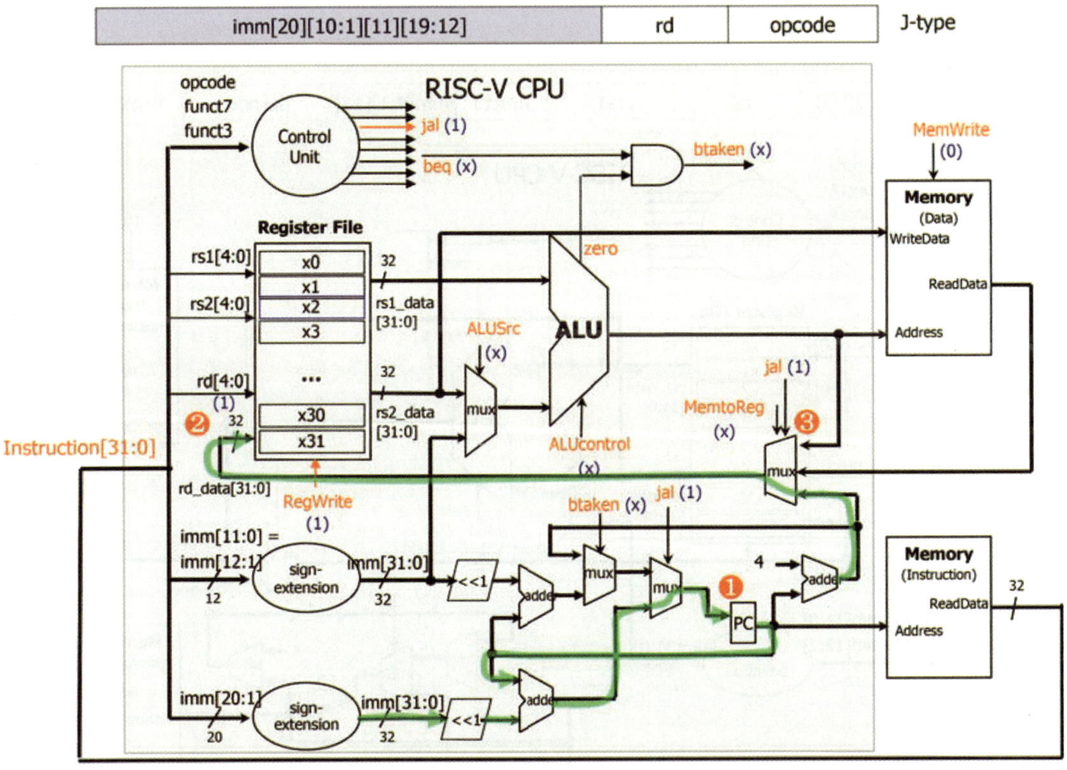

그림5-21 'jal x1, foo' 실행을 위한 control 신호 값과 그에 따라 선택된 datapath

(d) 성능

어떤 일을 할 때는 항상 목표가 있다. 하드웨어를 설계할 때도 달성할 할 목표를 설정하는데, **성능**performance, **전력 소모**power consumption, **하드웨어 크기**area, 이렇게 세 가지 지표metric를 사용한다. 예를 들어, 설계한 하드웨어는 '2GHz 이상으로 동작해야 하며, 면적은 1mm x 1mm 보다 작아야 하고, 전력 소모는 20mW 이하 이여야 한다'와 같은 목표를 설정한다. 스마트폰에 사용되는 하드웨어 chip을 설계한다고 할 때 이러한 세 가지 요소는 스마트폰의 가격, 성능 그리고 배터리 충전 후 가용시간 등에 직접적인 영향을 미친다. 이 책에서는 세 가지 지표 중 '성능'에 대한 내용만 다룬다. 전력 소모와 하드웨어 크기 측정을 위해서는 여러 가지 CAD tool을 사용해야 하고, layout과 place&route(P&R) 등에 대한 사용법 및 사전지식이 요구되어 본 교재의 범위를 벗어나는 내용이다. 관심 있는 독자는 ASICApplication-specific Integrated Circuit 설계 방법을 학습하기 바란다. 사실 성능도 앞서 말한 P&R 과정을 모두 마친 후에야 정확히 측정할 수 있다. 하지만 여기서는 디지털 로직 설계에서 성능을 결정하는 방법에 대한 큰 그림의 이해하는 것이 목적이다. 따라서 간략화하여 성능을 측정한다.

하드웨어에서 말하는 성능은 주로 **동작 주파수**를 말한다. 설계한 로직이 얼마나 빠르게 동작할 수 있는지 평가하는 것이다. 동작 주파수는 설계한 로직에 있는 **critical path**에 따라 결정된다. Critical path란 **flip-flop에서 시작해 flip-flop까지 가는 path 중 시간이 가장 오래 걸리는 path**를 말한다. 그림 5-22의 예에서는 그러한 path가 ❶, ❷, ❸, ❹ 4개 있는데, 이 중 delay가 가장 긴 path가 critical path이다. 그리고 critical path의 delay는 clock의 '최소' 주기(T)를 결정한다. T가 결정되면 설계한 디지털 로직의 '최대' 동작 주파수는 $f = \dfrac{1\,\text{sec}}{T}$가 된다.

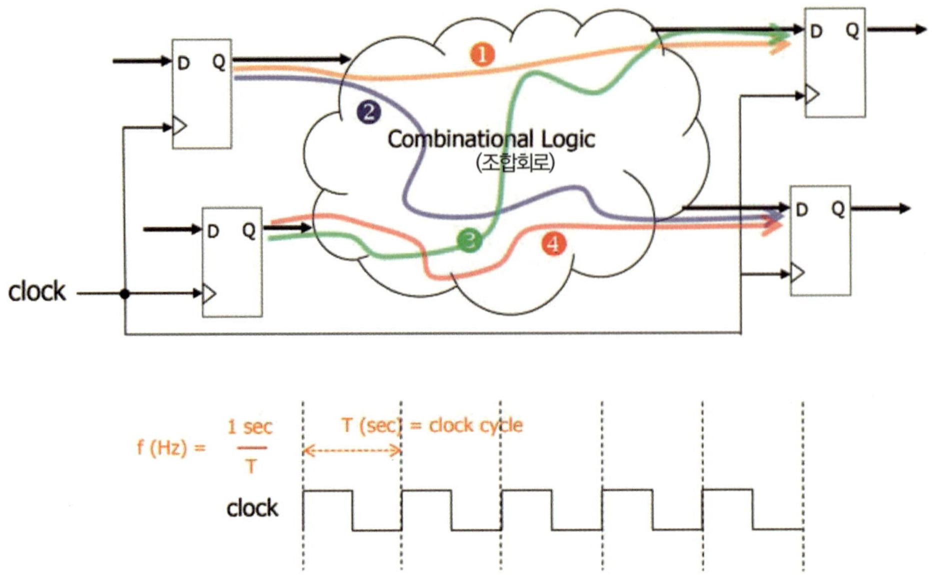

그림5-22 Critical path는 FF에서 시작해 FF에서 끝나는 path 중 시간이 가장 오래 걸리는 path를 말한다. ❶, ❷, ❸, ❹ 중에서 delay가 가장 긴 path에 의해 clock의 최소 주기(T)가 결정된다. 동작 주파수 f는 1초에 T가 몇 개 있는지를 의미한다.

그럼 지금까지 설계한 single-cycle CPU의 critical path는 어떻게 결정해야 할까? 먼저 flip-flop이 어디에 있는지 파악해야 한다. 그림5-19에 완성한 single-cycle CPU 설계를 살펴보면, 먼저 PC 레지스터가 flip-flop으로 만들어졌다. 그리고 여기서 설계한 CPU에서는 레지스터 파일도 flip-flop으로 설계하였다. '레지스터 파일에 쓰는 동작'이 clock의 rising-edge에서 일어난다. 마지막으로 '메모리에 쓰는 동작'도 flip-flop과 마찬가지로 clock의 rising-edge에서 일어난다. 따라서 이를 고려해서 critical path를 찾아야 한다. CPU에서 명령어 실행 첫 단계는 항상 PC 레지스터이다. PC 레지스터에서 주소가 나가고 그에 따라 명령어가 CPU로 들어와 해석하고 실행된다. 따라서 critical path의 시작은 PC 레지스터이다. 그럼 path의 끝은 어디일까? 명령어에 따라 다른데, 표5-2는 명령어의 종류에 따라 실행을 위해 지나가야 하는 path를 정리하였다.

- 데이터처리 명령어: 'add, sub, and, or, xor'와 같은 명령어를 실행하려면, **'PC 레지스터 → 레지스터 파일 읽기→ ALU → 레지스터 파일에 저장'**을 거친다. 'add x3, x4, x5'를 예로 들면 실행의 끝

은 x3 레지스터에 저장하는 것이다.

- 메모리 접근 명령어: 여기에는 load 명령어와 store 명령어가 있다. 1) load 명령어는 '**PC → 레지스터 파일 읽기→ ALU(주소 계산) → 데이터 메모리 읽기 → 레지스터 파일에 저장**'을 거친다. 'lw x3, 8(x5)'를 예로 들면 실행의 끝은 x3 레지스터에 저장하는 것이다. 2) store 명령어는 '**PC → 레지스터 파일 읽기→ ALU(주소 계산) → 데이터 메모리 쓰기**'를 거친다. 'sw x3, 8(x5)'를 예로 들면 실행의 끝은 메모리에 데이터를 저장하는 것이다. 여기서 load 명령어와 store 명령어를 비교하면, load 명령어 처리에 '레지스터에 쓰는 과정'이 추가로 필요하다. 그리고 load 명령어와 데이터처리 명령어를 비교하면, load 명령어 처리에 '메모리 읽기' 과정이 추가로 필요하다.

- 분기 명령어: 여기에는 조건 분기 명령어와 무조건 분기 명령어가 있다. 1) beq, bne와 같은 조건 분기 명령어 실행은 '**PC → 레지스터 파일 읽기→ ALU → PC 레지스터 업데이트**'를 거친다. ALU를 통해 taken 여부를 판단하고 그것에 따라 PC 레지스터를 설정하는 것이다. Branch destination 계산 로직도 따로 있지만, ALU에서 비교하는 연산과 동시에 일어나 둘 중 시간이 긴 쪽을 택하면 된다. 여기서는 ALU에서 비교하는 연산이 delay가 더 길다고 가정한다. 2) jal, jalr과 같은 무조건 분기 명령어 실행은 두 가지 path가 있다. 첫째, '**PC → jump destination 계산 로직 → PC 레지스터 설정**'. 둘째, '**PC → 가산기(+4) → 레지스터 파일에 저장**'을 거친다. 두 개의 path는 동시에 진행된다.

표5-2 명령어에 따라 실행을 위해 지나가야 할 path

명령어 종류		실행을 위한 지나가야할 path
데이터처리		PC → 레지스터 파일 읽기→ ALU → 레지스터 파일 업데이트
메모리 접근	load	PC → 레지스터 파일 읽기→ ALU → 데이터 메모리 읽기 → 레지스터 파일 업데이트
	store	PC → 레지스터 파일 읽기→ ALU → 데이터 메모리 쓰기
분기	beq, bne ...	PC → 레지스터 파일 읽기→ ALU → PC 레지스터 업데이트
	jump & link	PC → jump destination 계산 → PC 레지스터 업데이트
		PC → 가산기(+4) → 레지스터 파일 업데이트 (rd ← PC + 4)

이같이 명령어의 종류에 따른 path를 비교해 보면, critical path는 바로 load 명령어를 실행할 때 거쳐야 하는 path이다. 그림5-23은 single-cycle CPU에 load 명령어 실행을 위해 지나가야 할 path를 표시하였다.

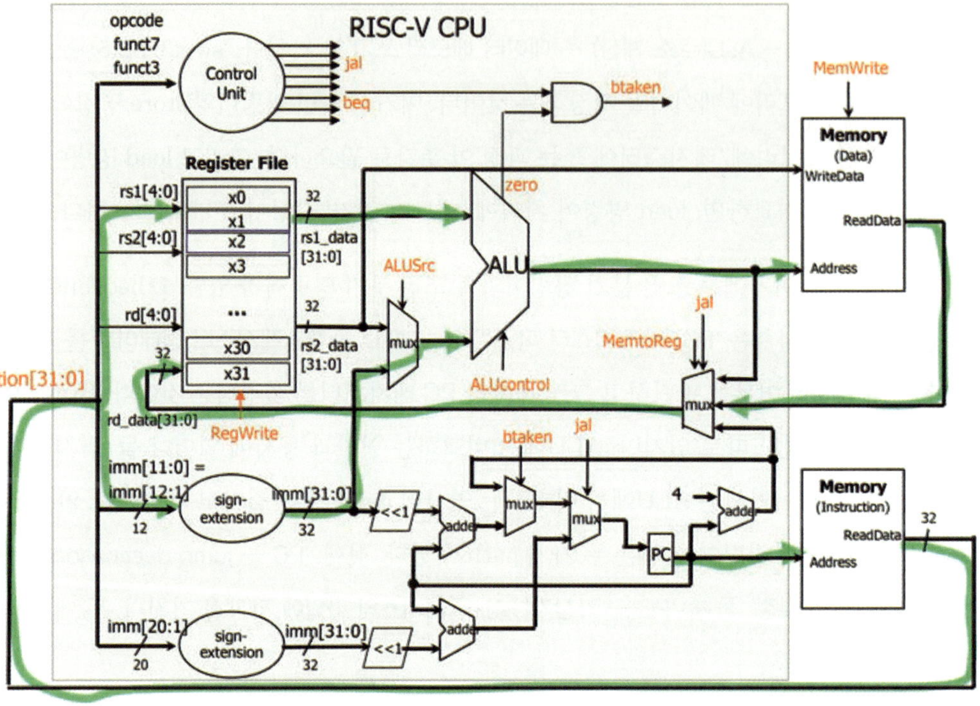

그림5-23 Load 명령어 실행을 위해 지나가야 할 path: PC 레지스터에서 시작해 명령어를 읽고, ALU에서 메모리 주소 계산 후, 메모리에서 읽은 데이터를 레지스터 파일에 저장

Critical path를 지나가기 위해 걸리는 시간, 그러니까 delay를 식으로 표현하면 아래와 같다. 여기서 1) t_{FF}는 clock의 rising-edge에서 flip-flop 입력 D가 출력 Q에 저장되는데 걸리는 시간으로, PC 레지스터의 출력인 PC 값이 나오는데 걸리는 시간이다. 2) t_{mem}은 메모리에서 명령어를 읽는데 걸리는 시간이다. 3) t_{rf}는 레지스터 파일에서 개별 레지스터를 읽는데 걸리는 시간이다. 4) t_{mux}는 mux를 통과하는데 걸리는 시간이다. 5) t_{ALU}는 ALU 연산에 걸리는 시간이다. 6) t_{setup}은 4.2.2절 그림 4-14에서 설명한 flip-flop의 setup 시간이다. 즉 레지스터 파일을 업데이트하는 시점인 clock의

rising-edge 전에, 데이터가 미리 준비되어 있어야 하는 시간이다.

$$Critical\,path\;delay = t_{FF} + t_{mem} + t_{rf} + t_{mux} + t_{ALU} + t_{mem} + t_{mux} + t_{setup}$$

표5-3은 하드웨어 각 모듈의 delay와 예를 보여준다. 표에 있는 delay를 critical path 식에 넣어 계산하면 850 psec가 나온다. 그러니까 load 명령어 실행의 첫 과정인 instruction fetch부터 마지막 과정인 메모리에 읽은 데이터를 레지스터 파일에 저장하는 것까지 마치려면 'clock cycle(T) ≧ 850 psec 이어야 한다는 의미이다. 만약 'T < 850 psec' 이면 메모리에서 읽은 값을 clock의 rising-edge에서 레지스터 파일에 올바르게 저장할 수가 없다. Clock의 rising-edge에 저장할 데이터가 준비되어 있지 않은 상태이기 때문이다. 따라서 '최대' 동작 주파수는 f = 1.176GHz 이다. 즉 single-cycle CPU가 올바르게 동작하려면 'f ≦ 1.176GHz' 이어야 한다.

$$\begin{aligned} Critical\,path\;delay &= t_{FF} + t_{mem} + t_{rf} + t_{mux} + t_{ALU} + t_{mem} + t_{mux} + t_{setup} \\ &= 30 + 250 + 150 + 25 + 100 + 250 + 25 + 20\,(psec) \\ &= 850\,psec \end{aligned}$$

$$f = \frac{1\,\text{sec}}{T} = \frac{1\,\text{sec}}{850\,psec} = 1.176\,GHz$$

표5-3 하드웨어 모듈의 delay 및 예

	설명	예 (psec: picosecond)
t_{FF}	Flip-flop delay	30 psec
t_{mem}	Memory access delay	250 psec
t_{rf}	Register file access delay	150 psec
t_{mux}	Multiplexer delay	25 psec
t_{ALU}	ALU delay	100 psec
t_{setup}	Flip-flop setup time	20 psec

Single-cycle CPU는 비교적 간단하여 이해하기 쉽고 이에 따라 하드웨어 설계도 비교적 수월하게 할 수 있다. 하지만 단점은 critical path delay가 길어 성능을 높일 수 없고 이에 따라 실제로는 잘 사용되지 않는다는 것이다. 그럼 성능을 높이려면 어떤 방법이 있을까? 크게 두 가지가 있다. 첫째, 새로운 반도체 기술을 사용해 chip을 제조하는 것이다. 4장 [읽어보기: 반도체 기술]에서 설명한 대로 트랜지스터의 크기가 작아지면 저전력으로 동작할 수 있을 뿐 아니라, 트랜지스터를 통과하는데 걸리는 시간도 짧아진다. 따라서 표5-3에 있는 하드웨어 모듈의 delay도 짧아져 좀 더 빠른 주파수로 동작할 수 있다. 이 방법은 트랜지스터를 연구하는 전기・전자공학 전공자들의 주요 관심사이다. 둘째, 새로운 마이크로아키텍쳐를 사용하는 것이다. 이 방법은 새로운 CPU 구조를 통해 성능을 높이려는 것으로 컴퓨터구조 전공자들의 주요 관심사이다. 이 중 pipeline은 간단하면서 throughput[처리량]을 획기적으로 높일 수 있는 방법이다. 이제 파이프라인을 마이크로아키텍쳐에 적용하고 설계하는 방법을 구체적으로 알아보자.

5.2 Pipelined CPU 설계

기본적이고 전형적인 CPU 파이프라인은 5-stage로 이루어져 있다. 5-stage는 Instruction Fetch(IF), Instruction Decoding(ID), Execution(EXE), Memory Access(MEM), WriteBack(WB) 단계를 말한다. 그림5-24는 single-cycle CPU에서 각 단계에 속할 수 있는 부분을 보여주는 그림이다. 그림은 복잡도를 줄이기 위해 주로 datapath 위주로 보여주고 있다. Pipeline 단계를 나눌 때 특별한 규칙이 있는 것은 아니며 하드웨어 설계자가 경험을 바탕으로 적절할 곳을 결정한다. 하지만 한가지 염두에 두어야 할 것은, 앞서 설명한 것처럼 모든 단계가 가능한 balance 되어야 한다는 것이다. 이제 각 단계에 대해 자세히 알아보자.

그림5-24에서 IF 단계는 말 그대로 명령어를 읽는 단계이다. IF 단계에는 PC 레지스터 관련 로직과 Instruction Memory가 있다. ID 단계는 명령어를 해석하고 source operand를 준비하는 단계이다. 여

기에는 Control 신호를 만드는 Control Unit, 레지스터 파일 그리고 32-bit immediate 값을 만드는 로직이 포함된다. **EXE 단계는 명령어를 실행하는 단계**이다. EXE 단계에는 ALU와 관련 로직이 있으며, 여기서 하는 작업은 명령어의 종류에 따라 다음과 같다.

- **데이터 처리 명령어**: ALU는 add, sub, and, or, xor와 같은 실제 연산을 한다. 예를 들어, 'add x5, x3, x4' 명령어의 경우 ALU는 'x3 + x4'를 한다.
- **메모리 접근 명령어**: ALU는 메모리 주소를 계산하기 위해 덧셈을 한다. 예를 들어, 'lw x5, 8(x3)' 명령어의 경우 ALU는 'x3 + 8'을 한다.

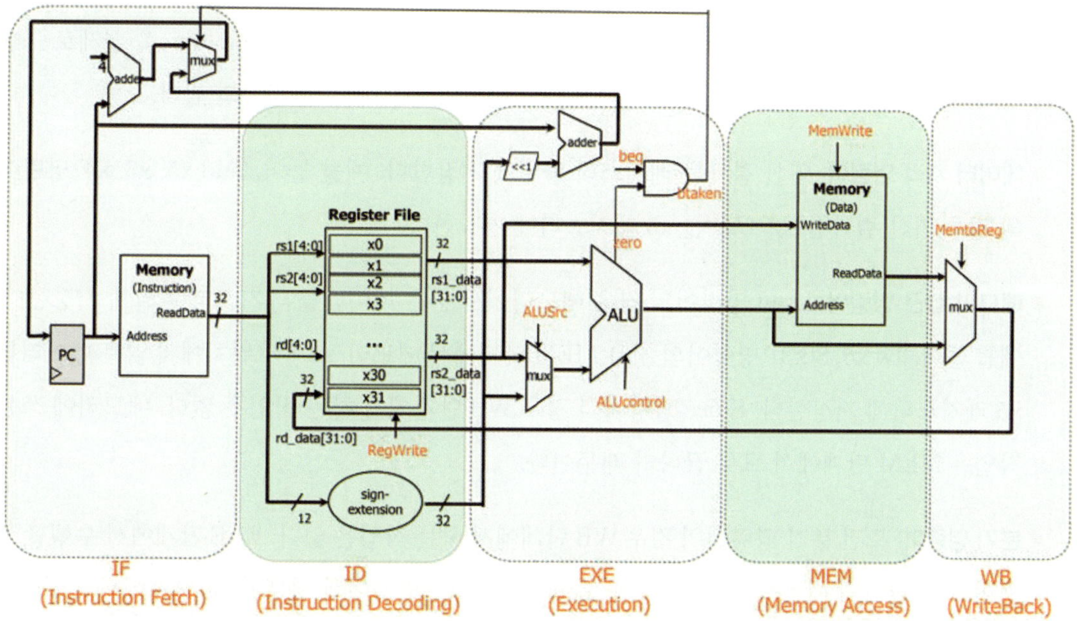

그림5-24 Single-cycle CPU를 5-stage로 나눌 때 각 단계에 속하는 로직

- **분기 명령어**: 조건 분기 명령어의 경우 ALU는 두 정수를 비교하기 위해 뺄셈을 한다. 예를 들어, 'beq x3, x4, L1' 명령어의 경우 ALU는 'x3 - x4'를 한다. 무조건 분기 명령어인 jalr 명령어의 경우 ALU에서 'rs1 + immediate'을 한다. jal의 경우 ALU가 하는 일은 없다.

MEM 단계는 메모리에 접근하는 단계이다. MEM 단계에는 Data Memory가 있다. MEM 단계에서 하는 작업도 명령어의 종류에 따라 다르다. '메모리 접근 명령어'는 메모리에 접근하여 데이터 읽기 또는 쓰기를 한다. '데이터 처리 명령어'와 '분기 명령어'의 경우 MEM 단계에서 하는 작업은 없다. **WB 단계는 레지스터 파일을 업데이트하는 단계**이다. WB 단계에는 레지스터 파일을 업데이트하기 위한 관련 로직이 있다. 주의할 점은 ID 단계와 WB 단계에서 모두 레지스터 파일을 사용한다는 것이다. 그런데 ID 단계에서는 레지스터 파일에서 source operand를 읽는 동작을 하며, WB 단계에서는 레지스터 파일에 데이터를 저장하는 동작을 한다. 여기서 읽는 동작과 쓰는 동작은 서로 다른 포트를 사용하기 때문에 동시에 일어날 수 있다. '동시'라는 말은 '하나의 clock cycle'에서 읽고 쓰는 작업이 같이 일어난다는 의미이다. 하지만 ID 단계에서 읽는 동작은 clock cycle 초반에 먼저 일어나고, WB 단계에서 쓰는 동작은 해당 clock의 끝 rising-edge에 일어난다. 이 부분은 앞으로 pipeline을 실제로 구현하며 명확해질 것이다. WB 단계에서 하는 작업은 명령어의 종류에 따라 다음과 같다.

- **데이터 처리 명령어**: 연산 결과를 레지스터 파일에 저장한다. 예를 들어, 'add x5, x3, x4' 명령어의 경우 연산 결과인 'x3 + x4'를 x5 레지스터에 저장한다.

- **메모리 접근 명령어**: Load 명령어의 경우 메모리에서 읽은 데이터를 레지스터 파일에 저장한다. 예를 들어, 'lw x5, 8(x3)' 명령어의 경우 MEM 단계에서 메모리 'x3 + 8' 위치에서 읽은 데이터를 x5 레지스터에 저장한다. Store 명령어의 경우 WB 단계에서 하는 작업은 없다. 메모리에 쓰는 작업은 MEM 단계에서 모두 끝나기 때문이다.

- **분기 명령어**: 조건 분기 명령어의 경우 WB 단계에서 하는 작업은 없다. EXE 단계에서 수행할 작업이 모두 끝나기 때문이다. 예를 들어, 'beq x3, x4, L1' 명령어의 경우 EXE 단계에서 taken 여부에 따라 PC 레지스터가 설정된다. 무조건 분기 명령어(jal, jalr)의 경우 WB 단계에서 'rd ← PC + 4'를 한다. 예를 들어 'jal x1, foo' 명령어의 경우 'x1 ← PC + 4'를 한다.

그럼 이제 물리적으로 단계를 나누어 pipeline을 만들어 보자. 먼저 이러한 **단계를 만들려면 무엇을 해야 할까?** 잠시 생각해 보기 바란다. 답은 간단하다. 단계를 나누려는 곳에 **flip-flop(FF)을 삽입**하면 된다. 이러한 flip-flop을 **파이프라인 레지스터**pipeline register라고 부르기도 한다. 그리고 **FF과 FF 사이에**

는 각 단계에서 수행해야 할 '조합회로'가 있다. 이를 통해 다음 단계로 보낼 정보를 만드는 것이다. 그림 5-25는 FF을 삽입해 5-stage pipeline을 만든 예이다. 각 단계는 FF에서 시작해서 FF에서 끝난다. Clock 관점에서 시간의 흐름에 따라 설명하면, 각 단계는 clock의 rising-edge에서 시작해 다음 rising-edge에서 끝난다. 4.2.2절에서 설명한 대로 FF의 동작은 clock의 rising-edge에서 입력 D를 출력 Q에 저장하는 것이다. 그리고 출력 Q에 저장된 정보는 하나의 clock cycle 동안 변하지 않는다. 새롭게 저장하는 시점이 clock의 다음 rising-edge이기 때문이다.

그림5-25에 각 단계를 datapath 위주로 먼저 살펴보자. IF 단계는 PC 레지스터(❶)에서 시작하여 IF/ID 단계를 나누는 FF(❷, ❸)에서 끝난다. 그리고 또 하나의 path가 있는데, PC 레지스터(❶)에서 시작해 자기 자신(❶)에서 끝나는 길이다. IF 단계에서 읽은 명령어는 clock의 rising-edge(IF 단계의 끝 시점)에서 파이프라인 레지스터인 ❸에 저장된다. 그리고 같은 시점(IF 단계의 끝 시점)에 PC 레지스터(❶)는 'PC + 4' 혹은 '분기 destination'으로 설정된다. 그림을 보면 ❷를 통해 PC 값을 'IF → ID'로넘기며, ❺를 통해 'ID → EXE'로 넘긴다. 그 이유는 무엇일까? 조건 분기 명령어의 destination을 계산하는 adder(그림5-25 ※에 표시)를 EXE 단계에 위치시켰기 때문이다. 조건 분기 명령어의 destination을 계산할 때 PC값이 필요하다.

ID 단계는 FF(❷, ❸)에서 시작하여, FF(❺, ❻, ❼, ❽, ❾)에서 끝난다. 세부적으로 알아보자. 먼저 ❸에서 시작하여 ❻, ❼에서 끝난다. 레지스터 파일에서 읽은 source operand를 clock의 rising-edge(ID 단계의 끝 시점)에서 저장하는 path이다. 그리고 ❸에서 시작해 ❾에서 끝나기도 한다. Sign-extension한 immediate 값을 ID 단계의 끝 rising-edge에 저장하는 path이다. 그 외에도 PC를 전달하기 위해 ❷에서 시작해 ❺에서 끝나기도 하며, rd를 전달하기 위해 ❸에서 시작해 ❽에서 끝나기도 한다. 후자의 경우 destination register 번호인 'rd'를 ❽, ⓭, ⓱을 통해 ID → EXE → MEM → WB 까지 전달하는 경로의 시작 부분이다. 이렇게 rd를 전달하는 이유는 실행 결과를 레지스터 파일을 업데이트할 때, 즉 WB 단계에서 rd가 필요하기 때문이다.

EXE 단계는 FF(❺, ❻, ❼, ❽, ❾)에서 시작하여 FF(⓫, ⓬, ⓭, ❶)에서 끝난다. 세부적으로 알아보면, 먼저 ❻, ❼, ❾에서 시작하여 ⓬에서 끝난다. Source operand로 ALU가 연산을 하고, 그 결과가 저장되는 path이다. 그 결과는 ⓰을 통해 MEM → WB 까지 전달된다. 그리고 ❼에서 시작해 ⓫에서 끝나기도 한다. ⓫은 store 명령어 실행을 위해 메모리에 저장할 데이터를 MEM 단계로 넘기는 파이프라인 레지스터이다. ❺, ❻, ❼에서 시작해 PC 레지스터(❶)에서 끝나기도 한다. 조건 분기 명령어의 경우 지나가는 path로, ALU에서 뺄셈 결과 taken 되면 clock의 rising-edge(EXE 단계의 끝 시점)에서 PC 레지스터(❶)가 분기 destination으로 설정된다. 그림에 ※로 표시한 adder에서 분기 destination을 계산한다.

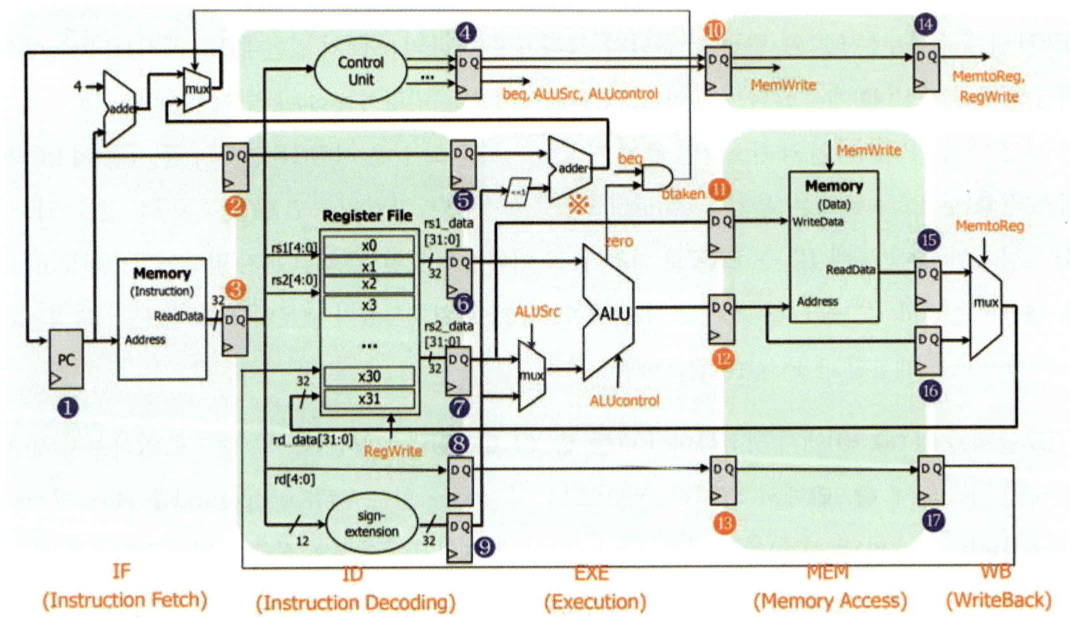

그림5-25 Flip-flop을 삽입하여 만든 5-stage pipeline

MEM 단계는 FF(⓫, ⓬, ⓭)에서 시작하여, FF(⓯, ⓰, ⓱)에서 끝난다. 세부적으로 살펴보면 load 명령어 실행의 경우 ⓬에 저장된 메모리 주소에서 데이터를 읽으며 읽은 데이터는 clock의 rising-edge(MEM 단계의 끝 시점)에서 파이프라인 레지스터 ⓯에 저장된다. Store 명령어 실행의 경우 ⓬에 저장된 메모리 주소에 ⓫에 있는 데이터를 저장한다.

WB 단계는 FF(⑮, ⑯, ⑰)에서 시작하여 레지스터 파일에서 끝난다. 세부적으로는 데이터 처리 명령어의 경우 ⑯, ⑰에서 시작해 레지스터 파일에서 끝난다. 실행 결과를 레지스터 파일에 저장하는 path이다. 메모리 접근 명령어 중 load 명령어의 경우 ⑮, ⑰에서 시작해 레지스터 파일에서 끝난다. 메모리에서 읽은 데이터를 레지스터 파일에 저장하는 path이다. 분기 명령어 중 무조건 분기 명령어의 경우 'PC + 4'가 rd에 저장된다. 복잡도를 줄이기 위해, 그림5-25에는 IF 단계에서 계산한 'PC + 4'를 ID → EXE → MEM → WB까지 전달하는 datapath를 도식화하지 않았다.

이렇게 파이프라인 레지스터는 각 단계에서 만든 정보를 다음 단계로 넘기기 위해 사용한다. 파이프라인을 만들 때 주의할 것은, **데이터와 함께 control 신호도 파이프라인 레지스터를 통해 다음 단계로 넘겨야 한다는 것**이다. 당연하다. Control 신호가 해당 단계에서 데이터가 지나가야 하는 path를 결정하기 때문이다. 그림5-25를 보면 datapath와 control 신호 모두에 파이프라인 레지스터를 삽입하였다. Control Unit에서 만들어진 control 신호들은 파이프라인 레지스터인 ④, ⑩, ⑭를 통해 ID → EXE → MEM → WB 까지 전달된다. 그리고 당연한 말이지만 데이터와 마찬가지로 control 신호도 그것이 사용되는 단계까지만 넘기도록 설계하면 된다. ID 단계에서 만들어진 모든 control 신호들은 ④를 통해 EXE 단계로 넘겨진다. 그 중 'beq, ALUSrc, ALUcontrol' 신호는 EXE 단계에서 사용된다. 따라서 MEM 단계로 넘길 필요가 없다. 나머지 control 신호인 'MemWrite, MemtoReg, RegWrite'는 ⑩을 통해 MEM 단계로 전달된다. 그 중 'MemWrite'는 MEM 단계에서 사용된다. 나머지 신호(MemtoReg, RegWrite)는 ⑭를 통해 WB 단계까지 전달된다. WB 단계에서 사용되기 때문이다.

그림5-26 (a)는 5-stage pipelined CPU에서 명령어 실행 과정을 표현한 pipeline execution diagram의 예이다. 그림에 보는 것처럼 각각의 명령어를 수행하기 위해서는 IF ~ WB까지 5단계를 모두 거쳐야 한다. 다시 말하면 각 명령어를 수행하려면 5개의 clock cycle이 필요하다. 그런데 어떤 특정 시간(특정 clock cycle)에서 보면 CPU는 최대 5개의 명령어를 동시에 처리하고 있다. 예를 들어 그림에 clock cycle #5에서 보면 CPU는 명령어 5개를 동시에 처리 중이다. 그림5-26 (b)는 clock cycle #5에서 CPU의 상태를 보여준다. WB 단계에서는 'lw x10, 20(x1)' 명령어의 마지막 과정인, 메모리에서 읽은 데이터를 x10 레지스터 저장하고 있다. MEM 단계에는 'sub x11, x2, x3' 명령어가 있다. sub 명령어를 실행을 위해 MEM 단계에서 할 일은 없다. 따라서 이 경우 MEM 단계는 ALU에서 실행한 결

과를 WB 단계로 단순히 전달하는 역할만 한다. EXE 단계에는 'add x12, x3, x4' 명령어가 있으며 이를 위해 ALU가 덧셈 (x3 + x4)을 하고 있다. ID 단계에서는 'lw x13, 24(x1)' 명령어를 해석하고 source operand를 준비하고 있다. IF 단계에서는 새로운 명령어인 'add x14, x5, x6'를 메모리에서 읽고 있다. 이렇게 CPU는 각 clock cycle마다 최대 5개의 명령어를 동시에 수행한다. 다시 말하면 각 clock cycle마다 각 단계에 있는 하드웨어가 동시에 사용되는 것이다. Pipelined CPU는 이를 통해 명령어 처리량을 획기적으로 높일 수 있다. 비교적 적은 하드웨어(파이프라인 레지스터) 비용으로 아주 큰 효과를 볼 수 있는 것이다.

Pipelined CPU의 설계가 이것으로 끝나면 좋겠지만, 그렇게 간단하지는 않다. 파이프라인은 해저드 hazard라는 중대한 문제를 발생시키기 때문이다. 해저드에는 structural hazard, data hazard, control hazard 이렇게 세 종류가 있다. 파이프라인이 정상적으로 동작하기 위해서는 이러한 해저드 문제를 반드시 해결해야 한다. 그럼 해저드의 발생 원인과 해결 방법을 하나씩 알아보자.

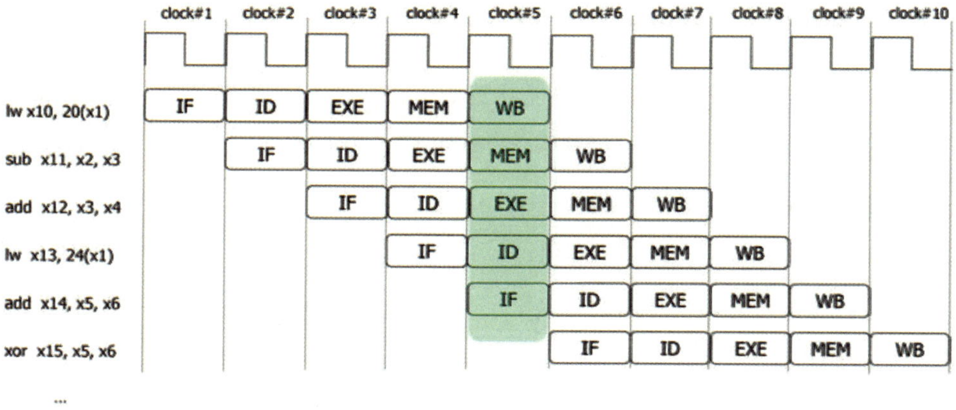

(a) pipeline execution diagram의 예

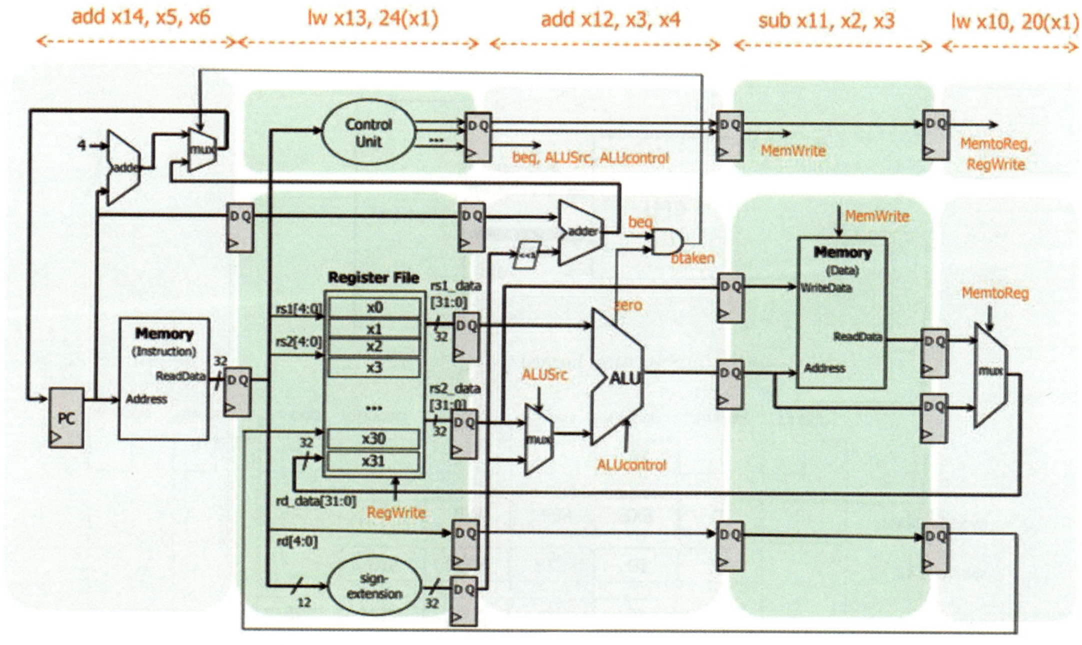

(b) clock cycle #5에서 pipeline 상태: WB 단계에서는 'lw x10, 20(x1)' 명령어의 마지막 과정인, 메모리에서 읽은 데이터를 x10 레지스터 저장하고 있다. MEM 단계에는 'sub x11, x2, x3' 명령어가 있다. sub 명령어 실행을 위해 MEM 단계에서 할 일은 없다. 따라서 여기서 MEM 단계는 ALU에서 실행한 결과를 WB 단계로 단순히 전달하는 역할만 한다. EXE 단계에는 'add x12, x3, x4' 명령어가 있으며 이를 위해 ALU가 덧셈 (x3+x4)을 하고 있다. ID 단계에서는 'lw x13, 24(x1)' 명령어를 해석하고 source operand를 준비하고 있다. IF 단계에서는 새로운 명령어인 'add x14, x5, x6'를 메모리에서 읽고 있다.

그림5-26 Pipeline execution diagram의 예와 clock cycle #5에서 CPU pipeline 상태

5.2.1 Structural Hazard

Structural hazard는 여러 개의 하드웨어 모듈에서 하나의 하드웨어 모듈을 '동시'에 사용하려고 할 때 발생하는 구조적 문제이다. 하나의 예로 그림5-27 (a)와 같이 CPU와 메모리가 연결된 구조를 생각해 보자. CPU와 메모리는 하나의 포트로 연결되어 있고, 이를 통해 Instruction Fetch 또는 Data Access를 하는 구조이다. 이 경우 CPU가 5-stage pipeline으로 설계되어 있으면, 'MEM 단계'와 'IF 단계'에서 메모리를 동시에 접근하려 할 수 있다. 그런데 메모리 접근 포트가 하나만 있어 어떤 특정 시간에 둘 중(MEM, IF) 하나만 메모리에 접근할 수 있게 된다. 그림5-27 (b)는 pipeline execution diagram으로, 이러한 structural hazard 문제를 도식적으로 보여준다. Clock cycle #4에 보면 첫 번째 명령어(lw x10, 20(x1))의 MEM 단계와 네 번째 명령어를 읽어오는 IF 단계에서 메모리 접근을 동

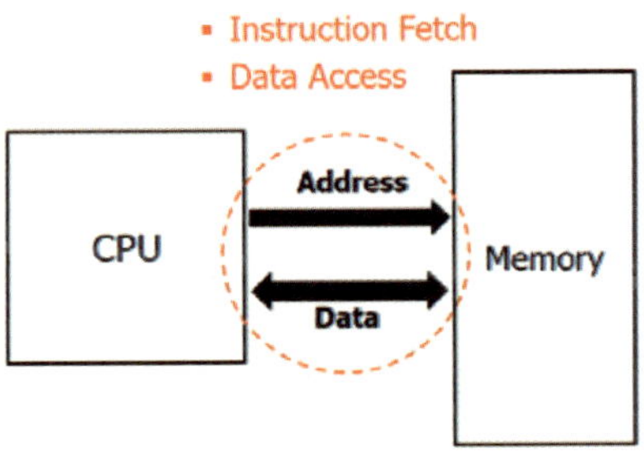

(a) Structural hazard가 발생하는 구조

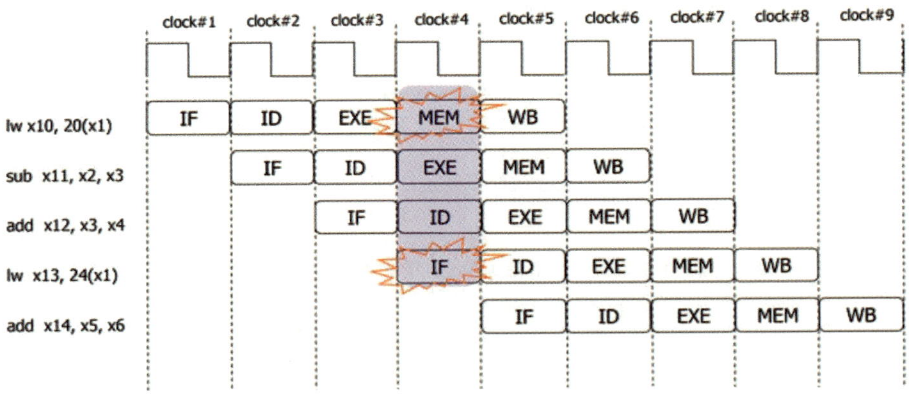

(b) CPU의 MEM 단계와 IF 단계에서 동시에 메모리 접근해야 하는 경우 structural hazard 발생

그림5-27 CPU pipeline에서 structural hazard가 발생하는 예

시에 해야 하는 상황이다. 하지만 (a)와 같은 구조에서는 메모리가 어떤 특정 시간에 하나의 요청만 처리할 수 있어 hazard가 발생하는 것이다.

그럼 이러한 구조적 문제를 어떻게 해결해야 할까? 만약 그림5-27 (a) 구조를 바꿀 수 없는 상황이라면 CPU 하드웨어 설계를 변경하여 CPU에서 메모리 접근을 한 번에 하나씩 하도록 만들어야 한다. 그림5-27 (b)와 함께 설명하면 clock cycle #4에 먼저 첫 번째 명령어 MEM 단계를 실행하게 하고, 네 번째 명령어를 읽는 것은(IF 단계) 다음 clock cycle(clock cycle #5)에서 하도록 설계해야 한다. 하지만 이러한 방법은 pipeline 특성을 제대로 활용하지 못하는 방식으로 처리량을 높이는 데 걸림돌이 된다.

그림5-28은 구조적 문제를 해결하고 pipeline의 장점을 제대로 활용할 수 있는 구조이다. (a)는 하나의 메모리가 2개의 접근 포트를 제공하는 구조이며, (b)는 명령어를 담고 있는 메모리와 데이터를 담고 있는 메모리를 분리하여 따로 두는 구조이다. 즉 그림5-5에서 설명한 Harvard architecture이다. 이와 같은 구조에서는 MEM 단계와 IF 단계로부터의 요청을 동시에 처리할 수 있다. 실제 상용 프로세서processor에서는 (b)와 같은 구조를 사용한다고 볼 수 있다. 그림5-6에 설명한 것처럼, 주기억장치는 논리적으로 하나이지만 프로세서 내부에 캐시cache를 통해 (b)와 같은 구조를 구현한다. 상용 프로세서에서 CPU는 명령어 캐시instruction cache와 데이터 캐시data cache에 따로 연결되어 있다. 캐시는 6장에서 자세히 설명한다.

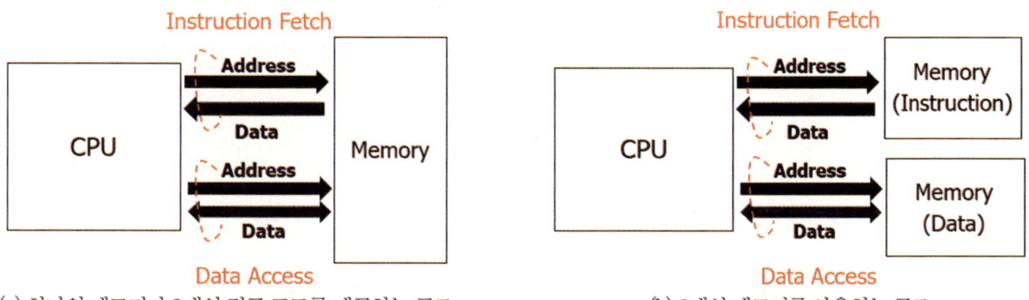

(a) 하나의 메모리가 2개의 접근 포트를 제공하는 구조 (b) 2개의 메모리를 사용하는 구조

그림5-28 〈그림5-27〉 structural hazard를 해결하기 위한 구조

5.2.2 Data Hazard 및 해결 방법

Data hazard는 명령어 실행 과정에서 data dependence 때문에 발생하는 문제이다. 여기서 data dependence란 앞선 명령어가 변경하는 레지스터를 후속 명령어가 사용하는 상황을 말한다. 5-stage pipeline에서 data hazard는 앞선 명령어의 종류에 따라 두 가지 형태로 나타나는데, 각 경우와 해결 방법에 대해 알아보자.

(a) 앞선 명령어가 '데이터 처리 명령어'인 경우

그림5-29는 앞선 명령어가 '데이터 처리 명령어'인 경우 data hazard가 발생하는 이유와 그 해결 방법을 보여준다. 그림 (a)에 있는 두 개의 명령어 간에는 data dependence가 있다. 첫 번째 명령어인 'add s0, t0, t1'는 데이터 처리 명령어이며 그 실행 결과는 s0 레지스터에 저장된다. 그리고 다음 명령어인 'sub t2, s0, t3' 는 그 결과를 사용한다. 여기서 문제는 'add 명령어'가 s0 레지스터를 업데이트하는 동작 보다, 후속 명령어인 'sub 명령어'가 s0 레지스터를 읽는 동작이 시간상 먼저 일어난다는 것이

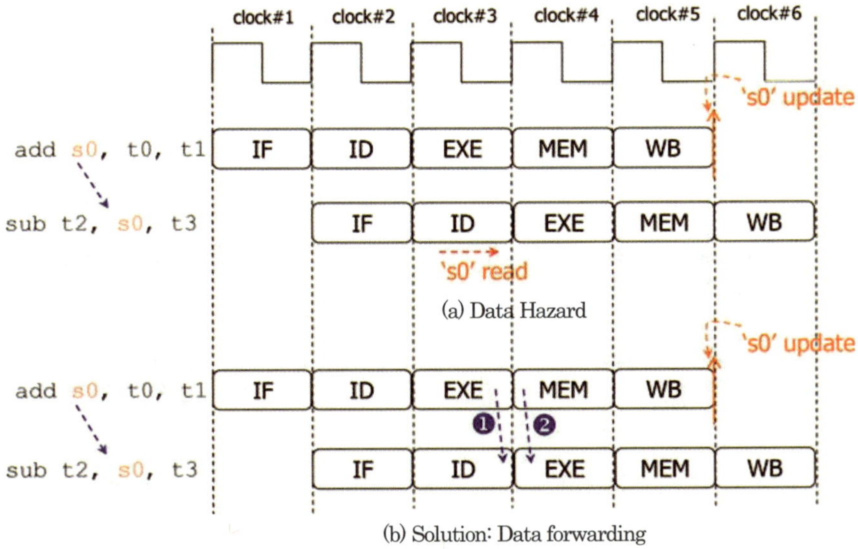

그림5-29 Data hazard 예시와 data forwarding을 통한 해결

다. 첫 번째 명령어의 실행 결과는 그림에 보는 것처럼 WB 단계인 clock cycle #5에서 저장되는데, 두 번째 명령어는 ID 단계인 clock cycle #3에서 읽는다. 따라서 결과적으로 'sub 명령어'가 ID 단계에서 읽는 s0 레지스터값은 과거 값이다.

그럼 이 문제를 어떻게 해결해야 할까? 바로 그림5-29 (b)에 도식화한 data forwarding이라는 방법을 사용하면 된다. 첫 번째 명령어가 '데이터 처리 명령어'인 경우 실행 결과는 EXE 단계에서 나온다. ALU를 통과하면 연산 결과를 알 수 있어 후속 명령어가 ALU 출력 결과를 바로 사용하면 된다. 굳이 첫 번째 명령어의 WB 단계에서 레지스터 파일이 업데이트될 때까지 기다릴 필요가 없다. 이와 같은 방법을 **data forwarding**이라고 말한다.

Data forwarding은 두 번째 명령어가 해당 데이터를 사용하기 전에 해야 한다. 그림의 예에서 s0 레지스터는 두 번째 명령어의 EXE 단계(clock cycle #4)에서 사용된다. 따라서 시간상으로 보면 그림에 표시한 것 같이 ❶(clock cycle #3) 또는 ❷(clock cycle #4)에서 하면 된다. ❶은 clock cycle #3에서 ALU(EXE 단계) 출력을 두 번째 명령어가 있는 ID 단계로 forwarding하는 것이고, ❷는 clock cycle #4에서 MEM 단계로 넘어온 값을(ALU 출력이 파이프라인 레지스터에 저장된 값) 두 번째 명령어가 있는 EXE 단계로 forwarding하는 것이다. 그럼 ❶과 ❷ 중 어느 것을 선택해야 할까? 이건 하드웨어 설계자 판단에 따라 결정하면 된다. 단 선택에 따라 CPU 동작 주파수가 달라질 수 있다. 앞서 설명한 것처럼 동작 주파수는 critical path에 의해 결정된다. 만약 선택한 방법으로 설계한 하드웨어가 성능 요건을 충족하지 못하면 다른 방법으로 설계하거나 delay를 줄이기 위한 하드웨어 설계 최적화 방안을 고민해야 한다. 이 교재에서는 ❷에서 forwarding을 하며 이를 설계한 하드웨어 예시를 보여준다.

5-stage pipeline에서는 이와 같은 data hazard가 세 가지 경우에서 발생한다. 그림5-30은 각 경우를 보여주는 예제 코드와 data forwarding을 해야 하는 시점을 보여준다. 각각에 대한 설명 전에 레지스터 파일이 업데이트되는 시점에 주의하자. 이 책에서는 레지스터 파일을 플립플롭을 사용해 설계하였다. 따라서 레지스터 파일이 업데이트되는 시점은 그림에 표시한 것과 같이 WB 단계의 끝 rising-edge(❶)이다. 이제 각각의 forwarding path에 대해 알아보자.

ⓐ MEM → EXE: 첫 번째 명령어(add)와 두 번째 명령어(sub) 간의 data dependence 때문에 필요하며 그림5-29에서 설명한 것과 같다.

ⓑ WB → EXE: 첫 번째 명령어(add)와 세 번째 명령어(xor) 간의 data dependence 때문에 필요하다. 첫 번째 명령어 'add s0, t0, t1' 실행 결과는 clock cycle #5(WB 단계)의 마지막 rising-edge(❶)에서 s0 레지스터에 저장된다. 그런데 세 번째 명령어(xor t3, s0, t0)는 clock cycle #4(ID 단계)인 ❷에서 s0 레지스터를 읽는다. add 명령어에 의해 s0 레지스터가 설정되기 전에

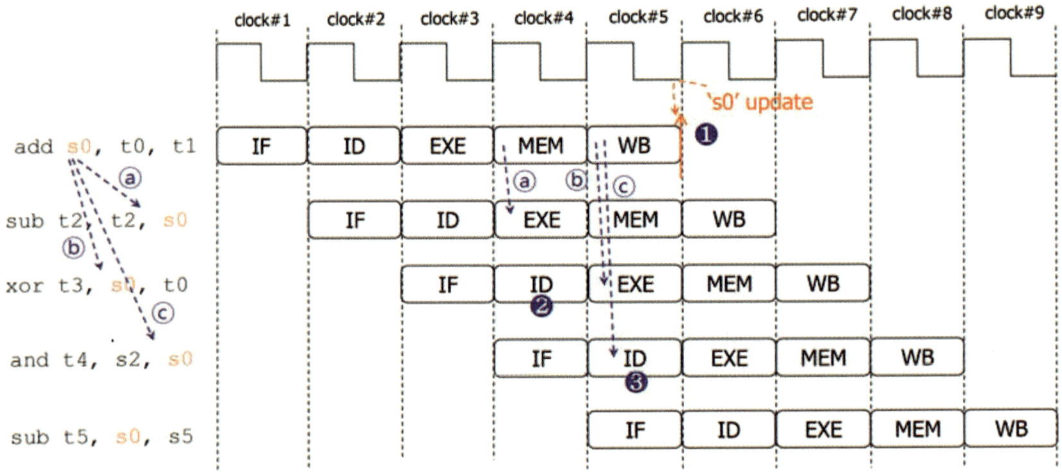

그림5-30 5-stage pipeline에서 data hazard 상황 및 forwarding path: ⓐ MEM → EXE ⓑ WB → EXE ⓒ WB → ID

읽는 것이다. 이를 방지하기 위해서는 레지스터 파일에서 읽은(❷) 과거값이 아닌, forwarding(ⓑ)한 데이터를 사용하도록 설계해야 한다. ⓑ는 'add s0, t0, t1' 명령어 실행 과정에서 MEM-WB 파이프라인 레지스터에 저장된 데이터('t0 + t1')를, EXE 단계로 넘겨주는 path이다.

ⓒ WB → ID: 첫 번째 명령어(add)와 네 번째 명령어(and) 간의 data dependence 때문에 필요하다. 언뜻 보면 clock cycle #5에서 add 명령어의 실행 결과가 레지스터 파일에 저장되고

(첫 번째 명령어 종료), ID 단계에 있는 네 번째 명령어가 레지스터 파일을 읽기 때문에 아무 문제 없는 것으로 오해할 수 있다. 하지만 앞서 설명한 대로 레지스터 파일에 쓰는 동작은 WB 단계의 끝 rising-edge에서 일어난다. 그리고 레지스터 파일에서 읽는 동작은 ID 단계의 초반에 일어난다. 따라서 네 번째 명령어(and t4, s2, s0)가 있는 ID 단계(❸)에서는 여전히 s0 레지스터의 과거 값을 읽게 된다. 따라서 forwarding(ⓒ)한 데이터를 사용하도록 설계해야 한다. ⓒ는 MEM-WB 파이프라인 레지스터 출력에서 ID 단계로 forwarding 하는 path이다.

이제 data forwarding 로직을 설계해보자. 그림5-31은 pipeline에 data forwarding로직을 추가한 CPU 구조도이다. 복잡도를 줄여 가독성을 높이기 위해 그림5-31에 있는 세 개의 forwarding path 중, ⓐ (MEM → EXE)와 ⓑ (WB → EXE)를 위한 로직만 추가하였다. 구조도를 보면 ALU 입력 쪽 mux에 변화가 있다. 새로운 mux α가 추가되었고 mux β의 입력 개수도 늘었다. Mux α, β는 EXE-

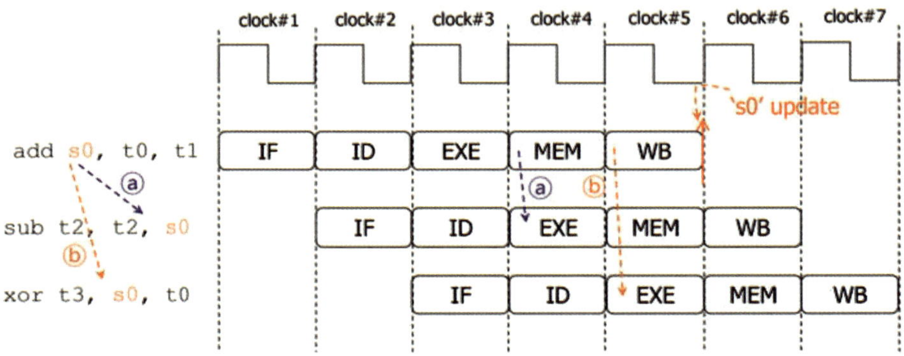

(a) <그림5-30>에서 ⓐ MEM → EXE ⓑ WB → EXE data forwarding

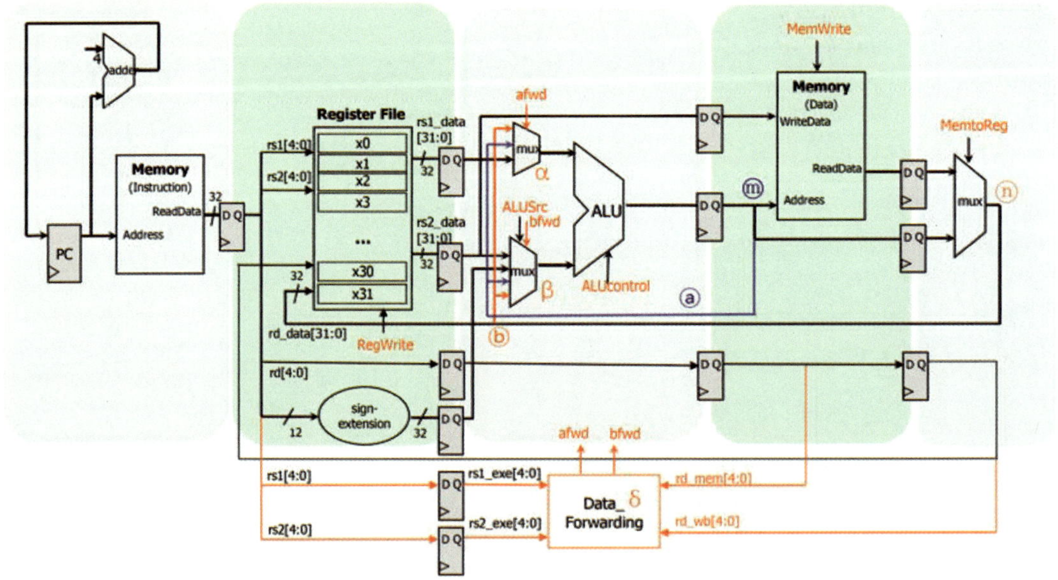

(b) Pipeline에 data forwarding 로직을 설계한 CPU 구조도: ⓐ MEM → EXE ⓑ WB → EXE 를 하는 로직만 포함

그림5-31 data hazard와 data forwarding 로직 구조도

MEM 파이프라인 레지스터 출력인 ⓜ과 MEM-WB 파이프라인 레지스터 출력 중 하나인 ⓝ을 입력으로 받는다. 다시 말하면 파이프라인 레지스터(EX-MEM, MEM-WB)에 저장된 데이터를 ALU 입력으로 보내기 위한 data forwarding path를 만든 것이다.

그리고 그림5-31 (b)에 보면 Data_Forwarding 모듈(δ)이 추가되었는데, 이 모듈은 mux α, β의 출력을 결정하는 control 신호를 만든다. 이에 대해 자세히 알아보자. Data forwarding을 하려면 먼저 data hazard 발생 여부를 판단해야 한다. 그러려면 무엇을 언제 확인해야 할까? 먼저 무엇을 확인해야 하는지부터 알아보자. Data dependence는 앞선 명령어의 destination register와 후속 명령어의 source register가 같을 때 발생한다. 그림5-31 (a) ⓐ의 경우는 바로 인접한 두 개의 명령어 즉 첫 번째 명령어(add)와 두 번째 명령어(sub)의 operand를 비교하면 되며, 그림5-31 (a) ⓑ의 경우는 첫 번째 명령어(add)와 세 번째 명령어(xor)의 operand를 비교하면 된다. 다음으로 '언제' 확인해야 하는지 생각해보자. 그림5-31 (a) ⓐ의 경우는 data hazard 발생 여부를 언제 판단할 수 있을까? Clock cycle에 따라 살펴보자.

- clock cycle #2에서는 판단할 수 없다. 두 번째 명령어를 이제 막 읽은 IF 단계에서는 명령어가 무엇이고 operand가 무언지 알 수 없다.

- **clock cycle #3에서는 판단할 수 있다.** EXE 단계에 있는 첫 번째 명령어(add)의 destination register인 rd를 알 수 있고, ID 단계에 있는 두 번째 명령어(sub)의 source operand인 rs1과 rs2를 알기 때문이다.

- **clock cycle #4에서도 판단할 수 있다.** MEM 단계에 있는 첫 번째 명령어(add)의 rd를 알 수 있고, EXE 단계에 있는 두 번째 명령어(sub)의 rs1과 rs2를 알기 때문이다. 그리고 data hazard이면 현재 cycle에서 데이터를 forwarding하고 그 데이터로 ALU 연산을 하게 하면 된다.

- clock cycle #5에서 판단하는 것은 너무 늦다. 두 번째 명령어의 EXE 단계가 이미 지나가 버렸기 때문이다.

따라서 clock cycle #3 혹은 clock cycle #4에서 data dependence를 판단하도록 설계할 수 있다. 둘 중 하드웨어 크기와 critical path를 고려해 적당한 방법을 선택하면 된다. 그림5-31 (b)는 clock cycle #4에서 data dependence를 판단하도록 설계한 하드웨어 구조도이다. Data_Forwarding 모듈은 MEM 단계로 전달된 destination register 번호인 'rd_mem[4:0]'와 EXE 단계로 전달된 source register 번호인 'rs1_exe[4:0], rs2_exe[4:0]'를 비교해 출력 신호인 'afwd, bfwd'를 결정한다. 'afwd, bfwd' 신호는 ALU 입력단에 있는 mux α, β의 출력을 결정한다. Mux 입력에는 EXE-MEM 파이프라인 레지스터 출력 ⓜ이 연결되어 있다. 즉 MEM 단계에서 EXE 단계로 데이터를 forwarding하는 path이다.

그림5-31 (a) ⓑ의 경우도 유사하다. clock cycle #4 또는 clock cycle #5에서 data dependence를 판단할 수 있는데, 그림5-31 (b)는 clock cycle #5에서 판단하도록 설계한 하드웨어 구조도이다. Data_Forwarding 모듈에서는 WB 단계로 전달된 destination register 번호인 'rd_wb[4:0]'와 EXE 단계로 전달된 source register 번호 'rs1_exe[4:0], rs2_exe[4:0]'를 비교해 출력 신호인 'afwd, bfwd'를 결정한다. ALU 입력단에 있는 α, β mux 입력에는 MEM-WB 파이프라인 레지스터 출력 ⓝ이 연결되어 있다. 즉 WB 단계에서 EXE 단계로 데이터를 forwarding하는 path이다.

Data_Forwarding 모듈은 조합회로이다. Forwarding 데이터로 ALU 연산까지 '해당 clock cycle'에 끝나야 하기 때문이다. 설계5-7은 Verilog로 설계한 `Data_Forwarding` 모듈이다. 여기서는 조합회로를 `always` 문을 사용해 설계하였다.

```
module Data_Forwarding(
  input       [4:0] rs1_exe,
  input       [4:0] rs2_exe,
  input       [4:0] rd_mem,
  input       [4:0] rd_wb,
  output  reg [1:0] afwd,
  output  reg [1:0] bfwd);

  always @(*)
  begin
     if      (rd_mem[4:0] == rs1_exe[4:0]) afwd= 2'b01 ; // select MEM data
     else if (rd_wb[4:0]  == rs1_exe[4:0]) afwd= 2'b10 ; // select WB data
     else                                  afwd= 2'b00 ; // select rf
```

```
  end

  always @(*)
  begin
     if      (rd_mem[4:0] == rs2_exe[4:0]) bfwd= 2'b01 ; // select MEM data
     else if (rd_wb[4:0]  == rs2_exe[4:0]) bfwd= 2'b10 ; // select WB data
     else                                  bfwd= 2'b00 ; // select rf or imm
  end

endmodule
```

설계5-7 Verilog로 설계한 Data_Forwarding 모듈

그림5-32는 설계5-7에 따라 forwarding 데이터를 결정하는 waveform으로, ModelSim 시뮬레이션 이해에 도움을 주고자 그린 그림이다. Clock cycle #4에서 '`rd_mem [4:0] == rs2_exe[4:0]`'이다. 따라서, 조합회로 delay 후 '`bfwd[1:0] = 2'b01`'이 된다. `bfwd`는 ALU 두 번째 입력을 결정하는데,

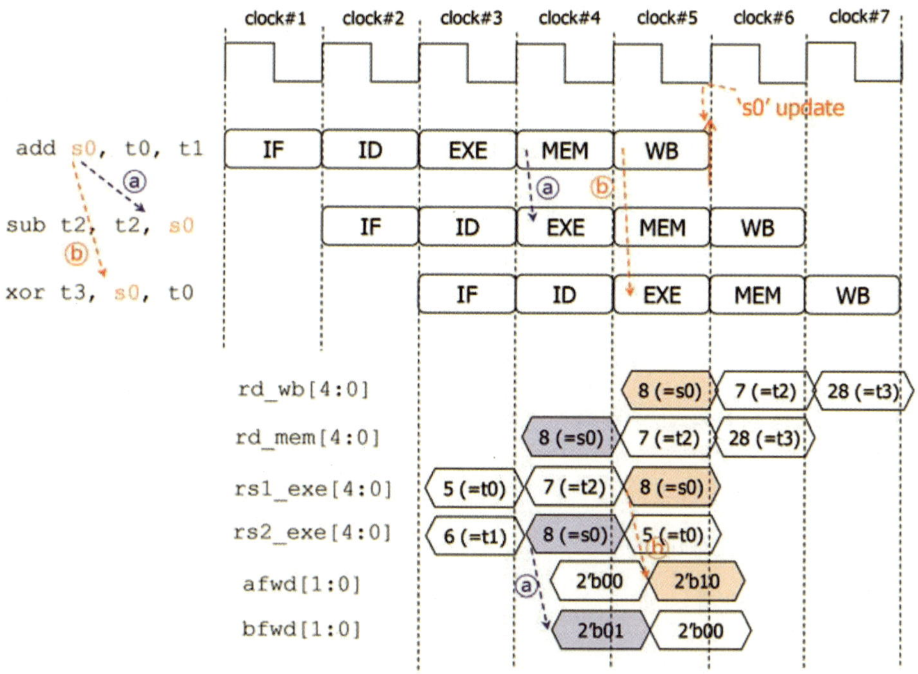

그림5-32 〈설계86〉에 따른 가상 simulation waveform

'bfwd[1:0] = 2'b01'는 mux 입력 중 'MEM → EXE'로 forwarding 되는 데이터를 선택한다. Clock cycle #5에서는 'rd_wb[4:0] == rs1_exe[4:0]'이며, 조합회로 delay 후 'afwd[1:0] = 2'b10'이 된다. afwd는 ALU 첫 번째 입력을 결정하는데, 'afwd[1:0] = 2'b10'는 mux 입력 중 'WB → EXE'로 forwarding 되는 데이터를 선택한다.

(b) 앞선 명령어가 'Load 명령어'인 경우

앞선 명령어가 load 명령어이고 메모리에서 읽은 데이터를 후속 명령어가 사용하는 상황을 Load-Use라고 말한다. 그림5-33 (a)는 pipeline에서 Load-Use에 의해 발생하는 data hazard와 해결 방법을 보여준다. Load-Use의 경우는 data forwarding만으로는 문제를 해결할 수 없다. 왜 그럴까? 그림 5-33 (a-1)에 표현한 것과 같이, load 명령어 실행에서 메모리에서 읽은 데이터가 유효한 시점이 너무 늦어 후속 명령어가 사용할 수 없기 때문이다. 메모리에서 데이터는 MEM 단계의 후반부인 clock cycle #4의 끝에서 유효하다. 메모리에서 데이터를 읽는데 시간이 걸리기 때문이다. 그런데 후속 명령어(sub)는 EXE 단계의 초반인 clock cycle #4의 시작부터 데이터가 필요하다.

그림5-33 (a-2)는 이를 해결하는 방법을 보여준다. 메모리에서 읽은 데이터를 후속 명령어(sub)의 EXE 단계에서 사용할 수 있도록, ID 단계를 하나의 clock cycle 동안 stall 한 후 data forwarding을 하는 것이다. ID 단계를 stall 하면 그 전 단계인 IF 단계도 stall 해야 한다. 자동차 운행에 비유하면 앞선 자동차(ID 단계)가 멈추면 뒤에 있는 자동차(IF 단계)도 멈춰야 하는 것과 같다. Stall은 말 그대로 그 단계에 움직이지 않고 머무르는 것을 의미한다. 그림을 보면 clock cycle #3에서 clock cycle #4로 갈 때 파이프라인에는 다음과 같은 변화가 있다.

- EXE 단계 → MEM 단계
- ID 단계 → ID 단계 (stall)
- IF 단계 → IF 단계 (stall)

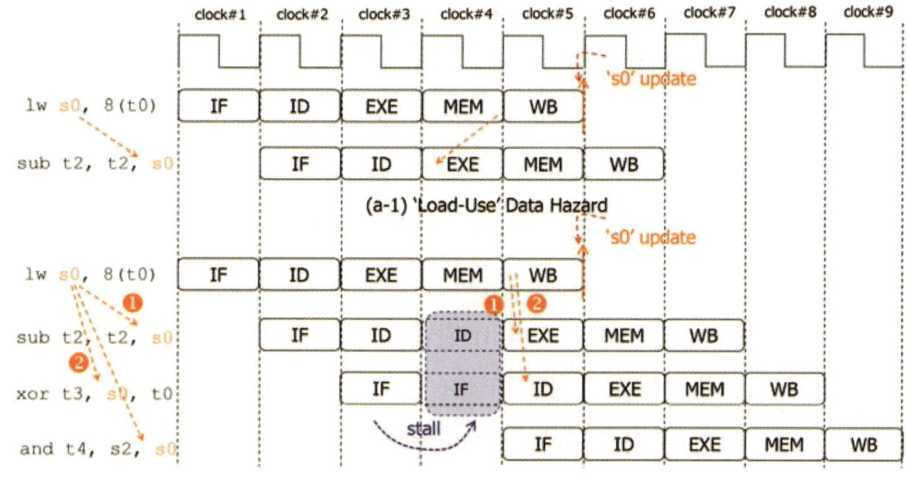

(a) Load-Use에 의해 발생하는 data hazard와 해결 방법

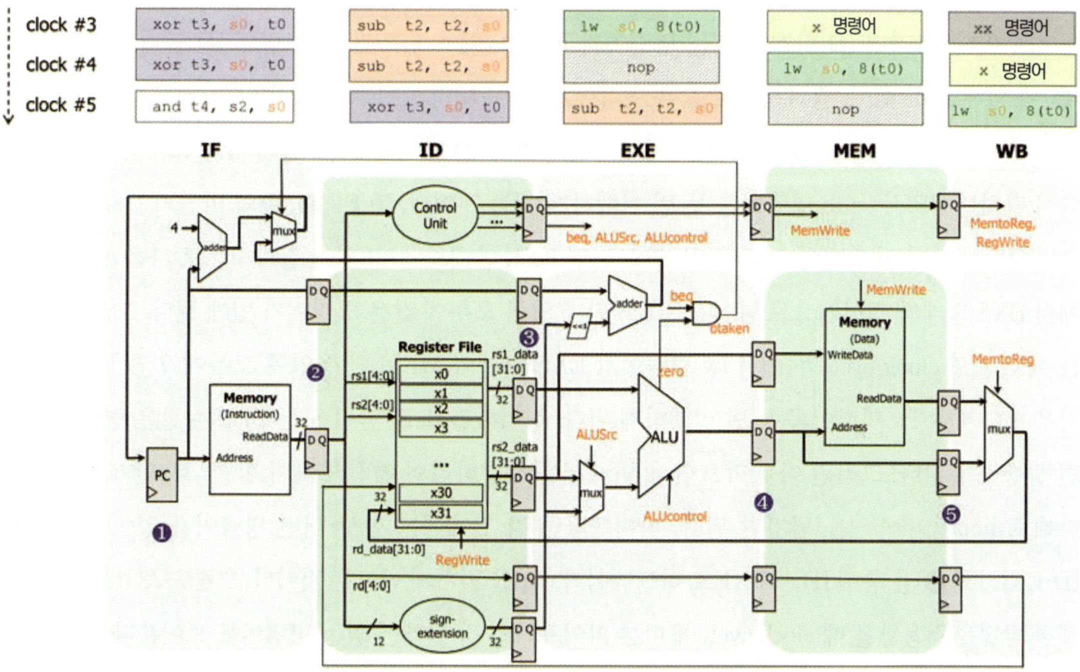

(b) (a-2) 해결 방법을 적용했을 때 clock cycle에 따른 pipeline 각 단계에 있는 명령어

그림5-33 Load-Use에 의해 발생하는 data hazard와 해결 방법

즉 IF 단계와 ID 단계는 그대로 멈추고, 나머지 단계는 정상적으로 다음 단계로 넘어가('EXE → MEM, MEM → WB, WB → 종료')야 한다. 그럼 'stall'이라는 것을 하드웨어로 어떻게 설계할 수 있을까? 파이프라인 레지스터로써 추가한 FF을 통해 구현할 수 있다. 파이프라인 단계를 구분하는 레지스터는 PC 레지스터(❶), IF-ID FF(❷), ID-EXE FF(❸), EXE-MEM FF(❹), MEM-WB FF(❺) 이렇게 다섯 개가 있다. 이 중 정상적으로 흘러가는 'EXE → MEM, MEM → WB'를 위한 ❹, ❺ 파이프라인 레지스터에 대해서는 아무런 할 일이 없다. IF, ID 단계를 멈추는 것은 PC 레지스터(❶)와 IF-ID FF(❷)를 통해 간단하게 구현할 수 있다. IF 단계를 멈추려면 ❶ PC 레지스터가 변경되지 않게 하면 된다. 그러면 그동안 같은 명령어가 IF 단계에 있게 된다. 마찬가지로 ID 단계를 멈추려면 ❷ IF-ID FF 출력 Q가 바뀌지 않게 하면 된다. 즉 IF 단계에서 읽은 명령어가 ID 단계로 넘어가지 않게 하는 것이다. 그러면 그동안 같은 명령어가 ID 단계에 있게 된다.

그럼 ID-EXE FF(❸)은 어떻게 해야 할까? 먼저 두 가지로 생각해보자. i) 아무런 조치 없이 사용하는 경우이다. 그러면 ID 단계에 있는 명령어가 EXE 단계로 넘어간다. 그런데 ID 단계는 IF-ID FF(❷)에 의해 stall 되어, 결과적으로 같은 명령어가 ID 단계와 EXE 단계 양쪽 모두에 있게 된다. 그림 5-33 (a)를 예로 들면 clock cycle #4에서 sub 명령어가 ID 단계와 EXE 단계 양쪽 모두에 있게 된다. 다시 말하면 CPU는 sub 명령어를 두 번 실행하게 되는 것이다. ii) FF ❶, ❷와 마찬가지로 FF ❸ 의 출력 Q도 바뀌지 않게 하면 어떻게 될까? 그러면 EXE 단계도 stall 되어 결과적으로 다음 clock cycle에서 EXE 단계와 정상적으로 넘어간 MEM 단계 양쪽 모두에 같은 명령어가 있게 된다. 그림5-33 (a)를 예로 들면 clock cycle #4에서 lw 명령어가 EXE 단계와 MEM 단계 양쪽 모두에 있게 된다. 즉 이 경우에 CPU는 lw 명령어를 두 번 실행하게 된다. 정리하면 i), ii) 방법 모두 CPU는 같은 명령어를 두 번 실행하게 된다! 그러면 이를 막으면서 hazard를 해결하려면 어떻게 해야 할까? ID 단계에서 EXE 단계로 nop[no operation]을 넘기면 된다. 파이프라인 각 단계에는 항상 어떤 명령어가 있어야 하는데, ID-EXE FF(❸)을 통해 ID → EXE로 하드웨어가 nop을 넘기게 만드는 것이다. 그림5-23 (b)는 이러한 해결 방법을 적용했을 때 clock cycle에 따른 파이프라인 각 단계에 있는 명령어를 보여준다. Clock cycle #3 →#4에 따라 각 단계에 있는 명령어의 변화를 살펴보기 바란다. IF, ID 단계에 있는 명령어는 그대로 있고, EXE 단계는 'lw → nop'이 되었다. MEM, WB 단계는 명령어가 정상적으로 흘러가고 있다.

그림5-34 (b)는 stall과 data forwarding 로직을 포함하는 CPU의 구조도이다. 앞서 설명한 대로 IF 단계를 stall 하려면 PC 레지스터(ⓐ)가 변경되지 않도록 설계하면 된다. ID 단계를 멈추는 것도 IF-ID 파이프라인 레지스터(ⓑ)가 변경되지 않도록 설계하면 된다. 이를 하드웨어로 구현하는 것은 아주 간단하다. 4.2.2절에서 설명한 **'Enabled FF'을 사용**하면 된다. **stall이 아닌 경우에만 정상적인 동작을 하고, stall인 경우는 아무 동작도 하지 않는 FF을 사용**하는 것이다. 설계5-8은 Verilog로 설계한 stall 기능이 추가된 PC 레지스터와 IF-ID 파이프라인 레지스터이다.

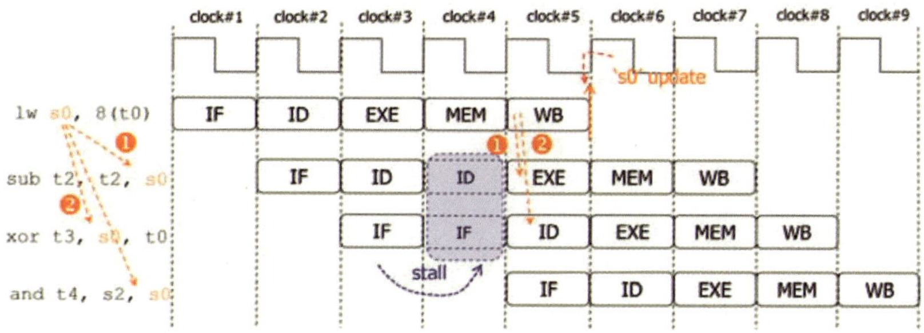

(a) Load-Use에 의해 발생하는 data hazard 해결 방법

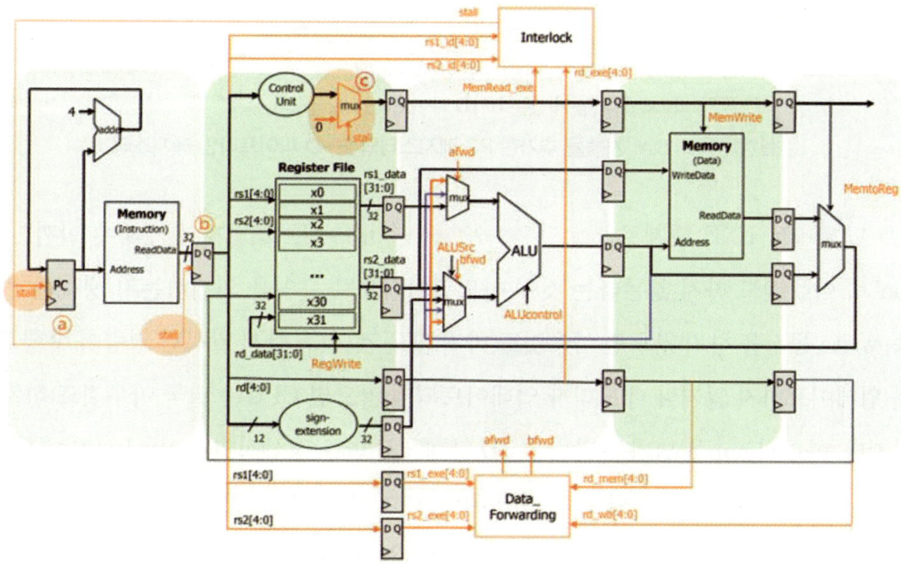

(b) Stall과 data forwarding 로직을 포함하는 CPU 구조도: 'MEM → EXE', 'WB → EXE' data forwarding을 위한 로직만 포함. 'WB → ID' data forwarding을 위해서는 추가 로직 필요

그림5-34 stall과 data forwarding 로직을 포함하는 CPU 구조

```
module PCreg(
  input              clk,
  input              stall,
  output  reg [31:0] PC);

  always @(posedge clk)
  begin
         if (~stall) PC[31:0] = PC[31:0] + 4;
  end

endmodule
```

(a) stall 기능이 있는 PC 레지스터 설계

```
module IF-ID-pipe (
  input              clk,
  input              stall,
  input       [31:0] Inst_IF,
  output  reg [31:0] Inst_ID);

  always @(posedge clk)
  begin
         if (~stall) Inst_ID[31:0] = Inst_IF[31:0];
  end

endmodule
```

(b) stall 기능이 있는 IF-ID 파이프라인 레지스터 설계

설계5-8 Stall 기능을 추가한 PC 레지스터와 IF-ID 파이프라인 레지스터

그럼 ID 단계에서 EXE 단계로 nop[no operation]을 넘기는 것은 어떻게 설계해야 할까? 먼저 'No Operation' 즉 아무것도 하지 않는다는 것이 하드웨어적으로 무엇을 의미하는지 생각해야 한다. 업데이트 즉, write 동작을 하지 않으면 아무것도 하지 않은 것이다. 다시 말하면 명령어 수행 후 레지스터 파일을 업데이트하지 않거나 메모리가 업데이트되지 않으면 CPU는 결국 아무것도 하지 않은 것과 마찬가지다. 따라서 nop을 넘기는 방법은, ID 단계에서 만든 정상적인 control 신호 대신 업데이트가 되지 않게 하는 신호를 EXE 단계로 넘기면 된다. 여기서 설계한 CPU에서 업데이트를 위한 control 신호는 'RegWrite, MemWrite' 이렇게 두 개이다. 따라서 stall 상황이면 'RegWrite = 0'과 'MemWrite = 0'을 넘기도록 설계하면 된다. 이를 위해 그림5-34 (b)에 ID 단계를 보면 Control Unit

출력 쪽에 2:1 mux ⓒ가 추가되어 있다. Mux는 stall 상황에서는 nop을 위한 신호를 출력하고, 그렇지 않으면 정상적인 control 신호를 출력하여 EXE 단계로 넘긴다.

마지막으로 stall 신호를 어떻게 만드는지 알아보자. 그림5-34 (b)에 Interlock 모듈이 stall 신호를 만드는 모듈이다. Data_Forwarding 모듈을 설계할 때와 마찬가지로 언제 그리고 무엇을 확인해야 하는지 생각해야 한다. 그림5-34 (a)를 참고해서 생각하면 cycle #3 에서 Load-Use 상황을 판단해 stall 신호를 만들어야 한다. 'cycle #3 → cycle #4'로 넘어갈 때 필요한 신호이기 때문이다. 그럼 무엇을 확인해야 할까? Load 명령어의 destination register 번호인 'rd'와 후속 명령어의 source register 번호인 'rs1 또는 rs2'가 같은지 확인하면 된다. 종합하면 EX 단계에 있는 load 명령어의 'rd'와 ID 단계에 있는 다음 명령어의 'rs1 또는 rs2'가 같으면 'stall = 1'로 만들면 된다. 설계5-9는 Verilog로 설계한 `Interlock` 모듈이다.

```
module Interlock (
  input       [4:0] rs1_id,
  input       [4:0] rs2_id,
  input       [4:0] rd_exe,
  input             MemRead_exe,
  output  reg       stall);

  always @(*)
  begin

     if ( MemRead_exe &&
         ((rd_exe[4:0] == rs1_id[4:0]) ||
          (rd_exe[4:0] == rs2_id[4:0])) )  stall = 1'b1 ;

    else                                  stall = 1'b0;

  end

endmodule
```

설계5-9 Verilog로 설계한 Interlock 모듈

그림5-35는 설계5-9에 따라 stall 신호를 발생하는 waveform으로, ModelSim 시뮬레이션 결과를 이해하는데 도움을 주기 위해 그린 그림이다. Clock cycle #3에서(lw 명령어가 EXE 단계에 있을 때) ‘`MemRead_exe == 1`’이고 ‘`rd_exe[4:0] == rs2_id[4:0]`’이다. 따라서 조합회로 delay 후 ‘`stall = 1`’이 된다. 이러한 delay 때문에 그림에 도식화한 것처럼, `stall` 신호는 clock의 rising-edge 앞뒤에 걸쳐있게 된다. 즉 clock의 rising-edge에서 ‘`stall == 1`’이다. 따라서 PC 레지스터와 IF-ID 파이프라인 레지스터 출력은 변하지 않고 그대로 유지된다. 그리고 EXE 단계로 넘길 control 신호를 선택하는 mux는, ‘stall == 1’에 의해 nop에 해당하는 신호를 선택한다. 따라서 nop에 해당하는 control 신호가 clock의 같은 rising-edge에서 EXE 단계로 넘어가게 된다.

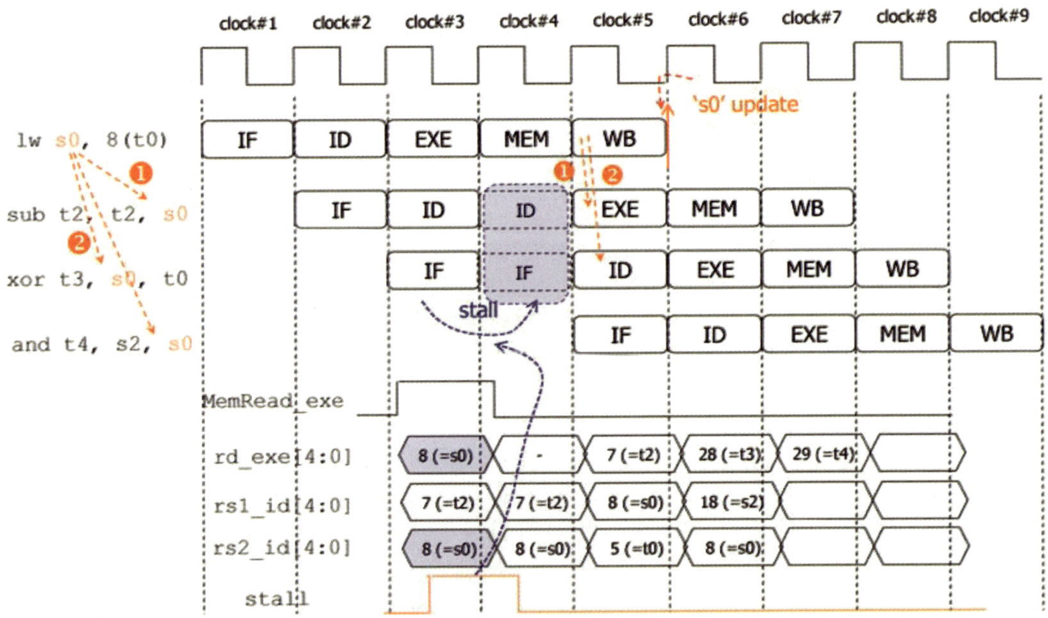

그림5-35 ‘Load-Use’에 의해 발생하는 data hazard에 따른 stall 신호

읽어보기

Code Scheduling

'Load-Use'에 의해 발생하는 data hazard는 성능에 악영향을 미친다. 파이프라인을 stall 해야 하기 때문이다. 그러면 이러한 stall이 발생하지 않도록 막을 방법은 없을까? 경우에 따라 소프트웨어의 도움으로 막을 수 있다. 컴파일러가 컴파일 과정에서 Load-Use로 인한 data hazard가 발생하지 않도록 code scheduling을 잘해주면 된다. 그림 5-36은 간단한 덧셈을 하는 C 코드와 컴파일된 두 가지 버전의 코드를 보여준다. (a) 코드에서는 data hazard로 인한 stall이 발생한다. 하지만 (b) 코드에서는 stall이 발생하지 않는다. Data dependence가 있는 명령어 사이에 그것과 관련 없는 명령어를 삽입했기 때문이다. 따라서 (b) 코드가 (a) 코드보다 실행시간이 짧게 된다.

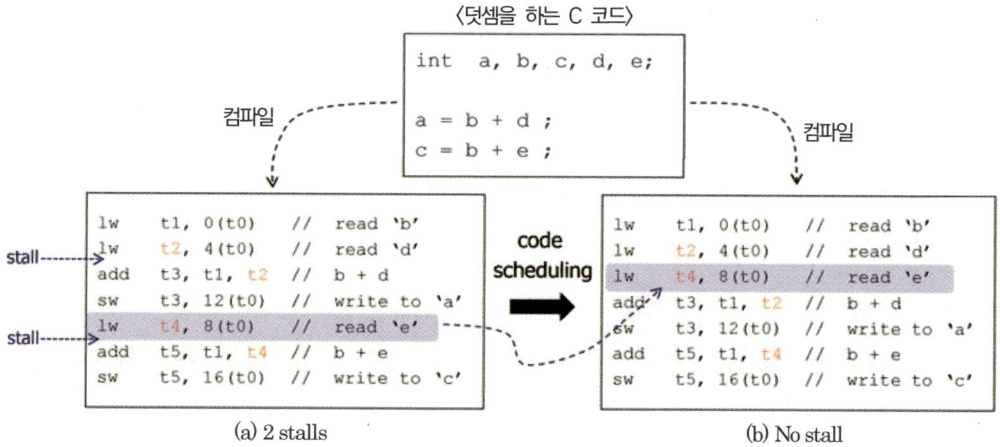

그림5-36 Code scheduling 통한 stall 제거

프로그램의 실행시간은 하드웨어뿐 아니라, 소프트웨어가 하드웨어를 얼마나 효과적으로 사용하는가에 달려있다. 소프트웨어가 주어진 CPU 구조를 최대한 잘 활용해야 좋은 성능이 나온다. 특히 컴파일러를 만드는 사람은 CPU 마이크로아키텍쳐에 대한 깊은 이해가 있어야 한다. 그래야 효율적이고 성능이 좋은 코드를 만드는 컴파일러를 설계할 수 있다.

5.2.3 Control Hazard 및 해결 방법

Control hazard는 분기 명령어로 인해 실행 흐름execution flow**에 변화가 생기기 때문에 발생**하는 문제이다. 분기 명령어가 없다면 CPU는 항상 'PC + 4' 위치에서 다음 실행할 명령어를 가져온다. 분기 명령어는 PC 레지스터를 branch destination 또는 jump destination으로 설정하는 명령어이다. 따라서 명령어 실행 흐름에 갑작스런(?) 변화가 생긴다. 문제는 PC를 새로운 값으로 설정할 때, 실행하지 말아야 할 명령어들이 이미 파이프라인에서 실행 중이라는 것이다.

그림5-37은 분기 명령어로 인해 control hazard가 발생하는 예와 이를 해결하는 방법을 보여준다. 그림에 있는 'beq t0, t1, L1' 명령어의 실행 과정을 살펴보자. 'beq t0, t1, L1' 명령어의 taken 여부는 EXE 단계(clock cycle #3)에서 결정된다. ALU에서 't0 - t1'을 하여 결과가 0이면 taken된다. 만약 taken 되면 clock cycle #3 끝 rising-edge에서 'PC 레지스터 ← branch destination'으로 설정된다. 따라서 CPU는 그림에 표시한 것처럼, clock cycle #4에서 branch destination 위치에 있는 'and t4, s2, s0' 명령어를 읽는다. 문제는 파이프라인에 의해 CPU는 'beq t0, t1, L1' 바로 뒤에 있는 'sub t2, t2, s0'와 'xor t3, s0, t0' 명령어를 이미 실행하는 중이라는 것이다. Clock cycle #3에서 파이프라인을

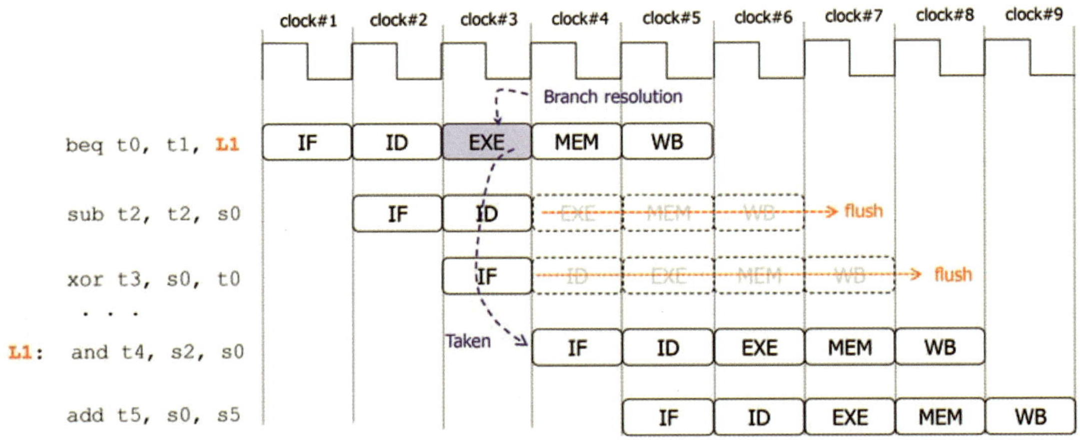

그림5-37 Control hazard 예: 'beq t0, t1, L1'가 taken 되면 branch destination으로부터 명령어 실행해야 함. 분기 명령어가 EXE 단계에 있을 때 taken 여부가 결정되는데, 분기 명령어 후속 두 개 명령어('sub, xor')가 이미 파이프라인에서 실행 중. 따라서 'sub, xor' 명령어를 flush 해야 함.

보면 ID 단계에는 sub 명령어가 있고, IF 단계는 xor 명령어를 읽은 상태이다. 다시 말하면 CPU는 실행하지 말아야 할 명령어들을 이미 실행하는 중이다! 그럼 이 문제를 어떻게 해결해야 할까? 그림에 표시한 것 같이 sub 명령어와 xor 명령어를 CPU 내부에서 하드웨어적으로 제거(flush)해야 한다. 그럼 파이프라인에 이미 들어와 있는 명령어를 어떻게 없앨 수 있을까? 파이프라인 레지스터를 통해 nop을 다음 단계로 전달하면 된다.

Control hazard 해결 방식은, 앞서 Load-Use에 의해 발생하는 data hazard 처리방식과 비슷하다. 그림5-38 (b)는 control hazard를 처리하는 로직을 포함하는 CPU 구조도이다. ID 단계에 추가한 mux ⓑ는 btaken_exe 신호에 따라 '정상적인 control 신호' 또는 'nop에 해당하는 control 신호' 중 하나를 선택한다. 선택된 신호는 파이프라인 레지스터를 통해 EXE 단계로 넘어간다. nop에 해당하는 control 신호는 data hazard에서 설계한 것처럼, 'MemWrite, RegWrite'를 0으로 만드는 것을 말한다. IF 단계에 추가한 mux ⓐ도 btaken_exe 신호에 따라 '메모리에서 읽은 명령어' 또는 'nop' 중 하나를 선택한다. 그리고 선택된 명령어는 파이프라인 레지스터를 통해 ID 단계로 넘어간다. 여기서 nop은 'addi x0, x0, 0'와 같은 명령어를 의미한다. Verilog로 설계할 때는 'addi x0, x0, 0'에 해당하는 기계어인 '0x0000_0013'을 하드코딩hardcoding하면 된다. 3.5절 표3-18에 정리한 것처럼 nop은 pseudo 명령어이며 'addi x0, x0, 0'와 같다.

그럼 control hazard가 발생했다는 btaken_exe 신호를 어떻게 만드는 걸까? beq 명령어의 경우 그림에 있는 ⓒ와 같이 설계하면 된다. beq 명령어 실행 중 ALU에서 뺄셈 결과가 0일 때 'btaken_exe = 1' 이 된다. 그리고 ALU 연산 delay로 인해 btaken_exe 신호는 그림5-38 (a)과 같이 clock cycle #3과 clock cycle #4 사이에 걸쳐있게 된다. 여기서 ALU 연산 delay는 뺄셈 결과가 나오는 데 걸리는 시간을 말한다. bne, bge, bgeu, blt, bltu와 같은 다른 조건 분기 명령어들에 대해서도 같은 방식으로 btaken 신호를 만들 수 있다. 그림5-38 (b)는 clock cycle에 따른 파이프라인 각 단계에 있는 명령어도 보여준다. Clock cycle #3 → #4에 따라 IF 단계와 ID 단계에 있는 xor 명령어와 sub 명령어가 nop으로 바뀌어 넘어갔다. 그 후에는 파이프라인이 정상적으로 동작한다.

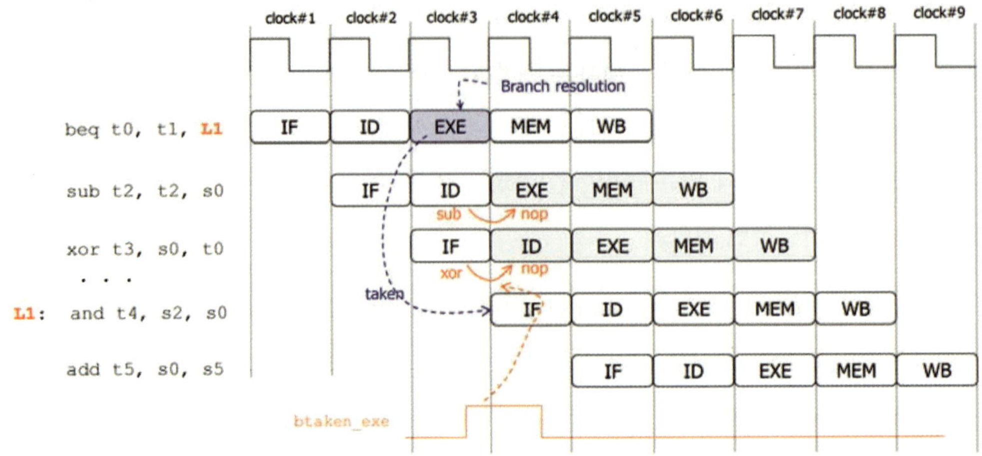

(a) btaken_exe 신호에 따른 파이프라인 변화: clock cycle #3에서 clock cycle #4로 넘어갈 때 ID 단계, IF 단계에 있는 명령어를 nop으로 바꾸어야 함.

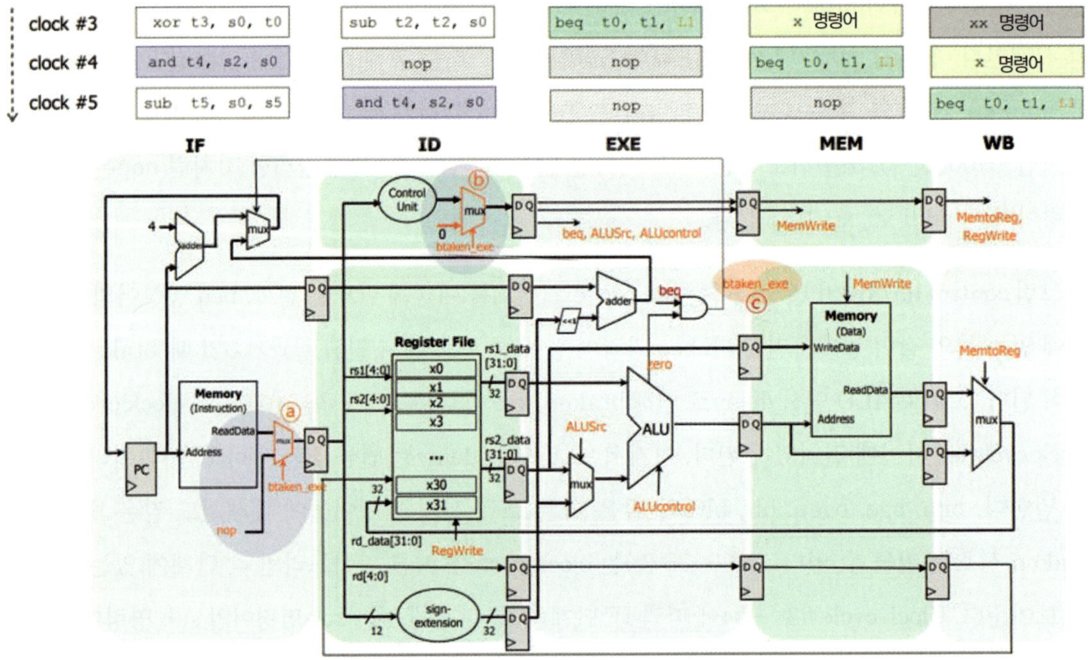

(b) beq 명령어로 인한 control hazard 처리 로직 및 clock cycle에 따른 pipeline 각 단계에 있는 명령어

그림5-38 beq 명령어에 의한 control hazard 해결 방법

그럼 무조건 분기 명령어인 jal, jalr 경우는 어떨까? 무조건 분기 명령어는 control hazard를 항상 발생시키며, 이를 ID 단계에서 알 수 있다. 명령어를 해석(decoding)하기만 하면 이를 알 수 있기 때문이다. 그리고 분기하려면 jump destination을 계산해야 하는데, 이는 ID 단계 또는 EXE 단계에서 계산하도록 하드웨어를 설계할 수 있다. 여기서는 설명의 편의상 EXE 단계에서 jump destination을 계산한다고 가정하자. 그러면 조건 분기 명령어로 인한 control hazard에서 설명한 내용이 대부분 그대로 적용된다. EXE 단계에서 분기할 모든 준비를 마치기 때문이다. 그림5-39는 무조건 분기 명령어를 실행할 때 발생하는 control hazard와 처리 로직을 보여준다. 조건 분기 명령어와 같이, PC 레지스터는 clock cycle #3의 끝 rising-edge에 jump destination으로 설정된다. 그리고 clock cycle #4에 새롭게 설정된 PC로부터 명령어를 읽는다.

문제는 파이프라인으로 인해 CPU는 이미 'jal x1, foo' 바로 다음 명령어인 'sub t2, t2, s0'와 'xor t3, s0, t0'를 실행하는 중이라는 것이다. Clock cycle #3에서 파이프라인을 보면 ID 단계에는 sub 명령어가 있고, IF 단계는 xor 명령어를 읽은 상태이다. 따라서 sub 명령어와 xor 명령어를 하드웨어적으로 제거(flush)해야 한다. 이를 위해서는 그림5-38 조건 분기 명령어에서 사용한 btaken_exe와 같은 control 신호가 필요하다. 이러한 신호는 jal 명령어가 ID 단계(clock cycle #2)에 있을 때 미리 만들 수 있다. Control Unit에서 명령어를 해석만 하면 되기 때문이다. 그림5-39 (a)에서 보여주는 jal_id가 이에 해당하는 control 신호이다. jal_id 신호는 파이프라인 레지스터를 통해 EXE 단계로 넘겨 cycle #3과 cycle #4 사이에 걸쳐있는 jal_exe 신호를 만들 수 있다. jal_exe은 그림5-39 (b) mux ⓐ, ⓑ의 control 신호로 사용되어, nop에 해당하는 입력을 선택한다. 그리고 선택된 nop을 파이프라인 레지스터를 통해 다음 단계로 넘기면 sub와 xor 명령어가 flush 된다.

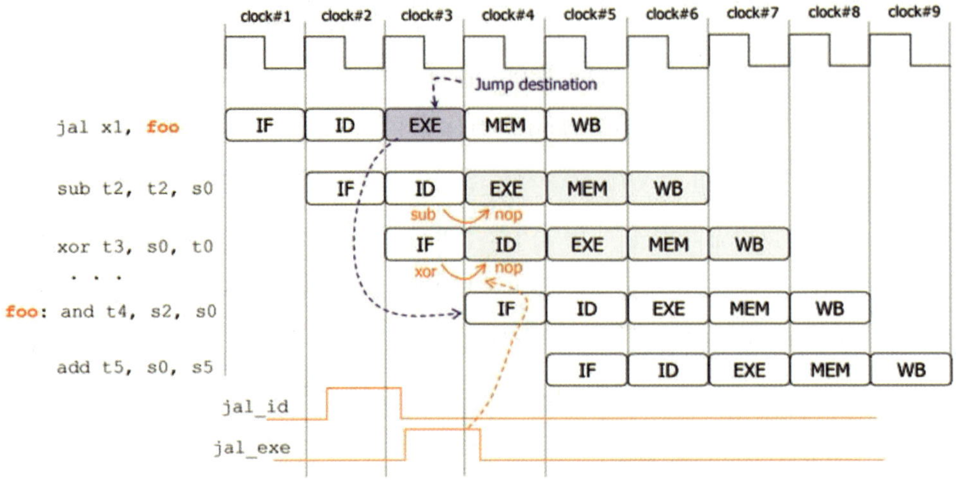

(a) jal 명령어로 인한 control hazard 예: jal 명령어 EXE 단계에서 계산된 jump destination에 따라 명령어 fetch. 따라서 jal 후속 명령어인 'sub, xor' 명령어를 하드웨어적으로 nop으로 바뀌야 함

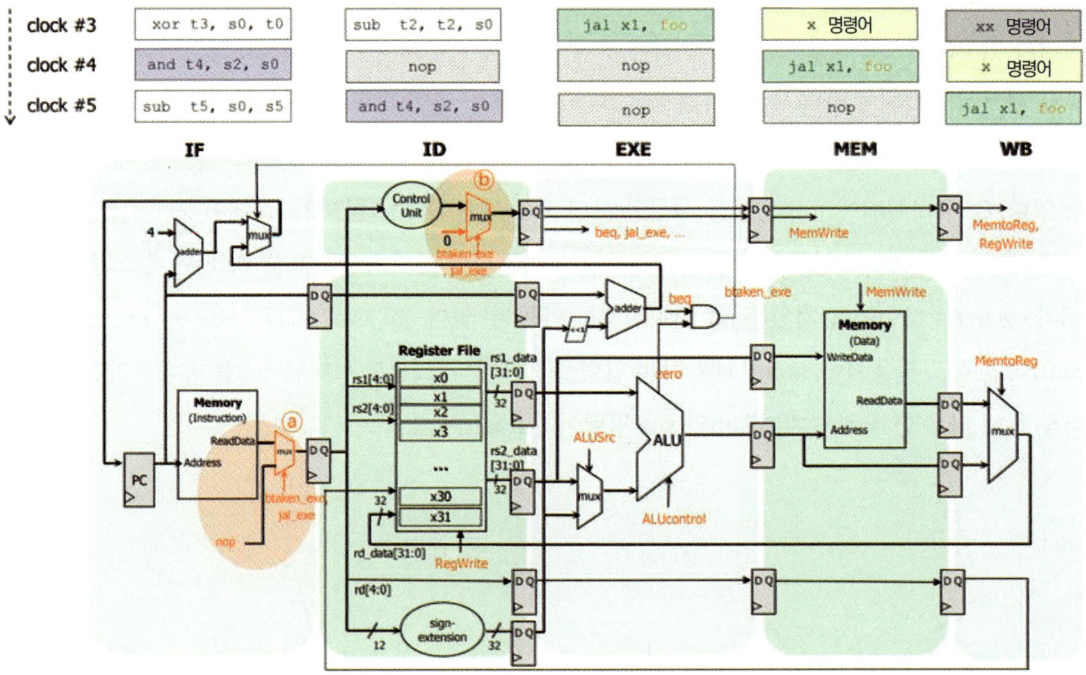

(b) jal 명령어로 인한 control hazard 처리 로직 및 clock cycle에 따른 pipeline 각 단계에 있는 명령어

그림5-39 jal 명령어에 의한 control hazard 해결 방법

그림5-40은 data hazard, control hazard 처리 로직을 모두 포함하는 간략화한 CPU 구조이다. 그림은 파이프라인과 hazard 처리를 위해 중요한 datapath와 control 신호에 초점을 맞추었다. 따라서 RV32I가 지원하는 모든 명령어를 처리하기 위해서는 추가 로직이 필요하다. 예를 들어, lh, lhu, lb, lbu, sh, sb 메모리 접근 명령어, bne, bge, bgeu, blt, bltu 조건 분기 명령어를 위한 로직이 필요하다. jal, jalr 무조건 분기 명령어에 대해서는 jump destination 계산 로직과 돌아올 주소인 'PC + 4'를 레지스터 파일에 저장하는 로직을 추가해야 한다.

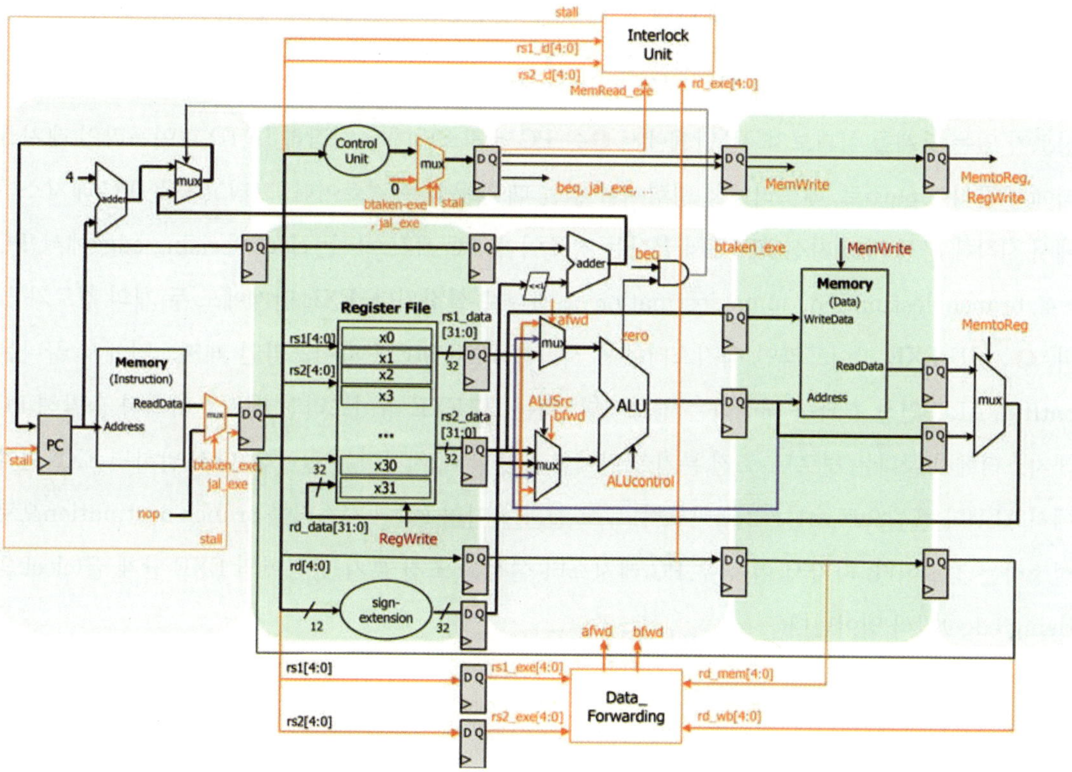

그림5-40 Data hazard, control hazard 처리 로직을 갖춘 CPU 구조

5.2.4 성능

이제 설계한 pipelined CPU의 동작 주파수를 알아보자. 앞서 설명한 것처럼 동작 주파수는 critical path에 의해 결정된다. Critical path는 설계한 하드웨어에 있는 FF에서 FF까지의 경로 중 delay가 가장 긴 경로를 말한다. 따라서 파이프라인 CPU에서 critical path를 찾기 위해서는 각 단계에 대해 입력에서 출력까지 delay를 비교해야 한다. 그림5-41은 각 단계에서 고려해야 할 경로(❶, ❷, ❸, ❹, ❺, ❻, ❼)를 보여준다. 설계를 보면 고려해야 할 경로가 2개 있는 파이프라인 단계도 있다. FF에서 FF까지의 경로이기 때문에 동작에 따라 한 단계에 여러 경로가 존재할 수 있다.

표5-4는 파이프라인 각 단계에서 경로와 delay를 계산하는 식을 정리한 표이다. 그림에서 2개의 경로가 있는 단계를 살펴보자. IF 단계에서 ❶은 PC 레지스터에서 시작해 IF-ID 파이프라인 레지스터에서 끝나는 path로, 메모리에서 명령어를 읽을 때 사용하는 경로이다. 그리고 ❷는 PC 레지스터에서 시작해 다시 자기 자신(PC)에서 끝나는 경로이다. PC 레지스터는 clock의 rising-edge에서 'PC + 4', branch destination, jump destination 중 하나로 설정된다. EXE 단계에도 두 개의 경로가 있다. ❹는 ID-EXE 파이프라인 레지스터에서 시작해 EXE-MEM 파이프라인 레지스터에서 끝나는 path로, ALU 연산 결과를 저장하는 경로이다. ❺는 ID-EXE 파이프라인 레지스터에서 출발해 PC 레지스터에서 끝나는 경로로, 조건 분기 명령어를 실행할 때 지나가는 길이다. 다시 말하면 EXE 단계에서 ALU가 뺄셈으로 rs1, rs2를 비교하고, 그 결과에 따라 PC 레지스터를 branch destination으로 설정하는 경로이다. 따라서 이 경우 PC 레지스터 설정은 조건 분기 명령어의 EXE 단계 끝(clock의 rising-edge)에서 일어난다.

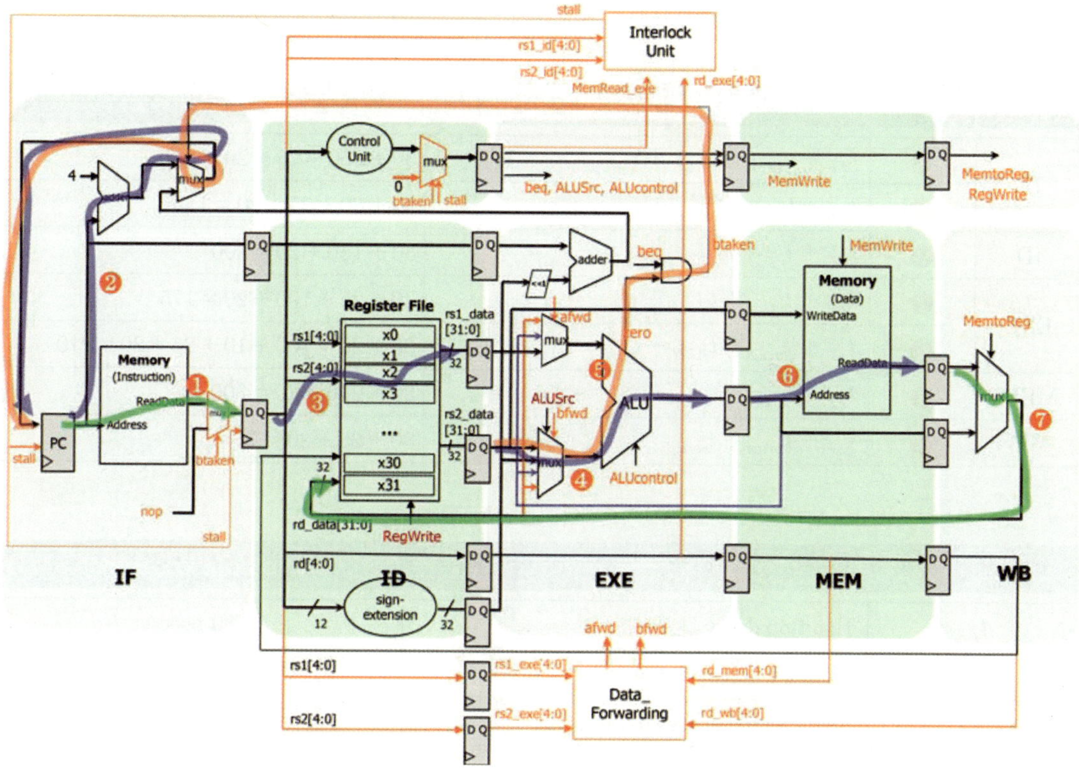

그림5-41 파이프라인 critical path를 계산할 때 고려해야 하는 각 단계 별 경로

표5-4 (b)는 각 하드웨어 모듈의 delay와 예를 보여준다. 이에 따라, 7개 경로 각각에 대한 delay를 계산하면 표5-4 (a) 오른쪽 열에 정리한 값과 같다. Critical path는 이 중 가장 큰 값을 보이는 IF 단계에 있는 ❶번 경로이다. 따라서 설계한 CPU가 제대로 동작하려면 clock의 주기 T ≧ 325 psec 이어야 한다. 이를 주파수(f)로 표현하면, f ≦ 3.077 GHz이다.

$$Critical\,path\,delay = IF\,stage\,delay = 325\,psec$$

$$f = \frac{1\,\text{sec}}{T} = \frac{1\,\text{sec}}{325\,psec} = 3.077\,GHz$$

표5-4 파이프라인 각 단계에 있는 경로 delay

(a) 파이프라인 단계별 delay

단계		path delay 식	path delay (psec)
IF	❶	$t_{FF} + t_{mem} + t_{mux} + t_{setup}$	30 + 250 + 25 + 20 = 325
	❷	$t_{FF} + t_{adder} + t_{mux} + t_{setup}$	30 + 80 + 25 + 20 = 155
ID	❸	$t_{FF} + t_{rf} + t_{setup}$	30 + 150 + 20 = 200
EXE	❹	$t_{FF} + t_{mux} + t_{ALU} + t_{setup}$	30 + 25 + 100 + 20 = 175
	❺	$t_{FF} + t_{mux} + t_{ALU} + t_{and} + t_{mux} + t_{setup}$	30 + 25 + 100 + 10 + 25 + 20 = 210
MEM	❻	$t_{FF} + t_{mem} + t_{setup}$	30 + 250 + 20 = 300
WB	❼	$t_{FF} + t_{mux} + t_{setup}$	30 + 25 + 20 = 75

(b) 하드웨어 모듈 delay 및 예

	설명	예 (psec: picosecond)
t_{FF}	Flip-flop delay	30 psec
t_{mem}	Memory access delay	250 psec
t_{rf}	Register file access delay	150 psec
t_{mux}	Multiplexer delay	25 psec
t_{and}	AND gate delay	10 psec
t_{ALU}	ALU delay	100 psec
t_{adder}	Adder delay	80 psec
t_{setup}	Flip-flop setup time	20 psec

표5-5은 설계한 single-cycle CPU와 pipelined CPU의 성능을 비교한 표이다. Pipelined CPU는 single-cycle CPU에 비교해 약 2.6배(=3,077GHz/1.176GHz) 좋은 성능을 제공한다. 하지만 5-stage pipeline이라는 것을 감안하면 2.6배는 실망스러운 성적이다. 그림5-2 세탁소 비유에서 설명한 것처럼, pipelined CPU는 single-cycle CPU에 비해 최대 '파이프라인 단계 수' 배 좋은 성능을 제공할 수 있다. 즉 5-stage 파이프라인은 최대 5배 좋은 성능을 제공할 수 있다. 그렇다면 무엇 때문에 2.6배라는 실망스러운 성적이 나온 것일까? **문제는 파이프라인이 balance 되어 있지 않다는 것**이다. 표5-4 (a)

에 보여주는 것처럼, 파이프라인 각 단계에 있는 경로 delay가 75 psec ~ 325 psec까지 불균형하게 분포되어 있다.

표5-5 Single-cycle CPU와 Pipelined CPU의 성능 비교

	Single-cycle CPU	Pipelined CPU (5-stage)
동작주파수 f (주기: T)	1.176GHz (850 psec)	3.077 GHz (325 psec)

파이프라인으로부터 최대의 성능을 얻기 위해서는 파이프라인이 balance 되도록 설계해야 한다. Single-cycle CPU의 critical path delay가 850 psec 라는 것을 생각하면, pipeline 각 단계 delay가 가능한 170 psec (= 850 psec / 5)가 되도록 설계하면 가장 좋다. 하지만 표5-4 (b)에 예로 든 각 하드웨어 모듈 delay를 고려하면 170 psec를 만드는 것은 불가능하다. t_{mem} 즉 메모리 접근 delay가 이미 250 psec이기 때문이다. 이러한 경우는 CPU 마이크로아키텍쳐의 개선보다 접근을 빠르게 할 수 있는 메모리 시스템 설계가 필요하다. 실제 컴퓨터시스템에서도 메모리 접근 시간이 전체 컴퓨터의 성능을 좌우할 정도로 막대한 영향을 미친다. 7장에서는 이러한 메모리 접근 시간을 줄이기 위해 프로세서 내부에 집적하는 캐시에 대해 알아본다.

읽어보기

Branch Predictor분기 예측기

Hazard는 프로그램 실행시간에 악영향을 미친다. 설명한 5-stage 파이프라인에서 Load-Use로 인한 data hazard의 경우 명령어 1개를 nop으로 바꿔야 하고, control hazard가 발생하면 명령어 2개를 nop으로 바꿔야 한다. 다시 말하면 hazard가 발생할 때마다 CPU는 1 ~ 2 cycle을 낭비하는 것이다. 그럼 이러한 hazard가 얼마나 자주 발생할까? Control hazard의 경우 5 ~ 7개 명령어를 실행할 때 평균 1번 발생한다. Integer benchmark 프로그램을 실행하며 프로파일링profiling해보면 CPU가 실행하는 명령어 중 대략 '15% ~ 20%'가 분기 명령어으로 나타난다. Control hazard에 따른 성능감소를 줄이기 위해 x86, Arm과 같은 상용 프로세서에서는 branch prediction이라는 방법을 사용한다. 말 그대로 분기 명령어의 taken 여부를 하드웨어가 예측하는 것이다. 그리고 예측한 위치에 있는 명령어들을 가져와 실행한다. 예측이 추후 맞는 것으로 판정되면 그대로 끝까지 실행하고, 만약 예측이 틀렸으면 그동안 실행한 명령어들을 flush 시킨다. 상용 프로세서에서는 이러한 branch prediction을 위해 설계한 하드웨어를 branch predictor라고 부른다. 그럼 branch predictor의 예측 정확도는 얼마나 될까? 놀랍게도 맞을 확률이 아주 높다. 보통 90% 이상의 정확도를 가지며, 경우에 따라 99% 이상이 되기도 한다. 어떻게 이것이 가능할까? 코드 5-2는 직관적인 이해를 돕기 위한 예제로, C 언어로 구현한 간단한 'for loop'와 컴파일 결과이다. 예제에서 for loop는 index i 에 따라 100번 수행된다. 컴파일된 코드를 보면 맨 아래 'bgeu a5, a4, 34' 조건 분기 명령어가 있다. 'bgeu a5, a4, 34'를 실행할 때 만약 branch predictor가 분기 결과를 계속 taken으로 예측한다면 예측 정확도는 99%이다. 마지막('i = 100')에만 틀리고, 'i = 0 ~ 99'일 때는 모두 맞게 예측하는 것이다.

```
unsigned i;
int a[100],sum;

for (i=0 ; i < 100 ; i++ )
{
      sum = sum + a[i];
}
```

컴파일 →

```
for (i=0 ; i < 100 ; i++ ) {
  2c: fe042623          sw   zero,-20(s0)
  30: 0300006f          j    60
sum = sum + a[i];
  34: fec42783          lw   a5,-20(s0)
  38: 00279793          slli a5,a5,0x2
  3c: ff040713          addi a4,s0,-16
  40: 00f707b3          add  a5,a4,a5
  44: e687a783          lw   a5,-408(a5)
  48: fe842703          lw   a4,-24(s0)
  4c: 00f707b3          add  a5,a4,a5
  50: fef42423          sw   a5,-24(s0)
for (i=0 ; i < 100 ; i++ ) {
  54: fec42783          lw   a5,-20(s0)
  58: 00178793          addi a5,a5,1
  5c: fef42623          sw   a5,-20(s0)
  60: fec42703          lw   a4,-20(s0)
  64: 06300793          li   a5,99
  68: fce7f6e3          bgeu a5,a4,34
}
```

Predicted 'Taken'

코드5-2 C언어로 작성한 'for loop'와 컴파일 결과

Branch predictor는 분기 명령어의 taken 여부뿐 아니라, branch destination 위치까지 알려준다. 그러면 그림 5-42에 보여주는 것과 같은 파이프라인 실행 흐름을 만들 수 있다. Clock cycle #1에서 분기 명령어를 읽을 때, branch predictor는 taken 여부를 예측하고 또한 branch destination을 알려준다. 이에 따라 clock cycle #2에서 바로 branch destination 위치에서 명령어를 읽어올 수 있다.

```
     beq t0, t1, L1
     sub t2, t2, s0
     xor t3, s0, t0
       . . .
L1:  and t4, s2, s0
     add t5, s0, s5
```

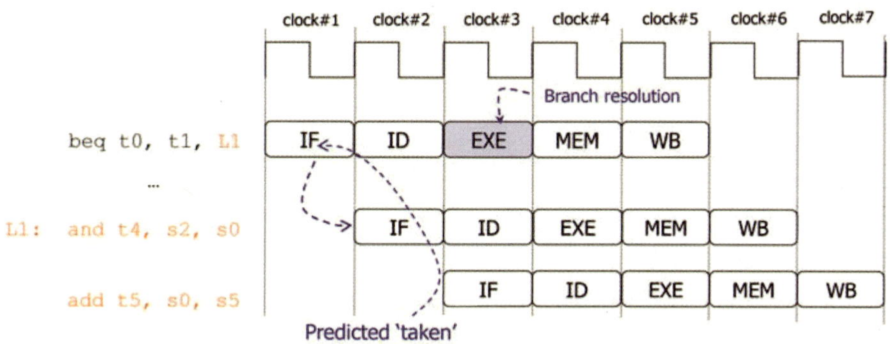

그림5-42 Branch predictor의 예측을 통한 pipeline execution flow

그런데 어떻게 이것이 가능할까? 분기 명령어를 해석(decoding)도 하지 않았는데 어떻게 분기 명령어라는 것을 알고 그 결과를 예측하는 걸까? 그리고 branch destination은 분기 명령어가 EXE 단계에 있을 때 알 수 있는데, branch predictor는 이것을 어떻게 알려줄 수 있는 걸까? 비밀은 branch predictor에 있는 분기 명령어의 실행 history를 저장해 놓는 버퍼(buffer)에 있다. 예를 들어 버퍼에는 과거 'beq t0, t1, L1' 명령어의 실행 결과(taken 여부, branch destination)와 'beq 명령어의 PC'를 저장해 놓는다. 그리고 CPU가 다음에 같은 beq 명령어를 읽어 오면 저장된 history에 따라 예측을 한다. 따라서 clock cycle #1에서 분기 명령어 PC를 보고 바로 예측할 수 있는 것이다.

그림5-43은 과거 실행한 분기 명령어의 branch destination을 저장하는 버퍼의 예로 일반적으로 Branch Target Buffer(BTB) 또는 Branch Target Address Cache(BTAC)라고 부른다. 그림에 도식화한 것처럼, 분기 명령어 PC로 BTB entry를 선택하고, 해당 entry에서 읽은 값을 PC와 비교한다. 만약 PC가 같으면, 해당 entry에 있는 branch destination을 사용해 명령어를 가져온다.

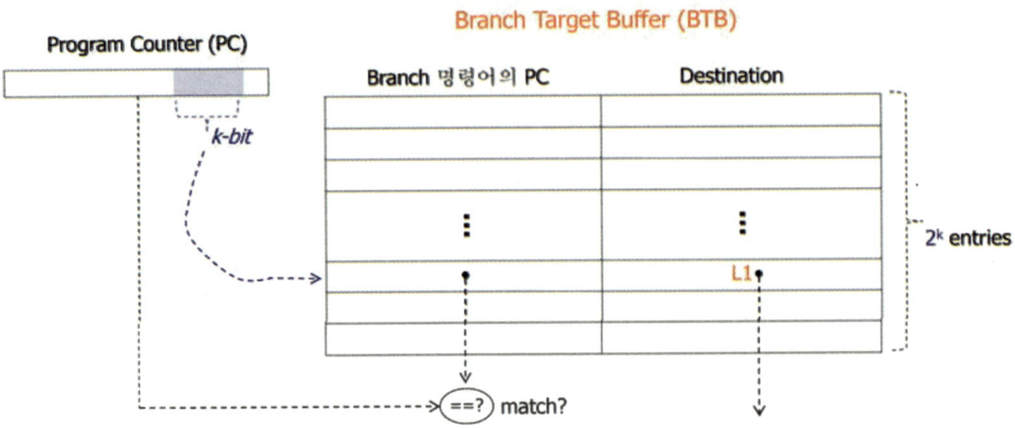

그림5-43 Branch Target Buffer(BTB) 구조

Branch predictor는 파이프라인 단계가 많은 'deep pipeline' 프로세서에 더욱 필요하다. 일반적으로 분기 결과가 파이프라인 후반부에 나오기 때문이다. 예를 들어 14-stage 파이프라인에서 10번째 단계에 taken 여부 등 결과가 나온다고 가정하자. 여기서 control hazard가 발생하면 pipeline에 있는 9개의 명령어를 nop으로 바꿔야 하며, 그만큼 성능에 악영향을 미친다. 2000년대 초반에 출시된 Intel Pentium-4 Prescott은 31-stage 파이프라인을 가지고 있으며, 요즘 출시되는 Intel Core i7 프로세서는 14~16 stage를 가지고 있다. Branch predictor는 또한 여러 개의 명령어를 동시에 실행하도록 설계한 superscalar 구조에서 필수적으로 필요하다. 예를 들어 파이프라인이 4개가 있어 동시에 4개의 명령어를 처리할 수 있는 프로세서를 가정하자. 앞서 설명한 branch 명령어 빈도를 생각하면, CPU는 대략 2 clock cycle마다 하나의 branch 명령어를 실행하게 된다. 따라서 branch predictor를 통한 예측 없이는 파이프라인을 제대로 사용할 수조차 없게 된다. 현재 데스크톱과 노트북에 사용되는 x86 프로세서와 스마트폰에 사용되는 Arm 프로세서는 모두 deep pipeline, superscalar 구조로 설계되어 있다.

CHAPTER 6

CHAPTER 6

I/O 장치, 익셉션exception 및 인터럽트interrupt

지금까지 설명한 컴퓨터는 그림6-1과 같이 CPU와 메모리만으로 구성되어 있었다. 메모리에는 명령어와 데이터가 저장되어 있고, CPU는 명령어에 따라 데이터를 처리한다. 그런데 만약 컴퓨터가 실제로 이같이 구성되어 있다면 사람에게 별로 유용하지 않은 전자기기일 것이다. 사람이 컴퓨터에게 명령을 내릴 창구가 없기 때문이다. 컴퓨터에는 키보드, 마우스, 모니터, 네트워크 카드, USB 장치, 블루투스bluetooth 장치 등 아주 많은 I/O 장치input/output device들이 있다. 컴퓨터에서 I/O 장치는 외부와의 인터페이스interface 역할을 한다. 키보드를 통해 문자를 입력하고, 마우스로 인터넷 서핑을 위한 프로그램을 실행시키기도 한다. 모니터를 통해 실행 결과를 볼 수 있고, 네트워크 카드를 통해 다른 컴퓨터와 데이터를 주고받을 수 있다. USB 메모리에 파일을 저장하고 읽을 수 있으며, 블루투스 장치를 통해 무선으로 데이터를 주고받을 수 있다.

이렇게 실제 컴퓨터는 'CPU+ 메모리 + I/O 장치'로 구성되어 있다. 이번 장에서는 CPU가 I/O 장치에 접근하기 위해 꼭 필요한 메모리맵memory map에 대해 알아본다. 또한 전체적인 컴퓨터 시스템 작동에 필수적인 익셉션exception, 인터럽트interrupt, 그리고 CPU가 그것을 처리하는 방식에 대해 알아본다.

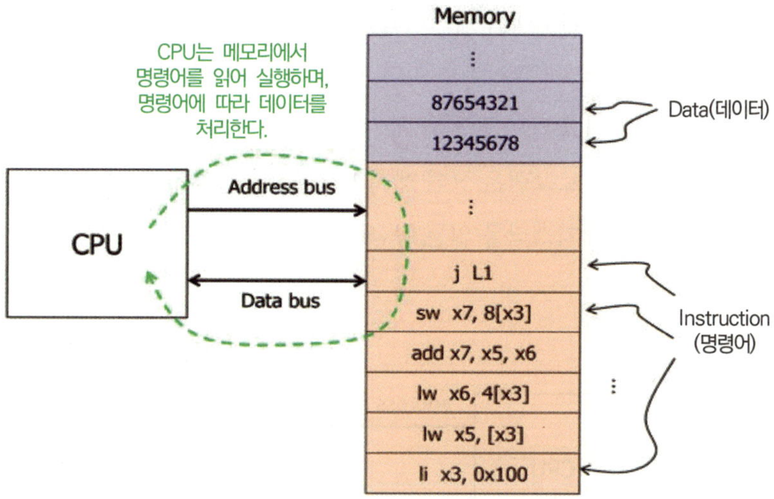

그림6-1 'CPU + 메모리'로 이루어진 컴퓨터

6.1 I/O 장치와 메모리맵memory map

그림6-2는 'CPU + 메모리 + I/O 장치'로 구성된 컴퓨터 시스템의 예를 보여준다. 이러한 시스템에서 CPU가 I/O 장치에 접근하려면 어떻게 해야 할까? 우리가 사용하는 윈도우 혹은 리눅스 컴퓨터에서 I/O 장치를 사용하려면 각 I/O 장치를 제어하고 관리하는 프로그램인 **디바이스 드라이버**device driver를 설치해야 한다. 그럼 디바이스 드라이버는 I/O 장치에 어떻게 접근하며 I/O 장치에 무슨 일을 하는 걸까?

모든 **I/O 장치**는 소프트웨어가 접근할 수 있는 **레지스터**register**를 제공**한다. 디바이스 드라이버는 이를 통해 I/O 장치를 제어하고 관리한다. 그럼 I/O 장치에는 어떤 레지스터들이 있을까? 한마디로 말하기는 어렵다. I/O 장치에 따라 레지스터의 개수, 이름, 용도가 모두 다르기 때문이다. 하지만 모든 I/O 장치는 그림6-2에 표현한 것처럼 세 가지 종류의 레지스터를 제공한다. 첫째, **설정 레지스터**configuration register이다. 말 그대로 I/O 장치를 사용하기 전에 작동 모드를 정하는 것과 같은 설정을 위해 제공하는 레지스터이다. 둘째, **데이터 레지스터**data register이다. I/O 장치는 주로 외부와 데이터를 주고받는 용도로 사용된다. 데이터 레지스터는 외부에서 데이터를 받고, 또한 외부에 데이터를 보내기 위한 매개로 사용한다. 마지막으로 **상태 레지스터**status register이다. 말 그대로 I/O 장치의 작동 중 상태를 알려주는 레지스터이다. 예를 들어, 네트워크 카드를 통해 데이터가 들어왔는지 또는 데이터 전송 오류가 발생했는지 등의 상태를 알려준다. 프로그램은 상태 레지스터를 읽어 네트워크 카드에 무슨 일이 일어났는지 상황을 파악하고, 데이터 레지스터를 읽는 등 적절한 작업을 한다.

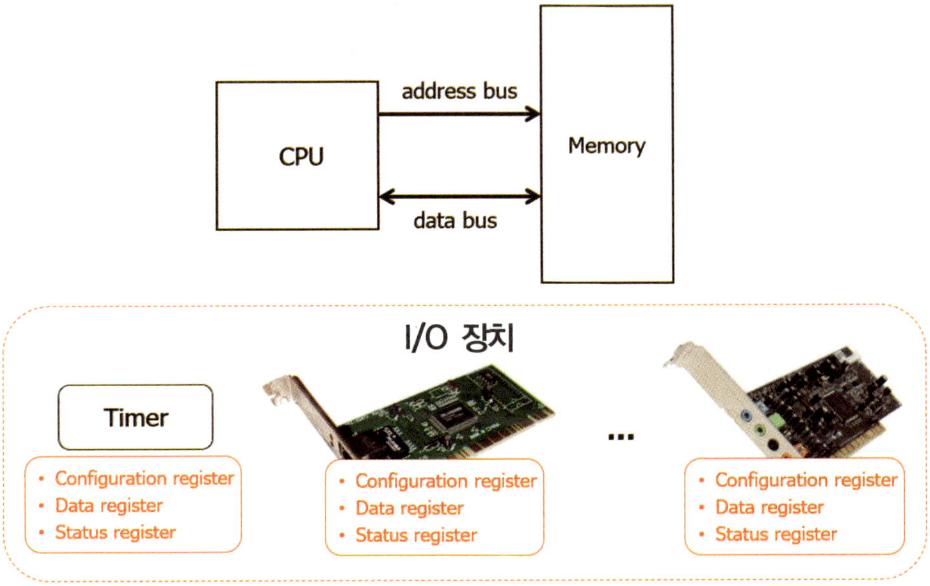

그림6-2 컴퓨터 시스템의 구성: 'CPU + 메모리 + I/O 장치'

컴퓨터에 있는 장치를 말할 때 **master**, **slave**와 같은 용어를 사용하기도 한다. Master는 요청을 하는 능동적인active 장치를 말하고, slave는 요청에 따라 응답하는 수동적인passive 장치를 말한다. 이러한 관점으로 보면 컴퓨터에서 master는 CPU이며, slave는 CPU의 요청에 따라 응답하는 메모리와 I/O 장치이다. 즉 CPU 관점에서는 slave인 **메모리**와 **I/O 장치**가 있다. CPU가 메모리에서 데이터를 읽고 쓸 때는 load, store와 같은 메모리 접근 명령어를 사용한다. 그러면 I/O 장치에 있는 레지스터에 읽고 쓸 때는 어떤 명령어를 사용해야 할까? 프로세서에 따라 다르다. 프로세서에 따라 I/O 장치 접근을 위한 명령어를 따로 제공하기도 하고 그렇지 않기도 하다. 예를 들어 x86 프로세서의 경우는 따로 제공하는데, 메모리 공간 접근에는 mov 명령어를 사용하고 I/O 공간 접근에는 in, out 명령어를 사용한다. Arm과 RISC-V의 경우 I/O 장치 접근을 위한 명령어를 따로 제공하지 않는다. 그러면 Arm, RISC-V에서는 I/O 장치에 접근할 때 어떤 명령어를 사용할까? 바로 메모리 접근 명령어이다. 그런데 메모리 접근 명령어로 I/O 장치에 접근한다고 하니 뭔가 이상하다. 이제 어떻게 그렇게 할 수 있는 것인지 알아보자.

먼저 이러한 I/O 장치 접근방식은 ISA 아키텍트의 철학에 따라 다르게 나타난다. x86 하드웨어 시스템의 경우 I/O 장치가 **메모리 공간**memory space 또는 **I/O 공간**I/O space에 매핑되어 있다. I/O 장치가 메모리 공간에 매핑되어 있으면 메모리 접근 명령어로 접근해야 하고, I/O 공간에 매핑되어 있으면 I/O 전용 명령어로 접근해야 한다. Arm, RISC-V 시스템에서는 모든 I/O 장치가 메모리 공간에 매핑되어 있다. 따라서 I/O 장치에 접근할 때 메모리 접근 명령어를 사용해야 한다. 그리고 I/O 장치가 메모리 공간에 매핑되어 있으면 memory-mapped I/O라고 부르며, I/O 공간에 매핑돼 있으면 I/O-mapped I/O라고 부른다. 이 개념은 I/O 장치를 위한 디바이스 드라이버, 펌웨어firmware 개발과 같은 시스템 프로그래밍system programming에 아주 중요한 기본기이다.

예제와 함께 구체적으로 알아보자. 그림6-3은 CPU가 메모리와 I/O 장치 접근을 위해 출력하는 신호의 예를 보여준다. 그림에는 지금까지 사용했던 address bus, data bus 외에도 control 신호를 보여준다. Control 신호가 필요한 이유는, CPU가 요청하는 transaction 종류를 메모리와 I/O 장치에 전달해야 하기 때문이다. 그림에는 읽는 요청과 쓰는 요청을 구별하기 위해 사용되는 '$read/\overline{write}$'와 메모리 공간과 I/O 공간 구별에 사용되는 '$mem/\overline{io}$'를 보여준다. 여기서 CPU는 메모리와 I/O 접근을 위한 명령어를 따로 제공한다고 가정한다. 즉 메모리 읽기를 위해 'load 명령어', 쓰기를 위해 'store 명령어', 그리고 I/O 읽기를 위해 'in 명령어', 쓰기를 위해 'out 명령어'를 제공한다고 가정한다.

신호	설 명
$mem/\overline{io}$ (1-bit)	• 0: CPU가 in, out 명령어를 실행할 때 • 1: CPU가 load, store 명령어를 실행할 때
$read/\overline{write}$ (1-bit)	• 0: CPU가 쓰기 명령어(store 또는 out)를 실행할 때 • 1: CPU가 읽기 명령어(load 또는 in)를 실행할 때
address (32-bit)	메모리 접근과 I/O 접근에 공통으로 사용하는 주소 버스
data (32-bit)	메모리 접근과 I/O 접근에 공통으로 사용하는 데이터 버스

(a) CPU가 출력하는 신호와 설명

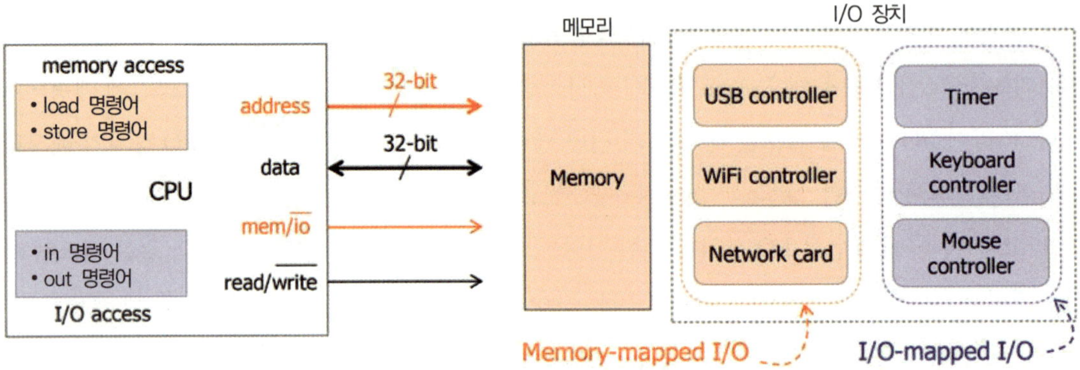

(b) 컴퓨터의 구성

그림6-3 CPU에서 출력하는 memory와 I/O 장치 접근을 위한 신호 예

CPU에서 출력하는 address bus는 주소로 접근할 수 있는 공간space을 만든다. 32-bit address bus는 2^{32}-byte(=4GiB) 공간을 만든다. 그리고 address bus가 어떤 명령어 실행에 사용되는지에 따라 메모리공간과 I/O 공간 이렇게 두 개의 다른 공간이 존재한다. 메모리 접근 명령어는 메모리공간 접근에 사용되고, I/O 전용 명령어는 I/O 공간 접근에 사용된다. 이제 그림6-3에 있는 I/O 장치 중 'USB controller, WiFi controller, Network Card' 이렇게 3개는 메모리공간에 매핑하고, 나머지 3개인 'Timer, Keyboard controller, Mouse controller' 는 I/O 공간에 매핑하는 하드웨어 시스템을 설계해 보자.

6.1.1 Memory-mapped I/O

32-bit RISC-V에서는 CPU가 출력하는 address bus의 크기가 32-bit이다. 명령어를 읽기 위한 PC 레지스터와 데이터 접근 명령어에서 만드는 주소가 모두 32-bit이기 때문이다. 앞서 말한 대로 32-bit address bus는 4GiB 메모리 공간을 만든다. 그러면 4GiB 공간을 메모리인 주기억장치로 모두 채워야 하는 걸까? 그렇지 않다! 그 공간에서 필요한 만큼만 주기억장치를 위해 사용하면 된다. 나머지 공간은 I/O 장치를 위한 용도로 사용할 수 있다. 그렇게 하려면 메모리 공간을 나누고 거기에 각 장치를 할당하면 되는데, 이와 같은 작업을 **매핑**mapping한다고 말한다. 하드웨어 시스템을 설계할 때 이러한 매핑 작업을 한다.

그림6-4는 메모리 공간에 메모리와 I/O 장치를 매핑한 예로, 주기억장치가 1GiB를 사용하고, 3개의 I/O 장치 각각에 4KiB를 사용한다. 그림에는 주기억장치가 4GiB 공간의 첫 1GiB를 사용한다. 그러면 주기억장치 접근에 사용해야 할 주소 범위는 16진수로 '0x0 ~ 0x3FFF_FFFF'이다. 시작주소는

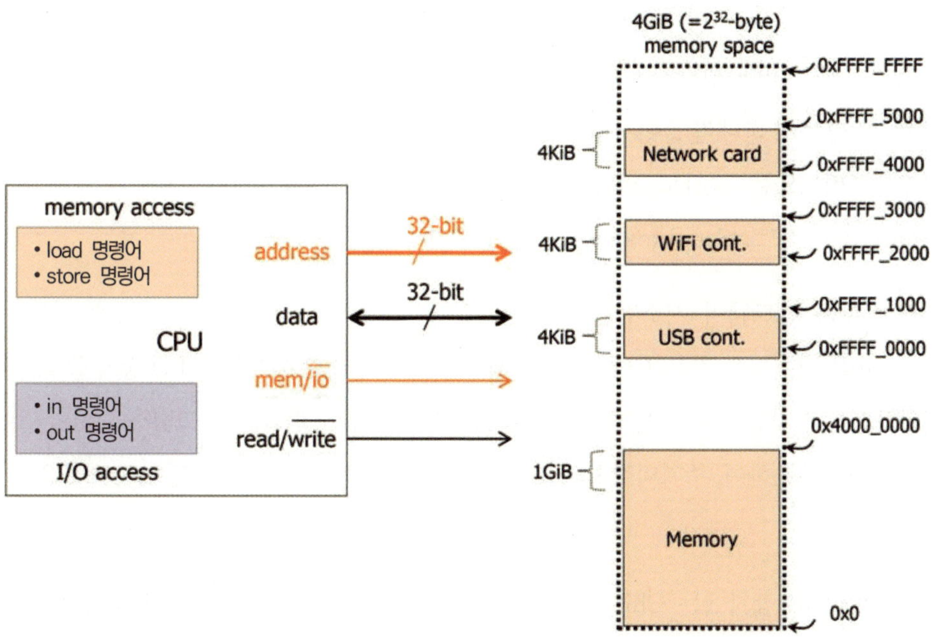

그림6-4 메모리 공간(memory space)에 주기억장치와 3개의 I/O 장치를 할당한 예시

당연히 0x0이다. 그런데 마지막 주소는 왜 '0x3FFF_FFFF'일까? 1GiB의 마지막 바이트를 가리키려면 32-bit 주소의 하위 30-bit(2^{30}=1G)가 모두 1이어야 하기 때문이다.

이제 I/O 장치에 할당된 주소 범위를 살펴보자. 각 I/O 장치에 4KiB를 할당했는데, WiFi controller를 예로 들면 할당된 주소 범위는 '0xFFFF_2000 ~ 0xFFFF_2FFF'이다. 그림과 같이 시작주소를 '0xFFFF_2000'로 정하면, 마지막 주소는 하위 12-bit(2^{12}=4K)가 모두 '1'인 '0xFFFF_2FFF'가 된다. 나머지 2개의 I/O 장치도 그림과 같이 시작주소와 마지막 주소를 정하였다. 따라서 그림의 예제에서는 4GiB 메모리 공간 중 '1GiB + 12KiB'만 사용하고, 나머지 공간인 '3GiB – 12KiB'는 사용하지 않는 상태이다. 이렇게 메모리 공간에 장치 접근을 위한 주소 범위를 할당한 것을 **메모리맵**memory-map이라고 부른다. 그리고 메모리 공간에 매핑되어 있는 I/O 장치를 **memory-mapped I/O**라고 부른다. 따라서 이러한 I/O 장치에 접근하려면 load, store 같은 메모리 접근 명령어를 사용해야 하며, 접근에 사용할 주소는 memory-map을 보면 알 수 있다.

개념적인 이해를 돕기 위해 한 가지 비유로 서울이라는 '공간'을 생각해 보자. 서울에 있는 빈 공간에 새로운 아파트가 들어서면 '주소'가 할당된다. 주소가 있어야 서울시가 관리할 수 있고, 우편물도 배달할 수 있기 때문이다. 생각해 보면 서울은 애초에 빈 공간이었고 여기에 병원, 관공서, 우체국, 아파트, 주택, 상가 등이 하나씩 들어서면서 그 공간이 채워지고 주소가 할당된 것이다. 그리고 아직 채워지지 않은 비어있는 공간도 있다. 이것을 memory-mapped I/O와 같은 용어를 사용하면, 'Seoul-mapped 아파트', 'Seoul-mapped 병원' 정도가 되겠다.

그러면 컴퓨터 하드웨어 시스템을 설계할 때, memory-map을 실제로 어떻게 만드는 걸까? Memory-map을 만든다는 것은, CPU가 내보내는 주소에 따라 주기억장치, I/O 장치 중 타깃target 장치를 선택하도록 디지털 로직을 설계하는 것이다. 문제를 간단히 하기 위해 그림6-5 (a)와 같이 4GiB 메모리 공간을 4 등분하여, 주기억장치와 3개의 I/O 장치 각각에 1GiB씩 할당하는 하드웨어 시스템을 설계해 보자.

주기억장치와 I/O 장치에는 'Chip Select(CS)'라고 부르는 입력이 있다. 해당 장치가 선택됐다고 알려주는 입력이다. Memory-map은 간단하게도 주소 범위에 해당하는 타깃target 장치의 CS 입력을

1로 해주는 로직을 설계하면 만들어진다. 이를 위해 4.1.3절에서 설명한 디코더decoder가 사용되는데, 그림6–5 (b)는 2:4 decoder와 진리표이다. 진리표를 보면, 'enable == 1' 일 때 2-bit 입력(A1, A0)에 따라 4개의 출력(Y3, Y2, Y1, Y0) 중 오직 하나만 1이 된다.

이제 그림6–5 (a)에 있는 memory-map을 만들어 보자. (a)의 오른쪽 열에는 장치를 구별하기 위해 주소에서 사용해야 할 bit를 보여준다. 32-bit 주소 중 상위 2-bit인 A[31:30]을 보면 CPU가 어느 장치에 접근하려고 하는지 알 수 있다. 즉 'A[31:30] == 00'이면 주기억장치의 CS 입력이 1이 되도록 설계하면 된다. 그리고 'A[31:30] == 01'이면 USB controller', 'A[31:30] == 10'이면 WiFi controller, 'A[31:30] == 11'이면 Network card의 CS가 1이 되도록 설계하면 된다. 그림6–3 (c)는 이에 따라 2:4 decoder를 이용해 설계한 하드웨어 구조도이다. 여기서 주소의 아래쪽 30-bit인 A[29:0]은 모든 장치에 같이 연결한다. 예제에서는 각 장치가 1GiB(=2^{30}-byte)를 사용하기 때문이다.

그런데 이것이 메모리 공간에 만든 memory map이라는 것을 어떻게 알 수 있을까? CPU와 decoder 간 연결을 보면 $mem/\overline{io}$ 신호가 decoder의 enable 입력에 연결되어 있다. $mem/\overline{io}$ 신호는 CPU가 load 또는 store 명령어를 실행하면 1이 된다. 따라서 decoder는 메모리 접근 명령어를 실행할 때 활성화(enable)되어 정상 동작하며, 그렇지 않으면 비활성화된다. Decoder의 진리표를 보면 'enable = 0' 일 때 출력은 모두 0으로, 어떤 장치도 선택되지 않는다. 요약하면 그림6–5 (c)에 있는 memory와 I/O 장치는 CPU가 '메모리 접근 명령어'를 실행할 때만 접근할 수 있다. 따라서 그림에 설계한 것은 메모리 공간에 만들어진 memory map이다.

장치	주소 범위	주소 범위의 최상위 4-bit
Network card	0xC000_0000 ~ 0xFFFF_FFFF	1100(=C) ~ 1111(=F)
WiFi controller	0x8000_0000 ~ 0xBFFF_FFFF	1000(=8) ~ 1011(=B)
USB controller	0x4000_0000 ~ 0x7FFF_FFFF	0100(=4) ~ 0111(=7)
Memory	0x0000_0000 ~ 0x3FFF_FFFF	0000(=0) ~ 0011(=3)

(a) 4GiB 메모리 공간에 주기억장치와 3개의 I/O 장치의 주소를 할당한 memory map 예

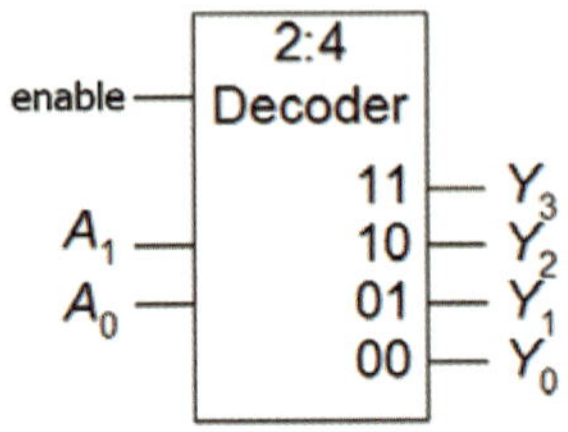

(a) 2:4 decoder

입력			출력			
enable	A1	A0	Y3	Y2	Y1	Y0
0	x	x	0	0	0	0
1	0	0	0	0	0	1
1	0	1	0	0	1	0
1	1	0	0	1	0	0
1	1	1	1	0	0	0

(b) truth table

(b) Enable 기능이 있는 2:4 디코더(decoder)와 진리표(truth table)

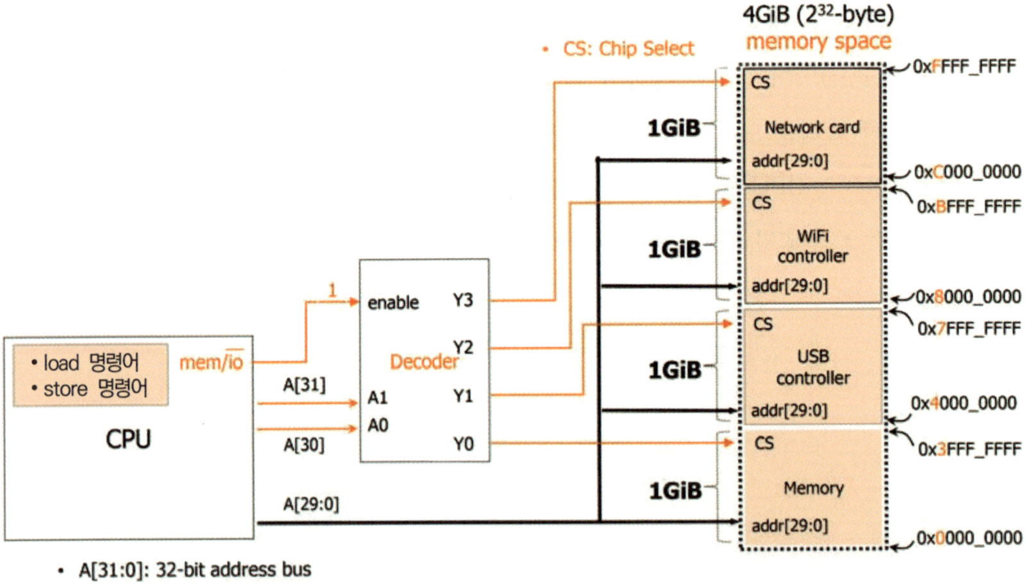

(c) (a)에 정의된 memory map을 만든 하드웨어 시스템 구조

그림6-5 메모리맵(memory map)을 만든 하드웨어 시스템 구조

6.1.2 I/O-mapped I/O

I/O-mapped I/O도 같은 방식으로 만들 수 있다. 그림6-6 (a)와 같이 3개의 I/O 장치 각각에 16KiB가 할당된 하드웨어를 설계해 보자. 그림6-6 (b)는 64KiB I/O 공간에 I/O map을 만든 하드웨어 구조도이다. 여기서는 x86 프로세서에서 제공하는 in, out 명령어와 같이, I/O 전용 명령어가 32-bit address bus에서 아래쪽 16-bit만 사용한다고 가정하였다. 16-bit 주소가 만드는 공간은 2^{16}-byte(=64KiB) 이다. 그림6-6 (a)에 따라 Timer, Keyboard controller, Mouse controller 각각에 16KiB를 할당하여 64KiB 전체 공간에서 48KiB를 사용하고, 나머지 16KiB는 비어있는 상태이다. 그림6-5 (c)와 비교해 중요한 차이점은 $mem/\overline{io}$ 신호가 inverter를 통해 decoder의 enable 입력에 연결되어 있다는 것이다. Inverter를 사용한 이유는, CPU가 in 또는 out 명령어를 실행하면 '$mem/\overline{io}$ = 0'이 되기 때문이다. 그러면 CPU가 in 또는 out 명령어를 실행할 때만 decoder가 정상 동작하게 된다. 따라서 그림6-6 (b)는 I/O 공간에 만들어진 I/O map이다.

앞서 말한 것처럼 I/O 접근방식은 프로세서에 따라 다르다. x86 시스템에서는 memory-mapped I/O와 I/O-mapped I/O 두 가지 모두를 지원한다. 그런데 x86의 I/O 공간은 지난 40여년 동안 64KiB로 고정되어 있다. 개인용 PC가 처음 출시된 1980년대에는 memory space와 I/O space를 분리해 하드웨어 시스템을 설계했지만, 현재 컴퓨터에서는 I/O '전용' 공간에 대한 요구와 필요성이 거의 없다. I/O 장치를 memory space에 매핑해 사용하면 되기 때문이다. 그럼에도 현재 x86 컴퓨터에서 I/O space를 여전히 제공하는 이유는 backward compatibility 때문이다. Backward compatibility 란 최신 x86 컴퓨터에서도 과거 286, 386 시대에 개발된 legacy 소프트웨어를 실행할 수 있어야 한다는 의미이다. 최신 Core i7 기반 컴퓨터에서 in, out 명령어로 I/O 장치에 접근하는 legacy 소프트웨어를 아직도 사용하는 사람들이 있을 수 있기 때문이다. Arm, RISC-V 프로세서에는 I/O 장치를 위한 전용 명령어가 없다. 따라서 memory-mapped I/O만을 지원한다.

I/O 장치	주소 범위	주소 범위의 최상위 4-bit
-	0xC000 ~ 0xFFFF	1100(=C) ~ 1111(=F)
Mouse controller	0x8000 ~ 0xBFFF	1000(=8) ~ 1011(=B)
Keyboard controller	0x4000 ~ 0x7FFF	0100(=4) ~ 0111(=7)
Timer	0x0000 ~ 0x3FFF	0000(=0) ~ 0011(=3)

(a) 64KiB I/O 공간에 3개의 I/O 장치를 할당한 I/O map 예

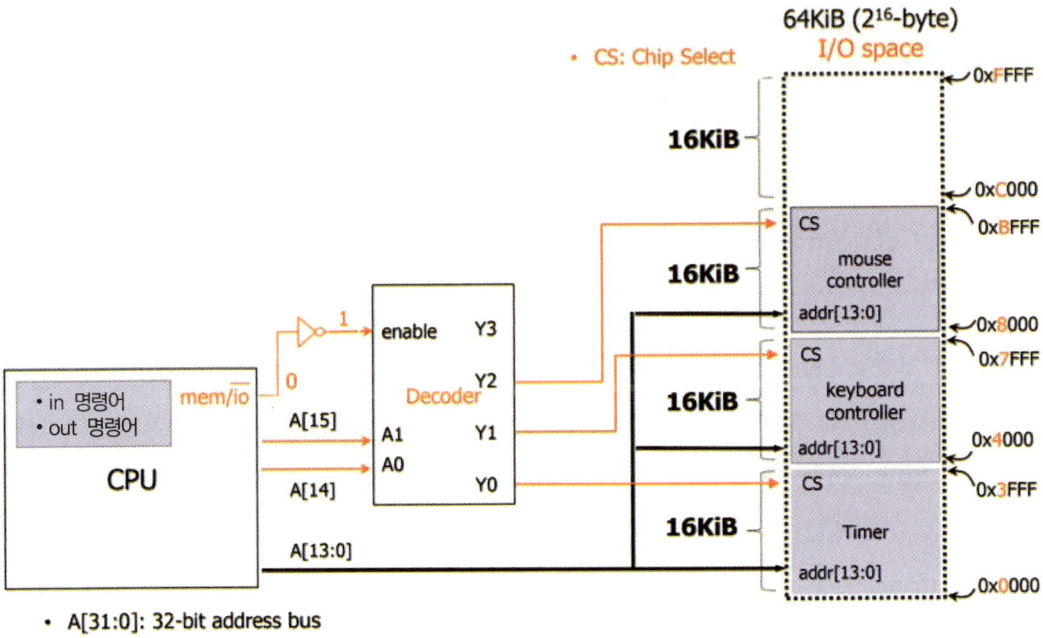

(b) (a)에 정의된 I/O map을 만든 하드웨어 시스템 구조

그림6-6 I/O-map을 만든 하드웨어 시스템 구조

6.2 익셉션exception과 인터럽트interrupt

컴퓨터에서는 **익셉션**exception과 **인터럽트**interrupt라고 부르는 예기치(?) 못한 특별한 상황을 일컫는 용어가 있다. 이 두 가지는 아주 다른 종류지만 간혹 두 가지를 합쳐서 exception이라고 말하기도 하고, interrupt라고 말하기도 한다. 하지만 발생 원인 등을 고려하면 두 가지를 구별하는 것이 논리적으로 적절하다. 이 책에서도 두 가지를 구별하여 사용한다.

익셉션이 발생하는 이유는 프로세서에 따라 다양한데 대표적인 예는 undefined instruction이다. 말 그대로 CPU가 메모리에서 명령어를 읽어 실행하려고 하는데 CPU가 모르는 명령어인 경우이다. 5.2절에서 설명한 것처럼 명령어는 파이프라인의 ID 단계에서 해석하는데, decoding 할 수 없는 명령어일 때 CPU는 내부적으로 undefined instruction이라는 익셉션을 발생시킨다. 그런데 어떻게 이런 경우가 생길 수 있는 걸까? 간단하게는 해킹을 당해 메모리에 있는 프로그램이 변경된 경우, 또는 분기 명령어의 목적지를 명령어가 아닌 데이터가 있는 위치로 잘못 설정한 경우 등이 있을 수 있다.

인터럽트는 크게 **소프트웨어 인터럽트**software interrupt와 **하드웨어 인터럽트**hardware interrupt로 나뉜다. 소프트웨어 인터럽트는 CPU 명령어로 제공되고, 하드웨어 인터럽트는 I/O 장치에서 발생한 이벤트event를 말한다. I/O 장치에서 발생한 이벤트의 예는 키보드를 누르거나 마우스를 움직이는 것 등이 있다.

익셉션과 인터럽트를 처리하는 방식은 프로세서에 따라 모두 다르다. ISA와 함께 프로세서 아키텍쳐의 한 부분이기 때문이다. 하지만 큰 틀에서 보면 처리하는 방식과 해야 하는 일은 모두 비슷하다. 따라서 여기서는 설명의 편의를 위해 I/O 장치에서 발생하는 인터럽트를 예로 설명한다. 그림6-7은 'CPU + 메모리 + I/O 장치'로 이루어진 컴퓨터 구성도이다. 그림과 같이 I/O 장치에는 발생한 이벤트를 알리기 위한 물리적인 출력 포트가 있는데, 여기서 출력 포트 이름을 인터럽트로 명명하였다. 그리고 CPU에는 인터럽트를 받을 수 있는 최소 1개의 입력 포트가 있다. 그림에서는 OR 게이트를 이용해 I/O 장치에서 발생한 인터럽트를 CPU가 받을 수 있도록 연결하였다. OR 게이트는 입력 중 어느 하나라도 1이 되면 출력은 1이 된다. 따라서 CPU는 I/O 장치에서 발생한 이벤트를 감지하고 반응할 수 있다. OR 게이트는 직관적인 이해를 위해 사용한 것이고, 실제 시스템에서는 Interrupt Controller라는 하드웨어 장치를 사용한다. Interrupt controller를 사용하면 빠르고 효율적으로 인터럽트 처리를 할 수 있다. I/O 장치에 대한 우선순위 설정과 인터럽트 발생 시 요청한 I/O 장치 식별 등과 같은 기능을 하드웨어로 제공하기 때문이다.

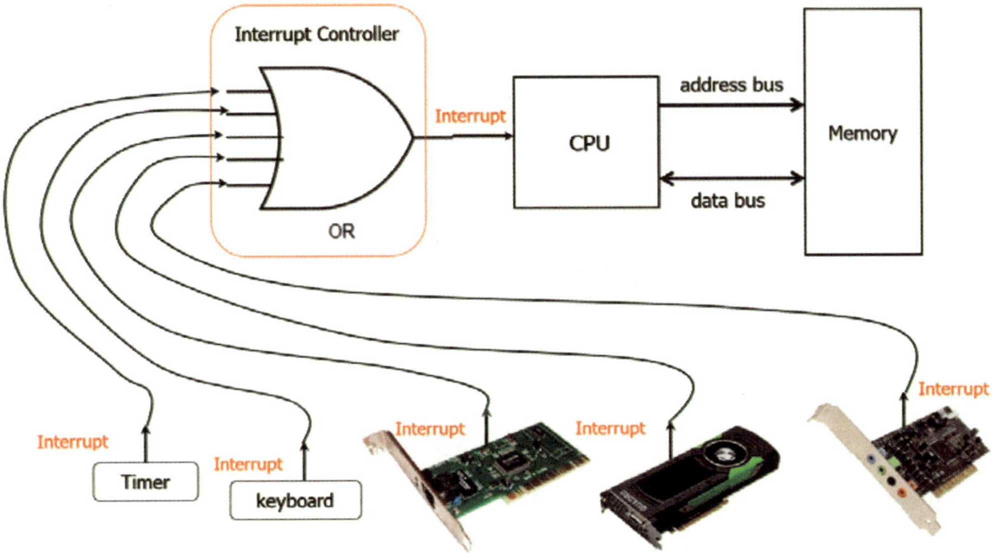

그림6-7 I/O 장치에서 발생하는 인터럽트 및 CPU로 연결

그림6-8은 가상의 CPU를 예로, 인터럽트 처리를 위해 일반적으로 사용되는 레지스터를 보여준다. 가상의 CPU를 예로 들어 설명하는 이유는 인터럽트 처리 방식에 대한 큰 흐름에 대한 이해가 우선 중요하기 때문이다. 큰 흐름을 이해하면 프로세서에 따른 인터럽트 처리의 구체적인 방식을 파악하는 데 큰 도움이 된다. 여기서는 가상의 CPU로 여러 상용 프로세서에서 일어나는 공통적인 동작을 설명한다. 가상의 CPU에는 다음과 같은 레지스터가 있다.

- **PC**program counter **레지스터**: 명령어의 주소를 담고 있는 레지스터이다.

- **ra**return address **레지스터**: RISC-V에 있는 x1(=ra)과 같은 레지스터로, 인터럽트 처리 후 돌아올 주소가 담긴다.

- **status 레지스터**: 현재 CPU의 '상태'를 알 수 있는 레지스터이다.
  - IEinterrupt enable bit는 CPU가 인터럽트를 받을지 여부를 결정한다. 'IE==1'이면 CPU에는 인터럽트를 받고, 'IE==0'이면 인터럽트가 들어오더라도 CPU는 받지 않는다.
  - mode는 현재 CPU의 동작 모드를 결정한다. 프로세서는 일반적으로 최소 2개 이상의 모드를 지원하는데, 가상 CPU의 동작모드에는 '사용자 모드(user mode)'와 '특권 모드(privilege mode)'가 있다고 가정한다. 특권 모드에서는 시스템 소프트웨어인 운영체제가 실행되며 status 레지스터 설정 등 모든 것을 제한 없이 할 수 있다. 사용자 모드에서는 사용자 응용 프로그램을 실행하며 status 레지스터 설정과 같은 시스템 관련 작업은 할 수 없다.

- **s_status**saved status **레지스터**: status 레지스터를 대피하는 용도로 사용하는 레지스터이다. CPU가 인터럽트를 받으면 CPU는 현재 상태를 s_status 레지스터에 저장(대피)한다. 즉 CPU에서 's_status 레지스터 ← status 레지스터' 동작이 일어난다.

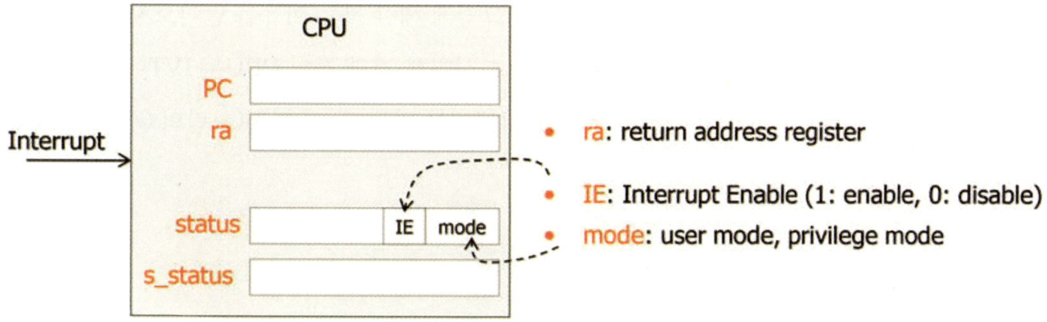

그림6-8 간략화한 가상의 CPU에서 인터럽트 처리에 사용되는 레지스터

그림6-9는 인터럽트가 처리되는 일반적인 흐름을 보여주는 그림이다. 여기서는 사용자 application 실행 중 I/O 인터럽트가 발생한 상황을 가정하였다. 인터럽트 처리의 최종 목적은 해당 인터럽트를 위해 준비한 프로그램인 Interrupt Service RoutineISR을 실행하고, 중단된 사용자 프로그램으로 복귀하는 것이다. 사용자 프로그램은 user mode에서 실행되며, 인터럽트를 받으면 CPU는 하드웨어적으로 privilege mode로 바뀐다. 따라서 ISR은 privilege mode에서 실행된다. 그림에 있는 Interrupt Vector TableIVT은 익셉션과 인터럽트 종류에 따라 실행할 코드가 있는 테이블이다. 예를 들어 I/O interrupt가 발생하면 CPU는 두 번째 entry에 있는 'jump IO_interrupt'를 실행하고, undefined instruction 익셉션이 발생하면 첫 번째 entry에 있는 'jump undefined_instruction'을 실행한다. IVT는 익셉션과 인터럽트 종류에 따라 실행할 코드의 집합이기 때문에 마치 수학에서 나오는 vector와 같은 느낌이다. IVT 구조도 프로세서 아키텍처의 한 부분으로, x86, Arm과 같은 프로세서에 따라 자세한 내용이 다르다. 프로그래머는 프로세서에서 정의하는 IVT 구조에 따라 해당 위치에 코드를 배치해야 한다. IVT에 있는 코드를 실행하기 위해서는 PC 레지스터를 해당하는 entry 주소로 설정해야 하는데, 이것은 발생한 인터럽트 또는 익셉션 종류에 따라 하드웨어적으로 이루어진다.

인터럽트 처리 과정을 이해하기 위해 중요한 것은 하드웨어가 해야 하는 일과 소프트웨어의 역할을 명확히 구분하는 것이다. 이를 위해서는 인터럽트가 발생했을 때 하드웨어가 해야 하는 일을 파악하면 된다. 그 외 나머지는 소프트웨어가 해야 하고 그것이 인터럽트 프로그래밍이기 때문이다. 이제 인터럽트가 발생할 때 'CPU 하드웨어가 하는 작업'과 그렇게 해야 하는 이유를 알아보자. 사용자 프로그램 실행 중 I/O interrupt가 발생하면, 그림6-9에 도식화한 것과 같이 CPU는 IVT에서 I/O interrupt에 해당하는 entry인 'jump IO_interrupt'를 실행해야 하는데, 그 과정(그림의 ⓐ)에서 CPU는 다음과 같은 작업을 한다.

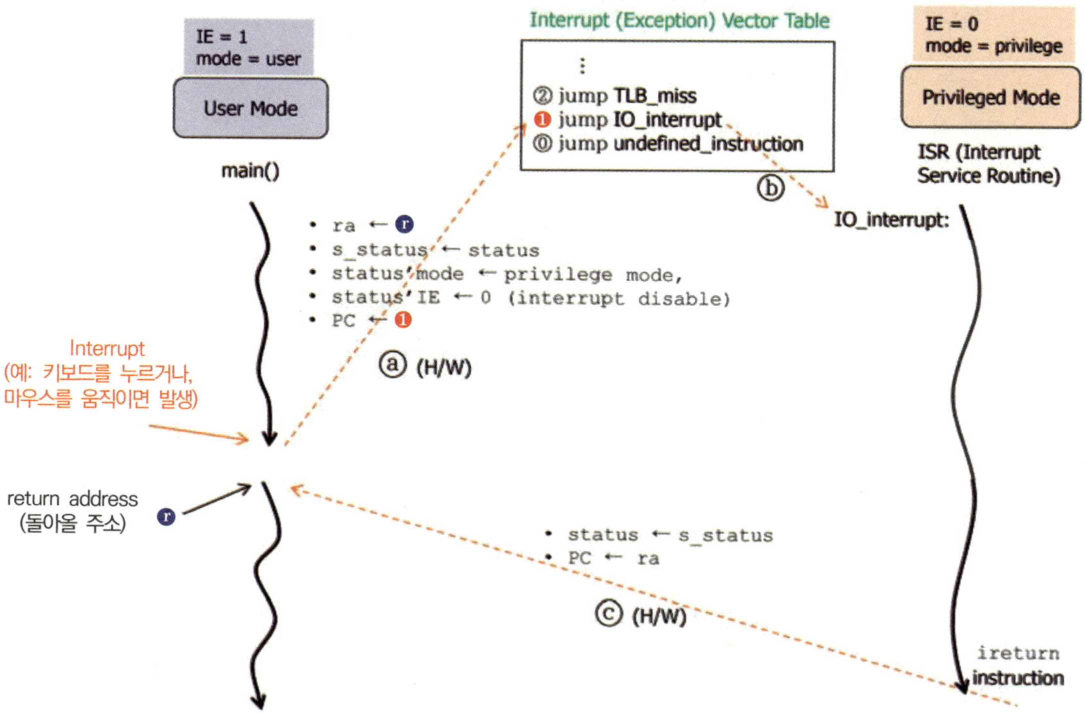

그림6-9 CPU에서 인터럽트 처리의 일반적인 흐름

- 첫째, 돌아올 곳의 주소를 ra 레지스터에 저장한다. 인터럽트가 발생하면, CPU는 파이프라인에서 현재 실행 중인 명령어까지만 실행을 완료한다. 따라서 CPU만이 인터럽트 처리 후 복귀해야 할 명령어의 주소를 알고 있다. 복귀할 주소는 ra 레지스터에 저장한다.

- 둘째, status 레지스터를 s_status 레지스터에 대피시킨다. 인터럽트가 발생하면 동작모드를 privilege mode로 바꾸는 등 하드웨어가 status 레지스터 값을 바꾸기 때문이다.

- 셋째, 동작모드를 privilege mode로 격상한다. 즉 'status.mode = privilege'가 되는데, 그 이유는 무엇일까? I/O 장치에서 발생한 인터럽트를 처리하려면, I/O 장치에 있는 상태 레지스터를 읽어 어떤 상황인지 판단하고 관련 작업을 해야 한다. 그런데 이것은 일반 사용자 프로그램이 하는 일이 아니라 특권이 있는 운영체제와 같은 시스템 소프트웨어가 하는 일이다. 생각해보면 이건

당연하다. 일반 사용자 프로그램이 I/O 장치에 직접 접근하도록 허가한다면 장치에 대한 이해 부족으로 컴퓨터 시스템이 다운될 수도 있고, 또한 여러 사용자가 동시에 I/O 장치에 접근하여 오류를 유발할 수도 있다. 윈도우나 리눅스 환경에서 I/O 장치 접근은 디바이스 드라이버device driver라는 시스템 소프트웨어를 통해서만 할 수 있다.

- 넷째, 인터럽트를 받지 못하도록 설정한다. 즉 'status.IE = 0'으로 설정한다. 다시 말하면 ISR 수행 중 후속 인터럽트가 발생해도 그것을 받지 않고 기다리게 함으로써 현재 인터럽트 처리에 집중하려 하는 것이다. 하지만 인터럽트 처리 정책에 따라 ISR에서, 즉 소프트웨어로 'status.IE = 1'로 설정할 수 있다. 그러면 CPU는 ISR 처리 중 후속 인터럽트를 받는다.

- 마지막으로, PC를 IVT 해당 entry 주소(여기서는 ①)로 설정한다. 설명한 대로 IVT는 프로세서 아키텍쳐의 한 부분으로 익셉션과 인터럽트 종류에 따라 분기해야 할 IVT entry가 정해져 있다.

그림의 ⓐ의 마지막 과정에서 CPU는 'PC ← ①'로 설정한다. 그러면 IVT에 있는 'jump IO_interrupt' 명령어를 통해 해당 인터럽트를 위해 준비한 ISR을 실행하게 된다. ISR 수행 후 마지막에는 중단된 사용자 프로그램으로 복귀해야 한다. 유념할 것은 복귀할 때 중단된 시점에 있었던 CPU 상태 그대로 만들어 줘야 한다는 것이다. 사용자 프로그램의 입장에서는 그동안 아무 일도 없었던 것이나 마찬가지로 수행돼야 하기 때문이다. 이를 위해 CPU는 특별한 기능을 수행하는 명령어를 제공한다. ⓐ에서 대피시킨 정보를 이용해 원래대로 되돌리는 작업을 해야 하기 때문이다. ⓐ의 과정에서 하드웨어가 수행한 작업을 참고하면, ⓒ 과정에서는 i) 대피시킨 status 레지스터를 복원해야 하며 ii) ra에 저장한 값을 PC로 설정하면 된다. 그림의 예에서는 CPU가 이를 위해 'ireturn' 명령어를 제공한다고 가정하였다. ireturn 명령어를 실행하면 하드웨어는 그림에 표시한 것 같이 'status ← s_status'와 'PC ← ra'를 한다.

6.3 32-bit RISC-V에서 익셉션과 인터럽트

이제 RISC-V에서 익셉션과 인터럽트를 처리하는 방식에 대해 알아보자. 표6-1은 RISC-V에서 정의한 privilege level을 보여준다. User mode(U-mode)는 가장 낮은 계층으로 사용자 프로그램을 실행하는 동작모드이다. Supervisor mode(S-mode)는 중간계층으로 일반적으로 운영체제를 실행하는 동작모드이다. Machine mode(M-mode)는 가장 높은 계층으로 boot loader와 같은 부팅 코드를 실행하는 동작모드이다.

표6-1 RISC-V에서 정의하는 특권계층(privilege level)

privilege	privilege level 또는 mode	encoding	사용 예
Lowest ↕	User (U)	00	일반 사용자 프로그램
	Supervisor (S)	01	Linux와 같은 운영체제(OS)
Highest	Machine (M)	11	Boot loader

3장에서 설명한 대로 RISC-V ISA는 무료로 공개되어 있어 이를 실행할 수 있는 CPU를 누구나 아무런 제약 없이 설계할 수 있다. 그런데 이러한 custom CPU를 설계할 때 표6-1에 정리한 동작 모드 중 M-mode는 반드시 지원해야 하며, S-mode와 U-mode는 필요에 따라 선별적으로 지원하면 된다. Linux와 같은 운영체제가 필요한 환경에서는 모든 동작모드를 지원하도록 설계해야 하며, 운영체제가 필요 없는 간단한 microcontroller와 같은 내장형 시스템embedded systems에서는 M-mode만 지원하도록 설계해도 충분하다.

RISC-V에서는 익셉션과 인터럽트를 구별하여 정의한다. 익셉션은 명령어 실행 중 발생하는 이벤트를 말하며, 인터럽트는 주로 CPU 외부에서 발생하는 이벤트를 말한다. 먼저 익셉션에 대해 알아보자. RISC-V는 **익셉션**을 아래와 같은 **다섯 가지 종류**로 분류한다.

- **Access fault exception**: Access fault exception은 허용되지 않는 접근을 할 때 발생하는 익셉션이다. RISC-V에서는 메모리 영역별로 허용되는 접근 종류를 설정할 수 있는데, 접근의 종류에

는 Readable, Writable, Executable이 있다. Readable 영역은 데이터를 읽기만 할 수 있는 영역을 말하고, 'Readable + Writable' 영역은 데이터를 읽거나 쓸 수 있는 영역을 말한다. Executable 영역은 명령어를 읽을 수 있는 영역이다. CPU가 명령어를 읽는다는 것은 실행하려는 의도이기 때문에 '실행할 수 있는executable'이라는 말을 사용한다. Access fault exception이 발생하는 예를 들면, Readable로 설정된 ROMread-only memory 영역에 store 명령어로 쓰기를 시도하는 경우, Executable 영역에 store 명령어로 쓰기를 시도하는 경우 등이 있다.

- **Breakpoint exception**: Breakpoint exception은 3.1절 표3-3에 있는 'ebreak' 명령어를 실행하면 발생하는 익셉션이다. ebreak는 GDB와 같은 디버거debugger에서 breakpoint 기능을 구현할 때 주로 사용하는 명령어이다.

- **Environment call**: Environment call은 3.1절 표3-3에 있는 'ecall' 명령어를 실행하면 발생하는 익셉션이다. ecall 명령어는 시스템콜system call을 구현할 때 주로 사용한다. 시스템콜은 사용자 프로그램이 운영체제가 제공하는 서비스를 요청하는 것으로, 예를 들어 fopen(), fclose(), fork() 등과 같은 함수를 호출하면 ecall을 통해 운영체제가 해당 서비스를 해준다. 다른 프로세서에서는 'ecall'과 같은 명령어를 소프트웨어 인터럽트software interrupt 명령어라고 말하기도 한다. x86에서는 'int' 명령어, Arm에서는 'svcsupervisor call' 명령어가 같은 역할을 한다.

- **Illegal instruction exception**: Illegal instruction exception은 CPU가 모르는 명령어를 가져와 실행할 때 발생하는 익셉션이다. 예를 들어 RISC-V가 정의하지 않은 opcode가 있는 명령어를 실행할 때 발생한다. 또한 현재 특권계층에서 실행이 허가되지 않은 명령어를 실행하려 할 때도 발생하며, 존재하지 않는 시스템 레지스터에 접근하려 할 때도 이러한 익셉션이 발생한다.

- **Misaligned address exception**: Misaligned address exception은 메모리 접근 명령어 실행 중 접근하려는 주소가 데이터 크기에 align정렬되어 있지 않을 때 발생하는 익셉션이다. 3.4.1절에서 설명한 것처럼, 'align된 주소'라는 것은 '주소 ÷ 데이터 크기'를 하면 나머지가 0이 되는 주소를 의미한다. lw 또는 sw 명령어로word(=4-byte)에 접근할 때 align된 주소는 0, 4, 8, 0xC 중 하나로 끝나야 한다. lh, lhu, sh 명령어로 half-word(=2-byte)에 접근할 때 align된 주소는 0, 2, 4,

6, 8, 0xA, 0xC, 0xE 중 하나로 끝나야 한다. 예를 들어 'lw x5, 8(x0)'는 align된 주소에서 데이터를 읽는다. 왜냐하면 접근하는 주소는 'x0 + 8 = 8'이며, 주소 8은 '8 % 4 = 0' 으로 나머지가 0이기 때문이다. 하지만 'lw x5, 3(x0)'명령어로 접근하는 주소인 3번지는 align된 주소가 아니다. '3 % 4 = 3'으로 나머지가 0이 아니기 때문이다.

다음으로 인터럽트에 대해 알아보자. 그림6-10에 도식화한 것처럼, RISC-V에서는 인터럽트를 세 가지 종류로 분류한다.

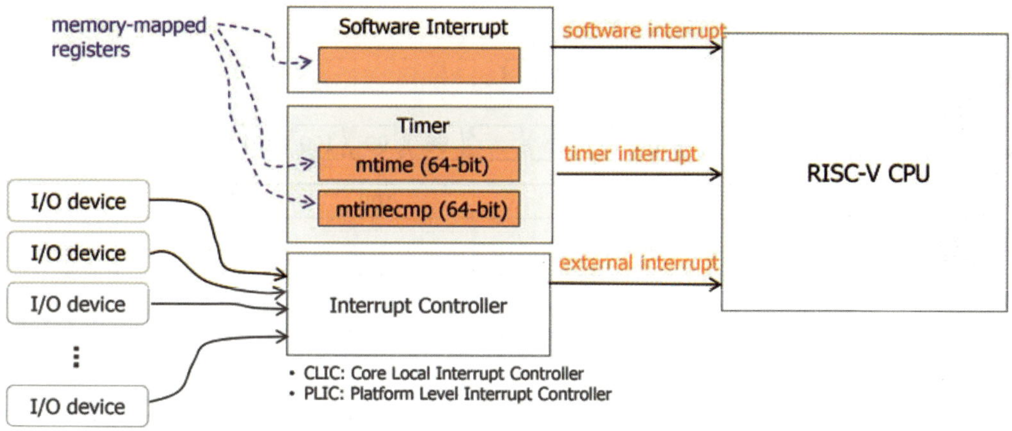

그림6-10 RISC-V에서 분류하는 세 가지 종류의 인터럽트: software interrupt, timer interrupt, external interrupt

- Software interrupt: Software interrupt는 그림6-10에 있는 memory-mapped register에 store 명령어로 값을 쓰면 발생하는 인터럽트를 말한다. 발생한 인터럽트는 CPU 자신에게 보낼 수도 있고, 멀티코어[multi-core] 시스템에서는 주변 CPU에 보낼 수도 있다. 이러한 용도로 사용되는 인터럽트는 일반적으로 Inter-processor Interrupt(IPI)라고 부른다. 다른 프로세서에서는 이러한 인터럽트를 hardware interrupt로 분류하기도 한다. I/O 장치에서 발생한 인터럽트처럼, 외부에서 물리적 연결선을 통해 인터럽트가 CPU로 전달되기 때문이다.

- Timer interrupt: Timer interrupt는 타이머[timer]에서 발생하는 인터럽트를 말하는데, 여기서 말하는 타이머는 RISC-V에서 특별히 정의한 I/O 장치이다. 타이머는 말 그대로 시간을 재기 위해

사용한다. 잠자리에 들기 전에 설정하는 그림6-11에 있는 알람시계와 같은 기능이다. 타이머에는 'mtime 레지스터'와 'mtimecmp 레지스터' 이렇게 두 개의 64-bit 레지스터가 있다. mtime 레지스터 값은 그림6-11 에 보여주는 것 처럼 매 clock 마다 증가한다. 그리고 mtimecmp 레지스터는 프로그램으로 값을 설정할 수 있다. 인터럽트는 두 레지스터의 값이 같아지면 발생한다. 여기서 말하는 타이머는 RISC-V 시스템에는 반드시 구현해야 한다. 타이머도 컴퓨터 시스템 작동에 필요한 I/O 장치 중 하나이지만, 규격화된 프로그래밍 인터페이스 제공을 위해 레지스터와 같은 자세한 내용을 특별히 정의한 것으로 생각된다.

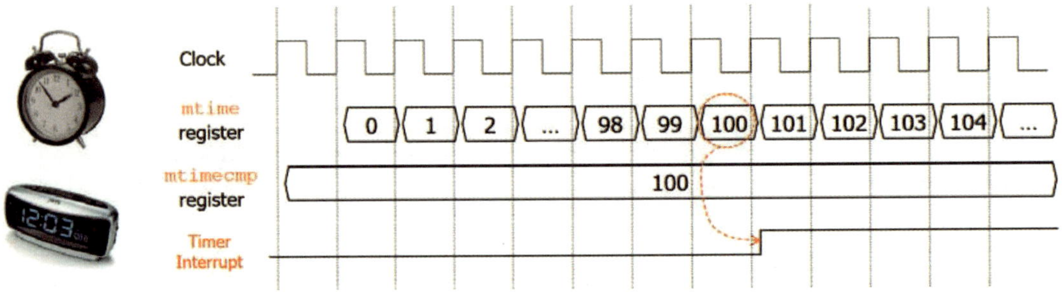

그림6-11 Timer의 동작: 매 clock 마다 증가하는 'mtime' 레지스터값과 프로그램한 'mtimecmp' 레지스터값이 같아지면 인터럽트가 발생한다.

- External interrupt: External interrupt는 I/O 장치에서 발생하는 인터럽트를 말한다. 컴퓨터 시스템에는 많은 I/O 장치가 있는데 여기서 나오는 인터럽트 출력을 CPU로 전달하기 위해 Interrupt Controller라는 하드웨어 모듈을 사용한다. Interrupt controller는 그림6-10과 같이 CPU와 I/O 장치 사이에 위치하고, I/O 장치로부터 발생한 인터럽트를 받아 CPU에 알려주는 역할을 한다. 단순히 전달만 하는 것이 아니라 여러 가지 유용한 기능을 제공한다. 예를 들면 각 I/O 장치의 우선순위 설정할 수 있는 레지스터를 제공하고, 누가 인터럽트를 요청했는지 바로 알려줄 수 있는 기능 등을 제공한다. 이를 통해 인터럽트 처리를 빠르고 효율적으로 할 수 있다. Interrupt controller라는 용어는 다른 기술문서 또는 문헌에 따라 약간씩 다른 용어로 표현되기도 한다. 예를 들면 Programmable Interrupt Controller(PIC), Advanced Programmable Interrupt Controller(APIC), Generic Interrupt Controller(GIC)와 같은 용어를 사용하는

데, 그 기능은 대동소이하다. RISC-V 시스템에서는 Core Local Interrupt Controller(CLIC), Platform Level Interrupt Controller(PLIC)라는 용어를 사용한다. CLIC는 각 CPU에 전용으로 할당된 local I/O 장치를 위한 것이며, PLIC는 모든 CPU가 공유하는 global I/O 장치를 위한 것이다.

앞서 설명한 것처럼 익셉션 혹은 인터럽트가 발생하면 현재 실행 중인 프로그램을 멈추고 ESR(Exception Service Routine) 또는 ISR(Interrupt Service Routine)를 실행해야 한다. RISC-V에서는 이러한 이벤트를 통칭해 trap이라고 부르며, ESR과 ISR을 통칭해 trap handler라고 표현한다. 6.2절에서는 가상 CPU가 제공하는 인터럽트 관련 레지스터에 대해 설명했는데, 이제 RISC-V가 제공하는 레지스터에 대해 알아보자. RISC-V에서는 이러한 레지스터를 Control and Status Register(CSR)이라고 부르며, CSR 레지스터에 접근하려면 'csrrw'와 같은 CSR 전용 명령어를 사용해야 한다. 그림6-12는 machine mode에서 익셉션과 인터럽트 처리에 사용되는 CSR을 보여준다. 각 CSR의 용도는 다음과 같다.

- **mstatus 레지스터**: 현재 CPU 상태를 저장하고 있는 레지스터이다.
  - MIE(machine interrupt enable): global interrupt enable을 의미한다. global 이라는 말은 개별 인터럽트 소스가 아닌 모든 인터럽트에 적용된다는 의미이다. Machine mode에 있을 때 발생한 인터럽트에 대해, 'MIE == 1'이면 CPU는 인터럽트를 받고, 'MIE == 0'이면 받지 않는다.
  - MPIE(machine previous interrupt enable): trap이 발생하기 전 MIE-bit 값을 대피시키기 위해 사용된다. 즉 trap이 발생하면 'MPIE ← MIE'를 한다.
  - MPP(machine previous privilege): trap이 발생하기 전 privilege level을 저장하기 위한 용도로 사용된다. 즉 trap이 발생하면 'MPP ← trap 전 privilege level'를 한다.

- **mie 레지스터**: 개별 인터럽트를 enable 또는 disable 하는 레지스터이다.
  - MSIE(machine software interrupt enable): software interrupt를 enable하는 용도로 사용한다.
  - MTIE(machine timer interrupt enable): timer interrupt를 enable하는 용도로 사용한다.
  - MEIE(machine external interrupt enable): external interrupt를 enable하는 용도로 사용한다.

- **mip 레지스터**: 개별 인터럽트의 pending 여부를 알려주는 레지스터이다.
  - MSIP, MTIP, MEIP는 모두 read-only bit로 각각 software interrupt, timer interrupt, external interrupt가 발생하면 설정되는 bit이다. 다시 말하면 각 인터럽트가 서비스를 기다리는 pending 상태임을 알려주는 용도로 사용된다.

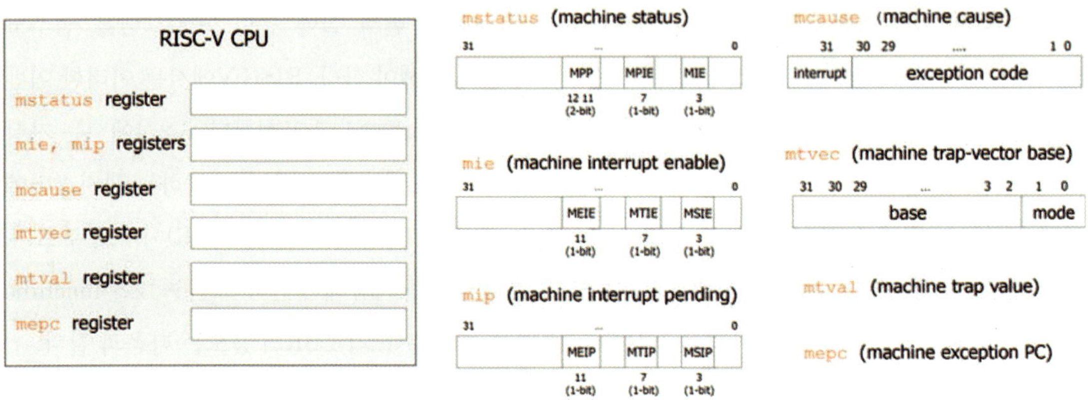

그림6-12 RISC-V machine mode에서 익셉션과 인터럽트 처리를 위해 정의된 레지스터

- **mcause 레지스터**: trap이 발생한 이유를 저장하는 용도로 사용되는 레지스터이다.
  - interrupt-bit: trap 발생 이유가 인터럽트이면 'interrupt-bit = 1'로 설정되며, 익셉션이면 'interrupt-bit = 0'으로 설정된다.
  - exception code: trap이 발생한 이유가 저장되는 field이다. trap의 종류에 따라 그림6-13 exception code에 있는 원인cause 중 하나가 설정된다.

- **mtvec 레지스터**: trap 발생 시, PC 레지스터에 설정할 주소를 결정하는 레지스터이다.
  - base: trap 발생 시, mode에 따라 base를 기반으로 PC 레지스터에 설정할 주소가 결정된다.
  - mode: 'mode = 0'으로 설정하면 direct mode, 'mode = 1'로 설정하면 vectored mode이다.
    - ✓ Direct mode에서는 trap이 발생하면 'PC ← mtvec.base'로 설정된다.
    - ✓ Vectored mode에서는 인터럽트가 발생하면 'PC ← mtvec.base + (exception code x 4)'로 설정되며, 익셉션이 발생하면 'PC ← mtvec.base'로 설정된다. 그림6-13은 vectored mode

에서 interrupt가 발생했을 때 exception code에 따라 IVT entry를 선택하는 방법을 보여준다. IVT에 있는 각 entry 크기는 4-byte이다. 따라서 각 entry에는 주로 'j 명령어'를 사용해 분기할 service routine을 명시한다.

	mcause register		설명
	interrupt	exception code	
Interrupt	1	1	supervisor software interrupt
	1	3	machine software interrupt
	1	5	supervisor timer interrupt
	1	7	machine timer interrupt
	1	9	supervisor external interrupt
	1	11	machine external interrupt
Exception	0	0	instruction address misaligned
	0	1	instruction access fault
	0	2	illegal instruction
	0	3	breakpoint
	0	4	load address misaligned
	0	5	load access fault
	0	6	store address misaligned
	0	7	store access fault
	0	8	environment call from U-mode
	0	9	environment call from S-mode
	0	11	environment call from M-mode
	0	12	Instruction page fault
	0	13	load page fault
	0	15	store page fault

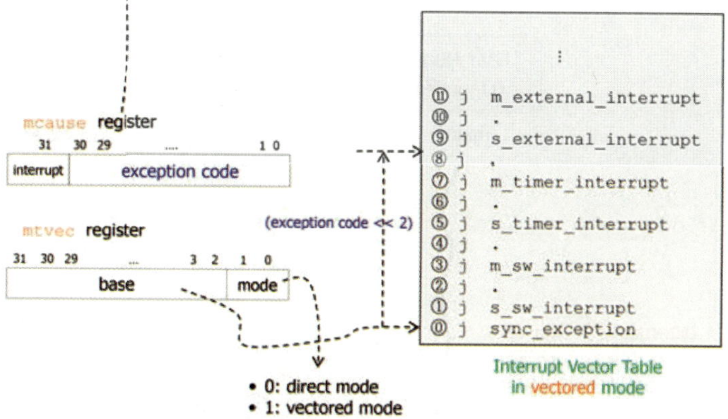

그림6-13 'vectored mode'에서 IVT entry 접근방법

- **mtval 레지스터**: trap에 대한 추가 정보를 저장하기 위해 사용하는 레지스터이다. 예를 들어, misaligned load 또는 store가 발생한 경우 mtval 레지스터에는 해당 명령어의 PC가 저장된다. 8.2절에서 설명할 page fault가 발생한 경우에는 명령어 또는 데이터가 위치한 가상주소virtual address가 저장된다. Illegal instruction exception이 발생한 경우에는 해당 명령어가 저장된다. 이러한 정보는 trap handler에서 유용하게 사용된다.

- **mepc 레지스터**: trap handler 처리 후 돌아갈 곳, 즉 실행할 명령어의 주소를 저장하기 위해 사용한다. 인터럽트의 경우 실행이 중단된 명령어의 주소가 저장되며, 익셉션의 경우 exception을 유발한 명령어의 주소가 저장된다.

그림6-14는 user mode에서 발생한 external interrupt를 처리하는 예시로, 앞서 설명한 CSR 레지스터들이 어떻게 사용되는지 보여준다. 여기서는 vectored mode를 사용하고(mtvec.mode == 1), trap vector table의 시작주소는 'mtvec.base'에 이미 설정되어 있다고 가정한다. 인터럽트가 발생하면 그림의 ⓐ 과정에서 '하드웨어'는 다음과 같은 작업을 한다.

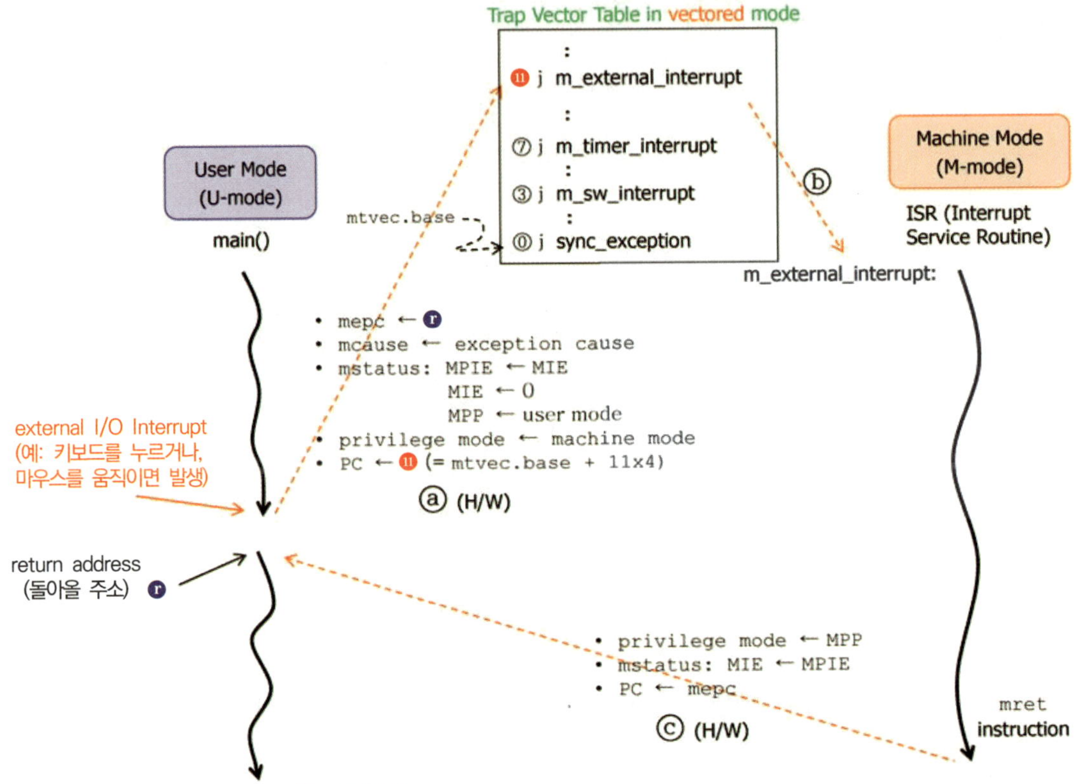

그림6-14 RISC-V에서 external interrupt 처리 흐름

- 첫째, 인터럽트 처리 후 돌아올 곳의 주소return address를 mepc 레지스터에 저장한다. 즉 mepc 레지스터에는 ISR 처리 후 실행해야 할 명령어의 주소가 저장된다.
- 둘째, trap이 발생한 원인을 mcause 레지스터에 저장한다.

- 셋째, trap이 발생하기 전 CPU의 상태를 저장한다. 여기서 상태란 global interrupt enable과 privilege level을 말한다. 이를 위해 'MPIE ← MIE', 'MPP ← trap 발생 전 privilege level' 동작을 한다. 그 후 'MIE = 0'으로 설정해 trap handling을 하는 동안 후속 인터럽트를 받지 않는다.
- 넷째, CPU의 privilege mode를 machine mode로 격상한다.
- 마지막으로, PC ← ⑪, 즉 trap vector table에서 external interrupt를 위한 entry 주소로 PC를 설정한다. 앞서 설명한 대로 vectored mode에서 해당 entry는 'mtvec.base + exception code × 4'로 결정된다.

그림의 ⓐ의 마지막 과정에서 CPU는 'PC ← ⑪'로 설정하여, trap vector table에 있는 'j m_external_interrupt' 명령어를 실행한다. 이를 통해 CPU는 해당 ISR(m_external_interrupt)을 실행한다. 그리고 ISR 마지막에서 사용자 프로그램으로 복귀해야 하는데, 이를 위해 RISC-V에서는 'mret 명령어'를 제공한다. mret 명령어는 ⓐ 과정에서 mstatus 레지스터에 대피시킨 정보를 이용해 원래대로 되돌리는 작업(ⓒ)을 한다. 즉 'Privilege mode ← mstatus.MPP'를 하여 user mode로 복귀하고, 'mstatus.MIE ← mstatus.MPIE'로 global interrupt enable field를 복구한다. 그리고 사용자 프로그램에서 중단된 명령어부터 실행하기 위해 'PC ← mepc'를 한다.

CHAPTER

7

https://wallpaper.dog/microcontroller-wallpapers

CHAPTER

7

캐시

반도체 기술의 발달에 따라 프로세서Processor와 주기억장치main memory의 성능은 계속 향상되고 있다. 하지만 프로세서와 주기억장치 간의 성능 차이는 점점 벌어지고 있다. 프로세서의 성능은 무어의 법칙Moore's law에 따라 약 18개월에 2배(2×/1.8-year) 비율로 향상되는 반면, 메모리 성능은 약 10년에 2배(2×/10-year) 비율로 좋아지기 때문이다. 이에 따라 현재 프로세서에서 주기억장치에 있는 명령어를 읽거나 데이터에 접근하려면 대략 100-cycle 이상 걸리게 된다. 5.2절에서 설명한 파이프라인을 생각하면, IF 단계에서 명령어를 읽는데 100-cycle 이상 걸리고, MEM 단계에서 데이터에 접근하는데 100-cycle 이상 걸린다는 말이다. 그림7-1은 CPU가 주기억장치에서 데이터 처리 명령어를 가져와 실행한다고 가정하고 그린 pipeline execution diagram이다. IF 단계에서 100-cycle이 걸리는데 일단 명령어를 가져오면 나머지 단계는 1-cycle씩 걸린다. 그림과 같이 명령어가 끊임없이 들어온다고 생각하면 CPU가 명령어 하나를 처리하는데 평균 100-cycle이 걸리게 된다. Stall 되는 IF 단계가 실행시간을 결정하는 것이다. 이러한 상황에서는 아무리 좋은 microarchitecture로 CPU를 설계하더라도 컴퓨터의 성능은 느린 주기억장치에 의해 결정되게 된다. CPU는 주기억장치에 접근할 때마다 대부분의 시간 동안 아무것도 하지 못하고 기다려야 하기 때문이다.

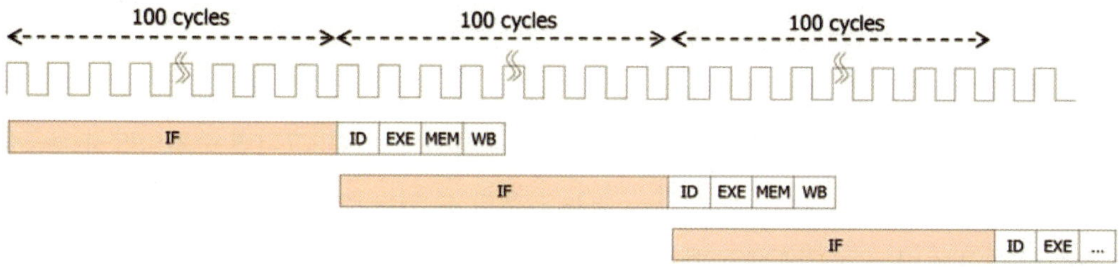

그림7-1 주기억장치에서 데이터 처리 명령어를 읽어와 실행하는 pipeline execution diagram: 주기억장치에 접근하는 시간 동안 CPU는 기다려야 함.

그럼 이러한 문제를 어떻게 해결할 수 있을까? 컴퓨터에서는 **메모리 계층구조**memory hierarchy 통해 이러한 문제를 해결한다. 메모리 계층 구조란 말 그대로 메모리 관련 장치들의 계층적 구조를 말한다. 그림7-2은 컴퓨터에 있는 메모리 계층 구조와 각 계층을 구현하는 기술 및 크기의 예이다. 보조기억장치인 하드디스크HDD 또는 SSDSolid-State Drive는 컴퓨터에서 가장 큰 저장 장치로, 속도는 아주 느리지만 모든 정보가 저장되어 있다. 주기억장치는 CPU가 실행할 코드와 처리할 데이터를 임시로 저장하는 장치로, HDD보다는 아주 빠르지만 앞서 말한 대로 CPU에 비교해 여전히 너무 느리다.

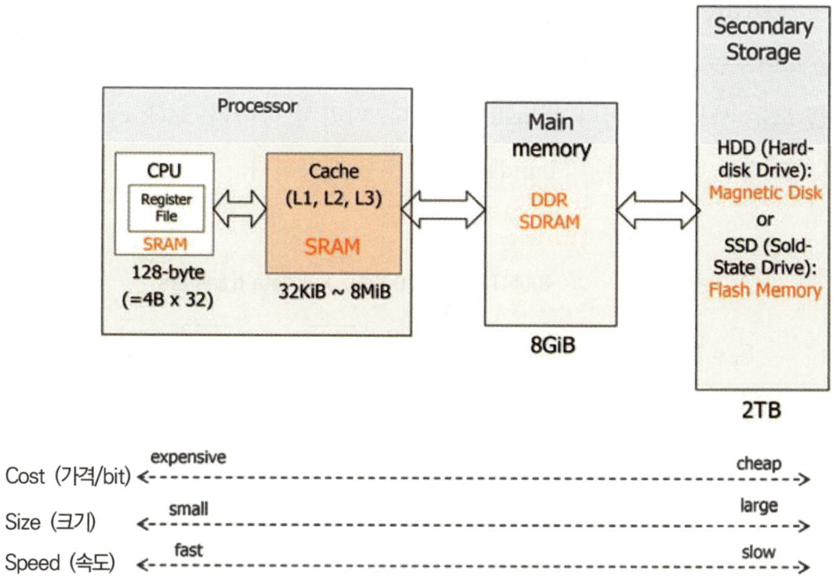

그림7-2 메모리 계층 구조(Memory Hierarchy)

그림에 보는 것처럼 프로세서 내부에는 **캐시**cache라고 하는 임시 저장소가 있다. 캐시는 CPU와 주기억장치 사이에 있는 고속으로 동작하는 메모리로, 주기억장치에 비해 크기는 아주 작지만 프로그램에 있는 명령어와 데이터의 대부분을 CPU에게 바로 공급할 수 있다. 그러면 주기억장치 접근을 획기적으로 줄일 수 있어 프로그램 실행시간을 대폭 단축할 수 있다. 이 장에서는 컴퓨터 성능 향상에 매우 중요한 역할을 하는 캐시에 대해 자세히 알아본다. 그 전에 현재 데스크톱과 노트북에서 주기억장치로 사용되는 DDR 메모리와 주기억장치 접근에 시간이 오래 걸리는 이유에 대해 먼저 알아보자.

7.1 주기억장치

현재 우리가 사용하는 컴퓨터는 **DDR SDRAM을 주기억장치**main memory**로 사용**하고 있다. DDR SDRAM은 Double-Data Rate Synchronous Dynamic Random Access Memory의 약어이며, 휘발성volatile 메모리이기 때문에 전원 공급이 끊어지면 정보가 모두 삭제된다. 그리고 **synchronous**라는 용어에서 유추할 수 있듯이 DDR은 clock에 동기되어 동작하는 메모리이다. **그림7-3**은 DDR 메모리에서 데이터 접근방식을 보여주는 그림이다. DDR은 Double Data Rate라는 말 그대로, clock의 rising-edge와 falling-edge를 모두 사용해 데이터 transfer를 한다. 따라서 하나의 clock cycle에 데이터 하나를 transfer하는 메모리와 비교해 2배의 bandwidth대역폭를 제공한다.

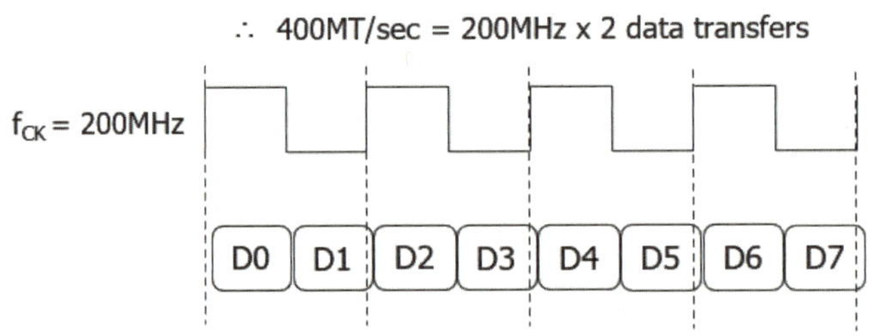

그림7-3 DDR에서 데이터 접근방식: 하나의 clock cycle에 2개의 데이터를 transfer. DDR-400의 경우 최대 200 MHz (f_{CK})로 동작할 수 있으며, 이때 최대 bandwidth는 이론적으로 400 MT/sec가 된다.

DDR 메모리의 역사를 보면, 2000년 DDR을 시작으로 2003년 DDR2, 2007년 DDR3가 시장에 출시되었고 현재 컴퓨터에는 주기억장치로 2014년에 처음 소개된 DDR4를 주로 사용한다. DDR은 세대에 따라 데이터 bandwidth가 약 2배 커진다. 예를 들어, DDR-400은 최대 400 MT[million transfers]/sec를 제공하며, DDR2-800은 최대 800 MT/sec를 제공한다. 그림7-3의 예를 참고해서 보면, DDR-400의 경우 200 MHz clock을 사용하며 이에 따라 최대 400 MT[million transfers]/sec를 제공한다. DDR2-800은 400 MHz clock을 사용하여 최대 800 MT/sec를 제공한다. DDR 성능을 말할 때 바이트[byte] 단위가 아닌 MT/sec를 사용하는 이유는 DDR 메모리 chip에 따라 데이터 버스의 크기가 다르기 때문이다. 앞서 말한 DDR2-800 메모리 chip이 8-bit(=1-byte) 데이터 버스를 제공하면, 최대 bandwidth는 800 MB/sec(=800 MT/sec x 1-byte/transfer)가 된다. 그리고, 만약 16-bit(=2-byte) 데이터 버스를 제공하면 bandwidth는 1,600 MB/sec(=800 MT/sec x 2-byte/transfer)가 된다.

컴퓨터 메인보드[mainboard]에는 주기억장치를 장착할 수 있는 슬롯[slot]이 있다. 그림7-4는 데스크톱 컴퓨터의 메인보드 예로, 주기억장치를 꽂는 슬롯을 표시하였다. 슬롯에는 그림7-4 (b)와 같이 DDR chip들이 여러 개 장착된 DIMM[Dual In-line Memory Module]이 장착된다. DIMM에는 앞면과 뒷면에 같은 수의 DDR 메모리 chip이 장착되어 있다. DIMM은 64-bit 데이터 버스를 제공하여, 한 번에 8-byte(=64-bit) 데이터를 읽거나 쓸 수 있다.

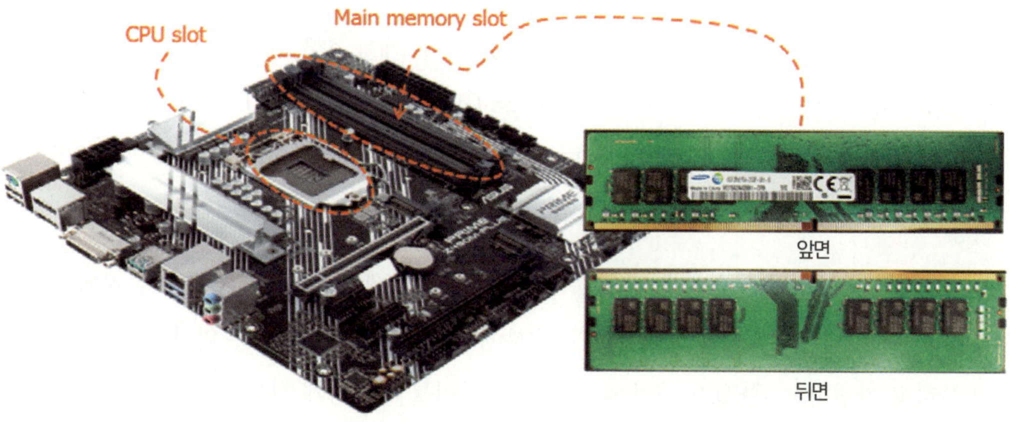

(a) 컴퓨터 메인보드(mainboard) (b) DDR4-2133 DIMM

그림7-4 데스크톱 컴퓨터 메인보드와 주기억장치로 사용되는 DDR4 DIMM

그림7-5은 2020년 현재 x86 프로세서와 DIMM의 연결을 보여준다. 여기서 각 연결을 채널channel이라고 부른다. 현재 데스크톱에 사용되는 x86 프로세서는 DIMM을 위해 2개의 채널dual-channel을 제공한다. 좀 더 정확하게 말하면 프로세서에 있는 memory controller라는 하드웨어 모듈이 dual-channel을 제공한다. 앞서 말한 것처럼 각 DIMM은 64-bit 데이터 버스로 연결된다. 따라서, 프로세서는 dual-channel을 통해 한 번에 128-bit(=16B) 데이터를 읽거나 쓸 수 있다.

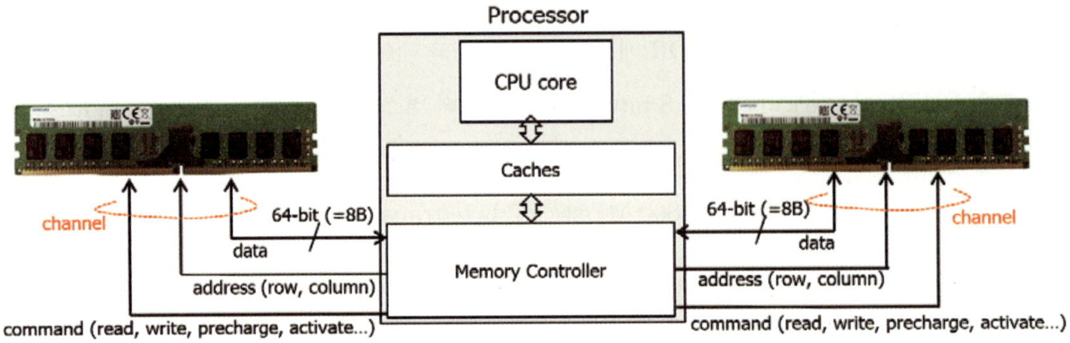

그림7-5 x86 프로세서와 DIMM 연결: 현재 x86 프로세서는 DIMM 연결을 위한 2개의 채널(dual-channel)을 제공한다

그럼 그림7-5와 같은 연결에서 단위 시간에 얼마나 많은 데이터를 DIMM으로부터 읽거나 쓸 수 있을까? DDR4-2133 메모리 chip으로 구성된 DIMM을 예로 들어보자. 각각의 DIMM은 64-bit (=8-byte) data bus를 제공하기 때문에 단순히 계산하면 17,064 MB/sec (=2133 MT/sec x 8-byte/transfer)이다. 그리고 2개의 DIMM이 연결되어 있어, 두 개를 합친 bandwitdh는 34,128 MB/sec (=17,064 MB/sec x 2)이다. 따라서 최대 약 33.328 GiB/sec (=34,128 MB/sec ÷ $(1024)^3$), 즉 1초에 33.328 GiB의 데이터에 접근할 수 있다. 그럼 이 정도의 메모리 bandwidth가 CPU에게 명령어와 데이터를 제공하기에 충분하지 않은 걸까?

x86 프로세서와 함께 생각해보자. 현재 출시되는 x86 프로세서는 64-bit 구조로 설계되어 있다. 여기서 64-bit 구조란, 5장에서 설명한 대로 CPU 내부에 datapath가 64-bit라는 의미이다. CPU가 4 GHz로 동작한다고 가정하고, CPU가 쉬지 않고 데이터 처리를 계속하게 하려면 1초에 얼마만큼의 데이터를 공급해야 할까? CPU 처리 속도에 맞춰 데이터를 공급하면 된다. 주어진 CPU 동작 주파수가 4 GHz

이고 64-bit 데이터를 한 번에 처리한다. 따라서 주기억장치로부터 32 GiB/sec (=4 GHz x 8-byte) 속도로 데이터를 공급받을 수 있다면 CPU는 쉬지 않고 데이터 처리를 계속할 수 있다. 그런데 앞서 계산한 DIMM bandwidth는 33.328 GiB/sec이다. 32 GiB/sec보다 크다! 그러면 주기억장치가 CPU 데이터 처리 능력보다 데이터를 많이 공급할 수 있다는 것일까???

그렇지 않다. 앞서 계산한 DIMM bandwidth는 그림7-3처럼, clock cycle마다 2개의 데이터를 끊임없이 transfer 한다고 가정하고 계산된 값이다. 따라서 33.328 GiB/sec는 실제로는 불가능한 이론적 최댓값이다. 그럼 실제 값은 얼마나 될까? 데이터는 물리적으로 DDR 내부 DRAM cell에 저장돼 있다. 그리고 저장된 데이터를 읽거나 새로운 값으로 변경하려면 DDR 메모리 접근방식을 따라야 한다. 접근방식은 DRAM cell 특성과 DDR 메모리 내부구조에 따라 결정된다. 일반적으로 DDR에서 데이터를 읽거나 쓰는 것은 CPU 속도에 비해 아주 느리다. 왜 그런지 알아보기 위해 DDR 메모리 구조와 접근방식에 대해 자세히 알아보자.

그림7-6은 16 GiB 주기억장치의 예로 DDR4 메모리 칩chip 16개로 구성된 DIMM의 구조도이다. DIMM은 rank로 구성되는데, rank란 6.1절에 메모리맵에서 설명한 CSchip select가 함께 연결된 DRAM chip들의 집합을 말한다. CS가 같이 연결된 chip들은 '동시에' 접근된다. 같이 연결돼 있어 함께 활성화되기 때문이다. 그림에서 각 DDR chip 용량은 1 GiB이며 '1G x8' 구조로 되어있다. 여기서 'x8'은 8-bit data bus를 제공하는 DDR chip을 말한다. 그리고 각 rank에는 8개의 DDR chip(=x8 x 8)이 있다. 따라서 각 rank가 제공하는 data bus의 크기는 64-bit이다. DDR chip에 따라 4-bit data bus, 16-bit data bus를 제공하기도 하는데, 이것은 각각 x4, x16으로 표기한다. Rank를 만들 때 x4 DDR chip을 사용하기도 하는데, 그러면 64-bit data bus를 제공하기 위해 16개 DDR chip이 필요하다. x16 DDR chip을 사용하면 같은 이유로 4개 chip이 필요하다.

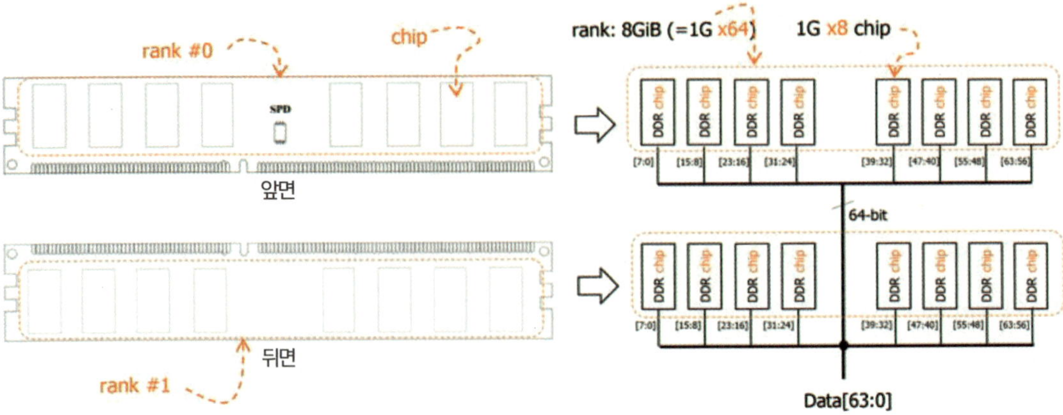

그림7-6 '1G x8' DDR4 메모리 chip 16개로 구성된 16 GiB DIMM: 각 rank에는 메모리 chip 8개가 있으며, 각 메모리 chip은 8-bit data bus를 제공한다. 따라서 각 rank는 64-bit data bus(=8-bit data bus x 8)를 제공한다.

이제 DDR4 메모리 chip 내부구조를 예와 함께 알아보자. 그림7-7은 '1G x8' DDR4 메모리 chip의 간략한 구조로, 메모리 접근 관점에서 중요한 부분을 집중해 도식화하였다. 먼저 메모리 chip의 용량은 1GiB 이다. 다시 말하면 8-bit(=x8) 데이터 1-giga(=2^{30}) 개를 저장할 수 있는 메모리이다. DDR4 chip은 bank group으로 나뉘어 있고, 각 group은 memory array를 가지고 있는 bank로 구성돼 있다. 그림의 예에서는 4개의 bank group이 있고, 각 group에는 4개의 bank가 있다. 각 bank 내부에 있는 memory array는 64 MiB 크기로 물리적으로 65,536 × 8,192 bits로 설계되어 있다. 즉 65,536개의 row가 있고, 각 row는 1024 × 8-bit 구조로 되어있다. 다시 말하면 각 row는 1,024개의 column으로 이루어져 있고, 각 column에는 8-bit 데이터가 있다. 여기서 row에 있는 데이터 길이를 DRAM page 라고 부르기도 한다. 그림의 예에서는 DRAM page의 크기가 8,192-bit(=1 KiB) 이다.

DDR4 chip에 접근할 때, 메모리 위치는 bank group, bank address, row address column address 에 명시한다. 그림7-7의 예에서 BG[1:0]는 4개의 group 중 하나를 선택하며, BA[1:0]는 선택된 group에 있는 4개의 bank 중 하나를 선택한다. 그리고 A[15:0]는 row address와 column address를 보내기 위해 사용하는데, 같은 주소버스를 사용하기 때문에 시간 간격을 두고 각 주소를 보낸다.

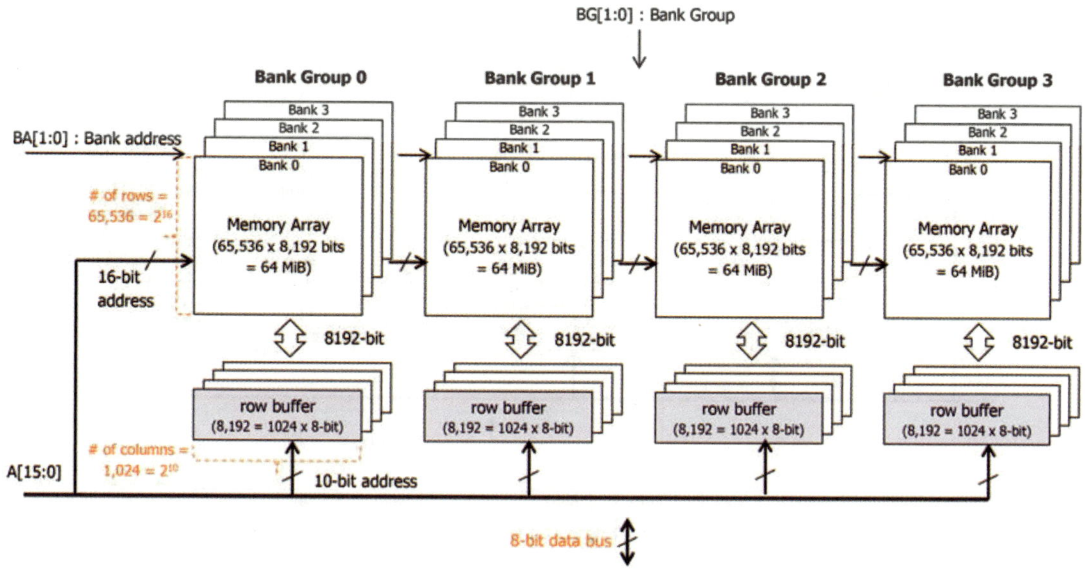

그림7-7 '1G x8(=1GiB)' DDR4 메모리 chip의 간략화된 구조

Row address를 보낼 때는 16-bit 주소 버스인 A[15:0]로 65,536(=216)개의 row 중 하나를 선택한다. 그 후 column address를 보낼 때는 A[15:0]에서 하위 10-bit인 A[9:0]를 사용해 1,024개의 column 중 하나를 선택한다. 그림7-7 DDR4 chip에서 데이터를 읽기 위해서는 먼저 BG[1:0], BA[1:0], row address를 보낸다. 그러면 선택된 row가 물리적으로 row buffer에 저장된다. 그 후 column address를 보내 row buffer에 저장된 데이터에서 해당 column에 있는 8-bit 데이터를 읽는다. 만약 다음에 읽는 데이터가 같은 row에 있다면, column address만 보내면 된다. 해당 row가 이미 row buffer에 있기 때문이다.

그림7-8은 DIMM에서 64-bit(=8-byte) 데이터를 읽는 것을 표현한 그림이다. 그림에 보는 것처럼 요청한 주소에 따라 각 DDR4 chip에서 8-bit 데이터를 읽는다. 그리고 rank에는 8개의 DDR4 chip이 있어, DIMM은 64-bit(8 x 8-bit) 데이터를 한 번에 내어준다. 여기서 접근한 8-byte 데이터는 논리적으로 주기억장치의 연속적인 위치에 있다. 하지만 그림에 보는 것처럼 물리적으로는 여러 개의 DDR4 chip에 흩어져 저장되어 있다.

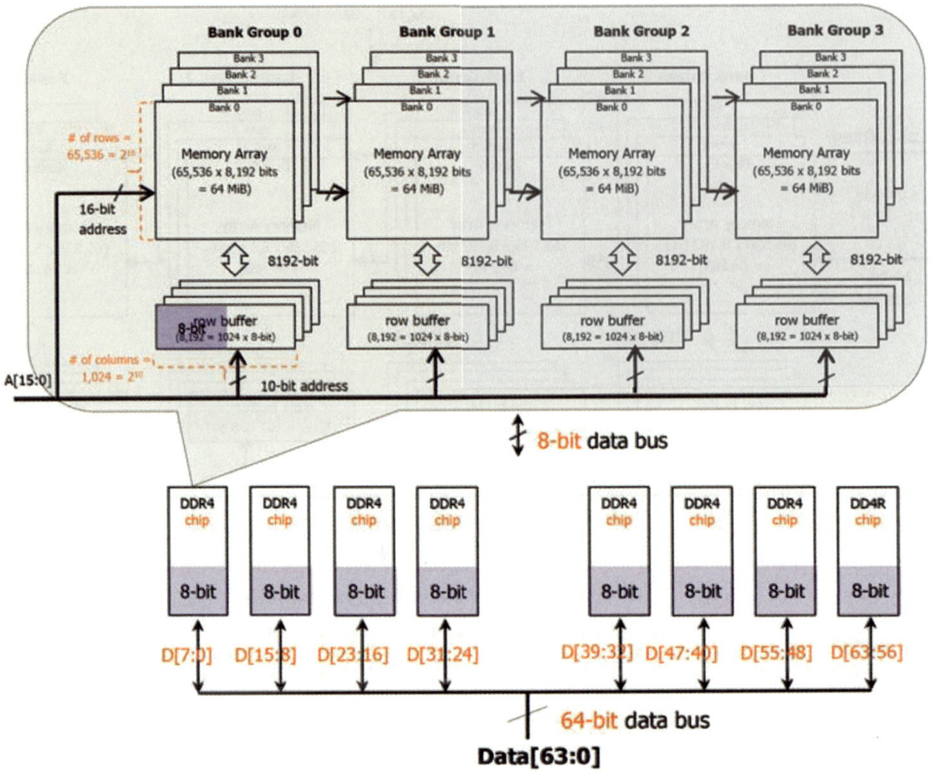

그림7-8 DIMM은 64-bit(=8-byte) 단위로 데이터에 접근: 각 DDR chip이 8-bit 데이터를 담당.

1.6절에서 설명한 것처럼, CPU 입장에서 주기억장치에 있는 데이터에 접근할 때 기본 단위는 byte이다. CPU가 내보내는 주소가 byte 단위로 데이터의 위치를 명시하기 때문이다. RV32I 메모리 접근 명령어를 살펴보면 lw, lh, lb와 같이 word(=4-byte), half-word(= 2-byte), 또는 1-byte를 주기억장치에서 접근할 수 있도록 지원한다. 그런데 그림7-8에 보는 것처럼 주기억장치에서 데이터 접근의 기본 단위는 '물리적으로' 64-bit이다. 현재 데스크톱 컴퓨터는 주기억장치로 DIMM을 사용하기 때문이다. CPU가 load 명령어를 실행하는 경우 DIMM에서 읽은 64-bit 데이터는, 실행한 load 명령어에 따라 word, half-word, 또는 byte로 분리되어 CPU로 공급된다. DIMM을 64-bit 단위로 접근하는 것은 다음 절에 설명하는 캐시와 깊은 연관이 있다.

메모리에 접근할 때는 주소뿐 아니라 명령command 정보도 함께 보내야 한다. 어떤 동작을 원하는 건지 메모리에게 알려줘야 하기 때문이다. 직관적으로 생각할 수 있는 명령에는 '읽기'와 '쓰기'가 있다. 그런데 DDR 메모리는 그 외에도 다수의 command를 제공한다. DRAM cell 회로 특성과 DDR 메모리 구조 때문에 precharge, refresh, activate 동작 등이 필요하기 때문이다. 그리고 이러한 command는 정해진 순서에 따라 시간 간격을 두고 보내야 한다. 바로 이것이 주기억장치 접근에 시간이 오래 걸리는 이유이다. 그림7-5에 도식화한 프로세서와 DIMM 간의 연결을 보면 address bus, data bus 외에도 command를 보내기 위한 bus가 따로 있다. 여기서는 DDR4에서 있는 다수의 명령command 중 데이터 접근에 중요한 명령에 대해 간략히 알아본다.

- Activate 명령: *Activate* 명령은 bank에 있는 memory array에서 row를 open 하라는 명령이다. 따라서 *activate* 명령과 함께 BG[1:0], BA[1:0], row address로 구성된 주소를 보내야 한다. *activate* 명령으로 선택된 row는 row buffer에 저장된다. *read* 명령 또는 *write* 명령을 보내기 전에, *activate* 명령으로 접근하려는 row를 open 해야 한다.

- Precharge 명령: *Precharge* 명령은 open된 row를 닫고close, 다음 접근을 위해 bank를 준비하라는 명령이다. 여기서 '준비'한다는 말은 해당 bank의 bitline과 sense amplifier를 precharge 한다는 의미이다.

- Read 명령: *Read* 명령은 row buffer에서 column data를 읽으라는 명령이다. 따라서 *read* 명령과 함께 column address를 보내야 한다.

- Write 명령: *Write* 명령은 데이터를 row buffer에 쓰라는 명령이다. 따라서 *write* 명령과 함께 column address를 보내야 한다.

그림7-9는 DDR4-2133 DIMM에서 64-bit 데이터 8개를 연속적으로 읽는 burst read를 보여주는 timing diagram 예시이다. 그림에 보는 것처럼 *precharge* 명령으로 bank 접근을 준비하며, *activate* 명령으로 특정 bank에 있는 row를 row buffer에 저장한다. 그 후 *read* 명령으로 데이터를 읽는다. 여기서 눈여겨볼 것은 그림에 '15-15-15'라고 표시한 timing 특성이다. 그림7-9 (b)에 정리한 대

로 세 숫자는 차례로 CL, tRCP, tRP를 의미한다. tRP는 *precharge* 명령 후 최소 몇 cycle 후에 *activate* 명령을 내릴 수 있는지를 의미한다. 그림에 예로 든 DDR4-2133은 최소 15-cycle 후에 *activate* 명령을 내릴 수 있다. 메모리 clock이 1067MHz이기 때문에 시간으로 환산하면 14.06 nsec이다. tRCD는 *activate* 명령 후 최소 몇 cycle 후에 *read* 또는 *write* 명령을 내릴 수 있는지를 의미한다. 여기서는 최소 15-cycle 후에 나올 수 있다. 마지막으로 DDR 메모리를 말할 때 가장 많이 언급되는 CL(CAS latency)은 *read* 명령 후 몇 cycle 후에 첫 번째 데이터가 나오는지를 명시한다. 이것도 15-cycle 후에 첫 데이터가 나오며 burst read에서는 8개의 데이터가 연속적으로 나오게 된다. 만약 다음에 읽어야 할 데이터가 같은 row에 있다면, *read* 명령(column address와 함께)만 보내 데이터를 읽을 수 있다. 해당 row

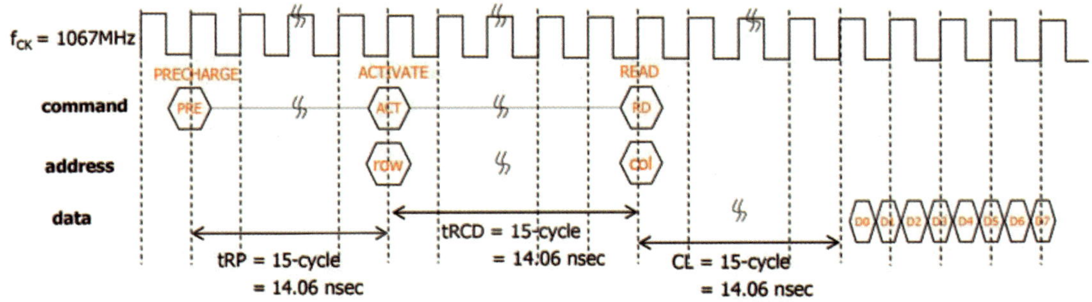

(a) DDR4-2133 (15-15-15) chip에서 burst read 동작 timing 예시. 여기서 CL-tRCD-tRP = 15-15-15

	설명 (예: 15–15–15 = CL - tRCD - tRP)
CL (CAS latency)	*read* command 후 첫 번째 데이터가 나올 때까지 필요한 cycle 수 CAS (Column Address Strobe) latency라고도 부름
tRCD	• Row-to-Column command Delay - row를 읽어 row buffer에 가져오는데 걸리는 시간 - *activate* command 후 read/write command 전에 필요한 cycle 수
tRP	• Row Precharge - DRAM arrary를 precharge 하는데 걸리는 시간 - *precharge* command 후 row activation 전에 필요한 cycle 수

(b) DDR4 SDRAM 동작에서 중요한 timing 요소

그림7-9 DDR4–2133 (15–15–15) chip에서 burst read 동작 timing diagram

가 이미 row buffer에 저장되어 있기 때문이다. 하지만 만약 다른 row에 있는 데이터 접근을 하려면 그림7-9 (a)에 있는 과정을 다시 거쳐야 한다.

표7-1은 몇 가지 DDR4 메모리 chip의 timing 특성을 보여준다. 예를 들어 DDR4-2666(19-19-19)의 CL, tRCD, tRP은 모두 19-cycle이다.

표7-1 DDR4 메모리 chip의 CL, tRCD, tRP 예시

	DDR4-1600	DDR4-1866	DDR4-2133	DDR4-2400	DDR4-2666
	11-11-11	13-13-13	15-15-15	17-17-17	19-19-19
CAS latency	11-cycle	13-cycle	15-cycle	17-cycle	19-cycle
tRCD	13.75 nsec	13.92 nsec	14.06 nsec	14.16 nsec	14.25 nsec
tRP	13.75 nsec	13.92 nsec	14.06 nsec	14.16 nsec	14.25 nsec

이제 CPU가 메모리 접근 명령어로 DIMM에 있는 데이터에 접근하는 데 걸리는 시간을 계산해보자. lw 명령어로 DDR4-2133 (15-15-15)에서 데이터를 읽는다면 CPU는 얼마나 기다려야 할까? 3.8GHz로 동작하는 10세대 Core i7 프로세서를 사용하고 DIMM에 '*precharge* 명령 → *activate* 명령 → *read* 명령'을 순서대로 보내야 한다고 가정하자. 그림7-9 (a)에 있는 것처럼, 데이터가 들어올 때까지 최소 42.18 nsec(=14.06 nsec × 3)가 걸린다. 42.18 nsec를 CPU clock cycle 수로 계산하면, CPU는 대략 160-cycle (42.18 nsec x 3.8 G)을 기다려야 한다는 것이다!

만약 CPU가 명령어를 읽거나 데이터에 접근할 때마다 DIMM을 access접근해야 한다면 컴퓨터의 성능은 어떻게 될까? CPU는 대부분의 시간 동안 아무것도 하지 못하고, 명령어 또는 데이터가 오기를 기다리고 있을 것이다. 이 문제를 해결하기 위해 프로세서에는 앞으로 설명할 **캐시**cache라는 작지만 아주 빠른 메모리가 내장되어 있다. DIMM과 캐시 간에 데이터 이동 단위는 'cache line 크기'이며, x86 프로세서의 경우 cache line의 크기는 64-byte이다. DIMM에서 그림7-9에 설명한 burst read를 하면 하나의 cache line을 채울 수 있는 것이다.

7.2 지역성locality과 캐시

앞서 말한 것처럼, 캐시는 CPU와 주기억장치 사이에 있는 고속으로 동작하는 메모리로, 주기억장치에 비해 크기가 매우 작다. 요즘 구매할 수 있는 Core i7 기반 컴퓨터를 예로 들면, 주기억장치인 DIMM의 크기는 8GiB, 캐시의 크기는 8MiB 정도로 캐시의 크기는 주기억장치의 약 $\frac{1}{1000}$ 정도 된다. 그러니까 주기억장치에 있는 $\frac{1}{1000}$의 정보만 캐시에 담고 있을 수 있다는 말이다. 그럼 CPU가 실행해야 할 명령어 또는 처리할 데이터를 캐시가 가지고 있을 확률은 어느 정도일까? 꽤 높다. 보통 90% 이상의 확률로 캐시가 가지고 있다. 뭔가 이상하고, 믿기 어렵다. 캐시의 크기는 대략 메인 메모리의 0.1% 정도인데, 그러면 CPU가 처리할 명령어나 데이터가 캐시에 있을 확률도 0.1% 정도 되어야 하는 게 아닐까? 확률이 높은 이유는 **프로그램**에 **지역성**locality이라는 특성이 있기 때문이다.

지역성에는 두 가지가 있는데 **시간지역성**temporal locality과 **공간지역성**spatial locality이다. **시간지역성**은 주기억장치의 어떤 위치에 있는 데이터에 접근하면 같은 위치에 있는 데이터를 곧 다시 접근할 확률이 높다는 특성이다. 그리고 **공간지역성**은 주기억장치의 어떤 위치에 있는 데이터에 접근하면, 곧 주변 위치에 있는 데이터에 접근할 확률이 높다는 특성이다. 캐시는 이러한 두 가지 특성을 고려해 이를 잘 이용할 수 있도록 설계되었다. CPU가 주기억장치의 어떤 위치에 있는 데이터에 접근하면, 캐시는 그것(그 위치에 있는 데이터)뿐 아니라 주변에 있는 데이터도 저장한다. x86의 경우 요청한 위치에 있는 데이터를 포함해 64-byte를 캐시에 저장한다. 그러면 프로그램에서 추후 같은 위치 데이터에 접근하거나 그 주변 데이터에 접근하면, 캐시에서 바로 데이터를 줄 수 있다. 예제 코드를 통해 프로그램에 있는 지역성에 대해 구체적으로 알아보자. **코드7-1**에서 시간지역성과 공간지역성을 보여주는 변수는 무엇일까?

```
int i;
int a[100], b[100], c[100], d;

for (i=0; i<100; i++) {
        c[i] = a[i] * b[i] + d;
}
```

코드7-1 시간지역성과 공간지역성 특성을 보여주는 C 예제 코드

시간지역성을 보여주는 변수는 'd와 i'이다. 'for loop'가 100번 수행될 동안 계속 접근되기 때문이다. 공간지역성을 보여주는 변수는 배열array로 선언된 'a, b, c' 이다. 배열은 메모리의 연속된 위치에 저장되는데, loop마다 각 배열에서 바로 옆에 있는 데이터에 접근하기 때문이다. 다시 말하면 첫 번째 loop에서는 a[0], b[0], c[0], 두 번째 loop에서는 a[1], b[1], c[1], 세 번째 loop에서는 a[2], b[2], c[2]를 사용한다. 캐시는 이러한 지역성을 잘 이용할 수 있도록 설계되어 있다. 그림7-10은 캐시를 통한 기대 효과를 표현한 그림이다. (a)는 프로세서에 있는 통상적인 메모리 계층구조로, 용량이 크지만 속도가 느린 8GiB 주기억장치가 있고 프로세서에는 작지만 빠른 8MiB 캐시가 있다. (b)는 캐시를 통해 얻을 수 있는 효과이다. 캐시가 실행해야 할 코드와 처리할 데이터 대부분을 바로 CPU에게 공급할 수 있다면, 마치 고속으로 동작하는 크기가 큰 주기억장치가 있는 것과 같은 기분 좋은 효과를 낼 수 있다. 그리고 아주 높은 확률로 그렇게 된다!

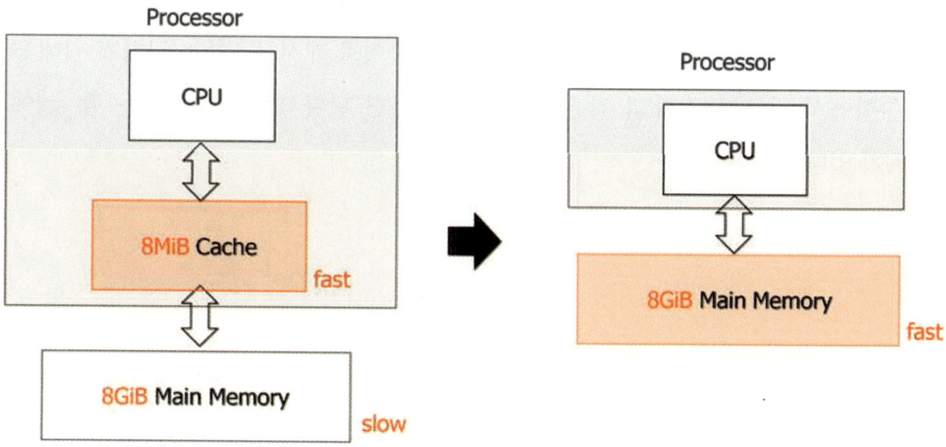

(a) 메모리 계층구조 (b) 캐시를 통한 효과

그림7-10 캐시를 통한 기대 효과

7.3 캐시의 구조

이제 캐시의 구조와 동작에 대해서 알아보자. 캐시의 구조에는 direct-mapped, set-associative, fully-associative 이렇게 세 가지가 있다. 각 구조에 따라 찾는 데이터가 캐시에 있을 확률인 hit rate, hardware cost(가격), access latency(접근시간), power consumption(전력소모) 면에서 장・단점이 있다. 각 구조에 대해 자세히 알아보자

7.3.1 Direct-mapped cache 직접사상캐시

Direct-mapped 캐시(DM 캐시)는 가장 간단한 구조의 캐시이다. 그림7-11은 DM 캐시의 예로 64-byte 크기를 갖는 아주 작은 '데이터 캐시'를 도식화하였다. 캐시는 cache entry들로 구성되며, 각 entry는 'V(Valid), D(Dirty), Tag, Data' field로 구성되어 있다. 여기서 Data field를 cache line이라고 말하기도 하는데, 여기에 주기억장치에 있는 데이터가 들어간다. 그림에서는 cache line의 크기를 16-byte로 가정하였다. 따라서 64-byte 캐시에는 4개의 cache entry가 있다. **캐시와 주기억장치 간에 데이터 이동 단위는 cache line 크기**이다. CPU가 요청한 데이터가 캐시에 없으면 주기억장치에서 16-byte 데이터를 읽어 'Data' field에 저장한다. 그림에서는 cache entry 옆에 set(집합)이라는 용어를 추가하였다. Set은 주로 다른 구조의 캐시에서 사용하는 용어인데, 일관된 용어로 캐시구조를 비교하기 위해 표시하였다. Set은 수학에서 말하는 '집합'과 같은 의미로 생각하면 된다. DM 캐시에서는 각 set에 하나의 cache entry가 있다.

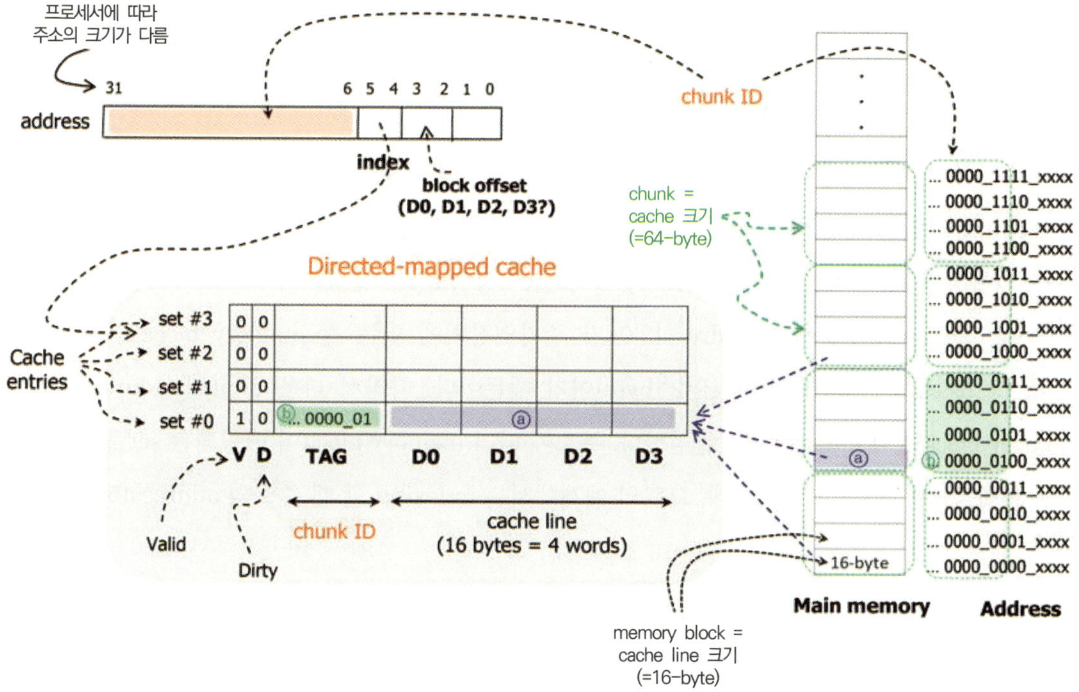

그림7-11 Direct-mapped cache 구조: 64-byte 크기의 DM 데이터 캐시 (cache line 크기를 16-byte로 가정)

조금 전 CPU가 요청한 데이터가 캐시에 없으면 주기억장치에서 16-byte 데이터를 가져온다고 했는데, 주기억장치의 어느 부분에 있는 16-byte를 말하는 걸까? 그림7-11과 같이 주기억장치를 '논리적'으로 cache line 크기인 16-byte 단위로 나눈 후, 요청한 데이터가 속해 있는 16-byte를 말한다. 여기서 주기억장치에 있는 16-byte 각각을 **memory block**이라고 부른다. 따라서 **캐시와 주기억장치 간에 데이터 이동은 memory block 단위**로 일어난다. 그림7-11은 또한 주기억장치를 4개의 memory block 단위로 이루어진 chunk로 나눈 것도 보여준다. 다른 말로 표현하면 주기억장치에 표시한 chunk는 캐시에 있는 set의 개수만큼의 memory block으로 이루어져 있다. Memory block이 캐시에 저장될 때 아래와 같은 방식을 따른다.

- 각 chunk에 있는 첫 번째 memory block → 첫 번째 set
- 각 chunk에 있는 두 번째 memory block → 두 번째 set

- 각 chunk에 있는 세 번째 memory block → 세 번째 set
- 각 chunk에 있는 네 번째 memory block → 네 번째 set

다시 말하면 각 chunk에 있는 memory block이 항상 지정된 set으로만 들어갈 수 있다. 그림은 두 번째 chunk에 있는 첫 번째 memory block인 ⓐ가, 첫 번째 set에 저장된 상태를 보여주고 있다. 캐시는 CPU에서 나오는 주소를 보고, memory block을 저장할 set을 결정한다. 그림7-11에서는 CPU가 출력하는 address[31:0]에서 'address[3:0]'가 주기억장치에 있는 각 memory block을 구별한다. Memory block의 크기가 16-byte(=2^4-byte)이기 때문이다. 따라서 다음 2-bit인 'address[5:4]'로 memory block이 매핑되는 set을 결정한다. 주소에 따라 memory block이 매핑되는 set을 결정하는 것을 **인덱싱**indexing한다고 말하는데, 그림의 예제에서는 indexing 할 때 주소의 address[5:4]를 사용한다.

캐시에는 memory block 뿐 아니라, 그것의 주소도 함께 저장해야 한다. 그 이유는 주기억장치의 많은 memory block이 같은 set으로 매핑되기 때문이다. 그림7-11에는 '각 chunk에 있는 첫 번째 memory block'이 모두 '첫 번째 set'으로 매핑된 것을 보여주고 있다. 따라서 캐시에 있는 memory block이 주기억장치 어디에서 온 것인지 특정할 수 있어야 한다. 이를 위해 cache entry에는 Tag field가 있고, Tag에는 memory block의 주소를 저장한다. 단, 하드웨어 비용을 고려해, Tag의 크기는 가능한 최소한으로 결정해야 한다. 그러면 Tag에 저장해야 할 최소한의 정보는 무엇일까? 최소한의 정보는 주기억장치에 있는 각 chunk 번호이다. 각 chunk에 있는 memory block이 매핑되는 set은 이미 결정되어 있기 때문이다. 따라서 cache entry에는 해당 memory block이 속한 'chunk ID'만 기록하면 된다. 그림의 예에서는 Tag에 chunk ID에 해당하는 address[31:6]을 기록하면 된다.

Cache entry에 있는 VValid-bit은 해당 cache entry가 유효한 정보를 담고 있는지 여부를 나타낸다. 'V == 1' 이면 유효한 정보이고 'V == 0'이면 유효하지 않은 정보라는 의미이다. 컴퓨터를 켜면 모든 cache entry의 'V == 0'이다. DDirty-bit은 cache line의 변경 여부를 나타낸다. 'D == 1'이면 cache line의 데이터가 변경되어 주기억장치에 있는 memory block 내용과 다르다는 것을 의미한다. 즉 주기억장치에 있는 내용은 과거값이다.

캐시가 있는 시스템에서는 주기억장치에 접근하기 전, 캐시를 먼저 찾아본다. 모든 캐시구조에서 같은 방식으로 검색을 하는데, 주소에 따라 하나의 set을 선택하고 거기에 있는 cache entry에 찾는 정보가 있는지 알아본다. 따라서 DM 캐시에서는 하나의 cache entry만 검색한다. Set마다 cache entry가 하나만 있기 때문이다. 그림7-11 DM 캐시 예에서는 주소의 address[5:4]로 indexing 하여 검색할 set을 선택한다. 그리고 거기에 속해 있는 cache entry를 검색하는데, Tag 정보와 주소의 address[31:6](=chunk ID에 해당)를 비교한다. 만약 'Tag == address[31:6]'이고 'V == 1' 이면 cache hit이라고 말한다. 캐시가 찾는 데이터를 가지고 있다는 의미이다. 그렇지 않으면 cache miss라고 말한다.

이제 예제 코드를 실행하며 DM 데이터 캐시의 동작을 구체적으로 알아보자. 당연하지만 캐시는 CPU에서 메모리 접근 명령어 실행 중 access된다. 캐시는 주기억장치에 있는 정보를 임시로 저장하는 장치이고, 주기억장치는 load 또는 store 명령어로 접근하기 때문이다. 코드7-2는 실행할 예제 코드로, 메모리 접근 명령어만으로 구성하였다. 그림7-12는 64-byte 크기의 DM 캐시와 주기억장치의 초기 상태를 보여준다. 초기에 캐시의 모든 entry는 'V-bit == 0'으로 유효하지 않다.

```
① lw  x3, 0x404(x0)
② lw  x4, 0x408(x0)
③ lw  x5, 0x440(x0)
④ sw  x6, 0x448(x0)
⑤ sw  x7, 0x40C(x0)
```

코드7-2 캐시의 동작을 알아보기 위한 예제 코드: 메모리 접근 명령어로만 구성

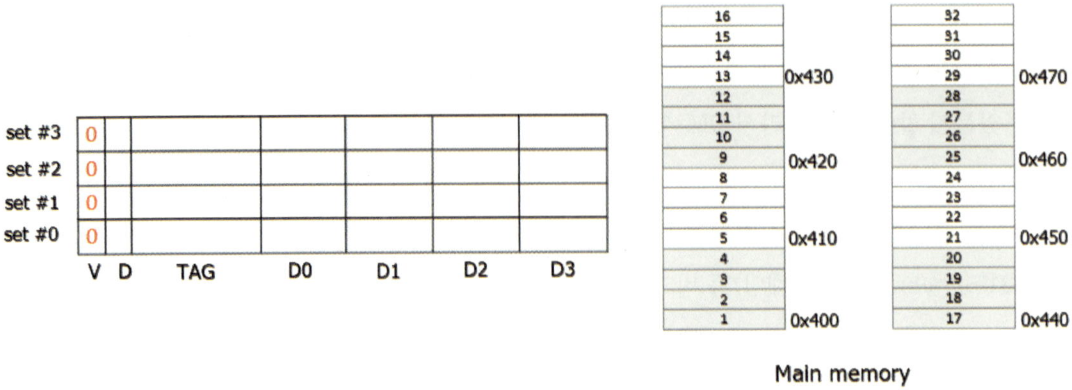

(a) 64-byte direct-mapped 캐시 (b) 주기억장치 초기 상태

그림7-12 64-byte direct-mapped 데이터 캐시와 주기억장치 초기 상태

CPU에서 load 명령어를 실행하면 캐시를 먼저 검색한다. Cache hit이면 캐시가 데이터를 CPU에게 바로 주고, cache miss이면 주기억장치에서 해당 memory block을 읽어 cache entry에 저장하고 요청한 데이터를 CPU에게 준다.

① **lw x3, 0x404(x0) 실행 → read miss 발생**: 'lw x3, 0x404(x0)' 명령어 실행에서 계산된 주소 0x404에서 index 부분은 'address[5:4] == 00' 이다. 따라서 그림7-13에 보는 것처럼 set #0를 선택하고 거기에 있는 cache entry를 검색하는데 'V-bit == 0'으로 read miss이다. 따라서 주기억장치에서 주소 0x404가 속한 memory block을 cache entry로 읽어온다. 그리고 주소 0x404에서 chunk ID에 해당하는 부분인 0x10을 Tag에 기록한다. 이제 set #0에 있는 cache entry는 유효하여 'V = 1'로 설정한다. 그림7-13은 'lw x3, 0x404(x0)' 실행 후 캐시 상태이다.

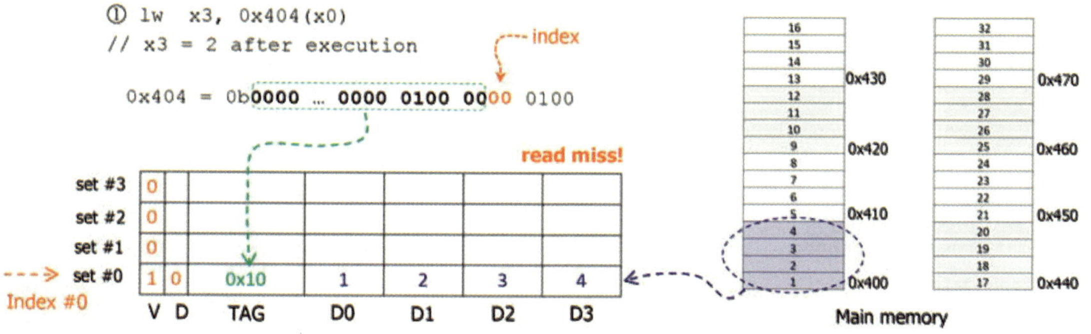

그림7-13 〈코드7-2〉 ① 'lw x3, 0x404(x0)' 명령어 실행 후 캐시 상태: read miss → 주소 0x404를 포함하는 memory block을 set #0로 읽어옴.

② lw x4, 0x408(x0) 실행 → read hit 발생: 그림7-14와 함께 살펴보자. 'lw x4, 0x408(x0)' 명령어 실행 중 계산된 주소 0x408에서 index 부분은 'address[5:4] == 00'이다. 따라서 set#0를 선택하고, 거기에 있는 cache entry를 검색한다. 검색결과 'Tag == address[31:6]' 이고 'V-bit == 1'이다. 따라서 read hit이고 캐시가 데이터(3)를 CPU에게 바로 공급한다.

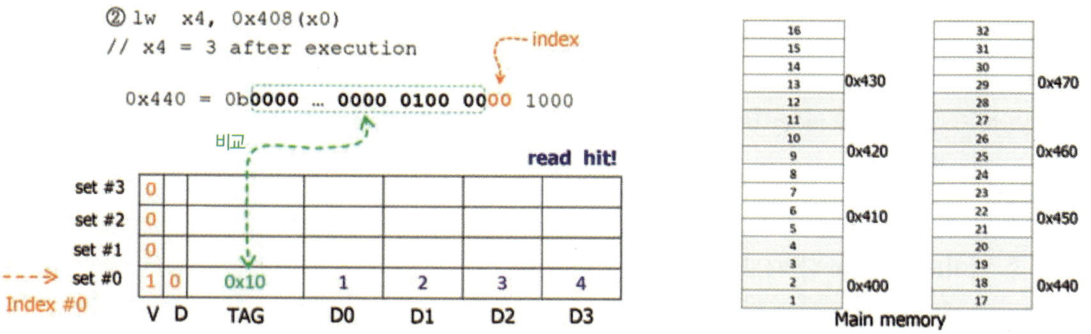

그림7-14 〈코드7-2〉 ② 'lw x4, 0x408(x0)' 명령어 실행에서 read hit 발생: 캐시가 데이터(3)를 CPU에게 바로 공급

③ lw x5, 0x440(x0) 실행 → read miss 발생: 'lw x5, 0x440(x0)' 명령어 실행에서 계산된 주소 0x440에서 index 부분은 'address[5:4] == 00'이다. 따라서 set#0를 선택하고, 거기에 있는 cache entry를 검색한다. Set#0에 있는 cache entry에 'Tag = 0x10' 이며, 주소 0x440에서 'address[31:6] = 0x11'로 두 값이 달라 read miss이다. 따라서 주기억장치에서 주소 0x440이

속한 memory block을 읽어와 덮어쓰고, 주소 0x440에서 chunk ID인 0x11을 Tag에 기록하며, 'V = 1'로 설정한다. 그림7-15는 'lw x5, 0x440(x0)' 명령어 실행 후 캐시 상태이다.

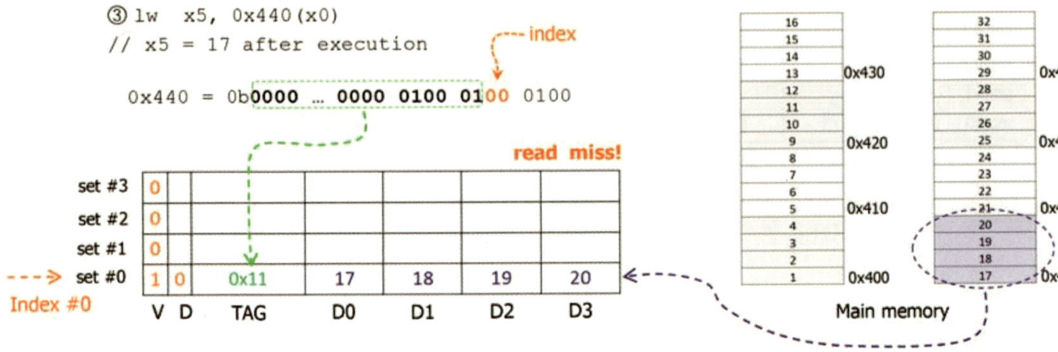

그림7-15 〈코드7-2〉 ③ 'lw x5, 0x440(x0)' 명령어 실행 후 캐시 상태: read miss 발생 → 주소 0x440을 포함하는 memory block을 set#0에 새로 읽어옴.

CPU에서 store 명령어를 실행할 때 캐시에 접근하는 방식은 load 명령어를 실행할 때와 같다. 하지만 캐시의 동작은 정책policy에 따라 조금 복잡하다. 먼저 캐시에 해당 memory block이 없는 write miss의 경우 이를 처리하는 두 가지 방식이 있다.

- Write-allocate: memory block을 캐시로 먼저 읽어와 'allocation' 하는 방식이다.
- Write-no-allocate: memory block을 캐시로 가져오지 않는 'no-allocation' 방식이다.

그 후 데이터를 write 할 때도 두 가지 방식이 있다.

- Write-back: 데이터를 일단 캐시에만 저장하는 방식이다. 이를 위해 cache entry에는 'Ddirty-bit'이 있다. 주기억장치는 추후 해당 cache entry가 교체replace될 때 업데이트된다.
- Write-through: 데이터를 캐시와 주기억장치에 모두 저장하는 방식이다. 이 정책에서는 캐시에 'D-bit'가 필요 없다. 캐시와 주기억장치의 상태가 항상 같기 때문이다.

이렇게 하면 총 4가지 조합이 있는데, 그 중 'write-back & write-allocate' 또는 'write-through & write-no-allocate'를 주로 사용한다. 그리고 둘 중 write-back & write-allocate를 선호하고 실제로 많이 사용되는데, 일반적으로 프로그램 실행 성능이 더 좋기 때문이다. Write-back & write-allocate 정책을 잘 생각해보면 프로그램에 있는 특성인 temporal locality와 spatial locality를 잘 이용하고, 또한 주기억장치 접근을 가능한 줄이려는 정책임을 알 수 있다. 여기서는 write-back & write-allocate 정책을 가정하고 코드7-2에 나머지 코드(④,⑤)를 실행하며 캐시 상태를 살펴보자.

④ **sw x6, 0x448(x0) 실행 → write hit 발생:** 'sw x6, 0x448(x0)' 명령어 실행에서 계산된 주소 0x448에서 index 부분은 'address[5:4] == 00' 이다. 따라서 set#0가 선택하고, 거기에 있는 cache entry를 검색한다. 그 결과 그림7-16과 같이'Tag == address[31:16]'이며 'V-bit == 1'이기 때문에 write hit이다. 여기서 write-back 정책을 가정했기 때문에 그림과 같이 캐시에만 데이터를 저장한다. 그리고 'D(dirty)-bit = 1'로 설정하는데, 이것은 해당 cache entry가 새로운 정보로 업데이트되었다는 것을 의미한다. 주기억장치는 추후 해당 cache entry가 교체될 때 업데이트된다. 그림7-16은 'sw x6, 0x448(x0)' 명령어 실행 후 캐시 상태이다.

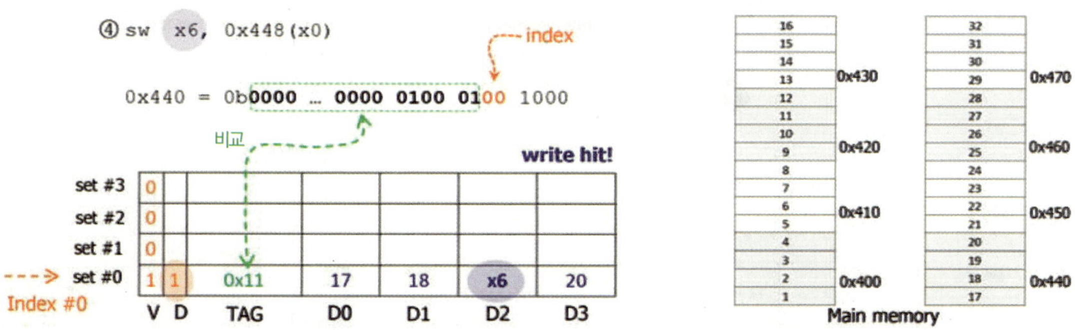

그림7-16 Write-back 캐시에서 〈코드7-2〉 ④ sw x6, 0x448(x0)' 명령어 실행 후 캐시 상태: write hit → write-back 정책에 따라 캐시에만 x6 값을 저장, dirty-bit 설정

⑤ **sw x7, 0x40C(x0) 실행 → write miss 발생:** 그림7-17은 'sw x7, 0x40C(x0)' 명령어 실행 중 캐시의 상태 변화를 보여준다. 먼저 'sw x7, 0x40C(x0)' 명령어 실행에서 계산된 주소 0x40C에서 index 부분은 'address[5:4] == 00' 이다. 따라서 set#0가 선택되고 거기에 있는 cache entry를

검색한다. 그런데 그림7-17 ⓐ에 보는 것처럼, set#0에 있는 cache entry에 'Tag = 0x11'이며 주소 0x40C에서 'address[31:6] = 0x10'로 두 값이 달라 write miss이다. 따라서 해당 cache entry에 있는 정보를 모두 없애고 주기억장치에서 새로운 memory block을 가져와야 한다. 그런데 'D-bit == 1' 이기 때문에, 그림7-17 ⓐ처럼 cache line을 주기억장치에 먼저 업데이트한다. 그 후 그림7-17 ⓑ에 보여주는 것처럼, 주기억장치에서 주소 0x40C를 포함하는 memory block을 가져온다. Write-allocate 정책에 따라 해당 memory block을 먼저 캐시로 읽어오는 것이다. 그리고 주소 0x40C에서 chunk ID에 해당하는 부분인 0x10을 Tag에 기록한다. 최종적으로 write-back 정책에 따라 x7 레지스터값을 캐시에만 저장하고 'D-bit = 1'로 설정한다.

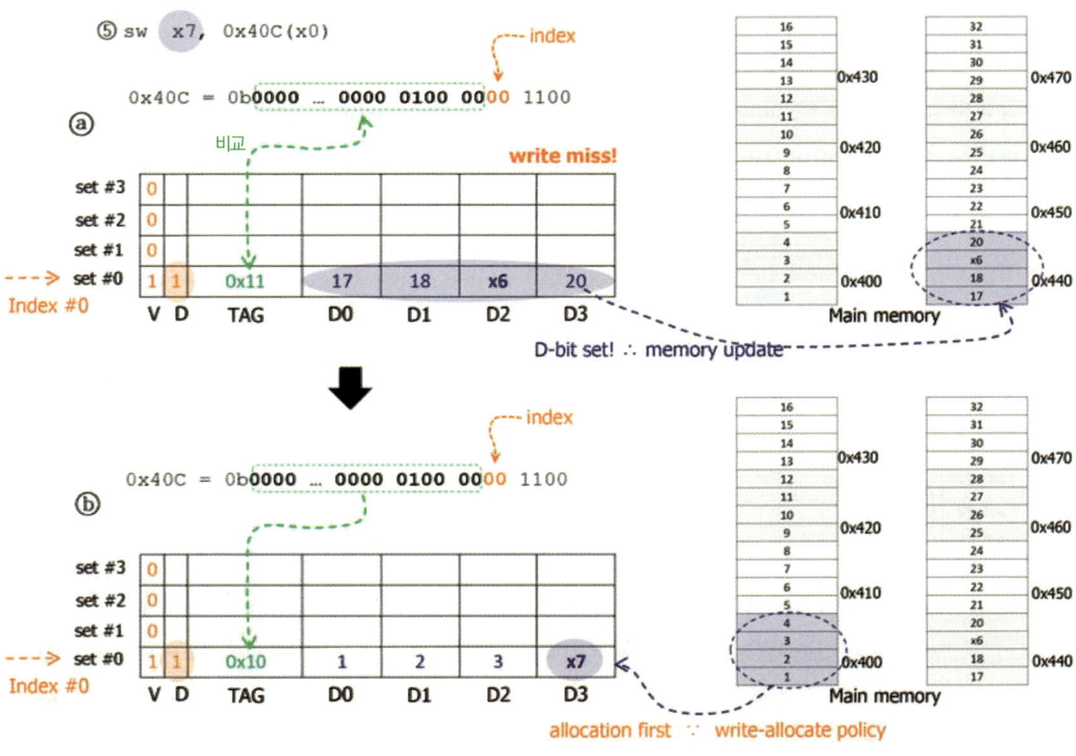

그림7-17 〈코드7-2〉 ⑤ sw x5, 0x40C(x0)' 명령어 실행 후 캐시 상태: ⓐ write miss 발생 → dirty cache line을 주기억장치로 업데이트 → ⓑ write-allocate 정책에 따라 주소 0x40C를 포함하는 memory block을 캐시로 가져옴 → write-back 정책에 따라 x7을 캐시에만 저장, dirty-bit 설정

이제 앞서 언급한 'write-back & write-allocate'와 'write-through & write-no-allocate' 차이를 명확히 알아보기 위해, 코드7-3에 있는 세 개의 명령어를 실행하며 캐시 상태 변화를 살펴보자. 명령어 실행 전, 모든 cache entry는 invalid('V == 0') 하다.

```
① lw  x6, 0x20(x3) // assume x3 = 0x7600
② sw  x7, 0x24(x3) // assume x3 = 0x7600
③ sw  x8, 0x1C(x3) // assume x3 = 0x7600
```

코드7-3 'write–back & write–allocate'와 'write–through & write–no–allocation' 차이를 알아보기 위한 예제 코드

① **lw x6, 0x20(x3) 실행 → read miss 발생:** 'lw x6, 0x20(x3)' 명령어 실행 중 계산된 주소 0x7620에서 index 부분은 'address[5:4] == 10' 이다. 따라서 set#2를 선택하고 거기에 있는 cache entry를 검색하는데 'V-bit == 0'으로 read miss가 발생한다. 따라서 주기억장치에서 주소 0x7620를 포함하는 memory block을 읽어온다. 그리고 주소 0x7620에서 chunk ID에 해당하는 부분인 0x1D8을 Tag에 기록한다. 이제 set #2에 있는 cache entry는 유효하여 'V = 1'로 설정한다. 그림7-18은 'lw x6, 0x20(x3)' 명령어 실행 후 캐시 상태이다.

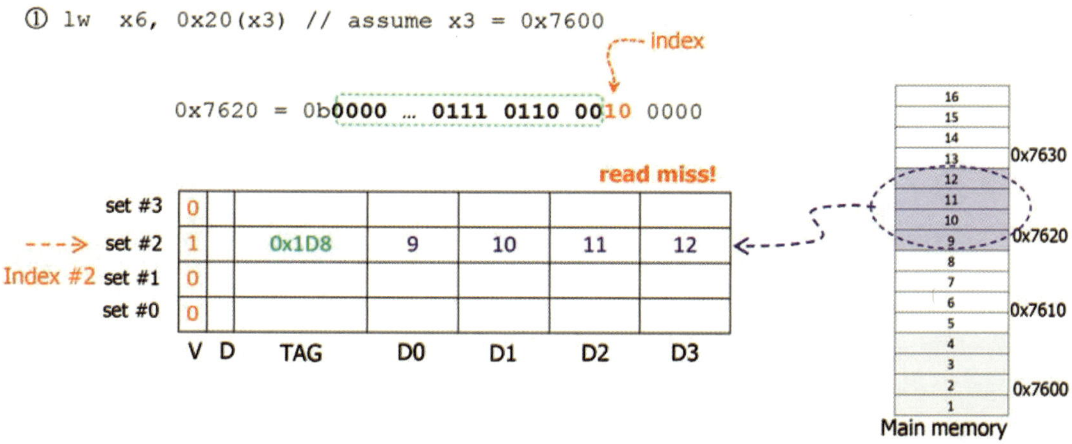

그림7-18 〈코드7-3〉 ① 'lw x6, 0x20(x3)' 명령어 실행 후 캐시 상태

write-back & write-allocate: Write-back & write-allocate 정책을 가정하고, 코드7-3에 있는 두 개의 store 명령어 실행에 따른 캐시와 주기억장치의 상태 변화를 살펴보자.

② **sw x7, 0x24(x3) 실행 → write hit 발생**: 'sw x7, 0x24(x3)' 명령어 실행에서 계산된 주소 0x7624에서 index 부분은 'address[5:4] == 10'이다. 따라서 set#2를 선택하고 거기에 있는 cache entry를 검색한다. 그 결과 그림7-19 (a)에 보는 것처럼 'Tag == address[31:6]'이며 'V-bit == 1'이기 때문에 write hit이다. 이제 데이터를 write 해야 하는데, write-back 정책에 따라 캐시에만 데이터를 저장하고 'D-bit = 1'로 설정한다. 따라서 주기억장치에는 과거 데이터가 있다. 그림7-19 (a)는 'sw x7, 0x24(x3)' 명령어 실행 후 캐시 상태이다.

③ **sw x8, 0x1C(x3) 실행 → write miss 발생**: 'sw x7, 0x1C(x3)' 명령어 실행에서 계산된 주소 0x761C에서 index 부분은 'address[5:4] == 01'이다. 따라서 set#1을 선택하고 거기에 있는 cache entry를 검색한다. 해당 entry는 'V == 0'으로 유효하지 않아 write miss이다. 그럼 write-allocate 정책에 따라 그림7-19 (b)에 보는 것처럼, 주기억장치에서 주소 0x761C를 포함하는 memory block을 캐시에 저장한다. 그리고 주소 0x761C에서 chunk ID에 해당하는 0x1D8을 Tag에 기록한다. 이제 데이터를 write 해야 하는데, write-back 정책에 따라 x7 레지스터값을 캐시에만 저장하고 'D-bit = 1'로 설정한다. 그림7-19 (b)는 'sw x8, 0x1C(x3)' 명령어 실행 후 캐시 상태이다.

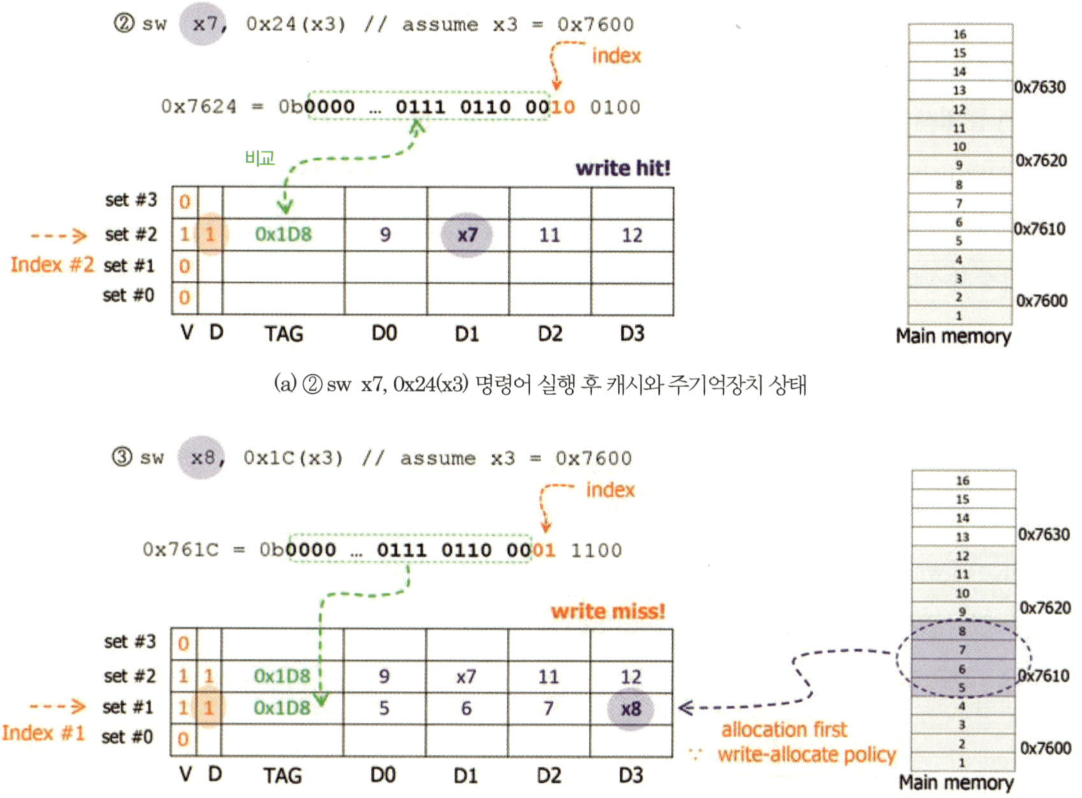

(a) ② sw x7, 0x24(x3) 명령어 실행 후 캐시와 주기억장치 상태

(b) ③ sw x8, 0x1C(x3) 명령어 실행 후 캐시와 주기억장치 상태

그림7-19 Write-back & write-allocate 정책에 따른 캐시 상태 변화: 〈코드7-3〉 ② sw x7, 0x24(x3), ③ sw x8, 0x1C(x3) 명령어 실행 후 캐시 상태

Write-through & write-no-allocate: 이제 write-through & write-no-allocate 정책을 가정하고, 코드7-3에 있는 두 개의 store 명령어 실행에 따른 캐시와 주기억장치의 상태 변화를 살펴보자. Write-through 정책을 구현한 캐시에는 D-bit이 없다. 캐시와 주기억장치가 항상 같은 정보를 갖고 있기 때문이다. Store 명령어를 실행하기 전 캐시의 상태는, ① lw x6, 0x20(x3) 명령어 실행 후인 그림7-18과 같다.

② **sw x7, 0x24(x3) 실행 → write hit 발생:** 'sw x7, 0x24(x3)' 명령어 실행에서 계산된 주소 0x7624에서 index 부분인 'address[5:4] == 10'이다. 따라서 set#2를 선택하고, 거기에 있는 cache entry를 검색한다. 그 결과 그림7-20 (a)와 같이 'Tag == address[31:6]'이며 'V-bit == 1'이기 때문에 write hit이다. 이제 데이터를 write 해야 하는데, write-through 정책에 따라 캐시와 주기억장치에 모두 데이터를 저장한다. 그림7-20 (a)는 'sw x7, 0x24(x3)' 명령어 실행 후 캐시와 주기억장치 상태이다.

③ **sw x8, 0x1C(x3) 실행 → write miss 발생:** 'sw x7, 0x1C(x3)' 명령어 실행에서 계산된 주소 0x761C에서 index 부분인 'address[5:4] == 01'이다. 따라서 set#1을 선택하고 거기에 있는 cache entry를 검색하는데, 'V == 0'으로 유효하지 않아 write miss이다. 그럼 write-no-allocate 정책에 따라 해당 memory block을 캐시로 가져오지 않는다. 그리고 데이터를 write 해야 하는데 write-through 정책에 따라 x7 레지스터값을 주기억장치에 저장한다. 캐시에는 저장할 수 없다. Write-no-allocate 정책에 따라 해당 memory block을 캐시로 가져오지 않았기 때문이다. 그림7-20 (b)는 'sw x8, 0x1C(x3)' 명령어 실행 후 캐시와 주기억장치 상태이다.

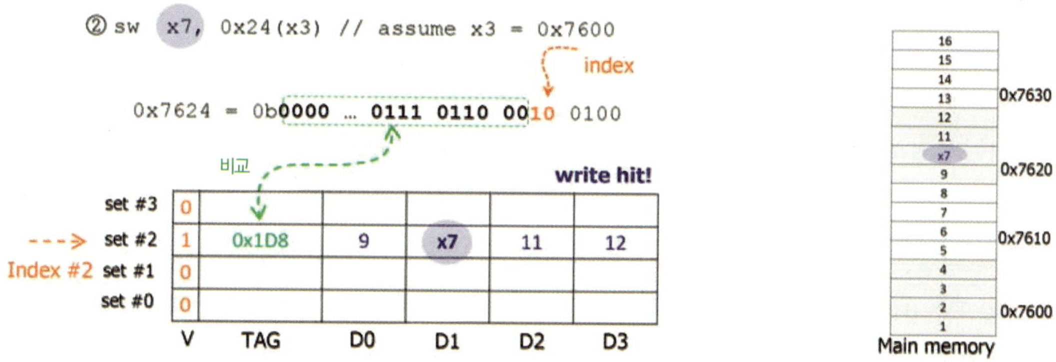

(a) ② sw x7, 0x24(x3) 명령어 실행 후 캐시와 주기억장치 상태

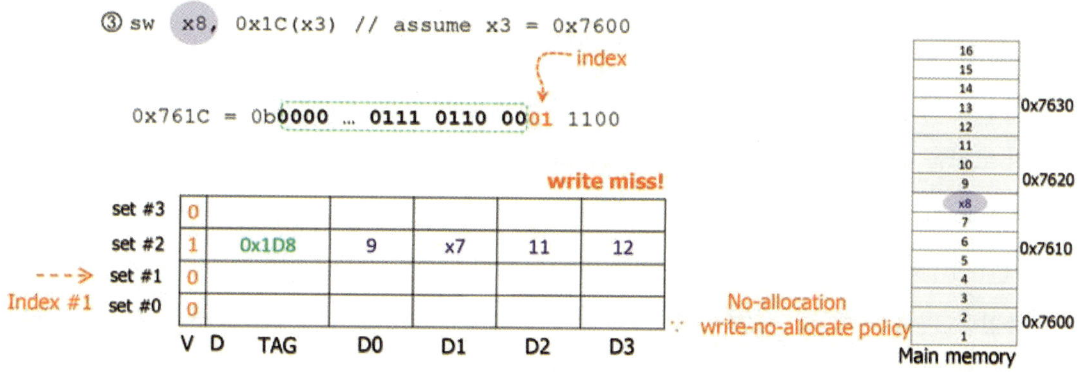

(b) ③ sw x8, 0x1C(x3) 명령어 실행 후 캐시와 주기억장치 상태

그림7-20 Write-through & write-no-allocate 정책에 따른 캐시 상태 변화: 〈코드7-3〉 ② sw x7, 0x24(x3), ③ sw x8, 0x1C(x3) 명령어 실행 후 캐시 상태

앞서 설명한 대로 캐시는 프로그램에 있는 특성인 temporal locality와 spatial locality를 잘 이용하도록 설계된다. 프로그램에서 어떤 주소에 접근하면, 그 위치와 그 주변 위치의 데이터에 곧 접근할 확률이 높아 캐시에 저장해 놓는 것이다. 그런데 확률이라는 용어가 말해주듯 프로그램에 따라 캐싱해 놓은 데이터에 접근할 수도 있고 그렇지 않을 수도 있다. 캐시에서 hit이 발생하는 비율을 hit rate이라고 말하는데, hit rate은 실행하는 프로그램에 따라 모두 다르다. 프로그램에서 데이터 접근패턴이 모두 상이하기 때문이다. 이러한 locality 특성을 이용하기 위해서는 cache line의 크기(즉 memory block의 크기)가 중요한 역할을 하는데, 지금까지 예로든 캐시에서는 cache line의 크기를 16-byte

로 가정하였다. 그럼 cache line의 크기는 어떻게 결정하는 걸까?

Cache line의 크기를 변화시키며 여러 benchmark 프로그램을 실행하고, 그 중 가장 좋은 hit rate을 보이는 크기로 정한다. Benchmark이란 여러 응용 분야에 사용되는 특징적인 프로그램을 모아 놓은 것을 말한다. x86 프로세서에서 cache line의 크기는 64-byte이며, Arm에서는 프로세서에 따라 32-byte 또는 64-byte로 설계되어 있다. 따라서 이러한 프로세서에서 cache miss가 발생하면 32-byte 또는 64-byte 크기의 memory block을 읽어 캐시로 가져온다. 그림7-9 DIMM 동작 예시에서 설명한 burst transfer는, 64-bit 단위로 8개의 데이터 즉 64-byte 데이터를 전송한다. 이러한 burst transfer는 cache line 크기와 직접적 연관이 있다.

DM 캐시의 장·단점: DM 캐시의 장점은 다른 캐시에 비해 구조가 비교적 간단하여 하드웨어 비용이 적게 들고 데이터검색을 빠르게 할 수 있다는 것이다. 그림7-21은 DM 캐시의 구조로, 데이터검색을 위한 로직을 추가한 그림이다. 그림에서 cache hit 여부는 비교기[comparator]와 AND 게이트를 통해 결정되는데, 비교기는 Tag 정보와 address[31:6]을 비교한다. 4:1 mux는 cache entry에서 읽은 4개의 데이터 중 CPU가 요청한 word를 선택하기 위해 사용하는데, select 입력은 주소의 address[3:2]를 사용한다. 그림은 코드7-2 ② lw x4, 0x408(x0) 명령어가 요청한 데이터를 읽는 과정을 보여준다. 'lw x4, 0x408(x0)' 명령어 실행에서 계산된 주소 0x408에서 index부분은 address[5:4] = 00이다. 따라서 set #0를 선택하고 거기에 있는 cache entry 정보를 읽는다. 비교기는 Tag에 있는 0x10과 address[31:6]을 비교하는데, 두 값이 같아 비교기의 출력은 1이다. 그리고 AND 게이트의 출력도 1이다. AND 두 입력인 비교기 출력과 V-bit 모두 1이기 때문이다. 따라서 cache read hit이다. 4:1 mux는 요청한 데이터를 출력하는 역할을 하는데, address[3:2](=10)를 select로 사용해 4개의 입력 데이터(D0, D1, D2, D3) 중 D2(=3)를 선택해 출력한다.

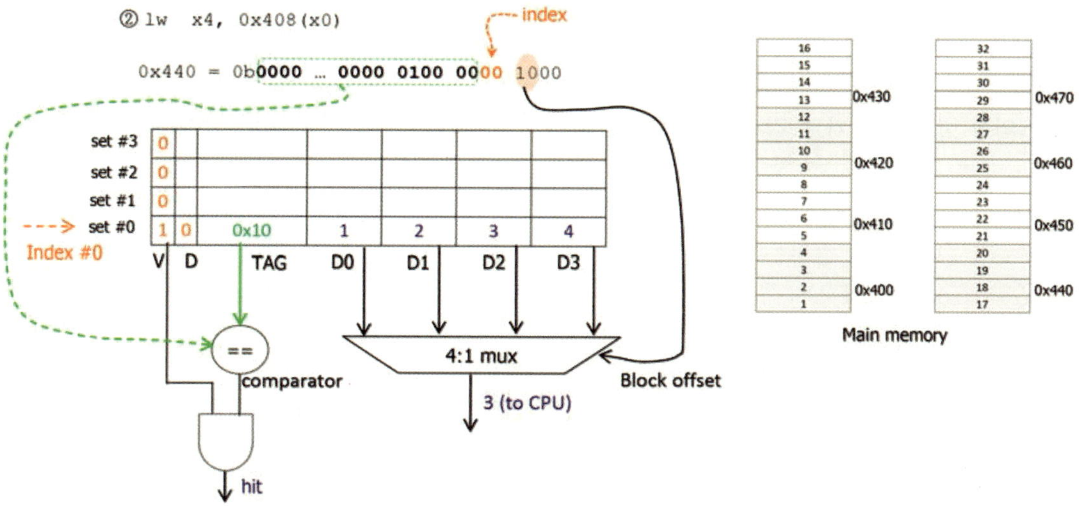

그림7-21 DM 캐시에서 데이터검색을 위한 하드웨어 로직: 〈그림7-21〉 ② lw x4, 0x408(x0)' 명령어 실행에서 캐시 검색과정

DM 캐시의 단점은 hit rate이 다른 캐시에 비해 상대적으로 낮다는 것이다. 이는 DM 캐시가 conflict miss에 취약하기 때문이다. Conflict miss란 memory block들이 같은 set으로 매핑되어 충돌conflict이 발생하는 경우를 말하며, 이때 cache line 교체replacement가 일어난다. DM 캐시에서는 set에 하나의 cache entry가 있다. 따라서 충돌이 발생하면 무조건 cache line을 교체해야 한다. 앞서 설명한 것처럼 hit rate은 프로그램에서의 메모리 접근패턴에 따라 달라지는데, DM 캐시에서는 일반적으로 conflict miss로 인해 hit rate이 높지 않다.

Average Memory Access Time: 그림7-1에서 설명한 것처럼 주기억장치 접근시간은 프로그램 실행시간에 아주 큰 영향을 미친다. 캐시를 설계하는 이유가 바로 메모리 접근시간을 줄이기 위한 노력이다. 따라서 캐시와 그와 관련된 로직을 설계한 후 그것이 성능에 미치는 영향을 따로 평가하는데 이때 Average Memory Access TimeAMAT라는 metric을 사용한다. 말 그대로 CPU가 load 또는 store 명령어를 실행하여 주기억장치에 접근할 때 필요한 '평균 시간'이다.

그림7-22는 AMAT를 계산할 때 고려할 요소들을 도식적으로 보여준다. 그림에서 t_{cache}는 cache hit일 때 캐시에 있는 데이터 접근에 걸리는 시간이며, hit time 또는 hit latency라고도 말한다.

Miss rate은 cache miss가 발생하는 비율을 말한다. t_{mp}는 miss penalty라고 말하는데, cache miss가 발생했을 때 다음 계층 (그림에서는 주기억장치) 접근에 걸리는 시간을 말한다. Miss penalty는 t_{cache}와는 별개로 '추가로' 걸리는 시간이다. 따라서 AMAT는 아래 식과 같이 표현된다.

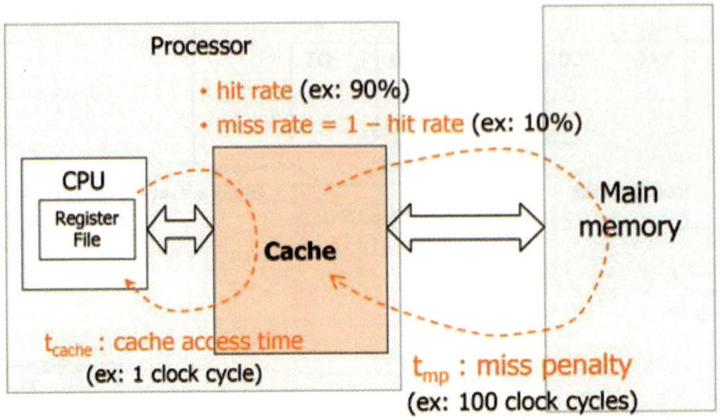

그림7-22 캐시와 관련된 metric

$$AMAT = t_{cache} + miss\ rate \times t_{mp}$$

$* t_{cache}\ (clock cycle)\ :\ cache\ access\ time$

$* miss\ rate\ (\%) : 1 - hit\ rate$

$* t_{mp}\ (clock cycle)\ :\ miss\ penalty$

그럼 그림7-22에 예로든 각 요소의 값과 함께 AMAT를 계산해보자. 캐시에서 데이터를 찾을 확률은 90%, cache access time은 1-cycle, miss penalty는 100-cycle을 가정하고 AMAT를 계산하면 11-cycle(= 1-cycle + 10% x 100-cycle)이 나온다. 이것의 의미는 CPU가 load 또는 store 명령어를 실행할 때 파이프라인의 MEM 단계에서 평균 11-cycle이 걸린다는 것이다. 캐시가 없을 때 100-cycle이 걸리는 것에 비하면 상당히 개선된 수치이다. 하지만 90% hit rate이라는 것을 생각하면 꽤 실망스럽기도 하다. 90%의 확률로 캐시 hit이 일어나지만, CPU는 데이터 접근을 위해 여전히 '평균' 11-cycle을 단순히 기다리며 보내야 하기 때문이다. 그럼 AMAT를 줄일 방법이 있을까? AMAT식을 살펴보면, t_{cache}는 hit latency이기 때문에 작은 값을 유지해야 한다. 캐시 접근에 기본적으로 필요한 시간이기 때문이다. 그 상태에서 miss rate과 t_{mp}를 줄이는 방법을 찾아야 한다. Miss rate은 다른 캐시구조를 사용해 줄일 수 있고, t_{mp}는 multi-level 캐시구조를 통해 줄일 수 있다. 먼저 다른 캐시구조에는 어떤 것이 있는지 알아보자.

7.3.2 Set-associative cache 집합연관캐시

Set-associative 캐시 SA 캐시는 하나의 집합 set에 여러 개의 cache entry가 있는 캐시 구조이다. 수학에 비유하면 하나의 집합에 여러 개의 원소가 있는 것과 같다. 하나의 set에 2개의 cache entry가 있으면 2-way SA 캐시라고 부르며, 4개의 cache entry가 있으면 4-way SA 캐시, 8개의 cache entry가 있으면 8-way SA 캐시라고 부른다. 같은 용어를 사용하면 앞서 설명한 DM 캐시는 1-way SA 캐시이다. 하나의 set에 1개의 cache entry만 있기 때문이다. 그림7-23은 64-byte 크기의 2-way SA 캐시 구조를 보여준다. 그림7-11에 예로든 DM 캐시와 크기가 같다. 그림과 같이 cache line 크기를 16-byte로 가정하면, 64-byte 캐시에는 2개의 set이 있다. Set 하나에 2개의 cache entry가 있기 때문이다. SA 캐시에서 같은 set에 있는 cache entry들을 다른 way에 있다고 말한다. 그림7-23에서 하나의 cache entry는 way#0에 있고, 나머지 하나는 way#1에 있다.

SA 캐시의 매핑 방식을 살펴보자. DM 캐시에서와 마찬가지로 주기억장치에 있는 chunk가 캐시로 그대로 매핑된다. Chunk는 캐시에 있는 set의 개수만큼의 memory block으로 이루어져 있다. 그림7-23의 예에서는 2개의 set이 있어, 각 chunk는 2개의 memory block으로 구성된다. DM 캐시에서는 cache miss가 발생했을 때, memory block이 들어갈 수 있는 cache entry가 정해져 있다. 선택된 set에 하나의 cache entry만 있기 때문이다. 하지만 2-way SA 캐시는 하나의 set에 2개의 cache entry가 있어 둘 중 하나에 들어갈 수 있다. 그럼 둘 중 어느 cache entry를 사용하는 것이 좋을까? 주로 상대적으로 오랫동안 사용되지 않은 LRU Least Recently Used cache entry를 사용하는 것이 좋다. Temporal locality 특성에 따라 최근 사용한 cache entry에 있는 데이터는 프로그램에서 곧 사용할 확률이 높기 때문이다. 이를 위해 SA 캐시에는 그림7-23처럼, 각 set에 LRU를 위한 field가 있다. 그림은 memory block ⓐ가 set#0, way#0에 있는 cache entry에 저장된 상태를 보여준다. 따라서 set#0에서 상대적으로 사용하지 않은 way는 way#1이며, 'LRU==1'은 이를 의미한다.

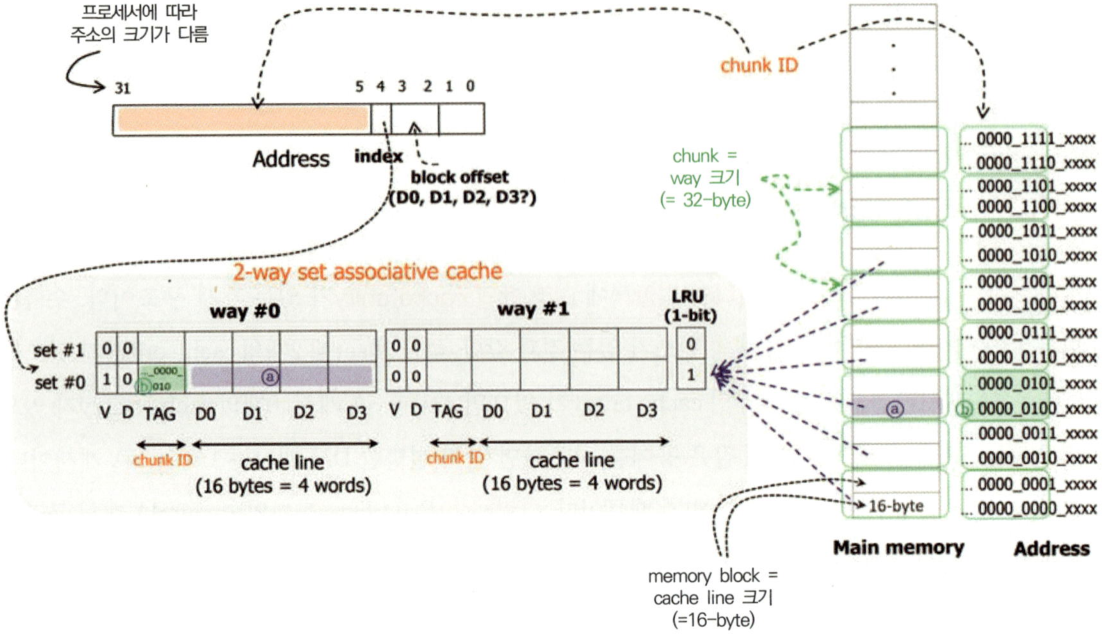

그림7-23 2-way set associative cache 구조: 64-byte 크기의 데이터 캐시 (cache line 크기를 16-byte로 가정)

SA 캐시를 검색하는 방식은 DM 캐시와 대동소이하다. Indexing을 할 때 검색할 set을 선택하는데, 그림7-23의 예에서는 2개의 set(set #0, set #1)이 있어 주소의 address[4], 즉 1-bit만 사용한다. 참고로 그림7-11 DM 캐시에서는 4개의 set이 있어 2-bit를 사용하였다. 이렇게 set이 선택되면, 거기에 있는 cache entry 2개를 모두 비교한다.

그럼 DM 캐시에서 한 것처럼, 코드7-2에 있는 메모리접근 명령어를 실행하며 2-way SA 캐시 동작과 상태 변화를 살펴보자 그림7-24는 코드 실행 전 캐시의 상태로, 모든 cache entry는 유효하지 않다. 또한 'LRU-bit == 0'으로 가정하였는데, 이는 way#0에 있는 cache entry가 상대적으로 오랫동안 접근되지 않았다는 것을 의미한다. 여기서도 write-back & write-allocate 정책을 가정한다.

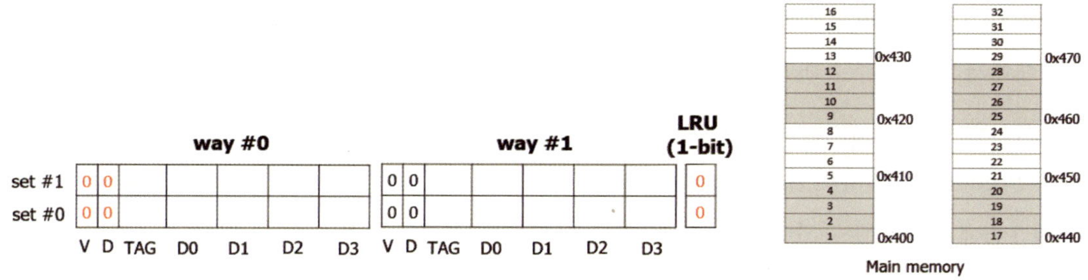

그림7-24 64-byte 크기의 2-way SA 캐시의 초기 상태: 모든 cache entry는 invalid한 상태이고, LRU-bit는 0으로 가정하였다.

① lw x3, 0x404(x0) 실행 → read miss 발생: 'lw x3, 0x404(x0)' 명령어 실행에서 계산된 주소 0x404에서 index 부분은 'address[4] == 0'이다. 이에 따라 set#0가 선택되는데, 거기에 있는 두 개의 cache entry 모두 'V-bit == 0'으로 read miss이다. 따라서 주기억장치에서 주소 0x404를 포함하는 memory block을 way#0에 있는 cache entry로 가져온다. 앞서 가정한 LRU-bit의 초기 상태에 따라, way#0가 LRU entry이기 때문이다. 그리고 그림7-25에 보는 것처럼 주소 0x404에서 chunk ID에 해당하는 부분인 0x20을 Tag에 기록하고 'V = 1'로 설정한다. 마지막으로 set#0에 있는 'LRU = 1'로 바뀐다. 방금 접근한 cache entry는 way#0에 있어, 이제 LRU entry는 way#1에 있기 때문이다. 그림7-25는 'lw x3, 0x404(x0)' 실행 후 캐시 상태를 보여준다.

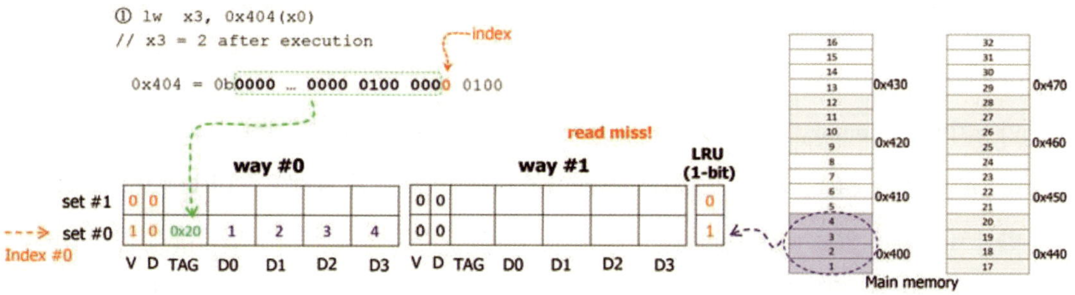

그림7-25 〈코드7-2〉 ① lw x3, 0x404(x0) 명령어 실행 후 캐시 상태: read miss → 주소 0x404를 포함하는 memory block을 set #0, way #0에 있는 cache entry로 읽어옴

② **lw x4, 0x408(x0) 실행 → read hit 발생:** 그림7-26과 함께 살펴보자. 'lw x4, 0x408(x0)' 명령어 실행에서 계산된 주소 0x408에서 index 부분은 'address[4] == 0' 이다. 따라서 set#0가 선택되고 거기에 있는 두 개의 cache entry를 비교한다. 비교 결과 way#0에 있는 cache entry에서 'Tag == address[31:5]'이며 'V-bit == 1'이다. 따라서 read hit이고, 캐시가 요청한 데이터(=3)를 CPU에게 바로 공급한다. Set#0에 있는 LRU-bit는 변함없다. Way#0에 있는 cache entry를 방금 접근하여, set#0에 LRU entry는 여전히 way#1에 있기 때문이다.

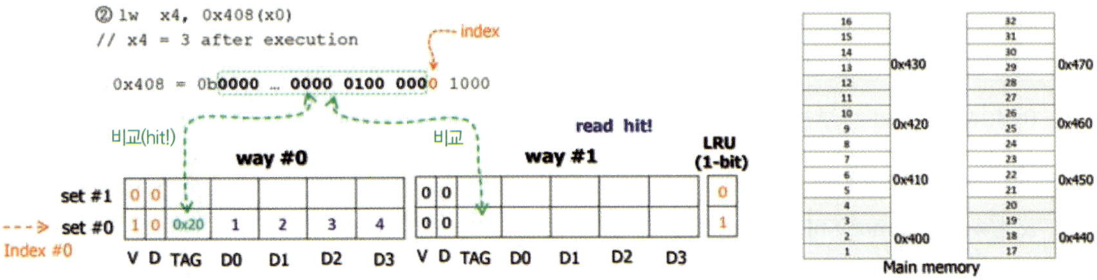

그림7-26 〈코드7-2〉 ② lw x4, 0x408(x0)' 명령어 실행 중 read hit 발생: set#0, way#0에 있는 cache entry에서 hit → 캐시가 요청한 데이터(=3)를 CPU에게 바로 공급

③ **lw x5, 0x440(x0) 실행 → read miss 발생:** 'lw x5, 0x440(x0)' 명령어 실행에서 계산된 주소 0x440에서 index 부분은 'address[4] == 0' 이다. 따라서 그림7-27 ⓐ에 있는 것처럼 set#0가 선택되고 거기에 있는 두 개의 cache entry를 비교한다. Way#0에 있는 cache entry는 'Tag ≠ address[31:5]' 이며, way#1에 있는 cache entry는 'V-bit == 0'으로 read miss이다. 따라서 주기억장치에서 memory block을 읽어 way#1에 있는 cache entry에 저장한다. LRU-bit에 따라 way#1에 있는 cache entry가 LRU entry이기 때문이다. 그 후 set#0에 'LRU = 0'으로 바뀐다. 방금 way#1에 있는 cache entry에 저장(접근)하여 상대적으로 최근에 접근하지 않은 entry는 way#0에 있기 때문이다. 그림7-27 ⓑ는 'lw x5, 0x440(x0)' 명령어 실행 후 상태를 보여준다.

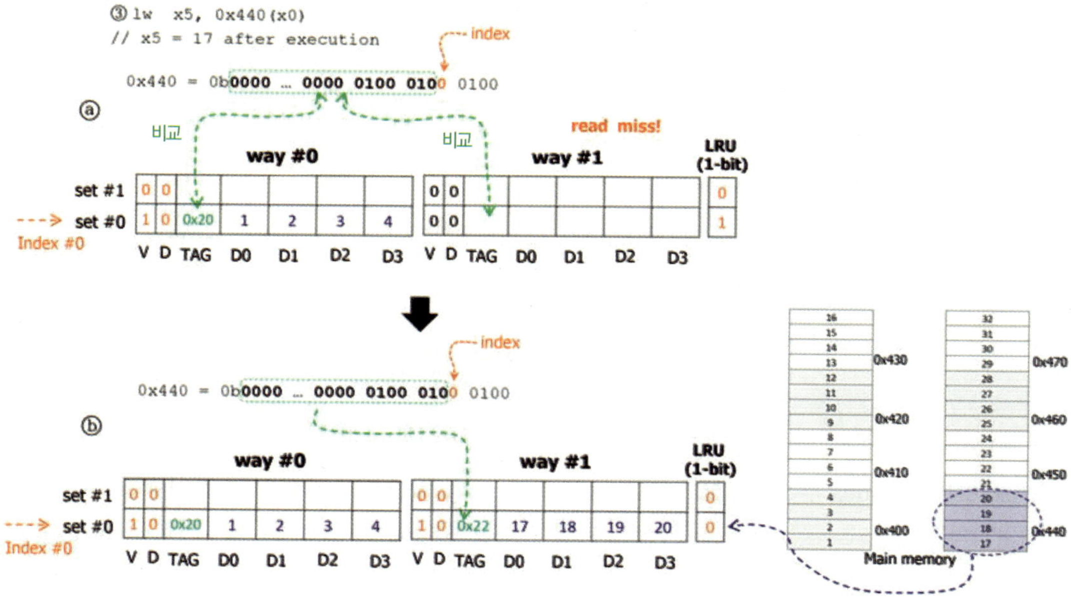

그림7-27 〈코드7-2〉 ③ lw x5, 0x440(x0) 명령어 실행 중 캐시 검색과 실행 후 캐시 상태: ⓐ set#0에서 read miss 발생 → ⓑ memory block을 set#0, way#1에 있는 cache entry에 저장. 'LRU = 0'으로 설정

④ **sw x6, 0x448(x0) → write hit 발생:** 'sw x6, 0x448(x0)' 명령어 실행에서 계산된 주소 0x448에서 index 부분은 'address[4] == 0'이다. 따라서 그림7-28과 같이 set#0를 선택하고 거기에 있는 두 개의 cache entry를 비교한다. way#0에 있는 cache entry에서는 'Tag ≠ address[31:5]'이며, way#1에 있는 cache entry에서는 'Tag == address[31:5]'이고 'V-bit == 1'이다. 따라서 way#1에 있는 cache entry에서 write hit이다. 이제 데이터를 write 해야 하는데, 그림과 같이 캐시에만 데이터를 저장하고 'D-bit = 1'로 설정한다. Write-back 정책을 가정했기 때문이다. LRU-bit에는 변화가 없다. 방금 way#1에 있는 cache entry에 접근(저장)하여, LRU entry는 여전히 way#0에 있기 때문이다. 그림7-28은 'sw x6, 0x448(x0)' 명령어 실행 후 상태를 보여준다.

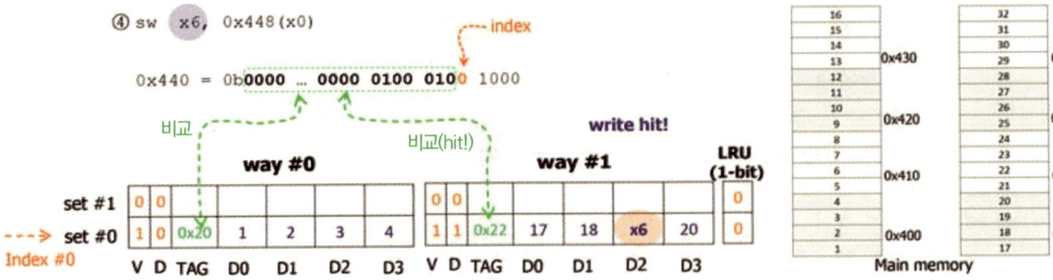

그림7-28 Write-back 캐시에서 〈코드7-2〉 ④ sw x6, 0x448(x0)' 명령어 실행 후 캐시 상태: set#0, way#1 cache entry에서 write hit → 캐시에만 x6 값을 저장하고 D-bit 설정

⑤ **sw x7, 0x40C(x0) 실행 → write hit 발생**: 'sw x7, 0x40C(x0)' 명령어 실행에서 계산된 주소 0x40C에서 index 부분은 'address[4] == 0'이다. 따라서 그림7-29에 보는 것처럼 set#0가 선택되고 거기에 있는 두 개의 cache entry를 비교한다. Way#0에 있는 cache entry는 'Tag == address[31:5]' & 'V-bit == 1'이며, way#1에 있는 cache entry는 'Tag ≠ address[31:5]'이다. 따라서 way#0에 있는 cache entry에서 write hit이다. 이제 데이터를 write 해야 하는데, write-back 정책에 따라 캐시에만 데이터를 저장하고 'D-bit = 1'로 설정한다. 그리고 'LRU = 1'로 바꾼다. 방금 way#0에 있는 cache entry에 접근(저장)하여, 상대적으로 오래전에 접근한 cache entry는 way#1에 있기 때문이다. 그림7-29는 'sw x7, 0x40C(x0)' 명령어 실행 후 상태를 보여준다.

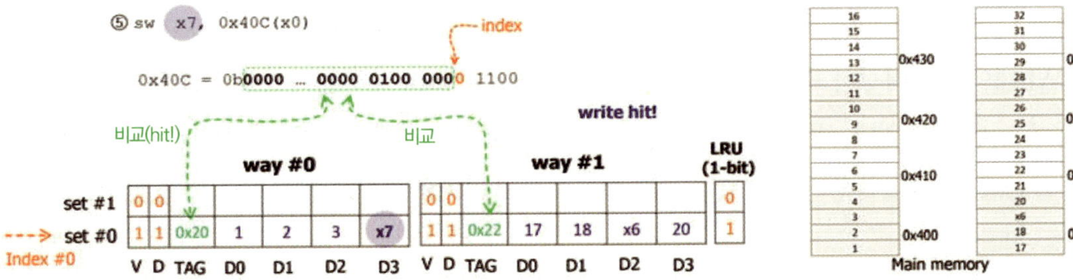

그림7-29 Write-back 캐시에서 〈코드7-2〉 ⑤ sw x7, 0x40C(x0)' 명령어 실행 후 캐시 상태: set#0, way#0 cache entry에서 write hit → x7을 캐시에만 저장, D-bit 설정, LRU=1로 설정

Replacement Policy교체정책: Set-associative 캐시에서는 memory block을 캐시로 가져올 때, 효과적인 캐시 관리를 위해 replacement policy가 필요하다. 각 set에 여러 개의 cache entry가 있어, 그 중 교체할 victim cache entry를 선택해야 하기 때문이다. 앞선 예제에서는 LRU 방식을 사용하였다. LRU는 가장 오랫동안 접근하지 않은 cache entry를 victim으로 선택하는 방법이다. LRU는 여러 benchmark 프로그램 실험을 통해 가장 좋은 성능을 제공하는 방식으로 증명되었다. 직관적 생각해도 LRU는 temporal locality 특성을 잘 이용할 수 있게 해주는 방식이다.

2-way SA 캐시의 경우, LRU를 구현하기 위해 set마다 1-bit를 사용하였다. 각 set에 2개의 cache entry가 있어 1-bit로 LRU를 표현할 수 있기 때문이다. 다시 말하면 'LRU == 0'이면 way#0, 'LRU == 1'이면 way#1에 있는 cache entry가 LRU entry이다. 이제 SA 캐시에서 associativity(즉 way의 수)가 증가함에 따라, LRU 구현에 몇 bit가 필요한지 생각해보자. 그림7-30과 같은 4-way SA 캐시에서는 LRU를 위해 몇 bit가 필요할까? 각 set에 4개의 cache entry가 있는 구조이다. 2-bit로는 LRU를 구현할 수 없다. 2-bit로는 cache entry 4개의 접근 '순서'로 나올 수 있는 모든 경우를 표현할 수 없기 때문이다.

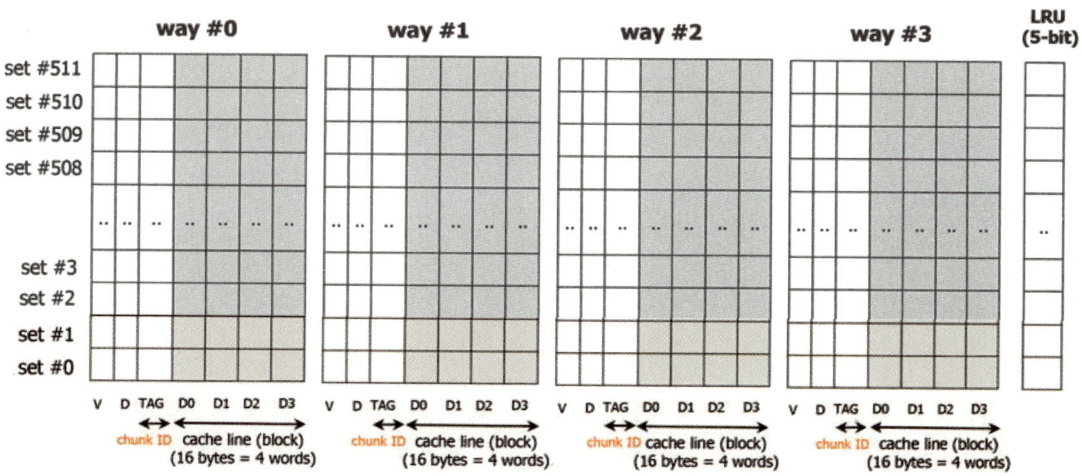

그림7-30 32KiB 크기의 4-way set-associative 캐시(cache line의 크기를 16-byte로 가정): 각 set에는 4개의 cache entry가 있다. 따라서 각 set의 크기는 64-byte(=16-byte x 4)이며, set의 개수는 512개(=32KiB ÷ 64-byte)이다. LRU 구현을 위해 각 set에 5-bit 필요.

그림7-31 (a)는 4-way SA 캐시에서 way 접근 순서로 나올 수 있는 모든 경우를 보여준다. 예를 들어 'S6'은 way#1에 있는 cache entry가 LRU entry이고 way#3에 있는 cache entry가 MRUmost recently used entry라는 것을 의미한다. 그림에 있는 것처럼 4-way SA 캐시에서 접근 순서로 나올 수 있는 모든 경우는 S0 ~ S23 이렇게 총 24개 있다. 수학적으로는 순열인 '4! = 4 × 3 × 2 × 1 = 24'로 계산하면 된다. 24가지 경우를 표현하기 위해서는 32(=2^5)가지를 표현할 수 있는 5-bit가 필요하다. 16(=2^4)가지를 표현할 수 있는 4-bit로는 부족하다. 그림7-31 (b)는 LRU를 실제 디지털 로직으로 설계하기 위한 FSMfinite state machine의 일부를 보여준다. 시작(reset)은 S0 상태로 가정하였다. S0 상태에서 다음에 접근한 way에 따라 S1, S3, S9, 혹은 S0(자기자신)로 이동할 수 있다. 예를 들어 way#1에 접근하면 'S0 → S3'로 이동한다. S3는 set에 있는 4개의 cache entry들이 way#0 (LRU) → #2 → #3 → #1(MRU) 순서로 접근된 것을 의미한다. 만약 LRU가 S3인 상태에서 cache miss가 발생하면, way#0에 있는 cache entry를 victim으로 선정한다.

FSM에서 알 수 있듯이 LRU를 하드웨어로 설계하는 것은 비용 및 전력 소모 측면에서 매우 비경제적이다. 너무 복잡하기 때문이다. 4-way SA 캐시까지는 그나마 구현할 만한 복잡도라고 할 수 있다. 하지만 8-way SA 캐시의 경우 8! = 8 × 7 × 6 × 5 × 4 × 3 × 2 × 1 = 40,320개의 상태가 있으며, 16-way SA 캐시에는 16! = 20,922,789,888,000개의 상태가 있다! 설계가 사실상 불가능하다. LRU는 이러한 현실적인 문제로 거의 사용되지 않으며, 상용 프로세서에서는 pseudo LRU 또는 random과 같은 방식을 주로 사용한다. Pseudo LRU는 LRU를 간략화하여 구현하는 방식이고, Random은 무작위로 victim을 선정하는 방식이다.

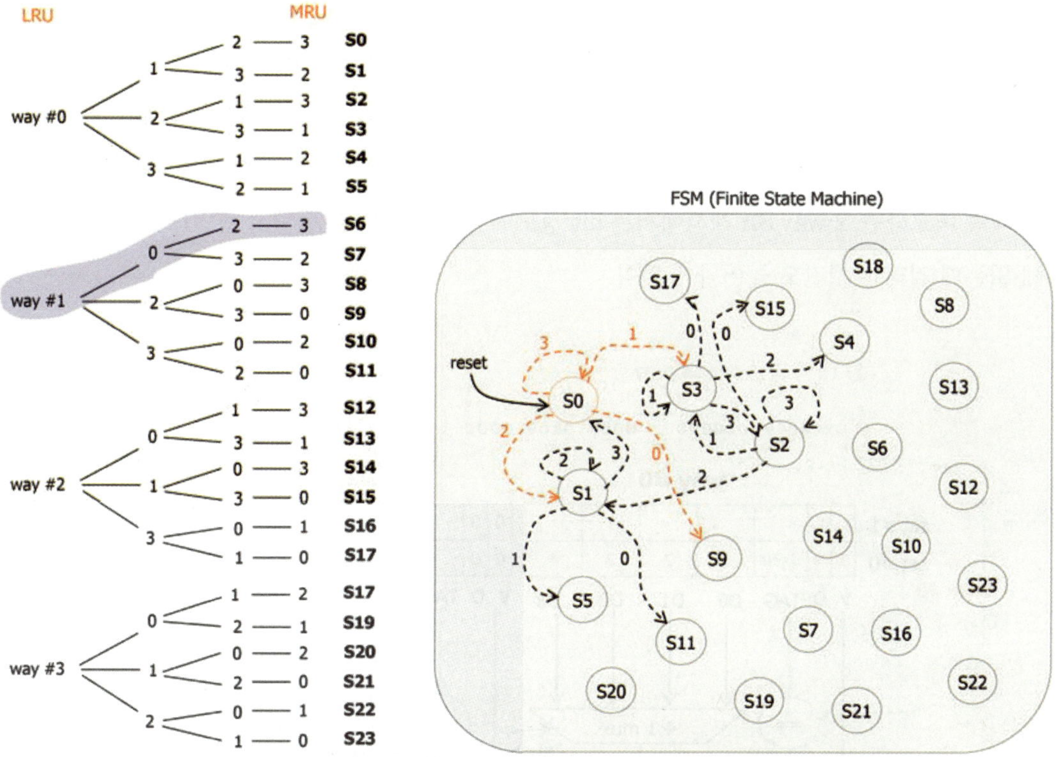

(a) 4-way SA 캐시에서 way 접근 순서의 모든 경우

(b) LRU 설계를 위한 FSM

그림7-31 4-way set-associative 캐시에서 LRU 구현: 24개의 접근 순서가 있어 LRU를 위해 5-bit 필요.

SA 캐시의 장 · 단점: SA 캐시의 장점은 DM 캐시와 비교해 일반적으로 hit rate이 높다는 것이다. 하나의 set에 여러 개의 cache entry가 있어 conflict miss를 줄여주기 때문이다. 하지만 단점은 DM 캐시보다 상대적으로 하드웨어가 더 필요하며, 데이터 접근에 시간이 더 걸린다는 것이다. 그림7-32은 2-way SA 캐시의 구조로, 데이터검색을 위한 로직을 추가한 그림이다. DM 캐시와 같은 비교기 comparator와 4:1 mux가 있는데, way마다 별개로 있다. 그리고 각 way에서 나온 데이터 중에서 요청한 데이터를 최종적으로 선택하기 위해 2:1 mux가 있다. 2:1 mux의 select입력은 각 way에서 검색결과 출력된 hit 정보가 사용된다. 그림은 그림7-26에 보여준 ② lw x4, 0x408(x0) 명령어 실행에서 데이터를 읽는 과정을 보여준다. 'lw x4, 0x408(x0)' 명령어 실행 중 계산된 주소 0x408에서 index인

'address[4] == 0'에 따라 set#0가 선택된다. 각 way에 있는 비교기는 Tag와 address[31:5]를 비교하는데, way#0에서 read hit이다. 데이터가 나오는 로직을 살펴보면, 4:1 mux는 각 way의 cache entry에 있는 4개의 데이터(D0, D1, D2, D3) 중 address[3:2]에 따라 하나를 출력한다. 그리고 2:1 mux는 각 way에서 나온 hit 정보를 이용해 최종 데이터를 선택한다. DM 캐시와 데이터를 읽는데 걸리는 시간을 대략 비교하면, 2-way SA 캐시에서는 hit 정보에 따라 데이터를 선택하는 2:1 mux가 추가로 필요해 읽는데 걸리는 시간도 늘어나게 된다.

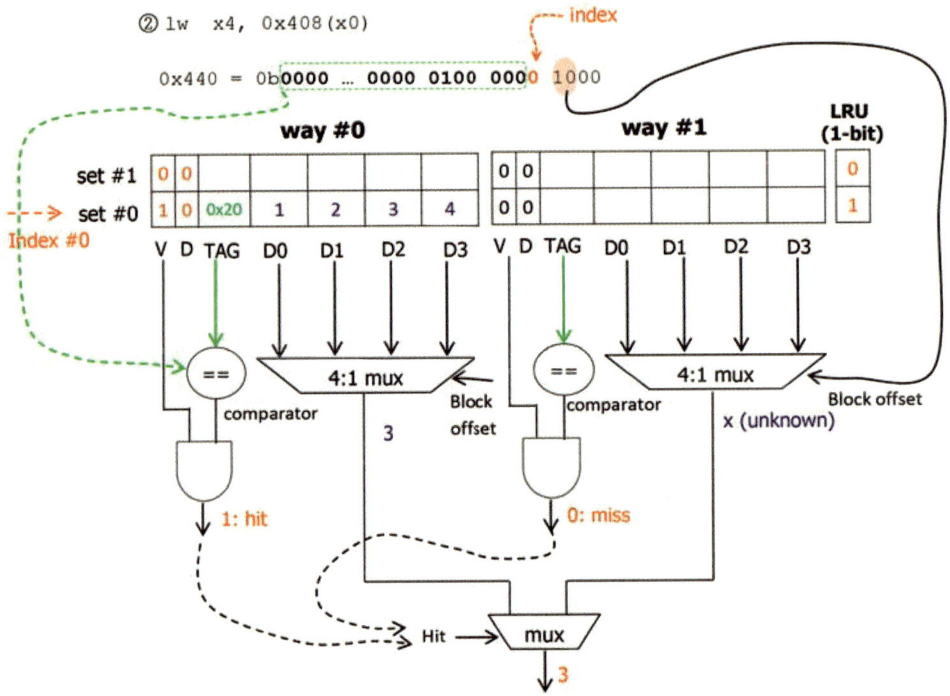

그림7-32 2-way SA 캐시에서 데이터검색을 위한 하드웨어 로직: 〈그림7-26〉 ② lw x4, 0x408(x0)' 명령어 실행에서 캐시 검색과정

7.3.3 Fully-associative cache완전연관캐시

Fully-associative 캐시FA 캐시는 **하나의 set**만 있는 캐시이다. 그림7-33은 64-byte 크기의 FA 캐시 구조를 보여준다. 여기서도 cache line의 크기를 16-byte로 가정하였다. 그림에 있는 FA 캐시를 다른 용어로 표현하면 4-way SA 캐시가 된다. 하나의 set에 4개의 cache entry가 있기 때문이다. FA 캐시의 매핑 방식도 다른 종류의 캐시(DM 캐시, SA 캐시)와 같다. 주기억장치에 있는 chunk가 캐시로 그대로 매핑된다. Chunk는 캐시에 있는 set의 개수만큼의 memory block으로 이루어져 있다. 여기서 chunk는 memory block 하나로 이루어져 있다. FA 캐시에서는 set의 수가 하나만 있기 때문이다. 그림7-33 FA 캐시의 예에서 cache miss가 발생하면, memory block은 4개의 way에 있는 cache entry 중 하나에 저장된다. 그림은 memory block ⓐ가 way#0에 있는 cache entry에 저장된 상태를 보여준다. 데이터를 검색할 때는 항상 모든 cache entry를 검색한다. 하나의 set만 있어 선택의 여지가 없기 때문이다. 따라서 주소에서 index로 사용하는 부분은 없고, Tag에 저장되는 부분은 address[31:4]이다.

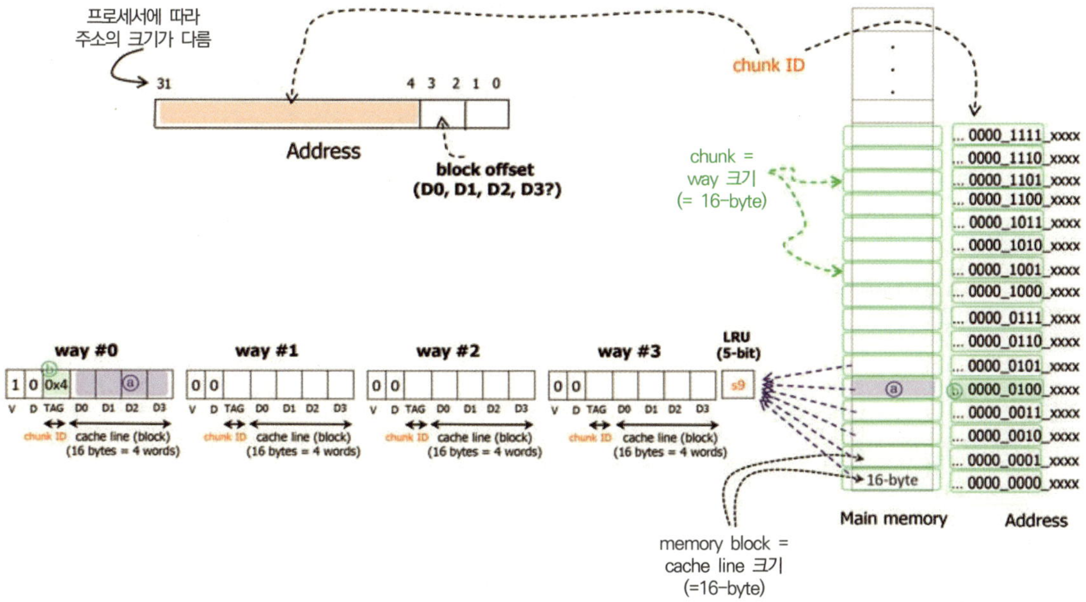

그림7-33 Fully associative cache의 구조: 64-byte 크기의 데이터 캐시 (cache line의 크기를 16-byte로 가정)

그림에서는 LRU replacement policy를 가정하였다. 그림7-31에서 설명한 것처럼, 4-way 구조에서 LRU를 구현하려면 5-bit가 필요하다.

그럼 DM 캐시와 2-way SA 캐시에서 한 것처럼, 코드7-2에 있는 메모리 접근 명령어를 실행하면서 FA 캐시 동작과 상태 변화를 알아보자 그림7-34는 실행 전 캐시의 상태를 보여준다. 모든 cache entry는 유효하지 않은 상태이고 'LRU == S0'로 초기화된 것으로 가정한다. S0 상태는 그림7-31에 있는 접근 순서 'way#0 (LRU) → #1 → #2 → #3 (MRU)'를 의미한다. 여기서도 write-back & write-allocate 정책을 가정한다.

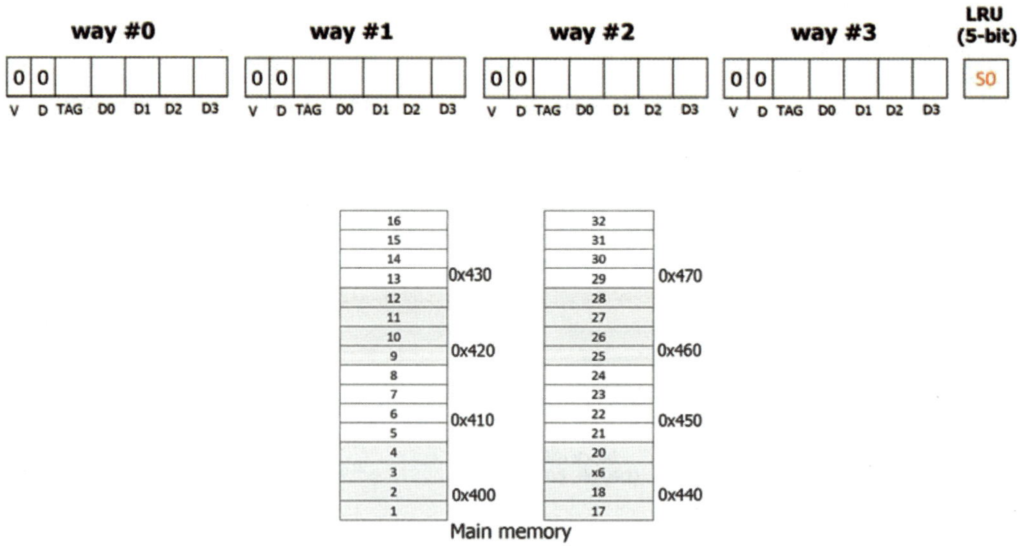

그림7-34 64-byte FA 캐시의 초기 상태: 모든 cache entry는 invalid하고, LRU는 〈그림7-31〉에 있는 S0로 가정

① **lw x3, 0x404(x0) 실행 → read miss 발생**: 'lw x3, 0x404(x0)' 명령어 실행에서 계산된 주소 0x404에서 index 부분은 없다. FA 캐시에는 하나의 set만 있어 모든 cache entry들이 비교되기 때문이다. 초기에 모든 cache entry는 유효하지 않아 read miss가 발생한다. 따라서 그림7-35에 보는 것처럼 주기억장치에서 주소 0x404가 속한 memory block을 읽어와 LRU cache entry에 저장한다. 'LRU-bit == S0'으로 LRU entry는 way#0에는 cache entry이다. 그리고 주소 0x404에서 chunk ID에 해당하는 부분인 0x40을 Tag에 기록하고 'V-bit = 1'로 설정한다. LRU는 'S0 → S9'으로 바뀌는데, 방금 way#0에 있는 cache entry에 접근했기 때문이다. S9 상태는 그림7-31에 있는 접근 순서 'way#1(LRU) → #2 → #3 → #0(MRU)'를 의미한다. 그림7-35는 'lw x3, 0x404(x0)' 실행 후 캐시 상태를 보여준다.

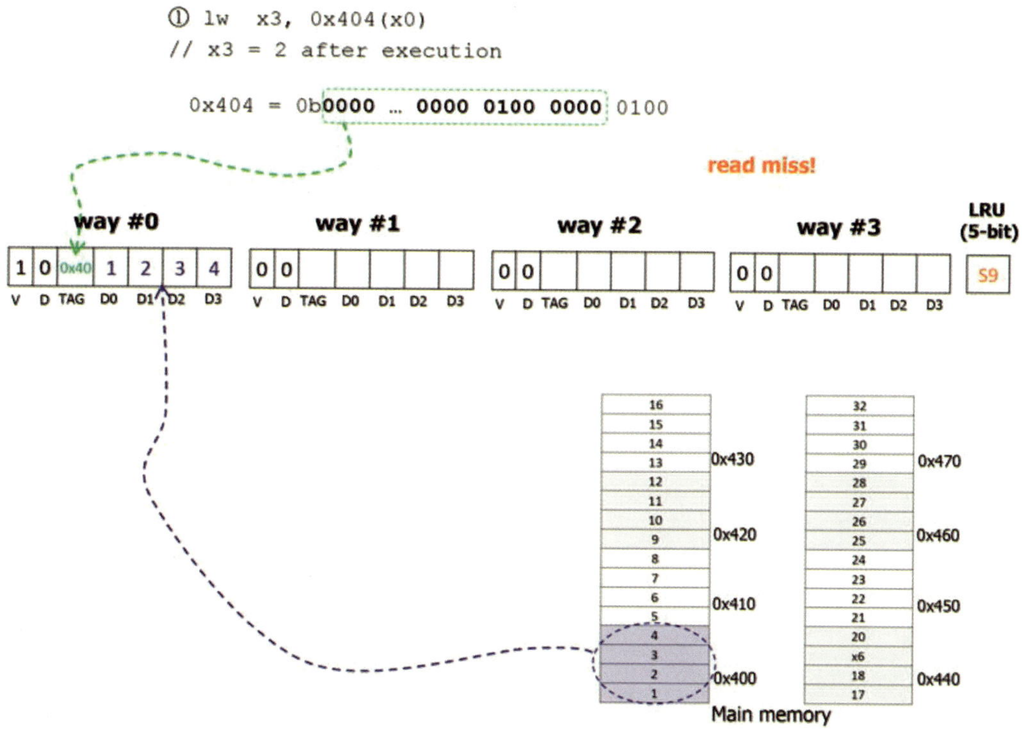

그림7-35 〈코드7-2〉 ① lw x3, 0x404(x0) 명령어 실행 후 캐시 상태: cache miss → 주소 0x404를 포함하는 memory block을 way#0에 있는 LRU entry로 읽어옴. LRU는 'way#1 → #2 → #3 → #0' 접근 순서를 의미하는 S9으로 바뀜.

② **lw x4, 0x408(x0) 실행 → read hit 발생:** 그림7-36과 함께 살펴보자. 'lw x4, 0x408(x0)' 명령어 실행에서 계산된 주소는 0x408이다. 모든 cache entry를 검색하는데, 비교 결과 way#0에 있는 cache entry에서 'Tag == address[31:4]'이며 'V-bit == 1'이다. 따라서 read hit이고, 캐시가 데이터(=3)를 CPU에게 바로 공급한다. LRU에는 변함없다. way#0에 있는 cache entry를 방금 접근하여, 접근 순서는 여전히 way#1(LRU) → #2 → #3 → #0(MRU)이기 때문이다.

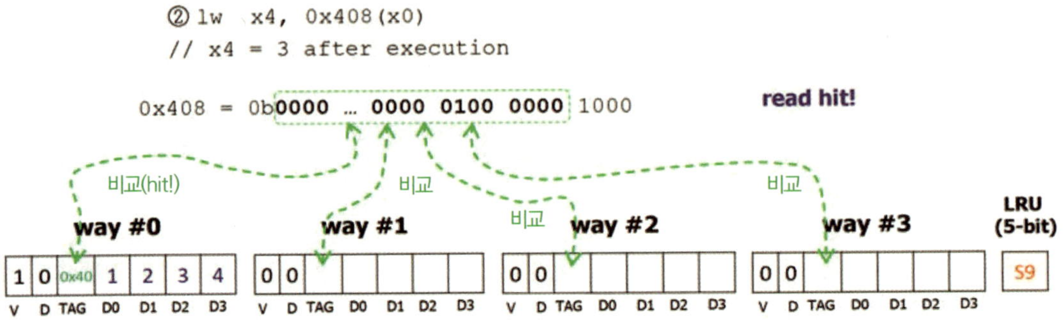

그림7-36 〈코드7-2〉 ② lw x4, 0x408(x0)' 명령어 실행 중 read hit 발생: way#0에 있는 cache entry에서 hit → 캐시가 CPU에게 데이터(=3)를 공급. LRU는 변함없다.

③ **lw x5, 0x440(x0) 실행 → read miss 발생**: 'lw x5, 0x440(x0)' 명령어 실행에서 계산된 주소는 0x440이다. 모든 cache entry를 검색하는데, 그림7-37에 보는 것처럼 way#0에 있는 cache entry는 'Tag ≠ address[31:4]' 이며, way#1, way#2, way#3에 있는 cache entry는 'V-bit == 0'으로 read miss이다. 따라서 주기억장치에서 memory block을 읽어 LRU cache entry에 저장한다. 'LRU-bit == S9'으로 LRU entry는 way#1에 있다. 그리고 LRU는 'S9 → S16'으로 바뀌는데, 방금 way#1에 있는 cache entry에 접근했기 때문이다. S16 상태는 그림7-31에 있는 접근 순서 'way#2(LRU) → #3 → #0 → #1(MRU)'를 의미한다. 그림7-37은 'lw x5, 0x440(x0)' 명령어 실행 중 캐시 검색과 실행 후 상태를 보여준다.

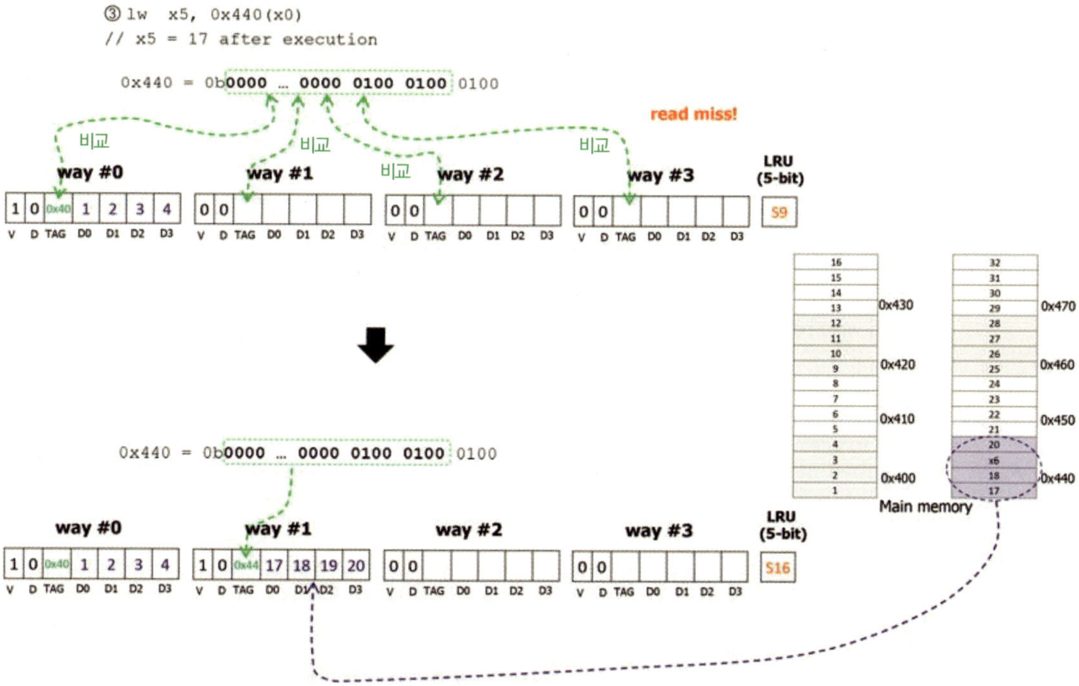

그림7-37 〈코드7-2〉 ③ lw x5, 0x440(x0) 명령어 실행 후 캐시 상태: read miss 발생 → memory block을 way#1에 있는 LRU cache entry에 저장. 'LRU = S16'으로 설정

④ **sw x6, 0x448(x0) → write hit 발생**: 'sw x6, 0x448(x0)' 명령어 실행에서 계산된 주소는 0x448이다. 모든 cache entry를 검색하는데, 그림7-38에 보는 것처럼 way#1에 있는 cache entry에서 'Tag == address[31:4]'이며 'V-bit == 1'으로 write hit이다. 이제 데이터를 write 해야 하는데, 그림과 같이 캐시에만 데이터를 저장하고 'D-bit = 1'로 설정한다. Write-back 정책을 가정했기 때문이다. LRU에는 변함이 없다. 방금 way#1에 있는 cache entry에 접근(저장)하여, 접근 순서는 여전히 'way#2(LRU) → #3 → #0 → #1(MRU)'이기 때문이다. 그림7-38은 'sw x6, 0x448(x0)' 명령어 실행 후 캐시 상태를 보여준다.

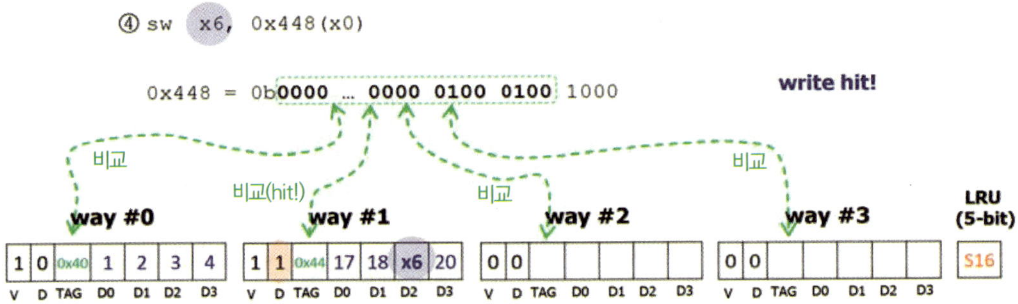

그림7-38 Write-back 캐시에서 〈코드7-2〉 ④ sw x6, 0x448(x0)' 명령어 실행 후 캐시 상태: way#1에 있는 cache entry에서 write hit → 캐시에만 x6 저장, D-bit 설정. LRU는 S16으로 변함없음.

⑤ **sw x7, 0x40C(x0) → write hit 발생**: 'sw x7, 0x40C(x0)' 명령어 실행에서 계산된 주소는 0x40C이다. 모든 cache entry를 검색하는데, 그림7-39에 보는 것처럼, way#0에 있는 cache entry에서 'Tag == address[31:4]' 이며 'V-bit == 1'로 write hit이다. 이제 데이터를 write 해야 하는데, write-back 정책에 따라 캐시에만 데이터를 저장하고 'D-bit = 1'로 설정한다. LRU는 'S16 → S17'로 바뀌는데, 방금 way#0에 있는 cache entry에 접근했기 때문이다. S17 상태는 그림7-31에 있는 접근 순서 'way#2(LRU) → #3 → #1 → #0(MRU)'를 의미한다. 그림7-39은 'sw x7, 0x40C(x0)' 명령어 실행 후 캐시 상태를 보여준다.

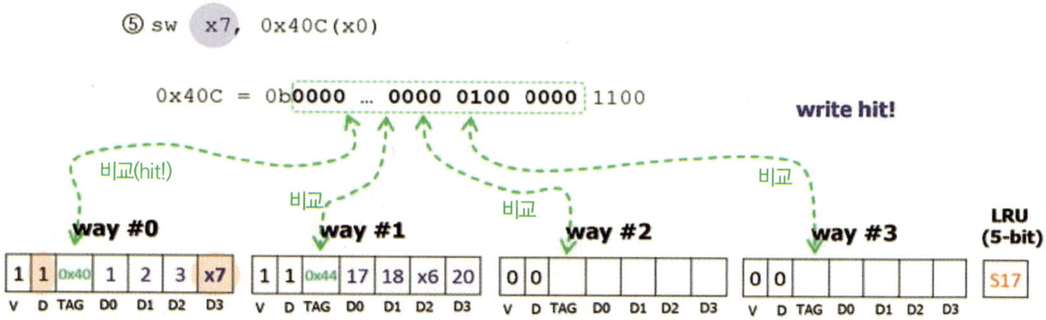

그림7-39 Write-back 캐시에서 〈코드7-2〉 ⑤ sw x7, 0x40C(x0)' 명령어 실행 후 캐시 상태: way#0 cache entry에서 write hit → x7을 캐시에만 저장, D-bit 설정, LRU=S17로 설정

FA 캐시의 장・단점: FA 캐시의 장점은 다른 캐시구조에 비해 hit rate이 가장 높다는 것이다. 하지만 단점은, SA 캐시에서 설명한 것과 같은 이유로, 가장 많은 하드웨어 비용이 들어가며 데이터 접근에 시간이 가장 오래 걸린다는 것이다. 그림7-40은 FA 캐시의 구조로, 데이터검색을 위한 로직을 추가한 그림이다. DM 캐시와 같은 비교기comparator와 4:1 mux가 있는데, 모든 way에 별개로 있다. 그리고 각 way에서 나온 데이터 중에서 요청한 데이터를 최종적으로 선택하기 위한 4:1 mux가 있다. 그림은 그림7-36에 보여준 ② lw x4, 0x408(x0) 명령어 실행을 위해 캐시에 접근해 데이터를 읽는 과정을 보여준다. 모든 cache entry에 있는 Tag와 address[31:4]를 동시에 비교해 hit 여부를 결정한다. 데이터가 나오는 로직을 보면, 각 way에 있는 4:1 mux는 cache entry에 있는 4개의 데이터(D0, D1, D2, D3) 중 address[3:2]에 따라 하나를 출력한다. 그리고 후속 4:1 mux는 각 way에서 나온 hit 정보를 이용해 최종 데이터를 선택한다. 앞선 다른 캐시와 비교하면 DM 캐시에서는 최종 mux가 필요 없고, 2-way SA 캐시에서는 2:1 mux를 사용하였으며, FA 캐시에서는 4:1 mux를 사용하였다. 4:1 mux의 구현은 상대적으로 복잡하여 입력에서 출력으로 나오는 시간도 늘어나게 된다.

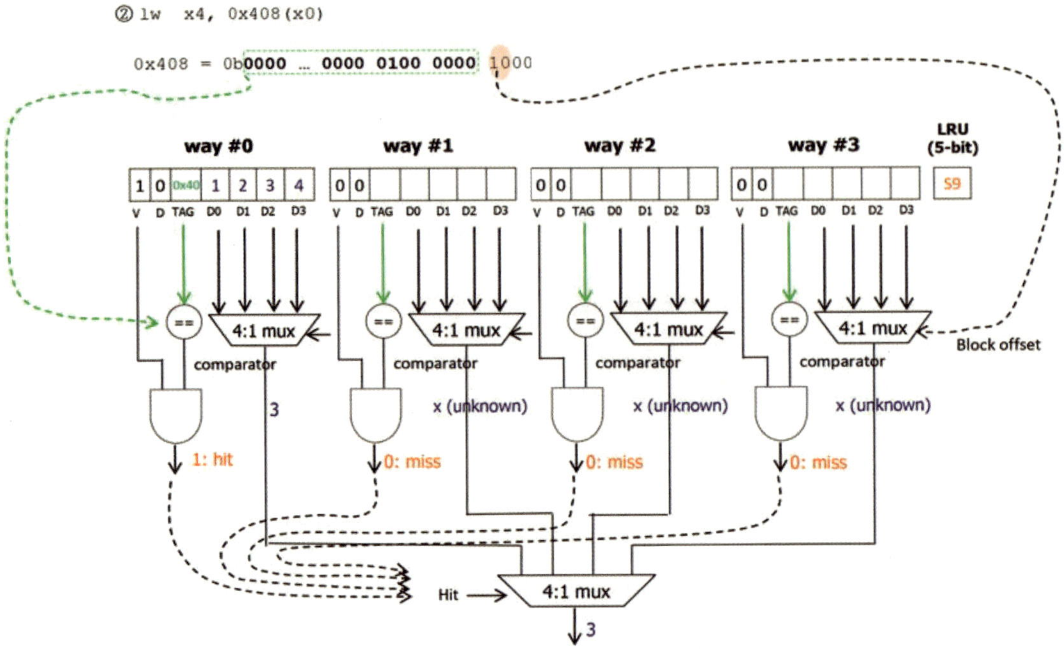

그림7-40 FA 캐시에서 데이터를 읽을 때 거치는 하드웨어 로직: 〈그림7-36〉 ② lw x4, 0x408(x0)' 명령어 실행에서 캐시 검색과정

그림7-41은 다양한 구조의 32KiB 캐시를 보여준다. 여기서는 cache line의 크기를 64-byte로 가정하였다. 먼저 DM 캐시에는 512개(=32KiB ÷ 64-byte)의 set이 있으며, indexing을 위해 주소의 address[14:6], 즉 9-bit을 사용해 512개의 set 중 하나를 선택한다. Memory block의 크기가 64-byte로 주소에서 하위 6-bit(address[5:0]) 다음 부분이 indexing에 사용되기 때문이다. Tag에는 indexing에 사용하는 부분을 제외하고, 주소의 상위 17-bit(address[31:15])가 저장된다. 2-way SA 캐시에는 256개의 set이 있다. 각 set의 크기는 128-byte(=64-byte x 2)로, 32KiB ÷ 128-byte = 256이기 때문이다. 따라서 indexing을 하기 위해 주소의 address[13:6], 즉 8-bit를 사용해 256개 set 중 하나를 선택한다. DM 캐시와 비교해 indexing에 사용하는 bit의 수가 1-bit 줄어들었다. Tag에는 DM 캐시와 비교해 1-bit 늘어난 주소의 상위 18-bit(address[31:14])가 저장된다. 4-way SA 캐시에는 128개의 set, 8-way SA 캐시에는 64개의 set이 있다. 정리하면, associativity가 2^n 배 증가(n=1, 2, 3, ...)함에 따라, indexing에 사용되는 bit는 n-bit 줄어들고 Tag의 크기는 n-bit 늘어난다. 32KiB FA 캐시에

는 한 개의 set만 있고 512-way(=32KiB ÷ 64-byte)가 있다. 따라서 indexing에 사용되는 bit은 없고, Tag에는 주소의 상위 28-bit(address[31:6])가 저장된다.

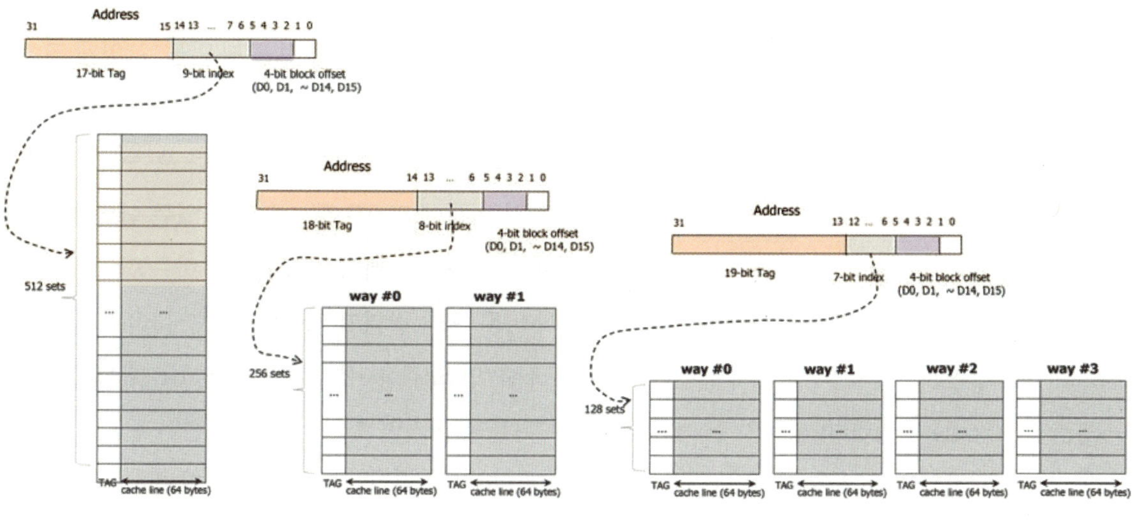

(a) DM cache (=1-way SA cache)

(b) 2-way SA cache

(c) 4-way SA cache

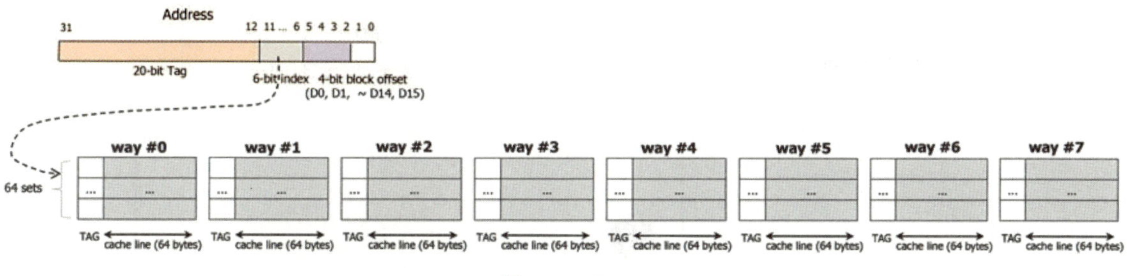

(d) 8-way SA cache

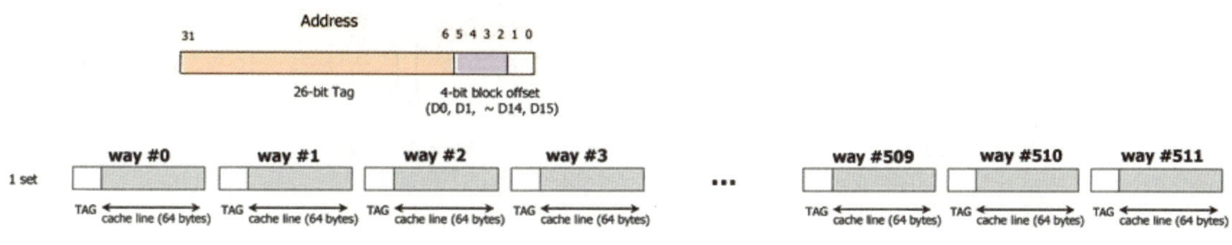

(e) FA cache (=512-way SA cache)

그림7-41 32KiB 캐시 spectrum: DM 캐시, SA 캐시, FA 캐시

7.4 Multi-level 캐시

반도체 미세공정기술이 발전함에 따라 회로의 기본 단위인 트랜지스터를 점점 작게 만들 수 있게 되었고, 이에 따라 프로세서 내부에 용량이 큰 캐시를 집적할 수 있게 되었다. 요즘 출시되는 Core i7 프로세서에는 보통 8MiB 이상의 캐시가 집적돼 있다. 캐시가 크면 더 많은 memory block을 가지고 있을 수 있어 hit rate이 올라간다. 그림7-42 (a)는 프로세서 내부에 8MiB 캐시 하나가 있는 단일레벨 구조를 보여준다. 그런데 실제 상용 프로세서에는 이렇게 용량이 큰 캐시 하나만 사용하는 단일레벨 구조를 사용하지 않는다. 왜 그럴까? 캐시 '접근시간'이 너무 오래 걸리기 때문이다. 캐시 hit일 경우에도 데이터 접근에 시간이 너무 오래 걸린다. 6세대 Core i7인 Skylake을 예로 들면 8MiB 캐시에 접근하는데 38-cycle이 걸린다. 덩치가 큰 캐시에서 데이터를 빼내려면 전기적으로 큰 힘이 필요하고, 또한 길고 미세한 전선을 거쳐 데이터가 나오기 때문이다. 따라서 이런 구조를 사용하면 캐시에 있는

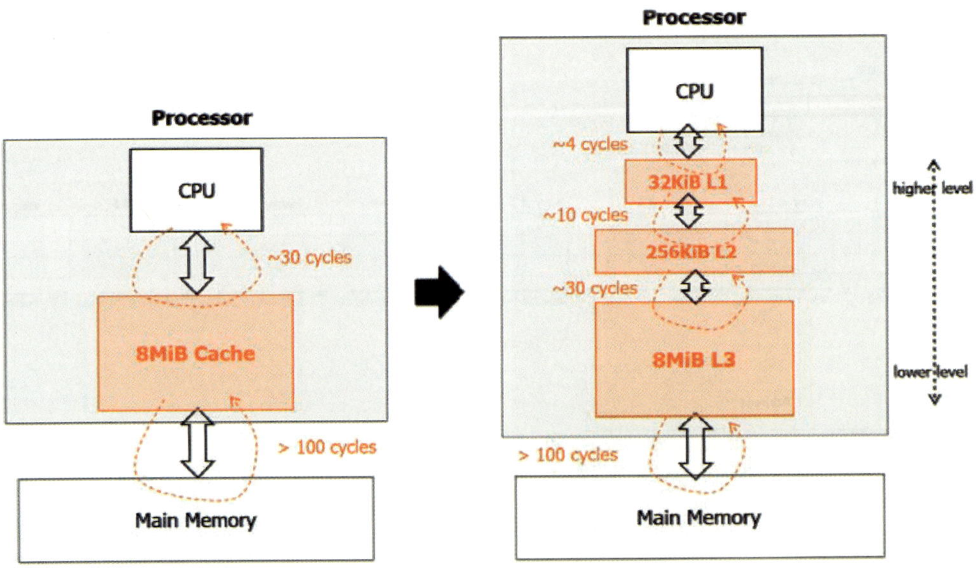

(a) One big monolithic Cache (b) Multi-level cache

그림7-42 단일 level 캐시 vs multi-level 캐시

명령어를 읽을 때마다 CPU는 38-cycle을 기다려야 하고, 데이터를 읽을 때도 그만큼의 시간을 기다려야 한다.

멀티레벨multi-level 캐시는 이런 문제점을 해결하기 위한 구조이다. 그림7-42 (b)는 하나의 예로 3-level로 이루어진 캐시를 보여준다. 첫 번째 level에 있는 캐시를 level-1(L1) 캐시라고 부르고, 두 번째 level에 있는 캐시는 level-2(L2), 그리고 세 번째 level에 있는 캐시를 level-3(L3) 캐시라고 부른다. L3 캐시는 마지막 level에 있어 Last-level Cache(LLC)라고도 부른다. 그림의 예처럼, L1 캐시의 크기는 32KiB 정도로 아주 작아 빠르게 접근할 수 있다. 반면 LLC의 크기는 8MiB 정도로 접근에 시간이 오래 걸린다.

Multi-level 캐시의 개념적 이해를 돕기 위해 한가지 비유를 해보자. '컴퓨터구조' 공부를 하기 위해 교재를 찾을 때 먼저 책상(작은 캐시)을 먼저 둘러 본다. 책상은 크기가 작아 책이 있는지 없는지 금방 알 수 있다. 만약 책상에 없다면 도서관(큰 캐시)에 가서 빌려야 하는데, 이건 시간이 꽤 걸리는 일이다. 먼저 도서 청구기호를 알아봐야 하고, 그 후 도서관의 해당 층으로 올라가 서고에서 찾아야 하기 때문이다. 그림7-42 (a)와 같이 덩치가 큰 하나의 캐시를 사용하는 것은 매번 도서관에 가서 책을 찾는 것과 비슷한 것이다.

데스크톱 프로세서에 multi-level 캐시를 집적한 것은 1990년대 후반부터이며, 2020년 현재 Core i7에 있는 캐시는 그림7-42 (b)와 같이 L1, L2, L3로 이루어진 3-level 구조로 되어있다. 스마트폰에 주로 사용되는 Arm 프로세서에 있는 캐시는 현재 L1, L2로 이루어진 2-level 구조로 되어있다. 그럼 이러한 multi-level 캐시는 어떻게 동작하는 걸까? 예를 들어 CPU에서 load 명령어를 실행하면 L1 캐시를 먼저 검색한다. L1 hit이면 L1 캐시가 CPU에게 데이터를 바로 공급한다. 하지만 만약 L1 miss가 발생하면 다음으로 L2 캐시를 찾아본다. L2 캐시에서도 miss가 발생하면 L3 캐시를 검색한다. 그리고 L3 miss까지 발생하면 주기억장치에 접근해야 한다.

Inclusion policy: Multi-level 캐시를 설계할 때 중요한 결정요소가 있는데 inclusion policy라고 부르는 정책이다. 여기에는 3가지 다른 방식이 있는데 Inclusive, Exclusive, 그리고 Non-inclusive policy이다. 각 정책에 대해 예제와 함께 알아보자.

Inclusive policy는, higher level 캐시에 있는 memory block은 lower level 캐시가 반드시 가지고 있어야 한다는 정책이다. 2-level 구조를 예로 들면, L1 캐시가 가지고 있는 memory block은 L2 캐시가 항상 가지고 있어야 한다. 그림7-43은 2-level 캐시에서 4가지 다른 상황에 대한 inclusion policy의 동작 예시이다. CPU에서 lw 명령어를 실행한다고 가정하자. (a)는 ❶번 memory block에 있는 데이터를 읽는 중 L1, L2에서 모두 miss가 발생한 경우이다. 그러면 ❶번 memory block을 L1, L2에 모두 저장한다. Inclusive policy에 따라 L2 캐시는 L1 캐시에 있는 모든 memory block을 가지고 있어야 하기 때문이다. (b)는 ❷번 memory block에 있는 데이터를 읽는 중, 마찬가지로 L1, L2에서 모두 miss가 발생한 경우이다. 따라서 (a)와 같이 L1과 L2 모두에 ❷번 memory block을 저장한다. 그런데 이 과정 중 L1 캐시에서 conflict이 발생하였다. L1 캐시에서 공교롭게 ❶번 memory block이 있는 같은 cache entry에 매핑되었다. 그러면 L1 캐시에서 ❶번 memory block을 없애고 그 자리에 ❷번 memory block을 저장한다. L2 캐시는 ❶번 memory block을 그대로 가지고 있다는 것에 주의하기 바란다.

(c)는 ❷번 memory block에 있는 데이터를 읽는 중 L1, L2 모두에서 miss가 발생하는데, 이번에는 L2 캐시에서 conflict이 발생한 경우이다. 즉 L2 캐시에서 ❶번 memory block이 있는 같은 cache entry에 ❷번 memory block이 매핑되었다. 따라서 L2 캐시에서 ❶번 memory block을 없애고 ❷번 memory block을 저장한다. 여기서 주의할 것은 L2 캐시에서 ❶번 memory block을 없애면 L1 캐시에서도 함께 없애야 한다는 것이다. 이런 동작을 back invalidation이라고 부른다. Inclusive policy에 따라 L2 캐시는 L1 캐시에 있는 모든 memory block을 가지고 있어야 하기 때문이다. 다른 말로 표현하면 L2 캐시에 memory block이 없다면 L1 캐시에는 당연히 없어야 한다. (d)는 ❶번 memory block에 있는 데이터를 읽는 중 L2 캐시에서 hit이 발생한 경우이다. 즉 L1 캐시에는 없고 L2 캐시만 ❶번 memory block을 가지고 있다. 그러면 ❶번 memory block을 L2 캐시에서 L1 캐시로 가져온다. 이 과정 중 그림처럼 L1 캐시에서 conflict이 발생하면 L1 캐시에 있는 ❷번 memory block은 없앤다.

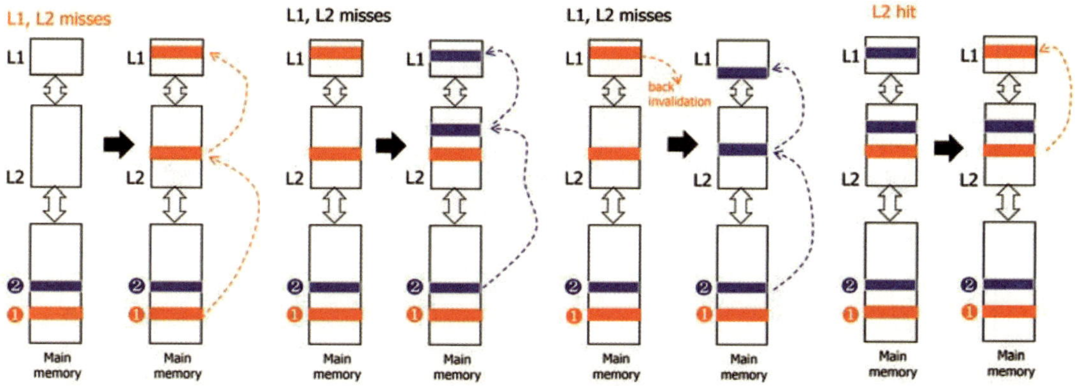

(a) ❶ 접근: L1, L2 misses (b) ❷ 접근: L1, L2 misses, L1 conflict (c) ❷ 접근: L1, L2 misses, L2 conflict (d) ❶ 접근: L2 hit, L1 conflict

그림7-43 Inclusive policy 동작 예시

Exclusive policy는 memory block을 multi-level에 있는 캐시 중 하나만 가지고 있을 수 있다는 정책이다. 2-level 구조에서는 L1, L2 둘 중 하나만 특정 memory block을 가지고 있을 수 있다. L1과 L2가 모두 같은 memory block을 가지고 있을 수 없다. 그림7-44는 2-level 캐시에서 3가지 다른 상황에 대한 exclusive policy의 동작 예시이다. 여기에서도 CPU에서 lw 명령어를 실행한다고 가정하자. (a)는 ❶번 memory block에 있는 데이터를 읽는 중 L1, L2에서 모두 miss가 발생한 경우이다. 그러면 ❶번 memory block을 L1 캐시에만 가져온다. (b)는 ❷번 memory block에 있는 데이터를 읽는 중 마찬가지로 L1, L2에서 모두 miss가 발생한 경우이다. (a)와 같이 L1 캐시에만 ❷번 memory block을 가져온다. 그런데 이 과정 중 L1 캐시에서 conflict이 발생하였다. 공교롭게 L1 캐시에서 ❶번 memory block이 있는 같은 cache entry에 매핑되었다. 그러면 L1 캐시에서 ❶번 memory block을 없애고 그 자리에 ❷번 memory block을 저장한다. 주의할 것은 이때 L1 캐시에서 evict 된 ❶번 memory block이 L2 캐시에 저장된다는 것이다. Exclusive policy에서 L2 캐시는, 이같이 L1 캐시에서 evict 된 memory block만 저장하게 된다. (c)는 ❶번 memory block에 있는 데이터를 읽는 중 L2 캐시에서 hit이 발생한 경우이다. 그러면 ❶번 memory block을 L2 캐시에서 L1 캐시로 가져온다. 이 과정 중 그림처럼 L1 캐시에서 conflict이 발생하면 L1 캐시에 있는 ❸번 memory block을 L2 캐시에 저장한다.

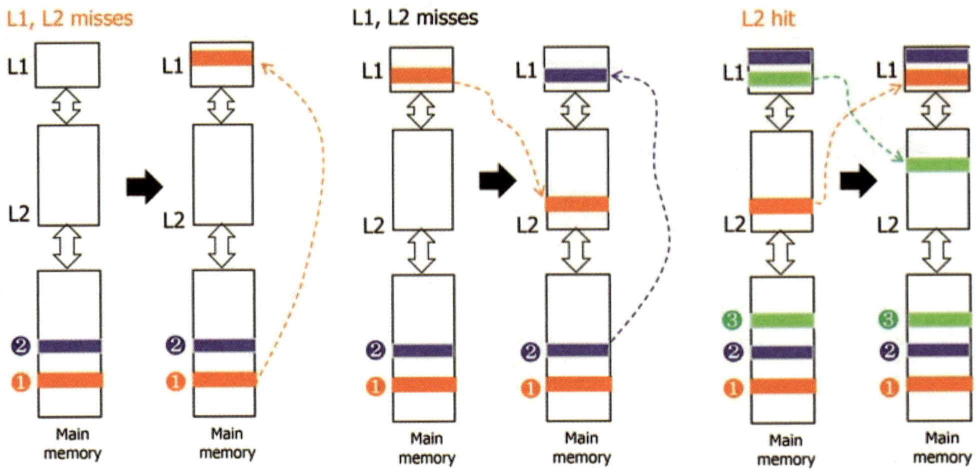

(a) ❶ 접근: L1, L2 misses (b) ❷ 접근: L1, L2 misses, L1 conflict (c) ❶ 접근: L2 hit, L1 conflict

그림7-44 Exclusive policy 동작 예시

Non-inclusive policy는 inclusive policy와 exclusive policy를 절충한 정책이다. 2-level 구조에서는 inclusive policy처럼 같은 memory block을 L1, L2 캐시가 모두 가지고 있을 수도 있고, exclusive policy와 같이 L1, L2 둘 중 하나만 저장하고 있을 수도 있다. 그림7-45는 2-level 캐시에서 3가지 상황에 대한 non-inclusive policy의 동작 예시이다. CPU에서 lw 명령어를 실행한다고 가정하자. (a)는 ❶번 memory block에 있는 데이터를 읽는 중 L1, L2에서 모두 miss가 발생한 경우이다. 그러면 inclusive policy와 같이 ❶번 memory block을 L1, L2에 모두 저장한다. (b)는 ❷번 memory block에 있는 데이터를 읽는 중, 마찬가지로 L1, L2에서 모두 miss가 발생한 경우이다. 따라서 (a)와 같이 L1과 L2 모두에 ❷번 memory block을 저장한다. 그런데 이 과정 중 L2 캐시에서 conflict이 발생하였다. 공교롭게 ❶번 memory block이 있는 cache entry에 매핑되었다. 그러면 L2 캐시에서는 ❶번 memory block을 없애고 그 자리에 ❷번 memory block을 저장한다. 이때 inclusive policy와는 다르게 back invalidation이 일어나지 않는다. 즉 L1 캐시는 그대로 ❶번 memory block을 가지고 있다. (c)는 ❶번 memory block에 있는 데이터를 읽는 중 L2 캐시에서 hit이 발생한 경우이다. 그러면 ❶번 memory block을 L2 캐시에서 L1 캐시로 가져온다. 이 과정 중 L1에서 conflict이 발생하면, exclusive policy와는 다르게, L1에 있는 ❸번 memory block을 L2에 저장하지 않고 그냥 없앤다.

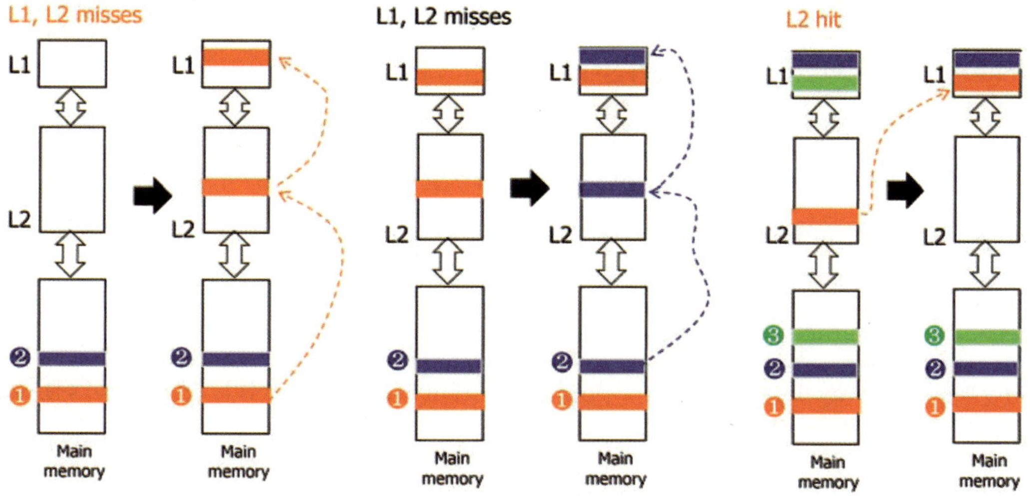

(a) ❶ 접근: L1, L2 misses

(b) ❷ 접근: L1, L2 misses, L2 conflict

(c) ❶ 접근: L2 hit, L1 conflict

그림7-45 Non-Inclusive 캐시 동작 예시

이러한 세 개의 정책은 각각 장・단점이 있다. 캐시의 크기 면에서는 exclusive policy를 사용하는 것이 좋다. Exclusive policy에서는 memory block이 multi-level에 있는 캐시 중 하나에만 저장될 수 있다. 따라서 2-level 캐시 구조에서 실제로 유효한 캐시의 크기는 'L1 크기 + L2 크기' 이다. Inclusive policy를 사용하면 실제로 유효한 캐시의 크기는 'L2 크기'와 같다. L2 캐시는 L1 캐시에 있는 모든 memory block을 포함해야 하기 때문이다. Inclusive policy의 장점은 9.2절에서 설명하는 멀티프로세서 시스템에서, cache coherence protocol캐시 일관성 규약을 구현할 때 비교적 간단하고 이에 따라 snooping에 필요한 시간이 비교적 짧다는 것이다. LLC만 검색하면 특정 프로세서에 해당 memory block이 있는지 알 수 있기 때문이다. 반면 exclusive policy를 구현한 캐시에서는 모든 level에 있는 캐시를 검색해야 특정 memory block이 있는지 알 수 있다.

Multi-level 캐시에서 각 level 캐시의 구조: 마지막으로 멀티레벨 캐시의 각 계층에 있는 캐시의 구조에 대해 생각해보자. 예를 들어 3-level 캐시에서 L1, L2, L3 각각은 DM, SA, FA 구조 중 어떤 것을 사용해야 할까? 구조 선택에서 고려해야 할 사항은 각 계층의 캐시에서 요구하는 'hit rate'과 '접근시간'이다. 물론 이 두 가지 측면에서 모두 좋은, 즉 hit rate가 높고 접근시간도 짧은 캐시가 가장 좋겠지만, 이 두 가지 metric은 trade-off 관계에 있다. 앞서 설명한 대로, 캐시의 associativity가 높아지면 hit rate는 올라가지만, 접근시간은 길어진다. 이를 바탕으로 각 계층에서 우선으로 고려해야 할 metric에 따라 캐시의 구조를 선택하면 된다. L1 캐시의 목적은 CPU에게 명령어와 데이터를 빨리 공급하는 것이다. 따라서 L1 캐시 구조 선택에서 우선으로 고려할 것은 접근시간이다. DM 캐시는 접근시간 면에서 가장 좋은 구조이지만, hit rate이 가장 낮다. 만약 associativity를 조금 높여 설계해도 목표로 한 접근시간을 달성할 수 있다면 그것이 좋은 선택이다. 즉 목표한 접근시간을 달성할 수 있다면, hit rate도 높일 수 있는 가능한 높은 associativity를 선택하는 것이 좋다. 이렇게 L1 캐시 구조를 결정할 수 있는데, 주로 2-way 또는 4-way와 같은 low-associativity 구조를 채택한다. 접근시간이 어느 정도 짧고 동시에 hit rate도 어느 정도 높일 수 있는 구조이다. 그러면 LLC는 어떤 구조가 좋을까? LLC 구조 선택에서 최우선 고려사항은 접근시간보다는 hit rate이다. Miss가 발생하면 아주 느린 주기억장치에 접근해야 하는데, 가능한 이런 경우를 줄여야 하기 때문이다. Hit rate를 높이는 방법은 high-associativity 구조를 사용하는 것이다. Associativity가 높아져 접근시간이 조금 늘어나는 것은 괜찮다. LLC는 크기가 커서 이미 접근에 시간이 오래 걸리기 때문이다. 이렇게 LLC 구조를 선택할 수 있는데, 주로 16-way 또는 32-way와 같은 high-associativity 구조를 채택한다.

상용 프로세서에 있는 멀티레벨 캐시를 예로 살펴보자. 그림7-46은 Intel 1세대 Core i7 프로세서의 die 사진과 캐시구조를 보여준다. L1 캐시는 명령어Instruction를 저장하는 'Instruction 캐시'와 데이터Data를 저장하는 'Data 캐시'로 분리되어 있다. 5장에서 설명한 그림5-28 (b)와 같은 연결구조로, 5-stage 파이프라인을 생각하면 IF 단계와 MEM 단계를 동시에 할 수 있다. L1 Instruction 캐시는 4-way SA 구조이며 L1 Data 캐시는 8-way SA 구조로 설계되어 있다. L1 캐시 접근에는 4-cycle이 필요하다. L2는 Unified 캐시로 명령어와 데이터를 모두 저장하며 8-way SA 구조로 설계되어 있다. L1, L2는 private 캐시로 각 CPU core가 전용으로 사용한다. L3는 unified, shared 캐시로, 명령어와 데이터를 모두 저장하며 프로세서에 있는 4개의 core가 공유하는 캐시이다. L3 캐시는 16-way SA 구조이며 접근하는데 35-cycle이 걸린다.

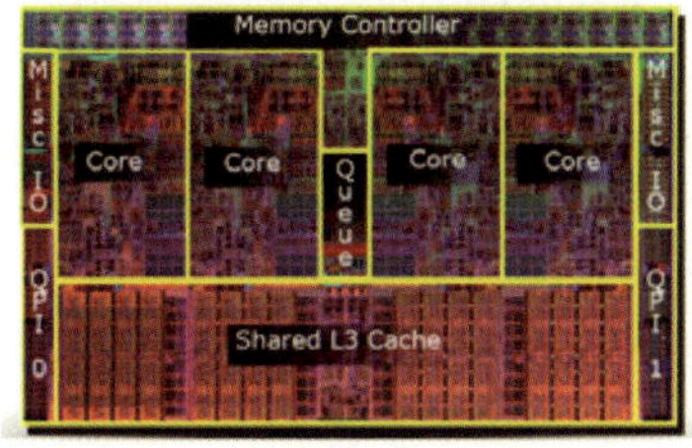

(a) Nehalem die 사진

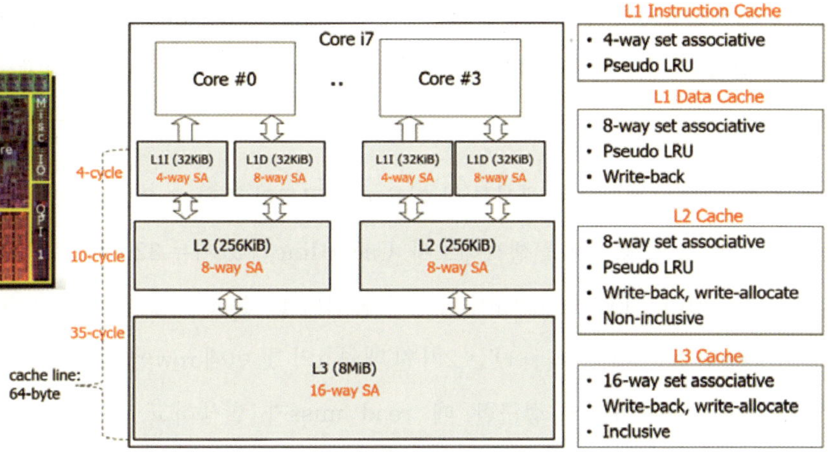

(b) Nehalem cache 구조

그림7-46 1세대 Core i7 Nehalem die 사진 및 캐시 구조

7.5 소프트웨어의 역할

Intel, AMD, Arm 등과 같은 프로세서 회사에서는 컴퓨터의 성능을 높이기 위한 캐시의 구조 및 부가 기능을 연구하고 설계한다. 그리고 새로운 반도체 기술로 점점 더 큰 용량의 캐시를 제공하고 있다. 그럼 프로그램의 실행시간을 줄이기 위해(즉 성능을 높이기 위해) 소프트웨어 프로그래머는 어떤 역할을 할 수 있을까? 하드웨어를 잘 이용하도록 소프트웨어 코딩을 하면, 컴퓨터 성능을 최대한 끌어올릴 수 있다. 한가지 예와 함께 살펴보자.

그림7-47에 C 코드는 중첩된 'for loop'를 사용해 2차원 배열에 있는 모든 element를 더하는 프로그램이다. Outer loop인 'for (i=0; i<10; i++)'에서 row[행]를 결정하며, inner loop인 'for (j=0; j<8; j++)'에서 column[열]에 있는 element를 하나씩 읽는 구조이다. C 언어에서 다차원 배열에 있는 element는 row-major ordering에 따라 주기억장치에 저장된다. Row-major ordering이란 같은 row에 있는 element들이 메모리의 연속된 위치에 차례로 저장되는 것을 말한다. 그림에 예시를 보면, 주기억장치에

는 2차원 배열 a의 첫 번째 row에 있는 8개의 element(a[0][0] ~ a[0][7])가 차례로 연속된 위치에 저장되어 있다. 그리고 다음 위치에 두 번째 row에 있는 8개의 element(a[1][0] ~ a[1][7])가 차례로 저장돼 있다.

그림에 예제 프로그램은 캐시를 잘 이용하는 코드라고 할 수 있다. 왜 그런지 프로그램을 실행하며 cache hit/miss 발생 여부를 생각해보자. Cache line의 크기는 32-byte로 가정한다. 처음에는 캐시에 있는 모든 entry가 invalid 상태이다. 이제 중첩된 'for loop'를 실행하자. Outer loop에서 'i = 0'일 때, inner loop인 'for (j=0; j<8; j++)'는 2차원 배열 a의 첫 번째 row에 있는 8개의 데이터에 접근한다. 첫 번째 데이터(=a[0][0])에 접근할 때 read miss가 발생하고, 그러면 a[0][0]가 속한 memory block(a[0][0] ~ a[0][7])이 캐시에 저장된다. 따라서 나머지 7개의 데이터(a[0][1] ~ a[0][7])에 접근할 때는 cache hit이 발생한다. 두 번째 row에 접근할 때도 같은 일이 일어난다. a[1][0]를 읽을 때만 cache miss이고 a[1][1] ~ a[1][7]를 읽을 때는 cache hit이다. 이같이 2차원 배열 a 접근에 대해서 hit rate을 계산하면 87.5%(=7/8 x 100)가 된다!

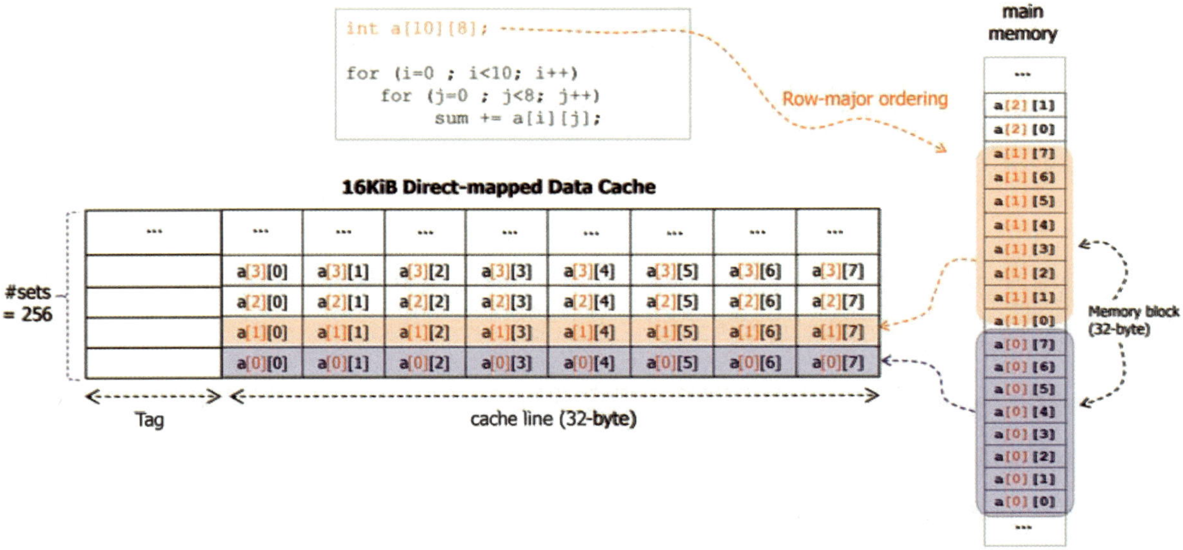

그림7-47 2차원 배열에 있는 모든 element를 더하는 프로그램 예제와 element 접근에 따른 캐시의 상태: C 언어에서는 row-major ordering에 따라, 2차원 배열 a의 같은 row에 있는 element들이 메모리의 연속된 위치에 저장됨

그림7-48은 같은 기능을 하는 두 가지 버전의 코드를 보여주는데, (a)는 캐시 친화적 코드이며 (b)는 캐시 비친화적 코드이다. (a) 코드는 그림7-47의 예제와 같이 row-major order에 따라 캐시를 잘 이용하도록 작성한 코드이다. (b) 코드는 cache miss가 계속 발생하여 실행시간이 오래 걸리는 비효율적인 코드이다. (b) 코드에서 2차원 배열에 접근하는 방식을 살펴보자. Outer loop에서 j에 따라 column을 정하고, inner loop에서는 해당 column의 각 row에 있는 데이터를 차례로 읽는다. 그러면 최악의 경우 배열에 있는 데이터에 접근할 때마다 cache miss가 발생할 수 있다.

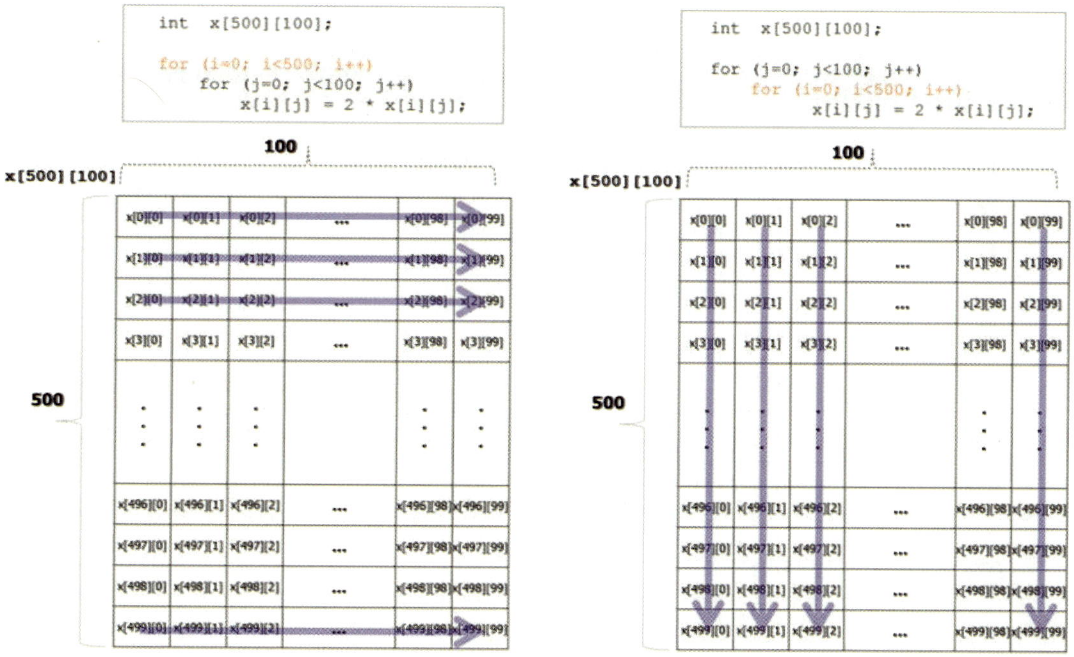

(a) Cache-friendly Code (b) Cache-non-friendly Code

그림7-48 캐시 친화적 코드와 캐시 비친화적 코드

표7-2는 (b) 캐시 비친화적인 코드에서 2차원 배열 x의 접근 순서에 따라 캐시에 저장되는 memory block을 보여주는 표이다. 여기서는 그림7-47에 있는 16 KiB DM 캐시를 사용한다고 가정한다. Outer loop에서 'j==0' 일 때, inner loop에서는 x[0][0] → x[1][0] → x[2][0] → x[3][0] ... → x[499][0] 순서로 접근한다. 여기서 배열에 있는 데이터 각각이 다른 row에 있어 데이터에 접근할 때마다 cache miss가 발생한다. 따라서 ❶, ❷, ❸, ... ⑤⓪⓪ 과정에서 500개의 memory block이 차례로 캐시에 저장된다. 그런데 500개의 memory block을 캐시로 저장하는 과정에서 conflict가 발생한다. 그림7-47에 있는 캐시에는 256개의 set이 있기 때문이다. 캐시의 크기가 한정돼 있어 캐시의 같은 set으로 memory block이 매핑되는 것이다. 따라서 ❶, ❷, ❸ 과정에서 저장된 memory block은 이미 교체되어 캐시에 존재하지 않는다. 다음으로 outer loop의 'j==1'일 때, inner loop에서는 x[0][1] → x[1][1] → x[2][1] → x[3][1] ... → x[499][1] 순서로 접근한다. 그런데, 앞서 설명한 대로 접근할 데이터를 포함하는 memory block이 이미 교체되어, 501, 502, 503, ... 1000 과정에서 cache miss가 계속 발생하게 된다.

표7-2 〈그림7-48〉 (b) 캐시 비친화적 코드 실행에 따른 cache miss 발생 및 동작

접근순서	접근 데이터		캐시에 저장되는 memory block
❶	x[0][0]	cache miss - - - ->	x[0][0] ~ x[0][7]
❷	x[1][0]	cache miss - - - ->	x[1][0] ~ x[1][7]
❸	x[2[[0]	cache miss - - - ->	x[2][0] ~ x[2][7]
...	...	...	...
500	x[499][0]	cache miss - - - ->	x[499][0] ~ x[499][7]
501	x[1][1]	cache miss - - - ->	x[0][0] ~ x[0][7]
502	x[2][1]	cache miss - - - ->	x[1][0] ~ x[1][7]
503	x[3][1]	cache miss - - - ->	x[2][0] ~ x[2][7]
...	...	...	...
1000	x[499][1]	cache miss - - - ->	x[499][0] ~ x[499][7]

요즘 출시되는 데스크톱, 노트북, 그리고 스마트폰에 사용되는 프로세서는 대부분 performance counter라고 부르는 레지스터들을 제공한다. Performance counter는 프로그램 실행 중 발생하는 하드웨어 event 측정에 사용된다. 예를 들어, CPU가 실행한 명령어의 개수, CPU가 사용한 clock cycle의 수, 8.2절에서 설명하는 TLB miss의 발생 횟수 등을 측정할 수 있다. 그리고 캐시와 관련된 event를 측정할 수 있는 counter들도 제공하는데, 예를 들어 L1 data 캐시 접근 및 miss의 횟수, LLC 접근 및 miss의 횟수 등을 측정할 수 있다. Performance counter는 이렇게 프로그램 실행에서 발생한 event들을 프로파일링하여 성능 저하의 원인을 찾고 이를 개선하는 데 주로 사용된다.

그림7-49는 performance counter를 사용하여 프로그램의 실행시간과 LLC miss의 개수를 측정한 예시이다. Core-i7 7700 프로세서에서 캐시 친화적 코드와 캐시 비친화적 코드를 실행하였다. Performance counter는 Linux에서 'perf'라는 utility 프로그램을 설치하면 간편하게 사용할 수 있다. 그림에 보는 것처럼, 캐시 친화적 코드의 경우 실행시간은 약 3초 걸렸으며, load 명령어의 실행 중 LLC miss(=LLC-load-misses)가 753,274번 발생했다. 캐시 비친화적 코드를 실행했을 때 실행시간은 약 5.2초 걸렸고, LLC-load-misses는 약 1,700만 번 발생했다. 캐시 친화적 코드에 비교해 약 23배 많은 LLC-load-misses가 발생했으며 이것이 실행시간에 큰 영향을 미쳤다고 해석할 수 있다.

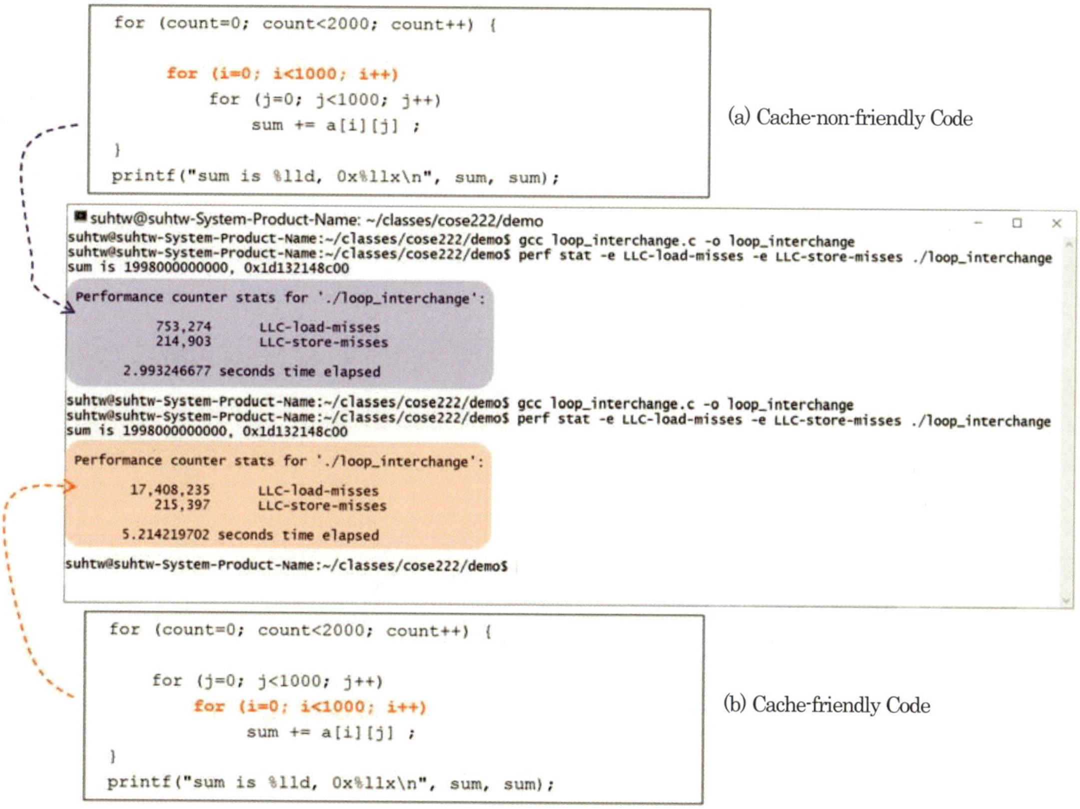

그림7-49 Performance counter를 이용한 캐시 친화적 코드와 캐시 비친화적 코드의 성능 차이 분석: Intel Core i7 7700 (3.6GHz, 8MiB LLC)와 16GiB 주기억장치가 장착된 컴퓨터에서 실험 결과

CHAPTER

8

https://wallpaper.dog/microcontroller-wallpapers

CHAPTER

8

가상메모리와 TLB

가상메모리virtual memory 기법은 운영체제에서 제공하는 메모리 관리 기술이다. 이 기술은 컴퓨터에서 실행되는 각 프로그램(task, process, 또는 thread)이 보는 '가상의 메모리'와 실제로 명령어와 데이터가 있는 주기억장치인 '물리메모리physical memory'를 분리한다. 그리고 물리메모리에는 프로그램 실행에 필요한 부분만 보조기억장치secondary storage로부터 적재된다. 이를 통해 여러 프로그램이 공유하는 주기억장치를 효율적으로 사용하고 관리할 수 있다. 이러한 가상메모리를 실효성 있게 구현하려면 프로세서에서 하드웨어 지원이 필수적이다. 그림8-1은 1993년 출시된 Pentium 프로세서 내부의 실제 사진과 주소변환 관점에서 간략화한 하드웨어 구조도이다. 여기서 TLBTranslation Lookaside Buffer가 가상메모리를 위한 하드웨어 모듈이다. 현재 데스크톱, 노트북 컴퓨터에 사용되는 x86 프로세서와 스마트폰에 많이 사용되는 Arm 프로세서는 모두 TLB를 필수적으로 포함하고 있다. TLB는 가상주소virtual address를 입력받아 물리주소physical address를 출력한다. 그림8-1에 보는 것처럼, 가상주소는 CPU가 출력하는 주소이며 물리주소는 주기억장치 접근에 사용하는 주소이다.

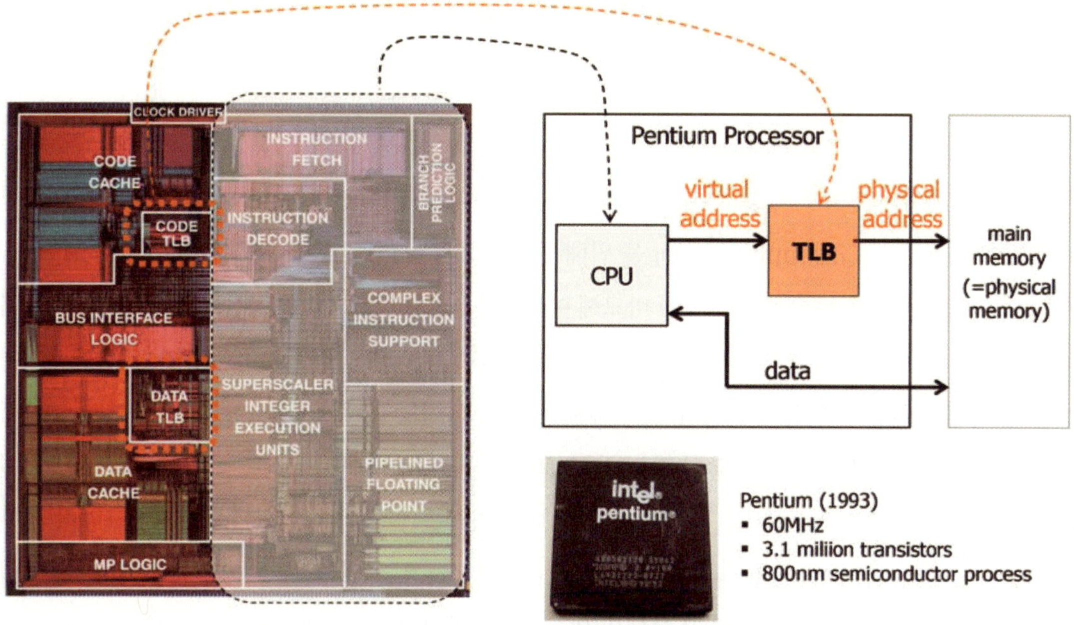

그림8-1 1993년 출시된 Pentium 프로세서 die 사진과 TLB

출처 https://camelback-comparch.com/about/technical-highlights/#p5

8.1 가상메모리 개념

윈도우에서 작업관리자task manager 또는 리눅스에서 'ps' 명령을 실행해 보면, 컴퓨터에는 최소 수십여 개의 프로그램들이 실행 중인 것을 확인할 수 있다. 이렇게 여러 개의 프로그램을 동시에 실행하는 것을 multi-tasking이라고 하는데, 컴퓨터는 어떻게 이러한 multi-tasking을 할 수 있는 걸까? 그림8-2 (a)는 multi-tasking을 위해 운영체제가 주로 사용하는 time-multiplexing이라는 방식을 보여준다. Time-multiplexing이란 일정 시간 slot마다 CPU가 실행하는 task를 교체하는 방식을 말한다. 예를 들어 Timer 설정을 통해 1msec마다 주기적으로 인터럽트가 발생하도록 하면, 운영체제는 ISR에서 task scheduling을 할 수 있다. 이 경우 1초에 1000번 task switching이 일어나게 된다. 어떤 특정 순간에 보면 CPU는 하나의 task를 수행하지만, task switching을 통해 1초에 여러 프로그램을 번갈아 실행하여 사람에게는 많은 task를 '동시에' 실행하는 것과 같은 효과를 느끼게 해준다.

이같이 컴퓨터에서 여러 프로그램을 실행하는 상황을 가정해보자. 프로그램을 실행하기 위해서는 우선 코드와 데이터가 '주기억장치'에 적재되어 있어야 한다. 그리고 CPU는 거기에 있는 명령어를 하나씩 읽어 실행한다. 그럼 multi-tasking을 위해 주기억장치를 어떻게 사용하고 관리하는 것이 좋을까? 주기억장치의 크기는 하드디스크에 비교해 아주 작아, 하드디스크에 있는 모든 프로그램을 주기억장치에 적재할 수는 없다. 그림8-2 (b)는 가상메모리가 없는 환경에서 multi-tasking을 구현하기 위한 한 가지 방법을 표현한 그림이다. 운영체제는 먼저 실행할 프로그램을 하드디스크에서 주기억장치로 적재한다. 그리고 그림과 같이 각 시간 slot의 시작에서 PC 레지스터를 각 프로그램이 적재된 위치로 설정한다. CPU는 PC가 가리키는 위치에서 명령어를 읽어와 실행하기 때문이다. 먼저 시간 slot ❶의 시작에서 PC를 'hello world' 시작 위치로 설정하고 실행한다. 그 후 1msec가 경과하면 'hello world' 프로그램 실행을 멈추고 그때의 PC 값을 저장한다. 시간 slot ❷의 시작에서는 PC를 새로 설정하여 chrome을 실행한다. 그 후 1msec가 경과하면 'chrome'을 멈추고 그때의 PC 값도 저장한다. 그리고, 시간 slot ❸의 시작에서 PC를 다시 설정하여 'media player'를 실행한다. 이러한 패턴은 계속 반복된다.

그림에 보는 것처럼 시간이 경과하면 'hello world'를 계속 이어서 실행할 시간 slot ⓐ가 된다. 그런데 이때까지 많은 task를 주기억장치에 적재하고 실행하여, 주기억장치가 다른 프로그램들로 가득 차 있다. 따라서 'hello world' 프로그램을 하드디스크에서 다시 가져와야 하는데, 시간 slot ❶의 끝에서 멈춘 주소에 있는 명령어부터 실행해야 한다. 따라서 'hello world' 프로그램을 ❶에서와 같은 위치에 적재해야 한다. 다른 프로그램도 마찬가지로 계속 이어서 실행할 때, 처음 적재한 위치에 그대로 다시 적재해야 한다. 이에 따라 주기억장치에 사용할 수 없는 조각난(fragmented) 부분이 생길 수 있다. 프로그램마다 코드의 크기와 처리할 데이터의 양이 다르기 때문이다. 그리고 프로그램에 따라 malloc( )과 같은 함수로 실행 중 일정 크기의 메모리를 요청할 수 있는데, 이런 경우 프로그램 실행 전에는 주기억창치를 얼마나 사용할지 알 수 없다. 만약 malloc()으로 요청한 크기의 '연속적인' 메모리 영역을 주기억장치에 할당해 줄 수 없는 상황이면 어떻게 해야 할까?

컴퓨터공학자들은 multi-tasking을 효과적으로 하는 방식에 대해 깊은 고민을 하였고 현재 채택되어 사용되고 있는 기술이 바로 가상메모리이다. 가상메모리는 각 프로그램이 실행되는 '가상주소공간'과 실제로 프로그램이 적재되는 '물리주소공간'을 분리한다. 물리주소공간에는 주기억장치가 있는데, 주기억장치에는 프로그램 실행에 필요한 부분만 하드디스크로부터 적재된다.

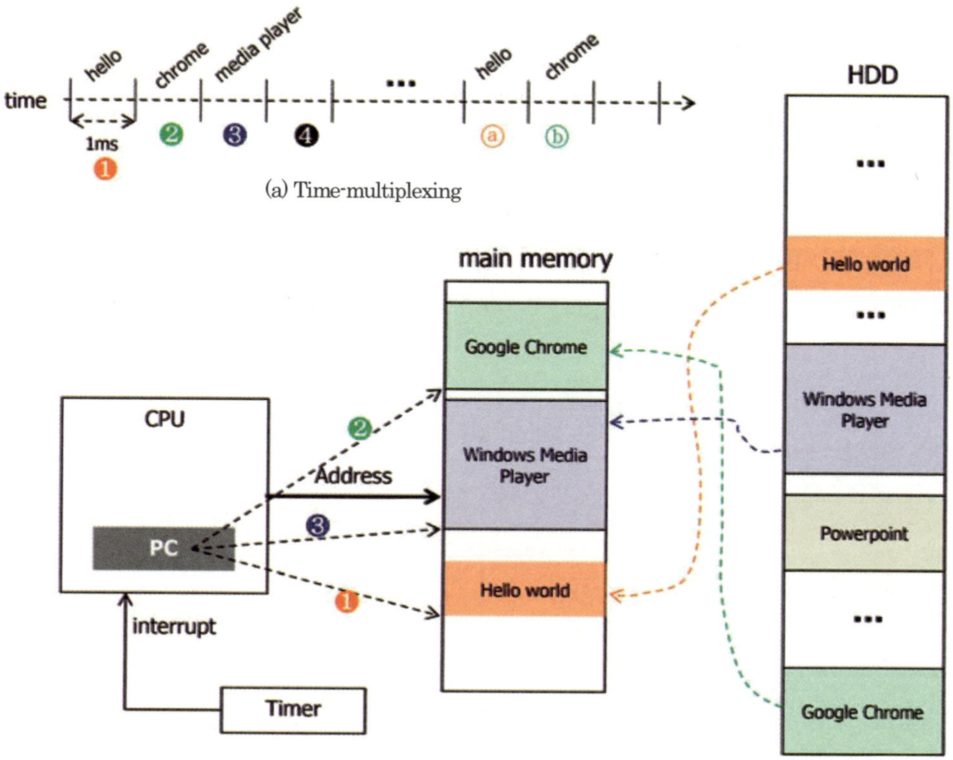

그림8-2 가상메모리가 없는 환경에서 multi-tasking을 구현하는 예

그림8-3은 가상메모리 개념을 'hello world' 프로그램을 실행하는 예로 도식화하였다. 그림에서 가상주소virtual address는 CPU가 내보내는 주소로 프로세서에 따라 logical address 또는 effective address라고 부르기도 한다. 가상주소는 구체적으로 CPU가 명령어를 읽거나 데이터 접근 명령어를 실행할 때 나오는 아래와 같은 주소이다.

- 명령어를 읽기 위해 PC 레지스터에 있는 주소
- 데이터를 읽거나 쓰기 위한 주소 : 예를 들어 CPU가 'lw x4, 4(x5)'을 실행한다고 하자. 'x5 = 0x200'로 가정하면 데이터를 읽기 위해 CPU에서 내보내는 'x5 + 4 = 0x204'가 가상주소이다.

32-bit CPU에서는 PC 레지스터와 데이터 접근을 위해 출력하는 주소가 32-bit이다. 따라서 가상주소가 만드는 공간인 **가상주소공간**virtual address space은 그림에 표시한 것처럼 4GiB(=2^{32}-byte)가 된다. 말 그대로, 가상공간이기 때문에 실제로는 아무것도 없다. 마찬가지로 물리주소physical address는 **물리주소공간**physical adddress space을 만드는데, 물리주소의 크기는 프로세서 구현에 따라 다르다. 그리고 물리주소의 크기에 따라 컴퓨터에 장착할 수 있는 주기억장치의 최대 크기가 결정된다. 물리주소의 크기가 32-bit이면, 컴퓨터에 장착할 수 있는 주기억장치의 최대 크기는 4GiB(=2^{32}-byte)이며 36-bit이면 주기억장치의 최대 크기는 64GiB(=2^{36}-byte)이다. 32-bit 기반 x86의 경우 1995년에 출시된

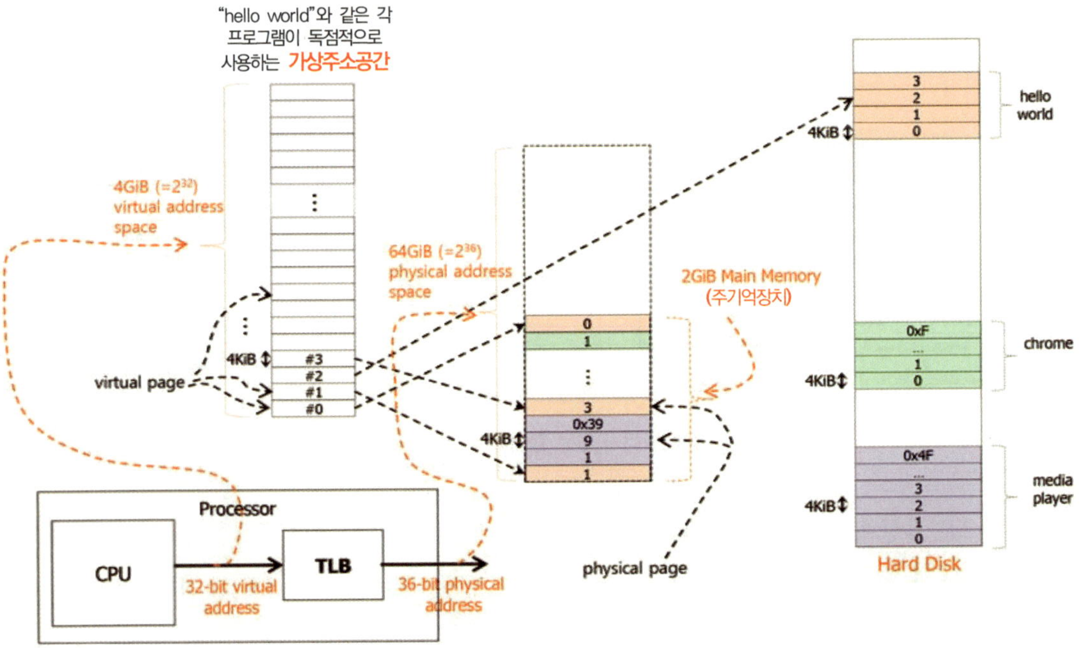

그림8-3 가상메모리 개념도: 각 process는 자신만이 독점하는 가상주소공간(virtual address space)에서 실행된다. 주기억장치(main memory)에는 현재 실행에 필요한 페이지만 적재돼 있다.

Pentium Pro부터 PAEPhysical Address Extension라는 기능을 제공하는데, PAE를 지원하는 프로세서에서는 물리주소의 크기가 36-bit이다. 여담으로 서버 컴퓨터 회사의 요청으로 Intel이 PAE를 제공했다는 얘기도 있다. 서버시스템에는 대용량의 주기억장치가 필요하기 때문이다. Arm에서도 비슷한 용어를 사용한다. 32-bit 아키텍쳐인 Armv7-A에서 LPAELarge Physical Address Extension는 최대 40-bit 물리주소를 지원한다. 그림8-3은 물리주소의 크기를 36-bit로 가정하였고, 36-bit 물리주소가 만드는 64GiB 공간에서 최하위 2GiB를 주기억장치가 사용하는 예이다.

가상메모리 시스템에서 'hello world'와 같은 각 응용 프로그램은 자신만이 사용하는 '연속된' 가상주소 공간에서 실행된다. 이를 직접 확인해 볼 수도 있는데 C 언어와 같은 고급언어로 작성한 프로그램에서 변수의 위치를 프린트하면 나오는 주소가 바로 가상주소이다. 또한 malloc()과 같은 함수로 할당받은 메모리도 가상주소 공간에 있는 영역이다. 가상메모리는 주로 페이징paging과 함께 구현되는데, 페이징이란 주소 공간을 페이지page 단위로 나누어 관리하는 것을 말한다. 페이지 크기는 4KiB를 주로 사용한다. 따라서 가상주소 공간은 논리적으로 가상페이지virtual page들로 이루어져 있다. 이에 따라 주기억장치도 페이지 단위로 나누어 관리하는데, 그림8-3처럼 주기억장치도 물리페이지physical page들로 구성된다. 페이징을 사용하면 현재 실행에 필요한 페이지만 하드디스크에서 주기억장치로 적재하면 된다. 다시 말하면 프로그램에서 현재 실행 중인 가상페이지에 해당하는 부분을 하드디스크에서 물리페이지로 적재하면 된다. 그러면 문제는 가상페이지가 어느 물리페이지에 대응되는지 알아야 하는데, 운영체제가 바로 이러한 매핑mapping작업을 한다.

운영체제는 이러한 매핑 정보를 가지고 있는 구조체를 만드는데 이를 페이지 테이블page table이라고 부른다. 페이지 테이블은 각 프로그램(task, process)마다 별도로 필요하다. 각 프로그램은 자신만이 독점하는 가상주소 공간에서 실행되기 때문이다. 그럼 운영체제가 만드는 페이지 테이블은 어디에 있을까? 주기억장치에 있다. 생각해보면 다른 곳(하드디스크? 캐시? …)에 있을 데가 없다. 좀 더 구체적으로 페이지 테이블은 주기억장치 어디에 있을까? 운영체제가 만들었으니 운영체제는 그 위치를 당연히 알고 있고, 페이지 테이블의 시작 주소를 프로세서에 있는 시스템 레지스터에 기록해 놓는다. RISC-V에서는 satpSupervisor Address Translation and Protection라고 불리는 레지스터에 저장한다. x86의 경우 CR3 레지스터, Arm은 TTBRTranslation Table Base Register에 기록한다. 앞서 이야기한 대로 task별로 페이지 테이블을 만들기 때문에, 운영체제는 task switching을 하여 다른 프로그램을 수행할 때마다 satp 레지스터를 설정한다.

그림8-3은 'hello world' 프로그램의 첫 4개의 가상페이지를 매핑한 예를 보여준다. 가상페이지 #0, #1, #3에 해당하는 페이지는 주기억장치에 적재돼 있고, 가상페이지 #2에 해당하는 페이지는 주기억장치에는 적재되어 있지 않고 하드디스크에만 있는 상태이다. 그림에 주기억장치 상태를 보면, hello world에 있는 세 개의 페이지, chrome에 있는 하나의 페이지, media player에 있는 세 개의 페이지 등 여러 프로그램에 있는 페이지로 차 있다. 다시 말하면 주기억장치는 컴퓨터가 multi-tasking 중인 여러 프로그램의 페이지로 채워져 있는 상태이다. 이런 이유로 가상메모리를 '주기억장치를 하드디스크의 캐시처럼 사용하는 기술'이라고 말하기도 한다. 캐시와 주기억장치 사이의 관계처럼, 주기억장치에는 현재 필요한 페이지를 하드디스크에서 가져와 임시로 저장한다. 그리고 만약 주기억장치가 페이지들로 가득 차 있다면, 캐시에서 설명한 LRU와 같이 오랫동안 접근하지 않은 페이지를 주기억장치에서 없애고 거기에 새로운 페이지를 적재한다.

페이지 테이블page table: 그림8-4는 페이지 테이블과 이를 통해 가상주소를 물리주소로 변환하는 과정을 보여준다. 가상주소의 크기는 32-bit, 물리주소의 크기는 36-bit, 그리고 페이지의 크기는 4KiB로 가정하였다. 먼저 페이지 테이블에 대해 자세히 알아보자. 페이지 테이블에는 몇 개의 entry가 있을까? 32-bit 주소가 만드는 4GiB 가상공간에서 가상페이지의 개수는 1M($= 2^{20} =$ 4GiB ÷ 4KiB)개 이다. 그리고 페이지별 매핑정보가 필요하여 page table entryPTE의 개수도 1M개 이다. 각 PTE에는 물리페이지 번호와 그 페이지에 대한 부가정보를 기록한다. 먼저 PTE entry에 있는 정보가 의미하는 것을 구체적으로 표현하면 아래와 같다.

- 0th PTE : 가상페이지 0번, 즉 가상주소 '0x0000_0000 ~ 0x0000_0FFF'에 해당하는 물리페이지 번호 및 그 페이지에 대한 부가정보
- 1st PTE : 가상페이지 1번, 즉 가상주소 '0x0000_1000 ~ 0x0000_1FFF'에 해당하는 물리페이지 번호 및 그 페이지에 대한 부가정보
- 2nd PTE : 가상페이지 2번, 즉 가상주소 '0x0000_2000 ~ 0x0000_2FFF'에 해당하는 물리페이지 번호 및 그 페이지에 대한 부가정보
- ...
- $(1M-1)^{th}$ PTE : 가상페이지 (1M-1)번, 즉 가상주소 '0xFFFF_F000 ~ 0xFFFF_FFFF'에 해당하는 물리페이지 번호 및 그 페이지에 대한 부가정보

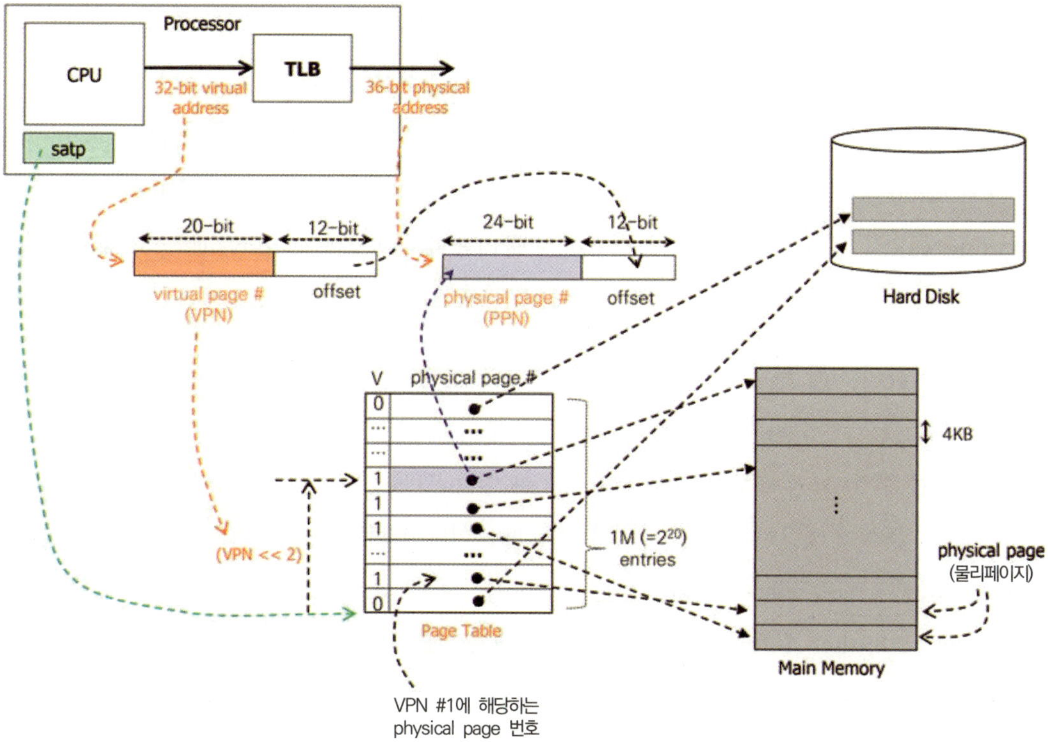

그림8-4 페이지 테이블(page table)을 통해 가상주소를 물리주소로 변환하는 과정 (가상주소 크기는 32-bit, 물리주소 크기는 36-bit, 페이지 크기는 4 KiB로 가정)

부가정보에는 permission, protection, cacheability, security와 같은 내용이 있다. 예를 들어 해당 페이지가 읽기전용Read-only인지, 해당 페이지에서 읽기와 쓰기 모두 할 수 있는지Read/Write, 해당 페이지에서 실행할 수 있는지Executable(즉 명령어를 읽을 수 있는지), 해당 페이지를 캐싱할 수 있는지 등과 같은 사항을 명시할 수 있다. 페이지 테이블에 있는 VValid-bit는 해당 페이지가 주기억장치에 적재되어 있는지 여부를 알려준다. 'V == 1'이면 주기억장치에 적재되어 있음을 의미하며, 'V == 0'이면 그렇지 않다는 것을 의미한다. PTE 크기는 프로세서에 따라 다른데, 32-bit 아키텍쳐에서는 주로 4-byte이다. 그러면 페이지 테이블의 크기는 4MiB(=1M × 4-byte)가 된다. 운영체제는 주기억장치에 페이지 테이블을 만든 후 그 시작 위치를 시스템 레지스터에 설정하는데, RISC-V에서는 그림8-4에 보여주는 것처럼 satp 레지스터가 그런 역할을 한다.

페이지 테이블 워크page table walk: 이제 페이지 테이블을 통한 주소변환 과정에 대해 알아보자. 주소변환을 위해서는 페이지 테이블에 있는 해당 PTE를 찾는 것이 핵심인데, 이 과정이 page table 위를 걷는 듯한 느낌이 있어 page table walk이라고 부른다. 가상주소는 그림8-4와 같이 두 부분으로 나눌 수 있다. 4KiB(=2^{12}) 페이지를 가정하면 상위 20-bit는 가상페이지 번호(VPN: virtual page number)이고 하위 12-bit은 그 페이지 내의 위치인 offset이다. 주소변환에서 offset은 변하지 않는다. 따라서 page table walk을 통해 가상페이지에 해당하는 물리페이지 번호(PPN: physical page number)만 알아내면 된다.

페이지 테이블의 시작 위치는 프로세서도 알고 있다. 운영체제가 시스템 레지스터(그림에서 satp)에 페이지 테이블의 시작 위치(base)를 저장하기 때문이다. 그러면 읽어야 할 PTE는 base에서 얼마나 떨어져 있을까? Base에서 VPN만큼 떨어진 곳에 있는 PTE를 읽으면 된다. 페이지 테이블의 연속된 위치에, 각 VPN에 해당하는 매핑 정보가 있기 때문이다. PTE의 크기를 4-byte로 가정하면, 그림 8-4에 도식화한 것처럼 base에서 VPN × 4 만큼 떨어진 곳에 있는 PTE를 읽으면 된다. 'VPN × 4'는 하드웨어에서 2-bit left shift(VPN ≪ 2)로 간단하게 구현된다. 이렇게 읽은 PTE에는 PPN이 있다. 최종 물리주소는, 그림8-4와 같이 PPN에 12-bit offset을 붙여 만들어진다. 이렇게 만들어진 물리주소로 주기억장치에 있는 명령어를 읽거나 데이터를 access한다.

페이지 테이블에서 읽어야 할 PTE 주소 = page table base + (virtual page number) << 2

가상메모리를 사용하는 시스템에서는, CPU가 명령어를 읽거나 데이터에 접근할 때마다 페이지 테이블에 있는 해당 PTE를 읽어야 한다. 물리주소를 알아야 주기억장치에 있는 명령어 또는 데이터에 접근할 수 있기 때문이다. 이러한 상황에서 하드웨어의 도움이 없다면, CPU는 명령어를 읽을 때마다 주기억장치에 '두 번' access 해야 하고, 데이터를 읽거나 쓸 때도 주기억장치에 '두 번' access 해야 한다. 첫 번째 접근은 주소변환을 위해 페이지 테이블에 있는 PTE를 읽기 위한 access이다. 두 번째 접근은 변환된 물리주소로 명령어를 읽거나, 데이터를 읽거나 쓰기 위한 access이다. 그렇잖아도 느린 주기억장치를 매번 두 번씩 access 해야 한다면, 컴퓨터에서 프로그램을 실행하는데 아주 오랜 시간이 걸릴 것이다. 이러한 성능 문제를 해결하고 가상메모리를 효과적으로 지원하기 위해 프로세서에는 Translation Lookaside Buffer[TLB]라는 하드웨어가 필수적으로 포함되어 있다.

8.2 Translation Lookaside Buffer

TLB는 페이지 테이블에서 자주 사용되는 PTE를 임시로 저장하는 페이지 테이블을 위한 캐시이다. 그림8-4에서 CPU가 내보내는 가상주소에 대한 변환정보를 TLB가 가지고 있다면, TLB는 물리주소를 바로 내어줄 수 있다. 그러면 페이지 테이블을 참조하기 위해 주기억장치를 access 하지 않아도 된다. 그리고 TLB에 저장된 PTE는 계속 사용될 확률이 아주 높다. 프로그램에 있는 명령어의 경우 연속된 위치에 저장돼 있고 데이터도 locality 특성이 있기 때문이다. TLB도 캐시와 같이 direct-mapped TLB, set-associative TLB, fully-associative TLB 이렇게 세 가지 구조가 있다. 각각에 대해 알아보자.

8.2.1 Direct-mapped TLB

Direct-mapped TLB(DM TLB)는 DM 캐시와 같이, 하나의 set에 하나의 entry가 있는 TLB이다. 그림8-5는 8개의 entry가 있는 DM TLB 구조를 보여준다. 여기서도 32-bit 가상주소와 36-bit 물리주소를 가정하였다. 캐시의 매핑 방식과 같이, TLB에서는 페이지 테이블에 있는 각 chunk가 그대로 매핑된다. 여기서 chunk는 TLB에 있는 set의 개수만큼의 PTE로 이루어진다. 그림에 있는 TLB에는 8개의 set이 있어 chunk는 8개의 PTE로 이루어진다. 따라서 첫 번째 chunk(처음 8개 PTE)가 TLB에 매핑되고, 두 번째 chunk(다음 8개 PTE)도 TLB에 그대로 매핑된다. 따라서 많은 PTE가 같은 TLB entry로 매핑되게 된다.

캐시와 마찬가지로, TLB entry에는 'Tag' field가 있는데, 여기에는 어느 PTE를 저장하고 있는지에 대한 식별정보를 저장한다. 앞서 말한 것처럼, 많은 PTE가 같은 TLB에 매핑되기 때문이다. Tag field에는 virtual page number(VPN)를 저장하면 된다. 그림8-5에 보는 것처럼, PTE를 찾을 때 VPN를 사용하기 때문이다. 그런데 여기서 한가지 생각할 것은 Tag의 크기는 하드웨어 비용을 고려해 가능한 최소한으로 결정해야 한다는 것이다. 그러면 Tag에 저장해야 할 최소한의 정보는 무엇일까? VPN에서 'chunk ID' 부분이다. 각 chunk내에 있는 PTE가 매핑되는 TLB set은 이미 결정되어 있기 때문이다. 그림의 예에서 chunk ID 부분은 가상주소에서 상위 17-bit(=address[31:15])이다.

가상주소에 있는 VPN(=address[31:12])에서 8개의 PTE를 구별하는 하위 3-bit(=address[14:12])를 제외한 것이 address[31:15]이기 때문이다. TLB entry에 V-bit은 해당 entry가 유효한 정보를 담고 있는지를 나타낸다. 'V == 1'이면 유효한 정보이고 'V == 0'이면 그렇지 않은 정보라는 의미이다.

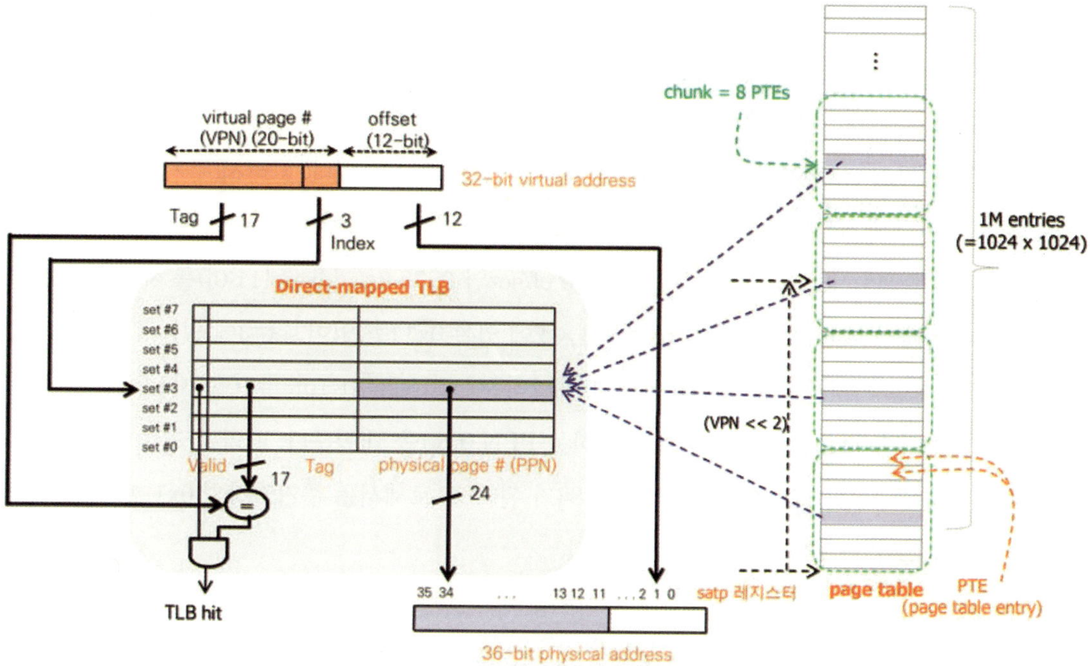

그림8-5 8개의 entry를 갖는 direct-mapped TLB 구조

캐시와 마찬가지로, TLB를 검색할 때도 하나의 set을 선택하고 거기에 있는 TLB entry에 찾는 정보가 있는지 알아본다. DM TLB에서는 하나의 TLB entry만 검색한다. Set마다 TLB entry가 하나만 있기 때문이다. 그림8-5에서는 가상주소 address[14:12]로 indexing하여 set을 선택한다. 그리고 거기에 속해 있는 TLB entry를 검색하는데, 'Tag == address[31:15]'이고 'V-bit == 1'이면 TLB hit이라고 하고, 그렇지 않으면 TLB miss라고 말한다. TLB hit은 해당 TLB entry가 가상주소에 대한 physical page number(PPN)를 가지고 있다는 의미이다. TLB hit일 경우 그림에 보는 것처럼, TLB에서 나온 PPN에 가상주소에 있는 12-bit offset을 붙이면 최종 36-bit 물리주소가 된다.

이제 DM TLB의 동작을 구체적으로 이해하기 위해 그림8-6 (a)에 있는 3개의 lw 명령어를 실행하며, DM TLB의 상태 변화와 가상주소에 따라 물리주소가 어떻게 결정되는지 알아보자. 명령어 실행 전 TLB에 있는 모든 entry는 invalid 상태이며, 주기억장치에는 그림8-6 (b)에 보여주는 페이지 테이블만 저장돼 있다고 가정한다.

먼저 ❶ lw x3, 0x784(x4) ('x4 = 0x3000' 가정)는 메모리 주소 0x3784에서 하나의 word를 읽는 명령어이다. 가상주소인 0x3784에서 index 부분은 'address[14:12] = 0x3'이다. 따라서 set#3를 선택하고 거기에 있는 TLB entry를 검색한다. 'V-bit == 0'으로 TLB miss이다. 따라서 주기억장치에 있는 page table에 접근해 해당 PTE를 TLB entry에 적재해야 한다. 가상주소 0x3784에서 virtual page number(VPN)은 3(=address[31:12])이다. Page offset인 0x784(=address[11:0])를 제외한 부분이기 때문이다. 따라서 페이지 테이블의 'base + 3 × 4'에 있는 0x11를 읽어 set#3에 있는 TLB entry에 저장한다. Tag에는 가상주소에서 chunk ID에 해당하는 'address[31:15] == 0'을 저장하고 'V-bit = 1'로 설정한다. 이제 TLB는 VPN 0x3에 해당하는 PPN 0x11을 내어준다. 따라서 최종 물리주소는 PPN(=0x11)에 offset(=0x784)을 붙인 0x1_1784가 된다. 프로세서는 주기억장치 0x1_1784 위치에서 하나의 word를 읽어 x3 레지스터에 저장한다.

	가상주소 (virtual address)	VPN	TLB index	page table index		결정된 물리주소 (physical address)
❶ lw x3, 0x784(x4) // x4 = 0x3000	0x3784	3	3	base + (3 × 4)	→	0x1_1784
❷ lw x5, 0x9a(x6) // x6 = 0x6000	0x609a	6	6	base + (6 × 4)	→	0x1_2345_609a
❸ lw x7, 0x48(x8) // x8 = 0xC000	0xC048	12(=0xC)	4	base + (4 × 4)	→	0x777_7048

(a) lw 명령어 실행에서 가상주소에 따라, (b)에 있는 page table을 참조해 결정된 물리주소

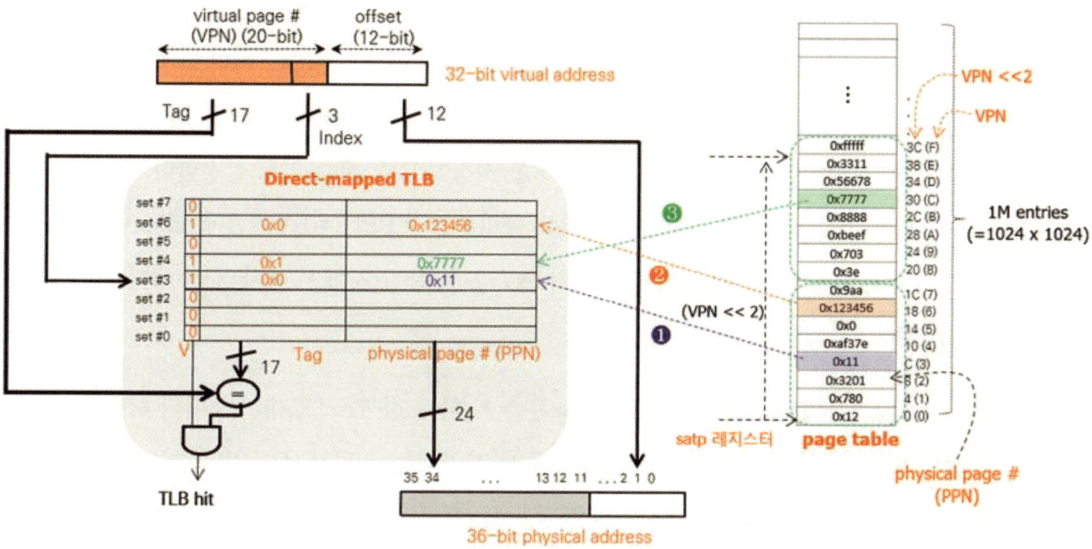

(b) (a)에 있는 lw 명령어 실행 후 DM TLB 상태: 초기에 TLB에 있는 모든 entry는 Invalid이며, 주기억장치에 page table만 준비되어 있다.

그림8-6 Directed-mapped TLB 동작 예제

두 번째 명령어 ❷ lw x5, 0x9a(x6) ('x6 = 0x6000' 가정)는 메모리 주소 0x609a에서 하나의 word를 읽는 명령어이다. 가상주소인 0x609a에서 index 부분은 'address[14:12] == 0x6'이다. 따라서 set#6를 선택하고 거기에 있는 TLB entry를 검색한다. 'V-bit == 0'으로 TLB miss이다. 따라서 주기억장치에 있는 page table에 접근해 해당 PTE를 TLB entry에 적재해야 한다. 가상주소 0x609a에서

'VPN == 0x6'이다. 따라서 페이지 테이블의 'base + 6 × 4'에 있는 0x123456을 읽어 set #6에 있는 TLB entry에 저장한다. Tag에는 가상주소에서 chunk ID에 해당하는 'address[31:15] == 0'을 저장하고 'V-bit = 1'로 설정한다. 이제 TLB는 VPN 0x6 해당하는 PPN 0x123456을 내어준다. 최종 물리주소는 PPN(=0x123456)에 offset(=0x09a)을 붙인 0x1_2345_609a가 된다. 프로세서는 주기억장치 0x1_2345_609a 위치에서 하나의 word를 읽어 x5 레지스터에 저장한다.

세 번째 명령어 ❸ lw x7, 0x48(x8) ('x8 = 0xC000' 가정)는 메모리 주소 0xC048 에서 하나의 word를 읽는 명령어이다. 가상주소인 0xC048에서 index 부분은 'address[14:12] == 0x4'이다. 따라서 set#4를 선택하고 거기에 있는 TLB entry를 검색한다. 'V-bit == 0'으로 TLB miss이다. 따라서 주기억장치에 있는 page table에 접근한다. 가상주소 0xC048에서 'VPN == 0xC' 이다. 따라서 페이지 테이블의 'base + 12 × 4'에 있는 0x7777을 읽어 set #4에 있는 TLB entry에 저장한다. Tag에는 가상주소에서 chunk ID에 해당하는 'address[31:15] == 1'을 저장하고 'V-bit = 1'로 설정한다. 이제 TLB는 VPN 0xC 해당하는 PPN 0x7777을 내어준다. 최종 물리주소는 PPN(=0x7777)에 offset(=0x048)을 붙인 0x777_7048이 된다. 프로세서는 주기억장치 0x777_7048 위치에서 하나의 word를 읽어 x7 레지스터에 저장한다.

그럼 TLB miss가 발생했을 때 **page table walk**은 **누가** 하는 걸까? 프로세서에 따라 **하드웨어**가 하기도 하고 **소프트웨어**가 하기도 한다. 두 가지를 모두를 제공하는 프로세서도 있다. 하드웨어가 한다는 것은 TLB miss가 발생하면 page table에서 해당 entry를 읽어 TLB로 저장하는 일련의 과정을 하드웨어 스스로 하도록 만들었다는 것이다. 소프트웨어가 한다는 것은, 6.2절에서 설명한 익셉션exception 방식으로 처리한다는 것을 말한다. TLB miss도 익셉션의 한 종류이기 때문이다. 이 경우 ISA에서는 TLB 접근을 위한 특별한 명령어를 제공한다.

8.2.2 Set-associative TLB

Set-associative TLB(SA TLB)는 하나의 set에 여러 개의 entry가 있는 TLB이다. 하나의 set에 n개의 entry가 있으면 n-way SA TLB라고 부른다. 같은 용어로 사용하면 DM TLB는 1-way SA TLB이다. 하나의 set에 1개의 entry만 있기 때문이다. 그림8-7은 128개의 entry가 있는 4-way SA TLB 구조를 보여준다. 여기서도 32-bit 가상주소와 36-bit 물리주소를 가정하였다. 4-way SA TLB는 하나의 set에 4개의 entry가 있어 set의 개수는 32개(=128-entry ÷ 4)이다. 캐시와 마찬가지로, 같은 set에 있는 entry들은 다른 way에 있다고 말한다.

SA TLB의 매핑 방식은 DM TLB 같다. 단, n-way SA TLB는 하나의 set에 n개의 TLB entry가 있어, TLB miss가 발생하면 해당 PTE가 n개의 TLB entry 중 하나에 들어갈 수 있다. 그림8-7에 있는 4-way SA TLB의 예에서는, 하나의 set에 4개의 TLB entry가 있어 넷 중 하나에 들어갈 수 있다. 이때 상대적으로 오랫동안 사용되지 않은 LRU entry에 넣는 것이 좋다. 지역성locality 특성에 따라 최근 접근한 TLB entry는 그대로 남겨두는 게 좋기 때문이다. 캐시에서 설명한 것처럼, 4-way 구조에서 LRU를 구현하려면 각 set 별로 5-bit가 필요하다.

그림8-7에 TLB에서 PPN을 읽을 때 어떤 하드웨어 로직을 거치는지 생각해보자. 가상주소에서 index 부분(=address[16:12])으로 하나의 set을 선택하고, 거기에 있는 TLB entry 4개를 동시에 검색한다. 즉, 그림과 같이 Tag와 address[31:17]를 동시에 비교해 TLB hit 여부를 결정한다. 4:1 mux는 hit이 발생한 way로부터 나온 PPN을 출력하는 역할을 한다. 각 way에서 나온 hit 정보를 4:1 mux의 select 신호로 사용해 최종 PPN을 출력한다.

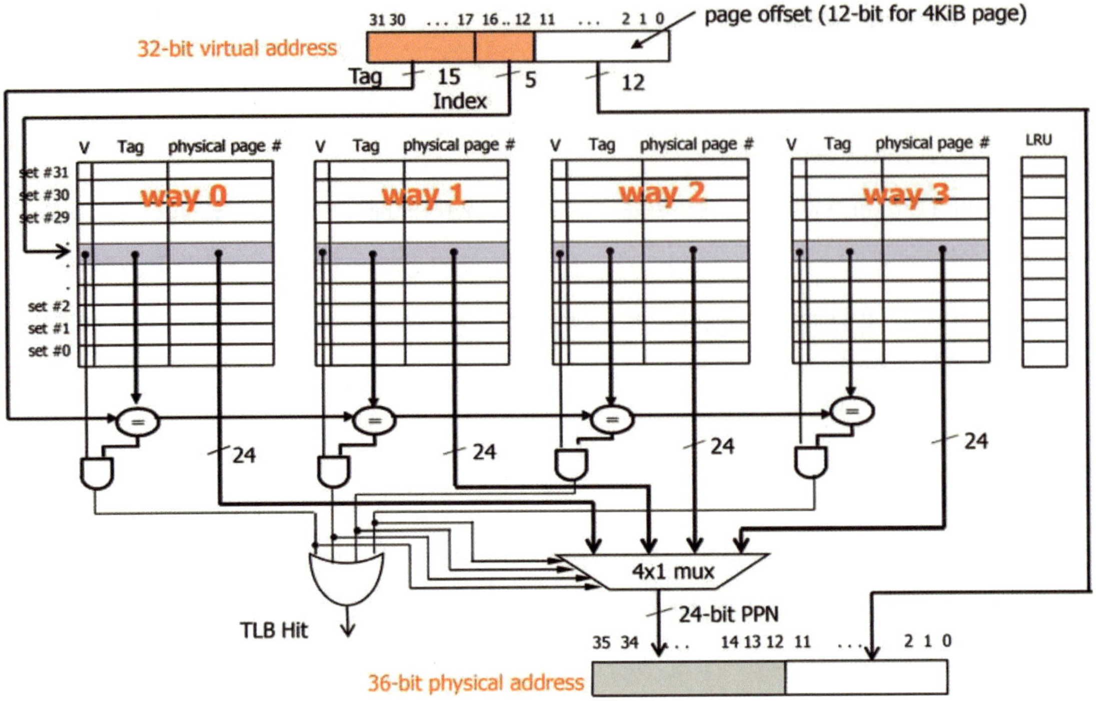

그림8-7 128개의 entry를 갖는 4-way set-associative TLB 구조

8.2.3 Fully-associative TLB

Fully-associative TLB(FA TLB)는 하나의 set만 있는 TLB이다. TLB miss가 발생하면, PTE가 TLB에 있는 어느 entry에든 저장될 수 있다. TLB를 검색할 때는 항상 모든 entry를 검색한다.

페이지폴트page fault: TLB miss를 처리하는 과정에서 두 가지 상황이 발생할 수 있는데, 처리가 비교적 간단한 simple TLB miss와 복잡하고 시간이 오래 걸리는 페이지폴트이다. Simple TLB miss는 접근하려는 페이지가 이미 주기억장치에 적재되어 있는 경우이며, 페이지폴트는 접근하려는페이지가 주기억장치에 적재돼 있지 않아 하드디스크에서 가져와야 하는 상황을 일컫는 말이다. 그림8-8은 두 가지 상황을 도식적으로 표현한 그림이다. 그림에서 TLB에 있는 모든 entry는 invalid 상태이다. 따라서 CPU에서 메모리 접근 명령어 실행하면 TLB miss가 발생한다. 그러면 page table을 참조하여 해당 PTE를 TLB로 가져와야 한다. 만약 읽어와야 할 PTE가 ❶ (V ==1)이라면 simple TLB miss이고 ❷ (V ==0)이면 페이지폴트이다. ❶의 경우는 해당 페이지가 이미 주기억장치에 적재돼 있어, PTE를 TLB로 가져오면 처리가 끝난다. ❷는 해당 페이지가 주기억장치에 적재돼 있지 않아(V == 0) 복잡한 처리 과정을 거쳐야 한다. 먼저 하드디스크에서 해당 페이지를 주기억장치로 적재해야 하고, page table의 해당 PTE를 주기억장치에 적재된 물리페이지 번호로 업데이트한 후, PTE를 TLB로 가져와야 한다. 이 과정 중 특히 하드디스크 접근은 시간이 아주 오래 걸리는 일이다. 하드디스크는 기계장치로, 로봇팔과 같은 arm을 움직여 데이터가 있는 곳에 위치시켜야 데이터에 접근할 수 있기 때문이다.

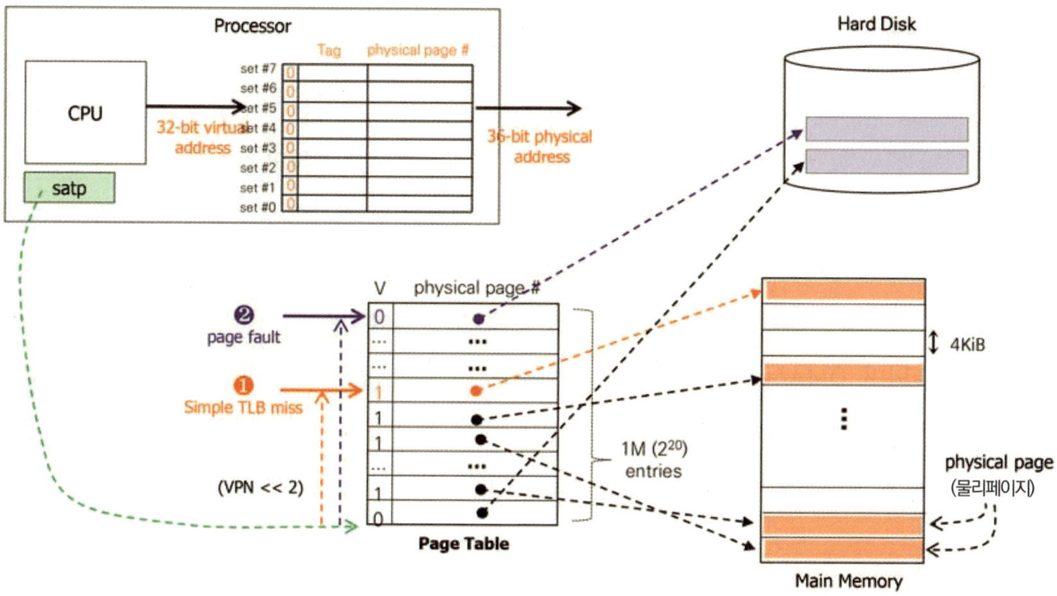

그림8-8 Simple TLB miss와 page fault

TLB miss와 페이지폴트를 CPU 파이프라인과 연계해서 생각해보자. 그림8-9는 load 명령어가 파이프라인을 따라 실행될 때, MEM 단계에서 발생한 TLB miss 처리 과정을 도식화한 그림이다. 여기서는 하드웨어가 page table walk을 한다고 가정하였다. 그림8-9 (a)는 simple TLB miss가 발생한 경우이다. 'lw x5, 8(x3)' 명령어 실행 중 EXE 단계에서 결정된 가상주소 'x3 + 8'로 메모리에 접근하는데, 이때 TLB miss가 발생하였다. 그러면 파이프라인이 stall 되며, 하드웨어가 page table walk을 하여 해당 PTE가 TLB entry로 적재한다. 그러면 TLB는 가상주소('x3 + 8')에 해당하는 물리주소를 출력할 수 있다. 이제 주기억장치에서 물리주소에 있는 데이터를 읽어, WB 단계에서 x5 레지스터에 저장한다. 그림에 표시한 것처럼 stall되는 시간은 'page table walk에 걸리는 시간 + 데이터 접근시간'에 따라 결정된다.

그림8-9 (b)는 'lw x5, 8(x3)' 명령어 실행 중 MEM 단계에서 페이지폴트가 발생한 경우이다. 이를 처리하기 위해서는 하드디스크에서 해당 페이지를 주기억장치로 가져와야 하는데 이 과정은 ~msec 정도 소요되는 아주 오래 걸리는 작업이다. 따라서 운영체제는 현재 실행 중인 process(또는 task)를 중단시키고, 대기 중인 다른 process를 실행시킨다. 그리고 하드디스크에서 주기억장치로 요청한 페이지를 가져오는 작업은 DMA^Direct Memory Access^를 통해 CPU 관여 없이 일어난다. 주기억장치에 페이지 적재가 완료되면, DMA는 CPU에게 인터럽트를 보내 작업이 끝났다는 것을 알려준다. 그러면 운영체제는 중단시켰던 process를 다시 실행시키는데, 그림에 보는 것처럼 faulting instruction인 'lw x5, 8(x3)' 명령어부터 시작한다. 페이지폴트로 lw 명령어 실행이 중단되었었기 때문이다.

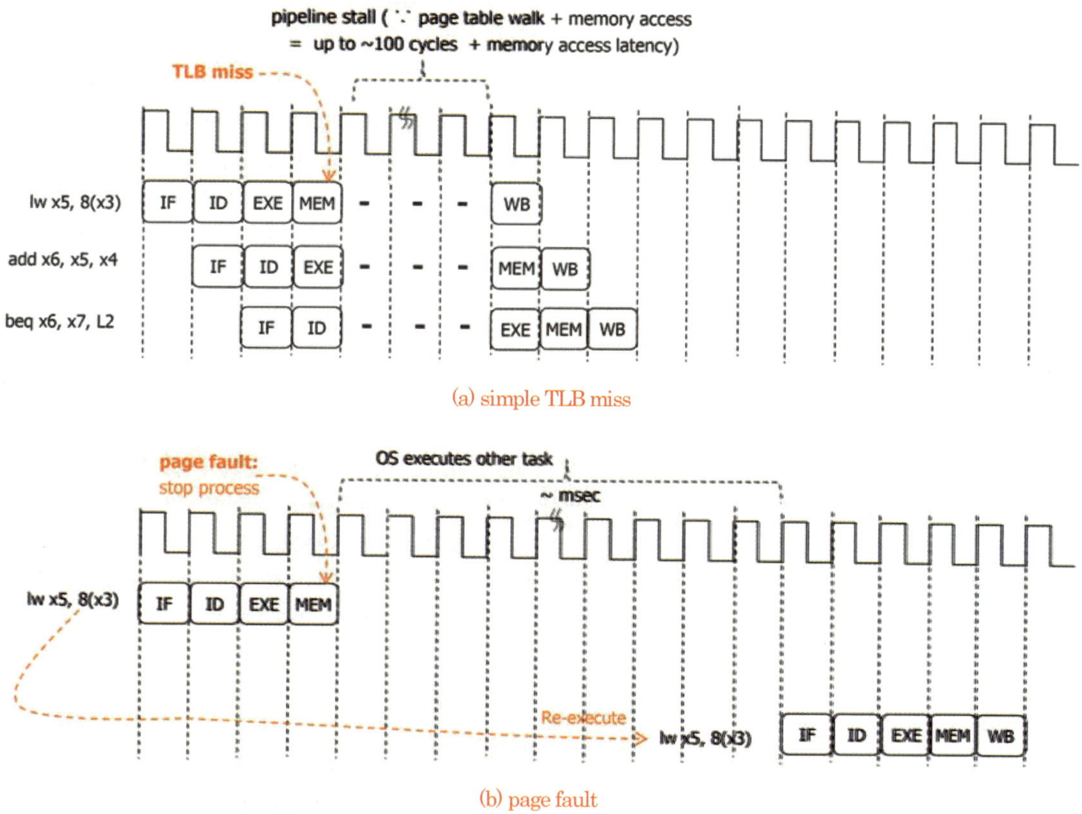

그림8-9 TLB miss와 페이지폴트 처리에서 CPU pipeline 상태

읽어보기

DMA Direct Memory Access

DMA는 CPU 관여없이 디바이스 간에 데이터를 주고받는 방법으로, 컴퓨터 시스템에서 빠른 데이터 전송이 필요한 경우에 주로 사용된다. 그림8-10은 네트워크 카드NIC에 있는 버퍼buffer에서 메모리로 1KiB 데이터를 전송하는 예를 보여준다. ❶ 위치에서 ❷ 위치로 데이터를 전송하는 예이다. DMA 동작을 위해서는 이것을 관장하는 하드웨어 모듈이 필요한데 일반적으로 DMA controller라고 부른다. DMA controller는 그림에 보여주는 것과 같은 레지스터를 제공한다. Source register는 데이터를 공급하는 source의 주소를 저장하는 레지스터로 그림의 예에서는 ❶을 저장한다. Destination register는 데이터를 받을 destination의 주소를 저장하는 레지스터로 그림의 예에서는 ❷를 저장한다. Size register에는 전송할 데이터의 크기로 그림의 예에서는 1KiB에 해당하는 1024를 프로그램한다. 데이터전송은 버스를 통해 6장 DIMM에서 설명한 burst transfer와 같은 방식으로 이루어진다. 전송을 마친 후, DMA controller는 인터럽트를 발생시켜 프로세서에게 전송이 끝났음을 알린다.

그럼 DMA를 지원하지 않는 시스템에서는 디바이스에서 디바이스로 데이터를 어떻게 전달해야 할까? 프로그램을 통해 데이터를 주고받아야 한다. 그림 ⓑ와 같이, 'lw 명령어'로 NIC에서 첫 번째 word를 읽어 레지스터에 저장하고, 'sw 명령어'로 그 레지스터 값을 메모리로 저장한다. 이 과정을 256번 반복하면 1KiB를 복사할 수 있다. 이 같은 방식은 연속된 많은 양의 데이터를 주고받을 때는 아주 비효율적이다. CPU에서 코드를 읽어 실행하는 데 시간이 걸릴 뿐 아니라, 메모리에 있는 데이터를 매번 접근하는 데 많은 시간이 걸리기 때문이다.

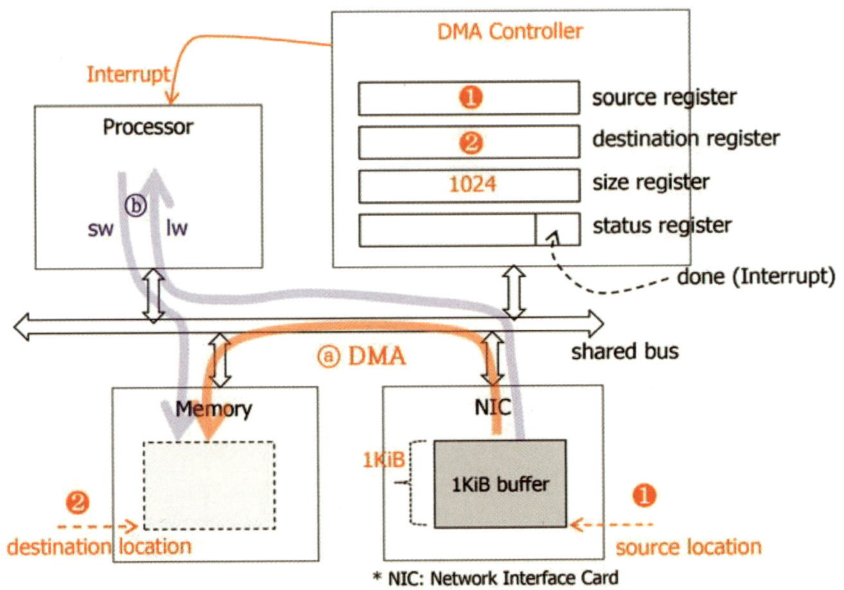

그림8-10 디바이스간의 데이터 전송을 위한 방법: ⓐ DMA를 이용한 전송, ⓑ 프로그램을 통한 전송

읽어보기

하드디스크는 I/O 장치?

하드디스크는 non-volatile 저장장치storage device로 컴퓨터에 있는 모든 프로그램과 데이터가 저장되어 있다. 그럼 하드디스크는 컴퓨터에서 메모리, I/O 장치 중 무엇으로 분류될까? **하드디스크는 I/O 장치**이다. 프로세서 관점에서는 주기억장치만이 메모리이다. 주기억장치는 물리주소physical address에 연결되어 있어 load, store와 같은 메모리 접근 명령어로 access 할 수 있기 때문이다. 하드디스크는 물리주소로 access 할 수 없다.

그림8-11은 하드디스크 실제 사진과 그 구조를 도식화한 그림이다. 하드디스크는 platter로 구성되며, platter 표면에는 데이터를 저장할 수 있는 자기물질magnetic substance이 코팅되어 있다. **각 platter는 track으로 구성**되고, **track**은 **sector로 구성**된다. **데이터**는 **sector 단위로 접근**하는데 sector에 있는 데이터의 크기는 일반적으로 512-byte이다. Sector에 있는 데이터에 접근하기 위해서는 디스크에 있는 팔arm을 움직여 head를 해당 sector에 위치시켜야 한다. 과거 하드디스크에서는 데이터 접근을 할 때 디스크의 물리적 구조에 기반한 addressing을 사용하였다. 다시 말하면 소프트웨어는 Cylinder 번호(16-bit), Head 번호(4-bit), Sector 번호(8-bit)를 명시하는 **CHS addressing 방식**을 사용하였다. 이에 따르면 section의 개수는 $2^{28}(=2^{16} \times 2^4 \times 2^8)$개 이다. 그 후 이러한 물리적 구조에 따른 방식이 아닌, sector가 linear 하게 나열되어 있다고 생각하고 접근하는 방식을 사용하고 있다. 이 방식은 LBAlogical block addressing이라고 부르는데, 48-bit 레지스터를 통해 2^{48}개의 sector에 접근할 수 있도록 하였다.

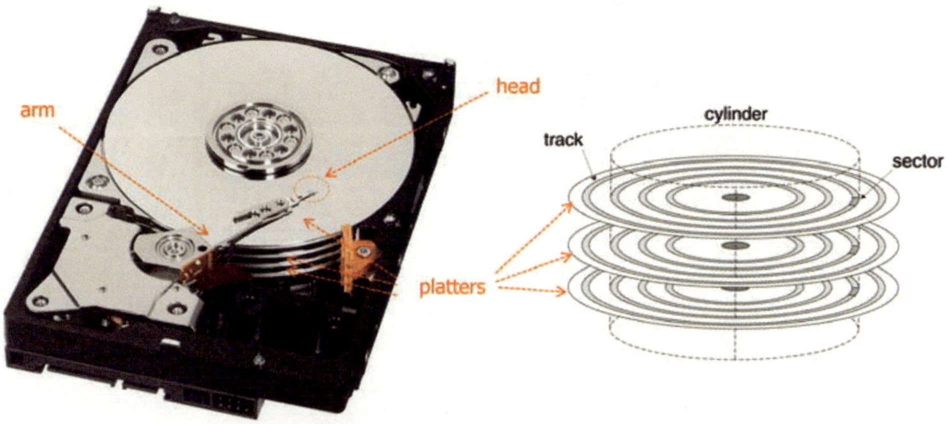

그림8-11 하드디스크 내부 사진과 물리적 구조

출처 https://tldp.org/LDP/sag/html/hard-disk.html
https://www.amazon.in/Western-Digital-Digital20EZRZ-Internal-Drive/dp/B013QFRS2S

8.3 32-bit RISC-V에서 가상메모리 구현

RISC-V에서 가상메모리를 구현하는 방식은, 가상주소의 크기에 따라 Sv32, Sv39, Sv48 이렇게 3가지가 있다. Sv32는 32-bit 가상주소, Sv39는 39-bit 가상주소, Sv48은 48-bit 가상주소를 지원하는 프로세서에서 사용하는 방식이다. 이 교재에서는 32-bit RISC-V에서 사용하는 **Sv32 방식에 대해 알아본다**.

그림8-12는 Sv32 방식에서 32-bit 가상주소를 34-bit 물리주소로 **변환**하는 과정을 보여준다. RISC-V에서는 4KiB 페이지만을 지원한다. 따라서 가상페이지 번호VPN는 32-bit 가상주소의 상위 20-bit이며, 물리페이지 번호PPN는 34-bit 물리주소의 상위 22-bit이다. Sv32에서 주소변환을 위해서는 2-level page table을 거쳐야 한다. 즉 1st-level(L1) **테이블**, 2nd-level(L2) **테이블** 이렇게 2개의 페이지 테이블을 거쳐야, VPN에 해당하는 PPN을 찾을 수 있다. L1 테이블은 1024개의 PTE로 구성되

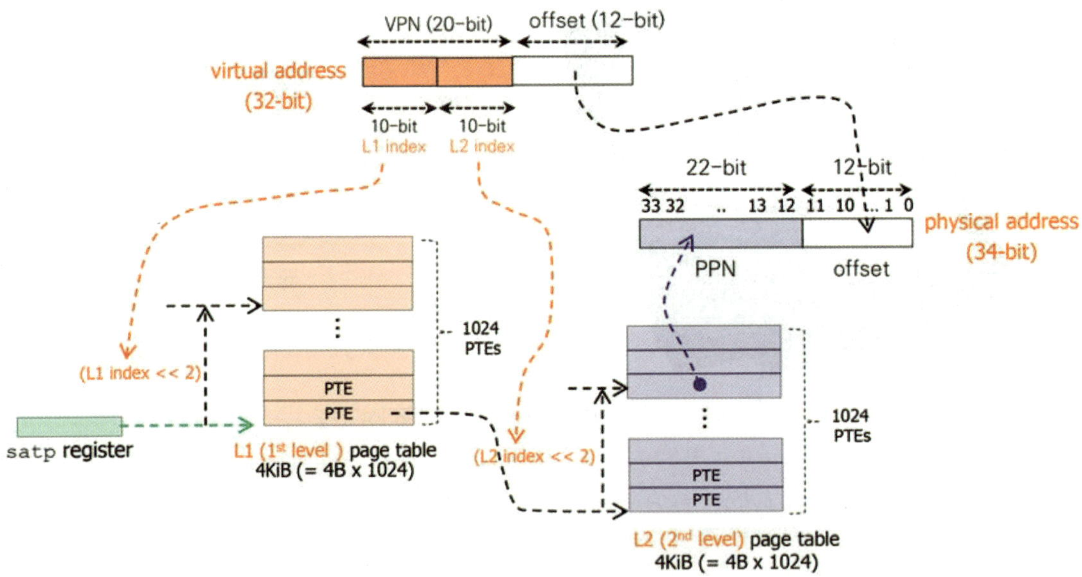

그림8-12 Sv32에서 2-level page table을 통한 가상주소 → 물리주소 변환

는데, 각 PTE는 L2 테이블의 시작주소를 담고 있다. 즉 4GiB 가상공간을 4MiB 단위로 나누면 1024개로 구성되는데, L1 테이블에 있는 각 PTE는 해당 4MiB 주소변환을 위한 L2 테이블의 시작주소를 가지고 있다. L2 테이블도 1024개의 PTE로 구성된다. 앞서 말한 4MiB 가상공간을 4KiB로 나누면 1024개로 구성되는데, 각 PTE는 해당 4KiB VPN에 대응되는 PPN을 가지고 있다. L1과 L2 페이지 테이블을 만든 후, satp 레지스터는 L1 page table의 시작주소로 설정해야 한다.

그럼 2-level 페이지 테이블에서, VPN에 따라 PPN을 찾는 page table walk **방법**을 알아보자. 그림 8-12에 보는 것처럼, L1 테이블에 접근할 때는 가상주소의 상위 10-bit인 address[31:22]를 이용해, 1024개 PTE 중 하나를 선택한다. 각 PTE는 4MiB(=2^{22}) 가상공간에 대한 정보이기 때문에 하위 22-bit인 address[21:0]는 사용하지 않는다. 이렇게 선택된 PTE는 L2 테이블의 시작주소를 담고 있다. L2 테이블에 접근할 때는 가상주소의 다음 10-bit인 address[21:12]를 이용해, 1024개 PTE 중 하나를 선택한다. L2 테이블은 4KiB(=2^{12}) 가상페이지에 대한 정보이기 때문에, offset에 해당하는 하위 12-bit인 address[11:0]은 사용하지 않는다. 이렇게 선택된 PTE는 물리페이지 번호(PPN)를 가지고 있다.

L1, L2 테이블에서 PTE의 크기는 모두 4-byte이다. 따라서 L1, L2 테이블의 크기는 각각 4KiB (=1024 × 4-byte)이다. 그리고 L1, L2 테이블의 시작 위치에 대한 제약이 있는데, 각 테이블은 4KiB에 정렬align된 주소에서 시작해야 한다. 3.4.1절에서 설명한 것처럼, 주소가 4KiB에 정렬된다는 말은 '시작주소 ÷ 4KiB(=0x1000)'를 하면 나머지가 0이어야 한다는 뜻이다. 예를 들어 시작주소 0x8000, 0x9000, 0x18000는 4KiB에 정렬된 주소이다. 하지만 0x9800은 4KiB에 정렬된 주소가 아니다. '0x9800 ÷ 0x1000'를 하면 나머지가 0x800으로 0이 아니기 때문이다.

그림8-13은 Sv32에서 정의하는 PTE의 형태와 각 field의 의미를 정리한 그림이다. L1과 L2 테이블에서 같은 형식을 사용하는데, PTE에는 22-bit PPN과 그 페이지에 대한 부가정보가 들어간다. 부가정보 중 'R, W, X' field는 주소변환에서 중요한 역할을 한다. 'R, W, X'를 모두 0으로 설정하면 해당 PTE에 있는 PPN 정보는 L2 테이블의 시작주소라는 의미이다.

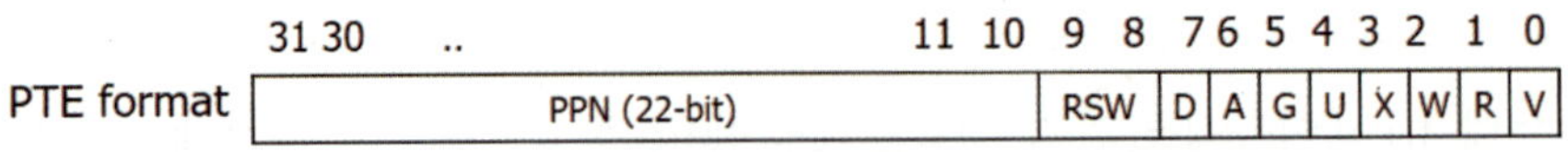

(a) Sv32에서 PTE 형태

<table>
<tr><th>Field</th><th colspan="4">설명</th></tr>
<tr><td>V (Valid)</td><td colspan="4">PTE의 유효 여부를 나타낸다. 'V == 1'이면 유효한 entry이다.</td></tr>
<tr><td rowspan="9">R (Readable)
W (Writable)
X (Executable)</td><th>X</th><th>W</th><th>R</th><th>의미</th></tr>
<tr><td>0</td><td>0</td><td>0</td><td>L2 page table을 가리키는 pointer</td></tr>
<tr><td>0</td><td>0</td><td>1</td><td>read-only page</td></tr>
<tr><td>0</td><td>1</td><td>0</td><td>write-only page</td></tr>
<tr><td>0</td><td>1</td><td>1</td><td>read-write page</td></tr>
<tr><td>1</td><td>0</td><td>0</td><td>execute-only page</td></tr>
<tr><td>1</td><td>0</td><td>1</td><td>read-execute page</td></tr>
<tr><td>1</td><td>1</td><td>0</td><td>reserved</td></tr>
<tr><td>1</td><td>1</td><td>1</td><td>read-write-execute page</td></tr>
<tr><td>U (User page)</td><td colspan="4">User mode에서 접근 가능 여부를 나타낸다. 'U == 1'이면 접근 가능</td></tr>
<tr><td>G (Global)</td><td colspan="4">모든 virtual address space에 있는 global page라는 의미이다.</td></tr>
<tr><td>A (Accessed)</td><td colspan="4">해당 페이지에 접근(access)했다는 것을 의미한다.</td></tr>
<tr><td>D (Dirty)</td><td colspan="4">해당 페이지가 업데이트됐다는 것을 의미한다.</td></tr>
<tr><td>RSW (2-bit)</td><td colspan="4">reserved</td></tr>
<tr><td>PPN (22-bit)</td><td colspan="4">Physical Page Number</td></tr>
</table>

(b) (a)에 있는 각 field의 의미

그림8-13 Sv32에서 PTE 형태 및 각 field의 의미

PTE에 있는 부가정보를 요약하면 각 page에 대한 접근 허용permission, 보안security 그리고 페이지 관리를 위한 정보이다. R, W field는 말 그대로 해당 페이지에 대해 읽기R 또는 쓰기W 허용 여부를 나타내는 것으로, 해당 페이지에서 load 명령어 또는 store 명령어로 읽기 또는 쓰기를 할 수 있는지 명시한다. X field는 해당 페이지에서 실행eXecute을 허용하는지 여부를 나타낸다. 그런데 해당 페이지에서 실행한다는 말이 무슨 의미일까? 해당 페이지에서 명령어를 읽는 것instruction fetch을 말한다. 프로세서가 명령어를 읽는다는 것은 결국 그것을 실행한다는 의미이기 때문이다. R, W, X field는 이처럼 어떤

동작의 허용 여부를 명시하는데, 보안 측면에서도 중요한 역할을 한다. 만약 해커가 데이터가 저장된 W(=wirte-only) 페이지에 shellcode를 심어놓고, 어떤 방법으로든 PC 레지스터를 설정하여 shell-code의 실행을 시도한다고 가정하자. 그러면 write-only 페이지에서 명령어를 읽으려 했기 때문에 익셉션exception이 발생하고 이를 통해 해킹 시도를 차단할 수 있다.

Uuser field는 해당 페이지를 user mode에서 접근할 수 있는지 여부를 명시한다. 'U == 1'이면 사용자 프로그램이 접근할 수 있는 페이지를 의미한다. 이를 통해 User mode에 있는 사용자 프로그램과 Supervisor mode에 있는 운영체제가 접근할 수 있는 페이지를 분리하고 접근을 제한하려는 목적이다. Gglobal field는 해당 페이지가 global 페이지라는 것을 명시한다. 'G == 1'이면 global 페이지라는 의미로 모든 virtual address space에 있는 페이지라는 의미이다. 다시 말하면 모든 application 실행에 공통적으로 필요한 페이지를 global 페이지로 설정한다.

Aaccessed field는 load, store 명령어 또는 instruction fetch를 위해 해당 페이지에 접근하면 '1'로 설정된다. A-bit은 운영체제에서 교체replacement 알고리즘을 구현할 때 활용될 수 있다. 하드디스크에서 새로운 페이지를 주기억장치로 적재할 때, 운영체제는 주기억장치에 있는 페이지 중 victim을 선정해야 한다. 이때 A-bit을 활용해 최근에 접근하지 않은 페이지 중 하나를 victim으로 선정할 수 있다. 프로그램에 있는 locality 특성을 활용하기 위해 가능한 LRU 페이지를 victim으로 선정하려는 것이다.

Ddirty field는 store 명령어로 해당 페이지가 업데이트될 때 설정된다. 그러니까 'D == 1'은 주기억장치에 있는 해당 물리 페이지가 변경됐다는 걸 의미한다. 주기억장치는 휘발성volatile 메모리로, 변경된 페이지는 최종적으로 하드디스크에 저장돼야 한다. 운영체제는 주기억장치에 있는 페이지 중, 'D == 1'로 설정된 페이지를 하드디스크에 저장한다.

그림8-14는 2-level page table을 통해 4KiB 페이지에 대한 매핑을 구현한 예제이다. ❶, ❷는 각각 VPN 0, 1023으로 가상공간의 첫 4MiB에 속해 있다. 따라서 L1 테이블의 첫 번째 entry를 사용해야 한다. 그림에 도식화한 것처럼, L1 테이블의 첫 번째 entry는 L2 테이블 ⓐ의 시작주소를 담고 있다. VPN 0에 대한 변환정보는 L2 테이블(ⓐ)의 첫 번째 PTE가 담당하고, VPN 1023에 대한 변환정보는 L2 테이블(ⓐ)의 마지막 PTE가 담당한다. 따라서 그림에 보여주는 것처럼, 해당 PTE에 'PPN =

3', 'PPN = 6'을 각각 설정하였다. ❸은 VPN 2049로 가상공간의 세 번째 4MiB에 속해 있다. 따라서 L1 테이블의 세 번째 entry를 사용해야 한다. 그림에 표현한 것처럼, L1 테이블의 세 번째 entry는 L2 테이블 ⓑ의 시작주소를 담고 있다. VPN 2049에 대한 변환정보는 L2 테이블(ⓑ)의 두 번째 PTE가 담당하여, 해당 entry에 'PPN = 1'로 설정하였다.

	가상페이지 번호(VPN) (가상주소)		물리페이지 번호(PPN) (물리주소)
❶	VPN 0 (0x0000_0000 ~ 0x0000_0FFF)	→	PPN 3 (0x0000_3000 ~ 0x0000_3FFF)
❷	VPN 1023 (0x003F_F000 ~ 0x003F_FFFF)	→	PPN 6 (0x0000_6000 ~ 0x0000_6FFF)
❸	VPN 2049 (0x0080_1000 ~ 0x0080_1FFF)	→	PPN 1 (0x0000_1000 ~ 0x0000_1FFF)

(a) 2-level page table을 통해 구현하려는 'VPN → PPN' 매핑

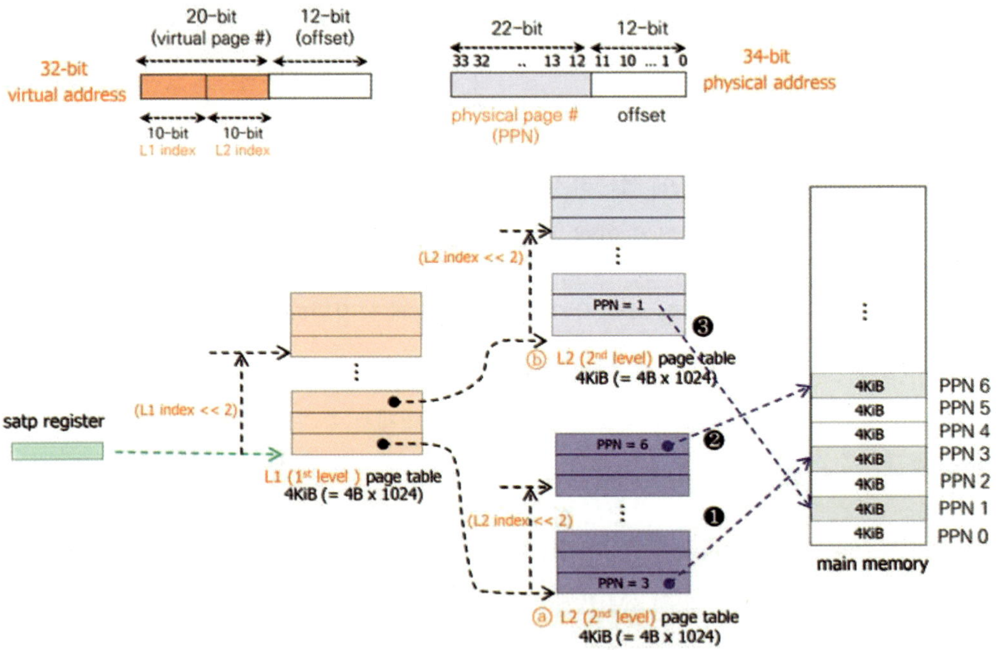

(b) (a)에 있는 매핑을 구현한 L1, L2 페이지 테이블

그림8-14 Sv32에서 정의하는 2-level page table을 이용한 'VPN → PPN' 매핑 예제

그림8-15는 satp 레지스터의 형태와 각 field에 대한 자세한 내용이다. 앞서 말한 것처럼, satp 레지스터에는 L1 테이블의 시작주소를 저장해야 한다. 시작주소는 그림8-15 (a)에 있는 'PPN' field에 저장해야 하는데, 이것의 의미는 34-bit 물리주소의 상위 22-bit만 명시한다는 것이다. Sv32에서 페이지 테이블은 4KiB에 정렬되어야 하여 하위 12-bit은 명시하지 않는다. 따라서 satp 레지스터에 있는 정보를 바탕으로 L1 테이블 시작주소를 만들려면, PPN을 왼쪽으로 12-bit shift(PPN << 12) 하면 된다. ASID는 Address Space ID의 약자로, 현재 실행하는 각 사용자 프로그램마다 ID를 부여하기 위한 용도이다. 가상메모리 시스템에서는 각 사용자 프로그램이 가상공간을 독점하여 사용한다. 따라서 ID를 부여해 현재 가상공간이 어느 프로그램을 위해 사용되고 있는지 구별하려는 것이다. 상용 프로세서에서는 대부분 TLB entry에 ASID 정보를 저장할 수 있도록 설계되어 있다. 그러면 TLB entry가 어느 가상주소 공간(어느 프로그램)을 위한 변환정보인지 구별할 수 있기 때문이다.

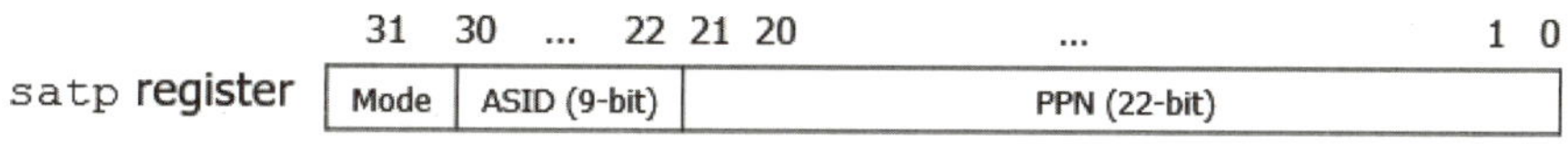

(a) satp 레지스터 형태

Field	설명
M (Mode)	0: No translation 1: Sv32 page-based virtual memory
ASID (9-bit)	Address Space ID
PPN (22-bit)	Physical Page Number

(b) satp 레지스터 field의 의미

그림8-15 satp 레지스터 형태 및 각 field 의미

그림8-16은 PTE 부가정보와 ASID field를 갖추고 있는 8-entry DM TLB 구조를 보여준다. 그럼 TLB entry에 있는 이러한 field는 어떻게 채워지는 걸까? TLB miss가 발생하면, PTE에 있는 PPN 및 부가정보가 TLB entry에 채워진다. 그리고 이때 satp 레지스터에 있는 ASID 정보도 TLB entry에 저장된다. 그림은 또한 TLB가 사용자 프로그램인 bubble sort, mp3 player, hello world를 위한 주소변환 정보로 차 있는 것을 예로 보여주고 있다. 운영체제는 각 프로그램이 실행되는 가상공간에

ID를 부여하는데, 'bubble sort=3, mp3 player=7, hello world=12'를 부여했다고 가정하였다. 따라서 set#2, #4, #5에 있는 'ASID == 3'인 entry는 'bubble sort'에 대한 변환정보이고, set#7에 있는 'ASID == 7'인 entry는 'mp3 player'에 대한 변환정보이며, set#0, #1, #3, #6에 있는 'ASID == 12'인 entry는 'hello world'에 대한 변환정보이다. 프로세서는 현재 'hello world'를 실행 중이다. stap 레지스터에 있는 'ASID == 12'이기 때문이다.

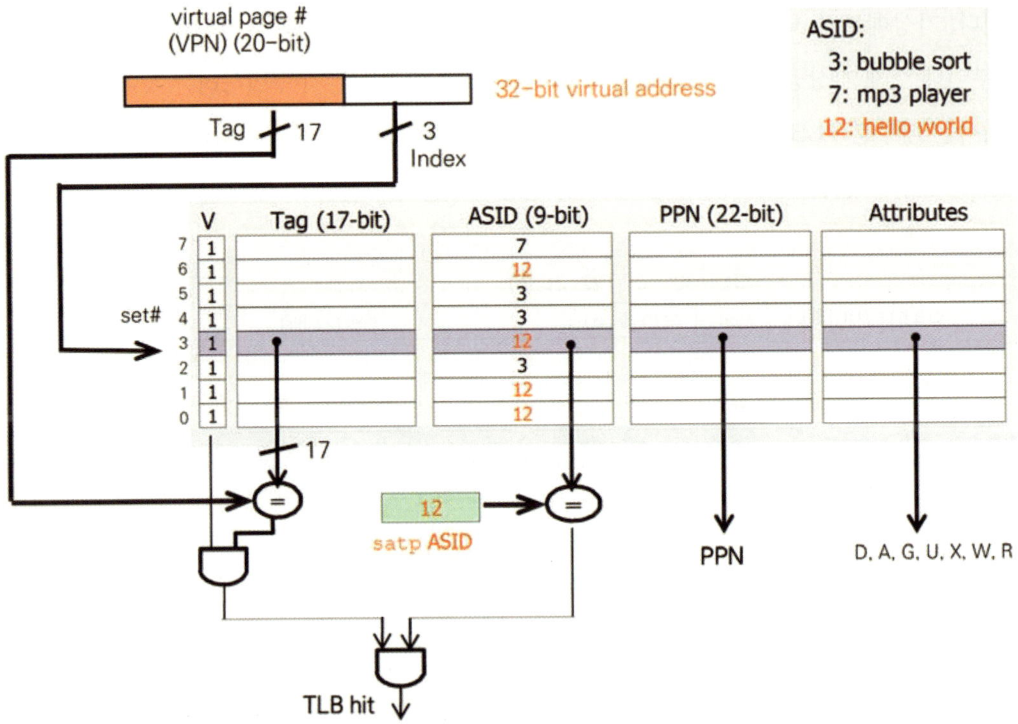

그림8-16 PTE 부가정보와 ASID field가 있는 8-entry direct-mapped TLB 구조

8.4 Cache와 TLB

지금까지 캐시와 TLB 각각에 대해 알아보았다. 캐시는 주기억장치에 있는 명령어와 데이터를 임시로 저장하는 메모리이고, TLB는 페이지 테이블에 PTE를 임시로 저장하는 메모리이다. 그럼 프로세서에서 캐시와 TLB는 어떤 관계이며 어떻게 연결되어 있을까? TLB는 항상 CPU로부터 나오는 가상주소를 받아 물리주소를 출력한다. 그럼 캐시에 접근은 가상주소와 물리주소 중 무엇으로 해야 할까? 캐시는 indexing에 사용하는 주소와 Tag에 저장되는 주소의 종류에 따라 아래와 같은 4가지 다른 종류가 있다.

- VIVT: Virtually Indexed, Virtually Tagged
- VIPT: Virtually Indexed, Physically Tagged
- PIVT: Physically Indexed, Virtually Tagged
- PIPT: Physically Indexed, Physically Tagged

4가지 종류 중 상용 프로세서에서 주로 사용되는 VIPT와 PIPT에 대해 예와 함께 알아보자. 그림 8-17은 Xilinx사에서 출시한 칩에 내장된 Cortex-A9 프로세서에 있는 메모리 계층구조이다. 캐시와 TLB 모두 2-level 구조로 설계되어 있다. L1 캐시는 명령어 캐시와 데이터 캐시로 분리되어 있고, L2 캐시는 명령어와 데이터 모두를 저장하는 unified 구조로 되어있다. L1 TLB도 명령어 페이지에 대한 주소변환 정보를 저장하는 ITLB와 데이터 페이지에 대한 주소변환 정보를 저장하는 DTLB로 분리되어 있다. L2 TLB는 명령어 페이지와 데이터 페이지에 대한 주소변환 정보 모두를 저장하는 unified 구조로 되어있다.

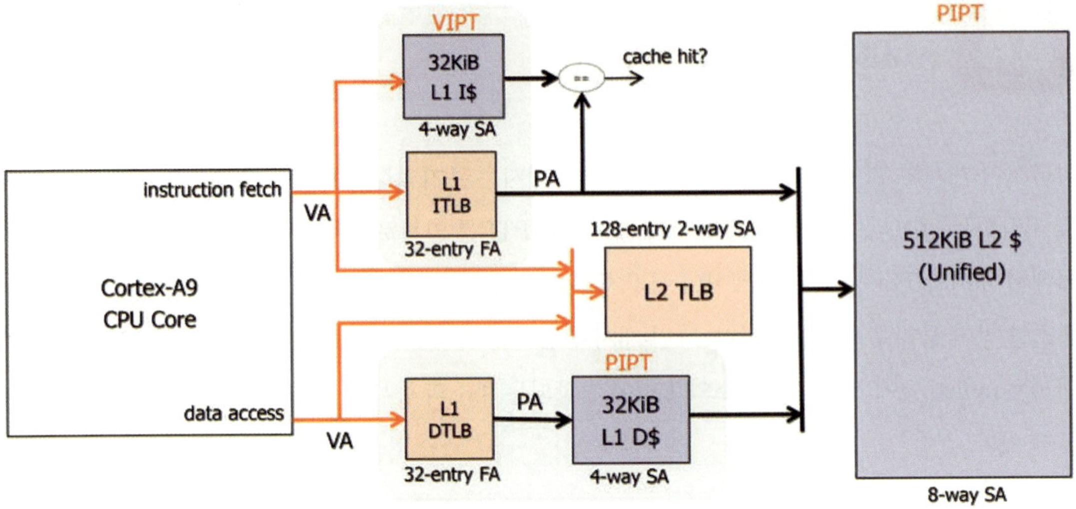

그림8-17 Cortex-A9 프로세서에 있는 메모리 계층구조: Xillinx사에서 출시한 Zynq-7000 예시

L1 캐시의 구현 방식을 살펴보자. L1 명령어 캐시(I$)는 VIPT 방식으로, indexing 할 때는 가상주소를 사용하고 Tag에는 물리주소를 저장한다. L1 데이터 캐시(D$)는 PIPT 방식으로, indexing과 Tag 저장에 모두 물리주소를 사용한다. 그럼 이렇게 다른 방식을 사용하는 이유가 무엇일까? 먼저 PIPT 방식의 장점은 i) 주기억장치 접근에 사용하는 물리주소로 검색을 하여 직관적이며, ii) 9.2절에서 설명하는 cache coherence를 위한 snooping 로직 설계가 용이하다는 것이다. 반면 단점은 CPU가 캐시에 접근할 때까지 시간이 오래 걸린다는 것이다. 먼저 TLB를 거쳐 물리주소를 알아낸 후, 캐시를 검색할 수 있기 때문이다.

VIPT 방식의 장점은 빠른 접근시간이다. CPU가 출력하는 가상주소로 indexing하기 때문이다. 그리고 TLB도 가상주소로 indexing하기 때문에, 캐시와 TLB는 동시에 검색된다. 이렇게 캐시에서 출력된 Tag 정보와 TLB에서 출력된 물리주소를 비교하면 cache hit 여부가 결정된다. VIPT 방식의 단점은 synonym이라는 aliasing 문제가 발생할 수 있다는 것이다. 그림8-18은 synonym 문제를 도식적으로 표현하였다. 두 개의 사용자 프로그램인 'hello world'와 'bubble sort'가 실행되고 있고, 각 프로그램의 가상주소 ❶, ❷가 같은 물리주소로 매핑되어 있다. 여기서 문제는 캐시의 set을 가상주소로 선택하는데, 그림과 같이 ❶, ❷로 indexing한 결과 캐시에 다른 set이 선택될 수 있다는 것이다. 그림의 경우 ❶은 set#2, ❷는 set#29를 선택하여 같은 memory block이 다른 cache entry에 적재되었다. 만약 이 상태에서 'hello world' 프로그램이 store 명령어로 그림과 같이 캐시에 데이터를 저장하면, 'bubble sort'는 저장된 데이터를 볼 수 없다. 주기억장치의 같은 위치에 있는 데이터이지만 'hello world'는 새로 갱신된 데이터에 접근하고, 'bubble sort'는 과거 데이터에 접근하게 되는 것이다! Synonym 문제를 해결하는 방법은 프로세서에 따라 다른데, 캐시의 크기, associativity, 그리고 페이지 크기와의 상관관계를 고려해 항상 같은 set이 선택될 수 있도록 구조화할 수 있다. L1 I$에서는 이러한 data inconsistency 문제는 발생하지 않는다. I$에서는 명령어를 '읽기'만 하기 때문이다.

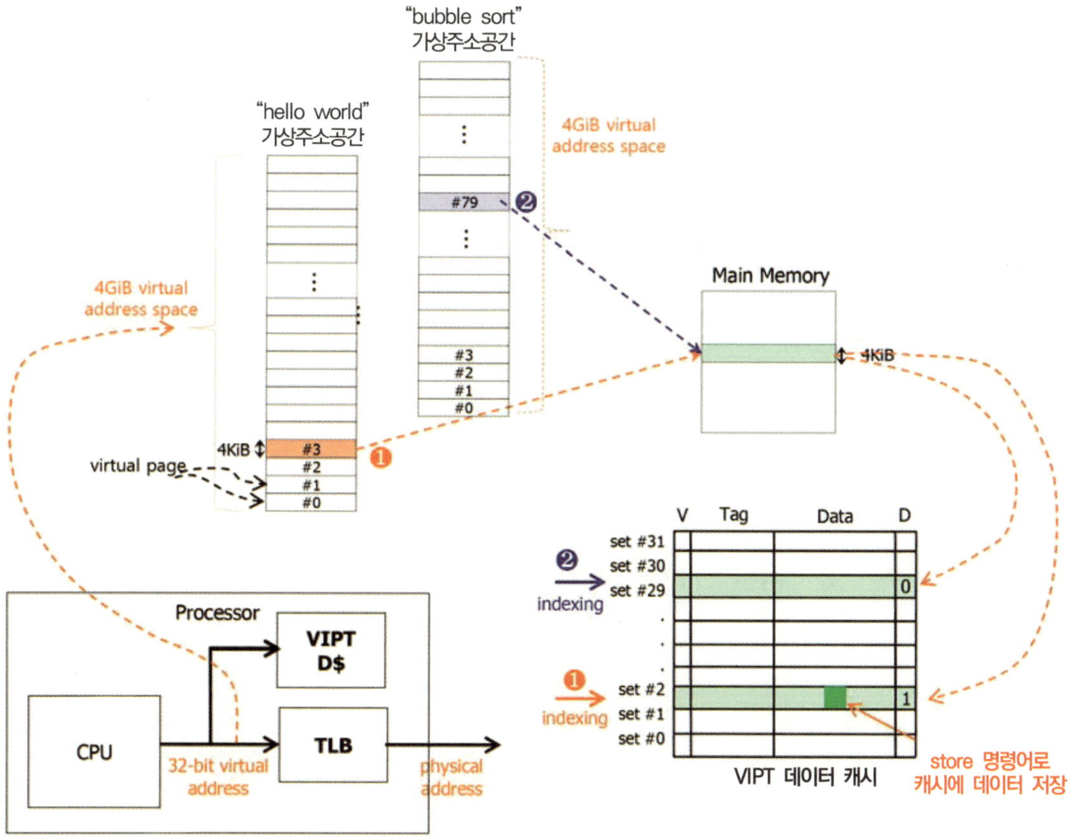

그림8-18 VIPT 캐시에서 발생할 수 있는 synonym(동의어) 문제

CHAPTER 9

https://wallpaper.dog/microcontroller-wallpapers

CHAPTER 9

멀티코어 프로세서 Multicore Processor

하나의 시스템에 다수의 프로세서가 있을 때 이를 통칭하여 **병렬 프로세서** parallel processor 시스템이라고 부른다. 1980년대부터 고성능 서버 server 또는 슈퍼컴퓨터 supercomputer에는 여러 개 혹은 아주 많은 프로세서가 장착되고 있다. www.top500.org에서는 매년 6월과 11월에 전 세계 슈퍼컴퓨터 순위를 발표하는데, 2020년 11월 현재 최고 성능을 자랑하는 슈퍼컴퓨터는 일본이 보유하고 있으며 무려 7백만(7,630,848)개 이상의 CPU core를 가지고 있다! 2000년대 중반부터는 일반 사용자가 사용하는 데스크톱, 노트북 컴퓨터에도 여러 개의 CPU가 내장된 프로세서를 사용하고 있다. 스마트폰에도 2020년 현재 일반적으로 4~8개의 CPU가 내장돼 있다. 이렇게 하나의 chip에 여러 개의 CPU core가 집적된 프로세서를 **멀티코어** multicore **프로세서**라고 부른다. 그림9-1은 1세대 Core i7 멀티코어 프로세서와 die 사진을 보여준다. 그림에 Core i7은 4개의 CPU core로 구성되어 있다.

(a) Nehalem Core i7 프로세서

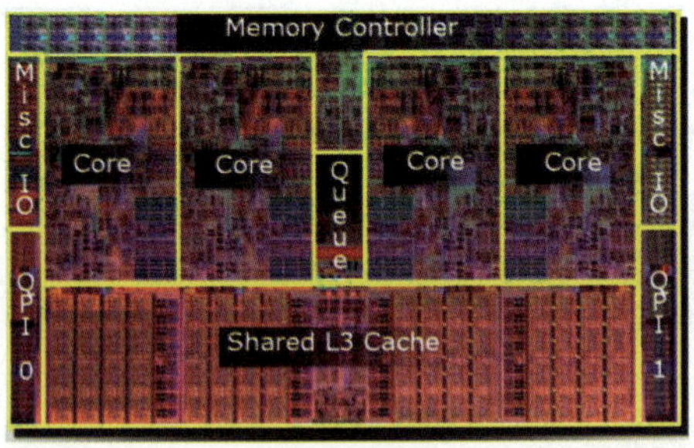

(b) die 사진

그림9-1 2008년 출시된 Intel 1세대 Core i7 프로세서와 silicon die 사진

출처 https://www.anandtech.com/show/2658

그럼 이렇게 일반 사용자가 사용하는 컴퓨터까지 병렬프로세서를 사용하게 된 이유는 무엇일까? 2000년대 초반까지 Intel, AMD와 같은 프로세서 회사에서는 single-core의 성능을 높이기 위한 microarchitecture 연구에 집중하였다. 그리고 성능을 높이기 위해 공통으로 사용한 방법이 파이프라인을 세분화하여 처리량을 높이는 것이었다. 파이프라인을 세분화하면 clock cycle에 필요한 시간을 줄여 주파수를 높일 수 있고, 이에 따라 단위 시간에 처리할 수 있는 명령어의 수가 많아진다. 예를 들어 Intel이 2004년에 출시한 single-core 프로세서인 Pentium-4 Prescott의 경우 31-stage 파이프라인을 가지고 있고 3.8GHz로 동작하였다.

이렇게 single-core의 성능을 높이려는 기술 흐름은 Intel이 2004년 'Tejas'라는 Pentium-4 후속 프로세서 제작을 중단하며 급격히 바뀌게 된다. Tejas는 40 ~ 50 stage 파이프라인과 7GHz 이상의 주파수로 동작하는 것을 목표로 설계된 프로세서이다. 그런데 제작이 중단된 이유는 무엇이었을까? 문제는 개선되는 성능에 비해 프로세서가 **소모**하는 **전력**과 이에 따른 **발열**이 감당할 수 없을 정도로 늘어난다는 것이었다. 프로세서와 같은 칩chip에서 소모하는 전력은 아래 식과 같이 주파수에 정비례한다.

$$P \propto V^2 f\,(V: voltage, f: frequency)$$

전력 소모와 발열의 이유는 clock의 rising-edge 또는 falling-edge에서 chip 내부의 트랜지스터가 '1 → 0' 또는 '0 → 1'로 스위칭switching하기 때문이다. 참고로 2004년 90nm 반도체 기술로 개발된 Pentium-4 Prescott에는 약 1.25억 개의 트랜지스터가 집적돼 있으며 최대 3.8GHz로 동작하여 최대 115W의 전력을 소모하였다. 프로세서에 집적된 모든 트랜지스터가 동작하는 최악의 상황을 가정하면, 1.25억 개의 트랜지스터가 1초에 38억번 (∵ 3.8GHz = 38억/sec) 스위칭한다는 것이다! 따라서 전력 소모와 발열을 어느 정도 관리하며 성능을 높이는 방법을 고민하게 되었는데, 바로 하나의 chip에 여러 개의 CPU core를 집적하는 **멀티코어**multicore 방식을 취하였다. 무어의 법칙Moore's Law에 따라 집적할 수 있는 더 많은 수의 트랜지스터를 single-core의 성능 향상을 위해 사용하기보다, 비교적 간단한 CPU core를 여러 개 집적하는 방향으로 선회한 것이다.

멀티코어에서 각 CPU core의 파이프라인은 아주 깊지deep 않으면서 어느 정도의 성능을 제공할 만큼의 적절한 단계로 설계한다. 예를 들어 2016년에 출시된 Intel 6세대 Core i7에서 사용된 Skylake microarchitecture의 경우 14 ~ 16-stage를 가지고 있다. 그리고 이러한 core를 하나의 chip에 여러 개 집적한다. 컴퓨터 사용자 측면에서는 여러 개의 응용 프로그램을 여러 개 core에서 동시에 수행할 수 있어 결과적으로 성능 면에서 만족감을 높일 수 있다. 2020년 현재 데스크톱 및 노트북 컴퓨터에는 x86 core 4개가 집적된 프로세서가 주류를 이루고 있으며, 스마트폰에는 Arm core 8개가 집적된 APapplication processor를 주로 사용한다.

9.1 멀티코어 프로세서 구조 및 병렬 프로그래밍

그림9-2는 멀티프로세서multiprocessor 시스템과 멀티코어 프로세서multicore processor를 비교하기 위한 그림이다. 그림9-2 (a)는 멀티프로세서 시스템의 예로, 1990년 말에서 2000년 초에 출시된 Pentium-III 서버시스템server system 메인보드이다. Pentium-III는 x86 CPU 하나가 있는 single-core 프로세서이다. 그림에 보는 것처럼 메인보드에는 Pentium-III 프로세서 2개를 장착할 수 있는 슬롯slot이 있다. 그리고 프로세서 2개는 주기억장치를 공유한다. Memory controller는 그림에 표시한 칩셋chipset에 있는 하드웨어 모듈로, CPU의 요청을 받아 주기억장치에 있는 정보를 읽거나 쓰는 중간자 역할을 한다.

그림9-2 (b)는 앞서 보여준 1세대 Core i7 멀티코어 프로세서의 die 사진과 구조도이다. 과거 별개의 프로세서로 제작해 메인보드에 장착하던 것을, 반도체 기술의 발전으로 하나의 칩에 모두 집적할 수 있게 된 것이다. Nehalem die 사진을 보면 하나의 칩에 CPU core 4개, 캐시, memory controller 모두 집적돼 있다. 따라서 chipset 없이, 주기억장치를 프로세서에 바로 연결할 수 있게 되었다. 멀티코어 프로세서에 있는 CPU core는 주기억장치를 공유한다.

(a) Multiprocessor system (1999)

(b) Multicore processor (2008)

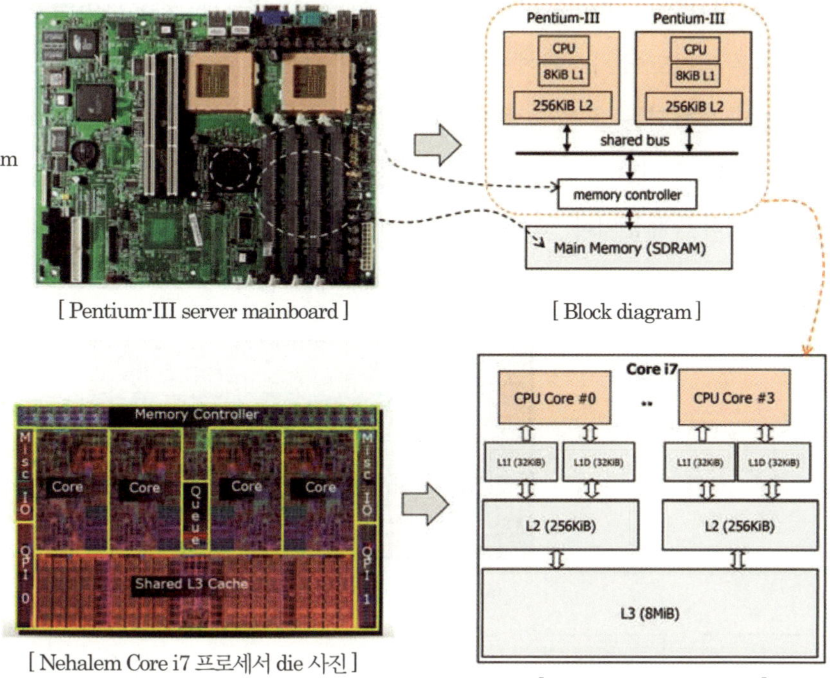

[Pentium-III server mainboard] [Block diagram]

[Nehalem Core i7 프로세서 die 사진] [Nehalem block diagram]

그림9-2 멀티프로세서(multiprocessor) 시스템과 멀티코어 프로세서(multicore processor)

출처 https://www.amazon.co.uk/Thunder-Pentium-Socket-Server-Board/dp/B01BVXMPSE

멀티코어 프로세서를 설계하기 위해서는 CPU core 뿐 아니라 캐시 및 interconnection network 등에 관한 고민이 필요하다. 그림9-3은 Intel이 출시한 2세대 Core i7 프로세서인 'Sandy Bridge'의 die 사진과 구조도로, LLC인 L3 캐시와 interconnection network을 좀 더 자세히 도식하였다. Sandy Bridge에서 L1, L2 캐시는 private cache이며 LLC는 shared cache이다. 즉 4개의 core가 8MiB LLC를 공유한다. LLC는 물리적으로 2MiB slice 4개로 분리되어 있다. 그리고 4개의 slice는 ring 구조를 가진 interconnection network으로 연결되어 각 core가 모든 slice에 접근할 수 있다. 이 같이 멀티코어 설계를 위해서는 캐시의 물리적 구조, interconnection network, 그리고 9.2절에서 설명할 cache coherence protocol 등의 연구가 필요하다. 이러한 문제는 멀티코어 프로세서에 집적되는 core의 수가 많아짐에 따라 더욱 복잡해진다. 최근 출시된 10세대 Core i9 멀티코어 프로세서에는 10개의 core가 집적돼 있다.

그럼 프로그래머가 멀티코어 프로세서에 있는 core를 모두 사용하려면 어떻게 해야 할까? 4개의 core가 있는 멀티코어 시스템에서 'Hello World' 프로그램을 실행하면 single-core에서 실행할 때 보다 4배 빨리 실행되는 걸까? 그렇지 않다! 일반적인 응용 프로그램은 4개의 core 중에서 하나의 core에서 실행된다. 우리가 일반적 코딩으로 작성한 프로그램을 컴파일하면 운영체제는 하나의 thread를 만들어 실행하기 때문이다. 그러면 멀티코어에 있는 core들을 모두 활용하려면 어떻게 해야 할까? 바로 **병렬 프로그래밍**parallel programming이라는 것을 해야 한다.

(a) Sandy Bridge Core i7 프로세서 die 사진

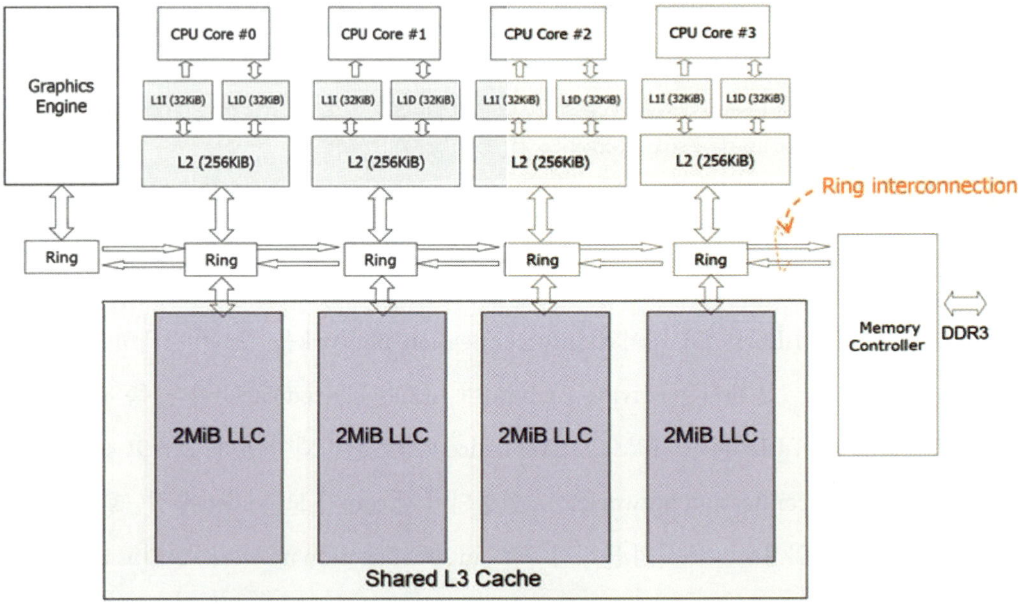

(b) Block diagram

그림9-3 Intel 2세대 Core i7 'Sandy Bridge'의 die 사진 및 구조도

출처 https://www.hardwarezone.com.sg/feature-intels-sandy-bridge-next-gen

병렬 프로그래밍parallel programming이란 주어진 task를 여러 개의 core가 함께 처리하도록 코딩하는 것을 말한다. 그리고 이같이 처리하는 것을 총칭해 **병렬처리**parallel processing라고 말한다. 병렬처리에서는 주어진 task를 여러 thread가 처리하는데, 이때 동기화synchronization 등을 위해 thread 간의 통신이 필수적이다. 이러한 thread 간의 통신은 크게 shared memory를 이용하거나 message-passing을 통해 구현한다. 현재 데스크톱 컴퓨터는 멀티코어가 주기억장치를 공유하는 shared memory 시스템이다. 여기서는 shared memory 시스템에서 할 수 있는 병렬 프로그래밍 방법 중 OpenMP를 이용한 프로그램 예와 함께, 병렬처리에서의 문제와 그 해결 방법에 대해 설명한다.

코드9-1은 정수 '1 ~ 100'까지 더하는 C 프로그램 예로, 두 가지 버전의 코드를 보여준다. (a)는 통상적인 C 코드로 컴파일해서 실행하면 하나의 core에서 실행된다. (b)는 OpenMP를 사용해 병렬처리를 하는 코드로 4개의 core에서 실행된다. 병렬처리 코드에는 OpenMP가 제공하는 지시자directive를 사용하였다. (b)에서 'omp_set_number_threads(4)'는 4개의 thread를 만들라는 의미로, 후속 코드의 'omp parallel' directive가 있는 부분에 적용된다. 'pragma omp for'는 바로 다음에 나오는 'for loop'를 병렬로 만들라는 directive이다. 따라서 'for loop'가 4개로 쪼개져 각 부분이 하나의 core에서 실행된다. 예를 들어 for loop에서 index 'i = 1 ~ 25'는 core#0, 'i = 26 ~ 50'는 core#1, 'i = 51 ~ 75' 는 core#2, 'i = 76 ~ 100' 는 core#3에서 실행된다.

컴파일: gcc addition.c –o addition

```
#include <stdio.h>

int main()
{
  int i;
  int sum;

  sum = 0;

  for (i=1; i<=100; i++)
      sum += i;

  printf("sum : %d \n",
sum);
}
```

(a) 통상적인 C 코드: 하나의 thread에서 실행

→

컴파일: gcc addition.c –o addition –fopenmp

```
#include <stdio.h>
#include <omp.h>

int main()
{
  int i;
  int sum, localsum;

  omp_set_num_threads(4);
  sum = 0;

  #pragma omp parallel shared(sum) private(i, localsum)
  {
      localsum = 0;

      #pragma omp for
      for (i=1; i<=100; i++) {
         localsum += i;
      }

      #pragma omp critical (merge)
      sum += localsum;
   }
   printf("sum : %d \n", sum);
}
```

(b) OpenMP를 이용한 코드: 4개의 thread를 발생시켜 실행

코드9–1 Single thread 코드와 OpenMP를 이용한 병렬처리 코드

그림9–4는 코드9–1 (b) OpenMP 코드와 그것이 실제로 멀티코어에서 실행되는 것을 도식화한 그림이다. 그림에 표시한 것처럼, OpenMP 코드는 sequential 하게 처리되는 부분과 parallel 하게 처리되는 부분으로 나누어진다. ❶과 ❸은 sequential 부분이며 OpenMP directive가 있는 ❷는 parallel 하게 처리되는 부분이다. OpenMP 프로그램을 컴파일한 후 실행하면 master thread라고 부르는 하나의 thread로 시작한다. 그러니까 ❶에 해당하는 부분은 master thread가 실행한다. Master thread는 ❷의 시작에 'worker' thread를 생성하여 for loop의 각 부분을 함께 실행하는데, 이때 운영체제가 worker thread를 각 core에 할당한다. 병렬 부분(❷)의 실행을 마친 후 worker thread는 종료되며, master thread만 남아 ❸을 실행한다.

이제 4개의 core에서 병렬로 처리되는 ❷부분을 좀 더 살펴보자. ❷-1에서는 각 thread가 'for loop'의 할당된 부분을 계산하고 그 결과를 localsum에 저장한다. 여기서 localsum은 '#pragma ... private (i, localsum)' 에 선언한 것처럼, 각 thread가 개별적으로 사용하는 private 변수이다. 그리고 ❷-2에서는 각 thread가 계산한 localsum을 sum에 저장한다. 여기서 sum은 '#pragma ... shared(sum)...' 에 선언한 것처럼, shared 변수이다. 따라서 각 core에서 실행되는 thread는 공유변수인 sum을 주기억장치에서 읽고, 개별적으로 계산한 localsum을 더한 후, sum을 주기억장치에 저장한다. sum과 같이 여러 thread가 공유하는 변수는 한 번에 하나의 thread만 접근하도록 해야 한다. 여기서 한 번에 하나의 thread만 접근한다는 의미는, 공유변수에 대한 처리가 끝날 때까지(여기서는 sum을 읽고, 저장할 때까지) 다른 thread가 공유변수에 접근하지 말아야 한다는 뜻이다. 운영체제에서 shared 변수가 있는 메모리 영역을 critical section이라고 부르는데, critical section은 한 번에 하나의 thread만 접근해야 하는 것과 같다.

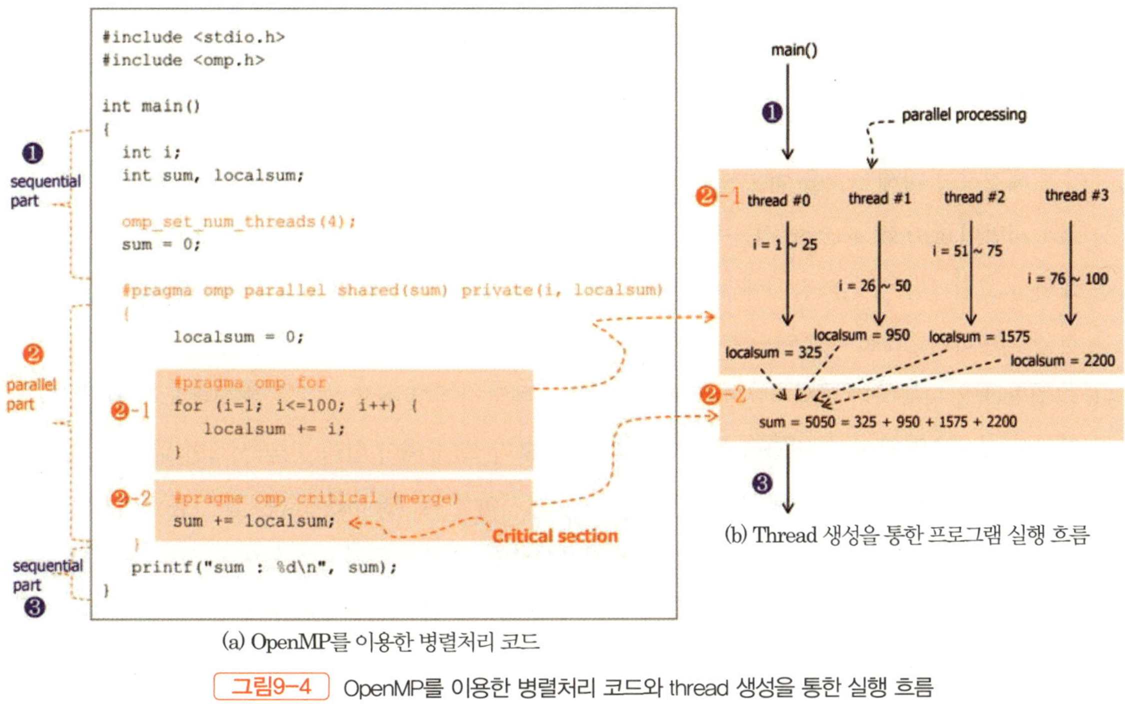

(a) OpenMP를 이용한 병렬처리 코드

(b) Thread 생성을 통한 프로그램 실행 흐름

그림9-4 OpenMP를 이용한 병렬처리 코드와 thread 생성을 통한 실행 흐름

그림9-5는 여러 thread에서 공유변수를 아무런 제약 없이 접근할 때 발생하는 문제와 lock을 이용한 해결방법을 보여준다. 그림에 공유버스shared bus는 1.8절 [읽어보기: 버스란?]에서 설명한 것처럼, 프로세서와 메모리를 연결하는 연결선들의 집합으로 말 그대로 공유되어 있어 한 번에 하나의 프로세서만 사용할 수 있다. 여기서는 P0 → P1 → P2 → P3 순서로 공유버스를 사용한다고 가정한다. 그림9-5 (a)는 프로세서들이 공유변수에 아무런 제약 없이 접근할 때 발생하는 문제를 보여준다. 각 thread가 차례로 공유버스를 사용해 모두 sum의 초기값인 0을 읽는다. 그 후 각 프로세서는 자신이 계산한 localsum을 sum에 더한 후 주기억장치에 sum을 저장한다. 저장할 때도 P0 → P1 → P2 → P3 순서로 공유버스를 사용한고 가정하자. 그러면 주기억장치에 최종적으로 저장되는 sum 값은 공유버스를 마지막으로 사용한 P3에 의해 결정되며, 그 값은 2200이다. 실제 시스템에서는 프로그램을 실행할 때마다 다른 결과가 나올 수 있다. 프로세서들이 공유버스를 어떤 순서로 사용하는지에 따라 325, 950, 1575, 2200 등과 같은 다양한 결과가 나올 수 있는 것이다. 여하튼 최종값은 올바른 결과가 아니며 non-deterministic 즉 상황에 따라 다르기까지 하다! 이런 문제가 발생하는 이유는 critical section(여기서는 sum)에 대해 하나의 thread가 할 일을 모두 마치기 전에 다른 thread가 접근했기 때문이다.

이를 해결하기 위해 lock을 이용한 synchronization 방식을 주로 사용한다. lock자물쇠을 획득acquire한 thread만이 critical section 접근을 할 수 있는 방식이다. 그림9-5 (b)는 P0가 lock을 획득한 상황을 표현한 그림이다. 주기억장치에 'lock 변수'가 있는데, 'lock == 0'이면 lock을 아무도 획득하지 않은 것을 의미하며, 'lock == 1'이면 누군가 lock을 획득하여 critical section에 접근 중이라는 의미이다. 그럼 lock을 획득하기 위해서는 어떻게 해야 할까? 메모리에서 lock 변수를 읽어(메모리 읽기) 0인지 확인하고, '+1'을 하여 그 결과를 메모리에 저장(메모리 쓰기)해야 한다. 따라서 2번(읽기, 쓰기)의 메모리 접근이 필요한데 이 동작은 atomic 하게 이루어져야 한다. Atomic이라는 말은 분리할 수 없다는 의미이다. 만약 분리된다면 2개 이상의 thread가 lock을 함께 획득하는 상황이 발생할 수 있다. 예를 들어 P0가 lock을 읽은 후 쓰기를 하기 전에, P1이 공유버스를 사용해 lock을 읽을 수 있다. 그러면 P0, P1이 읽은 lock은 0이기 때문에 모두 lock을 획득했다고 생각하며, critical section에 함께 접근하게 된다!

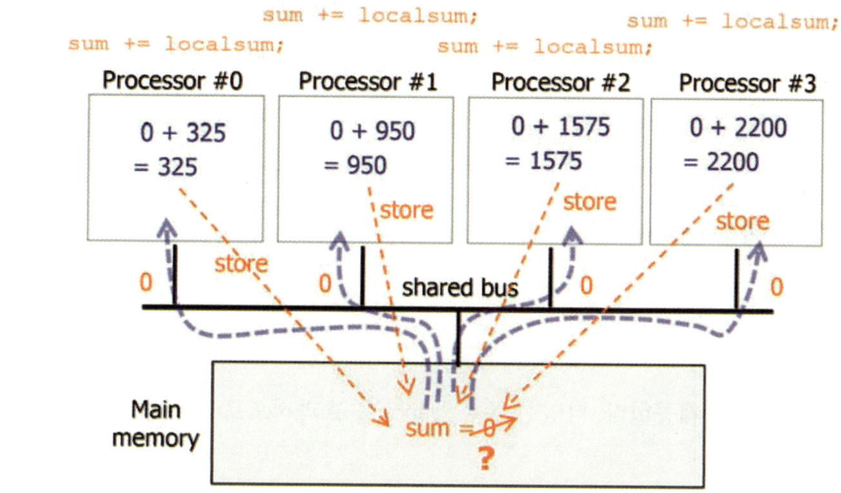

(a) 공유변수 'sum'에 아무런 제약 없이 접근할 때 발생하는 문제

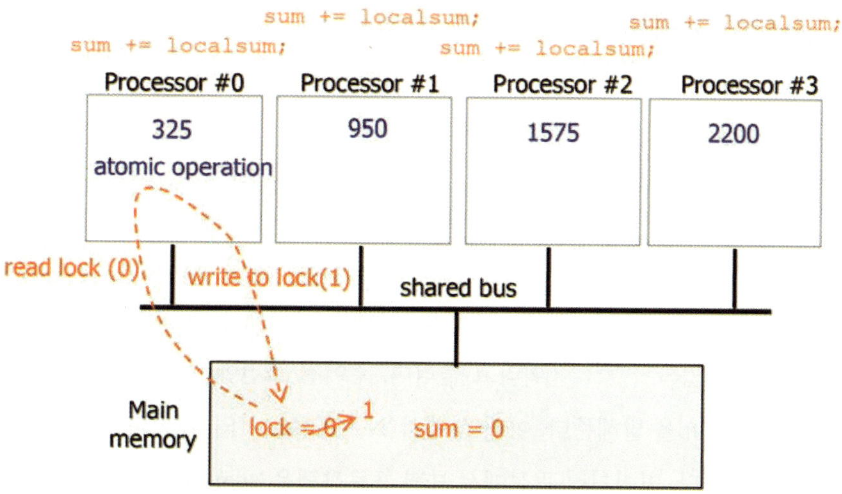

(b) Lock을 통한 공유변수 'sum' 접근

그림9-5 아무런 제약 없이 공유변수에 접근할 때 발생하는 문제와 lock을 통한 해결

이제 P0 → P1 → P2 → P3 순서로 lock을 획득한다고 가정하고 ❷-2가 실행되는 과정을 살펴보자. 먼저 lock을 획득한 P0는 메모리에서 sum(0)을 읽어 'sum = sum + localsum = 0 + 325'을 하고, 그 결과인 325를 메모리에 저장한다. 그 후 P0는 'lock = 0'으로 만들어 lock을 release 한다. 다음으로

lock을 획득한 P1도 'sum = sum + localsum'을 하는데 메모리에는 P0의 계산 결과인 325가 있다. 따라서 '325 + 950'를 하고, 그 결과인 1275를 메모리에 저장한다. 마찬가지로 P2도 메모리에 있는 1275를 읽어 '1275 + 1575'를 하고, 그 결과인 2850을 메모리에 저장한다. 마지막으로 P3도 메모리에 있는 2850을 읽어 '2850 + 2200'을 하고, 그 결과인 5050을 메모리에 저장한다. 이렇게 하면 프로세서가 lock을 획득하는 순서와 관계없이 항상 올바르고 deterministic 한 결과가 나오게 된다.

앞서 말한 atomic한 동작을 위해서는 특별한 명령어와 그것을 지원하는 버스 설계가 필요하다. RISC-V에서는 amoswap, amoadd, amoand, amoor, amoxor, amomax, amomin과 같은 'amoatomic memory operation' 명령어를 제공한다. 다양한 종류의 lock을 효과적으로 구현할 수 있도록 관련 명령어를 지원하는 것이다.

병렬프로그래밍은 일반적으로 어렵다고 말한다. 그 이유는 성능 개선을 위해 workload를 각 프로세서에 골고루 배분하는 load-balancing 문제를 고민해야 하고, private 변수와 shared 변수를 구분해야 하며, critical section 접근에 대한 synchronization 등을 해야 하기 때문이다. 그리고 프로그램을 실행할 때마다 프로세서의 lock 획득순서 등에 따라 중간 계산 결과가 달라질 수 있어 디버깅이 까다롭기 때문이다. 하지만 이러한 이슈를 인지하고 하드웨어 동작을 이해하면 효과적인 병렬처리 프로그램을 만들 수 있다.

그럼 이러한 병렬 프로그램은 single-thread 프로그램과 비교해 실행시간을 얼마나 단축할 수 있을까? 아래 식은 **암달의 법칙**Amdahl's law이라고 불리며, 주어진 조건에서 병렬처리를 통해 달성할 수 있는 이론적 최대 speedup을 말해준다. 아래 식에서 'N = 프로세서의 수'이며, 'P = 프로그램에서 병렬처리가 가능한 부분'이다. 병렬처리 관점에서 보면 프로그램은 'sequential 부분 + parallel 부분'으로 이루어져 있는데, speedup은 컴퓨터 시스템에 있는 프로세서의 수와 프로그램에서 얼마나 많은 부분을 병렬화할 수 있는지에 따라 결정된다.

$$
\begin{aligned}
Speedup &= \frac{execution\ time_{sequential}}{execution\,time_{parallel}} \\
&= \frac{sequential\,part + parallel\,part}{sequential\,part + \frac{parallel\,part}{N}} \\
&= \frac{(1-P) + P}{(1-P) + \frac{P}{N}} \\
&= \frac{1}{(1-P) + \frac{P}{N}}
\end{aligned}
$$

여기서, $P = parallel\,part$, $N = number\,of\,processors$

유도된 결과 식을 보면 분자 1은 single-thread로 실행한 시간을 정규화한 값이며, 분모에 '1 - P'는 프로그램에서 sequential 부분의 실행시간 비율, '$\frac{P}{N}$'은 parallel 부분을 N개의 프로세서에서 함께 병렬로 실행할 때 걸린 실행시간 비율이다. 만약 프로세서의 수가 무한대(N = ∞)이면 '$\frac{P}{N} \rightarrow 0$'이 된다. 따라서 병렬화로 달성할 수 있는 최대 speedup은 $\frac{1}{1-P}$ 이다. 여기서 '1 - P'는 프로그램의 실행시간에서 sequential 부분이 차지하는 비율이다. 이 식이 의미하는 것은 프로세서의 수가 아무리 많아도 speedup은 결국 sequential 부분에 의해 제한된다는 것이다. 따라서 병렬처리를 통해 최대 효과를 얻기 위해서는 sequential 하게 처리되는 부분은 가능한 줄이고, parallel 하게 처리되는 부분을 늘려야 한다. 예를 들어 P = 90%, P = 99%를 비교하면 최대 speedup은 각각 10배, 100배로 큰 차이가 난다.

Amdahl's law는 diminishing return이라는 용어로 표현하기도 한다. 컴퓨터 시스템에 프로세서의 수가 점점 많아지더라도 얻을 수 있는 성능 개선 효과의 폭은 점점 줄어든다는 것이다. 예를 들어 P = 90% 일 때 N = 100개인 컴퓨터에서는 'speedup = 9.17' 이며, N = 1,000,000개를 갖춘 슈퍼컴퓨터에서는 'speedup = ~10'로 별 차이가 없다! 프로세서의 개수가 '100개 → 1,000,000개'로 급격하게 많아졌지만, speedup 차이는 미미하다. 'P = 90%'이면 '최대 speedup = 10'으로, 프로세서의 수가 아무리 많아져도 최대 10배를 초과해 빠르게 할 수 없다.

9.2 캐시일관성 규약Cache Coherence Protocol

병렬프로그래밍을 효과적으로 하기 위해서는 앞서 설명한 atomic operation 외에도 **캐시 일관성 규약**cache coherence protocol에 대한 이해가 필수적이다. 현재 출시되는 모든 멀티코어 프로세서는 cache coherence protocol을 지원하는데, 이러한 기능이 필요한 이유와 가장 널리 사용되는 MESI protocol에 대해 알아보자.

그림9-6은 프로세서들이 주기억장치를 공유하는 환경에서 발생하는 캐시 일관성 문제를 보여주는 예시이다. 여기서 캐시는 7.3.1절에서 설명한 write-back & write-allocate 정책을 사용한다고 가정한다. 이같이 캐시가 있는 시스템에서 그림9-4에 있는 OpenMP 프로그램을 실행해 보자.

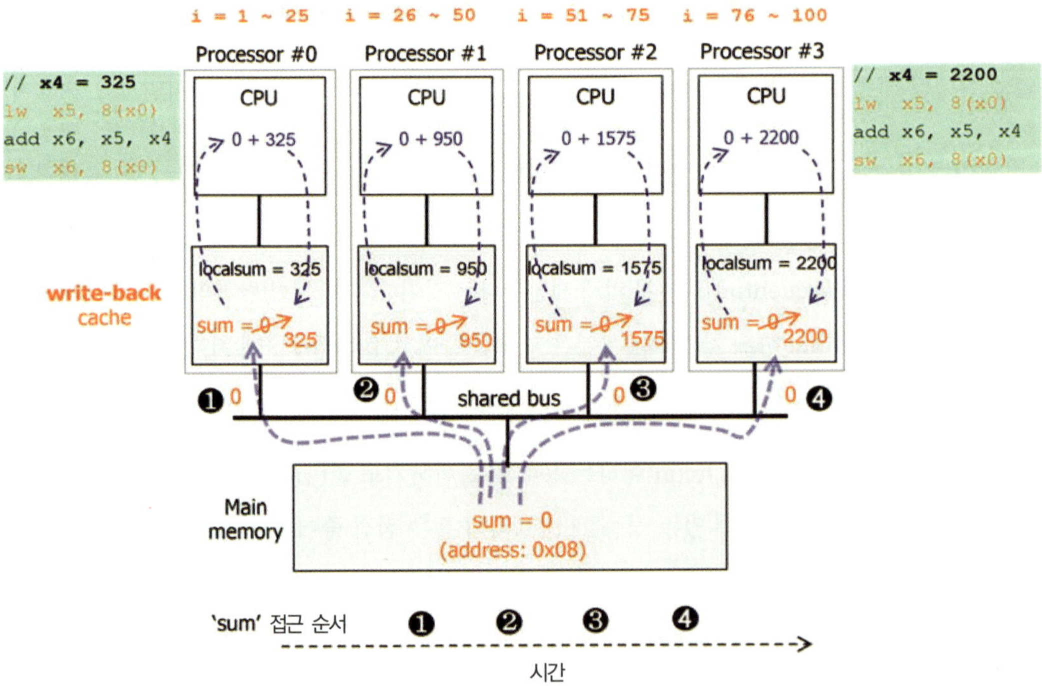

그림9-6 멀티프로세서 시스템에서 발생하는 캐시 일관성(cache coherence) 문제 예시

그림9-4 ❷의 시작에서 4개의 프로세서 각각이 'for loop'의 할당된 부분을 실행한다. ❷-1의 끝에서 각 프로세서는 각자 계산한 localsum을 가지고 있는데, P0의 localsum = 325, P1의 localsum = 950, P2의 localsum = 1575, 그리고 P3의 localsum = 2200이다. ❷-2에서는 각 localsum을 'shared 변수'인 sum에 더한다. 이때 lock을 획득한 프로세서만이 sum에 접근할 수 있다.

❷-2 과정을 자세히 살펴보자. Lock은 P0 → P1 → P2 → P3 순서로 획득하고, sum은 메모리 0x8 번지에 있다고 가정한다. 먼저 lock을 획득한 P0는 sum에 localsum을 더하는 코드(그림에 있는 3개의 명령어)를 실행한다. 첫 번째 명령어인 'lw x5, 8(x0)'는 주기억장치에 있는 sum을 읽는데, cache read miss가 발생하여 해당 memory block을 캐시로 가져온다. 두 번째 명령어인 'add x6, x5, x4'는 x4에 있는 localsum을 더해 'x6 = 325'가 된다. 세 번째 명령어인 'sw x6, 8(x0)'는 x6 값을 주기억장치에 있는 sum에 저장한다. 그런데 cache write hit이 발생하여, 캐시에만 325가 저장되고 'D^dirty-bit = 1'로 설정된다. 따라서 주기억장치에 있는 sum은 과거 값인 0을 가지고 있다.

다음으로 lock을 획득한 P1이, sum에 localsum을 더하는 같은 명령어 3개를 실행한다. 첫 번째 명령어인 'lw x5, 8(x0)'는 주기억장치에서 sum을 읽는데, cache miss가 발생하여 해당 memory block을 캐시로 가져온다. 이 과정에서 P1은 주기억장치에 있는 sum 과거 값을 읽는다. 캐시 일관성 규약이 없어 P0 캐시에 업데이트된 sum이 있다는 것을 알 수 없기 때문이다. 그 후 두 번째 명령어인 'add x6, x5, x4'는 x4에 있는 localsum을 더해 'x6 = 950'이 된다. 세 번째 명령어인 'sw x6, 8(x0)'는 x6 값을 주기억장치에 있는 sum에 저장한다. 그런데 cache write hit이 발생하여, 캐시에만 950이 저장되고 'D-bit = 1'로 설정된다. 따라서 주기억장치에 있는 sum은 변함이 없으며 과거 값인 0을 계속 가지고 있다. P2와 P3에서도 같은 동작이 반복되어 P2 캐시에는 1575, P3 캐시에는 2200이 저장되며 주기억장치에 있는 sum은 여전히 0을 가지고 있다. sum이 포함된 같은 memory block을 저장하고 있는 4개의 캐시가 모두 다른 값을 가지고 있게 되는 것이다!

이 상황을 계속 이어나가 보자. 프로그램 실행 후, 최종적으로 주기억장치에 있는 sum에는 어떤 값이 저장될까? 7.3.1절에서 설명한 것처럼, 캐시에 있는 dirty cache line은 교체될 때 주기억장치에 저장된다. 그런데 4개의 캐시 중 어느 캐시에서 교체가 먼저 일어날지는 시스템 상황에 따라 다르다. 운영체제가 실행하는 background process와 실행 중인 다른 응용 process에 따라 어느 캐시에서 먼저 교체가 일어날지 예측할 수 없는 것이다. 따라서 주기억장치에 저장되는 최종값은 4개(325, 950, 1575, 2200) 중 어느 것이라도 될 수 있다!

Cache coherence protocol에 대한 자세한 설명 전에, 그림9-7에 있는 공유버스 기반 멀티프로세서 시스템과 함께 큰 그림부터 살펴보자. 큰 그림을 이해하면 자세한 세부적인 내용은 기계적으로 쉽게 다가온다. Cache coherence에 대한 문제는 어떻게 생각하면 아주 간단하다. 캐시의 입장에서는 read와 write 이렇게 두 가지 종류의 요청만 받고 있으며, 그것에 대응하면 되기 때문이다. 그리고 둘 중 문제가 되는 것은 'write 요청'이다. 무의미한 상상이지만 모든 CPU가 주기억장치에서 '읽기'만 한다면 cache coherence 문제는 발생하지 않는다! 캐시 입장에서 주로 고민해야 할 것은 'write 요청'에 대해 어떻게 대응해야 하는지 이다. 그런데 문제를 복잡하게 만드는 것은, 요청이 자신이 속한 CPU에서 오기도 하고, 이웃 CPU에서 버스를 통해 오기도 한다는 것이다.

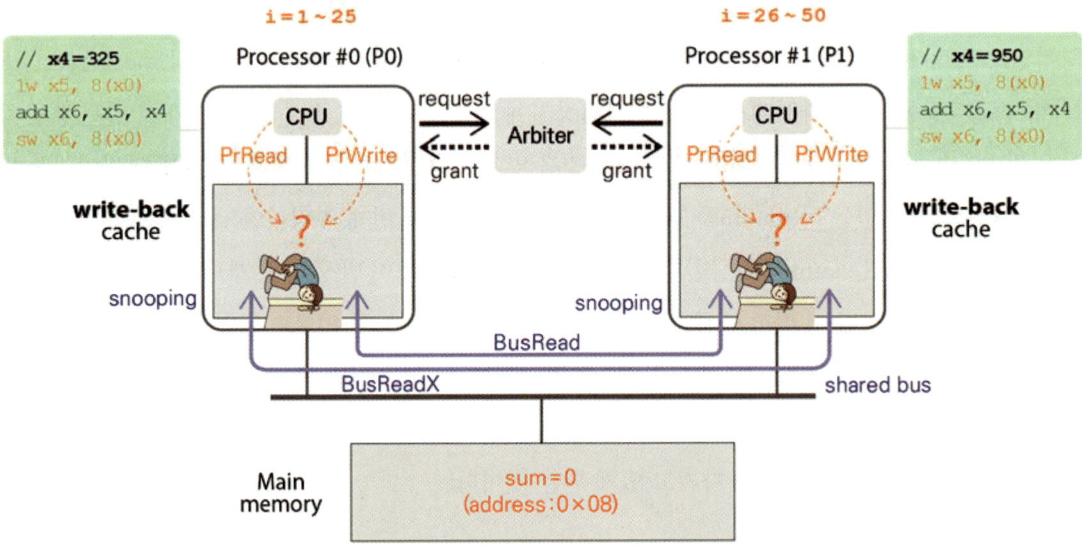

그림9-7 캐시로 들어오는 요청: 자신의 CPU로부터 요청(PrRead, PrWrite)과 이웃 CPU로부터 오는 bus transaction (BusRead, BusReadX)

그럼 write-back & write-allocate 정책을 구현한 캐시를 가정하고 생각해보자. 그림9-7에서 자신이 속한 CPU에서 오는 요청을 PrRead와 PrWrite로 표현하였다. PrRead는 load 명령어 실행에서 발생하는 읽기 요청이고, PrWrite는 store 명령어 실행에서 발생하는 쓰기 요청이다. 그리고 이웃 프로세서로부터 발생하여 bus를 통해 나오는 transaction을 각각 BusRead, BusReadX로 표현하였다. BusRead는 이웃 프로세서에서 load 명령어 실행 중 cache read miss가 발생하면 내보내는 bus transaction이다. 찾는 데이터가 캐시에 없어 주기억장치에서 memory block을 읽기 위한 것이다. 그런데 만약 그림9-7에 있는 P0, P1에서 cache read miss가 '동시'에 발생하면 어떻게 될까? P0, P1 모두 BusRead를 해야 하는 상황이다. 버스 사용 권한을 얻은 프로세서가 먼저 BusRead를 한다. 버스 사용 권한은 그림에 있는 arbiter라는 하드웨어 모듈에서 조정한다. 프로세서가 arbiter에게 bus를 사용하고 싶다고 요청request하면, arbiter에 구현된 정책에 따라 버스를 사용해도 좋다는 허락grant을 주는 식이다. BusReadX는 'Bus Read Exclusive'라는 의미로, 이웃 프로세서에서 store 명령어 실행 중 cache write miss가 발생하면 bus를 통해 나오는 transaction이다. 7.3.1절에서 설명한 것처럼, 캐시는 주로 write-back & write-allocate 정책을 사용하는데 write miss가 발생하면 '변경'하려는 목적으로 주기억장치에 있는 memory block을 캐시로 읽어온다. 변경하기 위한 읽기이기 때문에 '독점적exclusive'으로 memory block이 필요하다는 것을 모든 프로세서에게 알리는 것이다.

BusRead, BusReadX와 같은 bus transaction은 버스에 연결된 모든 프로세서가 관찰할 수 있다. 공유버스이기 때문에 broadcasting 기능이 자연스럽게 갖춰지게 되는 것이다. 다시 말하면 공유버스에 연결된 모든 프로세서와 주기억장치(정확하게는 memory controller)가 bus transaction을 동시에 볼 수 있다. 이웃 프로세서는 공유버스를 통해 bus에서 무슨 일이 일어나고 있는지 관찰하는데, 이것을 snooping한다고 말한다. 물론 snooping이 저절로 되는 것은 아니며 당연히 프로세서에 그 기능을 설계해야 한다. 공유버스는 또한 serialization 기능을 자연스럽게 제공한다. Arbiter의 중재를 통해 어느 특정 시간에서 하나의 프로세서만이 버스를 사용할 수 있기 때문이다.

Shared bus를 기반한 멀티프로세서 시스템에서, cache coherence protocol의 종류는 MSI, MESI, MESIF, MOESI 등이 있다. 상용 프로세서의 예를 들면, Intel 데스크톱 프로세서는 MESI protocol을 주로 사용하며, 서버용 프로세서에서는 MESIF protocol을 사용한다. AMD 프로세서에서는

MOESI protocol을 사용하며, 스마트폰에 사용되는 Arm 프로세서에서는 MESI protocol을 사용한다. 이 책에서는 거의 모든 프로토콜의 기본이 되는 MESI protocol에 대해 알아본다. MESI protocol은 1984년 미국 UIUCUniversity of Illinois at Urbana-Champaign 대학에서 제안한 프로토콜이다. MESI protocol에서 M, E, S, I 각각은 Modified, Exclusive, Shared, Invalid라는 상태를 의미한다. 각 cache line은 4가지(M, E, S, I) 상태 중 하나에 있을 수 있는데, M, E, S, I 각각의 의미는 표9-1과 같다.

표9-1 MESI protocol에서 각 상태의 의미

상태	설 명
Invalid (I)	해당 cache line에 있는 정보는 유효하지 않다는 것을 나타낸다. 컴퓨터를 켜면 모든 cache line의 초기 상태는 Invalid 이다.
Exclusive (E)	Memory block을 자신만이 변경되지 않은 상태 (clean 상태)로 가지고 있다는 의미이다. 오직 하나의 캐시만 E-상태로 memory block을 가지고 있을 수 있다.
Shared (S)	여러 캐시가 같은 memory block을 변경되지 않은 상태 (clean 상태)로 가지고 있다는 의미이다. 하나의 캐시만 S-상태에 있을 수도 있는데, 이런 경우는 S-상태 cache line이 교체(replace)되면 발생한다.
Modified (M)	Memory block을 변경된 상태로 가지고 있다는 의미이다. Store 명령어에 의해 cache line이 변경된 경우이다. 오직 하나의 캐시만 M-상태로 memory block을 가지고 있을 수 있다.

그림9-8은 MESI protocol을 지원하는 DM 캐시와 shared bus 신호의 예를 보여준다. Cache line은 4가지(M, E, S, I) 상태 중 하나에 있을 수 있어, 이를 위해 각 cache line 별로 2-bit field가 있다. 공유버스는 address bus, data bus, control bus로 구성된다. 여기서 control bus는 read, write, atomic과 같은 transaction type을 전달하기 위해 사용되며, 이를 통해 BusRead, BusReadX, 또는 Invalidation 요청을 전달한다. Invalidation 요청은 상대방 캐시에 저장된 memory block을 invalidation무효화 시켜야 할 때 발생하는 bus transaction이다. 그림에 있는 hit, hitmhit modified 신호는 어떤 프로세서가 요청한 BusRead, BusReadX에 대해 이웃 프로세서에서 응답하는 신호이다. 예를 들어, P0가 공유버스로 BusRead 요청을 내보냈을 때, P1 캐시가 해당 memory block을 변경되지 않은 상태(즉 주기억장치와 같은 상태)로 가지고 있으면 P1은 'hit = 1'로 만들어 자신(P1)의 상태를 알린다. 만약 P1 캐시가 해당 memory block을 변경된 상태(즉 주기억장치와 다른 상태)로 가지고 있으면 'hitm = 1'로 만들어, 자신(P1)의 상태를 알린다.

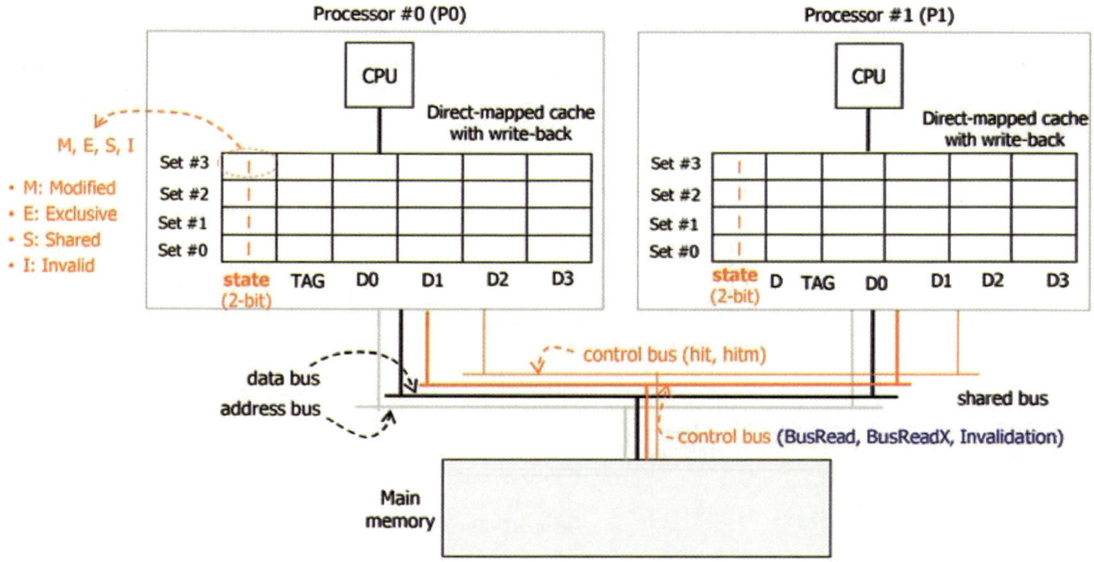

그림9-8 MESI protocol을 위한 캐시와 shared bus 신호

MESI protocol 완전한 상태 전이도state transition diagram에 대한 설명 전에, 먼저 이해를 돕기 위한 예제를 따라가 보자. 그림9-9에 있는 MESI protocol을 지원하는 시스템에서, 그림9-4 OpenMP 프로그램 ❷-2 부분이 어떻게 실행되는지 알아보자. 설명의 편의를 위해 하드웨어 시스템에 두 개의 프로세서만 남겨 놓았다. 프로그램 실행 전 cache entry는 Invalid (I) 상태이며, 주기억장치에 'sum = 0'이 저장돼 있다. Lock은 P0 → P1 순서로 획득한다고 가정한다. 따라서 명령어는 그림에 표시한 것처럼 ❶, ❷, ❸, ❹ 순서로 실행된다. 여기서도 write-back & write-allocate 정책을 구현한 캐시를 가정한다.

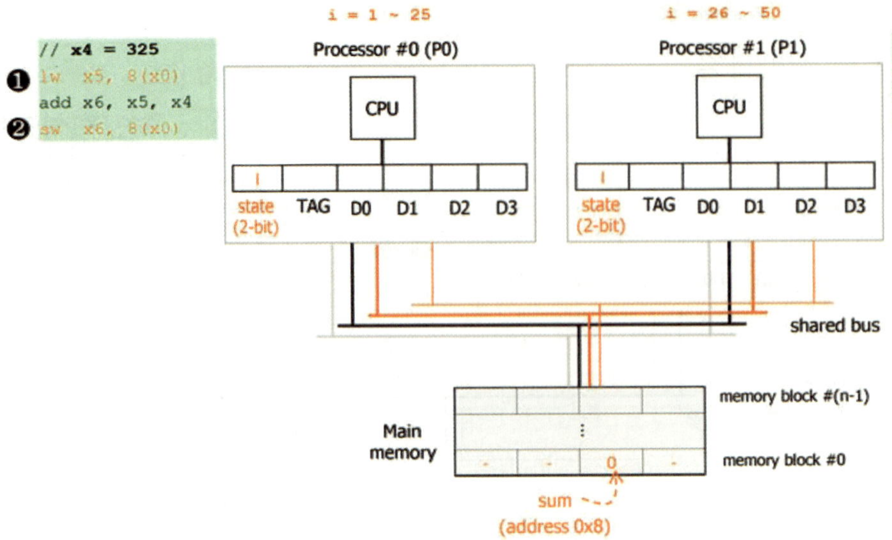

그림9-9 OpenMP 프로그램 실행 전 초기 상태: cache entry는 Invalid(I) 상태이며 메모리에 'sum = 0'이 저장돼 있다

❶ lw x5, 8(x0) 실행: 그림9-10은 'lw x5, 8(x0)' 명령어 실행에서 발생하는 요청과 응답의 일련 과정을 보여준다. P0는 '0x8'번지에서 데이터를 읽기 위해 PrRead 요청을 캐시로 보낸다(ⓐ). 캐시는 해당 memory block이 자신에게 있는지 확인하는데, cache entry는 Invalid(I) 상태로 read miss(ⓑ)가 발생한다. 따라서 P0는 해당 memory block을 주기억장치에서 읽기 위해 BusRead transaction(ⓒ)을 발생시킨다. P1은 공유 버스를 snooping 하던 중, BusRead transaction을 확인하고 자신의 캐시를 검색한다. P1 cache entry도 Invalid 상태로, P1은 'hit = 0, hitm = 0(ⓓ)'으로 만든다. 이것은 P1이 해당 memory block을 가지고 있지 않다는 것을 의미한다. 따라서 주기억장치가 해당 memory block을 공급하며(ⓔ), P0에 cache entry는 Exclusive (E) 상태로 바뀐다(ⓕ). Exclusive 상태는 오직 하나의 캐시만 해당 memory block을 가지고 있으며 캐시에 있는 정보는 주기억장치와 같다는(즉 clean) 것을 의미한다.

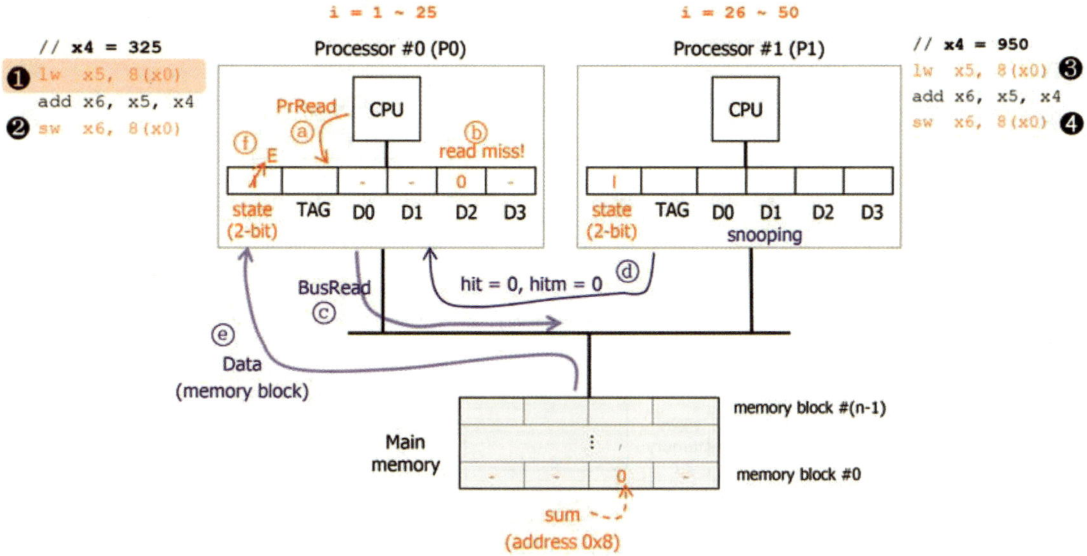

그림9-10 ❶ 'lw x5, 8(x0)' 명령어 실행에서 발생하는 요청과 응답의 일련 과정

❷ sw x6, 8(x0) 실행: 그림9-11은 'sw x6, 8(x0)' 명령어 실행에서 발생하는 요청과 응답의 일련 과정을 보여준다. P0는 '0x8'번지에서 x6 값인 325를 저장하기 위해 PrWrite 요청을 캐시로 보낸다(ⓐ), 캐시는 해당 memory block이 자신에게 있는지 확인하는데, cache entry는 E-상태로 write hit이다(ⓑ). 따라서 캐시에 데이터(325)를 저장하며 cache entry는 Modified 상태로 바뀐다(ⓒ). Modified 상태는 자신만이 해당 memory block을 가지고 있으며, 또한 주기억장치에 있는 내용과 다른 dirty 상태임을 의미한다. 여기서 M-상태로 바뀌었다는 것을 P1 캐시에게 알릴 필요는 없다. 바로 직전 상태가 Exclusive로, 해당 memory block을 자신만 가지고 있다고 알고 있기 때문이다.

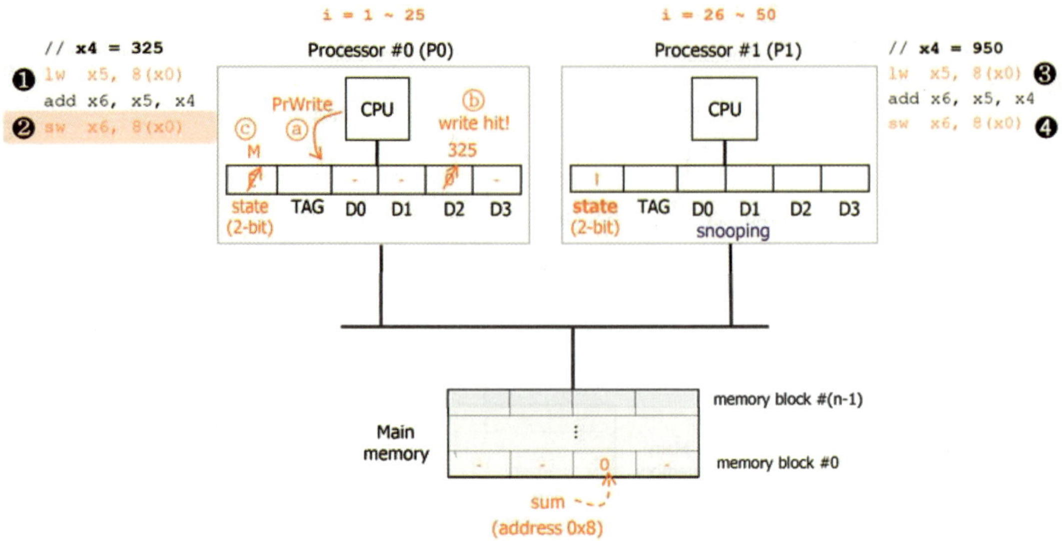

그림9-11 ❷ 'sw x6, 8(x0)' 명령어 실행에서 발생하는 요청과 응답의 일련 과정

❸ lw x5, 8(x0) 실행: 그림9-12는 명령어 실행 중 발생하는 요청과 응답의 일련 과정을 보여준다. P1은 '0x8'번지에서 데이터를 읽기 위해 PrRead 요청을 캐시로 보낸다(ⓐ). 캐시는 해당 memory block이 자신에게 있는지 확인하는데, cache entry는 Invalid(I) 상태로 read miss(ⓑ)가 발생한다. 따라서 P1 캐시는 주기억장치에서 해당 memory block을 읽기 위해 BusRead transaction을 발생시킨다(ⓒ). P0는 공유 버스를 snooping 하던 중 BusRead transaction을 확인하고 자신의 캐시를 검색하는데, 해당 memory block이 M-상태로 있어 snoop hit이다. 따라서 P0는 'hit = 0, hitm = 1(ⓓ)'으로 만들어 snoop hit 상황을 P1 에게 알려준다. 그리고, P0 캐시가 P1 캐시로 해당 memory block을 바로 공급한다(ⓔ), P0 캐시가 M-상태 데이터를 가지고 있어 해당 memory block을 공급해야 한다. 이같이 캐시에서 캐시로 memory block을 공급하는 것을 cache-to-cache transfer라고 부른다. 이때 그림에 표시한 것처럼 주기억장치도 함께 해당 block을 저장한다. 그 후 P0, P1 cache entry는 모두 Shared 상태가 된다(ⓕ). S-상태는 여러 개의 캐시가 해당 memory block을 가지고 있으며 캐시에 있는 block은 주기억장치에 있는 데이터와 같다는(clean) 것을 의미한다. 따라서 lw x6, 8(x0) 명령어 실행 후 'x5 = 325'가 된다. 그리고 다음 명령어(add x6, x5, x4) 실행 후 'x6 = 325 + 950 = 1275'가 된다.

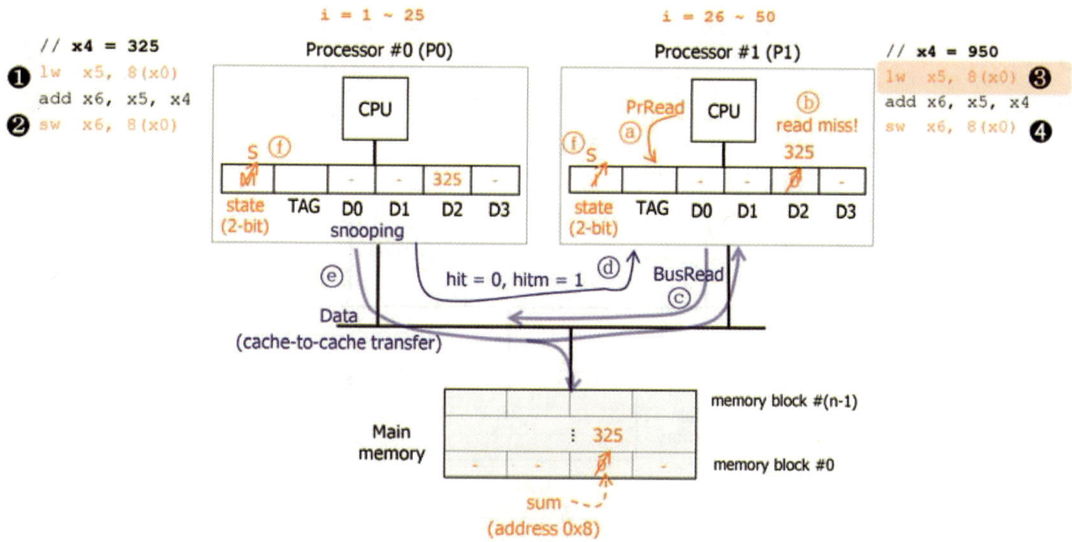

그림9-12 ❸ 'lw x5, 8(x0)' 명령어 실행에서 발생하는 요청과 응답의 일련 과정

❹ sw x6, 8(x0) 실행: 그림9-13은 명령어 실행 중 발생하는 요청과 응답의 일련 과정을 보여준다. P1은 '0x8'번지에서 x6 값인 1275를 저장하기 위해 PrWrite 요청을 캐시로 보낸다(ⓐ), 캐시는 해당 memory block이 자신에게 있는지 검색하는데, cache entry는 S-상태로 write hit이다(ⓑ). 그런데 S-상태는 상대방(P0 캐시)도 해당 memory block을 가지고 있을 수 있다는 의미이다. 따라서 캐시에 데이터를 저장하기 전, P0 캐시에 있는 memory block을 invalidation 시켜야 한다. 이를 위해 P1은 공유 버스로 invalidation 요청을 보낸다(ⓒ). P0는 공유 버스를 snooping 하던 중, Invalidation 요청을 확인하고 S-상태인 cache entry를 I-상태로 바꾼다(ⓓ). 그 후 데이터(1275)는 P1 캐시에 저장되고 cache line은 M-상태로 바뀐다(ⓔ).

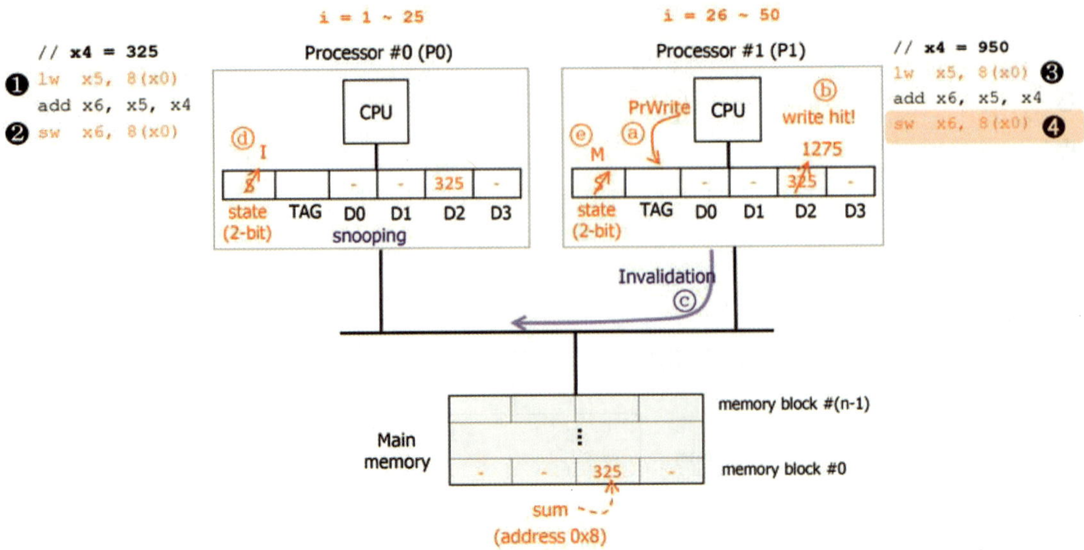

그림9-13 ❹ 'sw x6, 8(x0)' 명령어 실행에서 발생하는 요청과 응답의 일련 과정

그림9-14는 MESI protocol의 상태 전이도state transition diagram을 보여준다. 상태도 전체를 보면 무척 복잡해 보이는데, 상태를 하나씩 분리해 생각하면 문제가 간단해지며 이해가 수월하다. 캐시 입장에서는 자신의 CPU와 이웃 프로세서 이렇게 두 곳으로부터 요청이 들어오며 그것에 따른 action을 결정하면 된다. 그림9-7에서 P0 캐시를 예로 들면 두 곳으로부터의 요청은 P0 CPU로부터 오는 요청과 bus snooping을 통해 관찰된 요청이다. CPU로부터 오는 요청은 load 또는 store 명령어 실행 중 발생하는 PrRead와 PrWrite 요청이며, snooping을 통해 관찰된 요청은 이웃 CPU에서 load 또는 store 명령어 실행 중 발생하는 BusRead, BusReadX, Invalidation과 같은 bus transaction이다. 그림9-14 상태 전이를 하는 주황색 실선(→) 위에 표시한 것은 자신의 CPU로부터 오는 요청과 그에 대한 action이며, 파란색 점선(⋯›)은 snooping을 통해 관찰된 요청과 그에 대한 action이다. 그럼 문제를 간단히 하기 위해 요청 주체에 따라 상태도를 분리해보자.

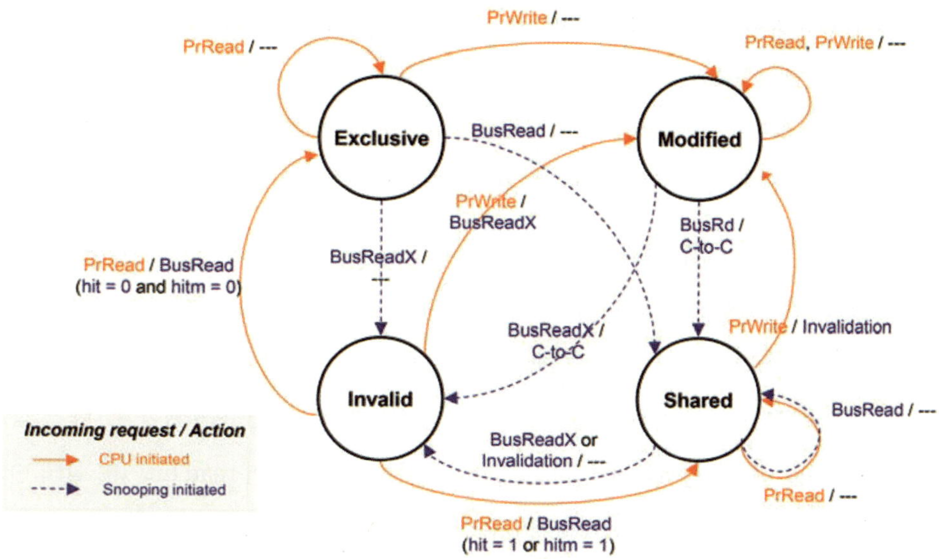

그림9-14 MESI protocol 상태 전이도(state transition diagram)

그림9-15는 MESI protocol에서 CPU로부터 오는 요청(PrRead, PrWrite)에 따른 상태 변화를 보여주는 상태 전이도이다. P0 캐시를 예로 각 상태로부터의 transition을 하나하나 살펴보자. 컴퓨터를 켜면 초기에 모든 cache entry는 Invalid(I) 상태이다. 상태도에 표시한 ❶,❷,❸은 I-상태에서 다른 상태로 transition 할 수 있는 모든 경우이다. 첫째, P0에서 load 명령어 실행에서 발생하는 PrRead를 생각해보자. Cache entry는 I-상태로 read miss가 발생하고 P0는 memory block을 읽어오기 위해 BusRead transaction을 내보낸다. 이때 전이할 상태는 P1의 snooping 결과에 따라 다르다. i) 만약 'hit == 0 그리고 hitm == 0'이면, 즉 P1 캐시에 해당 block이 없다면 'I → E'로 전이한다(❶). 이때 memory block은 주기억장치에서 공급한다. ii) 만약 'hit == 1'이면 P1 캐시가 해당 block을 clean 상태(E-상태 또는 S-상태)로 가지고 있다는 의미이다. 이때 해당 memory block은 P1 캐시 또는 주기억장치가 공급할 수 있는데, 여기서는 주기억장치가 공급한다고 가정한다. 그 후 P0 cache entry의 상태는 'I → S'로 전이한다(❷). iii) 만약 'hitm == 1'이면 P1 캐시가 해당 block을 M-상태로 가지고 있다는 의미이다. 이때는 P1에서 해당 block을 cache-to-cache transfer로 공급하며, P0 cache entry의 상태는 'I → S'로 전이한다(❷). 둘째, P0에서 store 명령어 실행에서 발생하는 PrWrite를 생각해보자.

Cache entry는 I-상태로 write miss가 발생하고 write-allocation 정책에 따라 BusReadX transaction을 내보낸다. 해당 block을 변경할 목적으로 읽어오는 것이기 때문이다. Memory block은 만약 'hitm == 1'이면 P1 캐시가 cache-to-cache transfer로 공급하며, 그 외의 경우는 주기억장치가 공급한다. P0 cache entry의 상태는 'I → M'으로 전이한다(❸).

이제 E-상태로부터의 transition인 ❹, ❺를 생각해보자. 첫째, P0가 PrRead를 하면 해당 memory block을 E-상태로 가지고 있어 read hit이 발생하며 상태 변화는 없다(❹). 둘째, P0가 PrWrite를 하면 write hit이 발생한다. 마찬가지로 해당 memory block을 자신만이 가지고 있어, 캐시에 데이터를 저장하며 상태는 'E → M'으로 전이한다(❺). 다음으로 S-상태로부터 transition인 ❻, ❼를 살펴보자. 첫째 P0가 PrRead를 하면 해당 memory block을 S-상태로 가지고 있어 read hit이며 상태 변화는 없다(❻). 둘째, P0가 PrWrite를 하면 write hit이다. 그런데 cache entry가 S-상태로 이웃 캐시도 같은 memory block을 가지고 있을 수 있다는 것을 의미한다. 따라서 Invalidation transaction을 보내 P1이 가지고 있는 memory block을 invalidation 시키라고 요청한다. 그 후 캐시에 데이터를 저장하며 P0 cache entry의 상태는 'S → M'으로 전이한다(❼). 마지막으로 M-상태로부터 transition인 ❽을 살펴보자. M-상태에서는 RrRead, PrWrite에 대해 모두 cache hit이며 상태 변화는 없다. M-상태는 해당 memory block을 자신만이 변경된 상태로 가지고 있다는 것을 의미하기 때문이다.

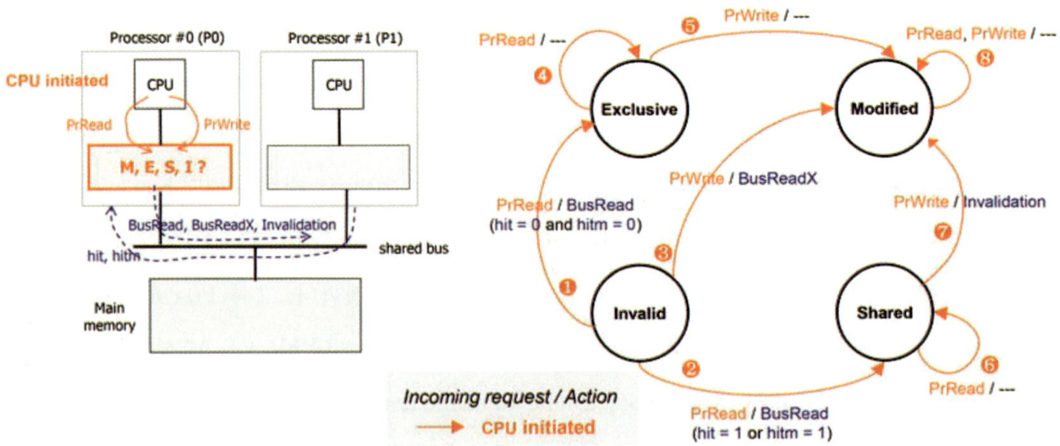

그림9-15 MESI protocol에서 캐시 자신이 속한 CPU로부터의 요청(PrRead, PrWrite)과 그에 따른 action 및 상태 전이

그림9-16은 MESI protocol에서 이웃 프로세서로부터 발생한 BusRead, BusReadX, Invalidation을 snooping한 결과에 따른 상태 전이도이다. 여기서 Invalidation 요청은 S-상태 cache entry에서 write hit이면 발생하는 bus transaction으로, 이웃 프로세서가 캐싱하고 있는 memory block을 invalidation 하기 위한 것이다. 이제 P0 캐시를 예로 각 상태로부터의 transition을 하나하나 살펴보자. 먼저 P0 cache entry가 I-상태에 있을 때는 P1으로부터 발생한 bus transaction에 대해 아무런 반응을 할 필요가 없다. P0 cache entry에 있는 정보가 유효하지 않기 때문이다. 다음으로 P0 cache entry가 E-상태일 때 transition인 ❶,❷에 대해 생각해보자. 첫째, P0가 BusRead를 snooping하면 P0 cache entry는 'E → S'로 전이한다(❶). P1 캐시도 같은 memory block을 가지게 되기 때문이다. 해당 memory block은 주기억장치가 공급한다. 둘째, P0가 BusReadX를 snooping하면, P0 cache entry는 'E → I'로 전이한다(❷). P1 캐시가 해당 memory block을 곧 변경할 것이기 때문이다. 해당 memory block은 주기억장치가 공급한다.

다음으로 P0 cache entry가 S-상태에 있을 때 transition인 ❸, ❹를 살펴보자. 첫째, P0가 BusRead를 snooping하는 경우 P0 cache entry의 상태 변화는 없다(❸). P1 캐시도 같은 memory block을 가지게 되는데 P0 cache entry는 이미 S-상태에 있기 때문이다. 둘째, P0가 BusReadX 또는 Invalidation을 snooping하는 경우, P0 cache entry는 'S → I'로 전이한다(❹). P1 캐시가 해당 memory block을 곧 변경하기 때문이다. 마지막으로 P0 cache entry가 M-상태일 때 transition인 ❺, ❻을 살펴보자. 첫째, P0가 BusRead를 snooping하는 경우, P0 캐시가 해당 memory block을 cache-to-cache transfer를 통해 P1 캐시와 주기억장치에 공급한다. 그리고 P0 cache entry는 'M → S'로 전이한다(❺). P1 캐시도 같은 memory block을 가지게 되기 때문이다. 그 후 해당 memory block은 P0 캐시, P1 캐시, 주기억장치가 모두 같은 정보를 갖는 clean 상태이다. 둘째, P0가 BusReadX를 snooping하는 경우, P0 캐시가 해당 memory block을 cache-to-cache transfer로 P1 캐시와 주기억장치에 공급한다. 그리고 P0 cache entry는 'M → I'로 전이한다(❻). P1 캐시가 해당 memory block을 곧 변경할 것이기 때문이다.

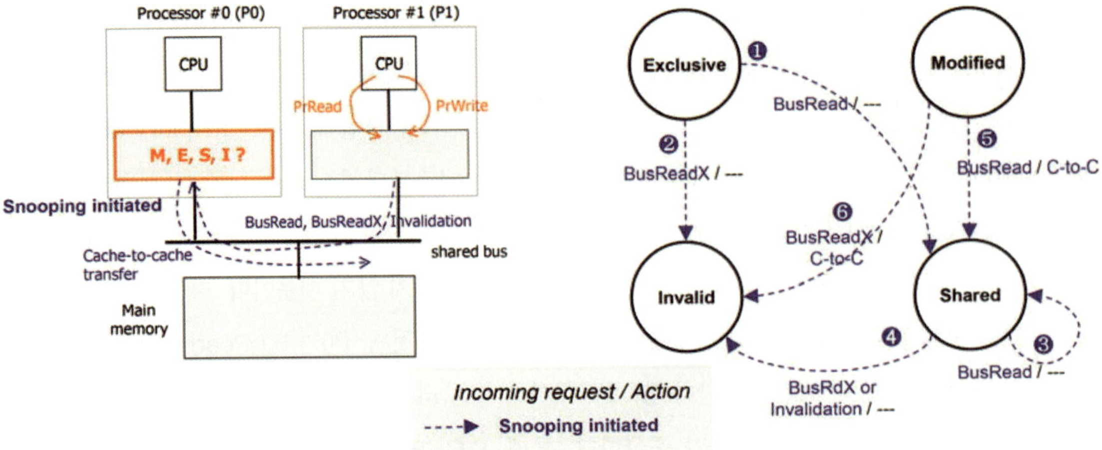

그림9-16 MESI protocol에서 이웃 프로세서로부터 요청(BusRead, BusReadX, Invalidation)과 그에 따른 action 및 상태 전이

지금까지 설명한 두 개의 상태도(그림9-15, 그림9-16)를 합치면, 그림9-14에 있는 MESI protocol의 완전한 상태도가 된다. MESI protocol을 실제로 구현할 때는 필요에 따라 세세한 규약에 차이가 있을 수 있다. 예를 들어 M-상태뿐 아니라 clean 상태(E-상태 또는 S-상태)일 때도 cache-to-cache transfer를 하도록 변경할 수 있다. 주기억장치에서 memory block을 읽는 것보다 캐시에서 바로 공급하는 것이 빠르기 때문이다. 이때 S-상태로 있는 캐시가 여러 개 있으면 누가 해당 block을 공급할지에 대한 메커니즘도 결정해야 있다. 그리고 S-상태 cache entry가 교체될 때 이를 bus transaction을 통해 이웃 프로세서에 알리도록 변형할 수도 있다. 이렇게 하면 추후 불필요한 invalidation transaction 발생을 줄일 수 있다.

마지막으로 멀티코어 프로세서에서는 어떤 방식으로 cache coherence protocol을 지원하는지 살펴보자. 그림9-17은 앞서 보여준 Intel 2세대 Core i7 프로세서인 Sandy Bridge의 구조로, cache coherence 관점에서 큰 그림을 이해할 수 있도록 내용을 추가하였다. 상용 프로세서에서 기술적으로 민감한 내용은 자세히 공개하지 않아, 여러 논문에 게재된 내용을 종합하여 그린 그림이다.

지금까지 MESI protocol 설명에서 주기억장치는 모든 프로세서가 공유하는 메모리이며, 캐시는 각 프로세서가 개별적으로 가지고 있는 private 메모리로 가정하였다. '공유된' 주기억장치의 데이터가 'private' 캐시에 임시로 저장되며, coherence protocol의 목표는 private 캐시에 저장된 데이터의 일관성을 유지하는 것이었다. 그림9-17 멀티코어 프로세서에서 L3 캐시는 논리적으로 하나의 캐시이며 모든 core가 공유한다. 그리고, L1과 L2 캐시는 각 core에 속해 있으며 각 core가 전용으로 사용하는 private 캐시이다. L3 캐시는 또한 inclusive 캐시로, L1, L2 캐시에 있는 memory block을 반드시 가지고 있어야 한다. 따라서 여기서 coherence 목표는 private L1, L2 캐시에 저장된 데이터의 일관성을 유지하는 것이다.

Sandy Bridge에서는 기본적으로 MESI protocol을 사용한다. 그런데 문제를 복잡하게 만드는 것이 있는데, 코어 부분(= CPU core + L1 + L2)과 L3 캐시의 연결구조이다. 그림과 같이 코어 부분과 L3 slice가 공유버스가 아닌, ring interconnect를 통해 연결되어 있다. 공유버스는 broadcasting 기능을 자연스럽게 제공하여 모든 프로세서가 bus transaction을 snooping 할 수 있었다. 하지만 ring interconnect 구조에서는 '자연스럽게' broadcasting이 되지 않는다. 그림에서 L2 miss가 발생하면 주소에 따라 접근할 L3 slice가 결정된다. L2 miss에 따른 요청은 ring interconnect를 통해 해당 L3 slice에 도착하는데, 이러한 요청을 다른 core 쪽에 있는 L1, L2 캐시들은 snooping 할 수 없다.

이런 문제를 해결하기 위해 L3 캐시에는 cache entry 별로 4-bit bitvector를 갖추고 있다. L3 cache entry에 있는 memory block을 어느 core의 private 캐시가 가지고 있는지 알려주는 field이다. 그림9-17 L3 slice를 보면 각 cache entry에 4-bit으로 이루어진 core valid field가 있다. 예를 들면 ❶ 'S,1-0-1-1'의 의미는, 'core valid == 1011'으로 Core#0, Core#2, Core#3에 있는 private 캐시가 S-상태로 memory block을 가지고 있다는 것을 말한다. 만약 이 상황에서 Core#1에서 해당 block에 PrWrite를 하면, L3 slice는 core valid 정보에 따라 Core#0, Core#2, Core#3 에게 따로따로 invalidation 요청을 보낸다. 데이터를 변경하기 전에 private 캐시에 있는 memory block을 invalidation 해야 하기 때문이다. 그 후 L3 slice는 Core#1에게 해당 memory block을 준다. ❷ 'M,0-1-0-0'은 'core valid == 0100'으로 Core#1에 있는 private 캐시가 M-상태로 memory block을 가지고 있다는 의미이다.

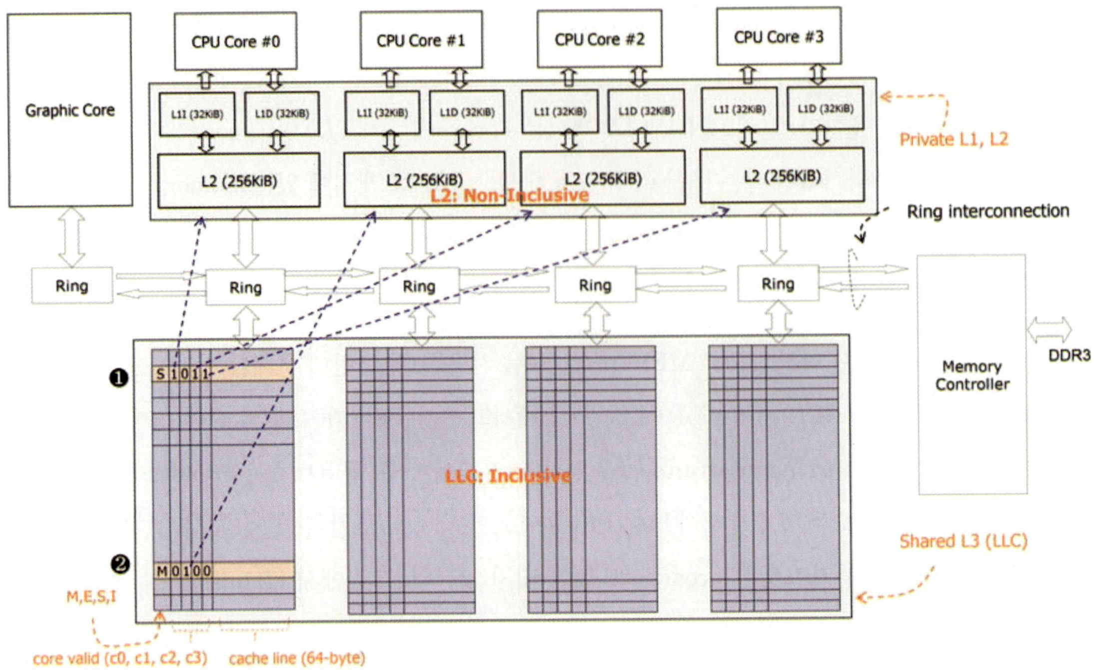

그림9-17 멀티코어 프로세서인 Sandy Bridge에서 MESI protocol 지원 예시

찾아보기

명령어

A

B

C

D

M

N

S

V

W

X

Z

RV32I Base Instruction Set

7-bit func7 31 ~ 25	5-bit rs2 24 ~ 20	5-bit rs1 19 ~ 15	3-bit funct3 14 ~ 12	5-bit rd 11 ~ 7	7-bit opcode 6 ~ 0	Mnemonic	명령어 type
imm[31:12]				rd	0110111	LUI	U-type
imm[31:12]				rd	0010111	AUIPC	
imm[20][10:1][11][19:12]				rd	1101111	JAL	J-type
imm[11:0]		rs1	000	rd	1100111	JALR	I-type
imm[12][10:5]	rs2	rs1	000	imm[4:1][11]	1100011	BEQ	B-type
imm[12][10:5]	rs2	rs1	001	imm[4:1][11]	1100011	BNE	
imm[12][10:5]	rs2	rs1	100	imm[4:1][11]	1100011	BLT	
imm[12][10:5]	rs2	rs1	101	imm[4:1][11]	1100011	BGE	
imm[12][10:5]	rs2	rs1	110	imm[4:1][11]	1100011	BLTU	
imm[12][10:5]	rs2	rs1	111	imm[4:1][11]	1100011	BGEU	
imm[11:0]		rs1	000	rd	0000011	LB	I-type
imm[11:0]		rs1	001	rd	0000011	LH	
imm[11:0]		rs1	010	rd	0000011	LW	
imm[11:0]		rs1	100	rd	0000011	LBU	
imm[11:0]		rs1	101	rd	0000011	LHU	
imm[11:5]	rs2	rs1	000	imm[4:0]	0100011	SB	S-type
imm[11:5]	rs2	rs1	001	imm[4:0]	0100011	SH	
imm[11:5]	rs2	rs1	010	imm[4:0]	0100011	SW	
imm[11:0]		rs1	000	rd	0010011	ADDI	I-type
imm[11:0]		rs1	010	rd	0010011	SLTI	
imm[11:0]		rs1	011	rd	0010011	SLTIU	
imm[11:0]		rs1	100	rd	0010011	XORI	
imm[11:0]		rs1	110	rd	0010011	ORI	
imm[11:0]		rs1	111	rd	0010011	ANDI	
0000000	shamt	rs1	001	rd	0010011	SLLI	
0000000	shamt	rs1	101	rd	0010011	SRLI	
0100000	shamt	rs1	101	rd	0010011	SRAI	
0000000	rs2	rs1	000	rd	0110011	ADD	R-type
0100000	rs2	rs1	000	rd	0110011	SUB	
0000000	rs2	rs1	001	rd	0110011	SLL	
0000000	rs2	rs1	010	rd	0110011	SLT	
0000000	rs2	rs1	011	rd	0110011	SLTU	
0000000	rs2	rs1	100	rd	0110011	XOR	
0000000	rs2	rs1	101	rd	0110011	SRL	
0100000	rs2	rs1	101	rd	0110011	SRA	
0000000	rs2	rs1	110	rd	0110011	OR	
0000000	rs2	rs1	111	rd	0110011	AND	
fm pred	succ	rs1	000	rd	0001111	FENCE	
000000000000		00000	000	00000	1110011	ECALL	
000000000001		00000	000	00000	1110011	EBREAK	